KB073981

한국 정치를 읽는 22개의 키워드

신자유주의부터 포퓰리즘까지

“권력을 향해 진실을 말하는 것은 팽글로시안(Panglossian)의 이상주의는 아니다. 그것은 대안들을 심사숙고하여 비교형량하는 것이고, 옳은 것을 선택하고, 그런 다음 가장 최선의 것을 행할 수 있고 올바른 변화를 가져올 수 있는 곳에서 진실을 지성적으로 재현하는 것이다”

_에드워드 사이드

【개정확대판】

한국 정치를 읽는 22개의 키워드

신자유주의부터 포퓰리즘까지

홍익표 지음

22 Keywords in Korean Politics:

From Neoliberalism to Populism

Ickpyo Hong

ORUEM Publishing House
Seoul, Korea
2019

개정확대판을 발간하며

이 땅에는 불의를 못 참고 대의를 위해 투쟁했던 사람들의 도도한 흐름이 오랜 기간 이어져왔다. 그들이 있어 이 나라가 명맥을 유지해왔던 것이다. 이는 일제 강점기하에서도 다르지 않았다. 불의한 방법으로 국권을 찬탈한 후 폭압적 지배를 일삼던 일제에 맞서 우리 조상들은 다양한 형태와 방식으로 국내외에서 독립운동을 전개했다. 1919년 3월에는 독립을 선언하고 비폭력 만세시위를 벌이는 운동이 전국에서 들불처럼 일어났다. 3.1독립운동을 계기로 1919년 4월 상하이에서 창설된 대한민국 임시의정원은 '대한민국 임시헌장' 제1조에서 "대한민국은 민주공화국제로 한다"고 선언했다. 이는 임시정부에 참여한 인사들이 민주제와 공화제를 근대 정치의 이상이자 세계적 대세로 인식했고 이에 기초해 새로운 나라를 건설하려 했다는 것을 알려준다. 세계적으로 볼 때 민주공화국의 천명은 민주주의의 역사가 오랜 유럽 국가들보다도 앞선 선구적인 것이었다. 임시정부 헌법의 이념과 골간은 해방 후에 대한민국 제헌헌법에 수용되었다.

대한민국의 정체성인 민주공화국을 떠받드는 정신은 민주주의와 공화주의이다. 민주주의는 서로 평등한 존재인 사람들이 권력의 주인으로서 스스로 통치하는 것을 일컫는 용어이다. 이는 기원전 2500여 년경에 당시 '동방(지금의 시리아, 이라크, 이란 지역)'에서 평등한 사람들의 '자치 회의체'로 처음 모습을 드러내 기원전 550여 년경에 고대 그리스에서 꽃을 피웠다. 아테네로 대표되는 고대 그리스의 폴리스는 자유시민들이 민회에 직접 출석하여 의사결정을 하는 민주적 공동체였다. 아리스토텔레스는 추첨으로 의원이 선출되는 평의회에 주목해 폴리스를 "지배하는 자가 지배받고 지배받는 자가 지배하는 곳"이라고 불렀다. 그러나 아테네 민주주의는 노예, 여자, 외국인, 이민노동자 등에게는 시민권이 주어지지 않은 데서 한계를 지닌 것이기도 했다. 그 이후 민주주의는 권리의 확대를 위한 투쟁이자 배제에 대항한 투쟁을 통해 오늘에 이르게 되었다.

이에 비해 공화주의는 공동체의 구성원이 주권자로서 정치에 공동으로 참여하고 공동으로 책임을 지는 것을 핵심 내용으로 한다. 키케로가 지적했듯이 공화국res publica은 인민의 공통 자산이고, 모든 통치권력은 인민을 대리하는 데서 나온다. 모두를 위한 국가인 공화국에서는 공동체의 선을 모든 사적인 이익보다 우위에 둔다. 나라의 구성원들이 공공적인 가치와 보편적인 이상을 공유하지 않는다면 그 나라의 민주주의는 단지 형식적인 제도로 전락해서 권력자가 약자와 소수자를 배제하고 억압하는 것을 허용하게 될 것이다. 민주주의와 공화주의가 서로 조화를 이룰 때만이 우리는 보다 안전하고 높은 수준의 삶과 정의로운 사회를 이룰 수 있다. 이런 점에서 보면 민주주의와 공화주의는 인류의 빛나는 발명품이라 칭할 만하다. 그런 민주주의와 공화주의가 지금부터 100여 년 전에 임시정부 사람들에 의해 국가의 근본정신과 가치로 채택된 것은 실로 커다란 역사적 의미가 있다.

민주공화국은 제헌헌법부터 현행헌법까지 한 번도 빠지지 않고 나라의 최고법에 명기되었다. 그러나 실제는 달랐다. 민주주의는 오랜 기간 불의한 권력에 의해 탈취되고 훼손되었고, 이에 분노한 사람들에 의해 다시 회복되는 우여곡절을 겪었다. 공화주의도 못지않았다. 사적이고 특수한 이익을 도모하는 소수의 권력이 권위주의 지배로 일관한 까닭에 공공성의 원리는 단지 박제화된 이상으로만 남는 상태가 오래 지속되었다. 그러다 보니 사회적 약자와 소수자의 권리는 제대로 지켜지지 못했고, 공동체 내에는 억압과 차별과 착취가 사라지지 않게 되었다.

민주공화국은 2008년과 2016~17년의 촛불시위 때 사람들에 의해 다시 호명되었다. 당시 집권세력이 헌법정신을 망각하고 민주주의와 공화주의를 훼손하였기 때문이다. 한정된 기간 내에 위임된 권력을 행사할 뿐인 집권자들은 그 권력의 주체가 누구이고, 권력의 목적과 내용이 어떠해야 하는지 제대로 이해하지 못했다. 그러다 보니 권위주의적으로 정책을 결정하고 온갖 부패와 비리를 저질렀다. 사람들로 하여금 "이게 국가냐?"라고 따져 묻게 만들었던 세월호 참사와 최순실 국정농단 사태는 총체적인 공공성의 실종을 적나라하게 보여준 사건이었다. 세월호 참사는 국민을 보호하는 것을 제일의 존재이유로 삼는 국가가 실제로는 내부적 '약탈'에만 능하고 보호에는 무능한 행위자라는 것을 깨닫게 해줬다. 국정농단 사태는 정치인에게 요구되는 품성은커녕 국민 평균치의 도덕역량에도 한참 미달하는 자들이 다수제선거를 통해 대표로 뽑힌 뒤 책임지지 않은 채 사익을 위해 권력을 휘두른 사건이었다. 지배권력의 실상이 이런데도 불구하고 촛불시위에 참가한 사람들은 자발적으로 문제를 제기하고 비폭력적으로 자신들의 주장을 펴는 등 높은 수준의 참여와 민주 정신을 보여주었다.

국가를 일부 특권층의 사유물res privata로 오해한 대통령이 파면되고, 새로운 정권이 들어섰지만 온전하게 적폐를 청산하고 민주개혁을 완수하라는 아래로부터의 요구는 여전히 제대로 이행되지 않고 있다. 전직 대통령들과 대법원장 등에게 사법 절차가 진행 중이지만, 적폐청산과 민주개혁은 도처에 포진한 기득권층의 저항과 방해로 여전히 지지부진하기만 하다. 국정농단에 책임을 져야 할 세력은 제대로 된 반성을 하지 않고 새로운 비전을 보여주지도 않으면서 막무가내식 반대로만 일관하고 있는데도 다시 지지율이 높아지고 있다. 이들 사이에서는 탄핵부정과 태블릿PC 조작설에 이어 5.18민주화운동을 폄훼하고 해방 직후의 반민족행위조사특별위원회 활동을 비난하는 등 극우적 언사가 여과 없이 표출되고 있다. 이는 곧 민주주의를 부정하는 것이다. 촛불로 출범한 정부도 책임이 없지 않다. 무엇보다도 정부와 집권당 내에는 개혁을 향한 굳은 의지와 과감한 실천이 눈에 띄지 않는다. 단지 다가오는 선거경쟁 승리만을 목표로 토건사업과 규제완화 등에 골몰하는 데서는 과거 정권과 그리 다르지 않다는 평가도 나온다. 비례성이 높은 선거제도로 개혁하는 문제에 있어서도 집권여당은 기득권에 안주하려는 태도를 보였다. 정부와 여당은 "촛불정신을 외면하는 정부 규탄한다"는 목소리가 왜 나오는지 되새겨보아야 한다.

민주공화국이라는 대한민국의 정체성을 소중히 여기는 다수의 시민들, 모두에 의한 나라이자 모두를 위한 나라를 새로 세우기 위해 추운 겨울 거리와 광장에서 촛불을 들었던 시민들은 정치적 이해다툼에만 골몰하는 무능하고 무책임한 정치권을 다시 우려스런 눈으로 지켜보고 있다. 일찍이 하워드 진이 정확하게 지적했듯이, 애국심이란 무턱대고 깃발을 흔드는 것이 아니다. 애국심은 이 나라를 더 민주적이고, 더 정의롭고, 더 인간적인 곳으로 만드는 것이다. 희망과 열망이 다시 실망과 좌절로 이어지지 않기 위해서, 그리고 불행한 역사가 다시 반복되지 않기 위해서 우리는 에릭 홉스봄이 자서전 끄트머리에서 강조한 대로 아직은 무기를 내려놓지 말아야 한다. 세상은 저절로 좋아지지 않는다.

이번에 펴내는 개정확대판에서는 그동안 바뀐 한국 정치 현실을 최대한 반영하려 했다. 변화된 사항을 포함해 내용을 전면적으로 업데이트하고, 최근 사회적 쟁점으로 부각된 '정경유착', '감시사회' 장을 추가로 포함시켰다. '촛불시위'와 '포퓰리즘' 등의 장은 내용을 대폭 보강했다. 개정확대판으로 다시 펴내는 이 책이 온전한 형태의 민주공화국을 향한 지난한 개혁의 필요성에 공감하고 묵묵히 그 길을 걸어가는 이들에게 작은 도움이 되길 바란다.

2019년 3월
홍익표

개정판을 발간하며

초판을 낸지 어언 2년이 다가온다. 그동안 총선과 대선을 포함해 많은 일들이 있었다. 가장 눈에 띄는 것은 작년에 치러진 두 번의 선거에서 여당이 경제민주화와 보편적 복지를 공약으로 내건 것이었다. 그동안 민주주의와 복지에 대해 소극적이던 여당의 모습에 비추어보면 이는 매우 파격적인 것이라 여겨진다. 이는 한국 사회에 신자유주의가 본격적으로 유입된 이래 날로 심각해지고 있는 불평등과 경쟁, 강자의 횡포 등에 직면해 있는 대중들의 요구를 일정하게 수용하는 것이라는 점에서 안토니오 그람시가 말한 '수동혁명'으로도 불릴 수 있는 것이었다. 이에 비해 야당은 이슈를 선점당했고 여당의 공격적인 선거전략에 제대로 대응하지 못했다.

그러나 박근혜 정권의 출범 이후 1년도 되지 않아 복지와 경제민주화 관련 공약은 후퇴하거나 파기되었다. 여기에다 대선과정에서 국정원이 선거개입과 정치공작을 했다는 사실이 밝혀졌고, 이후 남북정상회담 회의록이 무단 공개됐지만 여당은 진상규명과 책임자 처벌에 소극적인 자세로 일관하고 있다. 청와대와 여당은 주요 정책들을 추진하는 과정에서 야당을 국정의 파트너로 인정하고 대화와 타협을 시도하거나 반대하는 국민들을 설득하는 데 무관심하다. 공동체에 대한 책임윤리보다는 정파적 이익을 위한 정치공학적 계산만 엿보인다. 법치에 대한 지속적 강조, 반대세력에 대한 압박, 상명하달식의 의사결정방식은 민주정치보다는 변법(變法)에 의한 통치를 행했던 고대 중국의 법가(法家)를 떠올리게 한다.

이명박 정권 이후 현재까지 한국 정치에서 두드러지는 것은 사회에 존재하는 경쟁적인 의견, 다른 욕구, 상반되는 이해관계를 열린 소통과 민주적 절차를 통해 조정하는 행위로서의 정치가 형해화되고 있는 현상이다. 대신에 국가기관이 지닌 강압력을 동원하거나 유리한 언론지형을 이용해 반대세력에게 다수의 의지를 관철시키려는 권위주의적 통치행태만 전면에 부각되고 있다. 무엇보다 집권세력은 정치를 특정한 집단의 이익과 선호를 관철하기 위한 투쟁으로 간주하고 다양한 정치기관은 단지 그 목표를 위한 수단과 도구로 인식하는 것으로 보인다. 이는 최대 기준의 민주주의로의 발전을 막을 뿐 아니라 힘겹게 이룬 정치적·절차적 민주주의마저도 훼손시킬 수 있다는 점에서 매우 우려되는 현상이기도 하다.

이러한 현실을 돌아보며 우리는 왜 한국에서 권위주의는 여전하며 쇠퇴할 기미를 안 보이는가, 그리고 한 때 '제3의 민주화 물결'의 대표적 사례로 꼽히던 한국에서 더 이상의 민주주의 심화는 불가능한가와 같은 질문을 던지게 된다. 물론 독일의 정치학자들이 개발한 용어인 '유산된, 혹은 부화되지 못한 민주주의(defekte Demokratie)'로 작금의 한국 정치를 규정하는 것은 맞지 않다고 판단된다. 그럼에도 한국을 비롯한 동아시아의 국가들이 제한된 민주주의와 사회 제 영역에 광범위하게 뿌리내린 강고한 권위주의로 특징되는 동아시아 형의 정치형태로 고착되는 것은 아닐까 하는 생각도 든다. 오랜 기간에 걸쳐 단단히 착근된 동아시아에 고유한 문화는 위계적 정치질서에 맹종하고 다른 집단을 차별하며 집단 내 약자들에게는 억압적 태도를 보이는 것을 정당화했기 때문이다. 근대 세계로 옮겨오는 과정에서 지도자와 지배세력은 관용과 다원주의를 거부하고 민중 부문에 의한 '아래로부터의 참여'를 억압하고 획일적 질서를 강요하였다. 동아시아에는 서유럽

국가들처럼 사회적 자유주의나 개량적 사회주의에 기반한 민주주의가 자리를 못 잡는 대신 배타적 민족주의와 강한 국가주의가 발달하였다.

여기에다 지난 세기 말부터 급격하게 진행되고 있는 '신자유주의적 재편'은 한국 사회의 불평등을 확대시키고 상대적 빈곤을 심화시켰을 뿐만 아니라 사회의 구성원들도 '신자유주의적 인간'으로 개조시키고 있다. 무한경쟁, 대물림되는 빈곤, 실업과 저임금, 불안한 미래, 무기력한 삶은 이제 한국 사회의 약자를 특징짓는 키워드가 되고 있다. 이같이 엄혹한 현실에서는 무엇을 해야 하는가? 엄청난 사회적 스트레스로 고통받는 이들에게 필요한 것은 알량한 위로와 치유의 담론이 아니라 현실을 있는 그대로 직시한 바탕 위에서 고통을 강요하고 절망을 불러일으키는 '나쁜' 규칙을 힘을 모아 바꾸는 일이다. 이를 가능하게 하는 것이 바로 '좋은' 정치이다. '좋은' 정치란 공동체 구성원들, 그중에서도 '가장 작은 자들'의 훌륭한 삶(eu zēn)에 기여하는 정치이기 때문이다. 이 책이 그런 일을 이루는 데 조금이라도 도움이 된다면 기쁘겠다.

2013년 10월
홍익표

머리말

한국 정치를 보는 또 다른 눈, 키워드

우리는 한국 정치가 후진적이고 전근대적이라는 이야기를 흔히 듣는다. 기성 정당과 정치인들이 일반 국민들이 가진 기준과 기대를 충족시키기는커녕 파벌다툼이나 벌이고 툭하면 부패와 비리에 연루되기 때문이라는 것이다. 그리고 여러 정당들이 있지만 이념과 정책이 크게 다르지 않아 누가 집권해도 마찬가지라는 점도 거론된다. 한국 정치의 현실에 비추어 볼 때 이는 과히 틀린 지적이라고도 할 수 없다. 그러나 다른 현상도 있다. 적지 않은 사람들이 온갖 연결망을 동원해 정치인들과 관계를 맺으려 하거나, 아예 자신의 인정요구를 충족시킬 요량으로 정치지망생이 되어 치열한 선거경쟁을 벌이기도 한다. 선거과정에서 욕망을 자극하거나 새로운 정치를 표방하는 정치인들에게 급격하게 지지가 쏠리지만 얼마 가지 않아 실망으로 변하는 일도 주기적으로 반복된다.

불신과 관심이 병존하고, 기대와 실망이 교차하는 현상은 한국 정치의 부인할 수 없는 현실이다. 문제는 많은 이들이 정치를 불신하고 실망을 드러냄으로 인해 초래되는 폐해와 부작용이다. 그 대표적인 것이 정당 기능의 약화와 의회정치의 굴절이다. 이는 대중들의 이해와 선호를 돌보지 않는 세력들이 전횡을 일삼으면서 어렵사리 이뤄낸 민주적 개혁의 성과들을 훼손시키는 것을 가능하게 하였다. 이런 현실에서 정치는 사회에 존재하는 다양한 갈등을 조정하고 민주적 합의를 통해 공공선을 추구하는 '가능성의 예술'이 아니라, 사회적 강자들이 권력을 획득하고 개별적이고 특수한 이해관계를 충족하는 수단이 될 수밖에 없다. 최근 몇 년 사이에 우리는 '정치의 실종'을 똑똑히 목격하고 있다. 왜 이렇게 되었을까? 여기에는 다양한 수준과 영역에서 서로 연관된 복합적인 요인이 작용했다.

우선 인구지리학적인 조건을 들 수 있다. 한국은 좁은 국토에 과잉인구가 거주하는 고밀도국가이다. 협소한 가용면적을 고려한다면 세계 최고 수준의 인구밀도이다. 여기에 인구의 대다수는 도시에 거주하며, 그것도 서울과 수도권에 집중되어 있다. 반면에 부존자원은 별반 없다. 이러한 까닭에 한국 사회는 그 어느 사회보다도 유독 경쟁이 치열한 곳이 되었다. 사람들이 높은 스트레스를 받고 장시간 일하는 데 반해 주관적 행복지수는 경제협력개발기구(OECD) 회원국 중 가장 낮다. 이와 더불어 한국 사회가 지난 반세기 동안 서구에서는 볼 수 없는 속도의 역동적인 사회변화를 겪은 점도 지적될 수 있다. 서유럽 국가들이 몇 세기에 걸쳐 근대화를 이룬 데 비해 한국은 약 반세기에 걸친 짧은 기간에 분단국가의 수립과 급속한 산업화, 민주주의로의 이행을 내용으로 하는 '압축적 근대화'를 달성하였다. 압축은 민주적 토론과 합의가 아닌 위로부터의 '헤게모니' 구사를 통해 이루어졌다. 정부와 기업은 노골적으로 강제와 동의를 결합해 산업화를 밀어붙였다.

여기에 1990년대 후반부터 한국 사회에서는 급속하게 신자유주의적 재편이 이뤄졌다. 금융외환위기 이후 본격화된 신자유주의적 재편은 '강탈에 의한 축적'을 핵심내용으로 하는 데서 사회 불평등을 매우 빠른 속도로 진행시킬 뿐만 아니라 다양한 영역으로 확산시키고 있다. 물론 양극화로 불리는 사회 불평등은 그 뿌리가 선 성장 후 분배와 지역·산업 간 불균등 발전을 내용으로 하는 박정희 정권의 산업화 정책에 있다. 이는 고도의 경제성장을 가져왔으나 다른 한편으로 자유와 정의 등 다른 소중한 가치들을 억압하고 노동자, 농민, 도시빈민 등 사회적 약자들을 희생시킴으로써 가능한 것이었다. 여기에 역사적으로 구조화된 차별의 문화와 이를 조장하는 '배제의 정치'도 불평등을 크게 했다. 이런 상황에서 닥친 금융외환위기는 신자유주의를 전면화하면서 권리를 보장받지 못하는 사회적 약자들을 이전보다 더욱 증가시켰다. 시장의 절대화와 함께 사회적 배제가 규칙이 되면서 이들은 별다른 사회적 안전망의 보호 없이 극단적인 경쟁이 지배하는 시장으로 내몰리고 있다.

독일의 사회학자인 울리히 벡(Ulrich Beck)이 지적했듯이 신자유주의는 국가의 공적인 관리 능력을 약화시키고, 권리의 공평한 분배에 근거하는 국민국가의 민주적 합법성이 도전을 받게 하며, 사회적 연대도 와해시키는 경향이 있다. 한국에서 이는 시장의 경제권력이 비대화하면서 정치의 활동영역이 협소해지고 권력이 약화되는 것으로 나타나고 있다. 기업가들뿐만 아니라 정치인들까지도 공존과 상생이 아닌 시장만능의 경쟁논리를 우선시하게 되었고 일반 대중들은 이들을 자연스럽게 내면화하게 되었다. 정치의 공간이 축소되고 역할이 무력화된 곳에서는 이제 무한경쟁의 시장만 남게 되었다. 이러한 변화는 정치를 통해 다양한 사회문제를 해결하는 것이 점차 어려워지고 있다는 것을 의미한다.

현재 한국에서 국가는 사회적 약자들의 권리를 제대로 보호하지 못하고 있다. '모두를 위한 나라'라는 공화국(res publica)의 정신은 현실에서 구현되지 못한 채 단지 박제화된 이상으로만 존재한다. 대다수 정치인들은 공동체의 구성원들이 공동의 참여와 공동의 결정으로 법을 만들어 통치하는 나라에 대해 관심이 부족하고 별반 노력도 기울이지 않고 있다. 이렇게 된 데는 민주주의의 역사가 길지 않고 제도화 수준이 높지 않은 현실도 영향을 미쳤다. '아래로부터의 압력'에 의해 보다 민주적인 정부로의 교체가 이뤄진 후 정치적 영역에서 어느 정도 민주적 절차와 제도도 형성되었지만 여전히 권위주의 정권하에서 심화된 사회경제적 불평등과 이에 기초한 권력관계의 개혁은 이뤄지지 않고 있다. 또한 사회적 균열과 갈등을 반영하는 사회문화도 정착되지 못했다. 이런 점에서 보면 최소주의적 관점에서 '민주화 이후'를 말할 수 있을지 몰라도 정치제도, 사회경제, 사회문화 영역에 걸치는 최대주의적 관점에서는 민주주의의 내용이 여전히 불충분하며 그 수준도 높지 않다고 말할 수 있다. 사정이 이러한데도 민주주의에 대한 정치지도자들의 인식 수준은 별반 높아 보이지 않는다. 이들 대부분은 민주주의에 대해 공공연하게 수사를 늘어놓으나 실제 정치행위에서는 민주주의에 대한 반대로 일관하는 경우도 적지 않다.

한편 이질적인 이념과 체제를 지닌 국가의 수립과 전쟁으로 인한 분단의 고착화는 한국 사회의 갈등 지형을 결정한 주요한 요인으로 평가된다. 분단 상황은 갈등을 불온시하고 이념적 차이를 용인하지 않는 등 사회갈등의 영역을 왜곡하고 협소화시켰다. 지배집단의 차원에서나 피지배집단의 차원에서 모두 '생존의 논리'로 반공주의를 수용하였는데 이는 특정한 가치를 지향하는 것이 아니라 '적'으로 일컫는 것에 대항하여 이질적이거나 심지어는 서로 대립되는 것을 한데 모으는 '부정적 결집정책'의 소산이었다. 공산주의의 위협에 처한 국가의 안보를 지킨다는 명분으로 반대세력이 배제되거나 탄압되고 국민들의 일상생활까지 통제되는 일은 흔했다. 거의 모든 정권은 선거 때마다 '북한변수'를 동원하였다. 남북한은 서로 상대방과의 적당한 긴장과 대결 국면을 조성하고 이를 대내적 단결과 통합, 혹은 정권안정화에 이용하려 했다. 갈등을 제도화하여 사회적인 역동성을 유지하면서 그것을 사회발전을 위해 승화시키는 계기가 되도록 유도하려는 노력은 존재하지도 않았다.

물론 분단이 한국 사회 갈등에 가했던 제약은 1990년대 이후 보다 민주적인 정권이 들어서고 북한을 비롯한 사회주의국가들에 대한 전향적인 외교정책이 채택되면서 이전보다 약화되게 되었다. 북한을 비적대적으로 보고 교류와 협력의 대상으로 여기는 통일운동의 등장과 이념대립에 종지부를 찍은 탈냉전의 도래 역시 이에 기여했다. 그럼에도 과거 권위주의 정권 아래서 집중적으로 혜택을 받은 상층계급과 사회화를 통해 반공주의 이데올로기를 내재화한 기성세대들은 여전히 대안적 이념이나 가치를 낯설어하고 과거와의 단절에 반대하고 있다.

봉건왕조의 지배와 일제에 의한 식민통치, 분단과 전쟁, 권위주의 정권의 지배는 한국 사회에 사회적 갈등을 불온시하고, 이념적 차이를 용인하지 않는 권위주의적 문화와 더불어 연고주의에 기초해 수립되고 작동되는 집단주의를 뿌리내리게 했다. 그중에서도 집단의 이익을 우선시하고 집단에 융화되지 못하거나 아니면 집단에 소속되지 않은 자들을 배제하는 관행에서 보여지듯이 배타적 집단주의의 위력은 한국 사회에서 매우 크다. 정치 영역에서도 후견인·수혜자 관계를 형성하는 배타적 집단주의 문화는 정치자금과 공천권을 쥐고 정당 구성원들을 장악했던 '3김'이 정치무대에서 은퇴한 이후에도 사라지지 않고 남아 있다. 대선을 앞두고 대다수 정치인들이 가장 유력한 후보에게 줄서는 현상은 이를 잘 보여준다. 그 결과 대의제 민주주의의 핵심 제도인 정당은 시민사회와 유리된 채 소수의 지도자와 파벌을 중심으로 이합집산을 거듭하고 있다. 지역사회의 정치인들 역시 주민들보다는 중앙권력과의 후견인·수혜자 관계 형성에 몰두하고 있다. 2000년대에 들어와서도 지역주의에 입각한 균열구조는 비록 그 내부적 속성은 다소 바뀌었더라도 큰 틀은 여전히 해소되지 않고 있다. 이는 장기간 지속된 억압적인 권위주의 정치가 신뢰와 규범으로 구성되는 '사회적 자본'의 축적을 방해하면서 한국 사회에 분열과 대립, 갈등과 부정비리를 만연시킨 데서 연원한다. 배타적 집단주의는 부정부패를 조장하면서 공정하고 다원적인 경쟁을 가로막을 뿐 아니라, 사회적 갈등을 취합하고 이익을 대표하는 정치체계의 발전을 어렵게 하고 있다.

한국이 선진국이 되어야 한다거나 선진국에 가까웠다는 말은 너무 흔하다. 그러나 한국이 '진정한' 선진국이 되기 위해서는 단지 경제 패러다임에만 함몰되어 개인적 합리성, 경쟁만능과 경제성장만 우선적으로 추구하는 데서 벗어날 필요가 있다. 연고주의에 기반한 배타적 집단주의도 바람직하지 않다. 21세기에 요구되는 실현가능하고 지속가능한 대안적 패러다임과는 거리가 멀기 때문이다. 그 모색은 다양한 수준과 영역에서 보다 많은 국가 구성원들의 적극적 자유와 실질적 평등을 가능하게 하는 제도적 장치로서의 민주주의를 보다 심화시키고 확대시키는 것을 목표로 할 필요가 있다. 이를 통해서만이 권리를 보장받고 공동체에 참여하는 시민이 주체가 되는 '참된' 공화국이 형성될 수 있다. 정의가 지켜지고 공동의 이익이 우선시되는 나라는 그때에야 가능하다. '시장의 실패'를 능동적인 경제 및 사회정책을 통해 교정하려는 복지국가나 사회국가 역시 공화국과 불가분의 관계가 있다.

이는 '정치의 복원'을 통해 도달할 수 있지만 한국에서 그 현실은 빈곤하기 이를 데 없다. 민주주의 이행 이후에 도래한 혼란된 과도기 상황에서 공공의 이름으로 포장한 채 사적인 이익을 추구하는 정치, 광범위한 대중들의 참여를 배제한 채 엘리트들 간에만 펼쳐지는 그들만의 정치는 여전히 변하지 않고 있다. 지금껏 한국 정치는 오랜 기간 정책 경쟁이 부재한 채로 인물과 파당 중심으로 합종연횡하는 정치가 지배하고 있다. 그러다 보니 기존 정치에 대한 대중들의 불신과 혐오도 심각하다. 그러나 이런 상황은 다른 측면에서 보면 새로운 정치에 대한 요구와 필요성이 크다는 것을 보여주는 것이다. 이를 위한 진정한 변화는 다양한 사회균열을 정치사회가 집약하고 표출하도록 정당과 선거제도를 개혁하고, 국회를 민의를 대변하고 주요 정책을 토론, 숙고, 결정하는 장으로 만드는 것에서부터 시작되어야 한다. 기존의 다수제 민주주의가 갖는 여러 문제들을 보완하기 위해 "반대보다는 합의를 강조하고, 배제시키기보다는 포함시키고, 근소한 과반수에 만족하는 대신에 지배하는 다수자의 규모를 최대화하려고 노력하는" 합의제 민주주의의 도입도 진지하게 고려할 필요가 있다. 아울러서 기존의 위계적이고 수직적인 정치사회구조에서 벗어나 공공성과 사회적 연대를 추구하는 다양한 시민사회 행위자들과 수평적·협력적 관계를 구축하는 것 역시 중요하다.

국가 구성원들로 하여금 공동의 규범과 가치를 내면화하고 생활양식을 습득함으로써 바람직한 민주 공동체를 형성하는 것 역시 중요하다. 이러한 지적은 결국 한 사회에 있어서의 공적인 일과 문제들을 결정하고 해결하는 것은 정치를 이성적으로 이해하고 실천함으로써 가능하다는 점을 말하려는 것이다. 한국 사회에는 지금도 연대보다는 개인의 이익을 당연시하고, 정치에 대한 관심과 참여보다는 혐오와 무관심을 부추기는 세력이 존재한다. 이는 타협과 화해, 협상을 통해 갈등을 해소하는 공적인 업무로서의 정치가 제대로 작동하지 않는다는 것을 보여준다. 정치는 부재하고 구성원들은 특수하고 개별적인 이익만 극단적으로 추구한다면 그 사회는 필연적으로 '만인의 만인에 대한 투쟁 상태'에 직면할 수밖에 없다. 사회적 약자에게 그런 사회는 단지 야만과 폭력의 이름에 다름 아닐 것이다.

이 책은 복잡하고 불확실하며 점점 예측 불가능해지는 한국 정치를 '20개의 키워드(keyword)'를 중심으로 분석하였다. 이들 키워드들은 한국 정치의 역사와 구조와 특징을 명징하게 나타내는 핵심적인 단어와 문구이다. 키워드는 다양한 쟁점들이 복잡하게 얽혀 있는 사회를 밝히고 길을 이끌어주는 등대와 지도의 역할을 수행할 수 있다. 현재 한국 사회를 설명하는 무수한 용어들이 상식과 합리의 탈을 쓴 채 쏟아져 나오고 있다. 특히 정치인들과 언론매체가 쏟아내는 말의 성찬은 혼동을 더욱 가중시키기도 한다. 애덤 스위프트(Adam Swift)가 지적했듯이 모호하고 불명확한 표현이 의견 차이를 감출 수 있고 모든 사람의 지지를 이끌어 낼 수 있는 전략이라고 생각하는 정치인들이 중시하는 것은 유권자들에게 어떻게 들리고 어떤 영향을 미치는가 하는 것이지 주장의 실질적인 내용이 아니다. 문제는 그들이 생산해내는 말들 중 상당수는 기만과 궤변에 가깝고 오류와 비논리가 분명한 데 있다. 그런데도 사회에서 이들이 무비판적으로 수용되고 통용되는 경우가 적지 않다. 때로는 자기가 세운 일방적인 기준에 다른 사람들의 생각을 억지로 맞추려는 '프로크루스테스의 침대'도 발견된다. 일찍이 베이컨이 지적한 '동굴의 우상'에서 벗어나지 못하는 모습도 흔하다. 잘못되고 적합지 못한 언어의 사용은 실제 사물과 현상들의 이해를 방해하기 때문에 우리는 이런 현실을 비판적으로 성찰할 필요가 있다.

이 책의 키워드들은 서구의 역사적 맥락과 정치적·사회경제적 조건 속에서 형성되고 발달된 개념과 이론에 상당 부분 의지하고 있다. 서구에서 형성되고 발전된 개념과 이론을 사용해 한국 정치를 분석하려는 시도는 서구중심주의라는 비판을 받을 수도 있다. 맹목적으로 서구의 이념과 가치, 제도 등을 보편적이고 우월한 것으로 제시하거나 받아들임으로써 서구의 문화적 지배에 정당성을 부여하고 있지 않느냐는 것이다. 이 책에서는 그 점을 감안해 가능하면 서구적 개념과 이론을 한국 사회에 적용하는 데 있어 타당성과 적실성을 고려하려 했다. 비록 서구사회의 맥락에서 형성되고 발전된 용어들이라도 서구 모방과 따라잡기 방식으로 근대화를 추진한 한국 사회를 분석하는 도구로 어느 정도 타당성과 적실성을 가질 수 있다. 예를 들어 자본주의와 근대국가를 빼고는 한국 사회와 정치를 제대로 고찰하기 어렵다. 이 중에서는 애초에 비서구사회나 전근대사회를 분석할 요량으로 개발된 용어도 존재한다. 서구에서 만들어진 용어들 중 상당수는 현재 한국 사회에서 실제로 광범위하게 사용되고 있기도 하다. 중요한 점은 서구적 용어와 이론을 세계사적 보편성에 입각해 정확하게 이해한 후 이를 지역적 특수성을 지닌 한국 사회에 균형 있게 적용하는 것이다.

지금까지 한국 정치를 분석하기 위해 다양한 접근이 행해졌다. 가장 오래되고 전형적인 것은 역사적 접근방법이었다. 많은 학자들이 조선시대, 일제시기, 해방공간과 분단, 전쟁, 1공화국부터 현재까지 등으로 나눠 각 시기의 역사적 사실들을 비교·분석하고, 시공간을 초월하는 규칙성과 지속성을 지닌 일반법칙을 도출하려 했다. 역사적 접근법에 대한 비판으로 등장한 제도중심 접근은 제도를 정치적 행위자들이 그들 이익을 최대화하기 위한 전략적 맥락에서 이해하고 이의 수립과 발전, 변화를 연구하였다. 어떤 학자들은 시민사회의 다양한 이해와 선호를 집약하고 대표하여 이를 정치체계 내부로 매개하는 정치과정에 주목하고 선거, 정당, 의회, 이익집단, 여론 등을 분석하거나, 정치체계에 대해 시민들이 갖고 있는 정치적 정향인 정치문화를 고찰하였다. 정치와 경제의 구현체로서 국가와 시장의 상호작용이나 자본주의 국가와 체제를 비판적으로 탐구하는 정치경제학적 접근도 물론 있었다. 국제관계론에서 개발된 다양한 이론을 동원해 한반도 분단과 한국전쟁, 남북관계와 동북아 정치 등을 연구한 학자들 역시 적지 않다.

이들 각각의 접근방법은 한국 정치에 대한 논의의 장을 넓히고 이를 통해 일반대중들의 정치적 소양을 풍부하게 하는 데 기여했다. 그러나 정치학이 단지 이론적 탐구에만 머무는 것이 아닌, 당대의 중요 문제를 비판적으로 통찰하고 이에 대해 적실성 있는 대안을 제시하는 실천적 성격을 지닌 학문이란 점에서 보면 지금까지의 한국 정치 연구는 아쉬운 점도 많다. 집적통계자료나 설문조사자료를 이용한 경험분석은 넘쳐났지만 이를 통해 생산된 지식의 본질에 대한 성찰은 별로 없었다. 한국 사회가 지닌 중요한 문제를 외면하거나 제대로 설명하지 못했고, 권력에 대해 진실을 말하지 못했으며, 나아가 사회적 보편가치를 수호하고 올바른 방향을 제시하는 데도 미흡했다. 결과적으로 기득권을 옹호하고 현상유지에 기여했다는 혐의에서도 자유롭지 못하다.

물론 개개의 접근방법만으로는 한국 정치를 총체적으로 통찰하기 힘들다는 것도 분명하다. 이런 평가는 이들이 분석의 대상으로 삼는 한국 정치가 워낙 복잡다단하고 모호할 뿐만 아니라 그 변화의 폭이 넓고 속도도 빠르다는 사실에서 연원한다. 당연히 특정한 이론과 접근방법만 가지고서는 한국 정치를 온전히 파악하기가 힘들다. 이는 마치 어떤 예술작품을 놓고 특정 부분만 관찰하거나 한 가지 색의 색안경으로만 보려 하는 것과 다르지 않다. 해당 작품을 오랜 기간을 두고 다양한 거리와 각도에서 세밀하게 음미하는 것이 필요함은 말할 나위도 없다. 그런데 이 과정에서 작품을 총괄적이면서도 심층적으로 분석하고 평가하기 위해 선행되어야 하는 일이 있다. 그것은 작가가 활동한 시대의 사회적 맥락을 알아보는 일이다. 왜냐하면 예술작품이란 특정한 사회적 맥락 속에서 주조되고 특정한 사회의 영향을 받기 때문이다.

그런 점에서 사회의 물질적, 경제적 기초 위에 철학과 문학, 정치사회적 규범과 가치, 법의 기준이 형성된다고 본 칼 마르크스나, 사회적 맥락이 인간지식의 외양뿐만 아니라 그 내용을 결정한다고 본 칼 만하임의 주장을 우리는 다시 되새겨 볼 필요가 있다. 작가의 사회적 지위와 그가 맺은 사회적 관계는 그가 세계를 바라보는 관점을 형성하고 작품을 제작하는 데 결정적인 영향을 미친다. 학자들 역시 마찬가지이다. 인간과 인간 사이의 관계에서 일어나는 사회현상과 인간의 사회적 행동을 탐구하는 사회과학자들은 더욱 그렇다. 이들은 특정한 사회적 맥락 속에서 세계관을 형성하고 개념을 창안하며 이론을 구성하고 분석적 담화를 전개한다. 그 사회가 어떤 구조와 속성을 갖고 있고, 학자들이 사회적으로 어떤 지위를 지니고 관계를 맺고 있는지를 살펴봄으로써 우리는 그들이 사용하는 단어와 문구, 그리고 그들이 제시하는 사실과 주장을 더욱 용이하게 이해할 수 있다. 이들은 다른 학자들과의 상호작용을 거쳐 특정 시기 사회구성원들에게 공유되는 패러다임을 생산하거나 유지한다. 우리가 시대정신이라 부르는 특정 시기의 지배적인 지적·정치적·사회적 경향도 그 생성과 확산원리는 동일하다.

이 책은 한국 정치를 상호연관된 주요 키워드들을 중심으로 분석하고 정리했다. 이는 지금까지 이뤄져 온 다양한 접근방법들의 토대 위에 한국 정치의 역사와 구조와 특징을 분명하게 보여주는 핵심적인 단어와 문구를 개발하고 이를 통해 한국 정치를 체계적으로 고찰하려는 것이다. 개별 키워드들은 한국 정치를 범주화하거나 특징짓고 다른 것과 구별짓는 것들로 그것 자체로만으로는 한국 정치 전체를 총괄적으로 보여주지 못한다. 그러나 형형색색의 플라스틱 토막과 막대, 톱니바퀴, 도르래, 축들로 이뤄진 부품을 조합해 사용자가 원하는 모델을 만드는 조립식 블록 완구처럼 우리도 여러 키워드들을 다양한 방식으로 조립해 봄으로써 한국 정치의 골간을 파악하고 수시로 변하는 외양도 조감할 수 있게 될 것이다.

여기서 제시된 키워드들 대부분은 한국 정치 전체를 지배하는 흐름과 현상들을 개관하기 위해 만들었지만, '계급에 반하는 투표', '비난회피전략으로서의 복지' 등 일부는 한국 정치의 세부 분야에서 눈에 띄는 특징적 현상들을 분별하여 살펴보기 위해 제시했다. 20여 개가 되다 보니 키워드들 사이에는 일견 배치되고 모순되어 보이는 것들도 존재할 것이다. 그러나 이 역시 한국 정치의 복합성과 가변성을 보여주는 것이라 말하고 싶다. 이들 키워드들은 비록 한국 정치를 고찰하기 위해 제시된 것이지만 정치학이라는 전통적인 분과학문의 영역에 머무르지 않고 그 경계를 넘어 인접학문 분야들을 아우르는 것이다. 시대가 변함에 따라 이들 키워드들 역시 변화하며 쇠퇴하고 또 다른 것으로 대체될 것이라는 사실도 분명하다.

이 책이 정치에 관심을 갖고 있는 많은 이들에게 한국 정치의 과거를 되돌아보고, 현재를 꿰뚫어 보며, 미래를 예측하는 데 도움을 주길 바란다. 특히 기성세대에 비해 소셜 네트워크를 가깝게 대하며 관계와 협력을 중시하는 새로운 세대가 세상을 바라보는 안목을 보다 높이고 시야를 넓히는 데 이 책이 기여했으면 좋겠다. 압축적 근대화와 세계화가 제공하는 혜택을 누리기보다는 오히려 대가를 더 많이 치루고 있는 그들이야말로 앞으로 보다 정의롭고 인간적인 삶이 가능한 사회를 만드는 주체가 되어야 하고 또 그렇게 되리라 확신하기 때문이다. 무솔리니에 의해 유폐된 시공간에서도 신념을 잃지 않고 빛나는 영혼을 보여준 안토니오 그람시는 동생 카를로에게 보낸 편지에서 지성으로 비관하더라도 의지로 낙관하라는 말을 남겼다. 끝나지 않을 것 같은 춥고 어두운 겨울에도 두꺼운 얼음 밑으로는 봄을 알리는 냇물이 흐르기 마련이다.

2012년 2월
상도동 연구실에서
홍익표

차 례

첫 번째 키워드: 신자유주의

경제에 침식된 정치

비록 미국발 금융위기가 초래한 전 세계적인 경제침체로 인해 풀이 꺾이기는 했지만 신자유주의는 한국을 비롯한 몇몇 나라에서는 여전히 파괴적인 영향력을 발휘하고 있다. 경제침체에 대한 반성으로 일부 국가에서 정부가 위기의 진원지인 금융권에 대한 감독을 강화하는 등 시장개입을 강화하였지만 이런 조처는 몇몇 국가에 그쳤고 규제의 강도도 강력하지 못했다. 세계적으로 보면 신자유주의를 내부 동력으로 하고 있는 경제적 측면의 세계화는 별다른 궤도수정 없이 여전히 과속질주하고 있다. 적지 않은 국가에서 규제 철폐, 감세, 예산 축소, 민영화, 노동의 유연화와 노조 파괴가 만연하고 있고, 기업의 이해관계를 옹호하기 위해 무제한적인 시장자유의 새로운 영역이 계속 확대되고 있는 모습을 우리는 흔히 발견할 수 있다. 그중에서도 한국은 어느 나라보다도 경제적 세계화에 앞장선 나라였고, 지배세력이 내세운 신자유주의는 무소불위의 힘을 과시했다. 그 결과 신자유주의에 기반한 세계화는 이미 거시적 수준의 정치·경제뿐만 아니라 미시적 수준에서 한국인들의 일상을 더 강하게 옥죄고 있다. 신자유주의는 필수적인 것이자 심지어는 '자연스러운'것으로 대다수 사람들에게 받아들여지고 있다.

1970년대에 케인스주의적 타협에 기초한 국제통화체제가 붕괴하면서 본격적으로 등장한 신자유주의는 2차 대전 후 창설된 몽페를랭 협회Mont Pelerin Society에서 기원하는 것으로 특히 프리드리히 폰 하이에크Friedrich von Hayek와

자유주의(liberalism)는 오랜 역사를 지닌 이데올로기이다. 자유주의는 근대에 들어와 부르주아들이 당시 지배계급에 대해 개인의 자유와 이니셔티브 보장을 요구해 관철시키면서 처음으로 모습을 갖췄다. 정치적으로 초기의 자유주의는 절대군주의 무제한적인 권력행사를 제한하고 천부인권설에 기반을 둔 시민들의 각종 자유와 권리를 확립하는 데 기여한데서 진보적 성격을 띤 것이었다. 특히 자유와 안전, 압제에 대한 저항권, 자연권으로서의 재산권, 언론과 출판의 자유, 종교적 관용을 선포한 프랑스혁명 시기의 '인간과 시민의 권리선언'은 서구 민주주의의 역사에서 큰 족적을 남긴 사건이었다. 부르주아들은 사회혁명을 성공적으로 이끈데 이어 시장에서 자본축적이 자유롭게 되어야 함을 강조하였다. 이는 개인의 경제활동의 자유를 최대한으로 보장하고, 이에 대한 국가의 간섭을 가능한 한 배제하려는 자유방임(laissez-faire)주의로 나타났다. 이 같은 자유주의는 자본주의 체제를 받치는 이데올로기로 발전했다. 그러나 자유주의는 광범한 사회적, 경제적 발전을 무시하고 착취와 소외, 불평등한 계급관계를 정당화한다는 비판을 받았다. 그 결과 자유에 대한 적극적 개념을 내세운 수정된 자유주의가 등장했다. 그린(Thomas Hill Green)과 케인스(John Maynard Keynes)가 대표적 학자이다. 대공황 같은 경제위기에는 자유방임주의가 아닌 유효수요를 확보하기 위한 정부의 정책이 필요하다고 주장한 케인스의 처방은 2차 대전 후 복지국가의 이론적 기반이 되었다.

밀턴 프리드만 Milton Friedman 의 사상에 영향을 받았다. 당시 몽페를랭에 모인 소수의 배타적이고 열정적인 자유주의자들[1]은 "사유재산 및 경쟁적 시장에 대한 믿음의 쇠퇴로 인해 문명의 핵심 가치가 위험에 처해 있다"면서 "사유재산 및 시장제도들과 결부된 광범위한 권력과 선도가 없다면 자유가 효과적으로 보호될 수 있는 사회를 상상하기 어렵다"고 주장했다. 이들 주장은 케인스주의에 입각한 복지국가의 황금기인 전후 30여 년 동안에는 별다른 관심을 못 끌면서 정책 및 학문 영역에서 주변적인 위치에 머물렀다. 그럼

---

1) 하이에크 주위에 모인 학자들은 오스트리아 경제학파의 대표자인 루트비히 미제스(Ludwig von Mises), 서독의 질서자유주의자인 발터 오이켄(Walter Euken)과 빌헬름 뢰프케(Wilhelm Röpke), 서독의 정치인으로 후일 경제상과 수상이 되는 루트비히 에어하르트(Ludwig Erhart), 후일 시카고학파를 이끄는 프랭크 나이트(Frank Knight), 밀턴 프리드만, 조지 스티글러(George Joseph Stigler), 아론 디렉터(Aaron Director), 철학자 칼 포퍼(Karl Popper) 등 모두 38명이었다.

에도 이들은 개인주의와 자유주의의 전통이 강한 국가로 냉전 시기 체제경쟁을 이끌었던 미국에서는 지속적으로 재정적 지원을 받을 수 있었다.[2] 이후 신자유주의가 학문적으로나 정책적으로 관심을 끌게 된 데는 1970년대에 발생한 세계경제의 큰 변화가 그 배경으로 작용했다. 이와 관련해서 독일의 정치학자인 엘마르 알트파터Elmar Altvater는 다음과 같이 지적한다.

> "지구화된 금융시장에서 환율이 차츰 자유화되더니 고정환율제도와 함께 브레턴우즈체제가 무너졌고, 이에 따라 각국의 경제정책 기조이던 케인스주의도 산산조각이 나버렸다. 이어 세계경제의 핵심적인 가격인 환율과 금리에 대한 결정권이 각국의 정부당국과 관료의 손에서 떠나 국제은행, 투기적 투자펀드, 초국적기업 등의 손 안으로 들어갔다. … 브레턴우즈 체제가 붕괴된 직후 석유수출국기구OPEC가 결성되었다. 자유화된 금융시장은 OPEC 회원국들에 의해서 축적된 이른바 '석유달러'를 제3세계의 석유 수입 국가들로 환류시켰다. 이에 따라 제3세계 국가들에 거대한 규모의 채무가 누적됐고, 얼마 지나지 않아 제3세계 국가들은 잇따라 외채위기에 빠졌다. … 1975년 프랑스 랑부예에서 시작된 선진6개국 정상회의 G6는 비공식적인 정치규율로서 '시장의 신호'에 선진국들이 집단적으로 대응하는 것을 중시했다."
>
> _Elmar Altvater, 2008: 567-568

브레튼우즈 체제의 붕괴는 미국이 그동안 유럽에 가격이점을 가져다준 과대평가된 고정 통화를 포기한 것을 의미했다. 또한 제4차 중동전쟁이 초

---

2) 몽페를랭 협회와 유사한 연구단체로는 1953년에 자유시장경제의 추종자인 경제학자 오토 라우텐바흐(Otto Lautenbach)가 설립한 독일의 사회적시장경제협회(ASM: Aktionsgemeinschaft soziale Marktwirtschaft)가 있다. 서독 정부의 경제정책에 영향을 행사하기 위한 목적으로 결성된 ASM은 질서자유주의(Ordoliberlaismus)의 대변자로 자칭했고, 선거기간에는 루트비히 에어하르트의 정책을 지지했다. 이들 단체들은 복지국가의 황금기에는 비주류의 위치에 머물렀지만 그럼에도 미국과 유럽의 기업들과 부유한 개인들로부터 자금 지원을 받을 수 있었다. "자유로운 경쟁 질서를 수립하면 그 질서가 국민에게 최선의 결과를 낳아줄 것"이란 입장을 공유하는 이들 단체들은 복지국가와 개입주의 국가에 대항해 조율된 정책노선을 수립하고 자유시장 정책을 퍼트리기 위해 서로 협력했다. Elmar Altvater(2008), pp.566-567.

프리드리히 폰 하이에크(Friedrich von Hayek, 1899~1992)는 통화정책과 경기변동 연구로 1974년 노벨경제학상을 수상한 오스트리아 태생의 경제학자이다. 신자유주의의 이론적 기초를 마련한 학자로 그가 시카고 대학에서 이끌었던 세미나에는 밀턴 프리드만과 조지 스티글러, 프랭크 나이트 등이 참여해 하이에크로부터 큰 영향을 받았다. 그는 대처와 같은 보수정치인들로부터 전폭적인 지지를 받았다. 다른 자유주의자들에 비해 전투적으로 시장의 자유를 옹호한 하이에크는 이미 1930년대에 불황의 원인과 대책, 사회주의에서의 경제계획 및 가격결정을 둘러싸고 각각 케인스와 랑게(Oscar Lange)와 유명한 논쟁을 벌였다. 그는 '시장의 자생적 질서'를 위협하거나 부정하는 모든 이념을 인류를 '노예의 길'로 이끄는 악이라고 보았다. '제한적인 지식'에 의존하는 '불완전한 존재'인 인간들이 각자의 불완전성에서 기인하는 오류를 정정하는 가장 확실한 방법은 시장에서 경쟁을 벌이는 것이며 시장만이 개인의 자유를 보장한다는 것이다. 하이에크는 민주주의는 단지 개인의 자유를 보호하기 위한 실용적 도구이며, 분배정의를 추구하는 그 어떤 정책도 종국에는 법의 지배를 파괴한다고 주장한다. Friedrich von Hayek, 김이석 역(2006), p.121, p.132. 시장의 자유에 대한 하이에크의 신념이 형성된 배경으로는 그가 독일인으로 격동의 시기를 살았다는 점이 고려되어야 한다. 바이마르 공화국의 짧은 '민주주의 실험'을 제외하고 독일은 오랜 기간 중앙집중적 독재체제가 이어졌던 국가였다. 이에 거부감을 가졌던 하이에크는 시장을 위협하거나 질서를 왜곡하는 그·어떤 유형의 국가도 반대하였다. 그러나 하이에크가 악으로 본 국가의 규제는 시장의 약자들에게는 생존과 최소한의 자유를 보장하는 토대이기도 하다는 점에서 하이에크가 내세운 신자유주의는 고전적 자유주의가 지닌 개혁적 특성을 없앤, 기득권층의 이익을 옹호하는 이데올로기에 불과하다는 비판도 제기되었다. 대표적으로 같은 자유주의자인 케인스(John Maynard Keynes)는 개인의 자유가 신성불가침이라는 데 이의를 제기하고 사회를 유지하고 공공선을 실현하기 위해서는 일정한 제한이 필요하다고 믿었다. 경제적 자유가 확대된다고 정치적 자유가 자동으로 보장되지 않는다는 것이다. 케인스는 〈자유방임주의의 종언(The End of Laissez-Faire)〉에서 현실의 시장에서 경제주체는 대등하지 않고 경제주체들의 의사결정과정에서는 무지가 지식을 압도하고, 독점과 결탁이 존재한다고 비판하였다. "이리 떼의 자유가 양 떼에게는 죽음을 의미한다"는 것이다. John Maynard Keynes(1926).

래한 석유파동으로 에너지 가격이 급등하자 석유 의존도가 높은 유럽은 특히 심한 타격을 입을 수밖에 없었다. 성장은 정체됐고 실업률은 상승했다. 경제가 둔화되면서 정부 세입은 감소한 반면, 사회복지 지출은 가파르게 상승했다. 1976년 적자가 급등하고 국제수지는 지체되자, 영국과 이탈리아는 국제통화기금IMF에 구제금융을 요청해야 했다. 도처에서 인플레이션 압력에 직면한 서유럽의 각국 정부는 임금인상을 제한하려고 시도했지만, 강력한 노동조합의 격렬한 반대에 부딪쳤다. 1978~1979년 겨울, 영국 노동당의 제임스 캘러헌Leonard James Callaghan 총리가 임금 인상을 제한하는 소득정책을 추진한 것은 파업의 물결만 일으킨 채, 이른바 '불만의 겨울The Winter of Discontent'[3])을 초래했다.John B. Judis, 2017: 139-141

혼란스러운 경제상황에서 당시 영국의 야당인 보수당 지도자였던 마거릿 대처Margaret Hilda Thatcher는 소속 정당인 보수당이 유지해온 케인스주의에 대한 공약을 거부하고 신자유주의 전략에 의존했다. 대처는 하이에크의 유명한 추종자였다. 하이에크의 주장대로 대처는 선거과정 내내 국가가 시장에 개입해 국가 구성원의 사회적 권리를 보장함으로써 사회적 평등과 연대를 추구하는 복지국가를 공격의 타깃으로 삼았다. 좌파정당이 추진한 복지국가가 노동 동기를 약화시키고, 저축 및 투자를 감소시켰으며, 생산을 위축시키는 등 온갖 경제 문제를 야기했다는 것이다. 총선에서 승리해 정치권력을 장악

---

3) '불만의 겨울(The Winter of Our Discontent, 1961)'은 한때 번성했던 가문의 후손들이 탐욕으로 인해 꿈과 이상, 도덕성을 상실해 가는 과정을 그린 미국의 문호 존 스타인벡(John E. Steinbeck)의 작품이다. 불만의 겨울은 1978~1979년 사이 영국에서 벌어진 노동계의 연쇄 파업 사태를 일컫는 용어이기도 하다. 1978년 당시 노동당 정부가 인플레이션을 막기 위해 공공부문 임금 인상을 5%로 제한하는 소득정책을 펴자 같은 해 12월에 이에 반발해 일어난 대형트럭 운전기사의 비합법 파업이 도화선이 되었다. 이는 다음 해 1월에 철도 운전기사와 간호사 파업으로 이어졌고, 전체 공공부문노조의 연대파업으로 확산되었다. 앰뷸런스 운전기사와 환경미화원의 파업으로 군대가 투입되고 쓰레기가 거리에 쌓이는 등 도시기능이 마비상태에 빠졌다. 이는 반노조 여론을 고조시켰고, 기성 정당으로 하여금 지지율을 올리기 위해 노동운동 탄압에 의존케 하는 결과를 낳았다. 그해 총선에서 노동당은 보수당에 정권을 내줘야 했다.

하자마자 대처는 자본가들이 자유롭게 자본을 축적하도록 각종 규제 철폐와 감세, 공공지출 축소, 민영화를 본격적으로 추진하였다. 노조와 대척점에 서서 노동 관련 법률을 노동조합에 불리하게 제·개정하고, 노동시장의 유연화를 밀어붙였다. 다른 한편으로는 법과 질서를 강조하고 강한 영국 건설을 추진하였다. 그러나 소신과 원칙을 내걸고 일방통행식으로 강행한 정책들로 인해 대처는 지지자들에게는 '영국병의 주치의', '냉전을 끝낸 자유의 투사'로 찬양되지만 비판자들에게는 공공의 분열, 개인적 이기심, 탐욕의 숭배로 영국을 분열시켰다는 평가를 들었다.

1980년대에 이르러 대처와 레이건 등이 내세운 신자유주의는 미국이 주도하는 국제기구에서 주도적인 흐름을 형성하게 되고 전 세계의 의사결정권자들에게도 폭넓은 영향력을 행사하게 되었다. 특히 미국의 대학에서 공부한 신자유주의를 추종하는 경제학도들은 국제통화기금IMF, 세계은행IBRD, 관세및무역에관한일반협정GATT 등의 국제기구 사무국에 채용되거나 제3세계 국가들의 정부자문관, 심지어는 국제비정부기구INGO의 활동가가 되어 전 세계에 신자유주의에 따른 구조조정 정책들을 부과하는 일에 앞장서기 시작했다.Elmar Altvater, 2008: 567 비판자들에 의해 '불경한 삼위일체'라고도 불리는 국제통화기금IMF, 국제부흥개발은행IBRD, 세계무역기구WTO는 신자유주의 세계화의 경제적, 정치적 교과서인 '워싱턴 컨센서스Washington Consensus'[4])를 실행에

---

4) 국제경제정책을 지배해 온 워싱턴 컨센서스는 미국모델(U.S. Model)에 기초한 것이다. 미국모델과 관련된 정책들은 금융시장의 탈규제, 민영화, 사회보장제도와 노동조합, 노동시장 보호의 약화, 정부의 축소, 상위소득자에 대한 감세, 국제적인 상품과 자본시장의 개방, 자연실업률로 가장된 완전고용의 포기가 있다. 미국모델은 유럽 모델에 비해 더 낮은 실업률, 더 높은 인구 대비 고용비율, 더 빠른 성장(부분적으로 이민자들에 의한 인구성장에 의해 추동되는)의 장점을 지닌다. 그러나 유럽모델에 비해 소득불평등의 정도가 더 높고, 악화되었다는 점, 더 높은 빈곤율, 더 낮은 생산성 성장(1990년대 중반까지), 더 긴 노동시간, 하층계급의 임금정체라는 단점이 있다. 미국모델을 원천으로 하는 워싱턴 컨센서스는 현재 다음과 같은 반발에 부딪치고 있다. 국제적 자본시장은 불안정성을 드러낼 수 있다. 수출주도형 성장은 국내성장에 크게 도움이 되지 않으며, 전 지구적 디플레이션과 바닥을 향한 경쟁으로 몰아넣기도 한다. 민주주의와 사회적 포용(social inclusiveness)을 위한 제도들이 성장을 위해 필요하다. 그리

옮기는 주요 기구들이다. 이들은 채무국들에게 부채를 재조정해준 대가로 복지 축소, 노동시장의 유연화, 민영화 등과 같은 제도적 개혁을 강요했다.

신자유주의 이데올로기 혹은 세계시장 지배의 이데올로기를 독일의 사회학자인 울리히 벡Ulrich Beck은 지구주의Globalismus라고 칭한다. 이 지구주의는 단일인과적이고 경제주의적인 접근법으로서 세계화의 다차원성을 단지 하나의 경제적 차원으로 축소시키고 환경적, 문화적, 군사적 세계화와 같은 차원들을 세계시장체제에 종속시킨다.Ulrich Beck, 조만영 역, 2000: 28 피에르 부르디외Pierre Bourdieu가 1930년대 독일의 보수혁명[5]에 비유한 신자유주의 혁명은 "전혀 통제되지 않은 채 전 지구를 돌아다니는 화폐의 순환 내지는 자본주의 내부에서 터져 나오는 폭주하는 광기"로 인해 민주주의에 부정적 결과를 미친다는 비판에도 직면하고 있다. 세계화의 추동력이 경시와 배제, 박탈과 비참함의 특수한 현대적 양상만을 창출한 결과 기능적으로 불필요한 인구층은 정치적으로나 법적으로, 사회적으로 모든 보호로부터 배제되고 있다는 지적이 바로 그것이다.Thomas Assheuer & Werner A. Perger (eds.), 이승협 역, 2005: 16-17, 153, 159 신자유주의 세계화가 정당하게 자신을 대변하지 못하는 다양한 특수집단과 자신들의 곤경을 정치화하지 못하는 배제된 사람들을 증가시킴에 따라 이에 저항하는 운동 역시 세계 전역에서 지속적으로 펼쳐지고 있다.[6]

고 노동시장 보호는 착취를 막기 위해 필요하다. Thomas I. Palley(2009), pp.51-52.

5) '보수혁명(konservative Revolution)'은 바이마르 공화국으로부터 나치 정권 초기에 이르는 독일의 특수한 정치적, 사회적 상황에서 문인과 예술가, 비주류 사상가들이 추진한 운동이다. 서구 자유주의의 토대인 계몽적 이성과 개인의 자유원리를 거부하고 정치적 행위의 결정을 정치적 책임자, 권력자의 임의적 결단에서 찾았다.

6) 그 대표적인 것이 멕시코에서 발생한 사파티스타민족해방군(EZLN)이라 알려진 농민 게릴라들의 봉기이다. 북미자유무역협정의 발효와 동시에 이들은 신자유주의 세계화에 대한 반대를 기치로 내걸고 원주민들의 권리 보장과 멕시코 사회의 총체적 개혁을 요구하고 나섰다. 그들은 인터넷을 적절히 활용해서 농민해방군들의 목소리를 세상에 알렸고 그 결과 사파티스타의 주장에 동조하는 이들에 의해 수많은 사이트들이 생겨나고 있고 국제적인 연대조직들도 결성되고 있다. 1999년 WTO 각료회의를 무산시킨 '시애틀 투쟁'도 저항운동이 표출된 사건이다. 대표적으로 신자유주의 이념을 전파하는 세계경제포럼에 맞서는 세계사회포럼(World Social Forum)에서는 반세계화를 기치로

데이비드 하비[David Harvey]는 신자유주의로의 변화가 지리적으로 불균등하게 전개되고 있으며 국가별로 다양한 방식에 따라 이뤄지고 있다고 지적한다. 그는 신자유주의로 인해 더욱 큰 사회적 불평등과 상위계급의 경제적 권력 장악이 이뤄졌다는 점을 강조한다. 탈규제는 항공과 원격통신부터 금융에 이르기까지 전 부문에서 기업의 이해관계를 강력히 옹호하기 위해 무제한적인 시장 자유의 새로운 영역을 열었다. 법인세는 엄청나게 감소했고, 최상위 개인의 세율은 '역사상 가장 큰 세금 감면'이 이뤄졌다.[David Harvey, 최병두 역, 2007: 43-44] 경제협력개발기구[OECD] 회원국 중에서 신자유주의를 주도적으로 추진한 영국과 미국의 사회 불평등 정도가 유독 큰 사실도 이 점과 관련이 있다. 한국에서도 지난 1997년 IMF가 구제금융을 제공하면서 지원조건으로 신자유주의적 개혁을 요구한 이래 여러 정권에 의해 사회의 신자유주의적 재편이 급속히 추진되어왔다. 그 결과 시장의 절대화와 함께 사회적 배제가 규칙이 되면서 사회구성원들은 생존을 위해 극단적인 경쟁이 지배하는 시장으로 내몰리고 있다.

'강탈에 의한 축적[accumulation by dispossession]'은 하비가 2003년 발간한 저서인 〈신제국주의[The New Imperialism]〉에서 사용한 용어이다. 하비는 마르크스가 말한 '본원적 축적'이 현재에도 강하게 남아 있다고 하면서, 그 예로 소농인구의 교체와 무토지 노동자의 형성, 물과 같은 공공재의 사유화, 대안적 형태의 생산과 소비의 억제, 국영산업의 민영화, 가족기업의 영농기업으로의 양도, 성매매에서의 노예제의 잔존 등을 거론한다. 신용체제와 금융자본은 약

내건 전 세계 사회운동가들이 제3세계 부채 탕감, 가난과 전쟁 반대, 깨끗한 물에 대한 권리, 에이즈 퇴치와 여성 교육 등을 주장하고 있다. 이들이 생산하고 있는 실생활과 직결된 구체적 대안과 정책은 반세계화 진영에 귀중한 자양분이 되고 있다. 특히 '다른 세계가 가능하다'는 이들의 일관된 표어이자 굳건한 믿음이다. 2011년 9월 미국 뉴욕에서 시작된 '월가점령(Occupy Wall Street)'시위는 미국 사회가 '20 대 80 사회'를 넘어 '1 대 99 사회'로 됐다고 주장하면서 사회적 자산을 독점한 1%에 대한 분노를 표출하였다. 비록 이질적인 다양한 사람들이 비조직적이고 자발적으로 전개하는 운동임에도 이 시위는 신자유주의적 세계화가 초래한 온갖 문제들에 항의하고 대안을 모색하는 데 전 세계 시민들이 함께할 수 있는 가능성을 보여주었다.

'강탈에 의한 축적(accumulation by dispossession)'은 영국의 지리학자인 **데이비드 하비(David Harvey, 1935~)**가 처음 사용했다. 하비는 세계를 휩쓰는 물이나 모든 종류의 공공재들의 민영화와 대학교 등 이제까지 공적 자산이었던 것들의 법인화가 '공유지 종획'의 새로운 물결을 보여준다고 강조한다. 과거처럼 국가 권력은 대중의 의지에 반하여 이러한 과정들을 빈번하게 강제한다는 것이다. "수년간의 어려운 투쟁을 통해 획득된 공유재산의 권리들인 국가연금, 복지, 국가의료보건 등의 사적 영역으로의 반전은 신자유주의의 이름으로 추구된 모든 강탈정책 중에서 가장 괘씸한 것들이다. 노동과 환경을 퇴락으로부터 보호하기 위해 설계된 규제들의 후퇴는 권리의 상실을 동반하고 있다." David Harvey, 최병두 역(2005), pp.144-145. 〈신자유주의 약사(A Brief History of Neo-liberalism)〉에서 하비는 신자유주의 공간을 자본이 공간을 넘나들며 그곳에 사는 사회계급들의 관계 속에서 이식, 확산, 변용되는 논리를 갖고 움직이는 동학의 결과로 설명한다. 급진적 마르크스주의자인 하비는 사회이론, 정치경제학, 지정학, 문화변동론 등에 관한 다양한 저서가 있다. 대표 저서로는 〈신제국주의(The New Imperialism)〉, 〈포스트 모더니티의 조건(The Condition of Postmodernity: An Enquiry into the Origins of Cultural Change)〉, 〈희망의 공간(Spaces of Hope)〉, 〈자본의 한계(The limits to Capital)〉, 〈도시의 정치경제학(The Urban Experience)〉, 〈도시와 사회정의(Social Justice and the City)〉 등이 있다.

탈, 사기, 도둑질의 주요한 수단이 되면서 이전보다 더 강한 역할을 담당하고 있고, 지적재산권이라는 새로운 메커니즘도 조성되었다는 것이다. 하비에 의하면 강탈에 의한 축적은 매우 낮은 비용으로 자산을 방출하는 것이고, 과잉축적된 자본은 이들 자산을 취득하여 즉각적으로 이윤창출이 가능한 방식으로 사용한다. '공유지 종획Enclosing the Commons의 새로운 물결'을 국가권력은 과거처럼 대중의 의지에 반해 빈번하게 강제한 결과 노동과 환경의 퇴락을 방지하기 위해 설계된 규제들이 후퇴하고, 사회적 약자들의 권리는 상실된다는 것이다. 하비는 강탈에 의한 축적이 주로 지리적 불균등발전 내에서 가장 취약하고 퇴락한 지역에서 다양한 방법으로 발생하고 있다고 말한다. David Harvey, 최병두 역, 2005: 142-148

한국에서 신자유주의가 언제 유래했느냐에 대해서는 다양한 견해가 있다.[7] 예를 들어, 국가가 기존의 국가-기업 간 관계의 변화를 시도한 1979년의 '경제안정화종합시책'은 금융자율화 및 공정거래법의 시행 등 자유경쟁체제로의 이행으로 이어진데서 주목할 만하다. 그러나 이 시책은 국가가 기업에 대해 세력관계의 우위를 여전히 유지하고 있던데서 민간주도 경제체제로의 전환이라는 유의미한 결과를 가져오지 않았다. 장상철, 1999 신자유주의는 1990년대에 들어와 김영삼 정권이 추진한 이른바 세계화정책에서 나타나기 시작했다. 당시 김영삼 정권은 경쟁과 효율성을 높이고 국가경쟁력을 강화시킨다는 명분으로 OECD 가입, 금융시장과 농업시장의 개방, 교육과 노동시장의 개혁을 이해당사자들과의 합의과정을 제대로 거치지 않은 채 일방적으로 추진하였다. 단기투기자본을 규제하고 기업들의 무분별한 차입을 제어하는 제도적 장치를 갖추지 못한 상태에서 1994년부터 1995년에 걸쳐 급격하게 자본시장을 개방한 결과는 1997년 말에 금융외환위기로 나타났다.

금융외환위기는 한국에 신자유주의 정책이 본격적으로 도입되는 계기가

7) 지주형은 신자유주의의 개념은 단지 시장주의 이데올로기에 국한되지 않고 재산권의 극대화를 위한 제도와 실천의 집합체로서, 상품화 및 금융적 수단에 의한 자본축적의 확대, 그리고 그것을 뒷받침하는 국가개입과 지구적 정치경제 질서를 의미한다고 지적한다. 이 같은 정의에 입각해 그는 "한국 신자유주의의 기원을 경제안정화 정책이 시작된 1979년이나 민주화가 이뤄진 1987년 또는 IMF 위기가 터진 1997년과 같이 어느 한 시점에 고정하는 것은 불가능하다"고 말한다. 그것은 지구적 변동 속에서의 한국 발전국가 모델의 위기와 이에 대한 대응에서 찾을 수 있으며, 1979년부터 1997년 위기까지 이르는 긴 기간에 위치한다는 것이다. 지주형(2011), pp.10-11.

됐다. 국제통화기금IMF은 구제금융의 대가로 한국 사회의 신자유주의적 재편을 핵심 내용으로 하는 지원조건을 부과했다. 한국 정부는 IMF의 지원을 받는 조건으로 대기성자금지원협약을 맺었고, 지원조건으로 통화·재정정책의 긴축적 운영과 금융산업의 구조조정 및 무역과 자본시장 자유화, 그리고 노동시장의 유연화 등 구조조정 프로그램에 합의했다. 이에 따라 김대중 정권은 재벌·금융·공공·노동 4대 부문의 구조조정과 시장개방을 추진했다. 이는 일부 부실한 기업과 사업이 정리되고 소수주주권이 강화되는 등의 성과를 거두었지만, 재벌의 유착구조와 금융지배는 제대로 개혁하지 못했다. 금융부문에서도 과잉투자나 재무구조 문제가 다소 나아졌지만 금융기관의 소유·지배·경영 구조는 그다지 개선되지 않았고 많은 금융기관들이 외국 자본에 함부로 매각되었다. 특히 노동시장에서 IMF의 요구에 따라 정리해고제를 조기 실시하고 파견근로제를 도입한 것은 노조에 대한 자본의 반격이란 점에서 전형적인 시장만능주의 정책이었다. 다만 신자유주의 정책의 도입으로 인한 폐해를 줄이고자 고용보험제도를 강화하고 국민기초생활보장제 등의 복지제도를 확충하는 조처가 있었다. 보수세력들로부터 '좌파 정권'이란 비판을 받은 노무현 정권은 동반성장을 내걸고 사회복지 지출을 다소 늘리는 등의 개혁정책을 실시하기도 했으나, 실제로는 부동산과 중소기업, 비정규직 노동자 문제에 제대로 대처하지 못하면서 오히려 사회적 약자들의 삶을 악화시켰다는 비판을 받았다. 정권 말기에는 노동자와 농민단체, 학계 등의 반대에도 불구하고 한미 FTA를 밀어붙였다. 이는 신자유주의가 금융외환위기 이후에도 여러 정권을 거치면서 국가와 사회를 지배하는 이데올로기로 착근되었음을 잘 보여준다.

신자유주의적 재편을 요구한 IMF의 처방에 대해서는 과거의 국가 주도적 경제발전 모델을 타파하고 '선진화를 위한 시장주도적 경제운영'이라는 정당화가 따라붙었다. 그러나 긍정적인 평가만 존재한 것은 아니었다. 대표적으로 마틴 펠드스테인Martin Feldstein은 한국의 위기상황이 단기적 외화부족으로 인한 것이고 중장기적으로 지불능력이 훼손되었기 때문에 발생한 사태가 아님에도 불구하고 IMF는 포괄적인 구조조정을 요구하였다고 지적하였다.

펠드스테인과 스티글리츠의 IMF 비판: 마틴 펠드스테인(Martin Feldstein)은 한국의 위기상황이 단기적 외화부족으로 인한 것이고 중장기적으로 지불능력이 훼손되었기 때문에 발생한 사태가 아님에도 불구하고 IMF는 포괄적인 구조조정을 요구하였다고 비판하였다. 한국의 국가관리 시스템을 미국식으로 전면 개편하는 것은 그 당위성에 있어 검증을 요하는 것이고 경제와 사회 전반에 걸쳐 심대한 영향을 미치는 사안인데도 외환위기로 한국의 체력이 소진되어 있는 상태에서 밀어붙이는 것은 온당치 못하다는 것이다. 조지프 스티글리츠(Joseph E. Stiglitz) 역시 "한국이 이미 금융 및 자본시장을 점진적으로 개혁·강화·개발할 계획을 세우고 있는데 구태여 이를 가속화하라고 압력을 가해야 하는 이유가 무엇인가"라면서, "한국에는 금융위기라는 참담한 결과가 일어날 것이 불 보듯 뻔한데 고작 일부 월스트리트 기업들의 배를 불리기 위해 급격한 자유화를 강요하는 것은 적절하지 않다"고 지적하였다.

이러한 구조조정 프로그램의 내용은 예외없이 지난 수년간 미국이 한국에 대해 갖고 있던 불만사항을 담고 있다는 것이다. 한국의 국가관리 시스템을 미국식으로 전면 개편하는 것은 그 당위성에 있어 검증을 요하는 것이고 경제와 사회 전반에 걸쳐 심대한 영향을 미치는 사안인데도 외환위기로 한국의 체력이 소진되어 있는 상태에서 밀어붙이는 것은 온당치 못하다는 지적이다.Martin Feldstein, 1998: 20-32 스티글리츠 역시 비판에 가세한다. 스티글리츠는 2008년 출간된 〈인간의 얼굴을 한 세계화〉 한국판에서 특별기고를 통해 자신이 1997년 백악관 경제자문위원회에서 근무할 때 "한국이 이미 금융 및 자본시장을 점진적으로 개혁·강화·개발할 계획을 세우고 있는 데 구태여 이를 가속화하라고 압력을 가해야 하는 이유가 무엇인가"라는 질문을 던졌다고 밝히고 있다. 이로 인해 미국에 일자리가 증가하는 것도 아니고 미국 경제가 크게 성장하는 것도 아니라는 것이다. 대신에 한국에는 금융위기라는 참담한 결과가 일어날 것이 불 보듯 뻔한데 고작 일부 월스트리트 기업들의 배를 불리기 위해 급격한 자유화를 강요하는 것은 적절하지 않다는 것이었다. 그럼에도 IMF와 미국 재무부는 급격한 자유화를 추진했고, 이로 인한 문제를 인정하기보다 동아시아 국가들에 책임을 전가하기에 급급했다고 한다.Joseph E. Stiglitz, 홍민경 역, 2008: 27-29

금융외환위기에 처하기 전에 한국은 중상주의mercantilism 전략에 입각해 높은 경제성장을 달성한 대표적인 국가였다. 한국에서 권위주의 지배세력은 경제성장을 최우선적인 정책순위로 설정하고 정치 행위를 통해 이를 지원했다. 2차 대전 후 '관세 및 무역에 관한 일반협정GATT'으로 대변되는 자유무역체제하에서 관세 및 비관세장벽을 주요 정책으로 하는 보호주의 혹은 전략적 무역정책을 채택해 성공을 거둔 일본은 한국의 벤치마킹 대상이었다.[8] 찰머스 존슨Chalmers Johnson은 국가 주도 산업화에 성공한 동아시아 국가의 역할과 성격을 규정하기 위해 '발전국가developmental state'란 용어를 사용했다. 그에 의하면 저발전의 구조적 조건 속에 처해 있던 라틴아메리카의 국가들이 '약탈국가'로 전락한 반면, 한국을 비롯한 대만·싱가포르 등 아시아 국가들은 눈부신 경제성장을 바탕으로 튼튼한 중간층을 형성하는 데 성공했고, 그 결과 민주주의 발전을 이루었다는 것이다. Adrian Leftwitch, 1995: 400-402

그러나 발전국가는 정치적·경제적·사회적 시민권을 박탈하는 등 민주주의를 억압하고, 광범하게 환경을 파괴하고 생태계를 훼손함으로써 가능했다. 사회적 불평등이 커졌고, 계층 간, 지역 간, 산업부문 간 갈등이 빈발했다. 이런 상황에서 1993년 집권한 김영삼 정권은 경제적 세계화를 국가전략

---

8) 중상주의는 상공업을 중시하고 국가의 보호 아래 수출을 장려하여 국부의 증대를 꾀하려는 주의로 16세기 이후 유럽 여러 나라에 퍼졌다. 지리상 발견으로 세계시장이 확대되면서 치열한 식민지 쟁탈전이 전개되었고, 각 나라들은 경제적 민족주의와 국가이익을 중시하는 정책을 추진했다. 이를 주장한 대표적 학자가 프리드리히 리스트(Friedrich List, 1789~1846)이다. 리스트는 1841년에 출판한 〈정치경제학의 국민적 체계(Das nationale System der politischen Ökonomie)〉에서 아담 스미스의 자유주의적 경제론을 비판하면서 만민주의의 탈을 쓴 고전학파의 자유무역 이론을 영국의 이익에 봉사하는 강대국의 이데올로기라 하였다. 그는 우세한 영국의 공업에 맞설 수 있는 힘을 가질 때까지 관세를 높여 국내 공업을 보호하고 국내시장을 육성하자는 보호무역론을 제창하였다. 이 같은 중상주의는 2차 대전 후 '관세 및 무역에 관한 일반협정(GATT)'으로 대변되는 자유무역체제하에서 일부 국가들이 관세 및 비관세장벽을 주요 정책으로 하는 보호주의 혹은 전략적 무역정책을 채택하면서 다시 대두하였다. 대표적으로 일본은 통산성을 사령탑으로 특별보조금 지급, 은행대출 주선, 수입상품 관세 인상 등의 개입정책을 통해 특정 산업과 대기업들의 경쟁력을 향상시키려 했다. 이 정책은 성공을 거두어 일본은 세계 유수의 경제대국으로 부상하게 되었다.

으로 내세웠다. 이에 따라 자본시장이 개방되고, 재벌과 금융기관의 해외차입이 자유화되었다. 발전국가가 지닌 문제점이 온존하는 상태에서 급속한 시장개방은 결국 금융외환위기를 초래하였다. 중상주의에 기반을 둔 발전국가를 긍정적으로 평가하던 일부 학자들은 이제 입장을 바꿔 아시아 모델에 내재하는 도덕적 해이moral hazard와 '연고자본주의crony capitalism'가 금융외환위기의 원인이 되었다고 주장하고 나섰다.

금융외환위기를 초래한 당사자이기도 한 통제되지 않는 비대한 경제권력은 IMF가 지원조건으로 요구한 개혁의 대상이었음에도 불구하고 오히려 더욱 강해지고 비대해졌다. 국가와 시민사회에 대한 권력의 비대칭성은 금융외환위기 이후 더욱 뚜렷해졌다. 김대중 정권과 노무현 정권 시기에도 재벌의 방만한 경영에 대한 민주적 통제는 제대로 이뤄지지 않았고, 어떤 경우에는 이들과 유착하기까지 했다. 민주화 역시 경제권력의 집중에 기여했다. 발전국가하에서 정부와 유착해 막대한 혜택을 받고 급성장한 재벌 대기업들은 민주화가 되면서 더 이상 권위주의 정부에 의존하지 않게 되었다. 이들은 노골적으로 국가의 시장으로부터의 퇴진을 주장하면서 국가에 압력을 가하기 시작했다. 이는 한국에서의 민주주의 이행이 정치영역에만 국한된 협소한 것이었기 때문이었다. 이행이 가져다 준 공간에서 재벌들은 더 큰 자율성을 주장하기 시작했고 이는 곧 현실화되었다. 전경련과 재벌연구소들, 재벌 친화적인 보수언론들은 자율적인 시장경제의 우월성과 국가개입의 비효율성을 강조하는 담론을 생산하고 확산시켰다.

신자유주의의 확산이 초래한 가장 중요한 변화는 정치를 약화시키고 경제에 대한 종속을 심화시켰다는 점이다. 시장의 경제권력이 비대화하면서 정치는 활동영역이 협소해지고 권력은 약화되었다. 기업가들뿐만 아니라 정치인들까지도 정치논리가 아니라 경제논리를 우선시하게 되었고 일반 대중들은 이들 논리를 내면화하게 되었다. 정치의 공간이 축소되고 역할이 무력화된 곳에서는 무한경쟁의 시장만 남게 되었다. 이러한 변화는 정치를 통해 다양한 사회문제를 해결하는 것이 점차 어려워지고 있다는 것을 의미한다. 사회구조와 시장의 왜곡을 바로잡을 수 있는 힘이 약화되었고, 이로 말미암아 심각한 문제들이 부상하기 시작했다. 이런 현상을 우리는 '경제에 침식된 정치'라 부를 수 있다. 원래 침식[erosion]이란 용어는 풍화, 용해, 마식, 운반 등의 자연 요인에 의해 지각의 암석과 토양이 느슨해지며 닳아 없어지고 동시에 다른 장소로 이동되는 제 현상을 가리킨다. 신자유주의가 위력을 발휘하면서 변형된 경제와 정치의 관계를 묘사하는 데 우리는 이 용어를 사용할 수 있다. 이는 로날도 뭉크[Ronaldo Munck]가 지적하는 '탈정치화'와 유사한 의미이다.

> "신자유주의는 사회 내의 사적인 영역과 공적 영역 사이의 전통적 관계를 변경시키고 '탈정치화'시켜 왔다 … 신자유주의에 의해 개인적 자유가 강조되었지만, 정치적 대의체계는 탈가치화되었고, 시장의 법칙을 정치에 적용하려고 하였다. 관료제에 대해 표현되는 적대성과 탈전문화된 정치에 대한 요구 뒤에는 민주주의에 대한 심각한 거부가 존재한다. 금권이 전에 없는 정치적 영향력을 미치고 있으며, 정치는 여타 다른 상품과 마찬가지로 시장화되었고 패키지화되었다. 놀랄 것도 없이, 비록 전체 정치과정에 대한 소외가 일반적인 현상은 아닐지라도 많은 시민들이 정치에 대한 관심을 잃었고, (정치적) 각성과는 거리가 멀어졌다. 신자유주의의 경제적 의제하에서 훨씬 더 제한적으로 된 정치적 선택은 대부분의 정당들이 공유하고 있는 기반이 되었고 정치적 차이는 의미가 없어졌다." _Ronaldo Munck, 2009: 119-120

웬디 브라운[Wendy Brown]은 오늘날 주요 민주주의 국가들에서 기업과 국가의 권력이 교차하는 것 이상으로 융합되는 모습을 보인다고 지적한다. 가령 학교, 군대, 감옥에 이르기까지 국가기능이 광범위하게 아웃소싱되고, 투자은행가와 CEO가 장관이나 각종 정부위원회의 수장이 되며, 국가가 금융자본의 상당부분을 은밀하게 소유하고 있다는 것이다. 브라운은 무엇보다 국가권력이 자본의 전 부문에 걸쳐 직접지원과 구제금융을 줄기차게 하고 있을 뿐 아니라 세금, 환경, 에너지, 노동, 사회, 재정, 통화정책을 통해 자본축적의 기획에 뻔뻔하게 연루되어 있다고 한다.[Wendy Brown, 2010: 88] 그녀는 신자유주의가 정치영역에서 민주주의의 원리를 경제적인 것들로 대체했다고 한다.

"민주주의의 가장 중요한 아이콘인 '자유' 선거는 정치자금을 마련하는 스펙터클에서부터 표적 유권자 '동원'에 이르기까지 마케팅과 경영의 서커스가 되고 있다 … 정치적 합리성으로서의 신자유주의는 입헌주의, 법 앞의 평등, 정치적·시민적 자유, 정치적 자율성과 보편주의적 포함 같은 자유민주주의의 기본 원리를 비용/수익 비율, 능률, 수익성, 효율성 같은 시장의 기준으로 대체하면서 자유민주주의의 근간을 전면적으로 공격했다. 바로 이런 신자유주의적 합리성에 의해서 각종 권리와 정보접근뿐만 아니라 정부의 투명성, 책임성, 절차주의 같은 여타의 입헌적 보호장치마저 쉽게 회피되거나 무시된다. 특히 국가는 공공연히 인민의 지배가 아니라 경영관리 운용의 구현체로 탈바꿈한다. 신자유주의적 합리성은 입헌국가를 비롯해 모든 인간과 제도를 회사모델에 따라 가공하며 정치영역에서 민주주의의 원리를 기업가적 원리로 대체한다. 신자유주의는 민주주의의 정치적 실체를 부스러기로 만들어버린 뒤 제 입맛에 맞게 민주주의라는 용어를 탈취했다."

_Wendy Brown, 2010: 89-90

물론 정치의 약화는 이미 자본주의가 도래하면서 시작되었다. 셰리 버먼Sheri Berman은 〈정치가 우선한다: 사회민주주의와 20세기 유럽의 형성The Primacy of Politics: Social Democracy and the Making of Europe's Twentieth Century〉에서 자본주의의 형성으로 시장의 요구사항들이 공동체의 삶과 정치권력의 한계를 결정하게 되면서 국가·시장·사회 간의 전통적 관계가 단절되었다고 지적한다. 버먼은 전자본주의사회들에서는 시장이 좀 더 넓은 사회적 관계 속에 뿌리 내리고 있었으며 정치에 종속되어 있었다고 한다. 전통적 공동체들의 제도, 규범, 선호가 시장의 범위와 작동을 통제했다는 것이다. 그런데 자본주의로 이행하면서 사적 이익이 공적 이익보다 우선시되었고, 시민들 간의 유대관계는 일시적이고 변하기 쉬운 교환관계로 대체되었다는 것이다. 버먼은 자본주의 아래에서 사회는 한갓 시장의 부속물로 전락했다고 주장한다. 이러한 파괴는 20세기에 들어와 정치의 우선성과 공동체주의에 대한 믿음, 즉 경제적 힘이 아닌 정치적 힘이 역사의 동력이 될 수 있으며 또 그렇게 되어야 한다는 확신, 그리고 사회의 '욕구'와 '행복'은 보호되고 배양되어야 한다는 확신 위에 세워진 이데올로기인 사회민주주의에 의해 복구되었다고 한다. 사회민주주의는 국가가 시장을 파괴하지 않으면서 그것을 통제할 수 있으며 또 그래야만 한다는 믿음을 바탕으로 '제3의 길'을 추구했다.Sheri Berman, 김유진 역, 2010: 13-36

벨기에 출신의 정치철학자인 샹탈 무페Chantal Mouffe는 독일의 법학자인 칼 슈미트Carl Schmitt가 사용한 용어인 '정치적인 것das Politischen'을 자유주의가 폐기하려 시도한다고 지적한다. 슈미트는 적과 동지의 구분이라는 갈등과 적대야말로 인간 삶의 항구적 조건이라고 보았다. 정치는 말할 것도 없고 경제·윤리를 포함한 모든 영역에서 필연적으로 적대의 관계가 창출된다는 것이 슈미트의 핵심 주장이다. 국가는 조직된 정치적 통일체로서, 전체로서는 그 자신에 대해서 적과 동지를 구별한다는 '정치적' 사실과 관련된다고 한다. 모든 정치적인 개념들은 어떤 구체적인 국내외 정치적인 대립으로부터 나오며, 이런 대립이 없다면 그것은 기만적이며 무의미한 추상에 그친다. 구체적인 상황, 구체적인 대립관계를 취하며, 그런 점에서 모든 정치적 개념은 논쟁적인 개념이라는 것이다.

오래전에 슈미트는 "정치적인 것이라는 개념규정은 정치적인 것에 고유한spezifisch 범주들을 밝히고 확정함으로써만 얻어질 수 있다. 즉 정치적인 것에는 그것에 특유한 기준들 — 인간의 사고나 행동의 다양한, 상대적으로 자율적인relativ selbständig 영역, 특히 도덕적·미적·경제적인 것에 대해 독자적인 방법으로 작용하는 — 이 있다"라고 지적했다. 슈미트는 자유주의의 비정치적 성격과 탈정치적 성격을 강조하며 이런 시도는 실패하기 마련이라고 한다.

> "어떠한 논리일관된 개인주의에도 정치적인 것에 대한 부정이 포함되어 있으며, 아마도 이것은 생각할 수 있는 모든 정치권력과 국가형태에 대한 불신의 정치적 실천에로 인도하지만 결코 독자적인 적극적 국가이론과 정치이론에로 나아가지는 못하기 때문이다. 따라서 국가, 교회 또는 그밖에 의한 개인적 자유의 제한에 대한 항쟁적인 대립물로서의 자유주의적 사상은 매우 체계적인 방식으로 국가와 정치를 회피하거나 무시한다. 국가와 정치에 대한 비판적 불신은 어디까지나 개인이야말로 출발점이며 도착점이라는 체계의 원리들로부터 용이하게 설명된다." _Carl Schmitt, 김효전 역, 1995: 83-85

칼 슈미트(Carl Schmitt, 1888~1985)는 주권과 독재, '정치적인 것' 등에 대해 독특한 이론을 전개한 독일의 법학자이자 정치학자이다. 그가 쓴 〈정치신학(Politische Theologie)〉, 〈정치적인 것의 개념(Der Begriff des Politischen)〉, 〈대지의 노모스(Der Nomos der Erde im Völkerrecht des Jus Publicum Europaeum)〉는 최근에도 안토니오 네그리(Antonio Negri), 에티엔 발리바르(Étienne Balibar), 지오르지오 아감벤(Giorgio Agamben), 샹탈 무페(Chantal Mouffe), 슬라보예 지젝(Slavoj Žižek) 등의 학자들에 의해 다시 중요성이 강조되고 비판적 독해가 이뤄지는 등 재조명이 한창이다. 이는 슈미트가 부르주아적·자유주의적 '법치주의'를 중심으로 현대 정치와 법의 본질과 한계를 탐구한 학자이기 때문이다. 슈미트가 '정치적인 것'의 기준으로 도덕적 선·악이나 미·추의 개념을 포함하지 않는 고유하며 궁극적인 '적과 동지'의 구별을 내세운 것은 오늘날에도 정치에 대한 탁월한 분석으로 평가된다. 그러나 슈미트는 독재자 개념을 통해 총통 히틀러를 이론적으로 정당화하는 등 나치의 핵심적 이데올로그로 활동했고 그로 인해 전후에는 수용소 생활을 거쳐 죽을 때까지 정계와 학계에서 고립된 삶을 살았다.

자유주의는 개인의 권리에 최고의 가치와 우선권을 부여하기 때문에 자유주의자는 국가와 정치에 대해 불신할 수밖에 없다. 국가 없이는 개인의 생존이 위협을 받고, 자유가 실현될 기회가 사라지기 때문에 자유주의자는 최소국가론을 내세우게 된다. 슈미트가 보기에 최소국가론은 위축되고 왜소화된 국가 권력에 대한 묘사일 뿐 진정한 의미의 국가이론이 아니었다. 자유주의가 비정치적인 또 다른 이유는 그것을 통해서는 정치적인 것과 관련된 집단적 정체성의 형성이나 집단행동을 해명할 수 없기 때문이다. 정치적인 것은 슈미트에 의해 적과 동지의 구별에 기반을 둔 집단적 상호 행위로 정의된다. 따라서 적과 동지를 구별할 수 있게 해 주는 기준을 공유하는 사람들은 이미 정체성을 공유하고 있다고 할 수 있다. 〈프레시안〉, 2010년 6월 19일

이러한 슈미트의 주장에 기초해 샹탈 무페는 아래와 같이 지적한다.

"자유민주주의가 오늘날 직면하고 있는 많은 문제는 정치가 하나의 도구적 활동으로, 사적인 이익들을 이기적으로 추구하는 것으로 제한되었다는 사실에서 연유한다. 민주주의를 단순히 일련의 중립적 절차들로 제한하는 것, 시민들을 정치적인 소비자들로 변형하는 것, 자유주의가 국가의 '중립성'이라는 관계를 고집하는 것, 이것들은 정치의 모든 실체성을 비워 버린다. 정치는 경제로 환원되었고 모든 윤리적 구성요소들을 박탈당했다."

_Chantal Mouffe, 이보경 역, 2007: 177-178

세계화 역시 경제를 탈국가화하거나 혹은 경제단위로서의 국민국가를 탈중심화함으로써 국민국가의 응집력을 약화시킴으로써 정치의 쇠퇴에 기여한다. 오늘날 국민국가의 주권은 위아래 혹은 내외로부터의 압력에 의하여 그 속성이 적잖게 변화하고 있다. 핵무기의 등장으로 인한 전쟁 성격의 변화, 새로운 커뮤니케이션과 정보기술의 발달 등과 같은 요인으로 인해 국가의 권력과 통제는 위로, 아래로, 밖으로 이동하고 있다고도 지적된다. 예를 들어, 네트워크를 통한 행위는 거리를 제거하고 이동성을 증가시킨다. 울리히 벡은 이를 통해 경제권력과 국가권력의 모래상자놀이는 고양이와 생쥐의 쫒고 쫒기는 게임으로 변화한다고 지적한다. 경제는 국민국가적인 정치와 사회의 생명줄인 일자리와 세금을 창출하거나 폐지시킬 수 있고, 이에 따라 거대정치Super-Politik는 철저하게 경제적 행위의 몰가치적인 계산 속에 이루어진다는 것이다. 벡은 기존 정치에 대한 불신이 '왜 안 되겠어Warum-Nicht'라는 태도로 나타나면서 우파의 금기 타파, 근대화에 대한 순응주의, 상실된 규범권력, 새로운 단순함, 영토적 비이성과 같은 '숫염소들의 합창Bocksgesängen'이 의미심장하고 위협적이 된다고 말한다. Thomas Assheuer & Werner A. Perger (eds.), 이승협 역, 2005: 64-76

슈미트와 무페가 강조한 정치의 쇠퇴 현상은 '비즈니스 프렌들리'를 내세운 이명박 정권 시기에 들어와 이전보다 더욱 뚜렷이 나타난다. 이명박 정권은 출자총액제한제를 풀고 법인세를 인하했으며, 수출대기업 위주의 고환율·저금리 정책을 추진했다. 기업체 세무조사를 축소했고, 금산분리 완화를 시도했으며, 연구개발과 에너지산업에 수십조 원의 직접자금을 지원했

벨기에 출신의 정치철학자인 **샹탈 무페(Chantal Mouffe, 1943~)**는 1970년대 후반부터 마르크스를 반경제주의적이고 반본질주의적인 관점에서 분석해 왔다. 그람시의 헤게모니 이론을 마르크스주의의 계급정치학과 경제주의를 극복할 하나의 대안적 관점으로 보고, 〈그람시와 마르크스주의(Gramsci and Marxist Theory)〉라는 편역서를 냈다. 이후 동료 에르네스토 라클라우와 함께 저술한 〈헤게모니와 사회주의 전략(Hegemony and Socialist Strategy)〉을 통해 해체적 관점에서 마르크스주의를 재해석해 포스트마르크스주의 논쟁을 촉발했다. 무페는 경제적 자유주의만 강조하는 신자유주의가 민주주의의 차원을 의도적으로 파괴하려 한다면서 그에 대한 저항과 견제는 정치의 영역에서만 이루어질 수 있다고 강조한다. 대표적 저작으로 급진적이고 다원주의적인 민주주의 기획을 제안한 〈정치적인 것의 귀환(The Return of the Political)〉, 민주주의의 역설적 성격이 바로 민주주의 실현의 원동력임을 강조한 〈민주주의의 역설(The Democratic Paradox)〉, 정치적인 것이 지닌 적대적 성격의 제거 불가능성을 인정해야만 민주주의를 제대로 실현할 수 있다고 주장한 〈정치적인 것에 대하여(On the Political)〉 등이 있다.

다. 그러나 이들 조치로 투자 확대, 일자리 창출, 경제성장이란 선순환 구조가 정착되리라는 애초의 기대는 충족되지 않았다. 이명박 정권은 정부가 대기업을 도와줘서 먼저 성장을 이루게 되면 그 혜택이 중소기업과 국민들에게 돌아갈 것이라 주장했지만, '고용 없는 성장'에서 보듯이 성장의 적하효과trickle down effect는 별반 이뤄지지 않고 있다. 오히려 재벌기업들은 북한의 세습체제를 능가하는 세습지배구조와 불법 상속 증여, 문어발식 족벌경영, 비자금 조성과 정경유착, 중소협력업체와의 불공정 계약, 일감 몰아주기 및 주가 띄우기, 영세자영업자 영역까지 파고드는 '통 큰' 사업 등으로 서민경제를 위협하고 양극화를 심화시키는 데 기여하고 있다. '글로비스 사건'[9]에서 잘 드러났듯이 상당수 재벌들은 총수라는 개인적 지위를 이용해 혈육에게 돈을 주거나 상속할 목적으로 관행처럼 '회사기회'를 유용해 왔다. 이 같은 한국 재벌의 소유와 경영을 살펴보면 시장원리에 맞지 않고 그들이 추구한다는 글로벌 스탠더드와는 더더욱 거리가 있다는 것을 알 수 있다. 이 밖에도 이명박 정권은 줄곧 법과 원칙을 강조해왔지만 재벌에게만은 사면권을 남발하면서 예외를 인정했다. 이러다 보니 대기업이 중소기업, 노동자 등 약자들과 맺고 있는 불공정한 관계에 대한 관심이 증가하고 이를 개선하라는 요구가 분출되고 있다.[10)]

규제받지 않고 자유롭게 자본축적을 행하는 것을 가능하게 한 것은 시장만능을 외치는 신자유주의 덕분이었다. 그러나 칼 폴라니Karl Polanyi가 적절하게 강조했듯이 사회와 경제를 조직하는 원리는 인간과 자연의 삶을 최대한 풍부하게 하는 것이 되어야 한다. 폴라니는 국가 경제 및 세계 경제를 시장의 자기조정적 기능을 통해 운영할 수 있다는 믿음은 허황된 것이라 비판하면서 이윤추구라는 자생동력에 의해 굴러가는 시장은 '악마의 맷돌Satanic Mills'로 묘사되는 파괴적 악영향을 사회에 미친다고 한다. 폴라니는 시장이 사회를 지배하는 현상을 비판하면서 시장을 사회 아래에 두고 인간적 가치와 자유를 되찾아야 한다고 주장하였다.Karl Polanyi, 홍기빈 역, 2009 그런 점에서 지금 필요한 것은 정치의 복원이다. 복잡하게 얽혀 있는 사회관계를 파악하고 합의로 이끄

---

9) 회사기회 유용의 대표적 사례로 꼽히는 '글로비스 사건'은 지난 2001년부터 2004년까지 현대자동차 및 계열사들이 회장 등 일가가 50%를 넘는 지분을 보유하고 있는 (주)글로비스에게 물량을 몰아주며 고가의 대행수수료를 지급한 혐의로 경제개혁연대와 소액주주들이 손해배상 소송을 제기한 사건이다. 경제개혁연대에 따르면 현대자동차 대표와 기아자동차 대표 등은 공모하여 현대자동차 그룹 계열사들의 운송, 물류 분야의 거래를 각 회사의 사업부문으로 설치하거나 자회사를 설립하여 하지 않고 글로비스에게 몰아주어 막대한 이익을 얻게 했다고 한다. 이에 따라 글로비스는 고수익 기업이 되었고, 2005년 말 상장되었을 때의 주식 가치도 매우 높게 평가되어 회장 부자는 1조 원여의 상장 차익을 거뒀다.

10) 최근 들어 재벌 대기업들에 의해 생존권을 위협받는 지경까지 내몰린 하도급 기업이나 대리점주들의 사정이 알려지면서 이에 대한 사회적 공분이 표출되고 있다. 이는 한국 사회가 비대칭적 권력관계에서 우위에 서있는 측이 열세에 있는 측을 늘상 약탈하고 착취하는 '갑을사회'임을 잘 보여준다.

신자유주의가 초래한 사회불평등에 저항하는 **월가점령시위**에 참여한 시위대들이 내건 피켓들. 이 시위는 1%가 지배하는 세상에 대해 99%가 분노를 표현하면서 시작됐다. 신자유주의를 찬성하는 정치가들과 학자들이 주장하는 이른바 '적하효과(trickle-down effect)'를 꼬집는 피켓도 보인다.

는 실마리가 정치이기 때문이다. '대안은 없다TINA'라는 신자유주의도 실은 대처와 레이건 같은 정치가들이 들고 나온 정치적 아젠다가 그 출발점이다.

폴 크루그먼은 〈자유주의자의 양심The Conscience of a Liberal: 한국어 번역서명은 〈미래를 말하다〉〉에서 미국의 역사적 사례를 분석한 후 경제가 정치를 변화시킨 것이 아니라 정치가 경제를 변화시켰다고 말한다. 그에 의하면 1930년대의 뉴딜 정책은 노동자계층에 진정한 정치권력을 부여하고, 부유한 엘리트 집단 위주의 정치에 종지부를 찍음으로써 미국이 이상적인 민주주의에 한 발짝 더 다가갈 수 있었다. 그러나 1970년대 뉴딜의 성과를 무산시키려는 급진적 우익세력이 공화당을 장악하면서 부자 감세와 사회보장제도의 축소 혹은 철폐, 노조 탄압 등 여러 가지 방법으로 미국 사회의 불평등이 확대되었다고 한다. 지난 30년간 기술발전과 그로 인한 생산력 증대가 가져온 혜택은 일반 가정이 아니라 소수의 부유층에게 돌아갔다는 것이다. 이러한 불평등을 심화시킨 보수주의자들은 기독교를 중심으로 한 종교 갈등 유발, 노조 탄압, 이념 갈등, 국가안보에 대한 공포감 조성, 투표 방해 등 다양한 요인들에 힘입어 오랜 기간 집권할 수 있었다는 것이다. 크루그만은 새로운 도금시대로 옮겨간 듯한 극심한 불평등은 사회관계와 정치를 좀먹고 있다고 비판한다. 사회보장제도를 혁신하여 불평등을 해결함으로써 뉴딜 정신의 복원과 유지가 필요하다는 것이다.Paul Krugman, 예상한 외 역, 2008: 159-193, 309

이런 주장은 앞에서 언급한 버먼도 피력했다. 버먼은 유럽에서 사회민주주의가 정치의 우선성을 받아들였으며, 정치권력을 사용해 사회와 경제를 재구성하고자 하는 열망을 강하게 드러냈다고 한다. 또한 공동체적 연대와 집단적 선에 호소했으며, 현대적 대중 정치조직을 만들었고, 자신들을 국민정당으로 내세웠다는 것이다. 버먼은 1945년 이후 유럽이 작동할 수 있었던 것은 사회민주주의와 훨씬 관련이 깊은 것으로 전후의 합의는 국가·시장·사회 간 관계의 극적인 변화를 기반으로 한다고 주장한다. 규제되지 않는 시장은 이제 위험한 것으로 간주되었고, 사회적 이익은 사적 특권보다 당연히 우선시되었다는 것이다. 그리고 국가는 '공동의' 또는 '공공의' 이익을 보호하기 위해 경제와 사회에 간섭할 권력아니, 의무을 지닌 것으로 이해되었다는 것이다.Sheri Berman, 김유진 역, 2010: 13-36

그러나 한국의 상황은 영 딴판이다. 한국의 정치지도자들은 정치를 올바로 이해하고 이를 사회균열과 갈등을 해결하는 기제로 사용치 못했다. 한국에서 경제로의 전이에 대한 언급 중 대표적인 것은 노무현 전 대통령이 했다. "권력은 시장으로 넘어간 것 같습니다. 우리 사회를 움직이는 힘의 원천이 시장에서 비롯되고 있습니다. 시장에서의 여러 가지 경쟁과 협상에 의해 결정되는 것 같습니다."〈연합뉴스〉, 2005년 7월 5일 2005년 5월 16일 청와대에서 개최된 '대기업과 중소기업 간의 협력 강화를 위한 대책회의'에서 인사말 도중 중소기업의 경쟁력을 높이기 위해 대기업이 협력해 줄 것을 요청하면서 한 발언이다. 노무현 정권은 '성장과 분배의 선순환'을 경제정책의 근간으로 내세웠고 양도세와 소득세를 강화하는 정책을 내놓기도 했다. 그러나 다른 한편으로는 재벌기업 연구소가 개발한 '국민소득 2만 달러 달성'이라는 성장우선 구호를 내걸었고, 시장논리를 고집하다 부동산 가격의 급등을 초래했다. 당연히 소득분배와 고용의 양극화는 심각해질 수밖에 없었다. 압권은 한·미 FTA였다. 노무현 정권은 우리 경제와 사회에 미칠 효과와 충격에 대한 철저한 연구, 이해당사자들의 의견 수렴과 대책 마련, 국민적 공감대에 기초한 면밀한 협상전략 수립 없이 약육강식의 정글 게임을 통해 사회 양극화를 심화시킬 것으로 예상되는 미국과의 FTA를 밀어 붙였다.

이명박 전 대통령 역시 정치본질에 대한 이해가 부족한 것으로 평가된다. 'CEO 대통령'을 자칭하고 '경제 살리기'를 국정의 모토로 삼는다는 것은 정치지도자가 왜곡된 방식으로 정치를 인식하고 있다는 것을 말해준다. 여권 내에서도 "회사 경영하듯 국가를 경영하는 대통령이 여의도 정치인들을 탁상공론하는 사람들, 귀찮은 사람들로 보고 3년 반 동안 여의도를 멀리했다"〈한겨레〉, 2011년 7월 20일는 지적이 나올 정도였다. 이 전 대통령은 이를 국정에 반영하거나, 정당정치를 중시해 정치체제에 대한 요구를 정책에 결합시키는 데는 큰 관심을 기울이지 않았다. 시민사회와 정당이라는 경로보다는 라디오 연설에서 보듯이 대통령 자신이 직접 국민들에게 자신의 의견과 정책을 전달하려 했다. 때로는 유권자를 정치공학에 따라 좌우되는 수동적 존재로 인식하는 듯한 모습도 보였다. 그 결과 대의제 민주주의의 핵심기제인 정당, 특히 집권여당은 온전한 국정운영의 파트너라기보다는 단지 대통령의 의지를 관철시키는 데 동원되는 기관으로 전락했다.

권위주의적 통치행태는 전 박근혜 정권에서도 단절되지 않았다. 18대 대선에서 과거 여당의 노선과 정책에 비추어 다소 파격적이라 할 경제민주화와 보편적 복지를 공약으로 준비하고 준비된 여성대통령을 구호를 내걸고 당선된 박근혜 전 대통령은 그러나 집권하자마자 검증 안 된 인사를 각료와 주요 기관장으로 밀어붙이다 갈등을 빚었다. 선거운동 때 강조했던 통합과 탕평은 사라지고 법과 원칙의 확립이 우선적 국정지표가 되었다. 법치에 대한 지속적 강조, 반대세력에 대한 압박, 상명하달식의 의사결정방식은 민주정치보다는 변법變法에 의한 통치를 행했던 고대 중국의 법가法家[11]를 연상시

11) 상앙(商鞅)과 한비(韓非), 이사(李斯) 등 법가의 사상가들은 형벌의 위협을 수반하는 명령(法)과 능력에 따른 관직 평가(術)를 중시하고 이를 실현가능케 하는 권력을 추구할 것을 주장했다. 이에 입각해 대부분의 고대 중국 왕조들은 백성을 철저히 국가

켰다. 국정의 주요 정책들을 추진하는 과정에서 야당을 국정의 파트너로 인정하고 대화와 타협을 시도하거나 반대하는 국민들을 설득하는 데 무관심하다는 평가를 들었다. 심지어는 집권여당과도 주요 정책들을 추진하는 과정에서 불협화음을 빚었다. 다른 한편으로는 배후실세인 최순실이 대통령과 청와대 경제수석과 공모해 재벌대기업들이 미르·K스포츠 재단에 수백억 원을 출연하도록 하는 등 고질적인 정경유착 행태를 반복하였다. 정치에 대해 거리를 두고 다양한 정치세력이나 시민들과 소통을 하지 않은 채 소수의 최측근들이 비밀리에 국정을 좌지우지했던 박근혜 정권은 결국 탄핵으로 종말을 맞았다.

이명박 정권과 박근혜 정권 9년 동안 한국 정치에서 두드러졌던 현상은 사회에 존재하는 경쟁적인 의견, 다른 욕구, 상반되는 이해관계를 열린 소통과 민주적 절차를 통해 조정하는 행위로서의 정치가 형해화된 것이었다. 대신에 강압력을 동원하거나 일방적 홍보를 통해 반대세력에게 다수의 의지를 관철시키려는 권위주의적 통치행태가 전면에 부각되었다. 무엇보다 당시 집권 세력은 정치를 특정한 사람들과 집단의 이익과 선호를 관철하기 위한 투쟁으로 간주하고 다양한 정치기관은 단지 그 목표를 위한 수단과 도구로 인식하는 데 그쳤다. 이는 최대기준의 민주주의로의 발전을 막을 뿐 아니라 힘겹게 이룬 정치적·절차적 민주주의마저도 훼손시킬 수 있다는 점에서 매우 우려스러운 현상이었다.

신자유주의로 인해 권력이 시장으로 넘어갔다는 것은 단순한 영역의 이동보다는 시장친화적으로 권력의 작동방식이 확산된 것이라고도 해석할 수 있다. 미셸 푸코Michel Foucault가 지적한 대로 권력은 특정한 장소나 인간에게만 국한되지 않으며 모세혈관 같이 사회 구석구석까지 관계의 망을 형성하고 있기 때문이다. 사회전체에 편재하는 권력은 쾌락을 유도하고 지식을 형

의 통제 아래 두고 귀족세력을 무력화시킴으로써 중앙집권적 전제왕권을 유지할 수 있었다. 傅正源, 윤지산·윤태준 역(2011), pp.55-165.

성하고 담론을 생산하며, 심지어는 일상생활에도 적용되어 개인을 범주화하고 개별성과 고유의 정체성에 특징지운다. 한국 사회에서 다양한 사회영역이 시장화되면서 분할과 불평등, 불균형과 같은 차별화의 결과이자 원인인 권력관계는 모든 이들의 일상을 구성하고 행동을 지배하고 있다.[김부용, 2010: 240-263] 이러한 현실은 공적 영역에서 복수의 행위자들이 함께 하는 공동행위인 정치행위를 위축시킨다. 자유롭다는 것은 정치적 행위의 장에서 사는 것이라는 한나 아렌트[Hannh Arendt]의 언급에 입각해보면,[Hannah Arendt, 김선욱 역, 2007: 156-159] 신자유주의가 지배적인 사회에서 자유의 공간은 폐쇄되거나 억압되며 그 구성원들은 '정치적 인간'으로서의 자유를 정당하게 향유치 못한다.

신자유주의의 확산이 공공성을 파괴하고 민주주의 자체를 위협한 사례를 발견하는 것은 어렵지 않다. 정치의 무력화와 퇴행이 초래하는 위기는 '정치로의 귀환'을 통해 경제에 대한 정치의 통제력을 다시 확보함으로써 풀 수 있다. 이는 유권자들의 의사결정과정에 대한 참여가 갖는 사회적 규정력을 강화함으로써 가능할 수 있다. 그러나 더 확실한 것은 자크 랑시에르[Jacques Rancière]가 말한 대로 단순히 공동체의 구성원들을 결집시켜 동의를 조직하고, 그들 각자에게 자리와 기능을 분배해 위계를 유지시키는 질서를 가로질러 이를 해체하는 평등과 해방행위로서의 정치를 자리 잡게 하는 것이다.[Jacques Rancière, 양창렬 역, 2008] 배제와 차별과 위계에 문제를 제기하고 '보이지 않았던 것'을 보이게 만드는 정치의 복귀만이 현재의 위기를 극복할 수 있는, 즉 복잡하게 얽혀있는 '고르디우스의 매듭'을 풀 수 있는 길이다. 더구나 시장만능주의와 성장우선주의가 지배하는 사회라면 민주주의 고갈에 대항하는 정치의 중요성은 더욱 긴요하다.

연관 키워드

강탈을 통한 축적(accumulation by dispossession, David Harvey), **정치적인 것**(das Politischen, Carl Schmitt), **악마의 맷돌**(satanic mills, Karl Polanyi), **보수혁명**(konservative Revolution), **공유지 종획**(Enclosing the Commons)**의 새로운 물결**

[참고문헌]

Altvater, Elmar. "신자유주의의 뿌리." Leo Panitch 외. 이고성 역. 〈세계의 발화지점들: 제국주의와 신자유주의에 대한 반발〉. 서울: 필맥, 2008.

Arendt, Hannah. 김선욱 역. 〈정치의 약속〉. 파주: 푸른숲, 2007.

Assheuer, Thomas & Werner A. Perger (eds.). 이승협 역. 〈세계화 이후의 민주주의〉. 서울: 평사리, 2005.

Beck, Ulrich. 조만영 역. 〈지구화의 길〉. 서울: 거름, 2000.

Berman, Sheri. 김유진 역. 〈정치가 우선한다: 사회민주주의와 20세기 유럽의 형성〉. 서울: 후마니타스, 2010.

Brown, Wendy. "오늘날 우리는 모두 민주주의자이다." Giorgio Agamben 외. 김상운 외 역. 〈민주주의는 죽었는가?〉. 서울: 난장, 2010.

Feldstein, Martin. "Refocusing the IMF." *Foreign Affairs*, March/April 1998.

Friedman, Milton. 심준보·변동열 역. 〈자본주의와 자유〉. 서울: 청어람미디어, 2007.

Harvey, David. 최병두 역. 〈신자유주의: 간략한 역사〉. 파주: 한울, 2007.

______. 〈신제국주의〉. 파주: 한울, 2005.

Hayek, Friedrich von. 김이석 역. 〈노예의 길. 사회주의 계획경제의 진실〉. 파주: 나남출판, 2006.

Judis, John B. 오공훈 역. 〈포퓰리즘의 세계화〉. 서울: 메디치미디어, 2017.

Kahn, Si & Elizabeth Minnich. *The Fox in the Hennhouse. How Privatization Threatens Democracy*. San Francisco: Berrett-Koehler, 2005.

Keynes, John Maynard. "The end of laissez-faire(1926)"(http://www.panarchy.org/keynes/laissezfaire.1926.html).

Krugman, Paul. 예상한 외 역. 〈미래를 말하다〉. 서울: 현대경제연구원, 2008.

Leftwitch, Adrian. "Bringing politics back in: Towards a model of the developmental state." *Journal of Development Studies*. Volume 31. Issue 3. 1995.

Leggewie, Claus & Richard Münch (Hrsg.). *Politik im 21. Jahrhundert*. Frankfurt/M: Suhrkamp, 2001.

McNally, David. 강수돌·김낙중 역. 〈글로벌 슬럼프: 위기와 저항의 글로벌 정치경제 이야기〉. 서울: 그린비, 2011.

Mouffe, Chantal. 이보경 역. 〈정치적인 것의 귀환〉. 서울: 후마니타스, 2007.

Munck, Ronaldo. “신자유주의와 정치. 그리고 신자유주의적 정치.” Alfredo Saad-Filho & Deborah Johnston. 김덕민 역. 〈네오리버럴리즘: 신자유주의는 어떻게 세계를 지배하게 되었는가?〉. 서울: 그린비, 2009.

Palley, Thomas I. “케인스주의에서 신자유주의로: 경제학 패러다임의 이동.” Alfredo Saad-Filho & Deborah Johnston. 김덕민 역. 〈네오리버럴리즘: 신자유주의는 어떻게 세계를 지배하게 되었는가?〉. 서울: 그린비, 2009.

Polanyi, Karl. 홍기빈 역. 〈거대한 전환: 우리시대의 정치·경제적 기원〉. 서울: 길, 2009.

Rancière, Jacques. 양창렬 역. 〈정치적인 것의 가장자리에서〉. 서울: 길, 2008.

Schmitt, Carl. 김효전 역. 〈정치적인 것의 개념〉. 서울: 법문사, 1995.

Stiglitz, Joseph E. 홍민경 역. “한국 외환위기 10년. 세계화의 명암을 돌아본다.” 〈인간의 얼굴을 한 세계화〉. 서울: 21세기북스, 2008.

Wünsche, Horst Friedrich (Hrsg.). 한국경제정책연구회 역. 〈사회적 시장경제의 이해〉. 서울: 비봉출판사, 1996.

傅正源. 윤지산·윤태준 역. 〈법가, 절대권력의 기술: 진시황에서 마오쩌둥까지, 지배의 철학〉. 파주: 돌베개, 2011.

김부용. “권력의 행사방식 논의에 대한 푸코의 비판과 보완.” 〈철학사상〉 제38호. 2010.

김현미 외. 〈친밀한 적: 신자유주의는 어떻게 일상이 되었나〉. 서울: 이후, 2010.

윤상우. “외환위기 이후 한국의 발전주의적 신자유주의화: 국가의 성격변화와 정책대응을 중심으로.” 〈경제와사회〉 83호. 2009.

장상철. “한국의 개발국가. 1961-1992: 성장의 역설과 국가-기업관계의 변화.” 연세대학교 사회학과 박사학위논문. 1999.

지주형. 〈한국 신자유주의의 기원과 형성〉. 서울: 책세상, 2011.

진시원·홍익표. 〈세계화 시대의 국제정치경제학〉. 부산: 부산대학교출판부, 2015.

두 번째 키워드: 민주주의

대의되지 않는 민주주의

보론: 민주주의로의 이행과 민주주의의 공고화

이 지구상에는 민주주의를 표방하는 무수한 국가와 집단이 있다. 민주주의라는 용어는 어디서나 흔하게 사용되고 있다. 그럼에도 민주주의는 하나로 합의된 의미를 갖고 있지 않다. 민주주의는 오랜 역사 속에서 다양한 의미와 함의connotations를 내포해왔고 오늘날에는 서로 다른 체제의 맥락에서 상이하게 이해되곤 한다.Anthony Arblaster, 2002: 3 그런 점에서 민주주의의 구체적인 의미는 시간이 경과함에 따라 여러 가지 다른 의미를 얻게 되는 동적인 것이라 할 수 있다. 민주주의는 가치와 목표가 어떻게 이해되고 무엇이 더 중요하다고 여기는가에 따라 다양한 형태를 띠고 있다.[1] 이와 같이 민주주의는 동적인 개념이고 시대상황에 따라 그 내용을 달리하기 때문에 어떤 고정된 개념으로 민주주의를 상정하는 것은 바람직하지 않다. 이 점에 착안하여 많은 학자들은 새로운 세계 질서 속에서 변화하는 민주주의 국가의 위치와 새로운 민주주의의 의미, 그리고 이의 확보 방법을 둘러싸고 다양한

---

1) 웬디 브라운(Wendy Brown)은 오늘날 민주주의는 역사상 전례 없는 인기를 누리고 있지만 개념적으로는 더할 나위없이 모호하고 실질적으로는 빈약하기까지 하다고 지적한다. 어쩌면 민주주의가 지금 누리고 있는 인기는 민주주의의 의미와 실천이 보여주는 개방성뿐만 아니라 그 공허함에도 의존하고 있는 듯하다는 것이다. 그러면서 브라운은 "민주주의라는 말은 누구나, 그리고 모두가 자신의 꿈과 희망을 싣는 텅 빈 기표이다"라고 말한다. Wendy Brown(2010), p.85.

논의를 전개하고 있다. 변화된 세계를 반영하여 민주주의 개념 역시 재구성되어야 한다거나 혹은 '민주주의의 민주화democratization of democracy'가 필요하다는 등의 주장도 개진되고 있다.

원래 인민들이 통치하는 지배방식을 일컫는 용어인 '데모크라티아,' 즉 민주주의는 오랜 역사적 기원을 지닌다. 이에 대해서는 호주의 정치학자인 존 킨John Keane이 쓴 〈민주주의의 삶과 죽음—대의 민주주의에서 파수꾼 민주주의로〉가 자세하다. 킨은 민주주의 역사를 크게 회의체 민주주의assembly democracy, 대의제 민주주의representative democracy, 파수꾼 민주주의monitory democracy의 세 단계로 구분해 고찰한다. 그 기원도 고대 그리스가 아니라 대략 기원전 2500년에 지리적으로 오늘날 '중동'이라고 불리는 지역에서 시작되었다고 한다. '데모크라티아'라는 단어의 뿌리를 살펴보면, 그리스 고전 시대보다 700년에서 1,000년 정도 앞선 미케네 문명 시기의 '선형문자 B' 기록물에서 기원을 찾을 수 있다. 즉 미케네와 펠로폰네소스 반도의 도시국가들을 중심으로 하여 발달했던 후기 청동기 시대(기원전 1500년~기원전 1200년)가 그 기원이라는 것이다. 회의체를 기반으로 하는 민주주의의 등불이 처음 밝혀진 곳은 '오리엔트(동방)' 지역이었다. 이때 '오리엔트'는 현재의 지리적 명칭으로 보자면 시리아, 이라크, 이란 지역을 가리킨다. 고대 아테네가 "서양 문명의 발상지이며 민주주의의 요람"이라는 현 시대의 믿음이 19세기 유럽에서 형성된 일종의 신화에서 비롯된 것이라고 주장한다.

킨은 고대 그리스 지역에서 나타난 자치적 회의체의 전통은 초기 이슬람 세계에서도 발견된다고 지적한다. 그런 회의체의 예로는 '와크프وقف'와 '모스크مسجد'가 있었으며, 경제 분야에는 통치자로부터 법적으로 독립된 '샤리카شركة'라는 일종의 공동 경영 조직이 있었다. 그리스 민주주의 시대의 아고라와 프닉스를 합쳐놓은 것처럼, 모스크는 지역 공동체의 회의체들이 모여 시끌벅적하게 공적 업무를 수행하는 공공장소 구실을 했다. 모스크는 회의체 민주주의의 정신을 전하는 강력한 매개체였다. 이곳에는 누구나 접근할 수 있었다. 젊은이와 늙은이, 부자와 가난한 자, 남자와 여자가 모두 동등하게 환영받는 곳이었다.

민주주의의 오랜 기원을 밝힌 '선형문자 B' 기록물: 존 킨(John Keane)에 따르면 민주주의의 기원은 지금껏 알려진 것처럼 고대 그리스가 아니라 대략 기원전 2500년에 지리적으로 오늘날 '중동'이라고 불리는 지역에서 시작되었다. '데모크라티아'라는 단어의 뿌리는 그리스 고전 시대보다 700년에서 1,000년 정도 앞선 미케네 문명 시기의 '선형문자 B' 기록물에서 그 기원을 찾을 수 있다. 이때는 미케네와 펠로폰네소스 반도의 도시국가들을 중심으로 문명이 발달했던 후기 청동기 시대(기원전 1500년~기원전 1200년)였다. 회의체를 기반으로 하는 민주주의의 등불이 처음 밝혀진 곳은 '오리엔트(동방)' 지역이었다. 그런 회의체의 예로는 '와크프'와 '모스크'가 있었으며, 경제 분야에는 통치자로부터 법적으로 독립된 '샤리카'라는 일종의 공동 경영 조직이 있었다. 킨은 고대 아테네가 "서양 문명의 발상지이며 민주주의의 요람"이라는 현 시대의 믿음이 19세기 유럽에서 형성된 일종의 신화에서 비롯된 것이라고 주장한다.

이어서 민주주의가 꽃핀 지역은 잘 알려진 대로 고대 그리스였다. 민주주의의 어원도 그리스어인 인민demos과 통치kratos의 합성어에서 유래한다. 페르시아 전쟁을 거치면서 그리스인들은 공동체와 평등에 대한 의식을 갖게 되었고, 도시의 모든 자유시민들이 민회에 직접 출석하여 투표하는 민주정을 확립하였다. 기원전 462년부터 429년까지 아테네를 통치했던 페리클레스가 펠로폰네소스 전쟁의 첫 해 겨울 동안 희생된 자들을 위해서 행했던 추도연설에는 민주주의의 이상에 대한 완전하고 적극적인 주장이 담겨 있다.

고대 그리스의 아고라(Agora), 민주주의의 꽃을 피우다: 폴리스의 시민은 공동체의 구성원이자 공동체 생활 자체에 참여하는 사람이었다. 공동체 생활은 정치적 측면에서 전체 구성원이 참여하는 의사결정행위를 가리키고, 군사적 측면에서 외부의 공격에 대항하여 공동체를 방어하는 것이고, 종교적 측면에서 공동체 구성원과 그들을 지켜주는 신들과 관계를 유지하는 일에 참여하는 일이었다. 아테네의 경우 민회는 1년에 40회 정도 소집되었는데 아테네의 10개 부족에서 추첨으로 선발된 500인으로 구성된 평의회(boule)가 발의한 안건에 대해 토론했다. 집회에 참석한 사람은 누구든지 발언권을 가지며, 의회의 제안에 대해 수정을 요구할 수 있었다. 거수에 의한 다수결로 이루어지는 결정은 국내 문제나 국외문제, 공공건설 문제, 전시에 걷는 특별세, 새로운 제사의식의 도입 등 여러 분야에 걸쳐 있었다. Claude Mossé, 김덕희 역(2002), p.59, pp.63-64. 한편, 평의회는 사법적 기능을 수행하는 동시에 모든 아테네 시민들이 참여하는 민회의 대의체였고, 일반적으로 아테네의 재정복지에 관한 책임을 졌다. 추첨으로 선발된 평의회를 아리스토텔레스는 '민주주의의 특징적 기관'이라 불렀고, 그리스의 다른 모든 권위자들도 추첨을 부유한 자나 가난한 사람 모두 정부에 평등한 영향력을 행사할 수 있게 하는 필수적인 수단으로 보았다. Ernest Callenbach & Michael Phillips, 손우정·이지문 역(2011), pp.32-33.

"우리의 정체는 이웃나라들의 제도를 모방한 것이 아닙니다. 우리는 남을 모방하기보다 남에게 본보기가 되고 있습니다. 소수자가 아니라 다수자의 이익을 위해 나라가 통치되기에 우리 정체를 민주정치라고 부릅니다. 시민들 사이의 사적인 분쟁을 해결할 때는 법 앞에 만인이 평등합니다. 그러나 주요 공직 취임에는 개인의 탁월성이 우선시되며, 추첨이 아니라 개인적인 능력이 중요합니다. 마찬가지로 누가 가난이라는 불리한 조건에도 불구하고 도시를 위해 좋은 일을 할 능력이 있다면 가난 때문에 공직에서 배제되는 일도 없습니다. 우리는 정치 생활에서 자유롭고 개방적인데 일상생활에서도 그 점은 마찬가지입니다 … 사생활에서 우리는 자유롭고 참을성이 많지만, 공무에서는 법을 지킵니다. 그것은 법에 대한 경외심 때문입니다. 우리는 그때그때 당국자들과 법, 특히 억압받는 자를 보호하기 위해 제정된 법과, 그것을 어기는 것을 치욕으로 간주하는 불문율에 순순히 복종하기에 하는 말입니다."

_Thoukydides, 천병희 역, 2011: 168-169

오리엔트의 전제주의에 대한 응답이었던 그리스의 민주주의는 그러나 노예, 여자, 외국인 거류자, 이민 노동자 등 사적 재산권에 기초한 노예제 사회에서 노동을 담당하는 사람들에게는 정치적 권리를 부여하지 않았다. 그러다 보니 플라톤처럼 데모스를 시민과 외국인 등이 분별없이 뒤섞인 무리로 보고 민주주의를 부정적으로 묘사하는 사람도 나왔다. 이후 민주주의는 누가 인민이고, 통치는 무엇을 의미하며, 그 범위는 어떠한가 등을 둘러싸고 시기와 장소에 따라 다양하게 정의되면서 격렬한 논란을 겪었다. 데모스는 지식, 재산, 혈통, 그리고 다수라는 개념과 중첩되며 다양하게 정의되었다. 크라토스 역시 동등한 권리를 갖는 시민들에 의한 직접 통치부터 일부 혹은 전원이 선거에 의해 선출되는 대표들로 구성되는 의회를 통한 간접 통치 등 다양한 형태가 존재해왔다. 그런 까닭에 많은 정치학자들은 민주주의를 측정하는 공동의 기준에 맞춰 민주주의의 합의된 정의를 찾으려 노력해왔다. 상이한 장소와 문화에서 민주주의의 상이한 가능성과 의미를 찾는 것은 이들 학자들에게 상당한 도전이 되고 있다. 이러한 도전의 핵심 요소는 민주주의의 한계threshold 기준과 연속성continuum이라 할 수 있다. 여기서 한계는 민주주의와 비민주주의 사이의 경계를 말하며, 연속성은 한 국가, 혹은 다른 단위에서 얼마나 많은 민주주의가 존재하느냐를 다룬다.Michael Saward, 200: 86

다양한 유형의 민주주의 가운데 오늘날 지배적인 것으로 자리 잡은 민주주의는 대의제 민주주의representative democracy이다. 인민이 그들 자신에 의해 정기적으로 선출되는 대표자를 통해 궁극적 통제권을 행사하는 대의제 민주주의는 근대에 들어와 서유럽에서 확립되었지만 역사는 게르만족의 자유민 총회까지 소급된다. 예를 들어, 북유럽에 거주했던 바이킹 자유인들은 600년에서 1000년 사이에 팅Ting이라 불리는 재판회의를 유지하였다. 팅의 모임에서 자유민들은 분쟁을 해결하고 법을 토론하고 승인하거나 기각하였으며 종교의 변화에 대한 제안을 결정했고 심지어 왕을 선출하거나 승인하였다. 이러한 전통은 15세기 스웨덴의 릭스다그Riksdag와 같은 근대적 대의제 의회제도로 발전하였다. 네덜란드와 플랑드르에서도 통치자들은 동의를 구할 목적으로 도시와 중요 사회계급에서 선출된 대표자들의 모임을 소집하였다. 이와 같은 모임은 오늘날 의회제도의 전통과 관행, 사상들의 맹아적 형태라 할 수 있다.Robert Dahl, 김왕식 외 역, 1999: 35-39 영토가 확대되고 사회가 복잡해짐에 따라 직접민주주의 제도를 운용하는 것이 점차 불가능해지면서 선거를 통해 선출된 대표에게 의사결정의 권리를 양도, 위임하는 대의제 민주주의 체제가 발달하게 되었다.

일반적으로 대의제는 인민들이 대표자로 하여금 그들을 대신하여 정부의 사나 정부정책 등을 결정하게 하는 제도로, 대의민주제, 간접민주제, 국민대표제, 의회민주제라고도 한다. 대의제에서는 복수의 정당이 선거를 통해 사회의 다양한 이익과 갈등을 표출하고 조직해 정부와 국회를 구성한다. 여기서 선거는 시민사회의 다양한 정책 선호를 정부의 정책 형성에 연결시키는 중요한 매개체라 할 수 있다. 역사적으로 대의제에 관한 이론은 존 스튜어트 밀John Stuart Mill에 의해 확립되었다. 밀은 〈대의제정부론Considerations on Representative Government〉에서 '이상적으로 최선의 정체'는 인민이 '그들 자신에 의해 정기적으로 선출되는 대표자를 통해 궁극적 통제권을 행사하는' 대의민주제로 이뤄진다고 한다. 대의민주제는 중앙권력이 감시 통제될 수 있는 메커니즘을 제공하고, 이성과 토론의 중심 및 자유의 감시자로 활동하는 광장의회을 확립하며, 선거경쟁을 통해서는 지도자 자질로서 전체의 최대이익을 위한 예지를 갖춘 사람을 선출한다는 것이다. 이러한 밀의 주장은 국가의 최소간섭을 보장하는 것이 자기개발의 가능성을 극대화하고 개인자유를 보호하는 최선의 방법이라는 그의 자유주의적 사상에 기초한다고 할 수 있다.

David Held, 2006: 84-88

따라서 대의제 민주주의 체제하에서 시민들은 자신의 대표를 통해 간접적으로 지배한다. 보통사람들이 자신들의 삶, 더 나아가 자신들이 속한 공동체의 삶에 대해 이성적인 결정을 내릴 능력이 있다는 확신이야말로 민주적 사고의 변함없는 토대를 이룬다. 그러나 공공결정에 참여할 권리를 모든 시민에게 부여하는 아테네의 고전적 관행이 가능했던 건 시민들이 모두 한 곳에 모일 수 있을 만큼 도시국가의 규모가 비교적 작았기 때문이다. 현대 국가들은 규모상 이런 관행의 실시가 불가능하다. 그러다 보니 시민들이 자신들을 대신해서 법과 정책에 관한 결정을 내릴 정치적 대표를 선출하는 대의제 민주주의가 지배적 형태로 자리 잡게 되었다. 여기서 염두에 둬야 할 점은 직접 민주주의를 현대 정치 일반에 적용하는 것이 현실적으로 거의 불가능하거나 비효율적이라서 간접적 요소를 내용으로 하는 대의제 민주주의가 채택된 것이지, 직접 민주주의 자체가 옳거나 그르다는 평가로 인해 그렇게 된 것은 아니라는 점이다. 비록 뿌리를 내리지 못하고 있지만 주민발안, 주민투표, 주민소환 등의 직접 민주주의 제도도 현대 민주주의의 핵심인 것이다. 이것은 직접 민주주의가 오히려 더 중요한 의사결정에 적용됨을 보여주며, 민주주의에서 직접민주주의를 배제할 수 없음을 잘 나타낸다. 만약 '절차적 정당성'의 대의제 민주주의와 '인민주권'의 직접민주주의가 서로 부딪치면 마땅히 직접민주주의가 우월적 지위를 갖게 된다. 그렇지 않으면 4·19 혁명, 5·18 광주민중항쟁, 6·10 직선제 쟁취 민주항쟁 등의 국민 저항이 폄훼될 수 있다.안병길, 2010: 137-138 그런 점에서 현대 민주주의가 대의제 민주주의를 바탕으로 삼은 것은 맞지만 현대 민주주의를 단순히 대의제 민주주의로 등치하는 것은 정확하지 않다.

대의제 민주주의는 선거라는 수단을 통해 시민들의 집단적 의사를 확인하고 그 집단적 의사를 시민들의 대표를 통해 실현하는 것, 즉 시민들이 자신의 대표를 통해 지배하는 민주주의를 말한다. 대의제 민주주의하에서 집단적 의사를 확인하는 기본적 장치는 선거이다. 선거를 통해 대표가 선출됨으로써 시민들의 집단적 의사가 확인되고 그들에게 집단적 의사의 실현이

스위스의 주민총회(Landsgemeinde) 광경: 스위스의 지방자치단위인 칸톤(Canton)과 코뮌(Commune)에서는 주요 사안들에 대한 정책결정을 주민들이 직접 모여 자유로운 토론과 투표를 통해 결정한다. '생활의 정치화, 정치의 생활화'를 실현하는 이 같은 스위스의 직접 민주주의 제도는 800여 년의 역사를 갖고 있다. 규모의 문제로 직접 민주주의 제도를 운영하는 것이 어려워지자 대부분 국가들에서는 시민들이 자신들을 대신해서 법과 정책에 관한 결정을 내릴 정치적 대표를 선출하는 대의제 민주주의가 지배적 형태로 자리 잡게 되었다. 그럼에도 '인민주권'에 근거하고, 주민발안, 주민투표, 주민소환 등을 내용으로 하는 직접 민주주의 제도는 민주주의의 핵심을 구성한다.

위임된다. 그런 점에서 대의제 민주주의는 시민들의 직접적인 참여나 시민들 간의 대면적 심의가 아닌 투표를 통해 시민들의 집단적 의사가 확인되는 선호집합적 민주주의aggregate democracy인 것이다. 이는 평등한 시민들의 자유로운 집단적 선택의 결과가 바로 국민의 의사이며 이런 집단적 선택이 정치적 공동체의 복지를 극대화하는 점과 일치할 때 정당화된다는 사회적 선택이론의 가정에 근거하고 있다.임혁백, 2000: 158-159

그런데 대의제 민주주의가 과연 제대로 실현될 수 있는지에 대해서는 의문이 제기되었다.[2] 무엇보다 대의제 민주주의의 대표 원리는 '어떻게 대표하는가'와 '누구를 대표하는가'를 둘러싸고 많은 논쟁을 유발하였다. 특히 시민들의 의사가 왜곡되거나 자율성이 침해되고, 대표가 집단의 대표만을 대변할 뿐 소수는 의사결정 과정에서 대표되지 못하며, 소수의 지배적인 권력집단이 형성될 수 있다는 한계를 표출하였다. 앤드류 헤이워드는 대의제 민주주의는 기껏해야 제한적이고 간접적인 민주주의 형태라고 한다.Andrew Heywood, 이종은 외 역, 2007: 308 애로우Kenneth Arrow가 언급한 '불가능성의 정리impossibility theorem'는 대의제 민주주의의 한계를 보다 설득력있게 설명한다. 그에 따르면 대의제 민주주의에는 인민의 의사가 사회적 선택으로 제대로 표출되는가의 문제가 존재한다고 한다. 민주주의가 실현되기 위해서는 모든 시민의 선호가 고려대상이 되어야 하고(범위의 무제한), 집단적 복지의 극대화가 선택되어야 하며(파레토 최적), 시민들의 선택은 독립적이어야 하고(무관한 대안으로부터의 독립성), 어느 누구의 선호도 지배적이어서는 안 된다(비독재성)는 공리적인 조건들을 만족시켜야 하는데 이를 모두 만족시키는 사회적 선택은 존재하지 않는다는 것이다.임혁백, 2000: 159

이와 관련하여 에이프릴 카터April Carter는 〈직접행동Direct Action and Democracy Today〉에서 시위와 파업, 납세거부 등 직접행동의 세계적 확산이 대의제 민주주의의 한계를 잘 보여주고 있다고 지적한다. 그에 의하면 직접행동은 대의제 민주주의 정치 과정에서 철저하게 배제된, 사회의 과반수가 넘는 '작은' 사람들에게 거의 유일하게 허용된 민주적 안전장치라는 것이다. 직접행동은 민주주의의 위협 요소가 아니라 오히려 사회의 갈등 구조가 통상적인 정치 채널로 소통되지 못하는 대의제 민주주의 제도가 지닌 한계를 보완하는 가장 효과적인 방법이라고 한다. 카터는 대의제 민주주의 아래에서 시민의 대표들이 절차적 대표성의 장막 뒤에 숨어 자의적이고 비민주적인 행위를 저

---

2) 이 점에 대한 고전적 문제제기는 루소가 행하였다. "보편적 의지는 언제나 공정하며 공익을 지향한다는 결론이 나오지만, 인민의 심의 의결 또한 마찬가지로 언제나 공정하다는 결론이 나오는 것은 아니다. 인간은 언제나 자신의 이익을 원하지만, 자신에게 이익이 되는 것이 무엇인지 항상 잘 구별하지만은 않는다. 인민은 결코 매수당하지는 않지만, 종종 속기는 한다. 인민이 자신에게 해로운 것을 원하는 것은 오로지 그때뿐인 것 같다." Jean-Jacques Rousseau, 김중현 역(2010), p.61.

지르지 않도록 그들의 '목줄을 바짝 잡아당기려면' 참여적이고 구체적인 형태의 직접행동 민주주의가 반드시 필요하다고 주장한다.[April Carter, 조효제 역, 2006] 또 다른 대안으로 강조되고 있는 참여민주주의 역시 시민들의 적극적인 관심과 참여를 통하여 정치권력의 독점이나 남용을 막고 시민들의 의사를 반영하자고 한다.

한편, 버나드 마넹Bernard Manin은 〈선거는 민주적인가The Principles of Representative Government〉에서 대의제 민주주의의 주요 수단인 선거가 지닌 불평등한 측면을 검토함으로써 대의제 민주주의를 한층 민주화할 수 있는 통찰력과 상상력을 제시한다. 버냉은 선거가 민주적인 측면과 비민주적인 측면을 동시에 가지고 있다고 말한다. 우선 선거는 선택이라는 상황에 직면하여, 평범한 사람이 아닌, 뛰어난 사람, 특별한 재능이 있는 사람을 선발하도록 구조화되어 있다고 한다. 이러한 '탁월성의 원칙' 때문에 대부분의 대의정부에서는 대표의 결정에 영향을 미칠 수 있는 대표에 대한 구속적 위임이라든가 대표에 대한 인민의 소환권을 헌법적으로 인정하지 않았다는 것이다. 이후 대의정부는 역사적 과정을 거치면서 변해왔지만 대표와 대표되는 사람 사이의 간극과, 인민의 의지와 대표의 결정 사이의 간극 역시 줄어들지 않았다. 그런 점에 주목하여 버냉은 오늘날 누구나 민주주의가 확장되었다고 주장할 수는 있지만, 누구도 그만큼의 확신을 가지고 민주주의가 심화되었다고 말할 수는 없을 것이라고 말한다.[Bernard Manin, 곽준혁 역, 2004]

대의제 민주주의 제도를 채택하고 있는 한국의 경우에도 이를 둘러싸고 온갖 문제가 표출되고 있다. 1960년대 이후 한국은 급속한 산업화를 성공적으로 추진했고 이 과정에서 시민사회 내 반대세력의 활동영역이 확대되고 능력이 커졌다. 그 결과 반대세력은 1980년대 중반에 이르러서는 광범위한 반대연합을 결성하여 권위주의 정권에 본격적으로 대항하였고 개방과 민주주의로의 이행을 이끌어 낼 수 있었다. 그러나 민주주의로의 이행은 절차적 영역에만 부분적으로 해당되는 불완전한 것으로 상이한 사회계층과 집단들의 이익은 정치적으로 온전히 대표되지 않고 있다.[3] 또한 비민주적 사회문화도 온존되고 있으며, 사회경제적 불평등 역시 개선되지 않은 데서 이행 이후의 한국 민주주의는 여전히 제한적이고 배제적이라 할 수 있다. 현재 한국 민주주의는 이를 위협하는 조건 속에 포위되어 있고, '여러 기준을 동시에 충족시키는' 실질적 민주주의는 답보상태이거나 오히려 쇠퇴하고 있다.

한국에서 민주주의가 직면한 문제에 대해서는 최장집이 체계적으로 고찰하였다. 〈민주주의의 민주화〉에서 최장집은 먼저 "민주주의는 여전히 희망의 언어인가?"라는 질문을 제기한다. 그는 한국 민주주의의 중요한 특징으로 선거과정에서 분출된 열망이 새로운 정부의 수립 이후 실망으로 변하는 주기적 순환을 가리키는 '열망·실망의 사이클'을 지적한다최장집, 2006: 76-77 그런데 한국 사회에서 민주주의에 대한 '실망'의 수준을 넘어 민주주의에 대한 기대의 철회와 정치적 허무주의가 나타나고 있다는 것이다. 오른편에서는 민주주의에 대한 거부감이, 왼편에서는 민주주의에 대한 불만과 좌절이 제기되는 현실은 한국 민주주의가 직면한 위기 상황을 잘 보여준다는 것이다. 2005년 당시에 이러한 위기의 원인으로 최장집은 기존 질서에 통합된 민주화 세력이 대의제를 특징으로 하는 현대 민주주의의 제도적 역동성을 이해하지 못했고, 현실 생활에 기초를 둔 사회경제적 이슈를 정치의 전면으로 끌어내는 데도 실패했다는 점을 지적한다.최장집 편, 2005: 23-24

특히 위기의 보다 근본적인 원인으로 그는 민주정부와 민주화 운동 세력들이 지배적 가치에 흡수, 동화되는 '변형'을 언급한다. 노무현 정권이 대다수 지지자들의 기대와는 상반되게 사익의 실현과 사적 영역의 극대화를 강

---

3) 이 점을 대의제 민주주의의 핵심기구인 의회를 중심으로 살펴보면 다음과 같다. 18대 국회의 경우 299명 중 절반에 육박하는 141명(47.2%)이 서울대 출신이고, 서울대를 포함한 상위 3개 대학출신이 189명(63.2%)에 이른다. 직업에서도 법조인 출신이 60명(20.1%)으로 가장 큰 비율을 차지하고 있는 반면, 노동자 출신은 3명(1%), 농민 출신은 1명(0.3%)에 불과하다. 성별을 보면 16대부터 비례대표에 여성 공천 할당제가 도입돼 이전에 견줘 비율이 높아졌다고 하지만, 여전히 13.7%밖에 되지 않는다. 연령별로는 유권자의 40.9%를 차지하는 19세부터 39세까지는 7명(2.3%)에 지나지 않는 반면 17.3% 밖에 되지 않는 50대가 가장 많은 142명(47.5%)을 차지하고 있다. 그밖에도 5석(지역구 2석, 비례대표 3석)을 제외하고는, 큰 틀에서 보수정당이 장악하고 있다. 이지문(2011), p.149.

조하고 공적 영역을 최소화하려는 신자유주의적 정책노선을 능동적이고도 공격적으로 추구하고 있다는 것이다. 이렇게 '민주주의에 삼투된 신자유주의'는 한국 민주주의의 존립기반을 해체하고 있다고 주장한다. 민주주의 문제의 대안으로 그는 신자유주의적 세계화의 충격효과를 첨예하게 흡입하는 서민·소외계층들의 정치참여를 확대하고 이들을 '적극적 시민'으로 만드는 일종의 사회협약과 좁은 이념적 스펙트럼과 협소한 정치게임을 반복하는 한국 정당체제의 개혁을 제시한다. 비록 노무현 정권 시기의 민주주의를 대상으로 한 것이지만 최장집의 예리한 분석은 현재에도 설득력을 유지한다.

한국 민주주의에 대한 분석에 있어 지난 1990년대 말 이후 한국 사회를 규정하는 강력한 힘이 되고 있는 '세계화의 압력'을 고려하는 것은 매우 중요하다. 신자유주의에 기반을 둔 세계화가 자본의 자유로운 활동을 위해 각종 규제 철폐와 민영화를 요구하면서 공공성을 추구하는 정부의 능력을 약화시키고 민주주의와 삶의 질을 파괴하는 것은 주지의 사실이다. 독일의 사회학자인 벡[Ulrich Beck]은 세계화가 가져온 경제권력과 국가권력의 모래상자놀이는 고양이와 생쥐의 쫓고 쫓기는 게임으로 변화한다고 지적한다. 경제는 국민국가적인 정치와 사회의 생명줄인 일자리와 세금을 창출하거나 폐지시킬 수 있고, 이에 따라 거대정치[Super-Politik]는 철저하게 경제적 행위의 몰가치적인 계산 속에 이루어진다는 것이다. 벡은 기존 정치에 대한 불신이 '왜 안 되겠어[Warum-Nicht]'라는 태도로 나타나면서 우파의 금기 타파, 근대화에 대한 순응주의, 상실된 규범권력, 새로운 단순함, 영토적 비이성과 같은 '숫염소들의 합창[Bocksgesängen]'이 의미심장하고 위협적이 된다고 주장한 바 있다.[Zygmunt Bauman 외, 이승협 역, 2005: 64-76] 민주주의를 사적인 문제가 공적인 문제로 변환되고 공공안녕이 사적 기획과 과제로 변형되는 지속적인 번역과정이 실행되는 것으로 이해하는 지그문트 바우만[Zygmunt Bauman]은 오늘날 민주주의가 이중 위협에 노출돼 있다고 한다. 에클레시아[ecclesia], 즉 '좋은 것처럼 보이는' 것이 어떤 것인가를 규정하며 규정된 것을 현실에서 실행하는 공적인 힘이 갈수록 무기력해지는 한편 에클레시아와 오이코스[oikos], 즉 공적인 관심과 사적인 문제들 사이의 번역기술이 사라져간다는 것이다. 그에 의하면 민주주의의 생존은 두 전선 사이에서 결정된다. Zygmunt Bauman 외, 이승협 역, 2005: 41-44

세계화가 권력과 정책결정의 위치를 초국적기업이나 경제적 국제기구로 이전시키면서 불평등이 확대되고 배제의 정치가 고착된다는 비판은 세계화가 민주주의에 부정적 결과를 미친다는 주장으로 이어진다. 콜린 크라우치 Colin Crouch는 이를 '민주주의의 시대 democratic moment'에서 '포스트 민주주의 postdemocracy'로의 이행으로 설명한다. 크라우치에 따르면 과거의 민주주의 시대에 정당은 계급 관계에 기반을 두고 활동했으며, 일국적 차원의 계급타협, 즉 코포라티즘 체제가 정치의 기본 프레임을 구성하였다고 한다. 그러나 이러한 체제는 글로벌 자본주의의 부상과 함께 붕괴했다는 것이다. 그는 노동자 계급의 쇠퇴로 인해 정당 정치가 계급 관계를 더 이상 대변하지 못하게 되었고, 다국적 기업이 신자유주의의 흐름 속에서 강력한 제도로 등장하였다고 한다. 여전히 절차적이고 형식적인 민주주의가 유지되고 법치 국가의 성격이 유지되지만 선출된 정부는 국민들이 민주적 절차를 통해 도달하려 한 목적을 배신하는 역설적인 포스트 민주주의로 이동하고 있다는 것이다. Colin Crouch, 이한 역, 2008

신자유주의 노선과 정책을 더욱 노골화한 이명박 정권에 대한 고찰에서도 한국 민주주의의 문제를 민주정부의 '변형'에 초점을 두어 설명하는 주장은 적실성을 갖는다. 이는 권력이 대통령에 집중되는 정부형태하에서 대통령과 정부의 노선 제시와 정책집행 능력은 민주주의가 발전하거나 쇠퇴하는 데 있어 관건이 된다는 점에서 더욱 그렇다. 민주주의에 대한 정치지도자들의 인식과 이해 수준이 높지 않을 경우 민주주의는 정체되거나 훼손될 가능성이 매우 크다. 정치가들 대부분은 민주주의에 대해 공공연하게 수사 rhetoric를 늘어놓으나 실제 정치행위에서는 민주주의에 대한 반대로 일관하는 경우도 적지 않다. 이 점은 영국의 정치학자인 아블라스터 Anthony Arblaster가 지적하였다. 그는 대부분의 현대 사회에서 민주주의가 존재하지 않는 것은 실행상의 문제나 기술적인 문제가 아니라 정치적인 문제라고 지적하고 있다. 권력과 권위 있는 지위를 장악하고 있는 사람들이 민주주의를 원치 않으며, 그것을 실현하려는 그 어떤 시도에도 적극적으로 저항하기 때문이라는 것이다.Anthony Arblaster, 2002: 85 물론 특정 시기의 민주주의 문제를 평가하는 데는 주요 행위자들이 지닌 관계적 속성relational properties을 규명해 봄으로써 보다 분명하게 설명될 수 있다. 이는 다름 아니라 미시적 수준에서 행위자들 사이의 역동적 관계뿐만 아니라 거시적 수준에서 이들 관계를 통해 창출되는 구조의 속성을 분석하는 것을 말한다.

다른 한편으로 정당정치를 중심으로 민주주의의 내실화를 강조하는 주장은 단지 부분적인 설득력만 갖는다. 정당은 사회적 균열과 갈등을 조정하고 다양한 계층, 지역들의 요구를 취합하여 정책에 반영하는 역할을 수행하는 점에서 중요하다. 하지만 현재 한국의 정당들은 이러한 본래의 기능을 제대로 수행하지 못하고 있다. 엄격히 말하면 노동계급이나 다른 사회집단의 대리인으로서 국가 통제를 추구하는 대중정당mass party의 기준도 제대로 충족시키지 못한다고 할 수 있다. 현재 한국의 정당들이 재정지원이나 선거 시 조직적 도움을 위해 당원이나 공동조직 같은 집합적 자원에 얼마나 의존하고 있는가? 의원들이 시민사회 부문을 얼마나 대표하고 있는가? 굳이 말하자면 이념적 지향보다는 선거에서 보다 많은 유권자들로부터 지지를 추구하기 위해 대중의 다양한 이해를 포괄하는 방향으로 성립된 포괄 정당catch-all party일 뿐이다. 당원들은 각 계파 지도자들과 후견인·수혜자 관계patron-client relationship라는 사적인 연결망을 형성하고 있으며 개인적 이해관계와 지도자에 따른 이합집산을 하는 등 낮은 제도화 수준을 보이고 있다. 정치인들은 점점 복잡해져가는 사회균열과 갈등을 합의에 의해 해결하려는 데 실패한 채 여전히 협소한 집단이익의 유지를 위해 배제와 대결의 정치에 머무르고 있다. 이런 점에서 민주주의 발전을 위한 중요한 과제로 정당체제의 개혁을 거론하는 것은 당연하다.

그러나 정당이 지니는 중요성을 십분 고려하더라도 민주주의의 발전, 즉 심화와 공고화는 한국 민주주의 이행의 특수성과 현실의 정치지형을 감안할 때 단지 정치의 복원과 정당의 제자리 찾기를 통해서만 달성된다고는 보기 어렵다. 한국 정치와 사회의 구조적 특성을 감안할 때 정당체제의 개혁이 자동적으로 민주주의의 심화와 공고화를 가져다주지 않는다. 물론 한국의 현 정당들이 일반기능을 정상화시키고 보다 넓은 이념적 스펙트럼을 지닌 정당체계로 재편되는 것은 한국 민주주의의 발전을 위해서 긴요한 과제이다. 그러나 정당은 다른 영역과 유기적 관련을 맺고 있는 정치 영역의 한 하부 영역일 뿐이다. 이 점을 감안할 때 집행부와 입법부와의 권력 배분 및 그 사이의 관계유형을 의미하는 정부형태regime type, 그리고 정부형태뿐만 아니라 선거제도, 정당제도, 의회제도 등을 포괄하는 권력구조의 민주적 개혁 문제를 총체적으로 언급하고 그 맥락에서 민주주의의 심화와 공고화의 전망을 제시하는 것이 보다 설득력이 있다.

예를 들어 정부기구 간의 권력배분 방식(대통령제와 의원내각제 등), 정부구성 및 의사결정방식(다수제와 협의제 등), 그리고 중앙정부와 지방정부 간의 권력관계(연방제와 일원제 등) 등에 대한 보다 포괄적인 논의가 바로 그것이다. 이러한 요소들은 다수지배를 본질로 하는 기존의 다수제 민주주의majoritarian democracy가 아니라 "반대보다는 합의를 강조하고, 배제시키기보다는 포함시키고, 근소한 과반수에 만족하는 대신에 지배하는 다수자의 규모를 최대화하려고 노력하는 민주주의 체제Arend Lijphart, 1984: 23-30"인 합의제 민주주의consensual democracy[4]와 부합하는 것들이다.

---

4) 합의제 민주주의는 다원화된 시민사회에 부합하는 민주적 메커니즘을 대표한다. 아렌드 레이파트(Arend Lijphart)는 기존의 다수제 민주주의가 배제의 원칙들에 입각하기 때문에 비민주주의적이라고 지적하며 그 대표적 모델로 웨스트민스터 모델(Westminster model)을 든다. 다수 지배(majority rule)를 본질로 하는 웨스트민스터 모델은 영국과 같이 다수대표제의 선거제도를 채택하고, 강력한 양당제도를 갖추었으며, 다수당이 단독 내각을 구성하는 국가에서 채택된다. 레이파트는 웨스트민스터 모델이 집행권의 집중, 권력의 융합과 내각의 우세, 불균형의 양원제, 양당제도, 한 차원의 정당제도, 선거에 있어서의 최다득표제, 일원제의 집권화된 정부, 불문헌법과 의회주의, 순전한 의회민주주의라는 상호 연관된 요소로 구성된다고 한다. Arend Lijphart (1984), pp.4-9. 그러나 다수제 민주주의는 소수집단이 정치과정에 대한 광범위한 접근과 참여에서 제외되기 쉽다. 이런 까닭에 "반대보다는 합의를 강조하고, 배제시키기보다는 포함시키고, 근소한 과반수에 만족하는 대신에 지배하는 다수자의 규모를 최대화하려고 노력하는 민주주의 체제인 합의제 민주주의"가 필요하다는 것이다. 합의제 민주주의는 다수자와 소수자 사이의 권력분담(sharing), 권력기관 간의 권력분산(dispersal), 권력의 공정한 배분(distribution), 권력의 위임(delegation), 권력에 대한

네덜란드 출신의 미국 정치학자인 **아렌드 레이파트(Arend Lijphart, 1936~)**는 기존의 다수제 민주주의가 배제의 원칙들에 입각하기 때문에 비민주주의적이라고 지적한다. 이런 까닭에 "반대보다는 합의를 강조하고, 배제시키기보다는 포함시키고, 근소한 과반수에 만족하는 대신에 지배하는 다수자의 규모를 최대화하려고 노력하는 민주주의 체제인 합의제 민주주의"가 필요하다는 것이다. 합의제 민주주의는 다수자와 소수자 사이의 권력분담(sharing), 권력기관 간의 권력분산(dispersal), 권력의 공정한 배분(distribution), 권력의 위임(delegation), 권력에 대한 공식적 제한(limit)이라는 장치를 통해 다수자의 지배를 견제하는 것을 목표로 한다. 1999년 저서에서 레이파트는 합의제 민주주의를 구성하는 일부 요소를 변경하고 몇 가지를 새로 추가하여 제시하고 있다. 레이파트는 합의제 모델이 다양한 방식으로 권력을 분담하고, 분산하며, 제한하려 한다면서 그 방식으로 광범위한 연정에서의 집행권의 분담, 집행권과 입법권 간의 권력균형, 다당제, 비례대표제, 이익집단 코퍼러티즘, 연방과 분권정부, 강한 양원제, 경직된 헌법, 사법 심사권, 중앙은행의 독립을 제시하고 있다.

아울러서 한국에서 정당체제가 정상화된다고 하더라도 유럽의 경우처럼 정당체제의 재편성[realignment]과 쇠퇴가 나타날 가능성이 크다. 서유럽에서는

공식적 제한(limit)이라는 장치를 통해 다수자의 지배를 견제하는 것을 목표로 한다. 여기서 권력의 분담은 모든 중요한 정당 간의 광범위한 연합을 통해 행해지며, 권력분산은 집행부와 입법부, 입법부의 양원, 그리고 여러 소수정당 사이에서 이뤄진다. 권력의 배분은 비례대표제를 통해 소수정당의 대표성을 보장하는 것으로 나타나며, 권력의 위임은 영토적으로 조직된 실재에게 자치권을 부여함으로써 달성된다. 그리고 권력에 대한 제한은 까다로운 개정 조건을 갖는 성문헌법과 소수자의 거부권이라는 장치로 대표된다. 직접 민주주의의 한 수단인 국민투표 역시 스위스에서처럼 국민발안(popular initiative)과 결합될 경우에는 소수자에게 선거로 형성된 다수세력의 의사에 반해 주장을 펼 수 있는 기회를 부여한다. Arend Lijphart(1984), pp.23-30.

1960년대에 정당과 유권자의 유대가 약화되면서 선거유동성이 증가하고 기존 정당의 지지집단이 와해되거나 투표율의 지속적인 저하 등이 나타난 이래 이런 현상이 아직도 지속되고 있다. 한국에서 정당체제의 공고화가 되기도 쉽지 않지만 설사 된다 해도 사회의 다원화가 빠른 속도로 진행되고 구성원들의 기본 가치정향이 변화하는 현실에서 오히려 서유럽 국가들처럼 정당체계의 불안정성과 쇠퇴가 발생할 가능성도 높다.

민주주의 문제를 논의하는 데 있어 국가중심주의나 정치중심주의 시각을 탈피하는 것은 중요하다. 그런 이유에서 국가와 시민사회 영역 간의 상호작용에서 오는 긴장과 갈등이라는 큰 틀 속에서 분석을 진행하는 것이 요구된다. 특히 국가의 하부영역에 특화해서 논의를 진행하는 것은 시민사회 역시 국가 바깥에서 권력과 정치의 원천이 될 수 있다는 점을 간과하는 데서 문제가 있다. 정치는 지배기구나 정치세력만의 전유물이 아닌 것이다. 그람시주의에서도 선진 자본주의 지배는 국가나 정치사회보다 시민사회가 우월적 지위를 점하고 있기 때문에 국가권력의 장악보다는 시민사회에 대한 이데올로기적, 문화적 투쟁이 더 중요하다고 지적한다. 그런 점에서 다양한 시민사회 내 행위자들 중에서 민주적 세력들의 능력과 헤게모니를 강화하는 것은 민주주의의 외연을 확장하고 내용을 심화시키는 데 있어 매우 중요하다.

이와 비슷한 견해로 조희연은 '사회 속의 민주주의 접근법democracy-in-society approach'을 내세우며, 민주적 이행과 공고화가 단순히 민주적 제도의 정착의 문제가 아니라 '민주주의의 사회적 구성social configuration of democracy'이라고 주장한다. 이행과 공고화의 과정은 정치적 독점의 해체와 변형을 둘러싼 갈등, 그것과 결합되어 존재하던 사회경제적 독점구조의 해체와 변형을 둘러싼 갈등, 정치적 질서와 사회경제적 질서의 재결합recoupling을 둘러싼 갈등과정으로 구성된다는 것이다. 여기서 정치와 사회의 재결합은 단순히 정치적 지배집단이 변화하는 것만을 의미하는 것이 아니라 그동안 억압되었던 사회와 다양한 사회적 하위주체들이 자신을 대표할 수 있고 정치적, 경제적, 사회적 권력의 일층 변화된 재분배에 참여할 수 있는 것이어야 한다는 지적이다.조희연, 2006: 11, 18-20

한국 정당정치가 지닌 여러 가지 심각한 문제들은 정당을 핵심적인 제도로 하는 대의제 민주주의가 제대로 작동하지 않고 있다는 것을 잘 보여준다. 한국에서 민주주의로의 이행 과정은 대의 민주주의의 대표 원리를 확보하기 위한 투쟁과정이었다. 참된 정치적 대표로서 직선 대통령, 운동의 참된 대의기구로서 민주노조와 학생회, 여론의 참된 대의기구로서 언론의 민주화 운동 등이 당시 민주화 운동이 낳은 주요 성과였다. 그러나 2000년대 들어와 나타난 것은 진정한 대의기구에 대한 욕망이 아니라 그것에 대한 무관심과 불신, 더 나아가 적대적인 감정이라고 고병권은 지적한다. 미군 장갑차에 의한 여중생 사망사건2003, 대통령 탄핵2004, 평택미군기지 이전2006, 한미자유무역협정체결2007, 미국산 쇠고기 수입문제2008, 그리고 작은 규모지만 사회적 반향은 만만치 않게 컸던 비정규직 노동자들의 홈에버 매장 점거2007, 기륭전자 노동자들의 철탑농성2008, KTX 여승무원들의 고공농성2008, 용산참사2009 등의 사건들이 발생했을 때 민주화운동을 통해서 형성된 각종 기구와 제도들, 특히 대의기구들은 아주 무력하고 무능했다는 것이다.

> "이들 갈등들은 대의제 바깥에 있었고, 정치적 대표자들 사이에서는 별 갈등이 없는 사안들이 대중들에게는 폭발을 일으켰다. 여야 정치인들이 큰 틀에서 컨센서스를 형성한 사안들에 대중들은 대단한 디센서스를 보였다.[5] 한국 사회에서 대의제가 덜 발달했다기보다는 대의제 발달과 대의제로부터의 추방이 동시에 일어났다. 대의제가 발달했지만 대의제 프레임에 속하지 않는 사람들도 많아졌다.… 2000년대의 여러 시위들에서 나타난 난입이나 점거는 자기 삶에 대한 중대한 결정이 내려지는 자리에 자신은 어떤 영향도 미칠 수 없을 때 직접 자기 삶의 결정권을 행사하려는 적극적 위반행동인

5) 대중들은 디센서스를 보이지만 여야 정치인들은 컨센서스를 이룬 사례는 부지기수로 발견된다. 의원 전체의 이해관계가 걸린 세비 인상이나 의원 연금제 시행 등은 공조를 서슴지 않는다. 이런 일에는 비판과 통제, 대안제시를 주된 임무로 해야 하는 야당의원들도 예외가 아니다. 대표적 사례로 2011년 민주당은 심사숙고 없이 부산저축은행 예금주 손실을 보전해주는 특별법 추진과 KBS 시청료 인상 합의에 한나라당과 합의했다가 시민사회단체의 비판이 빗발치자 이를 뒤늦게 번복하였다.

한국철도공사(코레일)에 직접고용과 정규직 전환을 요구하며 농성하고 있는 KTX 여승무원들. 코레일은 2004년 KTX 고객서비스 업무를 위탁한 홍익회를 통해 여승무원 351명을 채용했으나, 2006년 5월 KTX 관광레저로 업체 변경을 통보한 뒤 이적을 거부하는 승무원들을 해고했다. 이에 KTX 여승무원들은 '철도공사로의 직접 고용'을 요구하며 파업과 단식, 천막 농성 등을 벌여 왔다. 이들은 철도공사를 상대로 제기한 근로자 지위확인 청구소송의 1심과 2심에서 잇달아 승소했지만 대법원에서 패소했다. 당시 대법원 판결은 당시 양승태 대법원장이 상고법원 설치를 위해 박근혜 정부에 유리하게 판결을 왜곡한 현황이 밝혀지면서 그 유효성에 의문이 제기되고 있다. 무려 12년이나 지속되었던 이 사건은 2018년 7월 철도노조와 코레일이 2006년 정리해고된 KTX 여승무원 100여 명을 단계적으로 복직하기로 합의하면서 일단락되었다. 이 사건은 거대 권력을 지닌 대의제 기구들이 비정규직 노동자를 비롯한 사회적 약자들의 이해관계를 반영하는데 얼마나 무능한가를 잘 보여주는 사례이다. 정당과 의회를 주도하는 정치 엘리트들은 다수의 이익을 명분삼아 노동유연화를 받아들이고 비정규직법을 통과시키는데는 앞장서지만 힘들게 생명을 보전하고 삶을 꾸려나가는 소수자들의 요구에는 한없이 무관심하다.

셈이다. 대의제 강화만이 민주주의의 유일한 길인 듯 말하는 것은 현 체제에 대한 대중들의 저항운동이 갖는 민주주의적 가치를 절하시키는 효과를 낸다. 싸움은 참된 대표를 얻기 위한 것이 아니라, 대표되지 않는 대중의 직접행동과 그런 대중을 식별해 내려는 공안권력의 싸움이 될 것이다. 앞으로는 소위 '권리 없는 자들의 권리 주장', '자격없는 자들의 몫에 대한 요구'가 민주주의 투쟁의 새로운 쟁점이 될 것이다."

_고병권, 2011: 99-108

앨버트 허시만Albert Hirshman의 용어인 '이탈exit'을 빌려 대의제 민주주의 제도의 문제를 제기하는 견해도 존재한다. 이상길은 허시만의 이론에 입각해 정치가 공동체인 한 그로부터 완전한 이탈은 불가능하다고 한다. 개인은 이탈이 자신에게 가져올 가상적인 손실을 걱정하지 않을 수 없다는 것이다. 그는 이탈에도 불구하고 정치의 산출물과 피하기 어려운 외부효과와 소비자로 남아 있게 되기 때문이다. 그렇다면 투표 불참 등을 통해 대의정치제도로부터 벗어나면서도 바깥에서 '직접 항의voice'를 주저하지 않는 사람들이 대거 출현했다는 것이다. "민주주의로의 이행 이후 대의제도에 대한 불신과 정치적 무관심이 높아지는 현상이 함께 진행되었다. 대선과 총선, 지방선거 투표율은 하락하는 반면 제도 바깥에서의 직접 항의는 증가했다. 이탈과 항의는 동반성장하였다. 대의제도 전반에 관한 신뢰도가 낮은 상태에서 항의는 비용이 적게 들고, 접근성이 뛰어난데서 쉽게 활성화된다. 정당조직이 충족시켜주지 못하는 생활정치 이슈들의 발전이 이런 경향을 가속화시키고 있다." 이상길, 2008: 62-65

2011년 9월부터 2012년 대선정국까지 한국 사회를 뒤흔들었던 이른바 '안철수 현상' 역시 시민들의 이해와 선호를 결집해 대표하지 못하는 기존 대의제 민주주의의 한계에서 비롯되었다. 10·26 서울시장 보궐선거과정에서 박원순 변호사에게 양보를 통해 단숨에 범야권 대선후보로 떠올랐고 이후 대선후보 사퇴와 무소속 국회의원 당선 이후 현재까지 식지 않고 계속해서 높은 정치적 지지로 나타나고 있다. 실재하지도 않는 '안철수 신당'의 정당지지율이 제1야당인 민주당을 압도적인 차로 누르기도 했다. 이 현상이 나타난 데는 안철수가 그동안 수평적 네트워크 모델을 제기하고 개방통합형 리더십을 구축해 이를 몸소 실천한 데 대한 긍정적 평가는 물론이거니와 정당정치에 대한 불신의 증가와 더불어 대중들의 삶의 문제를 해결하는 데 무능한 지배세력에 대한 불만, 공정하지 못한 사회에서 더욱 커진 정의에 대한 열망이라는 여러 가지 정치·사회적 배경요인이 복합적으로 작용했다. 이 점은 자신에 대한 기대가 "리더십에 대한 변화의 열망이 표현된 것"이라는 후보 단일화 때 발표한 그의 회견문에도 잘 드러나 있다. 〈한국일보〉, 2011년 9월 8일

한편, 지난 18대 대선과정에서 나타난 안철수 현상을 분석한 한 연구에 의하면 안철수 후보는 정책적으로나 이념적으로 제3의 새로운 정치세력을 대표하고 있기보다는 정치적 신뢰를 크게 잃은 당시의 민주통합당[현재의 민주당] 지지자들로부터 이를 대신할 만한 대안으로 간주되었다고 한다. 즉 안철수 지지자들은 일차적으로 과거 민주통합당에 정당일체감을 가졌거나 이전 선거에서 민주통합당과 소속 후보에게 투표한 이들 중 다수가 불만을 갖고 안철수 지지로 옮겨갔다는 것이다. 그런 점에서 안철수라는 제3후보에 대한 지지는 보수적, 영남 지역 유권자의 지지를 받은 1992년 정주영, 1997년 이인제에 대한 지지와는 대조적으로 진보진영, 호남 유권자들의 정치적 불만을 반영한 점에서 차이가 있다.[강원택, 2013: 248-275]

또 한편으로는 안철수 현상을 현재의 신자유주의 양극화와 민생불안이라는 '구체제'를 넘어 복지국가의 새시대로 나가자는 국민적 기대와 열망이라는 분석도 있다. 이를 올바르게 실현하기 위해서는 복지국가의 담론과 정책의 실천, 복지국가 건설과정에서 국민의 적극적인 참여, 그리고 정당의 혁신과 복지국가 정당정치의 실현이 필요하다는 것이다.[이상이, 2012] 물론 사회 일각에서는 안철수 현상을 비판적으로 바라보는 시각도 존재한다. 안철수 현상이 본래의 정치, 즉 '대표의 정치'라고 할 만한 것을 위축시키고 '명사[名士]의 정치'로 정치를 뒷걸음질치게 했다는 것이다. 한편에서는 '노동자'라는 거북한 말보다는 '인적자본가'라는 말이 자신에게 더 유용하다는 것을 뼈저리게 잘 아는 지배집단에 기업가적 정신을 대표하는 벤처 자본가였던 안철수는 그런 인적자본의 이념을 체현하는 화신이라고 본다.[6)]

---

6) 서동진은 '안철수 현상'을 박정희 정권 이래 보수세력이 의존해온 보나파르티즘(Bonapartism)적 지배에서 벗어나려는 기획으로 볼 수도 있다고 한다. "마르크스가 말했듯이 아무도 대표하지 않음으로써 지배집단을 대표하는 것이 보나파르티즘이라면, 한국에서 말하는 '보수' 혹은 '수구'란 바로 보나파르티즘의 표현일 것이다. 그런데 보수나 수구는 평등을 향한 변화를 가로막고 억압할 때는 이롭지만 또 다른 변화, 즉 자본에 유리한 끊임없는 변화인 영원한 구조조정, 혁신이라는 변화에는 걸림돌이다. 더욱이 1987년 민주화 이후 평등을 향한 총체적 변화, 즉 다른 체제로의 이행은 희박

지금까지 한국의 대의기구들은 다수 시민들의 의사를 대표하지 못하는 결정적 흠결을 드러냈다. 대표가 특정 집단의 이익만을 대변할 뿐 소수는 의사결정 과정에서 대표되지 못한 사례는 무수히 많다. 권력을 장악한 소수의 지배적인 권력집단이 시민들의 의사를 왜곡하는 경우도 빈번하다. 대의제 민주주의는 대표적인 최소주의적 관점의 민주주의에 속한다. 그러나 대의제 민주주의는 점차 복잡해지고 다원화하고 있는 현대 사회의 문제를 분석하는 데 일정한 한계를 노정하고 있다. 예를 들어 최근 한국에서 심화되고 있는 환경 불평등과 갈등을 정당정치와 같은 공식적, 전통적 정치를 통해 해결하는 데는 한계가 있다. 선거경쟁에서의 승리를 목적으로 하는 정당들은 유권자들과 권력자들의 비위를 거스르지 않으려 하고, 환경문제와 관련하여서도 현상유지를 타파하지 않으려 하는 경향이 있다. 광의의 문화 개념에 입각해 모든 사람이 자신의 사회적 위치에 상관없이 문화에 접근하고 이를 향유할 수 있어야 한다는 문화 민주주의를 추구하는 데에도 정치보다는 시민사회의 역할이 더 크다고 지적된다.

이러한 까닭에 예닉케Martin Jänicke는 과제를 해결하는 데 가장 유용하게 보이는 민주주의의 유형과 수준을 모색해야 되고, 행위자와 전략, 상황, 학습 과정 등이 아울러 고려의 대상이 되어야 한다고 주장한다.Martin Jänicke, 1997: 71 민주주의가 시기별로 그 구체적인 의미를 달리하는 동적인 개념이라 할 때 중요한 것은 현대 민주주의의 핵심적 내용이 무엇이며, 한국 사회의 다양한 과제를 해결하는 데 있어 바람직한 민주주의는 무엇이고, 그것이 어떻게 작동

해진 듯하다. 그렇다면 이제 지배집단은 자신의 가치와 이념에 의존하는 정치집단을 가져야 하지 않을까. 안철수는 그런 변화를 마침내 개시하는 인물이 될 수 있지 않을까. 대표의 정치가 위기에 처했다며 그것은 곧 정치의 쇠퇴를 알려줄 뿐이라고 개탄하는 자유주의자들은 '대표'를 문제 삼는다. 안철수 현상을 신자유주의의 이데올로기적 화신이 출현하고 지지를 받는 과정이라 비판함으로써 지배집단이 스스로 지배집단으로서 자신을 대표하는 과정으로 비판하는 이들 역시 '대표'를 문제 삼는다. 그렇다면 우리는 대표의 정치가 안철수 현상과 그에 대한 견해를 진단하는 열쇳말이리라고 짐작해볼 수 있다. 우리는 소통을 통해 만회된 효과적인 대표를 보는 것이 아니라 외려 대표 자체의 소멸을 볼 따름이다. 서동진(2011).

참여민주주의(participatory democracy)는 1960년대에 신좌파 운동의 슬로건에서 비롯되었다. 이들은 학교와 공장, 지역공동체, 그리고 국가행정에서 억압적 관료주의와 위계적 권위구조를 거부하고 자유로운 직접 참여와 적극적인 개입을 주장하였다. 신좌파 내에서는 엄격한 민주주의 원칙들이 규범으로 지켜졌고, 아래로부터의 참여민주주의라는 원칙이 커다란 집회에서부터 최소 규모의 행동위원회에 이르기까지 그 상호관계를 규정했다.

가능한가를 고찰하는 것이다. '민주정치에 대한 다원주의적 이해'에 입각해 다양한 이익, 세계관, 삶의 방식 간의 평화적 공존의 아이디어가 필요하다.

대의제 민주주의의 대안으로 부각되는 것이 참여민주주의와 심의민주주의이다. 참여민주주의participatory democracy는 자신의 삶과 관련된 모든 영역에서 일반 시민들의 광범한 직접 참여와 민주적 통제가 보장된 민주주의를 의미한다. 참여민주주의는 집단적 문제에 대한 관심을 불러일으키며 정부의 일에 대해 보다 더 민감한 관심을 가질 수 있는 적극적이면서도 통찰력 있는 시민의 형성에 도움이 되며, 지배 권력으로 하여금 쌍방 통행적 정치를 통해 통치의 효율성을 높이고, 민주적 정통성을 구축케 하는 것도 가능케 한다. 한편, 심의민주주의deliberative democracy는 정치적 대표자들이 의사결정을 독점하는 대의제 민주주의와는 달리 시민들과 대표들이 이성적인 성찰과 판단에 근거하여 자신들의 판단, 선호, 관점을 타인과 토론하는 과정에서 '심의적 전환'이 일어나서 공공의 합의에 도달할 수 있다는 점을 강조한다. 이러한 심의민주주의는 특히 풀뿌리 단위에서 조직화되지 않은 시민들 간의 갈등을 해결하는 데에 유용하다고 평가된다.[7)]

추첨민주주의 역시 또 다른 대안으로 제시된다. 이는 현대 정치에서 대의제의 불가피성을 인정하면서도 입법자 선택방식을 선거에만 가둬둘 게 아니라 추첨 역시 중요한 도구로 제도화하자는 주장이다. 이를 주장하는 학자들은 한국 민주주의의 위기는 대의 민주주의 자체의 실패가 아니라 선거의 실패와 그 실패에 따른 대표 체제의 실패에 있고, 이 실패를 극복하는 데에서 위기의 해법을 찾아야 하기 때문이라고 한다. 구체적으로 지방의회를 포함한 입법부를 추첨제를 통해 구성하되, 집행부인 대통령과 자치단체장은 선거로 뽑자고 제안한다. 특히 추첨으로 의원 개인뿐만 아니라 시민의원단을 함께 구성하자는 것이다. 추첨을 통해 입법자 선출을 제도화하면 진정한 의미의 '자유'를 증진할 수 있고, 정치적 '평등'에 기여하며, 대표성을 제고하는 등 여러 장점을 얻을 수 있다고 한다.[이지문, 2011]

물론 참여민주주의와 심의민주주의, 추첨민주주의 역시 문제가 존재한다.[8)] 그렇지만 대의제 민주주의가 상위계층의 권리와 이익을 벗어나 전체

---

7) 이와 관련하여 원전 신고리 5·6호기 건설의 재개 여부를 시민공론화 과정을 거쳐 결정한 것은 큰 의미를 갖는다. 2017년 10월 '신고리 5·6호기 공론화위원회'는 일시중단 중인 신고리 5·6호기의 건설을 재개하고, 원자력발전을 축소하는 방향으로 에너지정책을 추진하는 것을 내용으로 하는 정책권고안을 국무총리에게 전달하였고, 대통령은 공론화위원회의 권고를 수용하여 해당 발전소 건설의 재개를 결정하고 여기에 포함된 정책방향과 세부실행계획을 추진하기로 공표하였다. 이는 그동안 밀어붙이기 식으로 추진되었던 원전 건설을 불특정다수의 시민을 선정해 장기간 심의를 거쳐 결정한 것이라는 점에서 주목을 끌었다.

8) 참여민주주의의 한계로는 지나치게 규범을 우선시하며, 과도하게 낙관적이며 비현실적인 인간상을 제시한다는 것을 들 수 있다. 시민들은 개별적으로 이기심을 최대로 추구하는 사람이고 특수한 조건에서만 공익지향적인 협력을 한다는 점을 간과한다는 것이다. 또한 토크빌(Alexis de Tocqueville)이 지적한 문제인 광범위한 민주화가 소수 혹은 다수 전제의 위험을 증가시킨다는 점 역시 지적된다. 이 밖에도 과다 동원으로 인한

사회구성원들을 보편주의적인 평등원리에 입각해 포용하지 못하는데서 보여지듯이 결정적 한계를 드러내고 있는 한국 사회에서 다양한 이해와 갈등을 조정하는 적실성 있는 민주주의의 유용성을 탐구하고 현실에 적용하려는 노력은 매우 중요하다. 오로지 민주주의만이 우리를 자유롭게 할 수 있다는 사실을 우리는 다시 한번 마음 속에 깊이 새길 필요가 있다. 왜냐하면 우리는 우리를 통치하는 권력의 저자일 수 있기 때문이다.Wendy Brown, 2011: 95-96 다양한 수준과 영역에서 보다 많은 사회구성원들의 적극적 자유와 실질적 평등을 가능하게 하는 제도적 장치로서의 민주주의를 모색하고 실천하는 것을 통해서만 우리는 보다 높은 삶의 질을 추구하고 자아실현을 이룰 수 있다.

연관 키워드

민주주의의 결핍(deficit of democracy), **민주주의의 민주화**(democratization of democracy), **대의제 민주주의**(representative democracy), **참여민주주의**(participatory democracy), **심의민주주의**(deliberative democracy)

불안정, 목표를 둘러싼 갈등, 정치적 결정의 질과 결과의 간과, 시민능력의 과대평가도 그 한계라 할 수 있다. Manfred G. Schmidt(1995), pp.174-176. 심의민주주의 역시 결정성(decisiveness)이 부족하고, 청취자에 비해 발언자의 개인적 선호를 표출시키는 경향이 있으며, 평등하고 자유로운 심의가 이뤄질 수 있는 공간과 규모는 제약이 있고, 합리적이나 편협하고 자기주장이 강한 사람들의 이야기를 특권화하는 경향이 있다. 임혁백(2000), pp.170-172. 추첨민주주의는 최근에 부분적으로 도입된 사법 배심제를 제외하곤 정책 배심의 경험이 전무하고, 추첨으로 선발된 사람들이 공적 분야에 참여하는 문화도 성숙되지 않았으며, 미국처럼 지역 단위에서 시민의 참여를 허용하는 시평의회(city council)와 학교 위원회도 아직 활성화되지 못한 상태이다. 이지문(2011), p.168.

[참고문헌]

Arblaster, Anthony. *Democracy*. Buckingham: Open University Press, 2002.

Bauman, Zygmunt 외. 이승협 역. 〈세계화 이후의 민주주의〉. 서울: 평사리, 2005.

Brown, Wendy. "오늘날 우리는 모두 민주주의자이다." Giorgio Agamben 외. 김상운 외 역. 〈민주주의는 죽었는가?〉. 서울: 난장, 2010.

Callenbach, Ernest & Michael Phillips. 손우정·이지문 역. 〈추첨 민주주의: 선거를 넘어 추첨으로 일구는 직접 정치〉. 서울: 이매진, 2011.

Carter, April. 조효제 역. 〈직접행동〉. 서울: 교양인, 2007.

Crouch, Colin. 이한 역. 〈포스트민주주의〉. 서울: 미지북스, 2008.

Dahl, Robert. 김왕식 외 역. 〈민주주의〉. 서울: 동명사, 1999.

Forrest, William G. 김봉철 역. 〈그리스 민주정의 탄생과 발전〉. 서울: 한울아카데미, 2001.

Held, David. *Models of Democracy*. Stanford: Stanford University Press, 2006.

Heywood, Andrew. 이종은·박찬수 역. 〈현대 정치이론〉. 서울: 까치, 2007.

Hirshman, Albert. 강명구 역. 〈떠날 것인가. 남을 것인가: 기업. 조직 및 국가의 퇴보에 관한 반응〉. 서울: 나남, 2005.

Jänicke, Martin. "Democracy as a Condition for Environmental Policy Success: the Importance of Non-institutional Factors." William M. Lafferty & James Meadowcroft (eds.). *Democracy and the Environment: Problems and Prospects*. Cheltenham: Edward Elgar, 1997.

Lijphart, Arend. *Democracies. Patterns of Majoritarian and Consensus Government in Twenty-One Countries*. New Haven: Yale University Press, 1984.

______. *Patterns of Democracy. Government Forms and Performance in Thirty-Six Countries*. New Haven: Yale University Press, 1999.

Livesey, James. *Making Democracy in the French Revolution*. Cambridge: Harvard University Press, 2001.

Manin, Bernard. 곽준혁 역. 〈선거는 민주적인가: 현대 대의 민주주의의 원칙에 대한 비판적 고찰〉. 서울: 후마니타스, 2004.

Mossé, Claude. 김덕희 역. 〈고대 그리스의 시민〉. 서울: 동문선, 2002.

Mutz, Diana C. *Hearing the Other Side: Deliberative versus Participatory Democracy*. Cambridge: Cambridge University Press, 2006.

Rousseau, Jean-Jacques. 김중현 역. 〈사회계약론〉. 서울: 펭귄클래식 코리아, 2010.

Saward, Michael. *Democracy*. Cambridge: Polity Press, 2003.

Schmidt, Manfred G. *Demokratietheorien*. Opladen: Leske+Budrich, 1995.

Thoukydides. 천병희 역. 〈펠레폰네소스 전쟁사〉. 고양: 숲, 2011.

강원택. "'안철수 현상'과 2012년 대선." 박찬욱 외. 〈한국 유권자의 선택 2: 18대 대선〉. 서울: 아산정책연구원, 2013.

고병권. 〈민주주의란 무엇인가〉 서울: 그린비, 2011.

서동진. "안철수는 상징되지 않는다." 〈르몽드 디플로마티크〉 37호. 2011년 10월 10일.

안병길. 〈약자가 강자를 이기는 법〉. 파주: 동녘, 2010.

이상길. "인민은 어떻게 말하고 있는가: 신자유주의 시대의 '여론'과 '직접발언'." 당대비평 기획위원회 엮음. 〈광장의 문화에서 현실의 정치로〉. 서울: 산책자, 2008.

이상이. "'안철수 현상'의 올바른 해법." 〈프레시안〉, 2012년 9월 17일.

이지문. "한국 민주주의의 위기와 추첨 민주주의." Ernest Callenbach & Michael Phillips. 손우정·이지문 역. 〈추첨 민주주의: 선거를 넘어 추첨으로 일구는 직접 정치〉. 서울: 이매진, 2011.

임혁백. 〈세계화 시대의 민주주의: 현상·이론·성찰〉. 서울: 나남출판, 2000.

조희연. "'민주화 이후 민주주의'의 복합적 갈등과 위기에 대한 비교 연구—'민주주의와 사회운동 관계론'의 아시아적 재구성 및 민주주의 지표 개발을 중심으로." 성공회대 민운연 주최 심포지엄 발표 논문. 2006.

최장집. 〈민주주의의 민주화〉. 서울: 후마니타스, 2006.

_____. 〈민주화 이후의 민주주의: 한국 민주주의의 보수적 기원과 위기〉. 서울: 후마니타스, 2005.

홍익표. 〈유럽의 민주주의: 발전과정과 현실〉. 서울: 동방미디어, 2000.

홍익표·진시원. 〈세계화 시대의 정치학〉. 서울: 도서출판 오름, 2009.

▌보론: 민주주의로의 이행과 민주주의의 공고화

민주화democratization는 국가와 시민사회의 관계와 정치사회의 전면적 재편을 통해 구성원들의 시민적 권리뿐만 아니라 경제적, 사회적 권리를 보장하는 것을 의미한다. 대부분의 학자들은 민주화를 정치적 영역에서 민주주의에 입각한 규칙과 행위가 제도화되는 과정으로 보고 이를 위한 요인과 경로 분석에 치중하고 있다. 협의적인 측면에서 민주화를 보는 학자들은 정치변동political change에 초점을 맞추어 국가나 정부의 제도적 측면과 관련된 변화나 정치체제와 이념이 바뀌는 과정을 주로 분석한다.[9] 그러나 여기서 중요한 사실은 보다 높은 수준의 민주주의를 향한 과정이 단지 정치적 영역에서만 일어나는 것이 아니라는 점이다. 민주화에 대한 분석은 정치과정뿐만 아니라 경제와 사회적 차원까지를 동시에 고려해야 한다. 그럼에도 지금껏 민주화는 정치적 민주화에만 그 논의가 국한되었다고 평가된다. 이 점은 주로 영미권의 학자들이 주도한 민주주의로의 이행transition to democracy과 민주주의의 공고화consolidation of democracy를 둘러싼 논의에서 잘 드러난다.

민주화에 대한 학문적 관심은 1980년대에 들어와 많은 국가들에서 권위주의 정권이 붕괴하고 나름의 경로를 통해 민주주의로 전환되는 일련의 사건들에 의해 촉발되었다. 이를 분석한 선구적인 학자가 미국의 정치학자인 헌팅턴Samuel P. Huntington이다. 헌팅턴은 특정한 시기 동안 발생한 비민주적 정권으로부터 민주적 정권으로의 이행들을 '민주화의 물결a wave of democratization'이

9) 정치변동은 민주화보다 포괄적인 범위를 갖는다. 정치변동에는 선거에 의한 단순한 정부의 교체에서부터 폭력에 의해 사회 내의 권력관계를 변화시키는 혁명까지 다양한 형태가 존재한다. 민주화에도 복합적인 영향을 미친다. 예를 들어 정치변동을 이끄는 전통적인 행위자인 군부의 경우 기존 체제에 반대하여 쿠데타를 일으키거나 지배연합에 균열을 가져옴으로써 민주화의 단초를 마련하기도 하지만, 정치에 개입해서 민선정부를 붕괴시키고 권위주의 통치를 행하면서 민주화를 저해하기도 한다.

라 지칭하고 이를 19세기부터 20세기 초까지 서유럽에서 일어났던 제1의 물결1828~1926과 2차 대전 이후의 제2의 물결1943~1962, 그리고 1970년대 중반 남유럽의 포르투갈을 시작으로 제3세계 국가로 확산되었던 제3의 물결1974~로 구분하고 있다.Samuel P. Huntington, 1991: 13-26

제3의 물결의 단초를 연 국가는 비교적 동질적인 문화와 역사, 그리고 비슷한 경제발전 수준을 갖고 있던 남유럽의 포르투갈, 스페인, 그리스였다. 서구 유럽에서 가장 오랫동안 비민주적 정권이 지속되었던 국가들이기도 한 이들 지중해 국가들은 1970년대 중반의 비슷한 시기에 정치 엘리트들 간의 협약 혹은 밑으로부터의 동원과 압력 등의 요인에 의해서 권위주의 정권의 붕괴와 민주주의로의 이행을 경험하였다. 이는 1980년대 라틴아메리카 국가들의 민주주의 이행에 영향을 미쳤다. 무엇보다 살라자르와 프랑코 정권의 붕괴와 이들의 근대적이고 합의에 기반한 정치체제로의 대체는 라틴아메리카의 비타협적 통치자들로 하여금 반대세력과의 타협의 여지에 대해 재고하게 하였다.Laurence Whitehead, 1993: 225 민주화의 물결은 1980년대 중반에는 동아시아, 그리고 1990년 전후에는 동유럽 국가들로 이어졌다.

민주주의 이행은 대부분의 경우 내부적 위기로 비민주적 정권이 퇴진하고 주요 정치세력들이 경쟁의 규칙에 합의해서 보다 민주적인 정부가 들어서기까지의 과정을 가리킨다. 일반적으로 비민주적 정권의 퇴진은 주요한 사회문제에 대한 정권의 정책수행능력의 약화와 이로 인한 정당성의 지속적인 상실에서 연원하는 경우가 대부분이다. 이로 인해 정권유지세력들은 분열하는 반면 반대세력들은 조직을 확대하고 갈등능력 행사를 강화하게 된다. 아담 쉐보르스키Adam Przeworski는 정당성의 붕괴보다 대항 헤게모니의 조직이 보다 더 권위주의 체제에 위협적인 것이라고 한다. 시위효과demonstration effects에 대한 두려움에서 권위주의 체제는 시민사회 내의 자율적인 조직들을 중앙권력의 통제하에 흡수하거나 무력으로 억압하려 한다는 것이다.Adam Przeworski, 1991: 103-104 비민주적 정권이 퇴진하면 주요 행위자들은 협상이나 협약을 통해 민선정부를 수립하고 신헌법을 제정하거나 자유선거에 의한 권력교체를 이룸으로써 민주주의 이행을 달성하게 된다.Dieter Nohlen, 1988: 5

그러나 민주주의로의 이행은 테리 린 칼Terry Lynn Karl과 필립 슈미터Philippe Schmitter가 정확하게 지적하였듯이 커다란 정치적 불확실성의 기간이며, 예기치 않은 우발적 사건과 전개과정, 의도하지 않은 결과에 의해 지배되어지기도 한다.Terry Lynn Karl & Philippe Schmitter, 1991: 270 민주주의 이행은 또한 어떤 일정한 논리적 단계에 의해 단선적으로 진행되는 것도 아니다. 지역별, 국가별로 고유한 특수성에 따라 이행은 그 내용을 달리한다. 역사적 경험과 현실적 조건이 상이한 나라들의 이행과정을 단일하게 설명하는 것은 적지 않은 오류를 지닐 수밖에 없다. 대부분의 나라들에서의 민주주의 이행은 상호 연관된 복합요인의 영향을 받으며, 따라서 단지 각 이행단계에 차별적으로 영향을 미친 요인들을 국가별로 비교 분석할 수 있을 뿐이다. 이와 같이 이행의 다양성에서 연원하는 문제를 최소화하려면 민주주의 이행을 구조적 맥락뿐만 아니라 그 역동적 과정을 함께 분석하는 것이 필요하다. 즉 각 지역, 국가별로 민주주의 이행을 초래한 구조적 맥락과 이행과정에서의 이해를 달리하는 행위자 간의 상호작용을 함께 분석하는 것이 요구된다.

민주주의 공고화의 개념에 대해서는 다양한 견해가 존재하며 모든 학자들이 동의하는 확립된 개념은 존재하지 않는다. 단순히 정치적 영역에서의 민주적 규범과 절차의 제도화만으로 한정되는 귈레르모 오도넬Guillermo O'Donnell, 새뮤얼 발렌수엘라J. Samuel Valenzuela와 같은 영미권 학자들의 민주주의 공고화의 개념은 그러나 다른 지역에 위치한 국가들의 사례를 분석하는 데에는 적실성이 그리 크지 않다. 오도넬과 발렌수엘라는 정치적 영역에서의 민주적 절차와 제도의 확립을 민주주의 공고화의 중요한 내용으로 간주한다. 오도넬은 권위주의 정권의 쇠퇴에 초점을 두는 제1이행과 일련의 새롭고 민주적인 정치활동 규칙의 제도화와 관련된 보다 광범위하고 복잡한 과정인 제2이행을 구분한다. 여기서 민주주의의 공고화란 정치적 게임에 대한 일련의 새로운 규칙의 제도화를 의미한다고 한다.Guillermo O'Donnell et al., 1992: 18-24

오도넬의 논지와 비슷하게 발렌수엘라도 민주주의의 최소적 정의의 범위 내에서 모든 행위자가 게임의 규칙을 수용하고 이들 중 누구도 민주적 게임에 의해 용인되지 않는 수단을 사용치 못할 때 공고화된 민주주의가 달성되었다고 지적한다. 발렌수엘라에 따르면 민족국가 수준에서의 형식적인 민주 절차의 확립을 의미하는 공고화에 이르는 과정은 민주적 정권이 최소한도로 작동하는 것과 부합되지 않는 제도와 절차, 가능성을 제거해나가는 과정이다. 발렌수엘라는 민주주의 공고화에 영향을 미치는 조건들로 ① 제1이행의 양식과 민주화에 대한 주요한 권위주의 정권 엘리트들의 태도, ② 정권의 유사성과 역사적 경험 및 정통성, ③ 온건한 정치갈등, ④ 사회갈등의 관리, ⑤ 군부의 민주정부에의 종속을 지적한다. 한편 비민주적으로 형성된 후견세력tutelary powers이나 권위와 정책결정에 있어서의 별도영역reserved domains의 존재, 선거과정에서의 차별, 정부구성을 위한 선거수단의 집중성을 공고화를 방해하는 요인들로 든다.Guillermo O'Donnell et al., 1992: 62-70, 73-93

그러나 공고화에 대한 이 같은 분석은 민주주의 이행 이후에도 다양한 영역에서 권위주의적 지배체제가 해소되고 있지 않으며, 사회적 균열과 갈등을 반영하는 정치문화도 확립되지 않은 국가들에서는 그 적실성이 별반 높지 않다. 따라서 보다 설득력 있는 설명을 위해 요구되는 것은 대륙권의 학자인 페터 크라우스Peter A. Kraus와 디터 놀렌Dieter Nohlen이 제시한 정치제도, 사회경제, 사회문화 영역에 걸치는 최대주의적 관점의 공고화 개념이라 할 수 있다. 크라우스에 의하면 민주주의 공고화를 최대주의적 관점과 최소주의적 관점으로 구분하는 기준은 새로운 정권에 부여하는 정당화의 중요성이다. 즉 최소주의적 관점에서는 대중들 속에서 광범위한 민주적 정당화를 위한 기반의 형성은 반드시 필요로 하지 않는다. 단지 정치 행위자들에게 민주적으로 조절되는 권력경쟁에 대한 대안만 존재하면 되는 것이다. 따라서 새로운 민주주의의 안정성은 목적 합리적인 고려에서 절차적 합의를 준수하려는 경쟁하는 엘리트들의 태도에 의존한다. 이에 비해 최대주의적 관점에서는 정당성의 획득을 중시한다. 다시 말해 민주적 게임규칙의 준수뿐만 아니라 정치 엘리트와 대중들에게 민주적 가치가 광범위하게 인정을 받을 때 정권의 민주주의 공고화는 달성되었다고 할 수 있다.Peter A. Kraus, 1990: 263-264

비슷한 논의로서 놀렌은 이행을 정치적 민주화와 동일시하고 이는 최초의 자유선거, 민선정부, 신헌법의 제정과 자유선거에 의한 권력교체를 내용

디터 놀렌(Dieter Nohlen, 1939~)은 독일 하이델베르크대학교에서 재직한 정치학자로 선거제도와 정치발전, 민주화 전문가이다. 그는 영·미권 학자들과는 달리 최대주의적 관점에서 민주주의 공고화를 분석하였다. 그에 따르면 민주주의의 공고화는 민주주의를 최대로 존속케 하는 정치제도적·사회문화적·사회경제적 조건의 형성을 의미한다고 한다. 즉 민주적 정치제도와 경쟁구조 및 행태로의 변화뿐만 아니라 민주적 규범과 가치의 형성, 그리고 권위주의 정권하에서 심화된 사회경제적 불평등과 이에 기초한 권력관계의 개혁이 존재할 때 민주주의는 공고화되었다는 것이다.

으로 갖는다고 지적한다. 그리고 민주주의의 공고화는 민주주의를 최대로 존속케 하는 정치제도적, 사회문화적, 사회경제적 조건의 형성을 의미한다고 한다. 즉 민주적 정치제도와 경쟁구조 및 행태로의 변화(정치제도적 영역)뿐만 아니라 민주적 규범과 가치의 형성(사회문화적 영역), 그리고 권위주의 정권하에서 심화된 사회경제적 불평등과 이에 기초한 권력관계의 개혁(사회경제적 영역)이 존재할 때 민주주의는 공고화되었다고 할 수 있다.Dieter Nohlen, 1988: 3-18 이 같은 분석은 정치적 과정과 정치체제의 특성 분석에 치우쳐 있는 민주화 이행과 공고화에 관한 최근의 이론적 작업들이 지닌 한계를 보완해준다고 평가된다.

대부분의 나라들에서의 민주주의 이행은 상호 연관된 복합요인의 영향을 받으며, 따라서 단지 각 이행단계에 차별적으로 영향을 미친 요인들을 국가별로 비교 분석할 수 있을 뿐이다. 이와 같이 이행의 다양성에서 연원하는 문제를 최소화하려면 민주주의 이행을 구조적 맥락뿐만 아니라 그 역동적 과정을 함께 분석하는 것이 필요하다. 즉 각 지역, 국가별로 민주주의 이행을 초래한 구조적 맥락과 이행과정에서의 이해를 달리하는 행위자 간의 상호작용을 함께 분석하는 것이 요구된다. 민주주의 이행은 대부분의 경우 내부적 위기로 비민주적 정권이 퇴진하고 주요 정치세력들이 경쟁의 규칙에 합의해서 보다 민주적인 정부가 들어서기까지의 과정을 말한다. 일반적으로 비민주적 정권의 퇴진은 주요한 사회문제에 대한 정권의 정책수행능력의 약화와 이로 인한 정당성의 지속적인 상실에서 연원하는 경우가 대부분이다. 이로 인해 정권유지세력들은 분열하는 반면 반대세력들은 조직을 확대하고 갈등능력 행사를 강화하게 된다.

아담 쉐보르스키는 정당성의 붕괴보다 대항 헤게모니counter hegemony의 조직이 보다 더 권위주의 체제에 위협적인 것이라고 한다. 쉐보르스키는 권위주의 체제의 퇴장은 권위주의블록 내의 개혁파와 반대파 내의 온건파 간의 상호이해로부터 나온다고 한다. 즉 ① 개혁파와 온건파 간에 그들이 대표하는 사회세력들이 민주체제하에서 중요한 정치적 존재로 남아 있게 하는 제도를 수립하는 데 합의에 도달할 수 있어야 하며, ② 개혁파들은 강경파들의 동의를 끌어내거나 중립적이게 할 수 있어야 하며, 그리고 ③ 온건파는 급진파를 통제할 수 있어야 한다는 것이다.Adam Przeworski, 1991: 103-104 민주주의 이행에 영향을 미친 요인들은 크게 내부적 요인과 외부적 요인으로 나누어 살펴볼 수 있다. 일반적으로 비민주적 정권의 정책수행능력의 약화와 이로 인한 정당성의 상실, 자율적인 사회집단의 조직과 정권에 반대한 갈등능력의 행사와 같은 내부적 요인과 더불어 민주화에 대한 외부의 압력, 국제적인 비정부기구의 활동 등의 외부적 요인 역시 민주주의 이행에 적지 않은 영향을 행사한다고 할 수 있다. 그러나 내부적 요인에 비해 외부적 요인은 대개 부차적인 역할을 수행한다.

권위주의 체제가 이행과정에 대해 얼마나 많은 영향력을 행사하는가, 그리고 체제와 야당 간의 협상과 상호작용에 있어서 상이한 권력관계를 중심으로 파악한다면 ① 구체제의 패배와 붕괴defeat or collapse를 통한 이행, ② 거래transaction를 통한 이행, 그 중간에 ③ 탈출extrication을 통한 이행의 세 범주로 구분할 수 있다.Scott Mainwaring, Guillermo O'Donnell & J. Samuel Valenzuela, eds., 1992: 317-326 거래transaction를 통한 이행은 단순히 민주화 이행의 속도가 점진적이라는 의

미뿐만 아니라, 권위주의 체제가 자유화를 주도하며 이행의 전 과정을 통해서 결정적인 행위자로 남아 있는 경우이다. 따라서 거래를 통한 이행의 핵심적 요소는 이행과정에 대한 엘리트의 통제, 특정 행위자의 배제, 사회경제적 변화의 배제, 선거에서 경쟁할 수 있는 권위주의 체제의 능력이다. 거래에 의한 이행의 특징으로 ① 권위주의 체제의 이행에 대한 통제력과 선거에서의 지지, ② 체제 내 온건파와 야당 내 온건파 간의 정치협약, ③ 이행의 결과에서의 구체제와의 연속성을 들 수 있다.

반면에 탈출extrication을 통한 이행은 체제의 패배를 통한 이행과 달리, 이행에 대한 협상이 이루어지며 구체제가 이행에 대한 기본적 규칙을 강제하지만, 거래를 통한 이행과 달리 구체제가 아주 약화되어 이행과정을 강력하게 통제하거나 영향력을 행사하지 못하며, 민주적 선거에서 경쟁할 체제정당을 조직할 능력을 갖고 있지 못하다. 따라서 이 유형은 붕괴와 거래의 중간유형으로서 페루, 우루과이의 사례가 대표적이다. 붕괴를 통한 이행은 권위주의 체제의 내적인 붕괴나 외적인 군사적 패배에 의해서 구체제의 완전한 붕괴와 이행이 초래되는 경우이다. 붕괴collapse를 통한 이행에는 그리스, 포르투갈, 아르헨티나, 동유럽의 체코와 루마니아 등이 해당된다면, 거래를 통한 이행에는 스페인, 브라질, 한국, 칠레, 헝가리와 폴란드가 전형적이다.

반대세력의 도전 혹은 정권의 정책수행능력의 상실로 인한 내부적 위기로 비민주적 정권이 퇴진하고 주요 정치세력들이 경쟁의 규칙에 합의해서 보다 민주적 정부가 들어서기까지의 과정을 말하는 민주주의 이행은 상호 연관된 복합적 요인의 영향을 받는다. 한국의 민주주의 이행에도 역시 복합적 요인들이 영향을 미쳤다. 시민사회 내 반대세력의 능력 증대, 지정학 및 경제적 이해관계에 연유하는 외부의 간섭과 개입, 세계경제에의 통합과 관련된 산업화, 분단 상황, 유교적 정치 문화, 지역주의, 식민주의의 영향, 국제적 전시효과, 비정부기구의 역할 등이 그것이다.Juergen Rüland, 1994 이 같은 요인들은 크게 장기간에 걸쳐 영향을 미치는 구조적 배경요인과 제도적인 요소와 정치적 행위자의 행동으로 나누어서 분석될 수 있다. 이 중에서 한국의 민주주의 이행에 가장 큰 영향을 미친 요인은 급속한 산업화로 인한 사회분화에서 연유하는 시민사회 내 반대세력의 능력증대라 할 수 있다.

압도적 규정력을 갖고 있던 외세에 의해 형성된 남한의 국가는 한국전쟁을 통해 물리적 강제력의 독점과 집중을 달성하고 대내적 추출능력을 극대화하면서 강력한 국가가 되었다. 반면 인민위원회를 비롯한 각종 자발적 조직이 급속도로 확산된 데서 보여지듯이 시민사회는 해방 후 한동안 활성화되었으나 이후 미군정과 토착보수세력에 의해 통제되면서 제대로 성장하지 못했다.[10] 취약한 시민사회는 국가권력에 압력을 행사하거나 정당성을 제공해 줄 수 없었고 따라서 이승만 정권은 붕괴될 때까지 심각한 정당성 위기에 시달려야 했다. 이는 1961년에 쿠데타를 통해 민간정부를 붕괴시키고 집권한 박정희 정권 역시 마찬가지였다. 박정희 정권은 권력 획득과정뿐만 아니라 권력 행사도 절차적 민주주의와 어긋나는 데서 그 정당성이 반대세력으로부터 끊임없이 도전받았다. 박정희 정권은 이 문제를 급속한 산업화를 통해 해결하려고 하였다.

박정희 정권은 물리적 강압력의 행사와 각종 이데올로기의 동원을 통해 돌진적으로 산업화를 추진해 나갔다. 특히, 각종 이데올로기적 국가기구를 통해 위로부터의 개발주의를 자극하고 추동함으로써 국민들로부터 자발적 동의를 구축하려 했다. 이는 자본주의적 세계경제체제에의 통합과 이로 인한 무역 및 자본분야에서의 유리함과 국가 조합주의로 일컬어지는 국가의 노동부문 배제정책 등에 힘입어 어느 정도 성과를 거둘 수 있었다. 급속하게 추진된 산업화는 그러나 계급분화와 도시화와 같은 구조적 사회변화를 수반하였다. 이는 다름 아닌 농민층 분해에서 연원하는 중간계층 및 노동계급의 증대, 사회계층 및 집단 간의 경쟁과 갈등, 그리고 지역 간, 산업부문 간 불균등의 심화 등으로 나타났다. 무엇보다도 노동분화에 기반한 한국에서의 사회분화는 다원주의적 이익형성을 도왔을 뿐 아니라 사회적 가치변동을 초

---

10) 미군정의 현상유지정책과 좌익세력에 대한 억압에 대해서는 서중석(1991), pp.254-263.

청계천 '전태일 다리'에 있는 **전태일 흉상**. 서울 청계천 평화시장의 의류 제조회사 재단사로 일하던 전태일은 어린 노동자들이 저임금과 열악한 노동환경에서 장시간 일하는 현실에 분노하다가 투쟁의 길로 들어서게 된다. 전태일이 노동청과 서울시에 노동조건 개선을 요청했지만 묵살당했던 데서 알 수 있는 것처럼 노동자의 권리가 보장된 법은 있으나 정작 그 법은 지켜지지 않고 있었다. 1970년 11월 13일 근로기준법에 대한 화형식을 하고 전태일은 분신했다. 당시 22살의 전태일은 온 몸에 휘발유를 붓고 불을 붙여 "근로기준법을 지켜라", "우리는 기계가 아니다"라고 외치며 평화시장 앞을 달리다 "내 죽음을 헛되이 말라"는 말을 남기고 쓰러졌다. 이 사건에 자극받은 많은 노동자와 지식인, 학생들이 노동운동과 민주화운동에 참가하였으며, 이에 힘입어 권위주의 통치에 저항하는 본격적인 반대세력연합이 형성될 수 있었다. 압축적인 산업화와 도시화로 인한 부작용이 도시빈민문제로 표출된 광주대단지사건과 더불어 전태일 분신 사건은 당시 반대세력의 동원잠재력을 제고시켰다.

래하였다. 이로 인하여 시민사회 영역에서 기존의 불균등한 권력 및 분배관계에 반대하는 반대세력의 활동영역이 확대되고 능력이 증대하게 되었다.

한국의 경우 산업화의 부작용과 모순이 표면화된 1970년대에 들어서야 권위주의적 지배에 대항하는 조직화된 정치적 반대세력이 등장하였다. 그 계기가 된 것은 1970년의 전태일 분신 자살 사건과 그 이듬해의 광주대단지사건으로 이들 사건을 계기로 1960년대에 발생하였던 자생적 형태의 저항은 본격적으로 민주화 운동과 결합되어가기 시작하였다.김경일 · 이창걸, 1997: 318 '민주수호국민협의회'1971년 4월, '민주회복국민회의'1974년 11월, '민주주의국민연합'1978년 7월, '민주회복 국민회의'1979년 3월는 이들이 결성한 대표적 조직들이다.한승헌 외, 1984: 25-28 이들은 유신헌법이 선포되고 대통령긴급조치가 연달아 발동되면서 반대세력에 대한 가혹한 탄압이 가해지는 가운데서도[11] 민주헌법 회복과 긴급조치 해제, 정치적 자유 보장 등을 위해 지난한 투쟁을 펼쳐 갔다. 지식인, 노동자, 종교인, 독립적인 전문직업인들을 주요 구성원으로 하는 이들 반대세력은 독자적으로 때로는 다른 집단들과 연합하면서 이데올로기적인 응집성과 내적 단결성, 운동의 정통성과 동원 잠재력 등을 점차 갖춰 나가기 시작했다. 당시에 민주주의에 대한 염원은 다음과 같이 문학적으로 형상화되었고 사람들에 널리 읽혔다.김지하, 1982: 8-9

신새벽 뒷골목에
네 이름을 쓴다 민주주의여
내 머리는 너를 잊은 지 오래
내 발길은 너를 잊은 지 너무도 너무도 오래
오직 한 가닥 있어
타는 가슴 속 목마름의 기억이
네 이름을 남몰래 쓴다 민주주의여

아직 동 트지 않은 뒷골목의 어딘가
발자국 소리 호르락 소리 문 두드리는 소리
외마디 길고 긴 누군가의 비명 소리
신음 소리 통곡 소리 탄식 소리 그 속에 내 가슴팍 속에

11) 정당성 부족을 만회하고 지속적인 반대세력의 저항에 대응하기 위해 박정희 정권은 각종 이데올로기적 국가기구를 통해 끊임없이 자발적 동의를 구축하려 시도했다. 이를 조희연은 동원이라는 키워드를 사용해 분석한다. 조희연은 동원을 지배의 동의기반을 확충하기 위한 위로부터의 목적의식적 실천이라 정의한다. 기본적으로는 수동적 동의를 능동적 동의로 전환하기 위한 과정이자 강압의 정당성을 인식케 하는 과정이라는 것이다. 그에 의하면 “박정희 시대에는 새마을운동이나 반공 궐기 대회와 같은 정치사회적 대중 동원, 반상회나 관변단체 등 사회제도적 기제를 활용하는 동원, 친정부적 사회단체들을 활용하는 조직적 동원, 국민교육헌장의 선포, 교련 교육, 반공교육 등 교육을 통한 동원, 공장 새마을운동과 같은 노동 통제적 동원, 반공주의와 개발주의를 확산시키는 이데올로기적 동원 등 다양한 동원 양상들이 있었다. 이런 동원의 핵심적인 이데올로기적 기제들은 반공주의와 개발주의였다.” 조희연(2010), pp.242-243.

깊이깊이 새겨지는 내 이름 위에
네 이름의 외로운 눈부심 위에
살아오는 삶의 아픔
살아오는 저 푸르른 자유의 추억
되살아오는 끌려가던 벗들의 피 묻은 얼굴
떨리는 손 떨리는 가슴
떨리는 치떨리는 노여움으로 나무 판자에
백묵으로 서툰 솜씨로
쓴다

숨죽여 흐느끼며
네 이름을 남몰래 쓴다
타는 목마름으로
타는 목마름으로
민주주의여 만세

반대세력들의 체계적인 집단행동은 1980년대 중반에 이르러서는 정권의 정통성 결핍을 더욱 심화시켰고 지배연합에 압력을 가하면서 종국에는 부분적 자유화와 개방이라는 양보를 이끌어 내게 된다. 부분적 자유화는 부분적인 시민적, 정치적 권리의 보장을 내용으로 하는 것으로 1983년 말의 학원자율화 조치를 시작으로 2차에 걸친 정치피규제자 해금으로 이어졌다. 전두환 정권이 부분적 자유화 조치를 행한 데는 1985년의 총선과 1988년의 올림픽을 염두에 두고 정권의 대내외적 정당화를 과시하려는 의도가 있었다. 이에 비해 개방은 기본적 권리를 확대하고 정치적 경쟁을 보장하는 것을 내용으로 하는 것이었다. 이는 이른바 '6·29 선언'으로 나타났다. '6·29 선언'에서는 기본적 인권의 신장과 언론 자유의 창달, 자치와 자율의 확대, 그리고 대통령 직선제 개헌, 대통령 선거법 개정, 시국관련사범의 사면과 복권, 정당활동의 자유 보장이 제시되었다. 그러나 이 선언에는 주로 야당의 요구가 반영된 반면 시민사회 내 급진세력의 최대강령적 요구는 반영되지 않았다.

1987년 **6월 항쟁** 당시 서울시청 앞 광장 일대를 가득 메운 시위내들. 2·7 추도대회, 3·3 평화대회, 5·18 고문사 은폐조작 폭로와 6·10 대회로 이어지는 6월 항쟁은 전두환 정권에게 정치적 개방조치를 취하도록 강한 압력을 행사했다. 이는 대통령 직선제 개헌을 핵심 내용으로 하는 '6·29 선언'으로 나타났다. 그러나 '6·29 선언'은 반대세력의 압력에 직면한 집권세력의 전략적 선택이라는 점에서 그 한계도 자명한 것이었다.

앞의 국내적 요인에 비해 비록 부차적이지만 지정학적인 조건 및 경제적 이해관계에서 연유하는 외부의 간섭과 개입도 한국의 민주주의 이행에 중요한 역할을 수행하였다. 2차 대전 후 신생국에 대한 미국의 외교정책은 무엇보다도 자본주의적인 생산, 분배관계의 확립 및 유지와 반공적이고 친서방적인 안정적인 정부의 수립에 초점을 두었는데, Bradley Klein & Frank Unger, 1989 이는 한국의 경우에도 예외 없이 그대로 적용되었다. 이러한 미국의 한국에 대한 정치, 경제적 개입은 한편으로는 한국의 급속한 산업화의 기초로 작용하였지만, 다른 한편 12·12 군부 쿠데타와 광주민중항쟁에서의 무장병력의 투입 승인 및 이후의 신군부정권의 지지에서 극명하게 나타났듯이 비민주적 정권에 의한 반대세력 탄압을 가능하게 하였다. 미국의 비민주적인 한국 정권에 대한 일관적 지지는 80년대 중순에 들어서면서 이란·콘트라 스캔들에서 연유하는 미국 내 권력의 온건파로의 변화, 소련에서의 개혁정치가 가져온 냉전해소의 시작 등으로 변화하였는데 특히 광주에서의 폭력사용이 초래했던 부정적 결과와 군부정권의 지속으로 인한 한국 내 미국 이익의 위협에 대한 정책적 고려David Potter, 1993: 365가 전두환 정권으로 하여금 정치적 개방조치를 취하도록 압력을 가하게 하였다.

그러나 정치적 개방 조치는 반대세력의 압력에 직면한 집권세력의 전략적 선택이었다. 이질적인 성격과 지지기반을 갖고 있던 반대세력연합 중에서 급진세력은 아예 정치적 개방 이후의 개헌 협상과정에서 배제되었고 집권세력의 분할·지배 전략과 계속된 이데올로기 공세로 인해 권력자원과 동원능력이 현격히 약화되었다. 정치적 개방이 열어준 공간에서 대규모 중공업 사업장의 노동자들을 중심으로 전개된 '7·8월 노동자 투쟁'은 실패로 끝났다. 전국적으로 전 산업부문에 걸쳐 폭발적 양태를 띠며 동시다발적으로 발생한 '7·8월 노동자 투쟁'은 그동안 억눌려온 노동자들의 욕구가 분출하면서 파업, 농성, 시위 등의 집단행동으로 나타났고, 지역별, 산업별 동맹과 연대투쟁도 추진되었다.한국기독교사회문제연구원, 1987: 48-49 이에 맞서 전두환 정권은 불순파괴집단의 만행으로 노동자투쟁을 매도하는 한편 강경진압에 나섰다. 대규모 구속과 해고가 뒤따랐지만 민주화운동 진영은 내부분열로 이에 제대로 대응하지 못했다. 결국 노동자 투쟁은 빠른 속도로 위축되었다. 노동자 투쟁이 실패한 후 반대세력연합의 해체는 가속화되었고, 사회적 권력관계의 중심은 다시 보수적 정치세력으로 넘어가게 되었다.

특정 지역을 배제한 보수적 정치세력 간의 연합인 '3당 합당'에 그 뿌리를 두고 있는 김영삼 정권이 한국 민주주의 발전에 기여한 것은 군부에 대한 민간통제에 성공한 것이었다. 지방자치의 실시도 형식적·절차적 민주주의의 완성을 위한 중요한 조치였다. 그러나 김영삼 정권하의 민주주의는 시민사회의 배제로 위임 민주주의적 성격을 갖는 데서 보듯이 정치참여의 문은 개방되었으나 결사체적 활동의 정치화는 차단된 배제적 민주주의exclusive democracy라 할 수 있다. 이어서 1997년의 선거에 의한 여야 간 정권교체는 규칙적이고 공정한 정치경쟁이 제도화되면서 보다 민주적인 정권으로의 변화가 이루어졌다는 점에서 적지 않은 정치사적 의미를 갖는다. 김대중 정권의 수립은 민주주의의 발전이라는 점에서 적지 않은 의미를 주는 것이었다. 즉, 한국 정치사상 최초의 선거를 통한 여야 간 정권교체에 의해 탄생되었다는데서 무엇보다 한 단계 높은 절차적 민주주의로의 진전이 이룩되었음을 의미한다. 그러나 김대중 정권은 IMF가 요구한 신자유주의를 도입하고 적용한 결과 비정규직의 양산과 사회적·경제적 양극화의 구조적 요인을 제공하였다.

노무현 정권은 정치적 부패와 부정비리의 제도와 문화를 청산하고, 권력기관을 정치적으로 이용하지 않음으로써 권력기관의 정치적 사인화를 방지하고 정치적 중립을 수립하는 계기를 마련할 수 있었다. 그럼에도 노무현 정권 역시 지속적으로 신자유주의 정책을 추진하는 과정에서 사회적 양극화가 확대되고 권력과 부의 분배에서 소외되고 문화적으로 차별받는 계층과 집단들을 양산했다. 노무현 정권은 사회적 시민권을 정립하고 이를 통해 사람들의 삶을 풍요롭게 하고 그 질을 향상시키는 구체적이며 적실성 있는 정책을 제시하는 데는 성공하지 못했다. 이명박 정권은 감세와 민영화 등 전면적인 신자유주의 정책에 더해 촛불시위에 대한 공권력 투입, '미네르바'의 구속으로 상징되는 표현의 자유 억압, 대화와 타협에 기초한 의회정치의 경시와 독선적 국정운영, 언론사 노조위원장 구속과 'PD수첩' 관련자들에 대한 체포조사로 상징되는 민주적 공론장의 파괴 시도 등으로 인해 야당과 시민사회단체들로부터 민주주의를 후퇴시키고 있다는 비판을 받고 있다.[12]

---

12) 이런 비판에는 국내뿐만 아니라 해외의 지식인들도 동조하고 있다. 대표적 사례로 2009년 12월 10일 세계 인권의 날을 맞아 노엄 촘스키, 하워드 진, 조지 갤러웨이, 알렉스 캘리니코스 외 20개국 교수, 학생, 노동조합·사회운동 활동가들은 이명박 정권의 민주주의 탄압에 항의하는 국제성명을 들 수 있다. 성명서를 통해 이들은 이명박 정권에게 진보적 단체와 시민에 대한 공격을 즉각 중단할 것을 촉구했다. 이들은 촛불 집회와 관련 "식품 안전과 민주적 권리가 침해되는 데 우려했던 한국의 평범한 대중운동을 대표하는 것"으로 정의했다. 그러면서 "2008년 촛불 운동에 대한 탄압은 국제적 항의에도 불구하고 개선되지 않았고 2009년에는 더 많은 진보단체와 민주적 시민에 대한 탄압으로 확대됐다"고 비난했다. 또 용산참사 사태에 대해선 "철거민 5명의 죽음은 정부의 신자유주의 정책과 탄압이 부른 살인"이라며 "정부는 용산 철거

정치적 권위주의의 지속과 재생산: 한국 정치의 역사와 현실을 통해 우리는 왜 한국에서 권위주의는 여전하며 쇠퇴할 기미를 안 보이는가, 그리고 한 때 새뮤얼 헌팅턴이 말한 '제3의 민주화 물결'의 대표적 사례로 꼽히던 한국에서 더 이상의 민주주의 심화는 불가능한가와 같은 질문을 던질 수 있다. 최근 한국 정치의 일련의 흐름들은 개방과 참여로 특징되는 서유럽형의 민주주의가 아닌 제한된 민주주의와 사회 제 영역에 광범위하게 뿌리내린 강고한 권위주의로 특징되는 동아시아 형의 정치형태로 고착되는 과정으로도 볼 수 있다. 동아시아의 권위주의는 무엇보다 자본주의 산업화 과정에서 사회분화가 미약했고, 자유주의 전통이 취약하며, 어떤 견제도 받지 않고 권력을 행사하는 지도자와 지배세력은 관용과 다원주의를 거부하고 획일적 질서를 강요했던 역사로부터 비롯되었다. 서유럽과는 달리 동아시아 국가들에는 예외없이 기존 체제와 질서를 유지하기 위해 농민과 같은 피지배계급을 토지에 묶어두고 착취했던 강력하고 중앙집권적이고 억압적인 국가(Harold Crouch, 2008: 27-28)가 존재했다. 동아시아에서 권위주의 정치가 장기간 유지되는 과정에서 민중 부문에 의한 '아래로부터의 참여'는 지속적으로 억압되거나 탈정치화가 추진된 반면에 관료와 기업, 군부, 전문가집단은 과잉정치화되었다. 이 같은 역사적 경로의 차이 외에도 오랜 기간 수기치인(修己治人)을 목적으로 하는 위로부터의 정치적 지배이론인 유교가 통치 이데올로기로 작동되면서 형성된 고유한 사회문화적 특성도 거론할 수 있다. 이런 까닭에 한국을 비롯한 동아시아에서는 최근에 이르기까지 권위주의적 퍼스낼리티를 내면화한 대중들이 위계적 정치질서에 맹종하고 다른 집단을 차별하며 집단 내 약자들에게는 억압적 태도를 보이는 현상이 나타나고 있다.

이들은 이명박 정권 시기에 권위주의적 과거의 유산이 해소되기는커녕 오히려 정치의 전면에 등장했다고 지적한다.

이런 현상은 박근혜 정권 출범 이후에도 계속되고 있다. 2012년 총선과 대선과정에서 당시 여당 후보로 유력시되던 박근혜 의원이 경제민주화와 보

민 참사 항의 운동 참가자들을 즉시 석방하고 강제 연행을 중단해야 한다"고 강조했다. 집회의 자유와 시위권 보장에 대해선 "지난 4월 30일부터 5월 2일까지 집회와 시위를 원천봉쇄한 채 시위 참가자들을 무차별 구타하고 구속한 것에 분노를 금치 못한다"며 "경제 위기에 대한 책임을 노동자에 전가하고 민주 권리를 탄압하는 정부에 맞서는 집회와 시위는 완전히 정당하다"고 전했다. 이들은 이밖에 언론노조의 탄압 중지, 쌍용차 노조원 구속, 국가보안법 탄압 중단 등을 규탄하면서 "정부가 시민에 대한 반민주적 탄압을 중단하고, 집회 및 시위에 대한 자유로운 접근권을 보장할 것을 재차 촉구했다. 〈한국일보〉, 2009년 12월 9일.

편적 복지를 공약으로 내건 것은 그동안 민주주의와 복지에 대해 소극적이던 여당의 모습에 비추어보면 매우 파격적인 것이었다. 이는 한국 사회가 신자유주의적으로 재편되면서 심각해진 불평등과 강자의 횡포, 고용불안에 직면해 있는 대중들의 요구를 일정하게 수용하는 것이라는 점에서 안토니오 그람시가 말한 수동혁명revolución pasiva[13]으로도 불릴 수 있는 것이었다. 이에 비해 야당인 민주통합당은 이슈를 선점당했고 여당인 한나라당의 공격적인 선거전략에 제대로 대응하지 못했다. 그러나 박근혜 정권의 출범 이후 1년도 되지 않아 기초연금 지급, 영유아 무상보육, 4대 중증질환 무상치료, 금산분리 강화, 대기업 감독 강화, 총수일가 사익편취 근절 등과 같은 복지와 경제민주화 관련 공약은 후퇴하거나 파기되었다. 대선과정에서 국정원이 선거개입과 정치공작을 했다는 사실이 밝혀졌고,[14] 이후 국정원이 주도하는

---

13) 지배계급이 피지배계급의 헤게모니를 배제하기 위해 국가권력과 지배기구를 재조직화하는 것을 의미하는 수동혁명은 그동안 다양한 형태로 행해졌다. 이탈리아의 리소르지멘토(Risorgimento)나 미국의 뉴딜(New Deal) 프로그램이 대표적이고, 한국에서는 1950년 농지개혁과 1987년 '6·29 선언' 및 헌법개정의 정치가 이에 해당한다.

14) 서울중앙지검 국정원 대선개입 사건 특별수사팀의 발표에 따르면 국정원 심리전단 직원들은 대선과 총선, 지방선거는 물론 무상급식 주민투표까지 각종 선거에 불법으로 개입했다. 원장의 지시로 인터넷 사이트별로 그날의 이슈 선점 및 논리가 하달되었고 이에 따라 국정원 직원들은 수백 개의 아이디를 동원해 일상적인 정부정책을 홍보하는가 하면 집중적으로 특정 후보 지지와 반대 글을 게시했다는 것이다. 이후 특별수사팀이 법원에 제출한 공소장 변경허가 신청서에 의하면 국정원 직원들은 트위터를 통해 종북몰이, 지역감정 조장, 흑색선전, 허위사실 유포를 자행하였고 심지어 여당 후보의 후원계좌를 홍보하기까지 하였다. 이들이 자동 리트위트 프로그램을 통해 2012년 9월 1일부터 12월 18일까지 트위터로 퍼트린 글은 무려 5만 5천 차례가 넘는 것으로 나타났다. 온라인 댓글과는 규모와 파급효과에서 차원이 다른 엄청난 불법 선거운동이다. 〈한겨레〉, 2013년 10월 21일. 이 외에도 국가보훈처가 대통령선거를 앞둔 2012년부터 2013년 8월까지 김대중·노무현 정부를 '종북·좌익'으로 규정한 자료로 청소년·공무원 대상 안보강연을 하면서 사실상 여권 후보를 지지하도록 교육한 사실이 밝혀졌다. 또한 국군 사이버사령부 요원들이 국정원 직원들의 트위터 글을 퍼 나르고, 2013년 대선 당시 SNS를 통해 불법 선거운동을 한 혐의로 기소된 새누리당 중앙선거대책위원회 SNS미디어본부장의 트위터 글들을 리트윗한 사실도 드러났다. 〈한국일보〉, 2013년 10월 23일. 국정원 선거개입 사건은 헌정을 파괴하고 국기를 문란하게 한 매우 심각한 사건임에도 검찰은 법무장관의 반대로 관련자들을

남북정상회담 회의록 무단 공개가 발생했지만 여당인 새누리당은 진상규명과 책임자 처벌에 소극적인 자세로 일관하고 있다. 국정원 선거개입 국정조사에서도 여당 위원들은 '물타기,' 시간끌기, 퇴장, 특위불참 등을 통해 조사를 무력화하려 했다. 청와대와 집권여당은 국정의 주요 정책들을 추진하는 과정에서 야당과 타협을 시도하거나 국민들을 설득하는 데 소극적이며, 남북정상회담 회의록 공개 공방으로 정국을 주도하려는 데서 보여지듯이 정치공학에 의존하는 행태를 보이고 있다. 국가기관이 지닌 권력과 유리한 언론지형을 이용해 정치적 반대세력에게 다수의 의지를 관철시키려는 권위주의적 통치행태도 두드러진다.

현재 한국은 민주주의 이행 이후에 도래한 혼란된 과도기에 처해 있다고 보인다. 최소주의적 관점에서 '민주화 이후'[최장집, 2005]를 말할 수 있을지 몰라도 정치제도, 사회경제, 사회문화 영역에 걸치는 최대주의적 관점에서는 민주주의의 내용이 여전히 불충분하며 민주화 수준도 별반 높지 않다. 이는 민주화를 민주적 정치제도와 경쟁구조 및 행태로의 변화로만 보지 않고 정치 엘리트와 대중들에게 민주적 가치가 얼마나 광범위하게 인정을 받고 있는지, 그리고 권위주의 정권하에서 심화된 사회경제적 불평등과 이에 기초한 권력관계의 개혁이 얼마나 이뤄졌는지를 기준으로 볼 때 더욱 두드러진다. 여러 정권을 거치면서 신자유주의로의 재편이 이뤄지면서 불평등이 확대되고 갈등이 증가하는 현실에도 불구하고 '배제 정치'에 기반한 정치제도와 대결과 이익의 정치에 몰두하는 대다수 정치인들로 인해 민주적 합의와 사회통합을 이끌어낼 수 있는 메커니즘과 정책은 여전히 구축되지 못하고 있다. 이는 한국의 민주주의가 역사적으로 외부로부터 형식적으로 부과되었

불구속하는 데 그쳤고, 원세훈 전 원장은 김용판 전 서울경찰청장과 함께 국회국정조사에 나와 증인선서를 거부하면서도 검찰 공소사실과 의원들 추궁은 적극 부인하는 이중 행태를 보였다. 이 사건은 중앙정보부→국가안전기획부→국가정보원으로 이어지는 대한민국 정보기관이 정보를 수집, 분석, 평가하고 외부의 공격으로부터 국가와 국민의 안전을 지키는 본연의 임무 외에도 집권세력을 위해 반대세력을 탄압하고 국민을 감시하는 활동에도 열심이었다는 사실을 잘 보여준다.

을 뿐만 아니라, 그 특징도 '배제의 정치'에 기반하는 다수제 민주주의의 특징을 갖고 있으며, 민주주의 이행도 아래로부터의 압력이 추동했으나 실제 과정은 '엘리트 협약'으로 이뤄진 데서 그 원인을 찾을 수 있다.

연관 키워드

민주화(democratization), 사회분화, 민주주의로의 이행(transition to democracy), 정통성의 결핍, 시위효과(demonstration effects), 불확실성의 제도화, 이중 전환, 민주주의의 공고화(consolidation of democracy), 권위주의(authoritarianism)

[참고문헌]

Crouch, Colin. 이한 역. 〈포스트민주주의〉. 서울: 미지북스, 2008.

Gunther, Richard, Nikiforos P. Diamandouros & Hans-Jürgen Puhle (eds.). *The Politics of Democratic Consolidation. Southern Europe in Comparative Perspective*. Baltimore: The Johns Hopkins University Press, 1995.

Huntington, Samuel P. *The Third Wave. Democratization in the Late Twentieth Century*. Norman & London: University of Oklahoma Press, 1991.

Karl, Terry Lynn & Philippe Schmitter. "Modes of Transition in Latin America. Southern and Eastern Europe." *International Social Science Journal*, Vol.128. 1991.

Klein, Bradley & Frank Unger. "Die Politik der USA gegenüber Militärdiktaturen in der Dritten Welt." In Reiner Steinweg (Red.). *Militärregime und Entwicklungspolitik*. Frankfurt/M: Suhrkamp, 1989.

Mainwaring, Scott, Guillermo O'Donnell & J. Samuel Valenzuela (eds.). *Issues in Democratic Consolidation: The New South American Democracies in Comparative Perspectives*. Notre Dame: University of Notre Dame Press, 1992.

Merkel, Wolfgang. Eberhard Sandschneider & Dieter Segert. (Hrsg.). *Systemwechsel 2. Die Institutionalisierung der Demokratie*. Opladen: Leske+Budrich, 1997.

Nohlen, Dieter. "Mehr Demokratie in der Dritten Welt? Über Demokratisierung und Konsolidierung der Demokratie in vergleichender Perspektive." *Aus Politik und Zeitgeschichte*. B25/26. 1988.

Potter, David. "Democratization in Asia." in David Held (ed.). *Prospects for Democracy*. Cambridge: Polity Press, 1993.

Przeworski, Adam. "Some Problems in the Study of the Transition to Democracy." In Guillermo O'Donnell & Philippe C. Schmitter (eds.). *Transitions from Authoritarian Rule: Prospects for Democracy*. Baltimore & London: The Johns Hopkins University Press, 1986.

Rüland, Juergen. "Demokratisierung in Asien: ein fragiler Prozeß." In Heinrich Oberreuter & Heribert Weiland (Hrsg.). *Demokratie und Partizipation*

in Entwicklungsländern. Paderborn: Ferdinand Schoeningh, 1994.
O'Donnell, Guillermo & Philippe Schmitter. 한완상·김기환 역. 〈독재의 극복과 민주화: 권위주의 정권 이후의 정치생활〉. 서울: 도서출판 다리, 1987.
Schubert, Gunter, Rainer Tetzlaff & Werner Vennewald. *Demokratisierung und politischer Wandel*. Münster & Hamburg: LIT Verlag, 1994.
Whitehead, Laurence (ed.). The *International Dimensions of Democratization. Europe and the Americas*. Oxford: Oxford University Press, 1996.

경향신문 특별취재팀. 〈민주화 20년의 열망과 절망〉. 서울: 후마니타스, 2007.
김경일·이창걸. "한국의 민주화와 사회운동." 한국사회사학회 편. 〈한국 현대사와 사회변동〉. 서울: 문학과지성사, 1997.
김지하. 〈타는 목마름으로〉. 서울: 창작과비평사, 1982.
민주화운동기념사업회 한국민주주의연구소 엮음. 〈한국민주화운동사 3: 서울의 봄부터 문민정부 수립까지〉. 파주: 돌베개, 2010.
서중석. 〈한국현대민족운동연구: 해방 후 민족국가 건설운동과 통일전선〉. 서울: 역사비평사, 1991.
_____. 〈6월 항쟁: 1987년 민중운동의 장엄한 파노라마〉. 파주: 돌베개, 2011.
6월민주항쟁계승사업회·민주화운동기념사업회. 〈6월 항쟁을 기록하다 3〉. 서울: 6월민주항쟁계승사업회·민주화운동기념사업회, 2007.
이병천 엮음. 〈개발독재와 박정희 시대: 우리 시대의 정치경제적 기원〉. 파주: 창비, 2003.
임혁백. 〈시장·국가·민주주의〉. 서울: 나남출판, 1994.
_____. 〈1987년 이후의 한국 민주주의: 3김 정치시대와 그 이후〉. 서울: 고려대학교 출판부, 2011.
조희연. 〈동원된 근대화: 박정희 개발동원체제의 정치사회적 이중성〉. 서울: 후마니타스, 2010.
최장집. 〈한국민주주의의 이론〉. 서울: 한길사, 1993.
_____. 〈민주화 이후의 민주주의: 한국 민주주의의 보수적 기원과 위기〉. 서울: 후마니타스, 2005.
한국기독교사회문제연구원. 〈기사연 리포트 2: 6월 민주화대투쟁〉. 서울: 민중사, 1987.
_____. 〈기사연 리포트 3: 7·8월 노동자대중투쟁〉. 서울: 민중사, 1987.
한국정치연구회 편. 〈박정희를 넘어서〉. 서울: 푸른숲, 1998.
한승헌 외. 〈유신체제와 민주화 운동〉. 서울: 삼민사, 1984.

홍익표. "전략 및 갈등능력 집단 개념을 통해 본 한국의 민주주의 이행 과정." 〈평화논총〉 제1권 2호. 1997.
_____. "남유럽의 민주주의 이행과 공고화: 스페인. 포르투갈. 그리스의 비교." 〈국제지역연구〉 제2집 4호. 1998.

세 번째 키워드: 투표

계급에 반하는 투표

마우스랜드에서 생쥐들은 5년마다 투표를 하고 통치자를 뽑았다. 바로 거대하고 뚱뚱한 검은 고양이로 이루어진 정부였다. 생쥐들의 삶은 갈수록 피폐해졌다. 생쥐들은 투표장으로 몰려가서 검은 고양이를 퇴출시키고 흰 고양이를 뽑았다. 생쥐들의 삶은 이전보다 훨씬 더 어려워졌다. 생쥐들은 도저히 참기 어렵게 되자 다시 검은 고양이를 뽑았고, 그러다가 반은 희고 반은 검은 고양이를 뽑기도 했다. 고양이 정부는 당연히 고양이들만을 돌볼 뿐 생쥐는 안중에도 없다는 사실을 깨달은 생쥐 한 마리가 홀연히 나타나 외쳤다. "대체 왜 우리는 고양이들을 정부로 뽑는 거야? 생쥐로 이루어진 정부를 왜 뽑지 않는 거지?"다른 생쥐들이 말했다. "오, 빨갱이가 나타났다. 잡아넣어라!" 그래서 생쥐들은 그를 감옥에 처넣었다.

_Thomas Clement Douglas, 2011: 9-34

투표는 개인이나 집단이 특정 사안에 대해 찬성이나 반대 등의 의사표시를 하는 것을 의미한다. 투표에는 다양한 유형이 존재한다. 그중에서 정치적으로 중요한 것은 유권자들이 대표자나 공직자를 선출하는 절차인 '선거'로, 이는 투표라는 유권자들의 선택행위를 통해 진행된다. 다수 유권자의 투표 결과에 의해 정책결정 권한을 가진 후보자가 선출되고, 정통성을 지닌 정부가 구성된다는 점에서 선거는 유권자와 정부를 연결해주는 대의제 민주주의의 핵심적인 제도이기도 하다. 투표와 관련해 학자들이 특히 관심을 갖고, 여전히 논쟁의 대상으로 삼으려는 것은 "누가, 왜, 어떻게 투표하는가?"

라는 문제, 즉 투표행태이다. 유권자들의 투표행태를 둘러싸고는 다양한 이론이 경합한다.전용주 외, 2009: 14-20 가장 선구적인 연구는 미국 컬럼비아 대학교의 라자스펠드Paul F. Lazarsfeld와 동료들이 행한 사회학적 접근법이다. 이들은 유권자의 선호가 그들이 속한 사회집단이나 사회적 네트워크에 의해 영향을 받는다고 주장하였다.

전국의 유권자들을 대상으로 투표선택의 이유를 분석한 미시간 대학교의 캠벨Angus Campbell과 동료들은 사회심리학적 접근법을 동원해 유권자들이 정당에 대한 귀속감, 쟁점에 대한 태도, 후보자에 대한 태도에 따라 투표를 한다고 밝혔다. 이들은 이 세 가지 태도를 연결해주는 개념인 정당일체감party identification이 후보나 정책을 선택하는 데 가장 큰 영향을 미친다고 하였다. 이밖에도 정당, 후보자, 정책 등에 대해 합리적 수준의 정보를 가진 유권자들이 자신의 투표결과가 가져올 혜택과 비용을 계산한다는 합리적 선택이론rational choice theory,[1] 투표 결정을 위한 판단의 '인지 지도'나 '인지 지름길' 같은 기준을 강조하는 인지심리학 cognitive psychology 이론, 인간의 개별적 행동을 제약하고 집합적 행동을 만들어내는 정치제도를 중시하는 신제도주의new institutionalism 등이 대두하였다.

---

1) 합리적 선택이론은 정당의 이념, 정책, 공약, 쟁점, 후보자에 대해 충분한 수준의 정보를 지닌 유권자가 자신의 투표결과가 가져올 혜택과 비용에 대한 평가에 근거해 투표를 하는 경향이 있다고 주장한다. 경제학자인 다운스(Anthony Downs)의 영향을 받은 합리적 선택이론은 인지심리학 이론이나 신제도주의에 의해 비판을 받았지만 같은 경제학자인 브라이언 캐플란(Bryan Caplan)에 의해서도 비판을 받았다. 캐플란은 유권자들이 무지보다도 더 나쁜 상태에 있다고 하면서, 유권자들이 비합리적인 선택을 하는 배경에는 네 가지 편향성이 있다고 지적한다. 첫째, 일반 대중들은 민간의 이윤추구행위가 공공의 이익을 어떻게 가져다 주는지에 대해 전혀 이해하지 못하는 성향이 있다. 둘째, 일반 대중들은 외국과의 교역이나 교류가 가져다주는 혜택에 대해 과소평가하는 성향이 있다. 셋째, 일반 대중들은 경제적 번영을 생산이 아니라 고용과 동일시하는 성향이 있다. 넷째, 일반 대중들은 앞으로의 경제사정이 현재보다 더 나빠질 것이라는 성향을 갖고 있다. 캐플란은 유권자들의 비합리성으로 인해 일종의 공유자원인 민주주의는 사회적으로 해를 끼치는 정책들을 생산한다면서 이를 시장으로 대체하여야 한다고 주장한다. Bryan Caplan, 이현우 외 역(2008), pp.2-7, pp.368-376.

투표행태를 설명하는 합리적 선택이론은 경제학자인 **앤서니 다운스(Anthony Downs, 1930~)**의 영향을 받았다. 〈민주주의의 경제 이론(An Economic Theory of Democracy)〉에서 다운스는 정치행태 분석에 합리적 선택이론을 도입하였다. 여기서 합리성이란 도구적 또는 절차적 합리성을 의미하며, 선험적(a priori)으로 주어지는 그 목표는 편익의 극대화이다. 이 책에서 다운스는 투표행태에 대해 다음과 같이 설명한다. "합리적 인간들은 정책 그 자체가 아니라, 그 자신의 효용소득에만 관심이 있다. 만약 그들의 현재 효용소득이 그들의 관점에서 매우 낮은 것이라면, 어떤 변화라도 그들의 소득을 증가시킬 것이다. 이 경우 그들은 집권당에 반대하는, 즉 일반적인 변화에 찬성하는 투표를 하는 것이 합리적이다. 다른 한편, 집권당의 정책으로부터 이익을 얻고 있는 사람이라면 변화가 그에게 도움을 주기보다 해를 줄 것이라고 느낄 수 있다. 반대당이 그의 효용소득을 증가시킬 정책을 도입할 수도 있는 것은 사실이다. 그러나 그의 소득은 이미 충분히 높기 때문에 현 정책의 연속성에 어떤 금이 가는 것을 두려워한다. 그래서 그들은 합리적으로 집권당에 찬성하는, 즉 일반적인 변화에 반대하는 투표를 한다." Anthony Downs, 전인권·안도경 역(1997), p.73.

한국인들의 투표행태에 대해서도 그동안 다양한 연구가 행해졌다. 1987년 민주주의로의 이행이 시작되기 전 권위주의 통치 시기에 유권자들의 투표행태는 '여촌야도輿村野都'나 '민주 대 반민주'라는 균열구조를 중심으로 설명되었다. 1987년 이후에는 지역주의가 추가되었고, 최근에는 세대와 이념, 가치 등이 선거에 미치는 영향이 새로운 연구주제로 부상했다. 그러나 앞에서 언급한 서구의 맥락에서 만들어진 투표행태에 관한 이론들을 역사적 맥락과 정치·사회·문화적 조건을 달리하는 한국에 그대로 적용하는 것은 한계가 있다. 물론 압축적 산업화가 초래한 사회균열과 세계화의 압력, 정보화로 인한 변화와 같은 요인은 서구와 그리 다르지 않다고 평가된다. 그러나 한국적 특수성이 함께 고려되어야 한다. 분단상황에서 비롯된 협소한 이념적 스펙트럼, 봉건적 유교국가와 식민지 경험과 관련된 권위주의 정치문화, 밖으로부터 이식되고 위로부터 부과된 불완전한 정치제도는 서구의 그것과 다르다.

예를 들어, 대통령제하에서는 승자독식의 원칙이 적용되어 대통령 일인에게 대부분의 권력이 집중되며, 대통령제의 핵심인 행정부, 사법부, 입법부 간의 견제와 균형이 제대로 이뤄지지 못하고 있다. 정당은 사회적 균열과 갈등을 조정하고 다양한 계층, 지역들의 요구를 취합하여 정책에 반영하는 역할을 제대로 수행하지 못하고 있다. 여전히 개인적 이해관계와 지도자에 따른 이합집산을 하는 등 낮은 제도화 수준을 보여준다. 민주적 사회관계에 영향을 미치는 가치체계인 민주주의 문화 역시 허약하다. 권위주의, 집단주의 문화가 잔존하고 시장주의가 득세하는 실정이다.

이런 한국적 특수성은 유권자들로 하여금 계급에 근거하는 투표를 가로막는 요인이 되고 있다. 이갑윤에 따르면 민주주의 이행 이후 지난 20여 년 간 한국인의 투표행태에서 나타나는 가장 큰 특징은 출신 지역이 투표 결정 요인으로 여전히 가장 크게 작용하고 있다고 지적한다. 이런 현상은 지역민과 정당 간에 선거연합이 형성되어 결빙됨으로써 지역 정당제와 지역 투표가 서로를 강화시키며 존속하기 때문이라는 것이다. 그는 또 하나 변화하지 않는 현상으로 많은 연구자들이 기대했던 것과는 달리, 계급 또는 계층 투표가 아직까지 나타나고 있지 않다고 말한다. 투표 참여는 물론 투표 결정 및 투표 결정에 영향을 미치는 대부분의 태도나 정향 변수들은 직업, 소득수준, 교육수준과 같은 계층변수의 독립적인 영향을 거의 받고 있지 않다고 한다.[이갑윤, 2011: 209] 이는 한국의 유권자들이 공직자를 선출하는 투표에서 계급 변수보다는 여전히 지역 변수에 더 영향을 받는다는 것을 가리킨다.

이런 점에서 보면 한국인들의 투표행태와 관련하여 관심을 끄는 현상은 '계급[2]에 반하는 투표'라 할 수 있다. 예를 들어, 가난한 유권자들이 부자감

---

2) 여기서 계급(class)은 단지 생산수단에 대한 공통된 관계를 공유하는 집단이라기보다는 근대화가 초래한 사회의 분화과정에서 형성된, 유사한 지위, 소득, 문화를 가진 개인들의 대규모 집단이라는 느슨하고 포괄적인 의미로 사용했다. 스테판 에젤은 신마르크스주의와 신베버주의의 계급이론을 혼합해 계급군을 대재산 소유자인 지배계급, 소

세와 노동시장 유연화를 추진하는 정치인과 정당을 지지하고 투표하는 것을 주변에서 우리는 흔히 목격한다. 최근에는 이와 상반되게 소득수준이 높은 일부 유권자들이 진보성향의 정당을 지지하는 현상도 나타나고 있다. 또 다른 한편으로는 각종 선거에서 여러 정당 후보에게 나누어 투표하는 분할투표split ticket voting도 늘어나고 있다. 이런 투표성향은 정당으로 하여금 지지자와 유리된 정책을 채택하게 하고 민주주의의 이름으로 민주주의에 반하는 정책을 추진하게 하고, 정치적 무관심과 혐오, 유권자들의 정치적 퇴장을 조장할 수 있다는 점에서 주목되는 현상이다. 왜 그들은 자신들의 계급이해관계와 달리 투표하고 정치적 지지를 표출하는 것일까?

민중이 자기 삶의 토대를 무너뜨리는 어처구니없는 선택을 취하는 것은 일찍이 마키아벨리가 〈로마사 이야기〉에서 다음과 같이 비판적으로 지적한 바 있다: "민중은 언변이 좋은 사기꾼에게 현혹되어 자주 자신의 파멸을 초래한다. 그러므로 누군가 민중의 신뢰를 얻고 있다면, 그가 민중에게 유해한 이유 또는 유리한 이유를 충분히 납득시켜야 한다. 그렇지 않으면 국가는 더할 나위없는 위험에 노출된다. 세간에 흔히 있는 것처럼 만일 민중이 기만을 당해 누구건 사람을 믿지 않게 된다면, 그 나라는 어떻게든 망하지 않을 수 없게 된다. 그렇기 때문에 단테가 〈제왕론〉에서 민중은 종종 다음과 같이 외쳐댄다고 말한다. "자아, 죽여라! 목숨을 빼앗으라."Niccolò Machiavelli, 고산 역, 2008: 241

이를 설명하는 전통적인 정치학이론은 지배이데올로기론dominant ideology이다. 전통적 마르크스주의에 기초한 이 이론은 자본주의 사회의 지배계급과 국가가 억압적 국가기구들뿐만 아니라 학교와 매스미디어를 중심으로 한 이데올로기적 국가기구들ideological state apparatuses을 동원하여 피지배계급 구성원들로 하여금 자본계급의 이해관계를 보편적 이해관계로 수용하도록 만든다

재산과 조직적, 문화적 자산에 기반을 둔 이질적이고 팽창하는 중간계급, 육체노동력을 팔며 어느 정도 국가에 의존하는 종속계급의 셋으로 구분하였다. Stephen Edgell, 신행철 역(2001), pp.86-121.

는 것이다. "무엇이 존재하는지", "무엇이 바람직한 것인지", "무엇이 가능한 것인지"를 지배계급이 규정하여 노동계급을 포함한 일반 시민들이 이를 수용하도록 포섭한다는 것이다. 물론 노동계급정당과 노동조합 등의 대항기구들이 지배이데올로기 장악을 위해 각축을 벌이지만 이들 기구들도 계급연합 이론에 입각해 지지기반을 넓히는 과정에서 계급정체성과 계급의식이 약화된다고 한다.

이와 유사한 이론으로는 이탈리아의 마르크스주의 이론가이자 실천가인 안토니오 그람시Antonio Gramsci가 말하는 '지배세력의 성공적인 헤게모니hegemony 구사'를 들 수 있다. 그람시는 감옥에서 집필한 방대한 노트Quaderni del carcere에서 국가와 시민사회, 진지전, 수동혁명, 헤게모니 등에 대한 독창적인 분석을 개진했다. 그람시는 서유럽에서 부르주아 지배의 재생산이 이뤄지는 것은 노동계급에 대해 경찰과 군대를 동원한 국가의 억압 때문이 아니라 노동자들의 적극적인 동의 때문이라고 본다. "한 사회집단은 통치권력을 얻기 전에 이미 '지도'를 행할 수 있으며 또 행해야 한다"는 것이다. 강제가 아닌 피지배계급의 자발적인 동의에 의한 지배를 그람시는 헤게모니로 개념화하였다. 시민사회는 이러한 헤게모니가 작동함으로써 사회의 재생산에 결정적인 기능을 하는 영역을 가리킨다. 지배계급은 계급동맹을 넘어 사회경제적 하부구조와 상부구조가 긴밀하게 연관된 역사블록historic bloc을 형성하며, 자신의 도덕적이고 정치적이며 문화적인 가치를 피지배계급이 자기의 것으로 수용케 한다는 것이다. 피지배계급으로부터 자신들의 지배를 인정하는 두 요소인 지배와 지적·도덕적 지도를 확보한다는 그람시의 주장은 특히 피지배계급의 이익에 반하는 투표 현상을 일정 부분 밝혀낸다. 한편 수동혁명passive revolution은 지배계급이 헤게모니를 유지하고 지속적으로 국가권력을 재조직화하는 행위를 의미한다.Anne Showstack Sassoon, 1987: 119-125, 204-217[3] 그

---

3) 한국의 경우 1950년 농지개혁과 1987년 6·29 선언과 헌법 개정의 정치가 수동혁명의 대표적 사례로 꼽힌다. 1987년의 경우 노동운동세력은 배제되었고, 헌법 개정은 집권당과 야당만의 합의로 진행되었다.

그람시(Antonio Gramsci, 1891~1937)는 20세기의 가장 독창적인 마르크스주의 이론가이자 실천가이다. 이탈리아 남부의 사르디니아에서 출생한 그람시는 어릴 때부터 가난과 육체적 장애로 고통을 겪었다. 또리노 대학을 다니다 마르크스주의자가 되었다. 1차 대전 뒤 〈신질서〉라는 신문을 창간하고, 1920년에는 이탈리아 공산당 창당에 참여하였다. 1924년 국회의원이 된 후 코민테른 파견 공산당 대표로 활동하였다. 1926년 무솔리니의 파시즘에 대항 투쟁하다 체포돼 20년형을 언도받았다. 1926년부터 세상을 떠나기 직전인 1935년까지 감옥에서 3,000장에 이르는 방대한 노트를 비롯해 편지를 집필하였다. 시민사회와 헤게모니, 남부주의와 문화이론과 관련하여 위대한 성과를 남겼다. 로맹 롤랑은 1933년과 1934년에 이탈리아 공산당과 다른 민주 정당들이 벌였던 '안토니오 그람시 석방 운동'에서 가장 중요한 역할을 맡은 사람이며, '지성의 비관주의, 의지의 낙관주의'라는 말을 사용했다. 이 말에 영향을 받은 안토니오 그람시는 1929년 12월 옥중에서 동생 카를로에게 편지를 보낼 때 로맹 롤랑의 말을 인용해서 "비슷한 상황에서 사람은 자기 자신의 도덕적 힘들의 근원이 자기 안에 있다는 확신을 갖고 결코 좌절하지 말고, 결코 통속적이고 진부한 기분이나 비관주의와 낙관주의에 빠져들지 말아야 한다. 나 자신의 마음 상태는 이 두 가지 감정을 모두 종합하고 그것들을 넘어서고 있지. 나의 지성은 비관주의적이지만 나의 의지는 낙관주의적이란다"라고 말했다(Antonio Gramsci, Lynne Lawner 엮음, 양희정 역, 2000: 219). 그리고 세월이 흘러 체 게바라도 그 말을 인용하였다. 루이 알튀세르는 이 말에 반대한다. "나는 지성의 회의주의와 의지의 낙관주의라는 그람시가 인용한 소렐의 말에 결코 찬성하지 않는다. 나는 역사에서 의지주의를 믿지 않는다. 그 대신 나는 지성의 명철함을 믿으며, 또 지성에 대한 대중운동들의 우위를 믿는다. 이러한 우위 덕분에 지성은 대중운동들과 함께하며, 나아가 무엇보다도 대중운동들이 지나간 과오들을 다시 범하는 것을 막을 수 있는 것이다. 어쨌든 대중운동들이 역사의 진행방향을 바꾸는 것을 지성이 돕는다는 약간의 희망을 품을 수 있다면, 그것은 이 점에서 그렇고 또 이 점에서 그럴 뿐이다."

러나 그람시가 시민사회에 대한 단일하고 일관된 개념을 찾아냈다고는 할 수 없다. 그람시는 시민사회를 '사회 전체에 대한 한 사회집단의 정치적·문화적 헤게모니이자 국가의 윤리적 내용'으로 보지만, 다른 한편으로는 마르크스와 비슷하게 '경제행위의 양식'으로 '경제구조에서 일어난 변화를 대표'한다고 언급한다. Antonio Gramsci, 이상훈 역, 1999: 241-243, 289-290

지배이데올로기론과 더불어 노동계급의 계급의식 보수화를 설명하는 분석틀로는 계급 구성 접근법과 물적 조건 접근법이 있다. 첫째, 계급 구성 접근법은 자본주의 발달과 함께 산업구조와 생산방식이 변화하게 되면서 노동계급 내에서 상대적으로 계급의식이 높은 노동자들이 집중되어 있는 부문이 쇠퇴하는 반면에 계급의식이 낮은 노동자들이 집중되어 있는 부문이 성장한다고 본다. 마르크스 이론의 준거가 되었던 전통적 프롤레타리아traditional proletariat는 주로 비숙련 육체노동자들로서 높은 계급의식을 지녔지만, 산업화의 진전과 함께 상대적으로 쇠퇴의 길을 겪게 되었고, 새롭게 등장하고 성장하는 부문의 노동자들은 상대적으로 자본계급에 대한 적대성과 노동계급 내 연대성의 경험이 약하여 계급의식 수준이 상대적으로 낮다는 것이다.

그 이유에 대해서 계급형상class imagery 이론은 전통적 프롤레타리아는 작업장과 공동체에서 자본계급에 의한 지배관계와 착취관계를 직접적으로 경험함으로써 자본계급과 노동계급의 대립구도로 사회관계를 이해하는 계급모형class model을 지닌다고 한다. 반면에 성장 부문의 노동계급은 상대적으로 높은 숙련을 지니고 일정한 정도 직무수행과 관련된 자율성과 권한을 행사하며 그에 따른 차별적 보상을 받게 되면서 사회구성원들이 지위와 소비수준의 등급에 따라 분류되는 지위모형status model 혹은 금전모형money model으로 사회를 보게 되어 계급의식이 발달하기 어렵다는 것이다.조돈문, 2011: 306-310

둘째, 물적 조건 접근법은 노동자들의 물질적 조건의 개선이 노동계급 계급의식 발달에 부정적 영향을 미친다고 한다. 여기에는 '부르주아화론embourgeoisiement'과 '풍요노동자론affluent worker'이 있다. '부르주아화론'은 칼 마르크스가 지적하였다. 그는 1848년의 혁명적 투쟁이 유럽 대륙을 휩쓸었지만 1850년대 들어 농업 위기가 극복되고 산업발달로 노동자들의 물적 조건이 크게 개선되면서 노동자들의 계급의식이 하락하고 혁명투쟁 발발 가능성이 약화되었다고 분석하였다. 부르주아화론은 2차 대전 이후 선진자본주의 국가들이 안정적 경제성장을 구가하면서 실질임금이 상승하면서 노동자들은 경제, 사회, 정치, 문화적으로 중간계급에 동화되었다는 점을 강조한다.조돈문, 2011: 310-312

반면에 '풍요노동자론'은 노동자들의 임금수준이 전국 평균보다 훨씬 높아서 상대적으로 풍요로운 생활을 즐기더라도 중간계급의 세계관을 받아들이는 것은 아니라고 한다. 그 대표적인 것이 존 골드쏘프John H. Goldthorpe와 데이비드 로크우드David Lockwood 등이 행한 1950년대와 1960년대 초에 영국의 루톤Luton시에 거주하는 고임금을 받는 육체노동자들의 정치적 태도와 행동에 대한 사례 연구인 〈풍요 노동자*The Affluent Worker: Political Attitudes and Behaviour*, 1968〉이다. 당시에 널리 받아들여지던 학자들의 견해와는 달리 영국의 다른 도시보다 더 많은 경제성장의 혜택을 받은 루톤의 노동자들이 중간계급의 사회적 삶에는 동화되지 않고 있다는 점을 이들은 현지조사를 통해 밝혀냈다. 물질적 풍요에도 불구하고 대부분 노동자들은 노동계급의 '부르주아화론'과는 상반되게 노동당에 대한 충실한 지지자로 남았다는 것이다.John H. Goldthorpe, David Lockwood et al., 1968 노동자들의 생활수준 향상보다는 사회구성원들의 상대적 불평등 수준이 중요하다고 보는 견해에 따르면 사회적 개방성과 계급이동 가능성이 낮은 사회일수록 사회적으로 배제된 집단들은 시장기회 증대에도 불구하고 박탈감과 소외감을 심하게 느낀다고 한다.

1991년과 2003년 조사자료를 이용해 한국에서 위에서 언급한 세 접근법의 경험적 타당성을 검토한 조돈문에 따르면 이 시기에 노동계급의 거의 모든 부문에 걸쳐 보수화가 전개되고 있다고 한다. 하지만 세 접근법들은 경험적 타당성에서 편차를 드러내는데 우선 계급 구성 접근법은 노동계급 내 부문 간 차이가 거의 없는 것으로 나타나고 있어 설득력이 낮다고 지적한다. 반면 물적 조건 접근법과 이데올로기 접근법은 물적 조건의 향상 혹은 지배계급 이데올로기의 결과로 노동계급의 보수화가 나타난다는 점에서 경험적 타당성이 입증되었다고 한다. 이는 자본계급의 헤게모니가 강화됨을 의미하며, 계급 지배 관계가 물리적 강제력에 기초한 억압적 지배양식에서 벗어나 노동자 동의에 기초한 헤게모니적 지배양식으로 이행하는 추세를 반영하고 있다는 것이다. 아울러서 민주노총 부문은 미조직 부문에 비해 높은 계급의식을 보이는 데서 보수화 추세는 유의미하지 않은 것으로 나타났다.조돈문, 2011: 323-330

계급에 반하는 투표는 한국 사회의 구조적 맥락에서도 설명될 수 있다. 짧은 기간에 압축적으로 산업화와 도시화를 이룬 한국 사회는 반면에 그 구성원들에게 끊임없이 반복되는 극단적인 경쟁을 강요했다. 이런 현상은 1990년대 후반 이후 한국 사회가 신자유주의적으로 재편되면서 더욱 심해지고 있다. 그 결과 대부분의 한국인들은 높은 스트레스를 받고 장시간 일하는데 반해 주관적 행복지수는 OECD 회원국 중 가장 낮다. 김영선은 이 같은 사회를 '과로사회'라 지칭하고 장시간 노동관행이 오래된 착취 수단이자 우리의 삶 전체를 예속화하는 장치라 말한다. 그는 장시간노동이 노동자의 건강과 가족관계만 해치지 않고 노동자의 탈정치화, 보수화, 상품화, 소비중독, 반환경 등과 긴밀하게 연결되고 있다고 지적한다. 노동의 쳇바퀴에 짓눌린 사람들은 '무언가에서 벗어날 자유'가 넉넉지 못하기 때문에김영선, 2013: 27 자기 삶에 영향을 미치는 조건을 바꾸는 일에 적극적으로 나서지 못한다. 더구나 언론 지형이 보수 일색인 사회에서는 지배계급의 가치체계와 담론을 무비판적으로 수용하기 쉽다.

2012년 12월 18대 대선에서 나타난 투표행태는 이를 실증적으로 보여주는 사례이다. 4월에 있었던 19대 총선과 더불어 보편적 복지, 경제민주화 등의 이슈가 크게 부각되었던 18대 대선에서 소득을 기준으로 한 하위계층 유권자들은 야당 후보보다는 그동안 사회적 부의 재분배 문제에서 소극적이던 여당 후보에게 더 많이 투표했다. 강원택의 연구 결과박찬욱 외, 2013: 118-126에 따르면 하위계층에서 여당 후보와 야당 후보 간의 지지율 격차는 무려 31.4%에 달했다. 물론 하위 소득계층 가운데 무려 63%가 60세 이상 집단으로 나타났고 이 연령집단의 73.5%가 여당 후보를 지지한 것으로 나타났기 때문에 이런 지지율 격차는 연령별 선호가 반영된 탓으로 볼 수도 있다. 그럼에도 분명한 사실은 하위계층의 유권자들은 여당과 여당 후보와 자신과의 이념거리를 매우 가깝게 인식하고 있고 여당에 대해 높은 정당일체감을 갖고 있다는 점이다. 반면에 좌파계급정당에 대해서는 거부감이 강하고 지지율도 매우 낮았다. 이에 비해 고소득층 유권자들은 그들의 계급적 이해관계에 부응하는 정치적 정향을 갖고 있는 것으로 평가된다.

박노자와 강준만도 계급에 반하는 투표 현상에 대해 견해를 밝혔다. 박노자는 '극우적 색채가 강한 보수의 대표자 이명박'이 높은 지지를 받는 이유 중 하나로 전체 취업자 중 자영업자가 차지하는 비중이 34%로 매우 높다는 점을 든다. 자영업자는 경기변동에 따라 늘 도산 위기를 맞을 수 있기 때문에 호경기를 선호함으로써 정치적으로 보수적 성향을 갖기 쉽다는 것이다. 자영업자가 5%도 안 되는 노르웨이에서는, 인구의 대다수를 차지하는 안정된 소득의 임금 근로자들이 맹목적 '성장'보다 차라리 재분배 위주의 정책에 더 쉽게 합의한다. 반면에 무급 가족까지 포함해서 자영업자들이 전체 취업자의 34%를 이루는 한국이나 16%를 이루는 일본에서는, 당장의 자금 흐름이 문제가 돼 경기 회복을 약속하는 극우파의 감언이설에 귀가 솔깃해지는 사람들이 많다는 것이다. 가난한 사람들이 박정희가 설계한 사회 모델을 혐오할 만한 충분한 이유가 있었지만, 실제로는 '능력이 없어서 남처럼 잘살지 못한' 자기 자신을 탓하기만 했고, 거기에다가 애국주의부터 '실패자는 무능력자다' 등의 성공주의 이데올로기까지 박정희 시절의 온갖 국가주의적·자본주의적 관념에 그대로 포섭되고 말았다는 것이다.[박노자, 2007]

강준만은 이 같은 박노자의 견해에 동의하면서 거기에 한국적 특수성으로 설명되는 몇 가지 요인들을 덧붙인다. "첫째, 높은 대외의존도다. 지난해 국민총소득[GNI]에 대한 수출·수입액의 비율이 88.6%로 사상 최고를 기록했다. 세계 최고 수준이다. "기름 한 방울도 안 나는 나라" 운운하는 표현이 잘 말해주듯이, 한국인들은 높은 대외의존도에 대해 만성적인 불안감을 갖고 있다. 그 불안감을 보수적이라고 표현하기엔 처지가 너무 절박하고 상흔이 너무 깊다. 둘째, 반작용 쏠림현상이다. 한국인들은 정치 불신·냉소가 강해 '포지티브 투표'보다는 '네거티브 투표' 성향이 강하다. 지지보다는 반감 표현에 능하다는 뜻이다. 이명박 지지율은 꼭 이명박 후보를 지지한다는 뜻이 아니다. 노 정권과 더불어 '3년짜리'를 '100년짜리'라고 사기친 세력을 처벌하는 성격이 강하다. 여기에 '서울공화국 체제'로 대변되는 1극 집중 구조가 자주 유발하는 쏠림이 일어난 것이다. 셋째, 높은 감성 의존도다. 감성이 이익 계산보다 앞선다. 위선을 필요 이상으로 혐오한다. 보수파가 하면

괜찮을 일도 개혁파나 진보파가 하면 펄펄 뛴다."강준만, 2007

김호기는 이 현상을 '욕망의 정치'라는 키워드로 분석한다. 그는 '가치의 정치'와 대비되는 '욕망의 정치'가 '뉴타운'과 '특목고'로 상징되는, 2008년 4월 총선에서 나타난 새로운 투표성향이라고 지적한다. 즉, 욕망의 정치란 기존의 이익투표에 더하여 실현되기 어려운, 사실상 실현될 수 없는 욕망에 표를 던지는 행위라는 것이다. 현재의 이익이 아니라 미래의 이익에 표를 던지는 행위는 채워질 수 없는 욕망을 표출하는 행위라는 것이다. 욕망의 정치는 미래의 이익을 겨냥하며 실현 가능성이 매우 낮다는 점에서 이익의 정치를 넘어선다.김호기, 2009: 216-217 2007년 대선에서 '경제 살리기'가 다른 모든 담론을 압도하고, 2008년 총선에서 뉴타운 공약이 넘쳐나면서 승패를 가른 결정적 요인이었다는 점에서 욕망의 정치는 신자유주의 세계화 시대에 물질적 가치의 중요성이 갈수록 커지고 있음을 보여주는 사례다. 이는 경제적 안정에 맞서서 자아의 실현을 중시하는 탈물질적 가치가 왜 욕망의 정치에 압도되는지, 왜 가난한 유권자들이 미래의 풍요를 약속하는 보수정당에 지속적으로 투표하는지를 잘 설명해준다.

2008년 18대 총선은 이러한 욕망의 정치가 선거결과를 좌우한 대표적 사례이다. 당시 뉴타운 공약 바람이 불면서 서울의 48개 선거구 중 40개를 한나라당이 가져갔다. 기존 부동산 계급을 유지하려는 이들의 욕망과 개발을 통한 집값 상승 기대감에 사로잡힌 이들의 욕망이 맞물리면서 전통적인 야당 지지층이었던 서울의 중소형 아파트 거주자와 30~40대도 여당 지지자로 바뀌었다. 이에 대해 정해구는 1980~1990년대의 민주화를 이끌어온 세대들이 사회의 기득권 구조에 들어가면서, 부동산과 교육이라는 개인적 이해에 잠겨들어 사회적 연대의 고리를 끊기 시작했다고 지적한다. 반대로 서울시 뉴타운 개발로 밀려난 이들이 이주한 경기도 지역에서는 투표율이 하락하면서 정치 불신 현상이 나타나고 있다는 것이다. 그렇지만 이 같은 '욕망의 정치'가 오랫동안 지속될 수 있는지는 의문이라고 한다. 왜냐하면 관련된 모든 요소들이 종합적이고 합리적으로 고려되어야 하는 정책결정의 현실에서 부풀려진 유권자들의 욕망은 쉽게 충족되기 어려우며, 따라서 욕망의

정치는 끝내 '좌절의 정치'로 이어질 가능성이 크다는 것이다.정해구, 2008

이미 진보 성향의 민주노동당을 지지하는 대다수 유권자들은 계급적으로 중산층에 가까운 이들이라는 지적도 제기되었다. 2004년 17대 총선을 분석한 강원택은 민주노동당에 투표한 대다수 유권자가 중산층에 가까운 이들이었다고 한다. 정치적 경쟁의 틀 속에서 기존 정당에 대한 호오의 평가가 이들을 민주노동당에 대한 지지로 돌아서게 했다는 것이다. 그런 점에서 민주노동당 지지의 특성은 적극적이기보다 소극적이고 반사적이며, 일종의 저항투표라 할 수 있다고 한다.강원택, 2010: 145-168 중산층은 사회계급구조에서 사회적 이동에 취약한 집단이다. 따라서 다양한 사회적 위험에 대한 불안에 특히 민감하게 반응하다.

예를 들어 이들은 거주지의 부동산 가격을 집권정당의 정책에 대한 평가로 연결시켜 투표하는 경향이 있다. 이들은 상대적으로 학력수준이 높은데서 사회적 불평등에 비판적이고, 정치적 부패와 무능에 대한 불신이 높다. 그렇지만 이들을 진보성향이 뚜렷한 계층이라고 단정 짓기는 힘들다. 이들이 공공성과 정의 같은 민주주의의 핵심 가치를 부동산과 주식 가격 같은 사익보다 우선시할지는 매우 불투명하다. 따라서 이렇게 복합적인 특징을 지닌 중산층들은 각종 선거에서 일정한 투표패턴을 보이기보다는 당시의 정치적 현실과 사회·경제적 조건에 따라 전략적으로 투표를 하는 경우가 흔하다. 그런 점에서 2009년의 재보선과 2010년 지방선거에서는 2007년 대선과 2008년 총선과는 또 다른 결과가 나왔다.

그중에서도 진보적 성향을 지닌 중산층은 정치적 지형과 투표행태에 대한 연구에서 관심을 불러 모으고 있다. 최근에 이와 연관된 현상으로 이른바 '강남좌파'가 논의되고 있다. '강남 좌파'라는 말을 처음 쓰기 시작한 것은 노무현 정권 중후반인 2006년쯤 보수 진영이었다. 머리로는 좌파를 지향하지만 출신이나 소득, 생활방식은 이른바 강남 주민 같다며 일부 진보세력을 비아냥대기 위해 등장한 말이었다. 그래서 여기서 '강남'은 진보적 이념을 가진 기득권 세력을 지칭하는 하나의 기호라고 할 수 있다.〈한국일보〉, 2011년 7월 23일 강준만은 〈강남좌파〉라는 저서에서 '강남 좌파'를 9가지 범주로 나누어

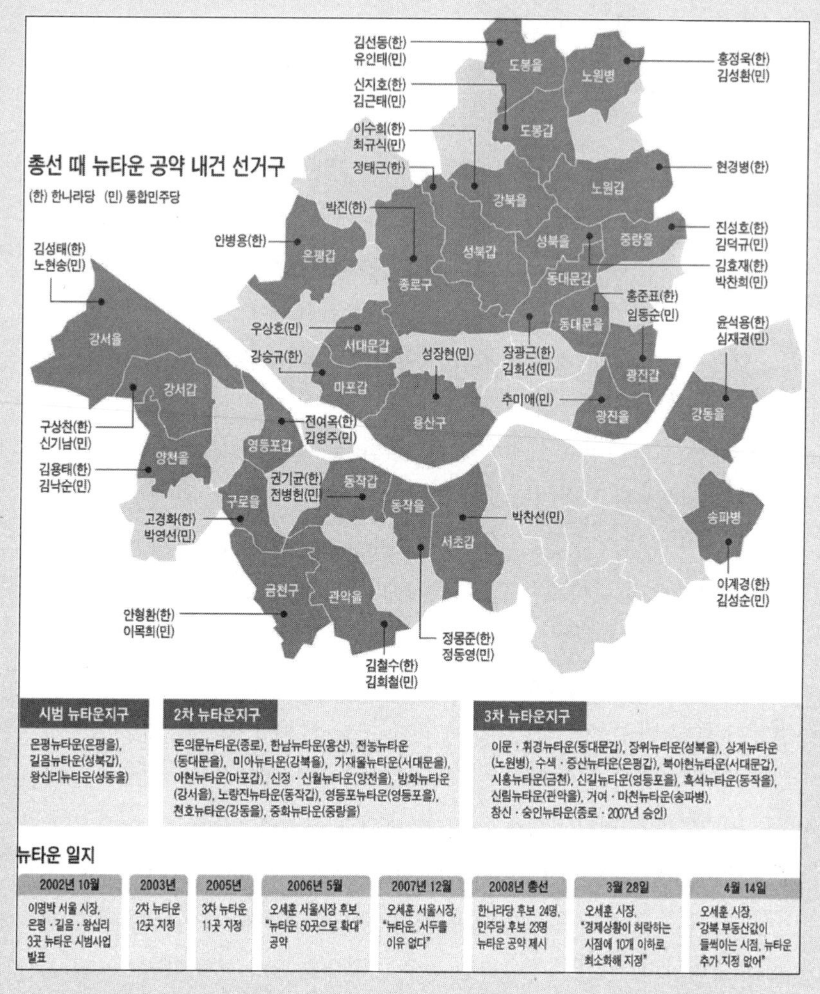

시범 뉴타운지구	2차 뉴타운지구	3차 뉴타운지구
은평뉴타운(은평을), 길음뉴타운(성북갑), 왕십리뉴타운(성동을)	돈의문뉴타운(종로), 한남뉴타운(용산), 전농뉴타운(동대문을), 미아뉴타운(강북을), 가재울뉴타운(서대문을), 아현뉴타운(마포갑), 신정 · 신월뉴타운(양천을), 방화뉴타운(강서을), 노량진뉴타운(동작갑), 영등포뉴타운(영등포을), 천호뉴타운(강동을), 중화뉴타운(중랑을)	이문 · 휘경뉴타운(동대문갑), 장위뉴타운(성북을), 상계뉴타운(노원병), 수색 · 증산뉴타운(은평갑), 북아현뉴타운(서대문갑), 시흥뉴타운(금천), 신길뉴타운(영등포을), 흑석뉴타운(동작을), 신림뉴타운(관악을), 거여 · 마천뉴타운(송파병), 창신 · 숭인뉴타운(종로 · 2007년 승인)

뉴타운 일지

2002년 10월	2003년	2005년	2006년 5월	2007년 12월	2008년 총선	3월 28일	4월 14일
이명박 서울 시장, 은평 · 길음 · 왕십리 3곳 뉴타운 시범사업 발표	2차 뉴타운 12곳 지정	3차 뉴타운 11곳 지정	오세훈 서울시장 후보, "뉴타운 50곳으로 확대" 공약	오세훈 서울시장, "뉴타운, 서두를 이유 없다"	한나라당 후보 24명, 민주당 후보 23명 뉴타운 공약 제시	오세훈 시장, "경제상황이 허락하는 시점에 10개 이하로 최소화해 지정"	오세훈 시장, "강북 부동산값이 들썩이는 시점, 뉴타운 추가 지정 없어"

출처: 〈중앙일보〉, 2008년 4월 18일

2008년 18대 총선은 이른바 '욕망의 정치'가 선거결과를 좌우한 대표적 사례이다. 당시 뉴타운 공약 바람이 불면서 서울의 48개 선거구 중 40개를 한나라당이 가져갔다. 기존 부동산 계급을 유지하려는 이들의 욕망과 개발을 통한 집값 상승 기대감에 사로잡힌 이들의 욕망이 맞물리면서 전통적인 야당 지지층이었던 서울의 중소형 아파트 거주자와 30~40대도 여당 지지자로 바뀌었다.

설명한다. '강남'의 성격이라는 관점에서는 경제적 강남 좌파(좌파 성향 가진 부자), 문화적 강남 좌파(생활방식이 강남 성향), 연고적 강남 좌파(최상급의 학벌과 그 인맥의 혜택을 보는 엘리트)가 있고, 사회적 위상이라는 시각으로는 공적 강남 좌파(지도자, 정치인, 고위공직자), 중간적 강남 좌파(언론인, 시민운동가, 교수), 사적 강남 좌파(시민)로 구분할 수 있다는 것이다. 그리고 생각을 얼마나 실천으로 옮기느냐는 기준에 따라 이타적 강남 좌파(좌파적 실천에 헌신), 합리적 강남 좌파(좌파적 실천을 통한 자기 만족), 기회주의적 강남 좌파(사적 이익을 위한 좌파 성향 이용)로도 분류된다고 한다.강준만, 2011: 52-54

강준만은 상류층이 진보적 가치를 역설하는 건 갈등의 양극화를 막고 하층계급을 위해서도 도움이 될 수 있다고 평가한다. 그렇지만 권력, 금력까지 쥔 사람들이 도덕적 우월이라는 '상징 자본'까지 갖겠다는 게 우선 지나치고 그것이 실천으로 이어지지 않고 당위의 역설에만 그치거나, 지금의 권력, 금력을 쟁취하는 수단으로 이용된다면 적잖은 해악이 될 것이라 경고한다. 그는 "좌우를 막론하고 리더십을 행사하는 정치 엘리트가 되기 위해선 학력이나 학벌, 생활수준에 이르기까지 어느 정도 사회적 성공을 거두어야 하므로, 정치 영역에서 활동하는 모든 좌파는 강남 좌파일 수밖에 없다"고 말한다. 나아가 우파 역시 말로는 서민을 상대로 국가와 민족이 잘되게 하겠다는 포퓰리즘 자세를 취하는데서 강남 좌파의 요소가 농후하다는 것이다.강준만, 2011: 4-9 민주화 이후에도 한국 사회의 상수로 여전히 유지되고 있는 것은 엘리트주의이며, 정치의 경우라면 좌우파를 막론하고 정치 엘리트들의 전담 영역으로 고착화돼 있다는 강준만의 비판적 지적은 상당한 설득력을 갖고 있다. 이에 대해 조국은 강남좌파가 물질적으로 강남우파와 겹치고 의식은 진보와 겹친다면서, 의식과 존재의 모순을 자각하면서 약자와의 공감과 연대를 추구하는 것이 중요하다고 지적한다. 그는 강남에 살면 우파가 돼야 한다는 것은 기계적 유물론이라면서, 강남좌파는 진보의 외연을 넓힌다는 점에서 긍정적이고, '리무진 좌파'라고 간단히 비난할 일은 아니라고 한다. 〈경향신문〉, 2011년 4월 18일

김호기는 일종의 '빗장도시'[4]이자 경제자본과 문화자본을 소유한 이들이 거주하는 공간으로서의 '강남'은 사회적 위세prestige를 상징하는 개념이라는 점에서 기존 좌파의 이미지와 충돌하는 동시에 우파나 좌파에게 모두 불편한 개념이라 지적한다. 우파에게는 자신의 독점적 소유물이라 생각했던 강남에서의 좌파의 본격적인 등장이 반가울 리 없고, 좌파에게는 '강남'과 '좌파'라는 모순적 상징의 충돌이 결과적으로 좌파 세력을 약화시키는 '사회적 효과'를 가져올지 모른다는 우려가 존재한다는 것이다. 그는 한국 사회에서 이미 하나의 사회적 실체로서 존재하고 있는 강남 좌파의 등장은 민주화 시대 이후 이념의 분화가 가져오는 사회적 결과로 이해할 수 있다고 한다. 결론적으로 김호기는 강남 좌파가 좌파의 주류는 될 수 없지만 '정체성의 정치'라는 측면에서 강남 좌파는 이미 존재하며, 지속적으로 재생산될 것이라면서, 차이를 존중하면서도 좌파적 가치를 혁신하는 '성찰적 연대'라는 새로운 과제가 한국 좌파에게 부여되고 있다고 말한다.김호기, 2011

그러나 '생활은 서울 강남 수준인데, 생각은 좌파'인 고학력·고소득 집단을 설정하고 이들을 '강남 좌파'라 호명하는 것은 문제가 있다. 강남 좌파는 원래 보수언론들이 운동권 출신 '486세대'를 조롱하고 부정적으로 묘사하기 위해 사용한 용어이지 학술적으로 엄격한 기준과 범주를 고려해 만든 용어가 아니다. 강남 수준의 소득과 좌파적인 생각이라는 나름의 기준도 대단히 포괄적이어서 모호하기 그지없다. 이런 조어를 사용하는 사람들은 미국의 전통적 민주당 지지세력인 리버럴liberal을 염두에 둔 것으로 보이지만 그 리

---

4) '빗장도시(gate city)'는 2004년 최은영이 학위논문에서 처음 사용했다. 서울 25개구 160여 개동의 평당 집값과 학부모, 자녀의 학력, 수능점수 및 서울소재 4년제 대학(지방대 의대 포함) 진학률을 조사한 결과 강남, 서초, 송파구 3개구의 학부모와 자녀의 학력 자본이 서울 평균에 비해 월등히 높게 나왔다. 최은영은 한국 사회에서 학력은 일종의 권력이자 자본이며 불평등의 구조화와 고착화를 야기하는 중요한 원인이라고 결론을 내린다. 소수의 유능한 집단이 학력과 경제력을 바탕으로 특정 지역에 모여 살다 보니 높은 아파트 가격이 형성되어 경제력이 없는 사람들은 웬만하면 들어갈 수 없어서 '빗장도시'가 되었다는 것이다. 〈한겨레〉, 2004년 2월 23일.

버럴은 보다 정확히는 자유주의자에 더 가깝다. 미국의 이념적 지형도에서 리버럴은 전통적 보수주의자conservatist의 상대 개념일 뿐이다. 이 용어가 한국에 와서는 좌파로 둔갑한 데는 이를 통해 좌파가 내세우는 노동과 복지담론을 훼손시키려는 저의가 숨겨져 있다.[5)]

근대 유럽의 역사적 맥락에서 주조되고 발전되어 다른 지역으로 확산된 이데올로기가 지금도 부단히 변화하고 있다는 사실을 차치하더라도 일반적으로 통용되는 이데올로기의 스펙트럼을 고려하면 강남좌파란 명명과 이를 둘러싼 논의는 적잖은 혼동을 가져온다. 따라서 정치적 변화의 속도와 방향, 정도에 따라 정치 이데올로기를 좌로부터 우측 방향으로 극단적, 급진적,

---

5) 황승현은 '달동네 우파를 위한 '이중화법' 특강: 한예슬 우화를 솔개와 백조에게 읽혀야 하는 이유'라는 글에서 2011년 여름 배우 한예슬의 촬영 거부 사태를 둘러싸고 나타난 이중화법을 비판적으로 분석하였다. 황승현은 "스태프를 그렇게 걱정한다면 촬영 현장이나 제작 관행에도 눈을 돌려야 하지만, 그들은 한예슬과 스태프를 대비시켜 둘 사이의 대립구도를 만들려고 할 뿐 제작 관행에는 별로 관심이 없다"고 지적한다. 방송사와 제작사 등 자본의 이해를 대변하는 이러한 논리가 "열악한 처우의 스태프도 침묵하니까 돈 많이 받는 한예슬 너도 침묵하라는 말에 불과하다"고 말한다. 이는 "당연히 논의해야 할 정치적 쟁점을 무의미한 것으로 기정사실화함으로써 그에 관한 토론과 논쟁을 회피하려는" 이중화법일 뿐이라는 것이다. 이를 통해 "자본과 그 응원단들은 자본의 편임을 들키지 않고 구조적 모순에 저항하는 움직임을 봉쇄하려 함으로써 실질적으로 자본의 이해를 관철한다"는 설명이다. 비정규직이나 무상급식이 사회적 관심의 대상이 되는 과정도 유사하다. 황승현은 이러한 이중화법의 최종 목표가 '반미주의자이면서 자기 자식은 미국에 유학 보낸다'고 비판하는 우파의 논리에 숨어 있다고 본다. 이 논리는 곧 '강남좌파'의 대척점에 있는 '달동네우파'를 노린 것이다. "좌파는 호화로운 삶을 살면서 겉으로만 서민을 걱정하는 위선자들이며 서민들의 어려움을 진정으로 이해하는 것은 우파라는 주장을 '강남좌파'라는 레토릭에 집약했다"는 것이다. "달동네 서민이 세상을 원망하지 않고 대신 좌파를 증오하게 만들어 좌파화되는 것을 저지하려는 살뜰한 배려"라는 것이다. 그는 "언행일치를 한다며 자식을 미국 근처에도 보내지 않는 반미주의자라면 그들은 뼛속 깊이 반미라며 이들을 공격할 것"이라며 "이들이 좌파를 비난하는 경우를 빼고 유학을 가지 못한 가난한 서민을 걱정하는가"라고 되묻는다. 결론적으로 그는 "이중화법은 파업을 직접 비난하지 않으면서 파업을 좌절시키는 수완이자 가난한 자를 걱정하면서 가난한 자의 복지를 결정적으로 후퇴시키는 기술"이라면서 "달동네 우파를 겨냥한 이중화법에 맞서야 한다"고 주장한다. 황승현(2011), pp.436-448.

자유적, 중도적, 보수적, 반동적, 극단적으로 보다 구체적으로 구분해 논의를 전개할 필요가 있다.[홍익표 · 진시원, 2009: 73-75] 예를 들어 자본주의와 전 지구적 신자유주의에 대한 태도와 공동체와 민주주의에 대한 입장을 기준으로 보면 우리는 보다 풍성하고 생산적으로 현대 사회의 다양한 계층이 이데올로기와 정치와 관련하여 갖는 복잡한 관계를 이해가능하게 될 것이다.

연관 키워드

수동혁명(passive revolution, Antonio Gramsci), 지배 이데올로기(dominant ideology), 분할투표(split ticket voting), 욕망의 정치, 강남좌파

[참고문헌]

Caplan, Bryan. 이현우 외 역. 〈합리적 투표자에 대한 미신: 민주주의가 나쁜 정책을 채택하는 이유〉. 서울: 북코리아, 2008.

Dalton, Russell J. 서유경 역. 〈시민정치론: 선진 산업민주주의 국가의 여론과 정당〉. 서울: 아르케, 2010.

Douglas, Thomas Clement. 〈마우스랜드〉, 서울: 책으로보는세상, 2011.

Downs, Anthony. 전인권·안도경 역. 〈민주주의 경제학 이론〉. 서울: 나남출판, 1997.

Edgell, Stephen. 신행철 역. 〈계급사회학〉. 서울: 한울아카데미, 2001.

Goldthorpe, John H., David Lockwood et al. *The Affluent Worker: Political Attitudes and Behaviour*. Cambridge: Cambridge University Press, 1968.

Gramsci, Antonio, Lynne Lawner 엮음. 양희정 역. 〈감옥에서 보낸 편지〉. 서울: 민음사, 2000.

Gramsci, Antonio. 이상훈 역. 〈그람시의 옥중수고 1〉. 서울: 거름, 1999.

Machiavelli, Niccolò. 고산 역. 〈로마사 이야기〉. 서울: 동서문화사, 2008.

Sassoon, Anne Showstack. *Gramsci's Politics*. London: Hutchinson, 1987.

Schumaker, Paul. 조효제 역. 〈진보와 보수의 12가지 이념: 다원적 공공정치를 위한 철학〉. 서울: 후마니타스, 2010.

Woyke, Wichard. *Stichwort: Wahlen*. Opladen: Leske+Budrich, 1994.

강원택. 〈한국 선거정치의 변화와 지속: 이념. 이슈. 캠페인과 투표참여〉. 파주: 나남, 2010.

강준만. "가난한 자는 왜 이명박을 지지하나." 〈한국일보〉, 2007년 10월 16일.

_____. 〈강남좌파: 민주화 이후의 엘리트주의〉. 서울: 인물과사상사, 2011.

김영선. 〈과로사회〉. 서울: 이매진, 2013.

김호기. "강남 좌파의 정치사회학." 〈프레시안〉, 2011년 4월 14일.

_____. "세계화 시대의 욕망의 정치와 가치의 정치." 〈한국과 국제정치〉 제25권 1호. 2009.

박노자. "가난한 자는 왜 이명박을 지지하나." 〈한겨레 21〉 제680호. 2007년 10월 9일.

박찬욱 외. 〈2012년 대통령선거 분석〉. 파주: 나남, 2013.

이갑윤. 〈한국인의 투표 행태〉. 서울: 후마니타스, 2011.

전용주 외. 〈투표행태의 이해〉. 파주: 한울, 2009.

정해구. "4·9 총선과 '욕망의 정치'." 〈미디어오늘〉, 2008년 4월 15일.

조돈문. 〈노동계급 형성과 민주노조운동의 사회학〉. 서울: 후마니타스, 2011.

"중산층 3불 인식 심각 복원력 키우는 것이 중산층 대책의 핵심." 〈EAI 여론브리핑〉 제59-1호. 2009.

홍익표·진시원. 〈세계화 시대의 정치학〉. 서울: 도서출판 오름, 2009.

황승현. "달동네 우파를 위한 '이중화법' 특강: 한예슬 우화를 솔개와 백조에게 읽혀야 하는 이유." 〈창작과비평〉 154호. 2011.

네 번째 키워드: 공화국

박제된 공화국의 이상

2008년 미국산 쇠고기 수입에 반대하는 촛불집회에서 많은 참가자들은 "대한민국은 민주공화국이다! 대한민국의 주권은 국민에게 있고, 모든 권력은 국민으로부터 나온다!"를 반복적으로 외쳤다. 1987년 6월 항쟁 때의 '호헌 철폐, 독재 타도' 구호에 비견되는 이 구호는 집권세력에게 대한민국의 헌법정신을 상기시키면서 이에 입각해 위임된 권력을 행사하라는 아래로부터의 요구였다. 참가자들이 헌법 1조와 2조를 불러내 강조한 것은 국가의 근본정신과 가치인 민주주의와 공화주의가 훼손되고 있고, 국민주권 원칙이 제대로 지켜지지 않고 있기 때문이었다. 민주공화국을 호명하는 것은 다음 해에도 이어졌다. 2009년 초에 용산참사가 발생했을 때 가톨릭 사제들은 민주공화국은 대한민국의 정체성이라 지적하고 이를 부정하는 정부를 다음과 같이 비판하고 나섰다.

> "대한민국은 민주공화국입니다. 공적인 것은 바로 국민의 것이라는 대원칙을 성립시키는 나라가 민주공화국입니다. 국민의 생명과 행복을 위하는 바른 정치가 공화국 탄생의 근본 동기입니다. 그런데 오로지 몇몇 부자들을 위해 대다수 국민의 생존을 무너뜨리려 한다면 이는 대한민국의 정체성을 부정하는 것입니다. 용산 참극에서 나타났듯이 국민을 국민으로 대하지 않고 서슴없이 폭력을 저지르는 이명박 정부의 공권력은 정당성을 잃어버렸습니다."
>
> _천주교정의구현전국사제단, 2009

사진 출처: http://tsori.net/763

2008년 촛불집회 당시 참가자들이 '대한민국은 민주공화국이다'란 펼침막을 들고 시위를 벌이고 있다. 1987년 6월 항쟁 때의 '호헌 철폐, 독재 타도' 구호에 비견되는 이 구호는 집권세력에게 국민의 생명과 행복을 위하는 바른 정치를 하라는 아래로부터의 요구였다.

'민주공화국'이란 권력의 주체를 규정하는 개념인 '민주'와 권력의 내용과 목적을 가리키는 '공화국'이 더해진 용어이다. 박명림 · 김상봉, 2011: 60 '민주주의'란 어원 그대로 '인민demos'들이 통치하는 지배방식을 일컫는 용어이다. 물론 민주주의는 시기와 장소별로 그 구체적인 의미를 달리하는 동적인 개념이다. 그럼에도 민주주의의 핵심적 내용은 소수가 아니라 다수가 권력의 주체가 되어 그들이 속한 공동체를 보편주의적인 평등원리에 입각해 통치하는 것이다. 공화국은 로마의 철학자이자 정치가인 키케로Marcus Tullius Cicero가 카이사르에 맞서 자신의 나라 로마를 '공공의 것res publica'이라고 정의한 데서 그 유래를 찾을 수 있다. 키케로가 활동하던 시기는 로마 제국 말기로 게르만족의 대이동으로 법률적 정체성과 종족적 정체성이 뒤얽히던 시기였다. 키케로는 법률의 보편원리를 다룬 책인 〈법률론De Legibus〉에서 자신에게는 두 개의 조국이 있다고 말한다.

"확실히 나는 그 사람에게도 그렇고 자치도시 출신들 모두에게도 조국은 둘이라고 생각하네. 하나는 태생의 조국이고 또 하나는 시민권상의 조국이지. 저 카토로 말한다면, 비록 투스쿨룸에서 태어났지만 로마인민의 시민권을 받았지. 그래서 출신으로는 투스쿨룸 사람이지만 시민권으로는 로마인이어서 장소상의 조국과 법률상의 조국이 다른 셈이지.… 우리도 우리가 태어난 곳을 조국으로 삼으면서 우리가 받아들여진 곳을 또한 조국이라고 여기지. 그렇더라도 공공의 것이라는 말이 시민 전부에게 해당되는 국가qua rei pulicae nomen universae civitati est를 앞세우고 애정으로 대할 필요가 있고, 그런 조국을 위해서라면 죽을 수도 있어야 하고, 그런 조국에는 자신을 오로지 헌신해야 하며, 그런 조국에서는 우리 것을 모조리 내놓고 봉헌하다시피 해야 하네."

_Marcus Tullius Cicero, 성염 역, 2007: 117-118

위의 인용문은 키케로가 '태생의 조국patria naturae'보다 '법률상의 조국patria iuris'을 상위에 놓고 있음을 보여준다. 여기서 키케로는 법이란 신과 인간에게 공통되는 것이고, 시대를 초월하는 영원성을 띠는 무엇이라고 한다. 신에게 있는 영원법이 인간의 양심 내지 예지로 박혀 있고 그것이 대다수가 인정하는 실정법으로 받아들여질 때에 '법률'이라는 것이다. 모든 법률은 '시민의 안녕과 국가의 안전과 인간들의 평온하고 행복한 생활'이라는 공공복리의 목적을 갖는다.Marcus Tullius Cicero, 성염 역, 2007: 142 이런 까닭에 개개인에 대하여 태생의 조국이 차지하고 있는 영향권보다 법률상의 조국이 미치는 영역이 훨씬 넓고 보편적이고, 그래서 '공동의 일'이라고 할 것이 더 많으며, 종국에는 전체 구성원을 하나로 묶을 수 있다universae civitati는 것이다. 왜냐하면 국가란 누구에게나 해당하고 모두의 이해관계res publicae와 연관된 문제를 다루는 것이기 때문이다.안재원, 2004 인민의 소유물인 국가 전체에 대한 주장은 〈국가론De Re Publica〉에서 다시 한번 언급된다. "국가는 인민의 것입니다. 인민은 어떤 식으로든 군집한 인간의 모임 전체가 아니라, 법에 대한 동의와 유익의 공유에 의해서 결속한 다수의 모임입니다."Marcus Tullius Cicero, 김창성 역, 2007: 130

키케로는 공화국 사상을 시민이라면 누구나 동등한 자격으로 지배에 참

키케로(Marcus Tullius Cicero, BC 106~BC 43)는 공화정의 몰락과 제정의 수립에 걸치는 격정의 시대를 산 로마의 정치가이자 철학자이다. 집정관으로 재직할 때 카틸리나의 음모를 타도하여 '국부'의 칭호를 받았다. 제정을 추진한 카이사르와 반목하였으며, 안토니우스의 부하에게 암살되었다. 그리스 철학자 필론과의 교류를 통해 아카데미아 학파의 비판적인 사유 방식을 받아들였으며, 〈수사학〉, 〈국가론〉, 〈법률론〉, 〈의무론〉, 〈최고선악론〉 등의 저서를 남겼다. 〈법률론〉에서 누구에게나 해당하고 모두의 이해관계(res publicae)와 연관된 문제를 다루는 '법률상의 조국(patria iuris)'이 '태생의 조국(patria naturae)' 보다 우위에 있음을 역설했다.

여하는 공동의 국가를 이뤘던 고대 그리스에서 물려받았다고 한다. 소포클레스의 비극 〈안티고네〉에서 하이몬은 "한 사람이 지배하는 곳은 폴리스가 아니다"라고 단언하는데, 바로 이 문장에 공화국 사상이 담겨 있다. 아리스토텔레스도 인간을 '폴리스적 동물zōion politikon'[1]이라고 규정한 뒤, 그 폴리스

---

1) 아리스토텔레스가 쓴 〈정치학(Politika)〉에 나오는 zōion politikon은 polis에서 파생된 말인만큼 '폴리스적 동물' 혹은 '국가공동체를 구성하는 동물'이라 번역할 수 있다. 그리스어 원전 번역문은 다음과 같다. "여러 부락으로 구성되는 완전한 공동체가 국가인데, 국가는 이미 완전한 자급자족(autarkeia)이라는 최고 단계에 도달해 있다고 할 수 있다. 달리 말해 국가는 단순한 생존(zēn)을 위해 형성되지만 훌륭한 삶(eu zēn)을 위해 존속하는 것이다. 따라서 이전 공동체들이 자연스러운 것이라면 모든 국가도 자연스런 것이다. 국가는 이전 공동체들의 최종 목표(telos)고, 어떤 사물의 본성(physis)은 그 사물의 최종 목표이기 때문이다… 이로 미루어 국가는 자연의 산물이며, 인간은 본성적으로 국가 공동체를 구성하는 동물(zōion politikon)임이 분명하다. 따라서 어떤 사고가 아니라 본성으로 인하여 국가가 없는 자는 인간 이하이거나 인간 이상이다." Aristoteles, 천병희 역(2010), p.20.

를 "지배하는 자가 지배받고 지배받는 자가 지배하는 곳"이라고 했는데, 공화국은 이렇게 시민이라면 누구나 동등한 자격으로 지배에 참여하는 공동의 국가에서 기원한다고 할 수 있다.조승래, 2010: 16-17

로마 공화정 몰락 이후 공화주의가 부활한 것은 15세기 피렌체에서 시민적 휴머니즘을 주장한 사상가들 덕이었다. 그 길을 연 사상가들 중 하나가 바로 레오나르도 브루니Leonardo Bruni였다. 브루니는 14세기 말 15세기 초 피렌체의 제1서기장으로서 밀라노 비스콘티가의 위협 앞에 위기에 처한 상황에서도 비타 악티바vita activa의 이상을 제시하여 이후 공화정의 초석을 놓았다고 평가된다. 역사학자인 존 포칵John G. A. Pocock은 브루니가 강조한 시민적 가치에 대해 다음과 같이 말한다.

> "행동적 비루투스가 포르투나와의 대결 속에서 그 최고의 발전을 성취하기 위해서는 시정에 대한 완전한 참여가 요구되며, 시민은 장관을 선임하고 법을 제정하며 결정을 내리는 일에 개입하지 않으면 안 된다. 피렌체는 이런 요구에 부응할 수 있다. 왜냐하면 그것은 평민적 성격의 공화국으로서, 관직 대부분이 시민들 대부분에게 개방되어 있을 뿐만 아니라, 시민 개개인은 비록 약간의 자격제한이 있다 하더라도 재산이나 기타 다른 종류의 자격 때문에 고위직 몇몇을 포함하여 다양한 수준의 책임을 떠맡으면서 정치생활에 참여하는 데 더 이상의 제한을 받지 않기 때문이다."
>
> _John G. A. Pocock, 곽차섭 역, 2011, 182-183

니콜로 마키아벨리Niccolò Machiavelli는 다수를 정치권력의 핵심으로 보고 그들의 정치의사를 공공선으로 본 사상가로 공화주의의 발전에 크게 기여했다. 마키아벨리는 〈로마사 이야기〉에서 공화국을 주요 논증자료로 삼아 도시의 정치체제를 분석한다. 이 책에서 마키아벨리는 왜 어떤 도시들은 위대함을 이루게 되었는지, 특히 로마라는 도시는 어떻게 최고의 위대함을 달성할 수 있었는지를 설명한다. 마키아벨리에 따르면 위대함을 지향하는 도시는 전제군주의 지배에 의해 '내적으로' 부과된 것이든, 아니면 제국주의 세력에 의해 '외적으로' 부과된 것이든 어떤 종류의 정치적 예속으로부터 자유

고대 공화주의 사상은 15~16세기 시민적 휴머니즘 시대의 이탈리아 사상가들에 의해 재생되었다. **니콜로 마키아벨리(Niccolò Machiavelli, 1469~1527)**는 〈로마사 이야기〉에서 왜 어떤 도시들은 위대함을 이루게 되었는지를 규명하려 했다. 마키아벨리는 위대함을 지향하는 도시는 어떤 종류의 정치적 예속으로부터 자유로워야 한다면서 이에 대해 기술하는 것은 곧 스스로 다스리는 국가에 대해 논하는 것이다라고 말한다. 도시를 위대하게 만드는 것은 개별적인 선이 아니라 공공선이며 이러한 공공선은 의심할 여지없이 공화국에서만 중요한 것으로 간주된다는 것이다.

로워야 한다는 것이다. 결국 어떤 도시가 자유롭다고 말하는 것은 그 도시가 공동체의 권위 외에 다른 모든 권위로부터 독립적이라고 말하는 것과 같으며, 이에 대해 기술하는 것은 곧 스스로 다스리는 국가에 대해 논하는 것이다. 그러면서 도시를 위대하게 만드는 것은 개별적인 선이 아니라 공공선이며 이러한 공공선은 의심할 여지없이 공화국에서만 중요한 것으로 간주된다는 것이다.Quentin Skinner, 강정인 · 김현아 역, 2010: 101-103

마키아벨리는 "공화국은 행복한 나라라고 할 수 있다. 이러한 나라에서는 다행히 매우 신중한 인물이 있어서, 그 심사숙고 덕택에 법률도 매우 적절하게 제정되어 사람들은 모두 평온한 생활을 유지하면서 개혁 소동을 일으킬 필요가 없다Niccolò Machiavelli, 고산 역, 2008: 80"고 지적한다. 여기서 마키아벨리는 위대한 업적을 달성하는 것이 단지 행운의 결과만이 아닌 비루투virtù와 결합한 운명의 산물이라고 한다. 여기서 비루투란 우리로 하여금 불운을 차분하게 견딜 수 있게 해주는 동시에, 운명의 여신에게는 호의적인 관심을 이끌어낼 수 있도록 하는 자질이다. 그는 로마인이 자유를 유지하고 강력하고 위대하게 된 데는 자신들의 운명을 최상의 비루투와 결합시켰기 때문이라며,

그 결과 민중은 "400년 동안 왕정의 적이자, 자신이 태어난 도시의 영광과 공공선을 사랑하는 사람들"이 되었다는 것이다.Quentin Skinner, 강정인 · 김현아 역, 2010: 104-107 2)

키케로에 의해 처음 논의되고 마키아벨리에 의해 강조된 공화국을 지향하는 신념 또는 담론 체계인 공화주의는 17~18세기의 사상가들과 정치가들에게로 이어지면서 정치변동에 상당한 영향을 미쳤다. 17세기 영국의 의회파 지식인들은 공화주의적 신념으로 무장하고서 전제 왕정을 타도했으며, 18세기 미국혁명과 프랑스혁명도 공화주의 정신이 결정적 영향을 끼쳤다. 그러나 공화주의는 미국혁명과 프랑스혁명의 소용돌이가 잦아들고 자본주의가 급속히 진전되면서 빛을 잃어갔다. '공화주의적 자유'는 시대착오적 개념으로 치부되고, 대신 소극적 자유를 강조하는 자유주의적 자유가 주류를 이루게 된 것이다.조승래, 2010: 20-29

공화국이란 공동의 이익을 실현하기 위해 공동체의 구성원들이 공동의 참여와 공동의 결정으로 법을 만들어 통치하는 나라다. '합의된 법과 공공이익에 의해 결속된 다중의 공동체'인 시민들의 정치적·사회적 연대가 곧 공화국이다. 물론 공화국은 시대와 장소에 따라 내용이 다양하게 변화하였다. 그렇지만 그 핵심적인 내용은 정치공동체의 주권자인 시민이 개인의 사적인 자유보다는 공적 이익을 중시하고 이를 실현하기 위해 적극적으로 공

---

2) 이 점에 대해 하비 맨스필드는 비록 마키아벨리가 군주국보다는 공화국의 장점을 인정하지만, '공화주의적 비루투'를 열렬히 지지하는 사람은 아니다라고 평가한다. "마키아벨리는 공공선은 공화국에서가 아니면 지켜지지 않는다고 조심스럽게 말한다. 그러나 한 국가의 공공선은 다른 국가의 것과는 양립할 수 없으며, 공화국은 특히나 그 이웃들의 자유에 위협이 된다. 게다가 공화국 내에서 공공선이란 사실상 대다수만의 선을 의미하는데, 모든 사람들의 정의란 불가능하기 때문이다.… 마키아벨리는 '공화주의자의 비루투'에 대해 이야기하지 않는다. 사실 그는 공화주의자의 당파성이 보여주는 어리석음을 조롱한다. 그가 말하기를 공화국은 왕이라는 이름을 증오하지만, 그러면서 1인 통치라는 현실을 기꺼이 받아들인다. 또한 로마 공화국은 평범한 공화주의적 제도들이 지나치게 느리고 지나치게 제한적이어서 효과적으로 대처할 수 없을 때, 성공을 거두기 위해서 비상사태 시에는 독재자에 의지하기도 했다." Harvey C. Mansfield, Jr., 이태영 외 역(2009), pp.60-61.

프랑스의 정치가인 **알렉시스 토크빌(Alexis de Tocqueville, 1805~1859)**은 1831년 5월부터 9개월간 미국을 여행하면서 미국의 정치제도와 관습을 관찰한 후 〈미국의 민주주의(De la démocratie en Amérique)〉를 집필하였다. 그는 중앙집권화된 행정도 위계적인 관리제도도 없는 미국 사회에서 동등한 사회적 지위를 지닌 미국인들이 지역공동체에 자발적으로 참여해 대화와 토론 속에 자치를 행하는 것에 깊은 인상을 받았다. 미국에서 민주공화정이 유지되는 까닭을 토크빌은 자연의 섭리에 따라 미국인들에게 놓여진 독특하면서도 우연한 상황, 법률, 국민들의 생활태도와 관습에서 찾았다. 특히, 지역공동체에 참여해 법과 자치를 익히는 것을 토크빌은 '마음의 습관(habits of the heart)'이라 일컬었다. 다른 한편으로 토크빌은 무제한적인 권력을 지닌 다수가 지닌 위험을 경고하고 다수의 폭정(tyranny of the majority)을 완화하는 것으로 중앙집권화된 행정의 결여, 민주주의 평형을 유지시키는 사법관, 배심원 제도를 거론했다.

적인 참여를 하는 것이라 할 수 있다. 이를 강조한 사람이 바로 프랑스의 정치가이자 사상가인 알렉시스 토크빌Alexis de Tocqueville이다. 토크빌은 미국을 여행하면서 중앙집권화된 행정과 위계적인 관리제도가 없이 동등한 사회적 지위를 지닌 미국인들이 지역공동체에 자발적으로 참여해 대화와 토론 속에 자치를 행하는 것을 목격하고 깊은 인상을 받았다.

"뉴잉글랜드의 주민들은 타운이 자주적이고 자유롭기 때문에 타운에 애착을 갖는다. 주민들은 타운의 업무에 적극적으로 협조하며, 타운은 주민들에게 복리를 제공한다. 그들은 타운에서 일어나는 모든 일에 참가한다. 그들은 자기 손이 닿을 수 있는 작은 영역 안에서 정부의 일을 한다. 그들은 바로 그런 형식에 익숙해지는 것이다. 만약 그런 형식이 없었다면 혁명을 통해서만 자유를 누릴 수 있었을 것이다. 그들은 그런 형식의 정신을 섭취하고 질서를 존중하는 태도를 갖게 되며 세력 균형 감각을 이해하게 되고 자기 의무의 본질과 자기 권리의 범위에 관해서 분명하고 현실적으로 인식하게 된다." Alexis de Tocqueville, 임효선 · 박지동 역, 1997: 122-129 여기서 지역공동체에 참여를 통해 법과 자치를 익히는 것을 토크빌은 '마음의 습관habits of the heart'이라 일컬었다. 이는 자질을 갖춘 시민들의 참여가 공화국의 운용에 있어 핵심적인 요소라는 것을 가리킨다.

시민은 공화국과 불가분의 관계를 지닌 용어이다. 시민은 단순히 공화국의 구성원만을 일컫지 않고 정치공동체의 주권자로 정치에 참여하는 공민을 지칭한다. 고대 그리스의 도시국가에서 형성된 시민은 도시나 국가의 통치에 참여할 수 있는 자격을 갖춘 사람으로 소수의 통치자에 복종하는 것이 아니라 시민들 자신이 자유롭고 평등한 권리를 갖고 정치공동체를 만들어 가는 데 함께 참여했다. 로마시대에는 주권자로 인정되는 정치공동체의 구성원들이 자신의 정치적 대표자를 선출할 수 있고 나아가 자유롭고 평등한 시민으로 정치에 참여할 수 있는 권리를 부여받았다. 공화국은 이러한 국가 형태를 가리켰다. 시민 관념은 중세시대에 퇴조했다가 종교개혁 이후에 신 아래 평등한 시민이라는 관념으로 부활하였다. 봉건적 토지 소유 기반 사회가 해체되고 자본주의 생산양식에 입각한 근대사회로 진입하면서 도시상공업자 출신으로 자본을 축적한 자본가계급은 사회혁명을 통해 정치권력을 장악하였다. 대표적으로 1789년 프랑스 혁명은 민주주의적 시민 개념이 확립된 결정적인 계기였다. 국민의회가 선포한 '인간과 시민의 권리 선언'은 모든 개인이 시민으로서 법적, 정치적으로 평등함을 선포함으로써 전통사회에서 전승되어 온 모든 특권을 폐지했다. 그러나 권리 선언은 실제로는 시민의 지위를 인정받는 특정한 신분집단의 법적, 정치적 이해관계를 대변하는 것이었다. 제3신분의 주축을 이뤘던 자본가계급은 전통적 지배세력과 싸우는 과정에서 하층계급과 연대했지만 구체제 세력이 약화된 이후에는 자신들의 기득권을 유지하려고 하층계급과 갈등을 빚었다.

자본주의 체제가 정착되면서 공화주의적 자유는 자유주의적 자유로 대체되었다.[3] 자유주의적 자유는 개인이 자기의 욕구를 추구하는 과정에서 일정한 유형의 간섭이 없는 상태를 의미하는 소극적 자유negative liberty와 상통하는 개념이다.[4] 개인과 국가 간의 관계에서 소극적 자유는 국가의 간섭이 부재하거나 최소한에 그칠 것을 요구한다. 자유주의적 자유는 파시즘과 현실사회주의를 경험하면서 점차 세를 불려갔고 1970년대 말에 이르러서는 적극적 자유positive liberty에 기초한 복지국가를 공격하면서 대세를 이루게 되었다. 대표적으로 오스트리아 출신의 경제학자인 프리드리히 폰 하이에크Friedrich von Hayek는 공화주의적인 적극적 자유가 전체주의로 귀결될 수밖에 없다고 주장하면서 신자유주의에 이론적 정당화를 제공했다. 그러나 지배 이데올로기로 자리 잡은 신자유주의는 사적 영역의 확보만을 추구하는 데서 인간 사회의 공동체적 기반을 훼손시키는 부작용을 가져왔다. 이에 맞서 역사학자 퀸틴 스키너Quentin Skinner와 정치학자 리처드 벨라미Richard Bellamy, 철학자 필립 페티트Philip Pettit 같은 학자들이 공화주의적 자유론을 새롭게 제시하였다.[5]

---

3) 일찍이 혁명을 통해 공화국을 쟁취했고 수많은 갈등과 격변을 거쳐 공화주의 모델을 정착시킨 프랑스의 경우는 또 다른 설명을 요한다. 영미권의 사례와는 구별되는 '프랑스의 예외성(exception française)'을 고려해야 한다. 이용재는 공화국이 프랑스인에게 단순한 대안적 정치체제의 문제를 넘어 체제 이상의 존재로, 일종의 문명적 가치관이자 국민 정체성의 일환으로 자리 잡았다고 한다. 그는 프랑스 공화주의의 특징으로 다음을 지적한다. 첫째, 프랑스 공화주의는 그 민주주의적 외연에서 개인과 자율을 중시하는 고전적 자유주의의 색채를 안고 있는 영미의 공화주의를 넘어선다. 둘째, 프랑스 공화주의는 평등주의적 성향을 강하게 지니고 있으며 사회적 연대에 대해 우호적이다. 셋째, 세속성의 원칙을 표방한다. 넷째, 통합과 단일성의 원리를 바탕에 깔고 있다. 이용재·박단 외(2011), pp.6-9.

4) 소극적 자유와 적극적 자유는 이사야 벌린(Isaiah Berlin)이 구분했다. 이에 대해서는 Henry Hardy, ed.(2004), pp.166-217.

5) 공화주의적 자유론에 대한 이들의 논의는 Cécile Laborde & John Maynor eds., 곽준혁 외 역(2009), 4, 5, 7장 참조. 세실 라보르드와 존 메이너는 이들 학자들이 영미권에서 자유주의적 근대성이 로크류의 자연권 이데올로기로부터 등장했다는 전통적 시각에 도전하면서 마키아벨리에서 강하게 나타나는 신고전주의적 휴머니즘에서부터 시작하여 제임스 해링턴(James Harington)과 공화파(Commonwealthmen)의 저서, 장 자크 루소와 제임스 매디슨 등에 이르기까지 일관된 공화주의 전통이 존재한다는 것을 보여주었다고 한다. 이 전통은 두 가지 갈래로 나뉜다고 한다. 첫째 입장은 좋은 삶에 대한 아리스토텔레스의 주장을 따라 인간은 오직 자치 공동체에 참여함으로써 '폴리스적 동물'로서의 자신들의 본성을 실현할 수 있다고 주장한다. 둘째는 키케로 등에 의해

공화국은 개인들이 사적인 영역을 확보하고 자유를 추구하는 것을 비판하고 공동체의 구성원들이 공동의 이익을 실현하기 위해 공동의 참여를 행하는 것을 강조한다. 그런 점에서 공화국은 공공성을 추구하는 것을 핵심적 특성으로 삼는다고 할 수 있다. '공동의'란 의미를 지닌 라틴어 publicus와 관련된 공공성이란 용어는 17세기에 들어와 공적 복리, 공적 이익, 공적 질서 등의 의미를 지닌 용어로 사용되었다. 이의 영향으로 정치공동체는 올바른 목적을 지향해야 한다는 규범적 의미를 내포하게 되었다. 공공성은 시민, 공공복리, 공개성 세 요소Die Trias des Öffentlichen에 토대를 둔 개념이다. 여기서 시민이란 국정에 참여할 수 있는 자유민을 일컬으며, 공공복리salus publica란 개인이 아닌 공동체 구성원 모두의 복리, 특수한 것이 아닌 일반적 복리를 가리키며, 공개성은 공개된 정보를 바탕으로 공개된 절차에서 자유롭게 의견을 교환함으로써 자신과 타인의 주장이 진정 올바른지에 대해 판단하고 결정할 수 있어야 하는 것을 의미한다. 공개성과 관련하여 위르겐 하버마스Jürgen Habermas는 사회구성원 간의 이성적이고 비판적인 토론과 대화가 이루어지는 공론장을 강조하였다. 반면, 일부 학자들은 자유시장을 공공성으로 이해하였는데 이는 불완전한 시장을 공공복리의 선험적 내용으로 간주하는 데서 한계가 있다.조한상, 2009: 21-34

권력을 지닌 소수에 의한 자의적 지배를 막고 합리적이고 공공적인 규칙에 의한 지배를 하기 위해서는 법의 지배rule of law나 법치국가Rechtsstaat가 확립되어야 한다. 경찰국가나 관료국가에 대비되는 국가원리인 법치국가는 국가권력의 제한과 통제를 통해 시민들의 자유를 보장하려는 데서 공화국과 불가분의 관계를 맺고 있다. 유럽적 맥락에서 형성되고 발전된 개념인 법치국가는 왕권신수설에 근거한 절대군주의 무제한적인 권력행사를 견제하거나 제한하고, 천부인권설에 기반을 둔 시민들의 자유와 권리를 보장하기 위해

열정적으로 옹호된 법의 지배하에서의 자유라는 강력한 이상인 리베르타스(libertas)를 핵심적으로 강조하는 신로마적 전통이다. Cécile Laborde & John Maynor, eds., 곽준혁 외 역(2009), pp.21-22.

헤겔의 국가이론 및 독일의 전통적인 민족정신 개념에 바탕을 둔 나치의 법이론은 국가이전의 민중 내지 민족공동체를 절대적인 것으로 보았다. 민족공동체는 총통의 지도 밑에 있고 총통은 당의 보조를 받으며 국가를 도구로 사용한다는 것이다. 법관 역시 국가를 대표하는 것이 아니라 독일민족의 살아 있는 공동체를 대표하는 것이었다. 나치는 법의 영역에 정치적·형이상학적 요소를 혼합한 후 이를 악용했다. 나치시대에 활약한 법관들은 전후에 **법실증주의**(Rechtspositivismus)를 자기변호논리로 내세웠다. 이들은 자연법의 존재를 부정하고, 형식논리에 따라 법을 적용했다.

등장했다. 프랑스혁명 등 시민혁명을 거쳐 국가는 시민대표의 동의 또는 시민계급으로 이뤄진 의회가 제정한 법률에 의하지 않고는 공권력을 행사할 수 없다는 시민적 법치주의가 확립되게 된다. 이후 인간 존엄, 자유, 평등, 박애 등 인류보편가치를 고려하기보다는 국가권력의 합법성만을 강조하는 형식적 법치주의의 폐해도 발생했다. 이는 독일 등에서 법실증주의로 발전하면서 결국 히틀러의 등장을 정당화하였다. 이에 대한 반성으로 전후 출현한 것이 실질적, 사회적 법치주의이다. 이에 따르면 국가의 공권력 행사는 근거하는 법의 내용이나 형식이 인류의 보편적 가치와 헌법정신에 부합해야 하고, 집행에서도 그 법이 정하고 있는 절차와 규정에 위배됨이 없어야 합법성과 정당성을 갖는다는 것이다. 실질적 법치국가는 공동체의 구성원인 시민들이 집권자들에게 법에 입각해 통치를 하라 요구하는 상향식 명제이기도 하다. 국민의 법 준수만을 강조한다면 사이비 법치국가이다.

따라서 선거경쟁에서 승리해서 권력을 장악한 집단이 공익이 아니라 사적인 이해관계를 추구한다면 이는 공화국이라 부를 수 없다. 그런데도 정권을 쥔 세력은 국가기관을 사유화하여 권력자와의 연고·정실에 따른 '낙하산

인사'를 밀어 붙였고 반대자들을 감시하고 탄압했다. 기업은 정부로부터 온갖 특혜를 받으며 초법적 지위를 누렸다. 공동체의 정치체제가 민주적으로 운영되도록 하는 데 관건이 되기 때문에 그 어떤 헌법적 자유와 권리보다도 엄격한 보호를 받아야 하는 표현의 자유나 사상의 자유의 보장 여부는 매우 중요하다. 국민의 자유를 제한하는 것은 예외적이고 엄격한 조건하에서만 가능하다. 집회 및 시위에 관한 법률 제10조의 법조항에 의해 평화집회를 열망하며 촛불을 꺼내든 시민들이 단지 야간이라는 이유만으로 불법집회 참가자로 형사처벌의 대상이 된다면 이는 법치국가의 원리에 어긋나는 것이다.[6] 헌법에 의하여 원칙적으로 보장되는 자유가 헌법의 하위규범인 법률에 의하여 금지된다면 헌법은 하위법률의 장식물로 전락될 수밖에 없다.

최근 학자들 간에 공화주의에 대한 관심이 증폭되면서[7] 민주공화국을 둘러싼 다양한 주장이 개진되고 있다. 이들은 민주공화국을 떠받치는 개념인 민주국가와 공화국가는 서로 다른 정치적 범주를 지닌다면서, 민주국가가 모두에 의한 나라라면 공화국은 모두를 위한 나라라고 지적한다. 나아가 공

---

6) 2009년 9월 헌법재판소는 야간옥외집회를 원칙적으로 금지하고 부득이한 경우 관할 경찰서장의 허가를 받도록 한 집회 및 시위에 관한 법률 제10조와 벌칙을 규정한 23조 1호에 대해 헌법불합치 결정을 내리고 국회가 법을 개정할 때까지 2010년 6월 30일까지만 한시적으로 해당 조항을 적용토록 했다. 〈한겨레〉, 2009년 9월 24일. 이후 대법원은 야간옥외집회 금지조항처럼 헌법불합치 결정 이후 개선 입법이 이뤄지지 않아 효력을 상실한 형벌조항은 단순위헌 결정과 마찬가지로 효력 상실이 소급되기 때문에 과거 사건에 대해 무죄를 선고해야 한다는 판결을 내렸다.

7) 한국 학계가 공화주의에 주목하고 있는 것은 인식론적 탈출구의 모색이라는 학문적 호기심과 더불어 신자유주의의 거센 물결 앞에서 무기력한 개인으로 전락한 시민들의 삶, 비효율적이고 무능력하다고 낙인찍힌 민주주의 그리고 여전히 집단적 안도와 정치적 동원의 대상으로 남아 있는 민족주의에 대한 우려와 반성이다. 곽준혁, "역자 서문," Cécile Laborde & John Maynor, eds., 곽준혁 외 역(2009), p.14. 그런데 문제는 공화주의에 기초한 공화국의 의미이다. 한국의 헌법학자들과 대다수 법률가들은 헌법에서 규정하고 있는 공화국의 의미를 군주제나 귀족제가 아닌 국민주권의 원리를 구현하고 있는 국가형태 또는 정체로만 설명하고 있다. 그러한 해석은 민주주의와 공화주의의 결합이 내재하고 있는 변증법적 함의와 불가피한 긴장관계에 대한 이론적, 실천적 논의를 원천적으로 봉쇄하는 것이다. 정상호(2011), p.99.

화국은 의사결정의 형식이 아니라 그 내용이 모두를 위한 것일 때 사용될 수 있는 용어라고 한다. 이런 의미에서 공화국이란 국가가 공공적 기구라는 것을 의미한다는 것이다. 문제는 지난 10여 년의 불완전한 예외를 제외하면 왕조시대에서부터 지금까지 한국의 국가기구는 한 번도 온전히 공동체적 기구였던 적이 없었다는 사실이다. 소수의 권력집단이 사사로운 이익을 도모하기 위해 사적으로 점유한 수탈과 억압의 도구가 국가기구였다는 것이다. "공공성이란 나라의 본질에 속하는 것이어서 그것을 상실하면 나라는 더 이상 나라일 수 없으며 우리가 그런 나라의 지배를 받고 살아야 할 까닭도 없다. 나아가 민주주의 역시 공공성의 원리가 없다면 내용 없는 형식으로 껍데기만 남는다는 것을 최근 똑똑히 확인하고 있다. 대의제 민주주의가 공공성과 공화국의 정신을 저버리면 다수결의 원리 이외에 아무것도 아닌 것이 된다. 공공성을 저버린 다수결의 원리는 다수가 담합해 소수를 약탈하는 것 이외에는 아무것도 아닌 것이다."김상봉 · 박명림, 2011: 58-60

일부 학자들은 한국 헌법의 기원을 공화주의 이론과 관련하여 재해석하고 있다. 서희경은 이미 1898년 만민공동회에서 자생적 공화주의 운동의 맹아를 발견할 수 있다고 한다. 만민공동회는 자신이 속한 정치공동체에 대한 소속감 속에서 동료 인민과 공통의 이익을 협의해 나가는 의미에서 공화주의적이었다. 특히 '헌의 6조'는 형식상 전제황권을 수용하고 있으나 그 내용은 군주권을 제한하여, 인민과 함께 협의하여 정치를 행해야 한다는 공화제적 정신을 함축하고 있었다. 이는 이후 1917년의 민주공화정체 수립을 공식화한 '대동단결선언'을 거쳐 1919년에 독립에 기초한 공화정을 제시한 3·1운동과 임시정부의 민주공화제 정신으로 이어졌다. 임시정부 헌법의 이념과 기본원칙, 구조는 모두 대한민국 제헌헌법에 수용되었다는 것이다.서희경, 2006: 139-161

1919년 4월 대한민국 임시의정원이 선포한 '대한민국임시헌장' 제1조에서 "대한민국은 민주공화국제로 한다"는 것을 선언했다. 1910년대 중국에서 '민주국'이나 '공화정체'라는 표현은 있었지만 '민주공화국'이라는 표현은 1920년대 중반에서야 나타난다는 점에서 임시헌장에 민주공화국이라는 문

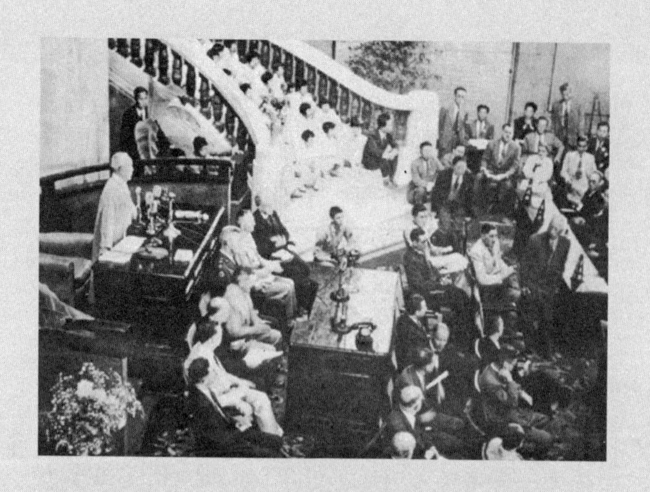

1948년 5월 31일 제헌국회의 개원식 광경. 당시 이승만은 한민당의 지지를 업고 제헌헌법에 대통령중심제와 단원제를 관철시켰다. 의원내각제를 지지하던 한민당이 이승만 안을 수용한 까닭은 의원내각제적 요소를 포함하는 대통령중심제였기 때문이다. 이후 이승만은 국회를 무시하고 독선적으로 국정을 운영했고, 그 결과 국회에서 재선이 어렵게 되자 강제력을 동원해 국민직접선거로 대통령을 선출하는 개헌을 강행하였다.

장을 넣은 것은 당시로써는 매우 독창적인 것이었다.(박찬승, 2013: 138-139)[8] 이후 임시정부는 온갖 간난 속에서도 민주공화제를 유지하고 발전시켜 나갔다. 이는 해방 후 제헌헌법으로 계승되었다. 제헌헌법은 정치적 측면에서 자유민주주의적 요소, 경제적 측면에서는 사회민주주의적 요소를 담고 있었는데, 전체적으로는 양자를 절충하고 조화시키면서 공공의 복리를 중시하는

---

8) 유럽에서도 민주공화국이라는 용어가 헌법에 사용되기 시작한 것은 1920년 2월의 체코슬로바키아 헌법과 그해 10월의 오스트리아 연방헌법부터였다. 1919년 8월 공포된 바이마르 헌법에서도 '독일제국은 공화국이다'라고만 했을 뿐이다. 따라서 대한민국임시정부가 1919년 4월 임시헌장에서 '민주공화국'이라는 단어를 사용한 것은 아시아에서뿐만 아니라 세계 역사에서 볼 때도 과감하고 선구적인 것이었다. 박찬승(2013), pp. 139-140.

공화주의적 지향을 보인다.박찬승, 2013: 321 이 점이 잘 드러난 조항은 다음과 같은 5조이다: “대한민국은 정치, 경제, 사회, 문화의 모든 영역에서 각인의 자유, 평등과 창의를 존중하고 보장하며 공공복리의 향상을 위하여 이를 보호하고 조정하는 의무를 진다.”

제헌헌법에서 눈에 띄는 것은 경제조항이다. 6장 경제조항 제84조는 “대한민국의 경제질서는 모든 국민에게 생활의 기본적 수요를 충족할 수 있게 하는 사회정의의 실현과 균형 있는 국민경제의 발전을 기함을 기본으로 삼는다”라고 규정하였다. 85조에는 중요한 지하자원, 수산자원의 국유화를, 87조에는 운수, 통신, 금융과 같은 공공성을 가진 기업의 국영 혹은 공영을, 그리고 대외무역의 국가 통제를 명시하였다. 이뿐만 아니라 18조에서는 사기업에서 근로자의 이익분배 균점권을 인정하고, 19조에는 노령, 질병 기타의 근로능력의 상실로 인해 생활유지 능력이 없는 자는 국가 보호를 받는다고 규정하였다.[9] 이는 제헌헌법이 경제·사회적 정의를 우선시하고 경제의 국가 통제, 근로자의 이익균점권과 극빈자의 국가보호를 규정한 진보적 성격의 헌법이란 점을 잘 보여준다. 그러나 1공화국 시기 이러한 헌법조항은 현실에서는 전혀 구현되지 않았다. 제헌헌법 이래의 헌법정신은 현재의 헌법에도 경제민주화를 명시한 119조 2항, 국가계획경제를 명시한 120조, 122조, 123조, 125조, 126조, 127조, 재산권의 한계와 공공복리와의 관련성

---

9) 이홍재가 쓴 〈노동법 제정과 전진한의 역할〉을 보면 제헌헌법에 진보적 성격의 경제조항이 들어가게 된 데는 이승만 정권 초대내각의 사회부장관이었던 전진한의 역할이 컸다. 전진한은 좌익계 노동단체인 조선노동조합전국평의회를 와해시키기 위해 조직된 우익계 대한노총에서 이승만 총재 아래 위원장을 지낸 인사였지만 건국에 대한 국민의 지지를 이끌어내고 통일을 대비하기 위해서는 노동자와 농민을 끌어안아야 한다고 판단해 제헌헌법에 ‘이익균점권’을 보수 정치인들과 상공회의소의 집요한 반대를 물리치고 포함시켰고 이에 맞춰 한국전쟁 와중에 노동쟁의조정법 등 하위 법체계를 만들었다. 전진한은 근로자의 이익균점권 보장으로 인하여 “우리 대한민국이 근로입국으로서의 그 진면목을 발휘하였을 뿐 아니라 정치적·형식적 민주주의에 경제적·실질적 민주주의를 병행하여 인류 최고이상인 자유·평등사회를 정치적·경제적·사회적 각 부면에 실현을 보게 되는 것”이라고 강조하였다. 이홍재(2010), pp.22-25, p.38.

을 명시한 23조로 남아 있다. 이는 우리 헌법정신을 단순히 자유민주주의와 시장경제로 설명하는 것이 맞지 않다는 것을 말한다. 오히려 대한민국 헌법의 경제질서는 자유시장경제를 근간으로 하면서 능동적인 사회정책을 통해 사회정의와 사회발전을 이루려는 독일의 사회적 시장경제soziale Marktwirtschaft[10]와 유사하다.

이후 민주공화국을 표명한 헌법정신은 안병진이 지적했듯이 박제된 채 헌법에 흔적처럼 남았다. 이승만과 박정희 정권은 권위주의 지배로 일관했다. 공화주의적 정신을 가지고 자의적 전제 체제에 대항해야 할 야당의 주류 세력도 서구적 의미의 권리의식을 가진 자유주의 부르주아라기보다는 한민당처럼 봉건적 지주계급의 뿌리를 가진 정치인들이었다. 진보적 운동 진영도 마르크스·레닌주의나 민족주의 혹은 북한의 주체사상에 기초하였기 때문에 대한민국 헌법에 흔적처럼 남아 있는 공화제적 이념에 대해서는 철저하게 무관심했다.안병진, 2008: 70-73[11] 사상과 표현의 자유를 통제하는 각종 하

---

10) 프라이부르크 학파의 일원인 알프레드 뮐러-아르막(Alfred Müller-Armack)의 이론에 바탕을 둔 사회적 시장경제는 연방정부 초대 경제장관이었던 루트비히 에어하르트(Ludwig Erhart)에 의해 정치적으로 실행되었다. 사회적 시장경제의 주요한 내용은 다음과 같다. ① 자유경쟁질서의 확립을 통한 최대한의 경제발전. 시장원리에 입각한 성장정책. 국가간섭의 제한. 시장원리에 입각한 완전 고용, ② 금융질서의 확립. 특히 독립적인 중앙은행에 의한 물가안정, ③ 능동적인 사회정책을 통한 사회보장과 사회정의 구현. 사회적 시장경제의 이론에 대해서는 Horst Friedrich Wünsche Hrsg., 한국경제정책연구회 역(1996), 2부 참조.

11) 이와 달리 함석헌 같은 비주류 자유주의 인사들은 국가를 '씨알공동체'라 규정하고 시민주체의 다차원성을 강조함으로써 서구적 이념을 한국적으로 탁월하게 소화하였다. 안병진(2008), p.73. 씨알은 원래 함석헌의 스승으로 유불선(儒彿仙)에 기반해 서구 기독교 사상을 독자적으로 해석한 다석 유영모가 민(民) 또는 민중(民衆)을 순수 우리말로 풀이한 것으로 처음 사용했다. 이 말을 이어받아 함석헌은 역사적이고 사회과학적인 해석을 곁들였다. 그는 역사란 곧 고난의 역사이며, 그 역사를 짊어가는 주체는 바로 씨알이라고 봤다. 때문에 그는 "'세계와 내가 하나'라는 것을 깨달은 씨알들이 서로 손을 잡아야 평화를 이룰 수 있다"며 개별 주체의 내적 혁명을 강조했다. 그는 민중개념이 사회, 정치, 경제적인 피지배자와 관련된 봉건시대 산물인데 비해, 씨알은 민주주의 시대의 표현이자, 보다 철학적이며 종교적 의미가 내포되어 있다면서 둘을 구분하였다.

위법과 극단적인 시장의 자유만 내세우는 신자유주의 정책에서 뚜렷하게 나타나듯이 헌법정신과 실제의 현실 사이에는 커다란 간극이 존재하고 있다.

공화국의 이상이 박제화되었다는 지적은 한국 민주주의의 범위와 수준이 그리 넓고 깊지 않다는 것을 의미한다. 한국에서 민주주의로의 이행은 급속한 산업화가 시민사회 내 반대세력의 활동영역을 확대시키고 능력을 증가시킴으로써 가능했다. 그 결과 반대세력은 1980년대 중반에 이르러서는 광범위한 반대연합을 결성하여 권위주의 정권에 본격적으로 대항하였고 개방과 민주주의로의 이행을 이끌어 냈다. 그러나 민주주의로의 이행은 절차적 영역에만 부분적으로 해당되는 불완전한 것으로 상이한 사회계층과 집단들의 이익은 정치적으로 대표되지 않고 있다. 또한 비민주적 사회문화도 온존되고 있으며, 사회경제적 불평등 역시 개선되지 않은 데서 이행 이후의 한국 민주주의는 여전히 제한적이고 배제적이다. 현재 한국의 민주주의는 세계화와 자유화 등 이를 위협하는 조건 속에 포위되어 있고, '여러 기준을 동시에 충족시키는' 실질적 민주주의는 퇴보하고 있다는 지적을 받고 있다.

문제는 이러한 조건 속에서 민주주의의 잠재적 지지자들이 누리는 삶의 질이다. 주로 자본주의 체제의 취약계층으로 민주주의를 통해 대표되고 보호받기를 원하는 사람들인 이들의 삶의 질은 요 몇 년 새에 더욱 악화되었다. 계층 간 소득격차는 확대되었으며, 계급 간의 경계를 허무는 사회적 이동은 점점 어려워지고 있다. 신자유주의라는 이름하에 진행되는 시장의 절대화와 함께 사회적 배제가 규칙이 되면서Ulrich Beck, 정일준 역, 2000: 42-43 사회구성원들은 생존을 위해 극단적인 경쟁이 지배하는 시장으로 내몰리고 있다. 치솟는 부동산과 힘겨운 사교육비로 인해 많은 사람들은 상대적 박탈감을 느끼고 있다. "민주주의가 밥 먹여 주냐?"는 자조어린 문제제기가 나오고 있고, 신개발주의를 부추기는 정치가에게 지지가 쏠리고 있다. 심지어는 절망을 느끼는 사람들이 유럽의 경우처럼 극우세력의 파시즘적 선동에 의지하게 될지도 모른다는 우려 섞인 전망도 나오고 있다.

미국산 쇠고기를 둘러싼 촛불시위는 공화주의적 국가관의 타당성과 중요성을 실천적으로 확인시켜 주었다고 지적된다. 시민공동체의 안전과 삶 자

용산참사는 2009년 1월 20일 서울 용산구 한강로2가 상가건물 옥상에서 점거농성을 벌이던 세입자와 전국철거민연합회 회원을 강제로 해산시키는 과정에서 화재가 발생해 농성자 5명과 경찰특공대원 1명이 숨지고 23명이 다친 사건이다. 과잉진압 논란을 빚은 당시 경찰청장이 사퇴했고, 세입자 주거권이 무시된 동절기 강제 철거와 도시재개발사업의 폐해가 전면으로 부각됐다. 당시 보수 언론과 집권여당 소속 국회의원은 '도시테러범'에 의한 폭력과 '국가정체성을 위협하는 반체제' 세력의 폭력을 부각시켰다. 이 사건은 재개발로 삶의 터전을 잃고 쫓겨나게 된 철거민들의 항의시위를 경찰이 사전 대비도 없이 무모하게 진압하다 일어난 참사였다. 법의 얼굴을 한 국가폭력 문제, 사회적 약자를 쫓아내는 잘못된 주거 정책, 인간보다 물질을 우선하는 전도된 가치관 등 한국 사회의 구조적 모순이 응축된 사건이라는 지적도 제기되었다. 미국 국무부는 2010년 3월 11일 발표한 '2009년 인권보고서'에서 "한국 정부는 일반적으로 인권을 존중하고 있지만, 여성과 장애인을 비롯한 소수자 분야에서 문제들이 남아 있다"고 지적했다. 보고서는 특히 '집회의 자유' 항목의 첫 사례로 지난해 1월 발생한 용산참사를 거론하면서 "경찰이 과도한 공권력을 사용했으며 40명의 시위자들을 해산시키면서 적절한 안전에 주의를 기울이지 않았다"는 한국 언론 및 시민단체들의 주장을 소개했다. 2009년 12월 30일 용산 4구역 재개발 조합과 유족들은 사고 발생 345일 만에 극적으로 보상 합의안을 도출했다. 그러나 유족과 용산참사범국민대책위원회가 줄곧 요구해온 '진상 규명'과 '책임자 처벌' '생계 보장 약속' 등의 문제는 완전히 해결되지 않았다. 이와는 별개로 사건으로 기소된 철거민 등 관련자 9명 전원에게는 법원에서 유죄가 확정됐다. 대법원은 2010년 11월 11일 농성장 망루에서 화염병을 던져 진압에 나선 경찰 1명을 숨지게 한 혐의(특수공무방해치사) 등으로 기소된 전 용산철거민대책위원장 등 2명에게 원심과 같이 징역 5년형을 선고했다. 한편, 용산참사 관련 피고인들이 "검찰의 수사기록 공개 거부로 정신적 고통을 받았다"며 국가를 상대로 낸 손해배상 청구소송 항소심에서는 원고가 승소했다. 이들은 2009년 3월 용산참사 재판 도중 검찰에 미공개 수사기록 열람·등사를 신청했으나 거부당하자 1심 재판부에 열람·등사를 요청해 이를 허용하라는 결정을 받았다. 그러나 검찰은 "사건관계인의 명예·사생활 비밀 등을 해칠 우려가 있다"는 이유로 열람·등사를 거부했다. 이와 관련해 헌법재판소는 2009년 6월 이씨 등이 낸 헌법소원에 대해 "법원이 변호인의 신청을 받아들여 수사기록 열람·등사를 허용했는데도 검사가 이를 거부한 행위는 헌법에 위반된다"고 판결했다. 용산참사에서 국가가 보인 태도는 스탠리 코언의 〈잔인한 국가 외면하는 대중〉으로 설명가능하다. 코언 교수는 인권침해 등 사실을 부인하는 메커니즘이 문자적(literal) 부인, 해석적(interpretive) 부인, 함축적(implicatory) 부인 등 세 단계를 거친다고 설명한다. 엄연한 사실을 일어나지 않았다거나 사실무근이라고 주장하는 게 문자적 부인이고, 사실 자체는 부정하지 않지만 사건을 전혀 다른 방식으로 해석하는 게 두 번째 단계인 해석적 부인이다. 마지막 단계인 함축적 부인은 심리적·정치적·도덕적 의미를 부정하거나 축소하는 단계를 가리킨다. Stanley Cohen, 조효제 역(2009), pp.57-62. 앞의 사진은 소설가·시인·평론가 등 192명의 문인들의 모임인 '작가선언 6·9'가 낸 용산참사 헌정문집 〈지금 내리실 역은 용산참사역입니다〉이다.

미네르바 사건: '미네르바'로 알려진 인터넷 논객 박대성은 지난 2008년 인터넷에 외환보유고가 고갈됐다는 등의 허위 글을 쓴 혐의로 기소돼 1심에서 무죄 선고를 받았으며, 2009년 5월 전기통신기본법 제47조 1항은 헌법상 표현의 자유를 침해한다며 헌법소원심판을 청구했다. 2010년 12월 헌법재판소는 이 헌법소원에 대해 위헌 결정을 내렸다. 헌재는 " '공익'의 개념이 불명확하고, 국민에게 일반적으로 허용되는 '허위의 통신' 가운데 어떤 목적의 통신이 금지되는 것인지 고지해 주지 못하고 있어 명확성 원칙에 위배된다"고 밝혔다. 전기통신기본법 47조 1항은 '공익을 해할 목적으로 전기통신설비에 의해 공연히 허위의 통신을 한 자는 5년 이하의 징역 또는 5천만 원 이하의 벌금에 처한다'고 명시하고 있다. 보충의견으로는 " '허위' 개념을 법률용어로 사용하려면 보다 구체적인 부연이나 체계적인 배치가 필요한데도 해당 조항은 그 취지를 명백히 드러내지 않고 있다"며 "법관의 자의적인 해석에 맡기게 돼 죄형법정주의의 명확성 원칙에 부합하지 않는다"고 설명했다. 또 "허위 통신 자체가 사회적 해악으로 연결되는 것이 아닌데도 '공익을 해할 목적'과 같은 모호하고 주관적인 요건을 동원해 국가가 일률적으로 개입해 처벌하는 것은 기본권 침해의 최소성 원칙에 어긋난다"고 강조했다. 이어 "해당 조항은 기본권 주체로 하여금 제재에 대한 두려움으로 스스로 표현을 억제하도록 할 가능성이 높다"면서 "표현의 자유를 침해해 과잉금지원칙에 위배된다"고 덧붙였다. 〈노컷뉴스〉, 2010년 12월 28일.

체가 곧 국가라는 공화주의의 핵심 이념 대 국가를 일부 특권층의 사유물 res privata 인양 이해하는 반공화주의적인 이명박 정권의 대립이 극적으로 표출된 장이었기 때문이다.안병진, 2008: 15-16 신진욱은 국가권력과 기업권력이 하나가 되어 국민의 존엄성 위에 군림하는 한국 사회의 야만성을 지적한다. 그에 따르면 '20 대 80 사회'에서 80의 삶을 지배하는 원리는 경쟁이지만, 20을 지켜주는 원리는 야만이라는 것이다. 국민들은 서로 상처를 입히며 무한경쟁하도록 강요받는데, 기득권 집단은 악법·탈법·초법의 힘으로 자기 이익을 지키며, 그 장벽에 도전하는 순간, 야만의 규칙이 발동된다고 한다.신진욱, 2011

이명박 정권 들어와 발생한 인터넷 논객 '미네르바' 구속 사건과 용산참사는 공화국의 본질과 관련하여 깊이 생각하게 하는 사건이라 지적된다. 미네르바 구속은 공화국 시민으로서 공동체의 공적 문제에 대한 의견제시 자체를 봉쇄하고, 정부의 오류가능성을 부인한다는 점에서 민주국가 원리에 정면으로 배치된다. 국가가 국민의 일부인 철거민과 세입자의 행복은 물론 아예 생명을 앗아가며 다른 이익을 법률·질서·공권력의 이름으로 보장하려 한 용산참사는 국가의 존재이유raison d'etre에 대해 근본적인 물음을 던진다. 박근혜·최순실 게이트는 국가를 사유화하면서 헌정질서를 훼손한 사건이었다. 최순실과 청와대 문고리 권력의 권력 농단은 새누리당·검찰·보수언론·재벌이 서로 유착하여 박근혜 정권을 뒷받침했기 때문에 가능한 것이었다. 민주주의에 대한 이러한 역주행은 공공성이 나라의 본질이어야 한다는 철학이 없는 사당화·파당화된 정파에 의한 국가운영이 가져온 현상이다. 그리고 새로운 나라에 대한 대안적 전망의 부재는 공화국 시민들을 정치적 냉소와 무관심으로 이끌었다. 따라서 이 전망의 부재는 흔히 말하는 것처럼 진보나 보수의 위기로 연결되는 것이 아니라 공동체 전체와 공화국의 위기로 연결된다.박명림·김상봉, 2011 김상봉의 다음과 같은 지적은 우리에게 주는 울림이 크다.

> "한 겨레가 오로지 돈을 벌고 부자되는 것 외에 다른 가치를 알지 못한다면 그런 사람들의 나라는 야수적인 무한경쟁 속에서 해체되어 만인 대 만인의 투쟁상태로 전락할 수밖에 없습니다. 한 겨레가 참된 공화국을 이루기 위해서는 단순히 잘 먹고 잘 사는 것 이상의 공공적인 가치와 보편적인 이상을 공유하고, 이를 통해 우리를 끊임없이 파편화시키고 분열시키는 사사로운 욕망, 곧 경제적 욕망을 규제하고 승화시키지 않으면 안 됩니다. 예를 들어 프랑스인들은 자유, 평등, 박애를 말하고, 독일인들은 하나 됨과 정의와 자유를 나라의 근본으로 삼습니다."
>
> _박명림·김상봉, 2011: 87

연관 키워드

공화주의(republicanism), 공공성, 법치국가, 시민, 마음의 습관(habits of the heart), 적극적 자유

[참고문헌]

Aristoteles. 천병희 역. 〈정치학〉. 고양: 숲, 2010.

Beck, Ulrich. 정일준 역. 〈적이 사라진 민주주의: 자유의 아이들과 아래로부터의 새로운 민주주의〉. 서울: 새물결, 2000.

Berlin, Isaiah. "Two Concepts of Liberty." Henry Hardy (ed.). *Liberty*. Oxford: Oxford University Press, 2004.

Bruni, Leonardo. 임병철 역. 〈피렌체 찬가〉. 서울: 책세상, 2002.

Chaudonnert, Marie-Claude et al. 이영목 역. 〈공화국과 시민〉. 서울: 창해, 2000.

Cicero, Marcus Tullius. Translated by Siobhan McElduff. *In Defence of the Republic*. London: Penguin Books, 2011.

_____. 김창성 역. 〈국가론〉. 파주: 한길사, 2007.

_____. 성염 역. 〈법률론〉. 파주: 한길사, 2007.

Cohen, Stanley. 조효제 역. 〈잔인한 국가, 외면하는 대중〉. 파주: 창비. 2009.

Laborde, Cécile & John Maynor (eds.). 곽준혁 외 역. 〈공화주의와 정치이론〉. 서울: 까치, 2009.

Machiavelli, Niccolò. 고산 역. 〈마키아벨리 로마사이야기〉. 서울: 동서문화사, 2008.

Mansfield. Jr., Harvey C. 이태영 외 역. 〈마키아벨리의 덕목〉. 서울: 말글빛냄, 2009.

Pocock, John G. A. 곽차섭 역. 〈마키어벨리언 모멘트 1: 피렌체 정치사상과 대서양 공화주의 전통〉. 파주: 나남, 2011.

Skinner, Quentin. 강정인·김현아 역. 〈마키아벨리의 네 얼굴〉. 서울: 한겨레출판, 2010.

Tocqueville, Alexis de. 임효선·박지동 역. 〈미국의 민주주의 I〉. 서울: 한길사, 1997.

Wünsche, Horst Friedrich (Hrsg.). 한국경제정책연구회 역. 〈사회적 시장경제의 이해〉. 서울: 비봉출판사, 1996.

김경희. 〈공화주의〉. 서울: 책세상, 2009.

김상봉. "모두를 위한 나라는 어떻게 가능한가? 공화국의 이념에 대한 철학적 고찰." 이병천·홍윤기·김호기 편. 〈다시 대한민국을 묻는다: 역사와 좌표〉. 파주: 한울, 2007.

박명림·김상봉. 〈다음 국가를 말하다〉. 서울: 웅진지식하우스, 2011.
박재순. 〈함석헌의 철학과 사상〉. 파주: 한울아카데미, 2013.
박찬승. 〈대한민국은 민주공화국이다: 헌법 제1조 성립의 역사〉. 파주: 돌베개, 2013.
사이토 준이치. 윤대석·류수연 외 역. 〈민주적 공공성: 하버마스와 아렌트를 넘어서〉. 서울: 이음, 2009.
서희경. "대한민국 건국헌법의 역사적 기원(1898-1919): 만민공동회. 3·1운동. 대한민국임시정부헌법의 '민주공화' 정체 인식을 중심으로." 〈한국정치학회보〉 제40집 5호. 2006.
신진욱. 〈시민〉. 서울: 책세상, 2008.
_____. "한국사회. 야만이냐 문명이냐." 〈경향신문〉, 2011년 7월 6일.
안병진. 〈민주화 이후 민주주의와 보수주의 위기의 뿌리〉. 서울: 풀빛. 2008.
안재원. "시민은 종족과 국가의 분리를 통해 탄생한다!" 〈프로메테우스〉, 2004년 10월 8일.
이용재·박 단 외. 〈프랑스의 열정: 공화국과 공화주의〉. 서울: 아카넷, 2011.
이홍재. 〈노동법 제정과 전진한의 역할〉. 서울: 서울대학교출판문화원, 2010.
임채원. 〈공화주의적 국정운영〉. 파주: 한울, 2008.
작가선언 6·9 편. 〈지금 내리실 역은 용산참사역입니다〉. 서울: 실천문학사, 2009.
정상호. "공화국을 혁신하는 성찰적 시민." 〈계간 민주〉 창간호. 2011.
조승래. 〈공화국을 위하여: 공화주의의 형성과정과 핵심사상〉. 서울: 길, 2010.
조한상. 〈공공성이란 무엇인가〉. 서울: 책세상, 2009.
천주교정의구현전국사제단. "재앙과 파국의 대한민국"(http://www.sajedan.org/board/view.htm?sid=148&b_id=1).

다섯 번째 키워드: 정경유착

박정희 모델로서의
연고자본주의와 부패

정계와 경제계가 불법으로 유착해서 정치자금과 각종 특혜를 서로 교환하는 행위를 가리키는 정경유착政經癒着, collusive ties between political and business circles은 어느 시대나 나라를 불문하고 존재해왔다. 그 이유는 민간기업들은 정경유착을 통해 무분별하게 사업을 확대하고 손쉽게 자본을 축적할 수 있고, 정치인들은 이를 통해 권력의 창출과 유지에 필수불가결한 정치자금을 조달할 수 있기 때문이다. 문제는 정부와 의존관계를 형성한 사기업들의 극단적 지대추구rent seeking 행위가 부패를 조장하면서 시장경제의 질서를 훼손할 뿐만 아니라 시민들 간의 불평등을 확대시키고, 시민사회 내의 자유롭고 공정한 경쟁을 제한한다는 점이다. 이러한 유착행위는 민주주의의 역사가 오래되고 그 제도화 수준이 높은 나라보다는 민주주의의 역사가 짧고 기반이 취약한 나라에서 더욱 두드러지는 특징을 갖는다.

동아시아 국가들의 정경유착은 1997년부터 발생하기 시작한 금융·외환위기를 통해 널리 알려졌다. 많은 학자들과 정치인들은 이들 국가에서의 경제성장 과정에서 도덕적 해이moral hazard와 연고자본주의가 고착되면서 이들이 위기의 주된 요인이 되었다고도 주장하였다. 가장 많이 인용된 글은 미국의 경제학자인 폴 크루그만Paul R. Krugman이 미국 내의 산업정책론자와 보호무역론자들을 염두에 두고 집필한 논문인 "아시아 성장의 신화The Myth of Asia's Miracle"였다. 이 논문에서 크루그만은 지난 30여 년에 걸친 동아시아 국가들의 급속한 경제성장은 권위주의 정권이 요소 투입량을 대거 동원하고 이를 집중시킨 결과일 뿐 이렇다 할 생산성 증대에 기인하는 것은 아니므로 머지않아 성장률과 속도가 떨어질 것이라고 주장하였다. 아시아의 경우 기업의 투자실패에 대해 정부가 금융지원 등의 수단을 통해 대부분 구제해주기 때문에, 기업이나 은행은 위험을 고려하지 않고 무모한 투자나 대출을 해왔으며, 이런 도덕적 해이가 결국 과도한 위험대출과 무모한 기업팽창을 낳게 해 위기를 유발시켰다는 것이다.Paul Krugman, 1994

크루그만의 주장은 1997년 동아시아 국가들에서 금융외환위기가 발생하자 관심을 끌게 되었고 국제통화기금IMF은 그의 연고자본주의와 성장한계론을 동아시아 국가들에 IMF가 원하는 방향의 '개혁'을 강요할 수 있는 이론적 근거로 삼고 나섰다. 또 다른 영미권의 학자들도 그들이 동아시아의 급속한 경제성장을 설명하는 요인으로서 빈번히 언급했던 공동체의식, 국가주의, 근면, 검약 등과 같은 유교윤리를 이제는 반대로 연고주의, 불투명성, 권위적 관료주의 등의 온상으로 지목하고 여기에 외환위기의 원인이 있다고 강변하고 나섰다. 이러한 주장은 논리적 정합성을 갖추지 못한 부실하기 그지없는 결과론이라고 평가된다. 그럼에도 연고자본주의로 불리는 동아시아에 특수한 자본주의가 건전한 시장경제가 자리 잡는 것을 방해했고 불투명한 경제운용으로 부패와 부실을 초래했다는 점도 동아시아의 금융외환위기를 설명하는 내부요인 중의 하나인 것은 부인하기 힘들다. 보다 온전하게 위기의 원인을 설명하려면 이러한 내부요인에 더해 조지프 스티글리츠Joseph E. Stiglitz나 제프리 삭스Jeffrey Sachs처럼 성급한 금융자유화가 이들 국가에서 기업의 부채비율을 증가시키고 금융시장의 불안정성을 증대시키는 데 기여했다는 주장도 살펴볼 필요가 있다. 동아시아 금융외환위기의 원인은 단순하기보다 다양한 국내외적 요인이 서로 복합적으로 작용하여 발생했다.

가장 잘 나가는 국가로 한때는 아시아의 '네 마리 용' 중의 하나로 꼽혔던 한국도 1997년 말에 금융외환위기에 직면했다. 대통령선거를 얼마 앞두지 않은 상황에서 발생한 미증유의 위기는 국민들을 패닉에 빠트렸다. 위기를 예언한 경제학자들은 없었고, 정치인과 관료들은 위기 앞에서 무능력만 보

펠드스테인과 스티글리츠의 IMF 비판론: 1997년 금융외환위기가 발생한 동아시아 국가들에 대해 IMF는 종래의 요구인 긴축재정과 금융정책이라는 거시경제 조정 이외에도 이례적으로 외국인 투자 자유화, 금융시장 전면 개방, 관치금융 불식, 기업 구조조정, 노동시장 유연화 등 매우 광범위한 사회개혁을 요구하였다. 이러한 IMF의 처방에 대해서는 많은 학자들이 비판을 제기하였다. 마틴 펠드스테인(Martin Feldstein) 교수는 한국의 위기상황이 단기적 외화부족으로 인한 것이고 중장기적으로 지불능력이 훼손되었기 때문에 발생한 사태가 아님에도 불구하고 IMF는 포괄적인 구조조정을 요구하였다고 지적한다. 이러한 구조조정 프로그램의 내용은 예외 없이 지난 수년간 미국이 한국에 대해 갖고 있던 불만사항을 담고 있다는 것이다. 한국의 국가관리 시스템을 미국식으로 전면 개편하는 것은 그 당위성에 있어 검증을 요하는 것이고 경제와 사회 전반에 걸쳐 심대한 영향을 미치는 사안인데도 외환위기로 한국의 체력이 소진되어 있는 상태에서 밀어붙이는 것은 온당치 못하다는 지적이다(Martin Feldstein, 1998: 20-32). 스티글리츠 역시 비판에 가세한다. 스티글리츠는 2008년 출간된 〈인간의 얼굴을 한 세계화〉 한국판에서 특별기고를 통해 자신이 1997년 백악관 경제자문위원회에서 근무할 때 "한국이 이미 금융 및 자본시장을 점진적으로 개혁·강화·개발할 계획을 세우고 있는데 구태여 이를 가속화하라고 압력을 가해야 하는 이유가 무엇인가"라는 질문을 던졌다고 밝히고 있다. 이로 인해 미국에 일자리가 증가하는 것도 아니고 미국경제가 크게 성장하는 것도 아니라는 것이다. 대신에 한국에는 금융위기라는 참담한 결과가 일어날 것이 불 보듯 뻔한데 고작 일부 월스트리트 기업들의 배를 불리기 위해 급격한 자유화를 강요하는 것은 적절하지 않다는 것이었다. 그럼에도 IMF와 미 재무부는 급격한 자유화를 추진했고, 이로 인한 문제를 인정하기보다 동아시아 국가들에 책임을 전가하기에 급급했다고 한다(Joseph E. Stiglitz, 2008: 27-29).

여줄 뿐이었다. 기댈 언덕은 '워싱턴 컨센서스Washington Consensus'에 입각한 구조조정의 효과를 둘러싸고 논란을 겪던 국제금융기관인 IMF뿐이었다. 급하게 꾸려진 한국 정부의 협상팀은 IMF에 구제금융을 요청하여 1997년 12월 195억 달러의 긴급 구제금융을 우선 지원받았다. 한국 정부는 IMF의 지원을 받는 조건으로 대기성자금지원협약을 맺었고, 지원조건으로 통화·재정정책의 긴축적 운영과 금융산업의 구조조정 및 무역과 자본시장 자유화, 노동시장의 유연화와 같은 구조조정 프로그램에 합의했다. 거시경제지표와 관련해서는 경제성장률을 3%로 낮추며 물가상승률은 5%로 억제하기로 합의했다. 1998년에는 극심한 경기침체로 경제성장률이 -6.7%를 기록하였고, 부실한 금융기관과 기업의 도산으로 대량실직자가 속출하였다. 노동시장의 유연성 제고를 위해 정리해고제도 도입되었다. 무능한 정치인과 관료들, 탐욕스런 기업들로 인해 성실하게 일하던 수많은 평범한 국민들이 고통에 빠졌지만 누구 하나 책임진다는 지도층 인사는 없었다.

이 책의 1장에서 지적했듯이 금융외환위기를 초래한 당사자이기도 한 통제되지 않는 비대한 재벌들은 IMF가 지원조건으로 요구한 개혁의 대상이었음에도 불구하고 오히려 더욱 강해지고 비대해졌다. 국가와 시민사회에 대한 권력의 비대칭성은 금융외환위기 이후 더욱 뚜렷해졌다. 김대중 정권과 노무현 정권 시기에도 재벌의 방만한 경영에 대한 민주적 통제는 제대로 이뤄지지 않았고, 어떤 경우에는 이들과 유착하기까지 했다. 민주주의 이행 역시 경제권력의 집중에 기여했다. 발전국가하에서 정부와 유착해 막대한 혜택을 받고 급성장한 재벌 기업들은 이행이 이뤄지면서 더 이상 권위주의 정부에 의존하지 않게 되었다. 이들은 노골적으로 국가의 시장으로부터의 퇴진을 주장하면서 국가에 압력을 가하기 시작했다. 이는 한국에서의 민주주의 이행이 정치영역에만 국한된 협소한 것이었기 때문이었다. 이행이 가져다 준 공간에서 재벌들은 더 큰 자율성을 주장하기 시작했고 이는 곧 현실화되었다. 전국경제인연합회[전경련]와 재벌연구소들, 재벌친화적인 보수언론들은 자율적인 시장경제의 우월성과 국가개입의 비효율성을 강조하는 담론을 생산하고 확산시켰다. 신자유주의의 확산이 초래한 가장 중요한 변화는 정치를 약화시키고 경제에 대한 종속을 심화시켰다는 점이다. 시장의 경제권력이 비대화하면서 정치는 활동영역이 협소해지고 권력은 약화되었다. 기업가들뿐만 아니라 정치인들까지도 정치논리가 아니라 경제논리를 우선시하게 되었고 일반 대중들은 이들 논리를 내면화하게 되었다. 정치의 공간이 축소되고 역할이 무력화된 곳에서는 무한경쟁의 시장만 남게 되었다.

사회구조와 시장의 왜곡을 바로잡을 수 있는 힘이 약화되었고, 이로 말미암아 심각한 문제들이 부상하기 시작했다. 한국 정치에서도 '경제에 침식된 정치'의 시대가 본격적으로 개막된 것이었다. 이는 이명박과 박근혜 정권에서 더욱 뚜렷하게 나타났다. 'CEO 대통령'을 자칭하고 '비즈니스 프렌들리'를 내세운 이명박 정권은 출범하자마자 출자총액제한제를 풀고 법인세를 인하했으며, 수출기업 위주의 고환율·저금리 정책을 추진했다. 기업체 세무조사를 축소했고, 금산분리 완화를 시도했으며, 연구개발과 에너지산업에 수십조 원의 직접자금을 지원했다. 그러나 이들 조치로 투자 확대, 일자리 창출, 경제성장이란 선순환 구조는 정착되지 않았다. 이명박 정권은 정부가 대기업을 도와줘서 먼저 성장을 이루게 되면 그 혜택이 중소기업과 국민들에게 돌아갈 것이라 주장했지만, '고용 없는 성장'에서 보듯이 성장의 적하효과 trickle down effect는 별반 이뤄지지 않았다. 오히려 재벌기업들은 북한의 세습체제를 능가하는 세습지배구조와 불법 상속 증여, 문어발식 족벌경영, 비자금 조성과 정경유착, 중소협력업체와의 불공정 계약, 일감 몰아주기 및 주가 띄우기, 영세자업자 영역까지 파고드는 '통 큰' 사업 등으로 서민경제를 위협하고 양극화를 심화시켰다. 다른 한편으로 이명박 정권은 줄곧 법과 원칙을 강조해왔지만 재벌에게만은 사면권을 남발하였다.

18대 대선에서 과거 여당의 노선과 정책에 비추어 다소 파격적이라 할 경제민주화와 보편적 복지를 공약으로 준비하고 준비된 여성대통령을 구호를 내걸고 당선된 박근혜 대통령도 그리 다르지 않았다. 박근혜 정권 역시 재벌들과 깊숙하게 유착관계를 맺고 비리를 저질렀다. 대통령의 배후 실세인 최순실은 '미르재단'과 'K스포츠재단'을 만든 후 대통령과 청와대 경제수석과 공모해 대기업들이 이들 재단에 774억 원을 출연하도록 했다. 이재용 삼성전자 부회장의 경영권 승계를 돕는 대가로 딸 정유라의 승마 지원을 받기도 했다. 이는 적극적인 기업 편들기 정책을 폈고 그 대가로 노골적으로 재벌들로부터 통치자금과 선거자금을 갈취한 부친인 박정희 정권과 그 계승정권인 전두환, 노태우 정권의 행태를 고스란히 본뜬 것이다. 1997년 15대 대선 당시 집권여당이던 한나라당의 이회창 대선 후보측이 국세청과 공모해 전경련 회원사로부터 대선자금으로 167억 원을 거둔 것도 비슷한 사례이다.

집권 여당의원이었던 성완종 사건 역시 박근혜 정권하에서 존재했던 정경유착의 사례에 포함시킬 수 있다. 2015년 4월 성완종 당시 새누리당 의원이 친박 핵심 인사들에게 돈을 건넨 내용을 담은 유서를 쓰고 스스로 목숨을 끊었다. 이른바 '성완종 리스트'에는 2007년 당내 경선 당시 허태열 당시 박근혜 캠프 직능총괄본부장에게 경선자금으로 7억 원을 건넸고, 2012년 대선에서 홍문종 박근혜 캠프 조직총괄본부장에게 2억 원을 건넸다는 주장이 담겨 있다. 당시 검찰은 이 리스트에 오른 사람을 수사했지만 '친박친박근혜' 인사는 빼고 당시 홍준표 경남지사와 이완구 전 국무총리만 기소했다.

정치권력과 거대기업이 결합해 국정을 농단하고 사회를 마음대로 쥐고 흔드는 정경유착은 일반 국민들로 하여금 재벌에 대한 인식을 나쁘게 하는 주된 요인으로 평가된다. 2019년 3월 〈연합뉴스〉가 여론조사기관인 리얼미터에 의뢰해 실시한 '2019년 재벌 및 재벌개혁에 대한 국민의식 조사' 결과에 따르면 재벌에 대한 인식이 '예나 지금이나 부정적'이라는 답변은 50.8%, '예전에는 긍정적이었지만 지금은 부정적'이라는 답변은 16.1%에 달했다. '긍정적'이라고 답한 응답자는 전체의 27.5%에 불과했다. 국민 10명 중 7명이 현재 재벌에 대해 부정적인 인식을 가지고 있다는 뜻이다. 재벌을 부정적으로 인식하는 이유로는 '정경유착' 때문이라는 응답자가 25.7%로 가장 많았으며 '편법 승계'(23.6%), '갑질 행태'(18.9%), '불공정 거래'(18.1%), '독단 경영'(7.3%) 등이 그다음을 기록했다. 재벌이 한국 경제를 불균형하고 불평등하게 만들고 있다는 주장에 공감 여부를 물어본 결과 예전에는 '공감' 비율이 61.0%, '비공감' 비율은 37.6%였고, 현재는 '공감'이 3.4%포인트 증가한 64.4%, '비공감'은 34.2%로 집계됐다. 이에 따라 국민 10명 중 8명 이상은 재벌개혁이 필요하다고 생각하는 것으로 나타났다. 재벌개혁에 대한 질문에 '매우 필요함'이란 응답(52.6%)이 절반을 넘었고, '다소 필요함'은 33.5%로 86.1%가 필요성을 인식했다. 반면 '불필요' 응답은 13.4%였다. 재벌개혁이 필요하다고 인식한 응답자를 대상으로 가장 먼저 추진해야 할 재벌개혁 과제를 물어본 결과 1위는 '정경유착 근절'(27.4%)로 조사됐고, 이어 '기업의 소유·지배구조 개선'(24.5%), '불법 가업 승계 금지'(18.5%), '불공정 거래 근절'(17.7%), '재벌 일가 전횡 방지'(9.2%) 등의 순이었다.〈연합뉴스〉, 2019년 3월 17일

위의 조사 결과는 정경유착이 많은 사람들로 하여금 재벌에 대해 부정적

재벌과 재벌개혁에 대한 국민인식 조사: 2019년 3월 17일 〈연합뉴스〉가 여론조사기관 인 〈리얼미터〉에 의뢰해 실시한 '재벌 및 재벌개혁에 대한 국민인식 조사' 결과 응답자 3명 중 2명은 재벌에 대한 인식이 부정적인 것으로 드러났다. 재벌을 부정적으로 인식하는 이유로는 '정경유착' 때문이라는 응답자가 가장 많았으며 '편법 승계', '갑질 행태', '불공정 거래', '독단 경영' 등이 그 뒤를 이었다. 이와 함께 응답자의 64%는 재벌이 한국 경제의 불균형과 사회 불평등을 야기했다고 생각하고 있는 것으로 나타났다. 특히 재벌개혁의 필요성에 공감하는 응답자는 전체의 86%에 달했다. 구체적으로, 재벌의 경영권 세습과 관련해 총수와 전문경영인 중 기업경영에 누가 더 적합한지를 물어본 결과, 응답자 10명 중 8명 이상인 82.3%가 전문경영인을 꼽았다. 반면 총수 경영이 더 바람직하다고 생각한 응답자는 13.1%에 그쳤다. 한국 재벌 일가의 갑질 행태에 대해 어떻게 생각하느냐는 질문에 응답자의 절반이 넘는 54.7%는 '매우 심각함'이라고 답했고, 33.1%는 '다소 심각함'이라고 답해 10명 중 9명이 심각하다고 여겼다. 〈연합뉴스〉, 2019년 3월 17일.

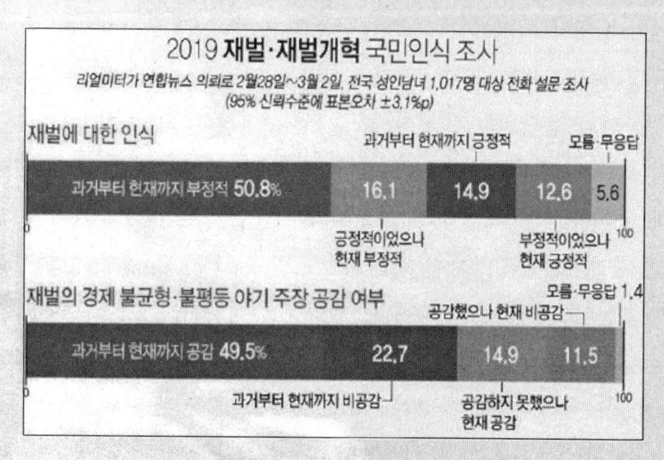

인식을 갖게 한 가장 큰 이유라는 점을 알려준다. 편법승계와 불공정 거래, 독단경영 등의 문제점도 정경유착이 그 길을 터주었다는 점에서 보면 정경유착이야말로 한국 경제와 한국 정치가 개혁해야 할 주된 과제임이 분명하다. 그렇다면 이러한 정경유착은 역사적으로 그 뿌리를 어디서 찾을 수 있을까? 한국에서 정경유착의 역사는 오래되었다. 이를 설명하기 위해서는 한국 자본주의의 특수한 역사를 고찰해볼 필요가 있다. 비록 논란의 여지는 있지만 한국은 조선 왕조의 통치이데올로기였던 유교와 지배계급이었던 양반지주들, 그리고 일본 제국주의에 의한 식민통치로 인해 자본주의의 발전이 정상적으로 이뤄지지 못했다. 조선에서 특권적 지위를 독점한 양반들은 '사농공상士農工商'에서 보여지듯이 농업을 지배적 생산양식으로 유지한 데 비해 상공업은 천시하는 등 직업에 따른 신분차별을 오래 유지했다. 인클로저Enclosure 운동을 통해 근대 자본계급으로 변모한 영국의 지주들과는 달리 조선의 지주들은 산업자본으로의 전환에 별로 관심을 기울이지 않았다. 구한말과 일제 강점 초기에 근대적 형태의 기업이나 금융기관 설립을 주도한 이들은 신분, 사회적 배경 면에서 볼 때 대개 관료 출신이나 어용상인이 많았다. 이들은 권력과 결탁해 정부를 대상으로 영업을 함으로써 원시적 축적을 이룬 경우가 대부분이었다. 이들 상당수는 자본축적 과정이 동일하지 않았고 기술과 자본부족 등으로 사업체를 오래 경영하지 못했으며, 종내에는 모두 축적한 자산을 토지에 투자하여 대지주적 기반을 마련하는 데 열중했다.오미일, 2015: 41-47[1])

일제 강점기에는 회사령에서 보듯이 비농업분야에서의 투자를 억제하였고, 한국인 기업을 차별하였다. 산업자본의 발전을 억제하기 위해 일제는 다음과 같은 정책을 시행했다. 첫째, 일본인을 대거 한국으로 이주시키고 일본인 지주를 형성했다. 둘째, 높은 소작률 정책으로 공업부문으로의 투자를 위한 자본축적의 유인을 제거하였다. 셋째, 조선총독부는 금융기관을 통제하였다. 민족은행은 일본은행에 병합시켰다. 넷째, 금융시장의 부재로 인해 한국인들은 농업의 잉여를 투자할 수 없었다. 1930년대에 들어와 일본의 대기업들은 잉여자본을 수출할 시장과 함께 만주사변을 전후해 전시경제를 뒷받침할 군수산업기지가 필요해서 식민지 조선에서 중화학 공업화를 추진

---

1) 오미일은 근대 한국 자본가층을 관료 출신으로 기업설립에 참가한 유형, 상업활동과 무역업을 통해 축적한 자본, 직포·금은세공·도자기·한지 제조 등 재래업종에 종사한 수공업자, 혹은 공업견습소 및 공업학교 출신의 기술자로서 소규모 제조업체를 경영하며 근대 기업가로 성장한 유형으로 분류한다. 이들은 근대기업가로 성장할 수 있는 환경요인을 내재하고 있었으나, 원시적 자본축적에서 뒤떨어져 근대 초기 기업 설립에서 독자적인 주도권을 발휘하지 못했다고 한다. 오미일(2016), pp.17-19.

하기 시작했다. 그러나 중일전쟁, 태평양전쟁이 일어나자 임시자본통제령(1937), 국가총동원령(1938), 기업정비령(1942) 등의 조치를 통해 민족계 기업은 근대기업으로 발전하기는커녕 명맥조차 유지하기 어려웠다.서재진, 1991: 60-64 한국에서 자본주의가 본격적으로 발전하고 근대 기업이 출현한 것은 해방 이후였다.

새로운 자본계급의 등장은 해방과 군정, 전쟁이라는 격변기를 배경으로 하였다. 이들은 일제 강점기에 소규모로 자영업을 하다가 미군정기와 한국전쟁기에 무역업을 통해 부를 축적한 사람들과 일제시대에 관리나 회사원으로 근무하다가 해방 이후 귀속기업체의 관리자로 부상한 사람들이 주류를 이뤘다.공제욱, 1993: 33-34 그 이전의 지배계급이었던 지주계급은 쇠퇴를 겪다가 1950년의 토지개혁을 통해 해체과정을 밟게 되었다. 이승만 정권이 토지개혁을 단행한 데는 식민지 시기에 반봉건적 대지주에 의해 착취를 당해온 농민들이 정치세력화하면서 '무상몰수 무상분배'의 토지개혁을 요구하고 있었기 때문이었다. 미군정 역시 각 지방의 인민위원회에 기반을 둔 좌익세력을 탄압하고 혁명적 농지개혁의 요구를 봉쇄하려 했지만, 고조되는 토지에 대한 농민의 열망을 어느 정도 수용함으로써 사회주의 및 급진적 변혁운동 세력을 배제하고 남한 사회를 안정된 자본주의 사회로 재편하려는 의도에서 귀속농지를 분배하였다.공제욱, 1993: 34-35

그러나 남한에서 실시된 농지개혁은 유상몰수와 유상분배에 의한 것이었고, 임야와 뽕밭, 과수원 등이 대상에서 제외되었고, 개간 및 간척농지 중 농지개혁 당시 미완성 상태인 농지 및 농지개혁법 공포 후 개간 및 간척한 농지는 매수대상이 되지 않았다. 또한 3정보 이내에서 지주의 자영지와 토지 인대를 인정함으로써 지주들로 하여금 신병, 공무, 취학 등의 구실로 소작을 계속 줄 수 있게 하여 '은폐' 소작지의 가능성을 열어둔 데서 불철저한 것이었다. 지주들도 미군정이 귀속농지를 분배하자 농지개혁을 기정사실화하고 농지의 방매를 서두르면서 분배대상 면적이 대폭 줄어든 상태였다. 이런 문제에도 불구하고 농지개혁을 거치면서 지주들은 쇠퇴한 대신에 대량의 자작농이 창출되었다. 중소지주들은 자작농으로 전화하거나 몰락하였는데

이는 지가보상으로 받은 지가증권이 시중가격에 비해 낮았고, 그나마도 제때 보상받지 못하거나 전쟁과 인플레이션으로 액면가치 이하로 투매하는 경우가 많았기 때문이었다. 대지주들은 '은폐' 소작지로 약간의 농지를 보존하거나, 임야 등 농지개혁의 대상이 되지 않는 부동산으로 자신의 지위를 유지하였다. 또 농지개혁법의 교육재단에 대한 우대조항을 이용하여 각종 학교를 설립하거나, 고등교육을 받은 자녀들이 지식과 인맥을 통해 관료와 자본가가 되는 사례도 있었다.[공제욱, 1993: 35-40]

이승만 정권과의 밀착에 의한 부의 축적은 1950년대에 새로운 자본가계급이 등장하게 된 주된 배경요인이었다. 대표적인 것이 이승만 정권에서 일부 기업가와 지주들에게 일제가 수탈한 자산인 적산을 몰아서 염가로 불하한 것이었다. 미군정은 일본인이 소유했던 재산을 군정에 귀속시킨 후 민간에 불하한다는 원칙을 세웠지만, 귀속공장의 한국인 노동자들이 추진한 노동자 자주관리운동은 받아들이지 않았다. 귀속자산은 1948년 정부 수립 이후에는 '한·미 간의 재정 및 재산에 관한 최초 협정'에 의해 한국 정부에 귀속되었다. 이승만 정권하에서 귀속기업체의 불하는 1949년 제정된 '귀속재산 처리법'에 기초해 실시되었다. 입법과정에서 이승만 정부와 국회는 귀속재산의 우선권을 둘러싸고 갈등을 빚었다. 정부안은 국회에서 수정되었고 이는 다시 정부가 거부권을 행사한 후 다시 국회에서 최종 수정되어 통과되었다. 이렇게 된 데는 국회가 지주계급의 이해를 대변한 반면 이승만 정권은 신흥 유산계층에게 귀속재산을 불하하려 했고 노동자 배제와 개인 소유의 원칙을 견지한 데서 비롯된 것이었다. 국회에서 통과된 최종수정안에 따르면 "귀속재산은 합법적이며 사상이 온건하고 운영능력이 있는 선량한 연고자, 종업원 또는 농지개혁법에 의해 농지를 매수당한 자와 주택에 있어서는 특히 국가에 유공한 무주택자, 그 유가족, 주택 없는 빈곤한 노동자 또는 귀속주택 이외의 주택을 구득하기 곤란한 자에게 우선적으로 매각한다"고 되었다. 국회의 수정안에 있던 '종업원조합'은 우선권에서 빠졌다. 귀속재산 처리법은 결국 불하의 우선권, 범위, 가격과 조건 등에서 관리인, 임차인 등 여러 방식으로 귀속재산에 연고권을 갖고 있던 신흥유산계층에게 유리한 방식으로 제정되었다.[공제욱, 1993: 69-100] 이와 같이 귀속재산 불하로 창설된 기업으로는 오노다小野田 시멘트주식회사의 삼척공장을 인수한 동양시멘트, 쇼와기린昭和麒麟 맥주주식회사를 인수한 동양맥주, 가네보鐘淵방적주식회사의 광주공장을 인수한 일신방직, 조선화약공판에 이어 조선유지의 인천화약공장을 인수한 한국화약 등이 있다. 선경, 쌍용, 동국제강, 벽산, 신세계백화점, 삼성화재 등의 모기업도 적산 불하를 통해 설립되었다.

이것만이 아니었다. 한국전쟁으로 파괴를 겪은 기업들이나 전후 창설된 기업 모두에게 정부가 배정하는 원조자금과 정부보유불, 은행자금의 융자는 필수적이었다. 국가의 지원 없이는 기업을 운영할 수 없었다. 특히 미국의 경제원조가 당시 한국 경제에 끼친 영향은 막대하였다. 국내산업도 이러한 원조물자를 가공하는 부문이 급속도로 발달하게 되었는데 이른바 '삼백공업三白工業'이라 불린 제분, 제당, 면공업이 대표적이었다. 제분공업의 경우 해방 후 간신히 명맥을 유지해오던 몇몇 제분공장이 한국전쟁으로 파괴된 후 1954년에 조선제분주식회사 영등포공장이 시설을 복구하여 생산을 재개한 것을 비롯해 여러 기업들이 원조자금을 받아 제분생산량을 늘리기 시작했다. 제당공업은 분단으로 아예 생산시설이 끊어져서 수요량을 전부 수입에 의존해왔었다. 그런 점에서 시장이 보장된 수입대체산업이었다. 1953년에 제일제당주식회사가 설립되면서 한동안 독점적 지위를 차지하였다. 이후 원조자금을 받아 다른 제당기업이 창립되어 시장 경쟁에 뛰어들었다. 부산과 대구의 소규모 공장을 제외하고 타격을 받았던 면공업은 1952년 이후 미국 원조 당국 및 한국 정부의 적극적 지원을 받아 1955년에는 전쟁 전의 수준을 회복할 수 있었다.

원조에 의존해 성장한 삼백공업은 그러나 생산업자들이 업종별로 원료카르텔을 형성하고 신규업자의 진입을 억제하였다. 한국제분공업협회, 대한제당협회, 대한방직협회는 제조업자를 대표하여 원료도입자금을 받아 각 산하기업에 분배하는 권한을 행사하는 한편 회원 2명 이상의 추천과 이사회의 결의와 같은 까다로운 가입조건을 만들어 신규 진입을 억제하였다. 이들은 전후의 높은 인플레이션 상황에서 공정환율과 실질시장가격 간의 괴리를 이용해 막대한 이익을 취하였다.[谷浦孝雄, 1990: 310-313] 그러나 원조경제하에서 몸집을 불린 삼백공업은 미국 원조가 감소하고 원조 자금의 배정이 중단되면 위기에 빠질 수밖에 없는 취약한 물적 기반을 갖고 있었다. 1950년대에 시작된 초기 자본축적 과정의 특징은 한국 자본계급의 형성과 발전에서 정부의 재정·금융정책이 결정적인 영향력을 행사했다는 점을 보여준다. 원조물자 및 원조자금의 배정에서 환율차이로 인한 이득, 저금리의 은행융자로 인한 혜택은 몇몇 자본가들에게 집중되었다. 그 수혜자들인 삼성, 현대, 럭키금성, 선경, 한화, 한진 등이 재벌이 되어 정치권과 유착관계를 맺고 몸집을 불렸다.

원조가 감소하자 모직물을 생산하던 기업들은 국산화를 추진하거나 수출을 통해 외화를 획득하는 전략으로 방향을 바꿨다. 제당공업은 이러한 전략이 불가능하여 축소재생산의 길을 걸을 수밖에 없었다. 더 큰 위기는 정치변화로부터 왔다. 1961년 5월 쿠데타로 집권한 군부세력은 '부정축재처리법'을 공포하였다. 이는 국가의 공직 또는 정당의 지위 및 권력을 이용하거나, 사기 기타 부정한 방법으로 재산을 축적한 부정공무원, 부정이득자, 학원 부정축재에 대한 행정상, 형사상의 특별처리를 규정한 법률이었다. 이 중에서 기업에 관련된 것은 귀속재산의 매매 또는 원조물자의 배분, 조세의 경감 등과 관련하여 일정액 이상의 부정한 이득을 얻은 부정이득자 조항이었다. 주요 기업들은 모두 이 법의 제재 대상이 되었는데, 삼성의 경우 그룹 내 12개 기업에 총 80억 환을 국고로 환수한다고 발표되었다.[谷浦孝雄, 1990: 323-324] 이로 말미암아 한국 경제는 혼란과 침체를 겪었지만 일부 기업들은 외국 기업과의 제휴를 통해 주력산업을 변경하는 등 새로운 출로를 모색하였다.

쿠데타로 집권한 박정희가 통치한 시기는 본격적으로 정경유착이 행해진 시기였다. 박정희는 경제개발계획을 추진하는 과정에서 적극적인 기업 편들기 정책을 폈고 그 대가로 노골적으로 이들 재벌들로부터 통치자금과 선거자금을 갈취하였다. 1961년 10월 경제인 90여 명이 창립한 '한국경제협회[뒤에 '전국경제인연합회'로 개칭]'는 정경유착의 주된 통로가 되었다. 물론 정계와 경제계의 불법 유착과 부패행위는 어느 나라나 존재한다. 민간기업들은 정경유착을 통해 무분별하게 사업을 확대하고 손쉽게 자본을 축적하고 할 수 있었다.

문제는 정부와 의존관계를 형성한 사기업들의 극단적 지대추구rent seeking 행위가 건전한 시장경제로의 발전을 가로막으며, 시민들 간의 불평등을 확대하고, 시민사회 내의 자유롭고 공정한 경쟁을 제한한다는 점이다. 동아시아 국가들의 정경유착은 이후에 도덕적 해이와 연고자본주의로 이어지면서 금융외환위기의 주된 요인이 되었다고도 지적된다.

박정희 정권은 일본의 경제성장 전략을 모방한 정책을 추진했다. 일본 방식은 보호주의 혹은 전략적 무역정책으로 불린다. 통상산업성通商産業省, MITI을 사령탑으로 하는 일본의 수출주도형 무역정책은 특정 산업에 국가가 개입하여 산업제조업과 대기업의 경쟁력을 향상시키려 했다. 특별보조금을 지급하고, 은행대출 주선으로 적절 연구개발 자금을 보장하며, 수입상품 관세를 인상하고, 외국특허상품은 일본 생산을 금지시킨 것이 주요 내용이었다. 일본은 중상주의mercantilism 전략에 입각해 높은 경제성장을 달성한 대표적인 국가이다. 박정희도 경제성장을 최우선적인 정책순위로 설정하고 정치 행위를 통해 이를 지원했다. 2차 대전 후 관세 및 무역에 관한 일반협정GATT으로 대변되는 자유무역체제하에서 관세 및 비관세장벽을 주요 정책으로 하는 보호주의 혹은 전략적 무역정책을 채택해 성공을 거둔 일본이 바로 벤치마킹 대상이었다. 구체적으로 박정희 정권은 값싼 노동력을 바탕으로 한 노동집약적 수출공업화 전략을 채택했다. 이를 위해선 노동자의 저임금과 장시간 노동을 유지해야 했다. 이에 출범 직후부터 노동운동을 철저히 통제했다. 대신에 소수의 재벌을 집중적으로 육성했다. 온갖 특혜 덕분에 재벌들은 대기업으로 성장했고, 문어발식으로 확장할 수 있었다. 정경유착은 그 당연한 결과였다. 그러나 이들 대기업들은 사회적 책임을 거의 방기했다.

경제성장을 달성하기 위해 박정희 정권은 경제개발계획을 추진하였다. 그러나 이 계획은 박정희 정권이 처음 시도한 것이 아니었다. 기원은 이승만 시대로 소급되며, 최초로 이를 추진한 것은 장면 정권하에서였다. 그러나 군부쿠데타로 장면 정권은 붕괴하고 이 계획은 쿠데타세력이 이어 받아 추진하게 된다. 여기에는 당시 미국의 대한정책의 노선 변화도 크게 영향을 미쳤다. 경제개발계획에 대한 구체적인 분석은 박태균이 쓴 〈원형과 변용:

한국 경제개발계획의 기원〉에서 찾을 수 있다. 박태균에 따르면 무상원조의 감소, 물가안정의 달성, 성장률 저하 등의 상황에서 경제개발계획의 필요성에 대한 사회적 공감대가 형성됐지만, 경제개발계획의 주도세력, 경제정책특히 환율정책의 내용, 대기업에 대한 생각, 외자에 대한 생각 등에서 커다란 차이가 존재했다고 한다. 저자는 이런 차이에 근거하여 당시 확산된 경제개발론을 '민간 주도형' '국가 주도형' '사회민주주의형'으로 유형화한다. 차이 속에서도 공통점에 주목한 저자는 전통적 공개념, 식민지 교육의 유산, 제국주의에 종속된 식민지 경제체제의 경험 등과 같이 내부적인 요인은 물론 한국 지식인과 관료들이 1950년대에 해외유학, 연수 및 출장을 통해 학습한 서구의 후진국 경제개발론과 아시아 다른 국가들의 경제개발계획 수립 경험 등, 다양한 요인의 상호작용을 강조한다.박태균, 2007

유종성은 그의 책인 〈동아시아 부패의 기원원제는 Democracy, Inequality and Corruption: Korea, Taiwan and the Philippines Compared〉에서 미국의 경제학자인 대니 로드릭 등의 선행 연구Dani Rodrik, Gene Grossman and Victor Norman, 1995에 기초해 한국과 타이완, 필리핀 3국의 부패의 기원을 분석한다. 한국과 타이완의 경제 성장 성공 요인을 살펴본 로드릭 등은 소득 불평등 또는 토지 소유 불평등과 교육 수준과 같은 초기 조건이 개발도상국의 장기적인 경제 성장률과 매우 높은 상관관계가 있다고 주장한다. 1960년을 기준으로 한국과 타이완은 개도국 가운데 이례적으로 토지 소유와 소득 분배의 불평등 정도가 낮았고, 당시 소득 수준에 비교해서 볼 때 상대적으로 높은 교육 수준을 가지고 있었다는 것이다.유종성, 2016a: 129-133 이 두 초기 조건이 1960년에서 1985년까지 이후 25년간의 경제 성장률을 예측하는 능력이 매우 컸다. 가령, 한국과 타이완의 경우는 이 두 초기 조건이 향후의 높은 경제 성장률의 90% 가까이를 설명한다는 것이었다.[2]

---

2) 이에 입각해 유종성은 박정희의 공로는 고작 10%밖에 안 되는 셈이라고 지적한다. 로드릭의 표현을 빌면, "기적이라고 할 만한 것은 전혀 없다"는 것이다. 유종성(2016b).

민주주의 국가와 선거가 있는 권위주의 국가들에서 왜 경제적 불평등이 부패를 증가시키는지를 주인-대리인-고객principal-agent-client 모델에 입각해 분석한 이 책에서는 독립 초기 한국과 타이완, 필리핀 세 국가 모두 불평등 수준이 높았으나, 이후 토지개혁 정책의 성공과 실패가 이들 국가 간 불평등의 차이를 초래했다고 한다. 한국과 타이완의 전면적인 토지개혁은 토지 귀족을 해체하고, 부와 소득에 있어 대단히 평등한 관계를 만들어 낸 반면, 필리핀은 토지개혁에 실패했다는 것이다. 이러한 토지개혁의 성공과 실패에는 미국의 개혁 압력뿐만 아니라 북한, 중국 본토로부터의 공산주의 위협과 같은 외생적 요인들이 크게 영향을 미쳤다. 한국의 경우, 토지개혁이 지주 계급을 해체시켜 국가 자율성을 제고했을 뿐 아니라 급격한 교육의 확대를 가져와 이것이 4.19학생혁명은 물론 능력주의 관료제를 확대, 발전시키는 강한 압력으로 작용했다는 것이다. 유종성, 2016a: 148-164 이 책은 한국의 경제성장에 초석을 쌓는 데에 결정적인 역할을 한 요인이 무엇인가에 대한 설득력 있는 연구로도 평가된다.

찰머스 존슨Chalmers Johnson은 국가 주도 산업화에 성공한 동아시아 국가의 역할과 성격을 규정하기 위해 '발전국가developmental state'란 용어를 사용했다. 그에 의하면 저발전의 구조적 조건 속에 처해 있던 라틴아메리카의 국가들이 '약탈국가'로 전락한 반면, 한국을 비롯한 대만·싱가포르 등 아시아 국가들은 눈부신 경제성장을 바탕으로 튼튼한 중간층을 형성하는 데 성공했고, 그 결과 민주주의 발전을 이루었다는 것이다. Adrian Leftwitch, 1995: 400-402 앨리스 암스덴Alice H. Amsden은 한국 정부가 전략적으로 선도산업target industry을 지정한 후, 이를 발전시키기 위한 각종 지원과 특혜를 제공하였다는 점을 강조한다. 예를 들어, 반도체산업의 초기 발달 단계에서 정부는 연구 개발 및 산업 인프라 구축을 위한 자금을 지원하였고 이 정책이 한국의 경제발전에 크게 기여했다는 것이다. Alice H. Amsden, 1989 프레드릭 데요Frederic C. Deyo 역시 정치로부터의 자율성을 지닌 개발도상국가의 정부기관이 발전적 전략산업에 대한 정부 보조금, 수입/수출 라이선스, 차별적 규제, 하도급 체제, 환율통제, 그 밖의 지원 조치 및 통제와 같은 개입정책을 채택한 것을 긍정적으로 평가한다.[Frederic C. Deyo, 1987] 암스덴과 데요의 주장은 경제발전에 있어 국가의 개입을 중시하는 찰머스 존슨의 개발국가론과 유사한 맥락에서 피력된 것이다.

국가의 자율성과 국가의 개입을 성공적인 경제성장의 핵심요소로 파악하는 발전국가론에 입각해보면 박정희 정권은 대내·대외적 이익집단으로부터 독립적이고 자율적이어서 한국 경제의 장래를 공평무사하게 계획하고 집행했고 그 결과 경제성장을 달성했다고 할 수 있다. 과연 그럴까? 남북대치와 미소냉전 상황에서 군사쿠데타 세력은 작전통제권뿐만 아니라 경제원조와 군사원조라는 수단을 지닌 미국 정부의 심대한 간섭을 받았고, 대내적으로는 광범한 민중을 지지기반으로 갖지 못했다. '국가정보원 과거사건 진실규명을 통한 발전위원회'가 조사해 발표한 '부일장학회 등 헌납사건', '경향신문 매각사건' 등과 같은 여러 의혹사건에서 드러났듯이 박정희 정권은 독재적이었고 부패했다.[김수행 · 박승호, 2007: 16-25] 그런 점에서 볼 때 발전국가는 정치적·경제적·사회적 시민권을 박탈하는 등 민주주의를 억압함으로써 가능했다. 사회적 불평등이 커졌고, 계층 간, 지역 간, 산업부문 간 갈등이 빈발했다. 광범하게 환경을 파괴하고 생태계를 훼손했다.

이런 상황에서 1993년 집권한 김영삼 정권은 세계화를 국가전략으로 내세웠다. 여기서 세계화는 다양한 영역과 수준에서 발생하는 복합적 현상이 아니라 단지 경제 영역에서 자유화를 의미하는 것으로 협소하게 이해되었다. 이에 따라 자본시장이 개방되고, 재벌과 금융기관의 해외 차입이 자유화되었다. 발전국가가 지닌 문제점이 온존하는 상태에서 급속한 시장개방은 결국 금융외환위기를 초래하였다. 재벌기업들의 방만한 경영과 부실화는 위기를 초래한 핵심요인으로 평가된다. 아시아 모델에 내재하는 도덕적 해이와 연고자본주의가 위기의 원인이 되었다는 주장은 동아시아 금융외환위기의 모든 원인을 설명하지는 못하지만 그렇다고 전혀 사실과 부합하지 않는 것도 아니다.

한국 사회에서 재벌의 공과를 둘러싸고는 상반된 평가와 이로 인한 논란이 존재한다. 우선 옹호론은 자원이 빈약하고 인구가 많은 나라에서는 수출중심의 경제 구조를 지닐 수밖에 없으며, 날로 치열해 가는 세계시장의 경쟁

속에서 살아남기 위해서는 재벌에 의한 경쟁력 향상과 기술발전의 육성이 불가피했다고 한다. 그동안의 경제발전에 재벌이 일정한 기여를 하였고 현재의 세계적 경쟁에서도 재벌의 존재가 불가피하며 정당했다는 것이다. 이에 비해 반론은 재벌의 자본축적 과정의 정당성 결여와 경제력 집중으로 인한 폐해를 강조한다. 앞에서 살펴보았듯이 한국 재벌은 미군정하에서 행해진 귀속 재산의 불하와 1950년대 이후 정부에 의한 원조 물자와 차관의 배정, 공기업 정리 등을 통해 형성되었고, 이후 파격적인 금융, 세제상의 지원, 억압적 노동배제정책 등과 같은 정부의 지원에 힘입어 급속하게 성장하였다. 정부의 특혜와 지원 정책에 힘입어 성장한 재벌은 경제력과 생산요소 시장을 독과점하고 있는 데서 파행적 산업 구조를 초래했고 왜곡된 자원배분과 관련된 사회균열 현상을 심화시켰다. 또한 재벌들의 극단적 지대추구 행위는 건전한 시장경제로의 발전을 가로막고 있으며, 정경유착 구조는 정치 발전에 적지 않은 장애물로 작용했다. 로버트 달이 지적했듯이 기업의 내부 운용은 극소수의 예외를 제외하고는 원칙적으로나 실제적으로 매우 비민주적이다. 기업 내에서는 권위적 원칙으로 인해 진정한 정치적 평등이 부정된다. 따라서 기업의 소유와 경영은 기업 운영에 참여하는 것에 대한 능력과 기회에 있어서 시민들 간에 엄청난 불평등을 생산해 낸다. Robert Dahl, 1995

한국도 경제성장으로 이전보다 물질적 풍요를 달성한 것은 분명한 사실이다. 한국이 이룩한 압축적 경제성장은 다양한 국내외적 요인이 복합적으로 작용한 결과였다.[3] 경제성장이 짙게 드리운 그림자도 부인할 수 없다. 경제성장이 인권과 민주주의를 억압하고, 사회적 약자들의 희생에 기반한 것이었다는 점이 바로 그것이다. 사회적으로 빈부격차가 커지면서 계층 간,

---

3) 이와 관련하여 이완범은 다음과 같이 지적한다. "박대통령의 경제적 성과는 여러 요인이 복합적으로 작용한 결과였으며 이를 효과적으로 엮은 리더십은 정당하게 평가받아야 한다. 그러나 그 성과는 국내 여러 부문의 노력과 국제사회의 지원이 결합한 것이기 때문에 '박정희의 기적'이 아니라 한국이 세계와 함께 달성한 성과로 봐야 한다… 대통령뿐 아니라 피땀 흘려 일한 노동자와 농민, 기업가, 관료, 외국자본 등 다른 경제주체의 역할을 간과하면 안 된다." 이완범(2010).

지역 간, 산업부문 간 갈등도 깊어졌다. 경제가 성장함에 따라 자연자원의 이용량이 증가하고, 생산 및 소비과정에서 오염물질의 배출이 동반 증가하면서 환경이 오염되고 생태계는 급속히 파괴되는 '경제성장과 환경훼손의 동조화coupling'도 중요하다. 이 장에서 살펴본 뿌리 깊은 정경유착의 고리도 이 시기에 형성되었다. 경제성장의 요인과 아울러 그 공과를 객관적으로 평가하고 여기서 미래 발전을 위한 교훈을 찾는 현명함이 요구된다.

경제성장이라는 성과는 일부 노년층과 특정 단체, 특정 지역 거주민들에게 박정희를 찬양하는 토대로 작용하고 있다. 심지어는 "광화문에 박정희 동상이 서는 날이라야 대한민국이 바로 설 수 있다"는 주장도 개진한다.〈매일신문〉, 2016년 11월 3일 이들은 한국이 절대적 궁핍에서 벗어나 이른바 '한강의 기적'을 이룬 것은 박정희의 뛰어난 리더십 때문이라는 주장을 편다. 이 주장은 복합적 요인이 작용한 한국의 경제성장을 제대로 보지 않는데서 그 설득력이 크지 않다. 박정희는 5.16군사쿠데타로 민주적 헌정질서를 파괴하고 정권을 장악했고, 집권 기간 동안에는 3선 개헌을 거쳐 유신독재를 강행한 데서 보여지듯이 전형적인 독재자로서의 삶을 살았다. 독재체제에서는 군대와 같은 동원체제가 형성되지만 이러한 독재체제가 중장기적으로 경제성장에 효율적이라는 증거는 없다. 그동안 일부 국민들 사이에서 존재하던 '박정희 신화'마저도 극단적 무능과 무책임으로 국정농단을 저지르다 국민적 저항에 부딪친 박근혜 전 대통령에 의해 산산조각났다. 그런 점에서 박정희 신화의 추락에 대한 다음과 같은 이태경의 주장은 음미해볼 가치가 있다.

> "박정희 정신의 치명적 문제는 약육강식의 가치, 물신숭배라는 가치로 세상을 해석하고, 힘과 돈이 세상에서 가장 중요한 가치라고 가르치는 것이다. 강남 땅 투기도 박정희가 원조다. 정의나 도덕이나 윤리나 공익이 설 자리가 없다. 박정희 가치 안에서는 수단과 방법을 가리지 않고 힘과 돈을 차지한 자들이 그렇지 못한 자들을 다스리고 멸시하고 능멸하는 것이 자연스럽다. 단언컨대 박정희의 나라는 인간의 나라가 아니다." _이태경, 2016

박정희의 장기 집권은 권력과 자본이 결합해 사회를 마음대로 쥐고 흔드는 정경유착이라는 부정적 유산을 남겼다. 정경유착으로 인한 폐해를 예방하기 위해서는 무엇보다도 경제 민주화가 절실하다. 사회구성원의 자발성과 동의를 이끌어내고 이해 대립으로 인한 사회갈등을 조정하는 데는 민주주의가 가장 효과적이기 때문이다. 시민권에 바탕을 둔 복지국가를 가능하게 한 것도 민주주의이다. 경제영역에서 단지 효율성의 원리만 우선시될 때 경제는 지속가능하지 않고 사회적 불평등은 확대될 수밖에 없다. 따라서 로버트 달Robert Dahl이 주장한 대로 경제 영역에 민주적 원리를 적용시키는 것, 즉 소유와 경영에서 비롯된 불평등을 축소시킴으로써 정치적 평등과 민주주의를 강화시키는 것이 필요하다.[4] 이를 위해서는 경제 민주화를 재벌개혁만으로 좁게 한정짓지 말고 평범한 사람들도 모두 행복하게 살아가도록 비정규직 문제 해결, 노동시간 단축, 실업문제 해결 같은 개혁정책이 필요하다.

이러한 경제 민주주의의 대표적 사례를 우리는 독일의 공동결정Mitbestimmung 제도에서 찾아볼 수 있다. 2차 대전 후 경제재건 과정에서 전쟁 책임을 둘러싸고 전개된 논의 속에서 도입된 공동결정제도에 따르면 사업장 차원에서는 사업장평의회가 해당 사업장에 종사하는 근로자 전체를 대표하며 기업 차원에서는 감사회에 근로자 대표가 파견된다. 근로자 이해관계를 대변하는 감사는 주주 대표와 동일한 권리와 의무를 가질 뿐만 아니라 감사회 활동으로

---

4) 달에 의하면 기업의 소유와 경영은 밀접히 관련되지만 명백히 상이한 두 가지 방식으로 정치적 불평등을 야기시킨다. 첫째, 기업의 소유와 경영은 시민들 간에 부, 소득, 지위, 기술, 정보, 선전에 대한 통제, 정치지도자에 대한 접근 그리고 인생기회에 있어 상당한 격차를 발생시킨다. 모든 적당한 조건이 갖추어지면, 이러한 격차는 동등하게 통치과정에 참가하는 것에 대한 능력과 기회에 있어 시민들 간의 심각한 불평등을 야기시키게 된다. 둘째, 기업의 내부 운용은 극소수의 예외를 제외하고는 원칙적으로나 실제적으로 매우 비민주적이다. 기업 내에서는 권위적 원칙으로 인해 진정한 정치적 평등이 부정된다. 따라서 기업의 소유와 경영은 기업 운영에 참여하는 것에 대한 능력과 기회에 있어서 시민들 간에 엄청난 불평등을 생산해 낸다. Robert A. Dahl(1995), pp.65-66. 이러한 달의 주장은 결국 경제적 자원이 정치적 자원으로 전환될 수 있는데서 경제적 불평등이 존재한다면 정치적 평등도 결코 달성될 수 없다는 인식에 바탕을 두는 것으로 평가된다.

인해 어떠한 불이익도 당하지 않도록 특별한 보호를 받는다. 이러한 공동결정제도는 독일에서 "사회경제질서의 지주이자 사회적 평화를 위한 조건"이자 "불안을 완화하기 위한 중요한 사회적 보호 메커니즘"으로 평가된다.

연관 키워드

지대 추구(rent seeking), 도덕적 해이(moral hazard), 연고자본주의(crony capitalism), 경제 민주화, 공동결정제도(Mitbestimmung)

[참고문헌]

Amsden, Alice H. *Asia's Next Giant: South Korea and Late Industrialism*. New York: Oxford University Press, 1989.

Deyo, Frederic C. (ed.) *The Political Economy of the New Asian Industrialism*. Ithaca: Cornell University Press, 1987.

Feldstein, Martin. "Refocusing the IMF." Foreign Affairs, March/April 1998.

Johnson, Chalmers. *MITI and the Japanese Miracle. The Growth of Industrial Policy, 1925-1975*. Stanford: Stanford University Press, 1982.

Leftwitch, Adrian. "Bringing Politics Back In: Towards a Model of the Developmental State." *Journal of Development Studies*, Vol.31. Issue3. 1995.

Rodrik, Dani, Gene Grossman, and Victor Norman. "Getting Interventions Right: How South Korea and Taiwan Grew Rich." *Economic Policy*, Vol.10, No.20. 1995.

Stiglitz, Joseph E. 홍민경 역. "한국 외환위기 10년, 세계화의 명암을 돌아본다." 『인간의 얼굴을 한 세계화』. 서울: 21세기북스, 2008.

谷浦孝雄. "해방 후 한국 상업자본의 형성과 발전." 진덕규 외. 〈1950년대의 인식〉. 서울: 한길사, 1990.

橋本壽朗. 유희준·송일 역. 〈전후의 일본 경제〉. 서울: 소화, 1996.

榊原芳雄. "한국의 재벌." 조용범·정윤형 외. 〈한국 독점자본과 재벌〉. 서울: 풀빛, 1984.

강태현. 〈정·재·관의 삼각관계로 풀어보는 일본 전후 경제사(개정판)〉. 서울: 도서출판 오름, 2018.

공제욱. "박정희 정권 초기 외부의존형 성장모델의 형성과정과 재벌." 공제욱·조석곤 공편. 〈1950~1960년대 한국형 발전모델의 원형과 그 변용과정〉. 파주: 한울, 2005.

공제욱. 〈1950년대 한국의 자본가 연구〉. 서울: 백산서당, 1993.

김동노. 〈근대와 식민의 서곡〉. 파주: 창비, 2009.

김동춘. 〈1997년 이후 한국사회의 성찰: 기업사회로의 변환과 과제〉. 서울: 도서출판 길, 2006.

김보현. 〈박정희 정권기 경제개발: 민족주의와 발전〉. 서울: 갈무리, 2006.
김수행·박승호. 〈박정희 체제의 성립과 전개 및 몰락: 국제적·국내적 계급관계의 관점〉. 서울: 서울대학교출판부, 2007.
김어진. 〈재벌이 뭐가 문제인데? 7가지 문답으로 헤쳐 보는 한국 재벌〉. 서울: 길밖의길, 2016.
김용석. 〈삼성을 생각한다〉. 서울: 사회평론, 2010.
김은미·장덕진·Mark Granovetter. 〈경제위기의 사회학: 개발국가의 전환과 기업집단 연결망〉. 서울: 서울대학교 출판부, 2005.
김형아. 신명주 역. 〈유신과 중화학 공업: 박정희의 양날의 선택〉. 서울: 일조각, 2005.
박태균. "1960년대 초 미국의 후진국 정책변화." 공제욱·조석곤 공편. 〈1950~1960년대 한국형 발전모델의 원형과 그 변용과정〉. 파주: 한울, 2005.
박태균. 〈원형과 변용: 한국 경제개발계획의 기원〉. 서울: 서울대학교출판부, 2007.
백영서 외. 〈동아시아 근대이행의 세 갈래〉. 파주: 창비, 2009.
서재진. 〈한국의 자본가 계급〉. 서울: 나남, 1991.
손 열. 〈일본: 성장과 위기의 정치경제학〉. 서울: 나남출판, 2003.
오미일. 〈근대 한국의 자본가들: 민영휘에서 안희제까지, 부산에서 평양까지〉. 서울: 푸른역사, 2015.
유종성. "경제 성장, 박정희의 공은 10%뿐이다." 〈프레시안〉, 9월 21일, 2016b.
유종성. 김재중 역. 〈동아시아 부패의 기원〉. 서울: 동아시아, 2016a.
이병천 엮음. 〈개발독재와 박정희 시대: 우리 시대의 정치경제적 기원〉. 파주: 창비, 2003.
이완배. 〈한국 재벌 흑역사(상): 삼성·현대〉. 서울: 민중의소리, 2018.
이정우. "누구를 위한 경제성장이었나? 박정희체제의 공과." 〈기억과 전망〉 통권 13호, 2005.
이종보. 〈민주주의 체제하 '자본의 국가 지배'에 관한 연구〉. 파주: 한울, 2010.
_____. 〈삼성독재: 삼성권력 80년, 민주주의를 지배하다〉. 서울: 빨간소금, 2017.
이태경. "굿바이! 박정희!" 〈허핑턴포스트〉, 2016년 4월 26일.
장하준. 이종태·황해선 역. 〈국가의 역할〉. 서울: 부키, 2006.
정구현·박승호·김성민. 〈동아시아의 부상: 한국, 중국, 일본, 대만 기업의 학습과 성장〉. 서울: 클라우드나인, 2019.
정주영. 〈이 땅에 태어나서: 나의 살아온 이야기〉. 서울: 솔출판사, 2017.
조돈문·이병천 외. 〈한국 사회, 삼성을 묻는다〉. 서울: 후마니타스, 2008.
최정표. 〈실패한 재벌정책〉. 서울: 해남, 2007.

여섯 번째 키워드: 보수주의

보수주의의 굴절과 변형

근대 유럽의 역사적 맥락 속에서 형성되고 발전된 이데올로기인 보수주의는 일관되고 체계적인 사유의 산물은 아니다. 그런 까닭에 보수주의는 포괄적이고 모호하며 혼동을 초래하기도 한다. 이는 보수주의가 자유주의와 민족주의 같은 다른 이데올로기와 상호침투하면서 변화를 거듭한 역사적 사실에서 그 이유를 찾을 수 있다. 그렇다면 다양한 정치이데올로기들을 구분하는 기준과 경계는 무엇인가? 이와 관련하여 미국의 정치학자인 폴 슈메이커Paul Schumaker는 정교한 비교분석론을 제시한다. 그는 정치이데올로기의 철학적 가정으로 존재론, 인간론, 사회론, 인식론을, 정치적 원리로는 정치공동체, 시민권, 사회구조, 권력의 보유자, 정부의 권위, 정의, 변화라는 차원을 사용한다. 이 같은 판단기준에 의거하여 슈메이커가 비교한 열두 가지 주요 정치이데올로기들은 다음과 같다: 전통적 보수주의, 고전적 자유주의, 아나키즘, 마르크스주의, 공산주의, 파시즘과 나치즘, 현대 자유주의, 현대 보수주의, 급진적 우파, 극단적 우파, 급진적 좌파, 극단적 좌파.Paul Schumaker, 조효제 역, 2010 이들 정치 이데올로기 중에서 보수주의란 전통적 보수주의와 현대 보수주의를 가리키고, 여기에 고전적 자유주의와 현대 자유주의가 부분적으로 섞인 것이라 할 수 있다.[1)]

전통적 보수주의는 계몽사상의 합리주의와 프랑스 혁명에 대항해 출현했다. 보수주의를 정립한 학자인 에드먼드 버크Edmund Burke는 인간과 사회에 있어서 전통, 관행, 편견과 같은 비합리적이고 경험적인 측면을 중시했다. 그에 따르면 인간이성은 불완전하고, 인간본성에는 도덕적 사악함이 내재하는 데 반해 전통은 인류의 진보적인 경험과 지식을 담지하고 있다는 것이다. 보수주의는 자연권 이론과 그 후에 대두된 공리주의, 그리고 민족주의적이며 갈수록 민주화되어 가는 국가의 권리 주장에 대항하는 교회, 사회계급, 가족, 가산의 권리를 중시했고, 점진적이고 지속적인 개선이라는 진보주의자의 역사관을 거부했다. 가족부터 시작해 이웃과 교회를 포함하는 일종의 중개기관이라 할 집단들은 역사적 발전의 연륜 덕분에 개인의 삶 속에서 발생하는 대부분의 문제를 다루는 데 가장 적합하다고 주장된다. 역사는 그 본질에 있어 경험에 불과하며, 이는 인간사에 있어 추상적이고 연역적인 사고에 우선한다는 것이다. 과거로부터 전승된 유익하며, 바람직한 전통을 수용하는 보수주의는 지난 세월 동안 형성된 관습과 전통의 총체적 집합물을 중시한다. 버크는 전통 속에 존재하는 권위와 지혜의 요체를 개인의 정신이 습득한 것을 편견prejudices이라 부르고, 종교와 재산, 민족자치, 사회질서 역할 등을 여기에 포함시켰다.

> "이 계몽된 시대에 나는 우리가 일반적으로 교화되지 않은 감정의 소유자라고 대담하게 고백한다. 우리의 옛 편견을 모두 버리는 대신에 상당한 정도를 소중히 여기며, 편견이기 때문에 그것들을 소중히 한다고 고백한다. 그리고 편견이 더 오래 지속된 것일수록, 더 일반적일수록, 우리는 더 소중히 여긴다고 고백한다.… 우리는 개인이 지닌 이성의 양은 적어 그들이 여러 국민과 여러 시대가 축적한 종합은행과 자본을 이용하는 편이 낫다."
>
> _Edmund Burke, 이태숙 역, 2008: 158

---

1) 보수주의는 개인과 국가의 관계, 그리고 두 실체를 매개하는 집단 및 결사의 구조에서 자유주의나 사회주의와 구분된다. Robert Nisbet, 강정인 역(2007), p.43. 그러나 보수주의가 이데올로기화되고 논리와 자기의식을 갖게 되면 자유주의화하는 경향을 지닌다. 자유주의는 합리성을 근본 내용으로 하고, 좌우이데올로기 사이의 중간에 위치하며, 보편성을 지향하기 때문이다.

에드먼드 버크(Edmund Burke, 1729~1797)는 더블린 출신의 영국 정치가이자 정치철학자이다. 휘그당 소속의 하원의원을 역임했으며, 〈프랑스 혁명에 대한 성찰(Reflections on the Revolution in France)〉을 통해 전통적 보수주의를 정립했다. 버크는 이 책에서 인간성과 역사에 대한 예리한 통찰에 기반해 프랑스혁명을 비판하고 명예혁명 이후 성립된 영국의 헌정제도를 옹호했다. 인간의 역사를 종교적 차원에서 이해하고, 인간이성의 한계를 인정하는 '인식론적 회의주의'를 지지했으며, 개인보다는 공동체의 이익을 중요시한 점은 후세의 보수주의 학자들에게 큰 영향을 미쳤다. 그러나 휘그당 시절 미국 식민지 주민을 비롯해 전제정치에 시달리는 민족들을 지지한 버크가 〈성찰〉에서는 전제군주로부터의 해방을 추구하는 프랑스인들에 대해서는 적대적인 입장을 취한 것은 '원칙에 대한 변절' 아니냐는 비난도 제기된다. 이와 관련해 버크가 변화와 개혁을 수용했는지의 여부를 놓고서도 상반된 해석이 존재한다.

〈프랑스 혁명에 대한 성찰Reflections on the Revolution in France〉에서 버크는 프랑스혁명을 유일무이한 것으로 전 유럽은 물론 심지어 적절한 시일이 경과한 후에는 아시아와 아프리카에까지 전파될 신비로운 힘을 가진 것으로, 그리고 단일사건으로는 19세기 전반에 걸쳐 서구사상사에서 가장 관심을 끄는 주제가 될 것이라고 보았다. 버크는 인민을 옹호하고, 역사적으로 형성된 모든 제도의 사악함, 그리고 인민의 이름으로 인간의식에 깊숙하고 광범위하게 파고드는 입법자의 절대적 필요성을 강조한 루소가 프랑스 혁명의 장본인이라고 보았다. 그러면서 전통적인 정부와 도덕에 대한 공격을 이끌었던 자코뱅의 행위는 평등이란 이름의 평준화였고, 자유란 명목의 허무주의였으며, 인민이란 이름으로 행사된 절대적이고 총체적인 권력이라고 비판한다. 그것은 자유를 위한 투쟁이라기보다는 훨씬 더한 절대권력을 위한 투쟁이며, '자의적 권력'으로부터 해방을 위한 투쟁을 이끌었던 미국 혁명의 지도자들과는 근본적으로 다르게 '사회에 이해관계'를 갖지 않으며, 사실상 사회의 적인 정치적 지식인들의 주된 소행이라고 보았다. 미국 혁명은 실제로 살고 있는 인간과 그들의 관습 및 습관을 위해 자유를 추구한 데 반해 프랑스 혁명은 실제로 살고 있는 인간 군상들에는 별반 관심이 없었고, 교육과 설득, 무력과 공포를 통한 '혁명적 인간Revolutionary Man'의 창조에 방해가 되는 모든 제도들을 기꺼이 파괴하고 있다는 것이다.Robert Nisbet, 강정인 역, 2007: 22-27 버크는 프랑스 국민의회가 누대에 걸쳐 형성된 관습과 전통의 총체적 집합 모두를 파괴하는 과오를 범하고 있다고 지적한다.

> "당신들이 손놓아버린 헌법은 당신들이 바랄 수 있는 최선의 것에 근접한 요소들을 지니고 있었다. 이전의 당신네 신분제의회는 공동체를 이루는 다양한 종류에 상응하는 여러 부분을 지니고 있었다. 당신들은 이익의 모든 연합과 대립을 보유하여 작용과 반작용을 지니고 있었는데, 그것이 자연세계와 정치세계에서 불화하는 세력들의 상호투쟁에서 우주의 조화를 이끌어내는 것이다. 이는 숙고를 선택의 문제가 아니라 필수적인 것으로 만들며, 모든 변화를 타협할 주제로 만들어 자연스럽게 온건함을 생성시키는 것들이다. 또 절제를 낳아 가혹하고 조잡하며 부적절한 개혁이 지니는 심한 폐해를 방지하는 것들이다. 그리고 소수의 손에 있든 다수의 손에 있든 간에 자의적 권력의 모든 무모한 행사를 영원히 불가능하게 만드는 것들이다."
>
> _Edmund Burke, 이태숙 역, 2008: 85-86

버크의 주장에서 보듯이 보수주의자들은 자유와 평등은 양립불가능하다고 본다. 자유는 개인과 가족재산을 보호하는 것인 반면, 평등은 한 공동체 내에서 불평등하게 분배된 물질적, 비물질적 가치를 재분배하거나 평준화하려는 것이라는 것이다. 이들은 개인의 능력 차이를 법과 통치로 보완하려는 노력이 관련 당사자의 자유를 훼손한다면서 문명시대에 재산은 그 어떤 것보다도 인간의 인간다움 그리고 전 자연계에 대한 인간 우월성의 조건 바로 그것이라고 강조한다. 재산에 근거한 인간 결사체의 유대와 연계고리로부터 자선과 상호부조가 나온다는 것이다. 버크를 제외한 다수의 보수주의자들은 자본가 계급의 이익을 위해 재산권을 체계적으로 파괴하는 자본주의 및 새로운 경제질서 일반을 비판하였다. 또한 보수주의자들은 인간이 주요 정통 종교로부터 유리되면 혼란을 겪고 평형을 상실한다면서 종교를 지지한다. 20세기의 다양한 해방운동은 자유주의자들이 주장하는 것처럼 자유와 독창성을 증대시키지 않고 불안과 소외를 초래했다면서 재분배, 특별한 권리 부여, 평등화 조치들은 결국 사회의 위계질서 못지않게 사회의 다양성에 파괴적인 효과를 미친다는 것이다. 보수주의자들은 미래에 대한 이미지에서 영감을 얻은 것이 아니라, 전통의 호소력, 인간의 깊은 향수, 변화의 시련과 새로운 것의 도전을 두려워하는 인간의 심성을 파악하고 과거가 제공한 모델에 의존해 현재를 비판했다. Robert Nisbet, 강정인 역, 2007: 78-82 [2]

보수주의는 인간, 사회, 역사에 대한 특정한 규정을 기반으로 인식론적 회의주의(사회문제들에 있어 인과관계는 장기적이고 중대요인들은 모호하고 잠복되어 있다. 제도는 처음 의도나 작동원리와는 다르게 진전한다)와 역사적 공리주의(역사적 제도와 편견은 시대를 통해 모아온 민족들의 지혜와 미덕의 종합은행이다)를 주요 논지로 삼는다. 역사적으로 발전되어 온 기존 제도들은 사람들의 인식범위를 넘어서는 효능을 지니므로 기존 제도를 그대로 유지하는 것이 타당한 정치양식이라는 것이다. 따라서 보수주의는 기본적으로 현재 상황에 타당한 정치양식을 규정한 이데올로기라 할 수 있다. 그런 점에서 정치목표에 주안을 두는 이데올로기인 사회주의, 민주주의, 자유주의와 본질적으로 다르다. 이태숙, 2008: 20-21 보수주의는 일반적으로 권위를 받아들이고, 미지의 것에 비해 이미 알려진 것을 선호하며, 현재와 미래를 과거와 결부시키는 경향이 있는 기질, 정치적 입장 및 일련의 가치체계를 의미한다. 그러나 보수주의는 그것이 신봉하는 이념의 구체적 내용에 따라 실체적으로 규정할 것인가 아니면 구체적인 역사적 맥락 및 다른 이데올로

---

2) 피터 비레크는 보수주의가 수많은 세대들의 경험이 축적된 먼지 쌓인 보물창고이지만 그렇다고 모든 과거가 보존할 가치가 있는 것은 아니라고 지적한다. 과거의 사건 중에는 부끄럽고 잔인한 것도 있기 때문에 보수주의자들은 무차별적으로 보존하는 반동주의자들에 비해 차별적으로 보존한다는 것이다. Peter Viereck(2005), p.70.

기와 관련해 위상적으로 규정할 것인가에 따라 달리 이해되는 등 모호하고 혼란이 많은 개념이다.강정인, 1999: 30; 강정인, 2009: 38

보다 구체적으로 보수주의를 떠받치고 있는 세계관과 인간관, 정치·사회관, 민주주의관을 살펴보면 다음과 같다. 첫째, 보수주의자들은 세계를 하나의 체계, 질서로 파악한다. 하나로 결합되지 못한 요소는 혼란과 무질서를 가져오는 부정적 요소로 간주되며, 하나로 통합되어야 할 대상으로 간주된다. 현재의 세계 이외의 다른 세계는 부재하다고 보며 유토피아를 부정한다. 둘째, 불완전한 존재인 인간은 신과 사회질서를 우선시해야 된다고 주장한다. 인간은 원래 자유롭거나 선량하게 태어나지 않았고, 무정부, 악, 상호파괴로 치닫는 경향이 있다는 것이다. 인간을 안정시키고 영구적인 틀 안에 순응시키는 종교가 필요하다. 셋째, 보수주의자들은 강한 엘리트주의적 정향의 정치·사회관을 지닌다. 그들은 '자격 있는' 개인만이 사회를 이끌어가야 한다고 주장하면서 정치 역시 '자연이 내린 지도자natural leader의 몫'이라 간주한다. 정치적 구조의 최상층에 위치한 엘리트만이 현명한 통치를 할 수 있는 덕성과 능력과 신중함을 소지하고 있다는 것이다.

반면에 대다수 사람들은 통치를 감당하기에 지나치게 감정적이고 일관성이 없으며 능력도 부족하다고 한다. 내의제 민주주의란 통치능력이 있는 엘리트들 가운데서 누구를 고를지의 문제를 처리하는 수단에 불과하고,Paul Schhumaker, 조효제 역, 2010: 553-554 사회는 유기적이고 위계적 성격을 지녔기 때문에 부분과 부분, 부분과 전체 사이는 반드시 조화와 균형을 이루지 않으면 안 된다.

넷째, 다수자의 비이성적 열정은 사회를 예측할 수 없는 방향으로 끌고 가기 때문에 다수파의 열정과 광기를 차단하는 것이 큰 과제이다. 미국에서 민주주의 수립과 유럽에서 사회주의 대두는 유럽의 보수주의자들로 하여금 다수자를 위한 이념을 말로라도 주장하게 하였다. 보수주의자들은 대표에 의한 민중의 의지가 여과하기 때문에 안전하다고 하면서 간접민주정치를 수용한다. 민주주의는 통치자가 기존의 법과 제도를 뒤엎고자 할 때 국민을 선동해서 그 힘을 이용해서 기존 체제를 바꾸려는 위협적인 이념일 수 있다. 이것을 볼 때 포퓰리즘에 대한 우려와 비판은 바로 민주주의에 대한 우려와 비판이기도 하다.[이나미, 2011]

피터 비레크[Peter Viereck]는 보수주의를 변화와 민주주의에 대한 관점에 따라 둘로 구분한다. 버크류의 발전적·입헌적 보수주의와 조제프 드 메스트르[Joseph de Maistre]류의 반동적·복고적 보수주의가 그것이다. 전자는 전통적 자유를 위해 혁신을 반대하고 진보에 대해 그다지 신뢰를 보내거나 낙관적인 견해를 가진 것은 아니었지만 버크에서 보듯이 입헌주의자, 때로는 의회주의자의 입장에서 변화가 불가피한 현실에 대해서는 타협적인 자세를 취한다. 아담스[John Quincy Adams], 토크빌[Alexis de Tocqueville] 등이 여기에 속한다. 반면 후자는 전통적 권위를 지키기 위해 일체의 혁신을 반대했다. 드 메스트르는 인간의 이성에 의해 사회를 개조하는 것을 위험천만하게 보고 인권과 성문헌법의 규정에까지 공격을 가했다. 코르테스[Donos Cortes], 보날드[Vicomte de Bonald] 등이 극단적이고 복고주의적인 보수주의를 주창했다.[Peter Viereck, 김태수 역, 1981: 14-16] 자유와 평등이라는 보편적 가치를 도외시하며 시대착오적 세계관을 강변, 불행한 역사의 전개에 일익을 담당한 반동적 보수주의는 결코 서구의 정치사에서 주류적 위치를 차지하지 못했다. 이에 반해 개인과 사회의 유기적 통일을 강조하는 사회유기체론, 정치지도자의 희생과 덕목을 역설하는 가부장적 지도자론, 전통과 경험에 입각하여 문제를 풀어가고자 하는 점진적 변화론 등을 내세운 보수주의는 서구 사회에서 민주주의가 안정된 바탕 위에서 발전하는 데 중요한 공헌을 했다.[서병훈, 1999: 72-73]

서구에서 보수가 오랜 기간 지지자들을 동원하고 권력을 유지할 수 있었던 원인은 무엇일까? 이와 관련하여 보수가 '수사학'을 통해 지배한다는 앨버트 허시만의 주장은 설득력이 매우 크다. 허시만은 약 200년간의 인류의 역사를 되짚어 보면서, 역사적 변환의 국면마다 작동하는 '반동의 수사학[rhetoric of reaction]'의 근원을 밝혀냈다. 18세기 프랑스 혁명의 성공과 인권선언, 19세기 보통 선거권의 도입, 20세기 복지국가의 수립까지 다양한 역사적 사례와 유명한 논쟁들을 새로운 시각에서 분석한 결과 변화에 '반동'하고자 하는 세 가지 논리를 추출해낸다. 그 세 가지는 역효과[perversity] 명제, 무용

앨버트 허시만(Albert O. Hirshman, 1915~)은 좌파와 우파의 경계를 넘어 두루 인정받는 세계적인 석학으로 꼽힌다. 허시만은 경제 발전의 동력으로 분배의 기능에 주목한 '터널 이론'을 주장하고, 몰락하는 조직에서 발생하는 '이탈, 저항, 충성'의 행동 유형을 분석하는 등, 현대 경제학사의 주요 틀을 제시했다. 특히 허시만은 개발도상국의 발전 과정에 대한 연구에 인류학적이고 사회학적인 분석틀을 적용하여 큰 성과를 남겼다. 1915년 독일 베를린에서 태어난 허시만은 소르본느 대학과 런던 정치경제대학에서 공부했으며 트리에스테 대학에서 경제학 박사 학위를 받았다. 학위 과정 중에 프랑스 군대에 자원입대하여 스페인 내전에 참전하였으며, 마르세유에서 나치로부터 난민들의 탈출을 돕는 일을 했다. 1940년부터는 UC 버클리 대학에서 연구원으로 일했고, 미국 연방준비제도이사회(FRB)의 유럽 책임자와 콜롬비아 보고타의 경제 자문을 지내기도 했다. 1956년부터 예일 대학, 컬럼비아 대학, 하버드 대학에서 경제학을 가르쳤다. 주요 저서로 〈경제발전 전략(The Strategy of Economic Development)〉, 〈이탈, 저항, 충성(Exit, Voice, and Loyalty: Responses to Decline in Firms, Organizations, and States)〉, 〈반동의 수사학(The Rhetoric of Reaction: Perversity, Futility, Jeopardy)〉 등이 있다.

futility 명제, 위험jeopardy 명제이다. 허쉬먼이 '반동의 수사학'이라고 이름 붙인 이 수사학의 목표는 개혁을 지향하는 진보담론을 무력화하는 것이다.

첫째, 보수담론은 진보가 "오히려 정반대의 결과를 낳을 것(역효과 명제)"이라고 말한다. 18세기 영국의 '원조' 보수주의자 에드먼드 버크는 프랑스혁명이 결국 독재와 전제정치로 귀결될 것이라고 비판했다. 아무리 좋은 이상이라도 실제 현실에서는 정반대 결과를 가져온다고 말하는 것은 보수담론의 전형적 특징이다. 둘째, 보수는 "그래 봐야 기존의 체제가 바뀌지 않을 것이다(무용 명제)"라고 말한다. "자본주의에서는 인간이 인간을 착취한다. 그리고 사회주의에서는 그와 정반대다"라는 말은 무용 명제를 가장 단적으로 드러내는 말이다. 이런 주장은 진보를 향한 그 어떤 노력도 아무런 변화를 초래할 수 없다는 극단적인 부정론이다. 셋째, 보수는 "그렇게 하면 우리의 자유와 민주주의가 위태로워질 것이다(위험 명제)"라고 말한다. 위험 명제는 진보개혁이 그 자체로는 바람직한 것일지 몰라도 개혁을 추진하는 과정에서 한 사회가 기존에 성취한 성과들이 무너질 것이라고 주장하는 방식이다. 영국의 '1832년 개혁법안'을 두고 벌어진 논란이 대표적이다. 도시 지역에 거주하는 성인 남성 세대주들에게까지 참정권을 확대한다는 내용의 이 법안에 대해 반대자들은 그것이 왕정－귀족정－민주정으로 이루어진 영국 헌정 체제의 균형을 깨뜨릴 것이라고 비판했다. 그러나 실제로 이 법안에 의해 참정권을 부여받은 사람들은 성인 남성의 10%에 불과했다. Albert O. Hirshman, 이근영 역, 2010

한국 사회에서 보수주의는 지배 이데올로기로 기능하고 있다. 이는 한국에서 자칭 보수세력이 헤게모니를 확보하고 있기 때문에 가능한 것이다. 이 점을 신영복은 다음과 같이 요약한다. "1632년 광해군이 폐위되고 난 후 한국의 정치적 지배블록은 바뀐 적이 없다. 광해군 폐위 뒤 조선은 노론세력들이 거의 지배를 했고, 일제 강점기 때까지도 권력의 상층부를 차지했다. 이들은 해방 뒤 청산이 안 됐다. 경찰은 일본경찰, 군은 일본군 출신이었다. 4·19 이후에는 한민당 출신들이 사실상 권력을 잡았고, 5·16 뒤에는 군부를 끌어들였다.

이는 민주공화당, 민주정의당, 민주자유당, 신한국당, 한나라당, 새누리당으로 이어지고 있다.[3] 현재 한국 사회에는 입법부, 사법부, 행정부, 언론,

---

3) 한나라당은 2012년 2월 당 비상대책위원회 의결로 새누리당으로 이름을 바꿨다. 또다시 당명을 바꾼 데는 서울시장선거 패배, 선관위 홈피 디도스 공격 사건, 당 대표 선거 돈봉투 파문 등으로 낮아진 당의 지지도를 새로운 이름과 정책을 통해 만회해보려는 의도가 작용했다. 새누리당은 박근혜-최순실 게이트로 인해 대통령에 대한 탄핵 소추안이 비박계의 동조로 가결된 이후 당내 갈등이 커졌다. 이 과정에서 비박계 29명이 이탈하여 바른정당을 창당하였다. 새누리당은 2017년 2월 당명을 다시 자유한국당으로 변경하였다. 한국의 정당들이 선거 때마다 간판을 바꾸며 이합집산해 왔다는 역사

각종 재단, 기관, 기업에 이르기까지 막강한 보수구조가 포진하고 있다."〈한겨레〉, 2011년 7월 15일

한국은 오랜 기간에 걸쳐 강고한 보수구조가 자리 잡고 있는 국가이다. 최근 들어와서는 보수주의에 대한 관심이 높아지고 논쟁도 간헐적으로 벌어지고 있다. 그럼에도 불구하고 한국의 보수주의는 여전히 체계적 이론은커녕 어느 정도 사상적 기초마저 갖추지 못했다는 비판을 받고 있다. 이와 관련해 서병훈은 다음과 같이 지적한다. "유감스럽게도 한국에서의 보수주의 논쟁은 공허하기 이를 데 없다. 이론적인 체계가 정립되어 있지 못한 상태에서 보수주의에 대한 주관적, 피상적 해석이 난무한다. 유기체론이나 지도자론, 변화론 등 서구 보수주의의 근간을 이루는 문제의식에 대한 고민의 흔적이 한국의 보수주의자들에게는 보이지 않는다. 보수주의와 걸맞지 않는 주장을 내세우면서도 자칭 보수정당이라고 강변하고 있기 때문이다. 공산주의와 북한에 대한 반대가 한국 보수주의자들 사이에 발견되는 가장 중요한 공통분모이기는 하다. 이 정도의 배제적 준거틀에만 의존해서 보수주의를 정의한다면 사상체계로서의 보수주의는 그 존재의미가 없다고 해야 할 것이다. 적극적, 규정적, 미래지향적 세계관과 처방을 가지고 있지 못한 '잡다한 주장들의 결집'에다 보수주의라는 이름을 갖다 붙일 수는 없기 때문이다. 결국 한국에는 보수주의를 표방하는 정치세력과 이에 따른 정치운동은 존재하나 사상체계로서의 보수주의는 존재하지 않는다고 하는 다소 극단적인 평가에 동의하지 않을 수 없게 되는 것이다."서병훈, 1999: 72-73, 97-98

이와 관련하여 이태숙은 한국 보수주의에 대해 문제삼을 것은 그 이론적,

적 사실을 고려할 때 이는 새로운 일이 아니다. 이렇게 선거 때마다 정당의 간판인 정당명을 바꾸었던 점은 야당도 마찬가지이다. 새천년민주당이 개명한 민주당과 열린우리당을 이은 대통합민주신당이 합당해 통합민주당이 됐고, 이후 당명 변경, 세력 간 제휴, 합당 등을 거쳐 2011년 12월 민주통합당이 창당됐다. 민주통합당은 2013년 5월 민주당으로 당명을 바꾼 데 이어 2014년 3월 새정치연합과 통합해 새정치민주연합으로 출범했다. 안철수 의원을 비롯한 비주류 세력이 대거 탈당한 후인 2015년 12월 새정치민주연합은 당명을 더불어민주당으로 변경했다.

철학적 측면이 아니라 제도적 측면이라고 지적한다. 그녀는 한국 보수주의자들은 보수하고자 하는 전통과 제도를 설득력 있게 제시하지 못하는 데서 취약성이 있다고 하면서 역사가 일천한 한국의 자유민주주의와 자유시장제도는 보수주의 본래의 제도 옹호론에 부합되지 않는다고 지적한다. 버크의 논설이 당시에 가장 번영을 누리던 영국의 체제 수호론이라는 사실, 보수당이 결성되어 번창한 때가 빅토리아 시대의 영국이라는 사실, 그리고 20세기에 와서는 세계 최강국 미국이 보수주의자들의 아성이 되었다는 사실은 보수주의가 선진국의 이념이라는 점을 증명한다는 것이다. 따라서 아시아, 아프리카에서는 대부분 존립하기 어려운데 후진지역에서 후진적 상황을 개혁하여 발전시킬 필요성이 절박할 뿐 아니라 개혁모델을 선진국에서 비교적 쉽게 찾을 수 있기 때문이라는 것이다. 이런 점에서 한국에서 보수주의의 강세는 한국이 선진국이 아닌 한 기이한 현상일 수밖에 없다고 한다. 사뮤엘 헌팅턴Samuel P. Huntington의 지적대로 기존체제에 대해 심대한 위협이 존재하는 경우 보수주의자들이 체제유지라는 자신들의 목적을 달성할 수 있다고 본다면, 한국에서 그것은 북한의 위협을 계속 설득력있게 유지할 것인가에 달려 있다는 것이다.이태숙, 2008: 27-29

자유와 풍요를 가져다 준 제도와 가치를 긍정하고 보존하려는 보수주의는 역사에 대한 통찰력을 보여주며 사회에서도 긍정적 역할을 수행한다. 그러나 한국에서 보수주의는 바람직하고 지킬 만한 제도와 가치가 아닌 집권세력이 내건 이념과 외부 위협을 정당화하는 이데올로기로 만들어지고 유지되었다. 즉, 집권세력이 '위로부터의 근대화'를 추진하기 위해 권력이 집중된 권위주의 정치질서를 자유민주주의를 방어하고 국가안보와 경제발전에 필요한 정치적 안정을 유지한다는 명분으로 옹호하기 위해 제시한 이데올로기이다. 서구와는 다른 이 같은 한국적 특수성을 강정인은 '비동시성의 동시성'이란 용어를 빌려 설명한다. 1930년대에 독일의 철학자인 에른스트 블로흐Ernst Bloch가 개념화한 이 용어는 사회변화의 속도가 빠른 후발 근대화 국가에 나타나는 과거 질서와 미래 질서의 동시적 병존 상태를 가리킨다.

한국 같은 후발국가에서는 구질서의 이념이 잔존하는 가운데 온갖 근대 이념들이 동시적으로 급작스럽게 출현하였다. 이 때문에 보수주의 안에 과거 질서인 권위주의와 미래 질서인 자유민주주의가 병존하는가 하면, 같은 시기에 등장한 자유주의와 사회주의가 정치적 헤게모니를 두고 격렬하게 충돌하게 되었다. 보수주의 정권인 이승만·박정희·전두환 정부가 붕괴한 것은 그들이 '세계시간의 압력'에 의해 받아들일 수밖에 없었던 자유민주주의라는 지배이념이 권위주의적 통치행태와 충돌하면서 지속적인 정당성 위기를 불렀기 때문이다. 서구에서와 같은 '진보적 자유주의'의 전통이 취약한 것도 마찬가지다. 해방 직후 한국의 정치현실을 자유주의적으로 개조할 수 있는 이념적 활력과 계급 역량이 취약했던 상황에서 자유주의보다 더 광범위한 호소력을 지닌 사회주의의 도전에 직면하게 되자, 자신을 방어하기 위해 일거에 보수·반동화될 수밖에 없었다.강정인, 2009: 43-49 고세훈과 홍성태 역시 비판적 시각에서 한국의 보수를 평가한다.

> "우리는 적극적 가치로서 보수해야 할 무엇을 가져 본 적이 없으며, 오히려 청산해야 할 역사적 유산들에 치여 있는 것이다. 신보수나 신자유는 모두 중세라는 장구한 세월에다, 자유주의, 신자유주의, 사민주의, 복지국가의 근대적 경험과 정치적 실험들이 농축된 역사적 개념들이다. 전통적 보수는 공동체를 원자화된 개인들로 분해하는 시장체제보다는 관계적 의무와 책임을 중시한다. 사실 보수주의 자체가 중세적 질서에 대한 일정한 향수에서 비롯된 것이다. 예컨대 '소유하다own'란 영어단어가 '빚진다owe'라는 중세적 어원을 가진다거나 노블레스 오블리주 전통이 중세 계층 간의 쌍무적 책무의식에서 연원한다는 점은 보수주의의 공동체적 특징과 관련하여 시사하는 바가 크다. 보수주의가 사민주의 못지않게 서유럽 복지국가의 태동과 발전에 기여했다는 점은 익히 알려진 일이다. 이 정권에는 신보수는 말할 것도 없고, 때로 신자유주의라는 이름조차 과분하고 민망스러운 것도 그 때문이다."
>
> _〈한겨레〉, 2008년 3월 15일

> "보수 세력은 안중근 의사와 김구 선생을 테러리스트라고 모욕하고, 4·19 혁명을 데모로 폄하하며, 6월 항쟁은 아예 묵살해 버리고 있다. 반면에 보수 세력은 일제를 이 나라의 발전을 이끈 사실상의 은인으로 제시하고, 무능하

고 파렴치한 독재자 이승만을 건국의 지도자로 숭상하고, 일제 관동군 출신의 독재자 박정희는 근대화의 아버지로 우상화하고, 심지어 시민들을 학살했으며 엄청난 부패를 저지른 전두환과 노태우마저 존중하고 나섰다. 보수 세력은 역사를 왜곡해서 이 나라를 다시 친일과 독재의 나라로 만들려고 한다. 우리는 여기서 한국의 보수 세력이 정말 보수 세력인가에 대해 다시 의문을 품게 된다. 보수 세력은 무엇보다 민족주의를 추구한다. 한국의 보수 세력을 제외한 세계 어디에도 민족주의를 거부하는 보수 세력은 없다. 그러나 한국의 보수 세력은 김구가 아니라 일본을 좋아한다. 또한 오늘날 세계 어디서도 민주주의를 부정하는 보수 세력을 볼 수 없다. 그러나 한국의 보수 세력은 반민족 세력이자 반민주 세력이다. 한국의 보수 세력은 언제나 친일과 독재의 찬가를 부른다."

_〈프레시안〉, 2008년 12월 9일

한국에서 보수라 칭해지는 세력은 다양한 형태의 부정부패사건에 연루된 경우가 많았다. 권력을 갖고 있을 경우에는 개인과 그들이 속한 집단의 이익을 위해서 위임된 권력을 남용하는 행위도 끊임없이 발생했다. 그들에게 공공선과 공동의 이익은 안중에 없었다. 외세에 의해 자기 민족이 주권을 빼앗기고 독재정권에 의해 인권과 민주주의가 유린을 당했던 시기에도 그들은 어떻게 하면 개인의 이익을 지키고 늘릴 것인지만 궁리했다. 이러한 사실은 무엇보다 이들 세력이 인간에 대한 지식과 관심, 애정이 부족함을 보여준다. 유럽의 개혁적 보수세력이 그랬던 것처럼 인간에 대한 깊이 있는 연구studia humanitatis의 바탕 위에 폭넓은 사회생활을 바탕으로 이루어지는 인격과 품위, 문화에 대한 소양과 환경에 대한 감수성을 그들은 지니고 있지 않다. 사정이 이러니 그들이 누리는 부와 권력, 명성에 비례하는 사회에 대한 책임 역시 존재하지 않는다. 한국의 보수세력에게 '노블레스 오블리주Noblesse oblige'[4]는 매우

---

4) 노블레스 오블리주는 높은 사회적 신분에 상응하는 도덕적 의무를 의미하는 말로 로마 시대에 왕과 귀족들이 보여준 도덕적 의식과 솔선수범의 공공정신에서 비롯되었다. 근대에 들어와서도 이는 계급 대립을 완화시키고 국민통합을 이루는 데 기여하였다. 제1차 세계대전과 제2차 세계대전에서는 영국의 고위층 자제가 다니던 '이튼 스쿨' 출신 중 2,000여 명이 전사했고, 한국전쟁 때에도 미군 장성의 아들이 142명이나 참전해

전 재산을 팔아 만주로 가서 민족교육과 항일무장투쟁에 진력하다 일본 경찰에 체포돼 옥사한 이회영(李會榮)과 광복군에 참여해 독립운동을 했고 군사독재시절에는 반독재 민주화 투쟁의 선봉에 섰다 의문사한 장준하(張俊河)는 노블레스 오블리주를 실천한 흔치 않은 사례로 꼽힌다.

낯선 용어이다. 사회적 약자를 포함한 타자에 대한 배려와 관용은 갖추지 못 한 채 오직 자기이익만 고려하는 보수주의는 기껏해야 복고적이고 반동

35명이 목숨을 잃거나 부상을 입었으며, 마오쩌둥의 아들도 참전해 전사했다. 한국인으로는 전 재산을 팔아 만주로 가서 민족교육과 항일무장투쟁에 진력하다 일본 경찰에 체포돼 옥사한 이회영(李會榮) 일가와, 광복군에 참여해 독립운동을 했고 군사독재시절에는 반독재 민주화 투쟁의 선봉에 섰다 의문사한 장준하(張俊河) 등을 꼽을 수 있다. 특히 만주에서 군사학교를 세워 조직적인 항일무장투쟁을 실시한 선구자였고, 한국 아나키즘 운동의 원조인 이회영과 그의 일가는 독립운동에 투신하기 위해 한평생 호의호식할 수 있는 재산을 모두 처분하고 죽을 때까지 가난과 생명의 위협, 희생을 겪으며 고단한 독립운동의 길을 걸었다. 김삼웅(2011); 사람으로 읽는 한국사 기획위원회 편(2010), pp.113-149. 그러나 한국에서 이에 해당하는 사례를 발견하는 것은 쉽지 않다. 오히려 '사회 지도층'으로 불리는 이들이 병역기피와 탈세, 부동산 투기 등으로 불신을 받는 경우는 너무 흔하다. 이들은 사회적 약자를 배려하고 공익과 공공선을 추구하기는커녕 극단적으로 사익을 추구하고 이를 지키기 위해서라면 수단과 방법을 가리지 않는다.

적인 성격을 띨 수밖에 없다.

이런 특징을 지닌 보수주의자들의 인간관을 살펴보면 인간 본성을 이기적으로 보고 이에 입각해 경쟁과 위계를 당연시하고 경제적 합리성을 내세우는 경향이 있다.[5] 이들은 에드워드 윌슨Edward O. Wilson이나 피터 싱어Peter Singer 등이 밝힌 상호주의, 공정성, 이타주의 같은 인간의 본성적 가치를 경시하다 보니 자신의 이기적 행동이 다른 사람과 공동체에 미치는 부정적 영향을 돌아보지 못한다. 식민지와 전쟁, 독재라는 험난한 시기에도 이들은 공동체가 처한 위기상황에는 아랑곳하지 않고 오직 배타적 이익과 기득권 유지에 도움이 되느냐만을 삶의 방향을 결정하는 기준으로 삼았다. 이들은 착취받고 괴롭힘을 당하는 존재들, 최소한의 삶의 조건조차 보장받지 못하는 사람들이 느끼는 고통에 무관심했다. 강자에 충성해 생존을 꾀하고 이익을 도모한 사람들이 권력과 부를 누릴 때 독립과 민주주의 같은 원칙과 가치를 선택했던 사람들은 온갖 고난을 겪었다. 박노자는 한국 사회에서 소수의 독점적 욕망에 기여할 뿐인 배타적 경쟁의 원리가 전면화 된 계기를 식민지 시기에서 찾는다.

> "가장 후진적인 제국주의 국가 중 하나인 일본의 식민지가 된 상황에서 반제투쟁을 포기한 토착 지배층에게 남은 길은 바로 비굴한 '힘 겨루기'를 통한 개인적인 체제 순응과 체제 순응적 집단 안에서의 수단과 방법을 가리

---

5) 인간의 본성을 이기적으로만 보는 것은 오랜 기간에 걸쳐 복잡한 과정의 진화를 해온 인간을 단순화시켜 보는 한계가 있다. 사회생물학, 인류학, 행동경제학에서 이뤄진 연구들은 인간의 상호행위를 형성하는 것이 이기심뿐만 아니라 상호주의, 공정성, 이타주의라는 사실을 밝히고 있다. 이성에 입각해 합리적 선택을 하지 않고 공감과 연민에서 이타적이고 협력적인 행위를 하는 경우도 흔하다. 인간들 사이의 협력 관계는 안정감과 함께 무형의 사회적 자본(social capital)을 만들면서 사회통합과 사회발전에 기여한다. 그러나 인간을 이타적이고 협동적인 존재로만 보는 견해 역시 맞지 않다. 중요한 점은 다양한 본성을 지니고 있는 인간들이 어떤 사회 조건하에서 이기심을 최소화하고 이타성을 극대화하면서 상호주의적 협력체계를 만들어 가는 것이다. 핀란드, 노르웨이 같은 노르딕 국가들은 인간들 사이의 협력을 사회의 규범, 법률, 제도 등으로 정착시킨 나라들이기도 하다.

지 않는 권모술수 경쟁이었다. 일본 제국 자체가 근대적인 공사公私 분별과 같은 요소를 거의 결여하고 있었던 만큼, 일제 체제에 용해되기를 바라던 토착 엘리트도 합리적인 룰을 통한 신분 상승 경쟁보다는 '이전투구泥田鬪狗'의 방식에 더욱더 순치될 수밖에 없었다. 그리고 이와 같은 이전투구에서 어떻게든 이겨서 양지陽地를 점유한 자는 그렇지 못한 자에게 물리적·정신적 폭력과 횡포를 일삼았다. 1945년 이후 학력 축적과 신분 상승의 기회는 넓어졌지만, 신분 상승과 특권적 신분 유지의 구도가 식민지 시대의 왜곡된 '전통'들을 그대로 확대 재생산했다. 이승만, 박정희, 전두환으로 이어지는 정권들은 국내적 '지지 기반'이 취약한 탓에 노골적인 폭력의 무제한적인 사용과 동시에 원칙과 연대를 결여한, 핵화되어 이기심과 사리사욕으로 움직이는 '모래알형' 사회를 지향하지 않을 수 없었다." _박노자, 2005: 23-25

이와 관련하여 한국에서 보수를 표방하고 있는 세력이 떠받치고 있는 사상은 사회적 다윈주의social Darwinism이다. 찰스 다윈Charles Darwin은 〈종의 기원The Origin of Species, 1859〉에서 생물종이 자연선택의 메커니즘에 따라 진화한다는 사실을 과학적이고 포괄적으로 밝혔다. 다위니즘은 종교적 신념에 기반했던 당시 사회에 큰 충격을 주었고, 자연과학은 물론 인문·사회과학 전반에 새로운 시각과 이론적 틀을 제공했다. 특히, 다위니즘은 빅토리아 시대의 자본주의 및 자유주의자들이 신봉했던 발전의 맥락과 부합하는 것이었다. 부르주아들은 다양한 측면을 지닌 다위니즘 중에서 경쟁논리를 자본 축적을 정당화하는 이론으로 역전시켰고, 사회주의자들도 유물론적 세계관을 정당화하는 이데올로기로 이를 수용했다. 특히 허버트 스펜서Herbert Spenser는 사회적 다위니즘을 주장하여 눈길을 끌었다. 사회적 다위니즘은 진화는 종국적 목표를 향해 진행되며 그 목표에 도달한혹은 근접해 있는 개체 혹은 집단이 그렇지 못한 이들에 비해 우월하다는 관념으로 적자생존, 나아가 양육강식의 논리로 연결되었다. 사회적 다윈주의는 다윈의 조국인 영국보다 미국에서 각광을 받았다. 카네기Andrew Carneigie는 적자생존 보장 경쟁은 최고의 경주라 말했고, 록펠러John Davison Rockefeller Jr.는 적자생존이 자연과 신의 섭리라는 점을 강조했다.Peter Singer, 최정규 역, 2007: 25-26 유럽 제국주의와 나치즘의 정당화에 이용되면서 위력을 발휘한 사회적 다위니즘은 동북아시아에서는 19세기 말에 위기 극복 논리로 수용되었다.

그러나 동아시아 조선에서 사회적 다위니즘은 이탈리아와 독일처럼 민족주의를 강조하는 방향으로는 나가지 않았다. 오랜 기간 정치적으로 분열되었던 독일과 이탈리아는 서유럽의 다른 국가들에 비해 뒤늦은 19세기 후반에 통일을 이뤘지만 아직 완전한 민족국가nation state가 되기에는 부족한 점이 많았다. 양국의 영토경계 내에 존재하는 소수민족들과 이념적, 문화적 소수집단들을 동질화해서 '국민화nationalization'를 이루려는 작업이 지배세력에 의해 시도되었다. 이는 '비민족적' 혹은 '반민족적'으로 간주된 내부의 소수집단들을 '타자' 혹은 '내부 식민지'로 분류하고 주변화하며 배제하는 것이었다. '특수한 길'이라 불리는 이러한 과정은 개인의 자유와 민족의 독립을 통합적으로 사고하려 한 19세기의 자유주의적 민족주의와 구별된다고 평가된다. 이는 혈연적 위계와 인종적 요소를 강조한, 사회적 다위니즘에 근거를 두는 민족주의로 기형적으로 발전하면서 결국 질서를 파괴하고 인류를 고통으로 몰아넣은 파시즘fascism으로 귀결되고 말았다. 종족민족주의를 극단적인 형태로 발전시킨 파시즘이 계몽주의의 이상인 사회적 진보의 집단적 실현을 추구했던 프랑스혁명의 가치들을 부정한 것은 당연한 것이었다. 19세기 말에 일부 지식인들에 의해 조선에 유입된 사회적 다윈주의는[6] 단지 적

---

6) 그 대표적인 사람이 조선 왕조 최초의 관비 도미 유학생이었던 유길준(兪吉濬)이다. 1881년부터 1882년까지 도쿄에서 유학한 유길준은 게이오의숙(慶應義塾)에서 후쿠자와 유키치(福澤諭吉)로부터 배우는 한편 당시 도쿄제국대학에 교환교수로 와서 일본 학계에 엄청난 반응을 불러일으키던 미국의 진화론자 에드워드 모스(Edward S. Morse)의 강의를 듣고는 유교적 우주관을 바꿨다. 1883년 조선 최초의 도미 사절인 보빙사(報聘使)의 일행으로 미국에 간 유길준은 모스를 스승으로 삼고 그의 집과 그의 고향 근처 예비학교(Governer Dummer Academy)에서 1885년까지 공부하다가 갑신정변 소식을 듣고 귀국하였다. 미국으로 떠나기 직전 유길준은 일본에서 익힌 사회진화론의 원리들을 〈경쟁론(競爭論)〉이란 소책자로 정리하였다. 그 서두는 다음과 같다. "대개 인생의 만사가 경쟁을 의지하지 않는 일이 없으니 크게 천하 국가의 일부터 작게 한 몸 한 집안의 일까지 실로 다 경쟁으로 인해서 먼저 진보할 수 있는 바라, 만일 인생에 경쟁하는 바가 없으면 어떤 방법으로 그 지덕(知德)과 행복을 증진할 수 있는

조선 왕조 최초의 관비 도미 유학생이었던 **유길준**(1856~1914)은 후쿠자와 유키치(福澤諭吉)와 에드워드 모스(Edward S. Morse)의 영향을 받아 그동안 지니고 있던 유교적 세계관을 바꿨다. 그는 크게 천하 국가의 일부터 작게 한 몸 한 집안의 일까지 실로 다 경쟁으로 인해서 먼저 진보할 수 있다면서, 빈곤을 사회의 문제라기보다는 가난한 사람들의 열등성의 문제로 간주했다. 위의 사진은 1883년 미국에 파견된 보빙사(報聘使) 일동으로 뒷줄 가운데가 유길준이다.

자생존, 약육강식의 논리를 주장하는 데 그쳤다. 이 과정에서 가장 잘 생존

가? 만약 국가들 사이에 경쟁하는 바가 없으면 어떤 방법으로 그 광위(光威)와 부강을 증진할 수 있는가? 대개 경쟁이라는 것은, 무릇 지혜를 연마하고 도덕을 닦는 일부터 문학, 기예, 농공상(農工商)의 백반 사업까지 사람마다 그 고비우열(高卑愚劣)을 서로 비교하여 타인보다 초월하기를 욕심내는 일이라." 유길준이 이 문장을 쓰는 순간은 한국 사상사뿐 아니라 한국어 역사에서도 혁명적인 순간이었다. 사람의 욕심을 막아야 할 대상으로 생각해야 할 조선의 유학자가 그의 스승 후쿠자와 유키치의 설대로 남보다 더 잘되기를 바라는 욕심을 사회 발전의 원동력으로 인정한 것도 혁명적이었지만, '경쟁'이나 '진보', '문학'과 같은 메이지 일본이 만들어낸 신조어들을 조선 유학자가 쓰기 시작한 것도 근대적 개념 습득상 결정적인 순간이었다. 이후 유길준은 〈서유견문(西遊見聞)〉에서 빈곤을 사회의 문제라기보다는 가난뱅이 본인의 열등성의 문제로 생각하고 빈곤을 자력으로 벗어나지 못하는 부적자(不適者) 자신을 탓한다. 박노자(2005), pp.229-232.

하고 권력을 유지한 세력이 바로 보수세력이었다. 앞에서 언급한 것처럼 그들에게 공동체는 별로 중요하지 않았다.

제국주의의 식민 지배 논리인 사회적 다윈주의가 급속히 확산되면서 이를 내재화한 보수세력은 단지 인간의 자기보존 본능과 이기주의를 미화하는 데만 관심을 쏟았다. 공동체가 간직해 온 가치를 우선시하고 관계적 의무와 책임을 중시하며 때로는 불가피한 현실에 대해 타협적인 자세를 보이는 전통적 보수는 한국에서 굴절되고 변형되었다. 보수에게 정치란 단지 칼 슈미트Carl Schmitt가 언급한 대로 '적'을 구분해 타자화하고 악마화하는 것이었다. 친일과 친미, 반공과 반북은 이들이 자기이익을 중심에 두고 자신과 다른 세력을 구별짓기 위해 선택한 기준이었다. 이들은 또한 어떤 국가나 사회도 인간의 자유와 권리를 침해하지 않는 한도 내에서만 정당화될 수 있다는 최소국가론을 주장했다. 그러나 현실사회에서 다양한 행위자들은 권력과 부를 불평등하게 소유하고 있으며 그들 사이의 자유경쟁은 약육강식의 정글과 다를 바 없다는 사실을 이들은 묵과했다. 이들은 모든 인간들이 자유와 이익을 추구하는 가운데 형성된다는 자연적 질서를 옹호한다면서 다른 한편으로는 사회적 약자들이 스스로를 보호하기 위해 자연적으로 만드는 각종 단결은 억제하고 탄압하는 식으로 모순된 행동을 보여주었다. 나의 자유와 타인의 자유, 나와 사회는 서로 연결되어 있으므로 전체와 관계없는 개인의 자유란 부재하다는 '관계의 논리'를 이들은 제대로 인식하지 못했다.

물론 한국의 보수세력에 대해서는 상반된 평가도 있다. 남시욱은 〈한국 보수세력 연구〉에서 보수세력을 자유민주주의와 시장경제를 정치적 이념으로 정의하고, 이들이 건국과 산업화와 민주화를 이룩한 주역들이라고 긍정적으로 평가한다. "대한민국은 약 20년의 시간차를 두고 1960년대에는 산업화 단계로 1980년대에는 민주화 단계로 들어섬으로써 서양에서 300~400년 이상이 걸린 산업화와 민주화를 불과 반세기 만에 달성하는 기적을 이룩했다"는 것이다. 그의 평가가 색다른 것은 흔히들 하듯이 한국 보수세력의 업적을 건국과 산업화에만 국한시키지 않고 민주화까지 포함시킨 데 있다. 그는 한국 민주주의의 기적을 이룩한 민주화 세력은 넓은 의미에서는 1980년대 후반에 뚜렷이 성장한 총체적인 국민역량이지만 그와 더불어 정통 보수 야당과 동아, 조선 등 보수신문의 역할도 컸다고 강조한다. 다른 한편으로 남시욱은 한국의 보수세력이 공로와 더불어 많은 과오도 범했다는 점도 언급한다. 보수세력이 항상 그들의 신념체계대로 행동한 것은 아니라는 것이다. 그는 한국 보수세력의 원조라 할 개화파들 중 일부는 근대화와 실력배양을 최고의 가치로 신봉함으로써 국권수호와 민족주의적 가치를 경시하면서 친일파로 변절했다고 지적한다. 박정희의 개발독재 역시 근대화와 실력배양 때문에 민주주의를 희생한 사례라고 말한다. 그리고 한국 보수세력의 또 다른 과오는 장기간의 권위주의 정치를 행하면서 권력형 부패와 정경유착을 누적시킨 데 있다고 지적한다.남시욱, 2006: 541-542

김세중은 보다 적극적으로 보수주의를 평가한다. 그는 오늘날 이만큼이라도 자유민주주의를 달성하고 국민국가의 내실을 기하게 한 것은 보수가 민주주의를 이끌어왔기 때문이라고 지적한다. 보수세력은 내외의 엄청난 도전을 극복한 대한민국 건국의 주역이었고 그 후에도 좌파의 파괴적 도전, 6·25전쟁을 거치면서 한국 사회를 북한과 다른 정체성을 지닌 사회로 확립했다는 것이다. 남시욱과 비슷한 논지로 그 역시 보수정권이 민주화에 기여했다는 점을 강조한다. "경제발전으로 중산층이 두터워졌고, 그들의 민주화 욕구도 증폭됐다. 어느 정도 교육을 받고, 재산을 갖게 되면 자유와 자기 선택을 중시하게 되는 것은 일반적 현상이며, 중산층이 확대되면서 국가와 시민사회 사이의 권력의 균형점이 국가로부터 시민사회로 옮겨가게 됐다. 즉, 박정희 정부 시절 본격화된 경제발전이 오히려 그들의 권력기반을 잠식하는 역설을 동반했다. 이승만 정부가 한국 민주주의 원점이고, 박정희 정부는 공고화에 필수적인 하부구조를 놓았다."〈데일리NK〉, 2011년 7월 3일

한국 보수세력에 대한 상이한 평가는 나름의 시각 차이에서 비롯된 것이다. 한국의 보수 역시 단지 동일한 가치를 추구하는 단일한 정체성을 지닌 집단으로만 볼 수 없다. 가장 흔한 것은 한국의 보수세력을 보수와 수구로 구분하는 것이다. 이 같은 구분을 수용하는 학자들은 대부분 한국 사회에는 수구만 있었지 진정한 의미에서의 보수는 없다는 점을 강조한다. 이나미는

작은 변화는 받아들이려고 하는 것이 보수고, 이조차 완강히 거부하는 것이 수구라고 한다.[2011: 15-35] 버크는 〈성찰〉에서 프랑스혁명에 반대하였으나 이전의 휘그당 시절에는 변화를 어느 정도 용인하였고 입헌주의자인 동시에 의회주의자였다는 점에서 대표적인 보수라 할 수 있다. 이에 비해 수구라는 개념은 구한말 일본의 조선침략이 행해지던 시기에 일본이 그때그때 자신의 반대파를 비난하기 위해 처음으로 사용되었고, 1960년대 중반 〈사상계〉에서부터 다시 사용되기 시작했다는 것이다. 서구에서 나타난 보수와 구분되는 수구의 이념으로는 반동주의[과거의 정체 및 질서], 근본주의[근본 원리], 정통주의[원래의 교리]를 들 수 있다. 수구는 급격한 변화를 맞이했을 때 변화에 대한 완전한 반대를 표명하고 전통을 굳건히 고수하는 점에서 부분적 개혁을 수용하는 보수와 구분된다.

최근에 보수세력은 분화를 겪고 있다고 지적된다. 이는 뉴라이트라 불리는 일련의 보수주의자들이 등장하면서 시작되었다. 뉴라이트는 노동운동가 출신인 신지호가 2004년 11월 '자유주의연대'를 만들면서 시작됐다. "산업화와 민주화 세력을 거쳐 이제는 선진화 세력이 미래를 준비해야 한다"는 신지호의 주장은 처음에는 거의 주목을 받지 못하다가 노무현 정권이 지지율이 감소하는 후반기 들어서면서 조명을 받기 시작했다. 당시는 노무현 정권의 국정운영 미숙과 개혁실패에 대한 실망감이 커지면서 시민들이 무당파로 이동하던 시기였다. 1년 후에는 김진홍이 '뉴라이트전국연합'의 결성을 주도했다. 이 단체는 아예 '정권 교체를 위한 보수 대연합'을 기치로 내걸었다. 이들 세력은 독재와 부패로 얼룩진 구보수의 반공주의적 성향은 배척하고 정부의 개입과 간섭을 줄이고 개인의 자유를 최대한 존중하는 것을 가치로 삼는다.

이들에 의하면 그동안 기득권으로서의 보수는 있었지만 철학과 신념으로서의 보수는 없었다는 것이다. 국가보안법 개폐논쟁 때 자유주의를 내세운 자유주의연대는 기존의 보수와는 달리 사상의 자유를 침해할 수 있는 7조 찬양 고무죄 조항은 없애자고 주장하기도 했다. 보수를 표방하는 세력도 속속 결집하였다. '개혁적 보수'를 표방하는 박세일, 이석연, 이명현이 주도하는 '선진화국민회의'와 더불어 '헌법포럼', '북한민주화포럼', '교과서포럼' 등의 신생 보수단체들도 속속 생겨났다. 주축은 1970~80년대 재야·학생운동이나 1990년대 시민운동 경험자 또는 교수 출신 지식인 그룹이다. 재벌연구소와 신보수 지식인들이 생산한 보수담론은 보수언론과 한나라당뿐만 아니라 노무현 정권에 의해서도 일정 부분 수용되기에 이르렀다.경향신문 특별취재팀, 2007: 175-220

보수세력은 2007년 대선에서 야당 후보의 당선을 위해 조직을 동원하고 공약 생산에 참여하는 등 상당한 기여를 했다. 노무현 정부를 신특권층이라 규정하고 이들의 좌파노선과 부패 때문에 부동산 등에서 서민의 삶이 악화되었다는 논리를 퍼트렸는데 이는 선거경쟁에서 커다란 효력을 발휘했다. 그러나 대부분의 단체들은 조직을 결성하고 확대시키는 데만 주력한 나머지 구체적인 정책대안을 마련하고 비전을 제시하는 등 콘텐츠 면에서는 별다른 성과를 못 냈다. 스스로 '개혁적 보수'를 표방하지만 무엇을, 어떻게 개혁하느냐에 대해서는 별다른 논의를 진행하지도 않았다. 한국적 현실을 감안하되 미래지향적 시각을 갖춘 바탕 위에서 나름의 개혁적 보수상을 정립하기 위해 노력하지도 않고, 공익 관념을 갖고 재벌 등 특권층의 도덕불감증과 비윤리적 태도를 비판하고 개혁하려는 시도도 하지 않고 있다. 과거 산업화 시기에 민주주의를 억압한 데 대한 반성과 성찰을 하기는커녕 재집권 후에는 아예 권위주의적 통치를 강화하면서 퇴영적 과거로의 회귀를 시도하는 모습도 보이고 있다.

뉴라이트가 미국 네오콘neocons을 그대로 따라하는 현상은 '한국 정치의 미국화'라 불릴 수 있다. 네오콘과 뉴라이트의 이념·네트워크·정책의 공통점과 차이점을 비교한 정상호에 의하면 두 집단은 절대적 선악개념네오콘과 반공주의뉴라이트라는 '피·아 이분법'을 공유하는 가운데 사회·경제 정책에서는 작은 정부, 규제 완화, 노동 유연화, 복지의 시장화 등 신자유주의 기조를 동일하게 내세운다고 한다. 하지만 정책을 뺀 나머지 부분에선 유사성보다 차이점이 더 많이 발견되는데, 네오콘이 1968년 학생봉기 이후 미국 사회를 휩쓴 문화적 다원주의와 정치적 급진주의에 대한 위기의식을 배경으로 출현

〈표〉 뉴라이트와 네오콘의 비교

네오콘		뉴라이트
1968년 봉기와 급진·다원주의 대두 존슨 행정부 복지·사회 프로그램	등장 배경	1987년 이후 정치적 급진주의 확산 햇볕정책과 4대 개혁입법 추진
자유주의로부터 이탈 … 신보수주의	이념 구성	자유주의 표방 … 진보·구보수와 차별화
지식인·전문직·기독교 우파(복음주의)	주도 세력	지식인·전문직·기독교 우파(한기총)
분산적·분권적 … 전국조직 부재 정당·기업 관계 명시적·직접적	조직 형태	중앙집권적 … 지역·부문별 전국조직 정당·기업과의 관계 비공식적
감세·민영화·규제완화(신자유주의)	주요 정책	감세·작은 정부·민영화(신자유주의)
우익 전향한 진보적 자유주의자	이데올로그	전향한 386 학생·노동운동 세력

출처: 〈한겨레〉, 2008년 10월 22일

했다면, 뉴라이트는 1987년 민주화 이후 김대중·노무현 정부의 햇볕정책과 국가보안법·사립학교법 개정 움직임에 대한 우익세력의 반발을 자양분 삼아 성장했다는 것이다. 표방하는 이념에서도 두 세력은 차이를 보인다고 한다. 지역공동체 활성화와 사회복지 강화 등 1960년대 존슨 행정부의 자유주의 정책에 반발해 출현한 네오콘이 개인의 자유와 책임을 강조하는 자유방임적 보수주의[신보수주의]를 강조하는 것과 달리, 뉴라이트는 자유주의를 핵심가치로 내세운다는 것이다. 문제는 뉴라이트의 자유주의가 구보수와 진보세력으로부터 자신을 단순히 차별화하고자 선택한 전략의 산물일 뿐 이념적 성찰의 결과물은 아니라는 점이다. 이런 한계로 뉴라이트는 각종 정치 현안에서 올드라이트의 냉전적 시각을 넘어서는 새 사고의 지평을 보여주지 못하고 있다고 지적한다. 결론적으로 정상호는 네오콘과 뉴라이트는 기본적으로 급진적 사회변동에 저항하여 나타난 보수집단의 대응사회운동으로 모두 정통 보수주의 운동으로부터 상당히 일탈한 운동이라 평가한다. 특히 뉴라이트는 네오콘의 후속편이자 축소판이란 데서 '한국 정치의 미국화' 현상이 나타나고 있다고 한다.정상호, 2008: 167-186 뉴라이트와 네오콘을 도표로 비교해 보면 다음과 같다.

1997년의 여·야 정권교체는 한국의 보수세력에게 위기로 인식되었다. 당장 민주화된 정치현실과 게임을 수용하고 재정비와 쇄신을 해야만 되었다. 제도 정치권의 한나라당뿐만 아니라 시민사회의 보수세력들은 자신들의 정치적 입장을 시위를 통해 표출하는 '거리의 정치'를 전개하는 한편 세력을 재결집하기 위해 뉴라이트 운동을 전개하였다. 보수언론과 지식인들은 김대중 정권과 노무현 정권의 개혁정책을 포퓰리즘이라는 담론공세를 통해 비판하고 나섰다. 자유와 시장경제를 강조하면서 복지와 분배를 반대하고, 시민참여의 활성화를 포퓰리즘과 중우정치라는 논거로 비판하였다. 이는 사회적 관심을 불러 일으켰고, 2007년 대선과 2008년 총선에서 승리를 얻는데도 기여했다. 그러나 세상은 변하기 마련이다. 재집권 이후에도 보수세력은 과거 야당 시절의 운동과 정책에서 벗어나지 못하고, 개인과 집단을 넘어 공동체의 이익에 부합하는 보수주의의 가치와 정책도 내놓지 못하고 있다. 사회문제를 바라보는 관점이나 세상을 관조하는 사고방식도 구태의연해서 시대의 흐름을 제대로 읽고 미래를 지향하지 못하고 있다. 기껏해야 야당과 시민사회 내의 개혁 세력이 주도하는 이슈를 수세적으로 방어하거나 아니면 비방하는 데 그치고 있는 형편이다.

엄밀한 의미에서 말하면 현재 한국에서 보수의 실질적 분화가 이뤄졌다고 말하기는 어렵다. 반공주의와 반북주의라는 배제적 준거틀에만 의존하는 데서도 벗어나지 않고 있고, 적극적, 규정적, 미래지향적 세계관과 처방도 보여주지 못하고 있다. 피터 비레크가 지적했듯이 보수주의는 균형과 척도라는 탁월한 원칙들을 지니고 있다. 즉, 보수주의는 자제에 기초한 자기표현, 개혁을 통한 보존, 휴머니즘과 고전적 균형, 영구적인 것에 대한 동경, 역사적 지속성에 대한 집착이라는 원칙에 근거한 이념이다.Peter Viereck, 2005: 70 한국의 보수주의자들이 과연 이들 원칙을 갖고 있는지는 매우 의심스럽다. 우리가 곳곳에서 마주치는 것이라곤 보수를 표방하는 세력이 거대 보수언론을 등에 업고 펼치는 각종 네거티브 캠페인 정도이다. 이 역시 사실에 엄격하게 근거하거나 보다 나은 사회를 위한 대안으로서 제시되었다기보다는 선거 경쟁을 위한 정치공학적 전략에서 나온 것이 대부분이다.

그런 식이라면 한국의 보수는 대다수 유권자들의 공감을 얻어내고 이들의 적극적인 참여와 지지를 유도할 수 없을 것이다. 보수주의가 한국 사회에 제대로 착근하기 위해서는 무엇보다도 보수로 지칭되는 세력이 공동체의식과 노블레스 오블리주를 갖추고, 사회적 약자를 포함한 타자에 대해 배려와 관용을 행하는 것을 내용으로 하는 자기혁신을 이뤄야 한다. 유럽의 사례에서 알 수 있는 것처럼 지속가능한 보수는 "시대의 변화와 요구에 대한 뛰어난 적응력과 유연한 대처로 끊임없이 변신"강원택, 2008: 361해 왔기 때문이다. 선진국이라 일컬어지는 유럽 국가들에서는 보수가 사회구성원들의 삶의 질을 높이고 국가와 민족의 발전을 이루기 위한 의미 있는 경쟁을 진보와 펼치고 있다. 이 점에 주목해야 한다. 보수와 진보를 막론하고 인류의 역사와 다른 국가의 사례가 주는 교훈을 되돌아보며 자기혁신의 기회로 삼지 않는 세력은 언제든지 정치적, 사회적 위기에 처할 것이 분명하다.

연관 키워드

비동시성의 동시성, 사회적 다윈주의(social Darwinism), 뉴라이트, 한국 정치의 미국화, 합리적 보수주의

[참고문헌]

Burke, Edmund. 이태숙 역. 〈프랑스혁명에 대한 성찰〉. 파주: 한길사, 2008.

Ehrlich, Paul R. 전방욱 역. 〈인간의 본성(들)〉. 서울: 이마고, 2008.

Hirshman, Albert O. 이근영 역. 〈보수는 어떻게 지배하는가〉. 서울: 웅진지식하우스, 2010.

Muller, Jerry Z. (ed.). *Conservatism: An Anthology of Social and Political Thought from David Hume to the Present*. Princeton: Princeton University Press, 2007.

Nisbet, Robert. 강정인 역. 〈보수주의〉. 서울: 이후, 2007.

Schumaker, Paul. 조효제 역. 〈진보와 보수의 12가지 이념: 다원적 공공정치를 위한 철학〉. 서울: 후마니타스, 2010.

Singer, Peter. 최정규 역. 〈다윈의 대답: 변하지 않는 인간의 본성은 있는가?〉. 서울: 이음, 2007.

Viereck, Peter. *Conservatism Revisited: The Revolt against Ideology*. New Brunswick: Transaction Publishers, 2005.

Viereck, Peter. 김태수 역. 〈보수주의란 무엇인가〉. 서울: 태창문화사, 1981.

강원택. 〈보수정치는 어떻게 살아남았나? 영국 보수당의 역사〉. 서울: 동아시아연구원, 2008.

강정인. "보수와 진보—그 의미에 관한 분석적 고찰." Robert Nisbet & C. B. Macpherson. 강정인·김상우 역. 〈에드먼드 버크와 보수주의〉. 서울: 문학과지성사, 1997.

_____. "보수주의: 비동시성의 동시성 그리고 모호한 정상화." 강정인·김수자 외. 〈한국정치의 이념과 사상: 보수주의 자유주의 민족주의 급진주의〉. 서울: 후마니타스, 2009.

경향신문 특별취재팀. 〈민주화 20년의 열망과 절망〉. 서울: 후마니타스, 2007.

고세훈. "우리시대 지식논쟁 2: 불필요한 수식어는 왜곡 우려." 〈한겨레〉, 2008년 3월 15일.

김 당 외. 〈한국의 보수와 대화하다〉. 서울: 미다스북스, 2007.

김삼웅. 〈장준하 평전〉. 서울: 시대의창, 2009.

_____. 〈이회영 평전: 항일무장투쟁의 전위 자유정신의 아나키스트〉. 서울: 책보세, 2011.

김세중 외. 〈한국 민주주의의 기원과 미래〉. 서울: 시대정신, 2011.
남궁곤 외. 〈네오콘 프로젝트: 미국 신보수주의의 이념과 실천〉. 서울: 사회평론, 2005.
남시욱. 〈한국 보수세력 연구〉. 파주: 나남출판, 2005.
박노자. 〈우승열패의 신화〉. 서울: 한겨레신문사, 2005.
사람으로 읽는 한국사 기획위원회 편. 〈보수주의자의 삶과 죽음: 우리가 몰랐던 한국 역사 속 참된 보수주의자들〉. 파주: 동녘, 2010.
서병훈. "한국 보수주의의 성격과 발전 방향." 김병국 외. 〈한국의 보수주의〉. 고양: 인간사랑, 1999.
이나미. 〈한국의 보수와 수구〉. 서울: 지성사, 2011.
정상호. "미국의 네오콘과 한국의 뉴라이트에 대한 비교 연구." 〈한국정치학회보〉 제42집 3호. 2008.
정해구. "보수주의의 뒤틀린 역사와 전망." 참여사회연구소 편. 〈다시 대한민국을 묻는다〉. 파주: 한울, 2007.
최종욱 외. 〈보수주의자들〉. 서울: 삼인, 1997.
홍성태. "다시 친일과 독재의 나라로." 〈프레시안〉, 2008년 12월 9일.

일곱 번째 키워드: 복지

비난회피전략으로서의 복지

복지국가를 공격하는 것은 선거에서 위험부담을 감당할 가능성이 크다. 오늘날의 복지정치는 비난회피정치(politics of blame-avoidance)이다.

_Paul Pierson, 1996: 178

금융외환위기 이후 한국 사회가 신자유주의적으로 재편되면서 사회적 불평등이 확대되고 사회구성원들의 삶도 불안정해지고 있다. 각종 소득분배지표가 악화되고 비정규직의 급증으로 노동시장의 불안이 심화되고 있으며 저출산·고령화라는 인구사회학적 변화 역시 급격히 진행되고 있다. 그럼에도 사회복지 지출 수준은 경제협력개발기구OECD 회원국 가운데 최하위권 수준에 머물고 있다.[1]

---

1) 한국의 국내총생산(GDP) 대비 공공사회복지 지출 비중은 경제협력개발기구(OECD) 평균의 절반에도 미치지 못한다. 특히 1인당 국민소득과 인구구조, 기대수명, 실업률 등 각 국가의 사회·경제적 여건을 고려한 복지지출 수준을 평가한 결과에서도 한국은 비교 가능한 OECD 30개 회원국 중 최하위를 기록했다. 국회예산정책처가 2015년 9월 발간한 '부문별 사회복지지출 수준 국제비교평가' 보고서에 따르면, 한국의 2014년 GDP 대비 공공사회복지지출은 10.4%로 OECD 평균인 21.6%의 절반에도 미치지 못했다. OECD 회원국 중 복지지출이 가장 높은 프랑스(31.9%)와 덴마크(30.1%)와 비교하면 3분의 1 수준에 불과했다. 공공사회복지지출은 출산·양육·실업·노령·장애·질병·빈곤 및 사망 등 사회적 위험에 처한 개인에게 제공되는 사회적 급여 지급이나 재정지원 등을 포괄하는 개념이다. 〈오마이뉴스〉, 2015년 9월 2일.

사회안전망이 취약하니 대다수 국민들은 국가복지가 아닌 사보험이나 가족에 의존하고 있는 형편이다. 고용과 주택, 교육 등의 영역에서 많은 사람들은 위험을 감지하고 삶의 질 저하를 심각하게 우려하게 되었다. 불안과 위험에 직면한 사회적 약자들의 삶에는 아랑곳하지 않는 이기적이고 무책임한 기득권층의 행태에 분노하는 사람들은 이제 변화에 대한 요구를 정치사회적으로 광범위하게 표출하고 있다. 한국 사회 저류에서 나타나고 있는 이런 움직임은 정치권에도 영향을 미쳐 정당을 비롯한 각종 정치세력들이 경쟁적으로 복지국가 관련 정책을 제시하고 있다. 2010년 10월 민주당은 당헌을 개정해 '중도개혁'을 삭제하고 '보편적 복지'를 포함시켰다. 이후 특별위원회를 조직하고 무상급식, 무상의료, 무상보육 등을 제공하는 보편적 복지국가를 추구하겠다고 밝혔다. 진보신당은 사회복지세를 재원으로 보편적 복지, 노동연대, 생태사회 전환의 세 차원으로 이뤄진 '사회연대복지국가'를 내세웠다. 여태껏 반복지적 성향을 보이던 한나라당도 선별적 무상급식, 무상보육 등을 발표하기에 이르렀다. 대선후보로 거론되는 인사들 역시 '정의로운 복지국가', '역동적 복지국가', '한국형 복지국가' 등 다양한 복지국가 정책을 제시한 바 있다.[2)]

사회불평등에 관심을 갖고 복지를 통한 소득 재분배를 추구하는 진보정당들이야 당연하다 해도 지역개발과 성장우선정책에 빠져 복지를 등한시하던 보수정당과 정치가들이 복지국가를 내세우게 된 것은 한국 정치지형의 큰 변화라 할 만하다. 그러나 보수정당과 정치가들이 복지 아젠다에 민감하게 반응하는 것은 복지국가를 제대로 이해하고 그 필요성을 절감해서라기보다는 그들이 비난회피 전략blame-avoidance strategy이나 정치적 비용을 최소화하기 위한 전략을 구사하기 때문으로 보인다. 단지 선거경쟁에서 승리할 목적으로 추상적 수준에서 복지국가 '구호'를 내거는 정치가들도 적지 않다. 이

2) 민주당과 한나라당, 진보신당은 이후 모두 당명을 개정하였다. 이에 대해서는 p.190의 주 3) 참조.

러한 사실은 다른 한편으로 '정치과정을 통해 결정되는' 사회정책의 급격한 변화가 이뤄지기가 쉽지 않으며, 이루어지더라도 제한된 부문과 수준에 그칠 것이라는 예측도 가능케 한다. 여전히 한국 사회에서는 복지국가 위기론을 거론하면서 감세와 민영화를 극단적으로 밀어붙이는 세력이 헤게모니를 장악하고 있다. 국가가 제공하는 복지의 수준이 지극히 낮은 데도 '복지망국론' '세금폭탄론' '성장저해론' '포퓰리즘'과 같은 그 근거가 분명치 않은 반복지 담론이 기승을 부리는 것도 이 때문이다.

복지로의 관심 전환과 복지국가를 둘러싼 논쟁을 이해하고 평가하기 위해서는 복지국가가 무엇을 의미하며 어떤 역사적 과정을 통해 형성되고 발전되었는지를 살펴볼 필요가 있다. 복지국가는 학자들의 가치관, 이데올로기, 이론적 입장에 따라 매우 다양하게 정의된다. 그중에서 가장 많이 인용되는 정의로는 "국가가 정치적 권리를 지닌 모든 국민에게 최소한의 수입, 영양, 건강, 주택, 교육을 보장하는 것"Harold L. Wilensky, "국민들의 삶과 관련된 최소한의 전국적 기준national minimum standards을 유지하기 위해 국가의 책임을 제도화하는 것"Ramesh Mishra을 들 수 있다.김태성 · 성경륭, 1995: 46-47에서 재인용 복지국가에 대한 최상의 정의 중 하나는 아사 브리그스Asa Briggs가 내렸다. "복지국가는 시장지배력의 역할을 조절하기 위해 조직된 권력이 (정치와 행정을 통해) 최소한 세 가지 방향으로 신중하게 사용되는 국가이다.

첫째, 개인과 가족들에게 그들의 노동이나 재산의 시장가치에 상관없이 최소한의 소득을 보장한다. 둘째, 그렇지 않을 경우 개인과 가족들의 위험으로 이어지는 '사회적 우연성(예를 들어 질병, 노령, 실업)'을 최소화한다. 셋째, 지위나 계급에 상관없이 모든 시민들에게 합의된 사회적 서비스의 범위에 따른 이용 가능한 최선 수준의 제공을 보장한다."Asa Briggs, 1961: 288 이들 정의에 입각하면 복지국가란 사회적 시민권의 하나로써 전체 국민들에게 일정 수준 이상의 삶의 질을 제도적으로 보장해주는 국가를 의미한다고 할 수 있다. 빈민과 노동자들만 아니라 전체 국민에게 일정한 보호를 보장하기 위해 사회보장제도를 구축하고 운영함으로써 사회적 연대의 기능을 독점하는 국가가 복지국가인 것이다. 복지국가는 프랑스의 에타-프로비당스Etatprovidence, 독일의 사회국가Sozialstaat와 비슷하나 엄격히 구별하면 이들보다 더 큰 외연을 지닌다.

다양한 정치적 요인 중에서 노동운동의 힘이 복지국가의 전개에 미친 영향에 주목하는 권력자원론의 입장에서 복지국가의 성격과 유형을 파악한 대표적인 학자가 덴마크의 사회학자인 에스핑안데르센Gøsta Esping-Andersen이다. 에스핑안데르센은 복지국가를 국가의 성격, 계급관계, 대외개방의 정도, 그리고 탈상품화decommodication의 수준 등과 같은 다양한 요소를 고려하여 신중하게 정의할 필요가 있다고 지적한다. 특히 그는 탈상품화의 수준과 계층화stratification의 유형을 복지국가를 구분하는 기준으로 삼았다. 여기서 탈상품화는 임금노동자가 자본주의적 시장경쟁 법칙에 의존치 않고 복지제도를 통해 생계를 유지하는 것을 의미하며, 계층화는 직종별 사회보험 방식에서 보여지듯이 복지제도가 구축되면서 오히려 불평등이 강화되는 것을 가리킨다. 이에 따르면 시민들이 노동을 그만두는 경우에도 일자리나 소득, 혹은 전반적인 복지의 손실 없이 인간다운 생활을 누릴 수 있게 해주는 국가를 복지국가라 지칭할 수 있다.Gøsta Esping-Andersen, 박시종 역, 2007: 47-57 탈상품화와 계층화 등에 따라 복지국가는 다양한 형태가 존재한다.

1990년에 발간된 〈복지 자본주의의 세 가지 세계The Three Worlds of Welfare Capitalism〉에서 에스핑안데르센은 탈상품화, 계층화, 국가와 시장이라는 세 기준을 사용하여 복지국가를 자유주의, 보수주의적 조합주의, 사회민주주의의 세 유형으로 구분하였다. 자유주의 세력의 영향력이 반영된 자유주의 모델은 개인의 복지가 시장에 의존하지 않고도 이뤄지는 탈상품화가 저수준이며 계층구조에서 이중구조를 보이고(미국, 캐나다 등), 가톨릭 정당을 중심으로 한 보수주의 세력이 주도하는 보수주의적 코퍼러티즘 모델은 탈상품화는 어느 정도 실현하였으나 사회보장 프로그램이 사회계층을 반영하는 구조를 갖는 데서 평등주의적 성격이 약하며(독일, 오스트리아 등), 사회민주주의는 노동운동의 강한 주도권하에 탈상품화가 진행되어 계층성이 약한 모델이라고 지적한다(스칸디나비아 국가들). 세 번째는 고도의 탈상품화와 보편주의적 복지프로그램이 결합한 모델로 모든 계층이 보편주의적인 보험체계

속에 통합된다.Gøsta Esping-Andersen, 박시종 역, 2007: 62-67[3])

복지국가는 역사적으로 19세기 말경 서유럽에서 처음으로 모습을 드러냈다. 당시의 서유럽은 국민국가 건설과 자본주의적 산업화로 대표되는 총체적인 변화인 근대화가 진행되고 있었고 한편에서는 근대화가 초래한 사회적 균열이 점차 확대되어가고 있던 시기였다. 많은 학자들은 1880년대에 사회보험제도를 도입한 독일에서 복지국가의 맹아적 형태를 찾는다.E. P. Hennock, 2007 독일이 세계 최초로 사회보험제도를 채택한 데는 복합적인 요인이 작용했다. 오랜 기간 정치적으로 분열되었던 독일은 서유럽의 다른 국가들에 비해 뒤늦게 통일을 이뤘지만 영토경계 내에는 여전히 여러 소수민족들과 이념적, 문화적 소수집단들이 존재하는 등 완전한 민족국가nation state가 되기에는 부족한 점이 많았다. 다른 한편으로는 경제 민족주의에 입각한 후발 산업화가 진행되면서 노동계급의 비율이 증가하고 사회주의자들을 중심으로 노동조합과 노동계급정당 수립 운동도 본격화되고 있었다. 이런 까닭에 이들 소수집단들을 동질화해서 '국민화nationalization'를 이루려는 작업이 지배세력에 의해 시도되었다. 이는 '사회주의자 탄압법Sozialistengesetz'을 제정하여 사회주의 성향을 지닌 단체들의 활동을 금지시키는 동시에 노동자들을 정치적으로 '포섭'해서 기존 체제를 공고히 하려는 목적으로 질병보험(1883), 산재보험(1884), 노령연금(1889) 등 사회보험제도를 도입하는 것으로 나타났다.[4])

---

3) 미야모토 타로(宮本太郎)는 권력자원론에 입각한 에스핑안데르센의 복지국가 유형론이 복지국가 연구에 새로운 지평을 열어주었다고 평가하면서도 전략분석의 심화를 위해서는 몇 가지 문제도 아울러 고려해야 한다고 지적한다. 첫째, 노동운동의 주도성에 대한 비판으로, 스웨덴에서도 보편주의적 연금정책 형성에서는 보수주의 세력이나 자유주의 세력의 역할이 중요했다. 둘째, 복지국가의 형성과 발전과정에서 다양한 사회적 행위자의 영향력보다는 그 배후에서 행위자 개인의 영향력을 강화하거나 약화시키는 국가의 제도가 중요했다. 셋째, 대의제 민주주의를 전제로 한 '민주적 계급투쟁'을 통해서 권력자원은 점차 축적되고 노동운동의 영향력하에서 복지국가가 발전해나간다는 주장은 1980년대 이후 각국의 노동운동과 복지국가가 직면한 곤경에 비춰보면 과도하게 낙관적이다. 권력자원론이 제기한 계급 간의 타협전략은 자본주의의 한 단계, 즉 일국 규모에서 대량생산과 대량소비를 기초로 하는 포디즘적인 단계에서만 통용된다. 宮本太郎, 임성근 역(2003), pp.32-34.

고스타 에스핑안데르센(Gøsta Esping-Andersen, 1947~)은 덴마크 출신의 사회학자로 복지국가와 비교사회정책에 관한 세계적인 학자로 꼽힌다. 하버드 대학교, 유럽대학연구소(European University Institute), 트렌토 대학교(Università di Trento)를 거쳐 현재 스페인 폼페우 파브라 대학교(Universitat Pompeu Fabra)의 사회학 전공 교수로 있다. 1990년 발간된 〈복지 자본주의의 세 가지 세계(The Three Worlds of Welfare Capitalism)〉에서 에스핑안데르센은 탈상품화, 계층화, 국가와 시장이라는 세 기준을 사용하여 복지국가를 자유주의, 보수주의적 조합주의, 사회민주주의의 세 유형으로 구분하였다.

이후 서유럽에서는 국가와 시민사회, 시민사회 내 주요 계급·계층 간의 갈등과 투쟁 혹은 협력이 이뤄지면서 복지국가도 '공간적으로 확산'되고 제도적으로 정착되기 시작하였다. 물론 유럽의 복지국가는 각 국의 역사적 맥락과 정치적, 사회경제적 조건에 따라 그 형태와 수준을 달리한다. 그러나 복지국가가 사회주의의 확산을 예방하고, 국민들을 전쟁에 동원하기 위한 국가와 자본가의 효과적 수단으로서, 또 이들과의 투쟁에서 노동계급이 획득한 '전리품'으로서 대부분의 국가에서 형성되고 발전되었다는 데에는 큰 차이가 없었다. 다만 산업화가 전통적 엘리트집단들에 의해 주도된 국가에서는 가부장적 혹은 온정주의적 경향의 사회정책이 추진되는 경향이 있고, 자본주의의 틀 속에서 개선과 개량을 추구하는 사회민주주의 세력이 강한 국가에서는 노동세력이 자본계급과의 투쟁과 타협을 통해 복지확대를 추구하였다.

---

4) 이 밖에도 남서 독일을 기반으로 하는 가톨릭교도들이 프로테스탄트파가 대다수인 중앙정부에 도전하자 성직자의 정치활동을 금지하고 교회교육을 불허하며 교회에 대한 국가 감독을 강화하는 '문화투쟁(Kulturkampf)'이 전개되었다. 대외적으로는 게르만 민족만을 위한 '생활공간(Lebensraum)'을 확충한다는 명분으로 팽창적인 제국 건설이 추진되었다.

그중에서도 1920~1930년대에 복지국가 모델을 확립한 스웨덴의 사례는 특히 주목할 가치가 있다. 스웨덴에서 복지국가 논의를 이끈 세력은 다른 서유럽 국가들의 좌파정당보다 훨씬 유연한 정치적 태도를 가진 사민당이었다. 사민당 내에는 에른스트 비그포르스Ernst Wigfores, 페르 알빈 한손Per Albin Hansson, 고스타 렌Gösta Rehn, 루돌프 마이드너Rudolf Meidner 등과 같은 정책설계자들이 있었다. 비그포르스는 1919년에 이미 예테보리의 사민당원들과 함께 '예테보리 강령Göteborgsprogrammet'을 작성해 제출하는데 이는 "노동계급 생활수준의 전반적 향상 그리고 이에 따라 사회구성원들 사이에 부의 배분이 좀 더 평등하게 이루어지는 것"을 가장 시급한 과제로 설정하고 이를 위해 당시에는 파격적인 정책들인 적극적 노동시장 정책을 통한 일자리 보장, 노동시간 단축, 전국 단위의 의료보험, 평등한 교육기회, 압도적으로 누진적인 상속세와 소득세 등을 제시하였다. 1928년 선거에서 한손은 국가가 모든 국민이 행복을 누릴 수 있는 집이 되어야 한다는 유명한 '국민의 집folkhemmer'을 구호로 내걸었다. 1932년부터 17년 동안 재무부장관으로 재직했던 비그포르스는 총체적 기획으로 '나라살림의 계획'이라는 경제모델을 제시했고 여기에 포함된 선별적 경제정책, 적극적 노동시장 정책, 포괄적인 보편적 복지정책 등은 사민당의 핵심 정책노선이 됐다.홍기빈, 2011: 107-108, 138-140, 177 이들 정책은 한편으로는 보편적 복지 국가 정책과 결합되어 노동자 가족의 고용과 생계를 안정시켰으며, 다른 한편으로는 자본가 계급과의 협조를 통해 스웨덴의 산업 고도화 및 생산성 향상을 이루어내는 데 크게 기여했다. 스웨덴은 북유럽 사회민주주의를 선도했고 보편주의적인 복지국가의 모범적인 모델로 꼽히게 되었다.[5)]

5) 홍기빈은 스웨덴 복지국가를 '잠정적 유토피아'의 산물로 설명한다. 비그포르스는 현실과의 연관이 없는 '공상적 유토피아'를 비판하고 현실에 뿌리를 내리고 현실을 개혁해 나가는 미래 비전으로서의 '잠정적 유토피아'를 내세웠다는 것이다. 그는 "사회주의란 증명될 수 있는 것이 아니라 우리가 현실에 실현해주기를 기다리는 이상이며, 이를 실현하는 것이 바로 사민당의 역할"이라고 봤다. 비그포르스는 이를 위한 총체적 기획으로서 '나라살림의 계획'이라는 경제모델을 제시했고, 여기에 포함된 정책들은 스웨덴

스웨덴, 핀란드, 노르웨이 등 노르딕 국가들은 사회민주주의 복지국가 유형으로 분류된다. 이는 조직된 노동계급이 다른 사회계급과 연대를 형성해 일구어 낸 정치적 성과로 평가된다. **노르딕 복지국가 모델(Nordic welfare state model)**은 다음과 같은 특징을 지니고 있다. 첫째, 스칸디나비아 복지제도는 곧 복지국가를 의미한다. 복지급여를 대부분 공공부문에서 제공한다. 둘째, 복지급여 제공은 포괄적이고 보편적이다. 이 때문에 스칸디나비아 국가에서는 강력한 재분배가 이루어졌고, 상대적으로 높은 수준의 사회평등을 이루어냈다. 셋째, 고용과 연계된 기여보다는 주로 일반 조세를 통해 재정을 조달한다. 넷째, 복지를 미국, 캐나다, 오스트레일리아 같은 '잔여적 복지국가'처럼 가난한 시민만을 대상으로 한 안전망에 국한시키지 않는다. 다섯째, 스칸디나비아 복지정책은 맞벌이로 생계를 해결하는 가족모델의 발전을 촉진시켰다. Mary Hilson, 주은선·김영미 역(2010), pp.128-129, p.127.

이러한 복지국가는 2차 대전 이후 서유럽에서 경제적 호황을 배경으로 사회입법 체계가 정비되고 높은 수준의 복지지출이 이뤄지면서 제도적, 재정적으로 정착되었다. 경제성장과 국가에 의한 제도적 복지의 제공, 이에 기초한 '동의의 정치politics of consensus'를 과시하던 서유럽의 복지국가들은 그러나 1970년대 중반에 들어오면서 도전에 직면하게 되었다.Christoph Butterwegge, 2001

사민당의 주요 정책노선이 됐다. 이와 더불어 사민당 정권하에서 노동과 자본 측의 대표들이 함께하는 수많은 위원회가 만들어져 직접 대결보다는 논쟁과 타협을 통해 이해대립이 조정되었고 1938년에는 유명한 살트셰바덴 노사대타협(Saltsjöbadsavtalet)이 체결되었다. 홍기빈(2011), pp.221-225.

위기를 초래한 요인은 석유위기 이후 지속적으로 반복되면서 스태그플레이션과 재정적자를 초래하는 세계경제의 침체를 비롯하여 노령화와 가족형태의 변화, 낮은 출산율 같은 인구통계학적 변화, 경제적 개방의 확대와 국제적 경쟁의 격화로 나타난 세계화의 진전 등 복합적인 것이었다.[6] 이에 따라 많은 연구자들은 복지국가가 위기에 처했다고 진단을 내렸고 보수주의자들과 신자유주의자들은 복지국가가 붕괴breakdown 되거나 해체dismantlement, 혹은 종말end 을 맞았다는 정치적 수사를 구사하기 시작하였다. 이들은 복지국가의 정책목표가 자본주의의 논리와 상충됨을 재강조하고, 시장에 대한 '불필요한 개입'을 일삼는 복지국가는 이미 한계에 도달하였다며, 그 생존에 의문을 제기하였다.

이러한 주장은 대부분의 서유럽 국가들이 자본주의 시장에 대한 국가의 개입을 낮추고, 그때까지 유지되어 온 주요한 복지 프로그램을 축소하거나 삭감하는 등 복지국가를 재편하려는 정책을 추진하면서 한때 상당한 주목을 받기도 하였다. 학계에서도 국가 재정부담의 축소, 복지 프로그램의 변경, 복지 대상의 잔여화 등 복지국가의 재편retrenchment을 둘러싼 논쟁이 벌어졌다. 그러나 복지국가의 재편정책이 사회적 불평등과 빈곤을 확대시키자 1990년대 후반기에는 다시 '변모된' 좌파정당들이 집권하게 되었다. 이들은 시장 순응적 정책노선을 재조정하고, 국가개입에 의한 사회정책 강화를 꾀하였다.

복지현실의 변화는 복지국가와 관련된 논의에도 영향을 미쳤다. 복지국가의 확대와 공고화에 집중되었던 분석은 위기론을 거쳐 다시 복지국가의

---

6) 에스핑안데르센은 인구통계학적 변화와 경제침체 이외에도 기존 복지 프로그램의 설계와 사회 수요 간의 격차 확대라는 내생적 문제를 거론한다. 현 시대의 복지국가는 보편주의(universalism)와 평등이라는 이상을 추구하는 과거의 사회질서에 기초해 있는 데 이는 '후기산업사회'의 더욱 이질적인 욕구와 기대에 부응하는 데 한계를 내포하게 되었다고 한다. 이로 인해 주요한 행위자들 간의 갈등이 커지면서 이들의 상충하는 요구를 조정하는 것이 더욱 어렵게 되었다는 것이다. Gøsta Esping-Andersen (ed.), 한국사회복지학연구회 역(1999), pp.27-28.

지속persistence에 대한 분석으로 그 대상이 바뀌게 되었다. 많은 연구자들은 복지국가의 변화가 거시 경제적 수요관리 및 성장과 이에 입각한 제도적 복지의 제공을 내용으로 하는 케인스주의 복지국가Keynesian welfare state의 변화일 뿐만 아니라 국가·자본·노동 간 타협적 정치구조의 변화를 의미한다고 보고 국가 구조 및 사회계급 혹은 집단 간의 권력관계에 대한 논의를 전개하였다. 또 한편에서는 복지국가 변화의 구체적인 내용과 결과에 대한 분석이 행해졌고, 다른 한편에서는 복지국가 위기론을 비판하고 복지국가의 유지와 지속가능성을 강조하는 연구도 나타났다. 이들은 1970년대 중반 이후 복지 프로그램 재조정은 사실이나 전체적인 사회복지 지출이 축소된 것은 아니며, 복지국가 정당으로 알려진 정당들의 득표율도 지속적인 약화를 보이지 않았다고 주장한다. 물론 특정 국가에서 실업보험, 공적부조 등 특정 프로그램에 대한 지지도가 떨어지기도 했으나 대중들 다수는 여전히 복지국가를 전반적으로 지지한다는 것이다.

서유럽에 비해 한국에서는 오랫동안 복지가 정치인들의 주요 관심사가 아니었다. 오랜 기간 반복지적 정책이 시행되어 온 것은 그 당연한 결과였다. 제1공화국 시기에 이승만 정권은 강압력을 축적하고 집중하여 사회에 대한 지배력을 극대화하는 데 초점을 둔 나머지 복지제도를 마련해 국민의 복지를 증진하려는 노력은 전혀 기울이지 않았다. 군사원호법, 경찰원호법, 공무원연금법이 제정되었으나 이는 충성심을 확보하기 위해 국가체제를 유지하는 최소한의 집단에게만 선별적으로 제공되는 것이었다. 박정희 정권도 저임금에 바탕을 둔 수출주도 산업화의 효율적 추진을 위해 농민과 노동계급, 도시빈민에 대해서는 철저하게 반복지적 정책으로 일관했다. 이 시기에 제정된 생활보호법, 재해구호법, 자활지도사업에 관한 임시조치법 등은 선별주의에 입각한 것으로 사회불안을 억제하고, 최소한의 사람들에게 최소한의 복지혜택만 제공함으로써 노동의 상품화를 촉진하고 산업화에 기여하려는 목적으로 추진되었다. 독일의 초기 산업화 기간처럼 억압과 유화전략이 혼합되지 않고, 오직 산업화를 위한 정치적 억압과 경제적 동원만 행하여졌다는 데에 박정희 정권의 특징이 있다.

한국의 복지 역사에서 1987년의 6월 항쟁과 7·8월 노동자 투쟁은 복지 정책의 기조가 배제적·억압적 반복지 전략에서 포섭적 복지전략으로 변모하는 계기가 되었다. 최저임금법과 국민연금법이 처음 시행되었고, 의료보험법과 산업재해보상법이 확대 개정되었으며, 장애인 고용 촉진 등에 관한 법률과 사내복지법이 새로 제정되었다. 그러나 복지제도의 포괄성, 복지 수혜자의 범위, 복지혜택의 적절성, 복지혜택의 재분배 효과를 기준으로 볼 때 전 국민에 대한 국가의 복지책임은 매우 미흡한 것이었다. 1997년 말에 발생한 금융외환위기는 복지제도를 뒤돌아보는 계기가 됐다. IMF의 지원조건이었던 각종 신자유주의 정책의 채택으로 빈곤이 확산되었고 사회 양극화 문제가 급부상했기 때문이다. 김대중 정권은 '생산적 복지'를 내세우고 사회복지 비용을 늘리고 국민기초생활보장제도 등 사회보험을 확대했다. 이는 정부 차원에서 처음으로 복지국가란 개념이 구체적인 논의의 대상이 되었고, 국가의 복지에 대한 역할도 증대한 데서 긍정적 평가를 받을 만하다. 그러나 이들 정책에서도 진정한 국가책임의 복지가 담보되지 못했고, 사보험 등 민간의 역할이 강화되고, 소득불평등이 악화되었으며, 근로연계복지workfare[7]가 모색된 데서 보듯이 김대중 정권의 사회복지정책이 신자유주의적 성격을 갖고 있다는 비판적 평가도 제기되었다.김연명 편, 2002: 321-327

김대중 정권과 노무현 정권은 경제위기를 명분으로 개별 기업들에게 노동비용 절감을 위한 외부적·수량적 노동유연성을 추구하도록 유도하였다. 그나마 마련된 일자리 역시 대부분 저임금의 비정규직 일자리였다. 이는 노동시장의 불안정성을 높이고 나아가 사회구성원들의 삶의 질을 더욱 악화시키는 요인으로 작용했다. 이 시기에 자유권이 강화되고 정치적 민주주의도

7) 공공부조 수급자에게 근로(와 연관된 활동)에 대한 참여를 의무화하는 근로연계복지는 미국과 서유럽 국가들에서 공공부조 개혁의 일환으로 추진되었다. 신자유주의의 유행과 적극적 노동시장정책의 확산, 공공부조 수급자의 증가 등이 근로연계 복지정책이 대두한 요인들로 꼽힌다. 한국에서는 기초생활보장제도에서 시행되는 자활지원사업이 이와 유사하다.

다소 발전했지만, 사회권은 여전히 취약한 상태에 머물렀다. 노동배제정책도 이전 정권에 비해 별반 개선되지 않았다. 이런 현실은 이명박 정권 들어와 더욱 악화되었다고 평가된다. 이명박 정권은 감세를 통해 정부의 재정능력을 축소하고, 각종 경제사회적 규제를 완화 또는 철폐함으로써 자본과 시장에 대한 정치와 국가의 제도적 개입을 최소화하였다. 이와 더불어 고소득층에 유리하게 법인세와 소득세, 종합부동산세를 경감시킴으로써 보편적 복지제도 마련을 위한 재정적 기반을 더욱 약화시켰다. 복지정책과 관련해서도 공적부조의 수혜대상을 확대하기는커녕 오히려 축소했고, 가계에 최저생계비 수준의 소득을 확보해 주거나, 비정규직 고용을 축소하려는 노력도 제대로 기울이지 않았다.

2008년 미국 발 금융위기가 초래한 전 세계적인 경제침체는 한국 경제에도 악영향을 미치고 있다. 여러 국가들에서 인플레이션과 저성장을 내용으로 하는 스태그플레이션이 나타나고 있다. 세계경제가 요동치면서 국내 주식시장과 원화가치가 급락하거나 자금난을 겪는 기업들이 도산 위기에 몰리며 경제위기가 다시 재연되는 것 아니냐는 우려도 증폭되고 있다. 이제 많은 사람들은 '장밋빛 미래'를 약속하는 경제성장보다는 보다 안정적인 일자리와 적은 비용의 교육 등 복지 관련 아젠다에 관심을 표명하기 시작했다. 사회적 불평등의 확대와 구성원들의 삶의 질 저하가 더 이상 개인이나 가족의 문제가 아니라 사회구조적 문제이며, 신자유주의라는 이름하에 진행되는 시장의 절대화도 바람직한 대안이 아니며 오히려 규제받는 시장과 국가기능 강화가 필요하다는 인식도 널리 퍼지고 있다.

복지정책의 확대를 둘러싸고 사회적 논란과 갈등도 증폭되고 있다. 사회복지 예산의 증가와 정부의 사회적 책임의 확장이 국민들에게 인간다운 삶과 최소한의 생활조건을 부여하는 정책으로서 국가의 당연한 책무라고 주장하는 측에서는 그동안의 양적인 성장을 이룬 사회지출이 더욱 확대되어야 하고 이와 더불어 질적인 면에서 더 많은 수혜층에게 보다 실질적인 혜택이 돌아가야 한다고 주장한다. 선진국의 예를 보더라도 한국은 정부 지출 중 사회부문이 차지하는 비중은 OECD 회원국 중 최저 수준이라는 것이다. 반면에 분배정책에 중점을 두는 사회지출 증대는 성장잠재력을 위축시키기 때문에 복지보다는 성장을 통해 그 혜택이 널리 파급되도록 해야 된다는 주장 역시 존재한다. 이들은 분배를 우선시하면 성장은 추락 할 수밖에 없다면서 성장 없는 분배에서 벗어나 성장우선정책을 추구할 것을 요구한다. 세계화와 작은 정부는 세계적 추세이자 글로벌 스탠더드라는 논리 역시 동원된다. 이들 중 일부는 아예 '망국을 초래하는 포퓰리즘'이라면서 복지정책에 공세적으로 대응하고 있다. 아래에서 인용한 복지에 대한 견해는 보수세력 내에서도 일정한 차이가 존재한다는 것을 보여준다.

> "세금 가지고 약자를 도와주는 재분배형 복지는 작은 복지다. 정치권이 그걸 가지고 논쟁하고 있는데 포퓰리즘 되기 딱 좋다. 큰 복지는 생산과 고용에서 나온다. 역사적으로 국민의 복지 수준은 경제성장과 고용 창출에서 나왔다. 그 부분에 대한 비전이 먼저 나오고 소득 재분배 논쟁은 보완적으로 나와야 하는데, 거꾸로 됐다. 작은 복지가 호소력은 있지만 오래 못 갈 것이다."
>
> _박세일, 〈시사IN〉 제175호, 2011년 1월 26일

> "복지의 개념을 어떻게 설정하느냐부터 사회 합의를 구해야 한다. 보편적 복지, 선별적 복지, 맞춤형 복지 등 다양한 형태 중에서 대한민국 형편에 맞는 복지가 무엇인가. 선성장 후분배에 입각한 복지론은 원론적으로 옳은 말이지만, 신중해야 할 것은 국민의 상당수 특히 30~40대 직장인이 성장과 분배의 선후 관계를 인정하지 않는다. 대소 개념으로 보려 하지 않는다. 정서적으로 그렇다. 왜냐하면 과거에 우리가 고도성장기를 지나왔지만, 성장이 공정한 분배를 보장하지 않는다는 걸 체험을 통해 알고 있기 때문이다. 성장을 강조하는 것에 상당한 거부감이 있다. 공정한 분배가 성장에 도움이 된다는 주장도 있지 않나. 포퓰리즘 비판은 세심한 주의가 필요하다. 한국 국민이 복지에 눈뜬 게 얼마 안 됐다. 복지를 개인과 가정이 책임지는 시대를 오래 살았다. 이제 막 복지 확대를 주장하는데 그 자체를 포퓰리즘이라고 공격하면 서민이 반발한다. 사실 민주주의 자체에 포퓰리즘적 요소가 있는 것 아닌가."
>
> _윤여준, 〈시사IN〉 제175호, 2011년 1월 26일

복지논쟁은 무상급식, 무상의료, 무상유아보육교육, 반값 등록금 등의 구체적 쟁점을 둘러싸고 더욱 확산되었다. 복지논쟁이 확산된 계기는 2009년 김상곤 당시 경기도 교육감이 무상급식을 공약으로 내건 것이었다. 이 공약에는 학생들의 건강권과 인권을 지켜주는 것은 국가와 지방정부의 책무라는 인식이 바탕에 깔려 있다. 그러나 보수언론들은 이를 포퓰리즘 정책으로 매몰차게 몰아붙였다. 부자 아이들에게까지 공짜로 밥을 준다는 것은 중요한 교육정책이 아니며 표를 얻기 위한 불순한 목적 때문이라는 것이 이들의 주장이었다.[8] 이들의 거센 반대에도 김 후보가 당선되면서 무상급식에 대한 지역 유권자들의 여론이 확인됐고 이후 각종 선거에서는 무상급식 공약을 내건 여야 후보들이 늘어났다. 2010년 지방선거를 앞두고는 민주당, 민주노동당, 진보신당 등 대부분의 야당들이 무상급식제 도입을 선거공약으로 채택하였다. 시민사회 역시 이에 개입하였다. '희망과 대안'은 지방선거에 임할 야5당이 공동정책과제의 하나로 무상급식제의 단계적 확대를 채택할 것을 주문했고, 서울 지역 주요 시민사회단체들이 결성한 '서울시 친환경 무상급식 추진 운동본부'는 지방선거에서의 낙선운동, 학교급식법과 서울시 조례 제·개정을 촉구하는 서명운동, 대규모 토론회 개최 및 자체 광고를 비롯한 정보확산운동 등을 통해 무상급식제 실현에 기여하겠다는 강한 의지를 밝혔다. 반면 청와대와 한나라당은 이에 반대한다는 공식 입장을 밝혔다.

경기도에서 무상급식문제는 2010년 12월 경기도와 경기도의회가 도지사

---

8) 무상급식 공약을 포퓰리즘이라 낙인찍고 반대하는 것을 이택광은 다음과 같이 비판한다. "이 같은 주장은 마치 전면 무상급식 찬성론자들이 가난한 자의 파이를 부자에게 주자고 고집을 피우는 것처럼 보이게 만든다. 이런 보수의 태도는 평소에 경제와 정치를 분리해서 후자를 끊임없이 쓸모없는 과잉으로 호도했던 평소의 생각을 자가당착에 빠트리는 일이기도 하다. 전면무상급식이 급한 것이 아니라 교육의 질을 높이기 위한 투자가 선행돼야 한다는 주장도 그럴 듯하지만, 그 '질 높은 교육'에 대한 합의가 오직 입시에 매몰되어 있는 곳이 한국 사회라는 사실을 감안한다면, 하나마나한 소리라고 할 수 있다. 결국 그 질을 높이기 위한 투자가 지금까지 누구의 배를 불려왔는지를 생각해본다면 답은 명확한 것이다." 이택광, "무상급식 논쟁의 숨은 진실," 〈경향신문〉, 2011년 1월 21일.

의 역점사업 예산을 부활시키는 대신 친환경 학교급식 예산을 대폭 확대하는 타협에 성공했다. 이에 따라 민주당 경기도의회가 제안한 무상급식 예산에 대해 친환경급지원 항목이 신설되고 무상급식예산으로 400억 원을 지원하게 되었다. 반면 서울에서는 정치적 갈등이 증폭되었다. 이는 지방선거 전에 이미 예상된 것이었다. 최소한의 무상급식 외에는 무상급식 자체를 반대해오던 오세훈 당시 서울시장과 한나라당은 여론을 의식하여 불가피하게 저소득층 30%에게 선별적으로 무상급식을 시행하도록 하겠다는 의견을 내놓은데 비해 야당인 민주당 시의회 의원들은 초등학교 저학년을 시작으로 중학생까지 전면 무상급식 정책을 시행해야 한다는 입장을 개진했다. 2011년 1월 6일 서울시 의회가 의장 직권으로 무상 급식 조례안을 통과시키자 서울시는 공포를 거부했고, 서울시의회는 다음날 시의회 의장 직권으로 조례안을 공포했다. 이에 반발한 오세훈 시장은 시의회와의 시정 협의 중단과 시의회 출석 거부를 선언하고 6개월 넘게 외길행보를 거듭했다.

연일 "무상급식은 망국적 포퓰리즘"이라며 시의회를 비판하던 시장은 전면 무상급식 시행 여부를 주민투표에 부칠 것을 제안했고, 시의회 민주당과 시교육청은 '정치적 술수'라고 반발했다. 그러자 일부 보수단체가 '복지포퓰리즘추방국민운동본부'를 조직해 80만여 명의 서명을 받아 무상급식 반대 주민투표를 서울시에 청구했다. 민주당 등 야5당과 시민단체들은 "13만여 건에서 '명의 도용, 대리 서명' 흔적이 발견됐다"며 서명부 전수조사를 촉구했다. 서울시의 자체검증에서도 26만여 건이 무효서명으로 확인됐지만, 서울시는 주민투표 발의요건을 갖췄으니 문제없다며 주민투표 추진을 강행했다. 야당과 시민단체들은 '나쁜 투표'로 규정하고 투표 거부 운동에 나섰다. 오 시장도 대선 불출마와 시장직 사퇴를 연달아 내걸며 벼랑끝 승부로 맞섰다. 우여곡절 끝에 8월 24일 치러진 서울시 무상급식 주민투표는 유효투표율 33.3%에 못 미친 25.7%의 투표율로 결국 무산됐다. 〈한겨레〉, 2011년 8월 25일 10월 26일에 실시된 보궐선거에서는 서민복지를 최우선 과제로 꼽았던 범야권의 박원순 후보가 당선되었다. 이에 따라 11월부터 5, 6학년 학생까지 포함해 서울시내 공립 초등학교 전면무상급식이 실시되었다. 이후 친환경 무상급식은 해마다 공립초등학교, 국·공·사립중학교, 초등인가 대안학교로 그 대상이 확대되었다. 연이은 투표는 복지에 대한 유권자들의 관심을 높이고 선별적 복지론과 보편적 복지론에 대한 인식을 가늠하는 잣대로 작용했다고 보여진다.

반값 등록금 역시 복지논쟁에서 중요한 위치를 차지하고 있다. 반값등록금은 2007년 대선 시 한나라당의 공약으로 별다른 진척이 없다가 시민사회에서 과도한 등록금 문제를 제기하면서 주요 쟁점으로 부상했다. 그 배경으로는 학력과 학벌 중시 사회, 세계 최고 수준의 대학 진학률, 청년실업, 1년 등록금 1,000만 원 시대 등이 거론된다. 대표적으로 지난 10년 동안 물가는 약 30% 상승한 데 비해 무려 등록금은 국립대 82.7%, 사립대 57.1%가 상승했다. 현재 한국 대학등록금은 OECD 국가 중 미국에 이어 두 번째로 높고, 장학금 비율은 21%에 불과하다. 부유한 학생을 제외한 대부분은 등록금과 생활비 마련을 위해 아르바이트에 종사하고 있고 이로 인해 수업과 취업 준비는 부실할 수밖에 없다는 것이다. 그런 반면 대학은 재정의 대부분을 등록금에 의존하면서도, 과도한 적립금을 축적하고, 건물을 신축하고 토지를 구입하고 있다는 것이다. 이 같은 현실은 대학 교육 투자는 국가 책임으로 보고 대학교육을 무상이거나 최소 부담 수준으로 하는 유럽의 경우와 비교된다.[9]

대학등록금이 사회적 쟁점이 되자 이에 호응해 정당들도 각종 대안을 내놓고 있다. 민주당은 2012년부터 국공립대학은 반값 등록금을 전면 실시하고, 사립대는 투명성 개선 및 구조조정을 유도하자고 제안했다. 한나라당은

---

9) 영국을 제외한 대부분의 유럽 국가들은 교육에 대한 투자는 국가가 책임진다는 원칙 아래 정부가 대학 재정을 지원하고 있기 때문에 대학 등록금이 아예 없거나 수십만 원 수준이다. 독일은 16개 연방주 가운데 11개 주가 대학 학비가 없고, 니더작센과 함부르크 등 나머지 5개 주만 한 학기에 최대 500유로의 등록금을 받고 있다. 평등교육을 지향하는 프랑스도 국가와 지방자치단체가 교육 재정을 대폭 지원하고 있기 때문에 국·공립 대학과 전문대학 등록금은 1년에 최대 50만 원 안팎에 불과하다. 엘리트 양성 교육기관인 그랑제꼴(Grandes Ecoles)은 학비가 비싸지만 소수의 학생들만 재학하고 있다. 복지 제도가 발달한 스웨덴과 노르웨이 등 북유럽 국가들도 대학 교육은 무료로 받을 수 있다.

소득 하위 50% B학점 이상 학생에게만 등록금의 50%를 장학금으로 지급하는 소득계층별 차등 지급안을 제시했다. 이에 대해 민주당은 한나라당이 명목등록금 인하는 포기하고 국가장학금 지원으로 선회한 것이라고 비판하였다.〈연합뉴스〉, 2011년 7월 28일 한편, 주요 대학 총장들은 점진적인 등록금 인하, 정부 지원 확대와 기업 기부 등을 내놓았다. 대학생과 학부모, 시민사회단체는 조건 없는 반값등록금 공약 이행을 요구하며 서울 광화문 일대에서 열흘 넘게 촛불집회를 벌이기도 했다. 그러나 등록금문제 해결 요구는 정부가 특단의 대책을 내놓지 못하고 있고 국회 역시 적극적 자세를 보여주지 못하면서 별다른 진척을 내지 못하고 있다. 다만 개혁성향의 지자체장이 있는 일부 지자체에서 시립대나 도립대의 등록금을 절반으로 인하하는 데 머무르고 있다.

무상급식과 반값등록금에 이어서 무상의료가 사회적 쟁점으로 떠올랐다. 이러한 논의를 주도했던 것은 민주당이었다. 2011년 1월 정책의원총회에서 민주당은 향후 5년간 단계적으로 입원진료비의 건강보험 부담률을 현행 61.7%에서 OECD 국가 수준인 90%까지 획기적으로 높이겠다고 밝혔다. 이를 통해 의료비 본인 부담을 10%까지 줄이고, 본인부담 병원비 상한액을 최대 100만 원으로 낮추어, 돈 없어서 병원 못가는 경우가 없도록 국민들의 실질적 무상의료를 실현한다는 것이다. 이에 대해 한나라당은 "재원 마련 방안을 검토하지 않은 복지 포퓰리즘이자 표를 의식한 정책으로 불가능한 정책이자 선동 정치"라고 반론을 제기했다. 오세훈 서울시장도 무상급식과 무상의료 등 민주당의 복지정책에 대해 "망국적 복지 포퓰리즘 시리즈의 행진을 국민의 힘으로 막아달라"며 비난했다.〈중앙일보〉, 2011년 1월 10일

선별적 복지를 정책의 뼈대로 삼고 있는 한나라당은 학교급식과 대학 등록금에서는 민주당이 주장하는 정책에 명확히 반대하지만 보육에서는 전면 무상보육을 추진하겠다고 밝혔다. 이는 2011년 7월 19일 한나라당 싱크탱크인 여의도연구소가 마련한 '한나라당 뉴비전'의 핵심 실천 과제에 포함되었고, 8월 7일에는 황우여 한나라당 원내대표가 직접 밝혔다. 2012년부터 0살에서 시작해 만 4살까지 전면 무상보육을 실시하는 것을 내용으로 하는 한나라당안은 만 5살 미만 대상으로 5년 동안 단계적으로 어린이집 유치원 비용

을 전액 지원하고, 시설을 이용하지 않는 경우에는 양육수당을 지원하겠다는 민주당안과 내용 면에서 그리 큰 차이가 없다. 그러나 이는 서울시가 수해 와중에 주민투표를 발의하고 한나라당도 투표율 33.3%를 넘기기 위해 적극 지원에 나서기로 하면서 발이 꼬였다. 전면 무상급식이 포퓰리즘이라는 이유로 반대하는 당이 더 많은 예산이 드는 전면 무상보육에는 찬성하는 게 논리적 모순이라는 비판에 직면하면서 진정성을 의심받게 된 것이다. 이를 둘러싸고 한나라당에서는 김무성 전 원내대표가 무상보육 등 당내 '복지 드라이브'에 맹비난을 퍼붓는 등 혼선이 빚어졌고, 야당에서는 '무상급식과 무상보육에 대해서는 두나라당'이라는 비판이 제기됐다. 〈오마이뉴스〉, 2011년 8월 10일

현재 한국에서는 여야를 막론하고 정치권 전체가 복지에 대한 국민들의 관심에 부응함으로써 선거경쟁에 승리하기 위해 치열한 경쟁을 벌이고 있다. 이는 '복지를 지향하는 정치'가 어느덧 한국 정치의 주요 흐름으로 자리잡았다는 것을 의미한다. 그러나 일부 정당과 정치인들은 복지국가를 제대로 이해하고 그 필요성을 절감해서라기보다는 변화된 대중들의 요구에 따른 정치적 비용을 최소화하고 비난도 회피하기 위해 복지아젠다를 내거는 것으로 판단된다. 권력자원의 분포와 정치지형을 고려하면 아직까지는 복지를 지향하는 정치보다는 '복지에 반하는 정치'가 지배하고 있다고 할 수 있다. '복지에 반하는 정치'의 특징은 복지에 대해 천박한 인식을 갖고 무조건 복지는 부정적 영향을 초래할 것이라 주장하는 데서 찾을 수 있다. 반복지론자들은 자신들 주장의 근거로 복지 폐해론, 성장 저해론, 복지 포퓰리즘론, 국가안보 우선론 등을 내세운다. 이를 비판적으로 검토해보면 다음과 같다.

첫째, 국가 구성원의 사회적 권리를 보장하기 위해 복지국가가 적극적 시장개입을 추구하는 복지국가가 노동 동기를 약화시키고, 저축 및 투자를 감소시키며, 생산 위축을 초래하는 등 각종 경제·사회적 문제를 초래한다는 주장이다. 1970년대 말 서유럽의 일부 보수적 정치인들은 당시 경제적 침체를 각종 복지 제공을 통해 사회적 평등과 연대를 추구하던 복지국가 탓으로 돌렸다. 그러나 당시 영국을 위시한 몇몇 국가들에서 나타났던 경제침체는 복합적인 요인들로 말미암은 것이었다. 국가가 제공하는 각종 복지 서비스

가 국가 재정지출을 수반하며, 특히 경제적 쇠퇴기에는 국가경제에 무리한 부담을 준다는 것은 자명한 사실이다. 그러나 보다 구체적으로 복지국가가 노동 동기를 약화시키고, 저축 및 투자를 감소시키며, 생산 위축을 초래하는지에 대해서는 학자들 사이에서도 합의된 견해가 존재하지 않는다. 무엇보다 복지 폐해 주창자들은 제4차 중동전쟁을 배경으로 한 이른바 '오일쇼크'가 가져온 외부적 요인을 의도적으로 무시했다. 이런 주장은 최근 심각한 재정위기를 겪고 있는 그리스에도 그대로 이어지고 있다. 그 대표적인 사례가 2011년 8월 10일 "재정위기를 감안해 내년 예산안을 전면 재검토하라"고 지시하며 그리스를 반면교사의 사례로 든 당시 이명박 대통령이다. 표면적으론 재정건전성을 강조했지만, 사실상 느슨한 연금제도 등으로 비판받아온 그리스를 빗대 최근 국내의 복지확대 요구를 경계한 발언으로 해석됐다. 〈한국일보〉, 2011년 8월 15일

그리스는 약 3천4백억 유로 상당의 국가부채로 사실상 상환 불능 판정을 받았고, 독일, 프랑스 등 유로존Eurozone 국가들과 IMF 등 국제경제기구들은 디폴트를 우려해 구제금융을 제공하였다. 비상사태에 직면한 그리스 정부는 국제사회의 지원을 요청하면서 공무원 수 감축, 연금 및 임금 삭감, 세금 인상 등 긴축안을 발표했고, 이에 반대해 그리스 노동자총연맹GSEE, 공공노조연맹Adedy 등은 대규모 총파업과 시위를 전개했다. 왜 이렇게 되었을까? 이에 대해 보수언론과 재계에서는 그리스의 위기를 단지 선심성 복지정책을 남발한 결과라 주장한다. 전체 인구의 23%인 약 260만 명이 연금생활자로 GDP의 12% 정도가 소요될 정도로 방만하게 재정이 운영되고 있다는 것이다. 물론 군부가 정치에서 퇴진한 후 시작된 민주주의로의 이행 과정, 특히 그리스사회당PASOK 집권 시기에 노동자 등 사회적 약자들을 위한 복지가 확충된 것은 사실이다. 그러나 생산성을 높이는 데 기여하는 복지서비스에 비해 연금비중이 높은 것은 맞지만 GDP 대비 연금비율이 다른 유럽 국가들에 비해 그리스만 유독 높은 것은 아니다. 그리스가 심각한 재정적자를 겪게 된 핵심요인은 그리스 사회에 만연해 있는 부정부패와 탈세와 이에 대한 정부의 관리부실이 거론된다. 지하경제가 GDP의 20%에 이를 정도로 큰데

다 변호사와 의사 등 고소득자들은 대부분 탈세를 하고 있고, 자영업자들도 70% 정도가 과세점 이하의 소득을 신고해 세금을 면제받고 있다.[권혁주, 2011] 여기에 GDP 대비 4.5%에 이르는 과도한 국방비 지출과 60억 유로를 퍼부어 적자를 본 2004년 아테네 올림픽도 재정위기를 불렀다. 이 밖에도 취약한 경제력을 지녔음에도 무리하게 EU의 경제통화동맹[EMU]에 가입함으로써 수출과 경기부양을 위한 자율적 환율정책과 통화정책을 불가능하게 한 것과 보수성향의 정권이 추진한 감세와 규제완화 등 신자유주의적 정책도 적자경제에 기여했다.[10)]

둘째, 복지를 통한 재분배가 성장을 저해한다는 주장은 분배가 불평등할수록 저축, 투자가 높고, 성장이 빠르다는 가설에 기반한 것이다. 그러나 복지국가가 성장을 저해한다는 주장은 실증연구를 통해 그 타당성이 뒷받침된 적이 없다. 오히려 분배가 잘 된 나라일수록 성장이 빠르다는 실증연구는 많다. 예를 들어 1970년대 세계은행에서 나온 보고서는 저개발국에서 빈곤과 불평등이 성장을 저해하며, 토지, 인적 자본, 신용에의 접근성 등 생산적 자산을 빈민들에게 유리하게 재분배하는 정책을 통해 성장과 재분배의 동시 달성이 가능하다는 점을 주장하였다. 1990년대 들어와 불평등이 성장에 유해하다고 보는 새로운 관점이 출현하였다. 이는 세 개의 이론적 기둥 위에 서 있다. 먼저, 조세-재분배 경로는 소득분배가 불평등할수록 다수의 가난한 사람들이 있고, 이들은 정부에 대해 소득재분배 정책을 위해서 세금을 많이 거둘 것을 요구한다는 점을 밝혔다. 그리고 어떤 나라의 소득분배가 지나치게 불평등하면 사회적, 정치적 불안정이 커서 투자가 활발히 일어날 수가 없고, 그 결과 성장은 저해된다. 또한 신용시장이 정보의 비대

10) 다른 서유럽국가와 미국도 단순히 과도한 복지로 인해 재정위기에 처한 것은 아니다. 14조 달러에 이르는 국가부채로 혼란의 진원지가 된 미국은 2000년대 이후 지속된 감세정책과 천문학적인 국방비, 2008년 금융위기 극복을 위한 재정지출이 국가채무 증가의 주요인으로 꼽힌다. 유럽 국가들 역시 포르투갈은 낮은 노동생산성, 아일랜드는 금융 부실 등이 제1원인으로 지적된다. 〈한국일보〉, 2011년 8월 15일.

칭성 문제를 갖고 있는 상황에서 지나친 불평등은 가난한 사람들로 하여금 교육투자를 위한 융자를 어렵게 만들고, 결국 빈민들의 교육투자를 낮춤으로써 경제성장을 저해하게 된다.[이정우, 2007]

셋째, 복지정책을 무조건 포퓰리즘이라 비판하는 것은 포퓰리즘에 대한 별다른 고찰 없이 무조건 정치적 반대세력과 그들이 내세우는 정책을 포퓰리즘이라 낙인찍는 데서 크게 벗어나지 못한다. 이 경우 포퓰리즘은 단지 대중의 인기에 영합하는 '나쁜' 정치라는 단순한 정의를 벗어나지 못한다. 보수정당과 보수언론들은 개혁적 성향의 김대중 정권과 노무현 정권 시기에 한국 사회의 주요 쟁점으로 부각됐던 재벌개혁, 행정개혁, 행정수도 이전, 국가보안법 개정, 종합부동산세 추진, 사립학교법 개정 등에 대해서 예외 없이 포퓰리즘에 기반한 정책이라는 비판을 쏟아냈고 최근에는 무상급식, 무상보육, 반값등록금이 그 대상이 되고 있다. 시기와 장소에 따라 포퓰리즘이라 불린 운동과 정책은 그 내용이 동일하지 않지만 공통점은 포퓰리즘이 기존 질서에 반대하고 대중 혹은 민중이라고 불리는 '포퓰러스populus'에게 호소하는 것을 핵심적인 내용으로 한다는 점이다. 중요한 점은 포퓰리즘이 한편으로는 책임윤리가 박약한 소수의 지도자들이 이를 특수한 목적에서 추진할 때는 그로 인한 사회의 폐단도 적지 않게 발생할 수 있지만, 다른 한편으로는 정책결정과정에서 소외되고 배제된 개인과 집단들의 권리를 일깨우고 이익을 대변하며 이를 위해 그들을 정치과정에 참여토록 적극적으로 추동시킨다는 점에서 민주주의와 관련이 있다는 사실이다. 포퓰리즘이 민주주의와 관련이 있다는 점을 반복지론자들은 거론치 않는다. 이는 이들이 포퓰리즘을 내세워 복지에 대한 대중들의 이해를 왜곡하고, 나아가 관련 정책을 무력화시키려 하는 데 그 까닭이 있다.

넷째, 국가안보를 내세워 복지정책을 비판하는 주장은 안보를 복지와 대립되는 것으로만 보는 좁은 시각을 보여준다. 물론 외부의 위협으로부터 국가가 생존하고 국민을 보호하는 것을 내용으로 하는 국가안보는 높은 재정 지출을 필요로 하는 데서 국가가 제공하는 사회보장과 정책의 우선순위를 두고 경쟁관계에 있다. 군부정권이 집권하던 시기의 라틴 아메리카 국가들과 9·11 사태 이후의 미국에서처럼 국가안보를 빌미로 시민들의 각종 권리가 제약되는 경우도 흔하다. 그러나 탈냉전 이후 냉전시기의 안보관이 안보에 대한 협소한 정의에 기반하는 것으로 인종중심적이며, 문화적으로 편향된 것이라는 비판이 제기되었다. 특히 비군사적 안보영역의 중요성이 증대되면서 포괄적 안보comprehensive security라는 개념이 등장하였는데 이는 안보 위협의 다양화에 따라 안보에 영향을 미치는 정치·군사적 위협은 물론이고 경제, 환경, 에너지, 사회 등 모든 분야에서 야기되는 위협에 대처하는 종합적인 안보개념을 의미한다. 나아가 안보연구의 새로운 흐름으로 파악되는 '인간안보human security'는 굶주림, 질병, 억압과 같은 고질적인 위협으로부터 안보를 추구하는 것이자, 가정이나 직장, 공동체 등 일상적인 생활패턴으로부터 갑작스럽고 고통스럽게 격리되지 않도록 보호하는 것을 가리킨다. 이것은 국가와 국가 사이에서 일어나는 세계적 정세에서 주는 불안보다 일상생활에서 제기되는 기아, 질병, 실업, 범죄 등의 문제가 더 개개인의 안보에 커다란 영향을 준다는 인식에서 비롯된 것이다. 이런 확대된 안보개념에서 볼 때 안보는 복지와 무관하지 않다.

〈그림〉 복지 논의를 왜곡하는 5가지 함정

1
선진국 재정위기는
복지 포퓰리즘 때문?
과도한 국방비와 부동산거품
방치 등 정책실패 탓이다

2
과잉복지 경계해야?
선진국은 우리 소득 수준
(1인당 국민소득 2만 달러)에서
복지지출 훨씬 많았다

3
지금 복지 늘리면
미래 세대·경제에 큰 부담?
양극화 심화 및 사회 갈등에 따른
경제 악영향이 더 크다

4
재원 마련 어렵다?
부자삼세와 4대강 사업 등
불합리한 기존 세출·입 구조
손보면 재원마련 충분하다

5
근로의욕·재활의지 꺾는
복지병 우려?
기초복지도 부족한 현실에서
지나친 걱정이다

출처: 〈한국일보〉, 2011년 8월 15일

반복지론자들에게 선진국들이 과연 복지 과잉 때문에 어려워졌는지, 그리고 실제 한국의 복지 수준이 과잉을 걱정해야 할 정도인지에 대한 성찰은 보이지 않는다. 앞에서 살펴본 것처럼 국가마다 재정위기의 원인이 다른데도 '과다한 복지 지출→재정위기'로 몰아가는 것은 논리의 비약이자 사실의 왜곡이라 할 수 있다. 지금은 복지 과잉을 걱정할 때가 아니라 오히려 국민소득 2만 달러 시대에 걸맞지 않게 낙후된 복지 울타리를 촘촘히 하는 데 집중해야 할 때이다. 복지 과잉론은 현재 한국의 복지 수준에 견줘봐도 설득력이 없다. 각각 국민소득 1만 달러와 2만 달러 시기, 한국의 국내총생산GDP 대비 공공사회지출 규모는 OECD 회원국 평균의 3분의 1~6분의 1에 불과하다. 오히려 턱없이 부족한 복지가 양극화를 심화시켜 더 큰 사회적 비용을 초래할 것이라는 우려가 많다. 양극화에 따른 갈등은 사회 전반의 생산성을 떨어뜨려 세수 감소와 재정 악화로 연결될 수 있다. 부자 감세와 4대강 사업 등 세출·입 구조는 그대로 둔 채 무조건 "재원마련 방안이 없는 무책임한 요구"라고 비판하는 행태나 "무상복지를 늘리면 국가지원을 바라고 일하기를 꺼린다"는 이른바 복지병 주장도 현실과는 동떨어진 발상이다.〈한국일보〉, 2011년 8월 15일 이와 관련하여 토건국가의 폐단으로 인해 재정적자가 늘면서 경제침체에 직면한 일본의 사례를 타산지석으로 삼을 필요가 있다.[11]

보다 다원화되고 민주화된 현대 사회에서 국민들의 요구에 제대로 대처하는 것은 매우 중요하다. 강력한 반조세, 반복지, 반관료주의 운동이라는 '조세와 복지에 대한 반격tax-welfare backlash'에도 불구하고 과거의 사회질서에 기초한 복지국가의 가치가 여전히 지지를 받고 있고, 그 구조도 지속적인 안정성을 지니고 있는 서유럽 국가들의 사례는 우리에게 큰 교훈을 준다. 한국은 아직 복지국가를 제대로 구축하지도 못했으며 국가복지의 수준도 낮다.[12] 질병, 실직, 사망, 노령, 재해와 같은 불가항력적적인 소득중단 사고

---

11) 이에 대해서는 스물한 번째 키워드인 '토건국가 | 토건국가와 개발의 먹이사슬' 참조.

12) 한국이 과연 복지국가인가에 대해서는 학자별로 견해가 상이하다. 한국이 아직 복지국가에 진입하지 못했다는 주장이 있는 반면, 최소한의 전국적 기준, 사회적 위험에

에 대해 국가가 책임지고 사회구성원을 보호하는 사회보장social security 제도는 아직 취약하다. 국가가 국민들의 최저생활을 보장하는 공적부조는 수혜대상이 많지 않으며, 국가가 노동시장 노동자에게 보험을 강제하되 비용을 고용주와 국가가 분담하는 사회보험 중에서 고용보험과 노령연금은 광범위한 사각지대가 존재한다. 아동복지와 교육, 의료 등의 사회적 서비스는 민간부문이 발달되어 있어 빈곤위험에 노출되어 있는 취약계층에게는 고루 혜택이 돌아가지 않고 있다.[13] 이런 현실에 비추어볼 때 일부 정치인들과 언론인에 의해 유포되고 있는 복지국가 망국론과 위기론은 그 설득력이 크지 않다. 비판적 성찰이 필요한 까닭이다. 기껏해야 이런 담론들은 계급이익에 터 잡은 정치적·권력적 담론일 뿐이다.이창곤 편, 2010: 104 "분배와 복지는 성장을 저해한

대처하는 제도의 구비, 복지비용 지출 수준 등을 놓고 볼 때 한국이 복지국가의 초기 단계에 진입했다는 주장도 존재한다. 그러나 분명한 것은 한국을 복지국가로 보더라도 이는 단지 초기나 태동기의 복지국가란 점이다. 그 형태 역시 자유주의나 보수주의, 그중에서도 남부유럽형 복지체계에 가깝다. 남부유럽형 복지국가는 복지혜택이 모든 국민들에게 골고루 돌아가지 않고 특정 집단에 과도하게 집중되는 특징을 갖고 있다. 노동시장의 불평등 문제를 해결하지 않고 복지를 확대한다면 남부유럽형이나 남미형 복지체계를 지닌 '분리된 복지국가(divided welfare state)'로 갈 가능성도 크다. 김연명·신광영 외(2011), pp.74-76.

13) 2012년 대선 당시 집권여당의 박근혜 후보는 공약으로 65세 이상 모든 사람에게 월 20만 원을 지급하고, 4대 중증질환진료비는 비급여까지 국가가 100% 보장하며, 2014년까지 저소득층 고교생의 무상교육을 지원하되 수혜대상을 늘려 2017년에 전면 실시하는 것 등을 내세웠다. 이는 집권여당의 복지에 대한 과거 태도에 비추어보면 가히 파격이라 할 만한 것으로 평가되었고, 대선에서 박근혜 후보가 당선되는 데 결정적으로 기여했다. 그러나 집권 후 기초연금 공약은 소득 하위 70%에게 국민연금과 연계해 차등지급으로, 4대 중증질환진료비 지원은 필수진료비만 지급으로(3대 비급여는 추후 구체안 마련 예정), 고교무상교육은 2014년 예산(지방교육재정교부금 포함) 편성이 없는 것으로 파기되거나 후퇴하였다. 이 같은 공약의 파기 혹은 후퇴는 무엇보다도 박근혜 정부가 '증세 없는 복지'를 고집하고 있는 데서도 그 까닭을 찾을 수 있다. 이런 현실을 타개하기 위해서는 사회복지목적세를 신설해 필요한 복지 재정을 마련하는 것이 필요하다고 여겨진다. 한편 여당과 여당 후보가 일련의 정책을 선거과정에서 제시했지만 집권 후에 그 정책을 제대로 수행하지 못하는 것은 한국 정당들이 여전히 책임정당(responsible party)이 아닌 실용정당(pragmatic party)에 머무르고 있는 현실을 잘 보여준다.

다", "복지 때문에 재정위기가 오고 정부부채가 증가한다", "복지국가로 가면 국가부도가 나서 신용등급이 떨어진다"와 같은 주장은 그 근거도 확실하지 않다. 오히려 학계에서는 분배를 개선하면 성장을 촉진한다는 연구결과가 압도적으로 많다. 이들은 소득이 낮을수록 가용소득에서 더 많은 몫을 지출하기 때문에 가난한 사람들을 위한 소득 재분배는 경제성장을 촉진한다거나, 분배가 불평등하면 정치적, 사회적으로 불안정해지고 인적 자본에 대한 투자도 부족해져서 경제에 부정적 영향을 미친다는 점을 지적한다.김연명 · 신광영 외, 2011: 148-154

현재 한국은 압축적 경제성장 과정에서 발생한 여러 가지 문제가 산적해 있다. 중요한 점은 사회적 양극화, 저출산, 고령화, 빈곤층의 확산 등과 같은 문제를 시장만능주의와 선별적 복지만으로 해결할 수 없다는 사실이다. 시장을 통해 자신의 욕구를 해결할 수 없는 사람들과 집단들에게 공공재적 성격을 갖는 복지 재화와 서비스의 핵심적 제공자이자 관리자로서의 국가의 역할은 여전할 것이며,[14] 선별주의가 아닌 보편주의에 입각한 제도적 복지의 중요성도 감소하지 않을 것이다. 미래의 복지국가의 모습은 어떻게 사회계급이나 집단 간의 권력관계가 형성되며, 그들 간의 상호작용이 전개되느냐에 달려 있다고 할 수 있다.

복지국가는 이들 간의 투쟁과 협력을 통해 정치적으로 형성되고 발전되어 왔기 때문이다. 복지국가가 자본가들은 노동계급의 저항에 대한 대응수

---

14) 물론 이러한 주장이 국가가 언제나 공동선을 추구하고 그 활동이 효율적이며 실패하지 않는다는 것을 말하는 것은 아니다. 자본주의 국가이거나 현실 사회주의 국가이거나 '편협한' 이익을 추구하며, 그 활동이 항상 경제적 합리성이나 효율성을 띠고 있는 것도 아니고, '시장의 실패(market failure)' 못지 않게 '국가의 실패(state failure)' 역시 적지 않게 발견되는 것도 사실이다. 그럼에도 국가는 사회계급 혹은 집단의 요구에 대한 반응으로 배분이라는, 시장이 수행할 수 없는 개입주의적 활동을 수행한다. 이런 점에서 국가는 시장의 실패와 결함을 효과적으로 시정할 수 있는 능력을 갖고 있는 유일한 행위자라 할 수 있다. 그러나 최근의 개방과 경제통합 흐름은 다양한 영역에서 공공성 구현을 위한 정부의 능력을 약화시키고 정책공간을 축소시키고 있는 것도 또 다른 사실이다.

단으로, 노동계급은 그들의 이익을 대변하는 수단으로 유지되어 온 역사적 사실을 고려해볼 때 앞으로의 쟁점은 단순히 '불필요한 비용'으로서 복지국가를 배제하는 것이 아닌 '보존되어야 하는 가치'로서 구축하는 것이 될 것이다. 그 과정에서 다양한 가치를 새롭게 혼합하고 사회적 발전을 이루도록 정책을 조정하는 정치의 역할이 중요함은 말할 나위도 없다.

연관 키워드

복지국가(welfare state), **동의의 정치**(politics of consensus), **탈상품화**(decommodication), **비난회피 전략**(blame-avoidance strategy), **조세와 복지에 대한 반격**(tax-welfare backlash)

[참고문헌]

Briggs, Asa. "The Welfare State in Historical Perspective." *European Journal of Sociology*, Vol.2, No.2. 1961.

Butterwegge, Christoph. *Wohlfahrtsstaat im Wandel*. Opladen: Leske+Budrich, 2001.

Esping-Andersen, Gøsta & Duncan Gallie et al. 유태균 외 역. 〈21세기 새로운 복지국가〉. 서울: 나남출판, 2006.

Esping-Andersen, Gøsta (ed.). 한국사회복지학연구회 역. 〈변화하는 복지국가〉. 서울: 인간과복지, 1999.

Esping-Andersen, Gøsta. 박시종 역. 〈복지 자본주의의 세 가지 세계〉. 서울: 성균관대학교출판부, 2007.

Garland, David. 정일영 역. 〈복지국가란 무엇인가〉. 서울: 밀알서원, 2018.

Hennock, E. P. *The Origin of the Welfare State in England and Germany 1850-1914*. Cambridge: Cambridge University Press, 2007.

Hilson, Mary. 주은선·김영미 역. 〈노르딕 모델—북유럽 복지국가의 꿈과 현실〉. 서울: 삼천리, 2010.

Marshall, T. H. 김윤태 역. 〈시민권과 복지국가〉. 서울: 이학사, 2013.

Mishra, Ramesh. 남찬섭 역. 〈복지국가의 사상과 이론〉. 서울: 도서출판 한울, 1999.

Petring, Alexander 외. 조혜경 역. 〈복지국가와 사회민주주의〉. 파주: 한울아카데미, 2012.

Pierson, Christopher. 박시종 역. 〈복지국가는 해체되는가〉. 서울: 성균관대학교출판부, 2006.

Pierson, Paul. "The New Politics of the Welfare State." *World Politics*, Vol.48, No.2. 1996.

Schmid, Josef. *Wohlfahrtsstaaten im Vergleich*. Opladen: Leske+Budrich, 2002.

Wahl, Asbjørn. 남인복 역. 〈지금 복지국가는 어디로 가고 있는가〉. 서울: 부글북스, 2012.

宮本太郎. 임성근 역. 〈복지국가 전략: 스웨덴 모델의 정치경제학〉. 서울: 논형, 2003.

권혁주. "유럽의 경제위기가 복지 때문?" 〈한국일보〉, 2011년 11월 18일.

김연명 편. 〈한국 복지국가 성격논쟁 I〉. 서울: 인간과복지, 2002.
김연명·신광영 외. 〈대한민국 복지—7가지 거짓과 진실〉. 서울: 두리미디어, 2011.
김영순. 〈복지국가의 위기와 재편: 영국과 스웨덴의 경험〉. 서울: 서울대학교출판부, 2012.
김태성·성경륭. 〈복지국가론〉. 서울: 나남, 1995.
박근갑. 〈복지국가 만들기—독일 사회민주주의의 역사적 기원〉. 서울: 문학과지성사, 2009.
신필균. 〈복지국가 스웨덴〉. 서울: 후마니타스, 2011.
이상이 외. 〈복지국가 정치동맹〉. 서울: 밈, 2011.
이정우. "한국 경제 제3의 길은 가능한가?" 〈프레시안〉, 2007년 10월 4일.
이창곤 편. 〈어떤 복지국가에서 살고 싶은가: 대한민국 복지국가 논쟁〉. 서울: 밈, 2010.
이택광. "무상급식 논쟁의 숨은 진실." 〈경향신문〉, 2011년 1월 21일.
좌혜경. "진보신당 이슈 브리핑: 사회연대 복지국가 구상." 진보신당 정책위원회, 2011.
진보정치연구소. 〈사회국가. 한국 사회 재설계도〉. 서울: 후마니타스, 2007.
최태욱 엮음. 〈복지 한국 만들기: 어떤 복지국가를 누가 어떻게 만들 것인가〉. 서울: 후마니타스, 2013.
홍기빈. 〈비그포르스. 복지국가와 잠정적 유토피아〉. 서울: 책세상, 2011.
홍익표. "위기에서 생존으로: 서유럽 복지국가의 변화." 〈평화논총〉 제5권 1호. 2001.

여덟 번째 키워드: 북한

북한변수의 지속적 동원

한반도가 이질적인 이념과 체제를 지닌 두 개의 국가로 분단되게 된 배경은 냉전이었다. 냉전은 2차 대전 시기 추축국에 대항하여 함께 싸웠던 미국과 소련이 중부 유럽 및 동아시아에서 이른바 '얄타정신'의 구체적 실행을 놓고 대립하는 것에서 비롯되었다.[1] 이후 대략 4반세기가 넘는 동안 각기 미국과 소련을 핵심국가로 하는 두 진영은 두 개의 양립할 수 없는 세계관과 상호 경쟁적인 체제를 바탕으로 대립하였다. 핵무기라는 인류 전체를 절멸시킬 수 있는 파괴력을 보유했던 두 진영이 대치했던 냉전 시기에 상대진영으로부터의 침략으로부터 자국의 영토 및 국민의 안전을 보호하는 국가방위는 모든 국가에서 정책의 최우선적인 고려요소로 간주되었다. 그러나 냉전은 두 진영 간의 군사적 대립에만 국한되지 않았다. 그것은 정치·이데올

---

1) 1945년 2월 연합국의 지도자들이었던 루스벨트, 처칠, 스탈린은 크림반도의 얄타(Yalta)에서 종전 후 독일을 비롯한 패전국들의 처리문제를 논의하였다. 그 결과 패전국이나 해방국에서 "모든 민주세력들을 폭넓게 대표하는 인사들에 의한 임시정부 조직을 구성할 것"과 "가능한 빠른 시일 내에 자유선거를 통해 인민의 의지에 책임을 지는 정부를 수립할 것"에 합의했다. 그러나 이 합의는 제대로 지켜지지 않았다. 소련과 미국, 영국은 자국이 지지하는 세력을 포기하지 않으려 했다. 특히 소련은 동유럽을 자국의 세력권으로 간주하여 이 지역에 친소정권의 수립을 추진하였다. 이에 대응해 미국과 영국도 타협보다는 대립노선을 채택함으로써 체제와 이념을 달리하는 두 진영 간의 본격적인 대립이 시작되었다.

로기적, 경제적, 기술·과학적, 문화·사회적 대립의 양상을 띠었고, 그 여파는 일상생활에까지 미쳤다.

이러한 냉전의 파급력은 동아시아 냉전의 최전선을 형성하고 있던 한국에서 더욱 뚜렷하게 나타났다. 냉전은 밖으로는 남북한 간의 적대적 분단체제를, 안으로는 보수적인 반공질서를 강화했던 기반이었다. 동시에 냉전은 한국사회에서 정치의 틀을 조직하고 그 틀 내에서 허용되는 정치적 실천과 이념의 범위를 매우 좁게 제약하는 가장 큰 힘이었다. 최장집은 냉전이 만들어낸 정치구조가 민주주의 발전에 두 가지 부정적 효과를 갖는다고 지적한다. 최장집, 2005: 77-80 첫째, 그 효과는 정치적 갈등을 이데올로기적으로 양극분화하고 정치경쟁의 양상을 극한적인 적대관계로 몰아갈 뿐만 아니라, 반대세력과 비판자들을 배제하는 것으로 나타났다. 둘째, 보편적인 정치언어들인 좌와 우라든가 인민·민중·계급 등의 말들을 사용하기 어렵게 하였다. 이들은 일체의 좌파적인 것에 대한 부정적인 이미지와 결합될 수 있으며, 더 나아가서 북한 공산주의와 연결될 수 있는 '이념적 불러내기 ideological interpellation'가 가능하기 때문이다.

한국전쟁은 냉전이 초래한 정치적 효과를 극대화시켰다. 한국전쟁을 통해 세계적 차원의 냉전은 한반도 내로 내화됨과 동시에 세계화되었다. 즉, 국제적 관계가 남북한에 영향을 미침과 동시에 남북한은 상호영향을 미치면서 분단체제뿐 아니라 각 체제를 재생산하게 되었다. 박명림, 1997 특히 한국전쟁은 국가·시민사회 관계에 있어서도 이후에 전개될 모든 갈등의 준거를 형성하는 결정적 사건이었다. 한국전쟁은 그전까지 이승만, 한민당 등 지배세력에 국한되어 있던 반공주의[2]를 전쟁이란 '생생한 체험'과 '공포'를 배경

---

2) 반공주의는 친미주의, 일민주의 등과 더불어 근현대정치사에 뚜렷한 족적을 남긴 정치가인 이승만의 정치적 삶을 평가하는 데 있어 핵심적인 이데올로기이다. 이승만은 청년기부터 제정러시아에 대해 아직도 전제정치를 펴고 있는 후진국으로 조선에 침략야욕을 가진 위험한 이웃으로 인식하였다. 1917년 러시아혁명 후에 그는 공산주의자들과는 대화와 타협이 불가능하다는 강고한 반공주의자로 변화한다. 그는 공산주의를 "원래 자유롭게 되기를 원하는 인간의 본성을 거역해가며 국민을 지배하려는 사상체

으로 대다수 민중들에게 자발적 동의로 유도해낼 정도로 내재화시킬 수 있었고, 이에 따라 이후의 이데올로기 지형을 변화시킨 데 결정적인 역할을 수행했다.손호철 외, 1991: 13 분단은 휴전선을 따라 더 깊이 새겨졌고, 공산주의에 대한 공포, 공산주의자라는 낙인에 대한 공포는 정치문화의 한 내재적 일부분으로 자리 잡게 되었다. 전쟁의 경험과 고통은 이제 언어를 통제하고 공통의 언술체계를 통제하며 보다 직접적이고 현실적인 반공주의적 세계관을 재생산하는 이데올로기적 국가기구에 의해 취합되고 표출되기에 이르렀다. 즉, 전쟁에 의해 정치지형은 재배치되었고, 반공은 시민사회에 대하여 헤게모니적 효능을 가질 수 있게 되었으며, 국가는 고갈되지 않는 정당성의 자원으로 반공이나 국가안보의 이데올로기를 사용할 수 있게 되었다.최장집, 1993: 164-166

역사적으로 반공주의를 내세운 행위자들은 단지 우파에 한정되지 않고 중도와 극좌세력에서도 발견된다는 점에서 반공주의는 다양한 스펙트럼을 지닌다. 이들 행위자들의 관계뿐만 아니라 이들이 속한 국가와 지역의 정치구조와 지정학적 위치, 경제발전 수준과 사회문화의 관계에 따라 반공주의는 그 내용과 강도가 달리 나타났다. 다양한 스펙트럼의 한쪽 끝을 차지하는 것이 남미와 동아시아의 반공주의에서 보이는 공산주의와 관련된 사상과 운동을 금기시하고 탄압하는 '경직된 반공주의hard anticommunism'였다. 이에 비해 서구 국가들의 반공주의는 냉전시기에도 기본적인 자유가 법적으로 보장되었으며 이에 기반해 다양한 이념적 스펙트럼을 갖는 정당들 간에 의미있고 광범위한 경쟁이 존재하는 '유연한 반공주의soft anticommunism' 또는 '자유주의적 반공주의liberal anticommunism'의 특징을 보였다. 서구에서는 1960년대에

계"라며 이에 입각한 정치는 반드시 실패한다고 주장했다. 이 같은 그의 공산주의 인식은 그가 개신교도였고 개신교 전체가 1930년대 초에 사회교리라는 형식으로 반공주의를 교리의 수준으로 끌어올렸고 해방 직후에는 북한 정권과 충돌하고 월남한 교계 지도자들에 의해 경직된 형태의 반공주의로 나타나게 된다. 이승만의 반소반공노선에 대해서는 정병준(2005), pp.257-261. 한국의 개신교와 반공주의에 대해서는 강인철(2007) 참조.

지지집단이 와해되면서 정당체계의 재편성이 발생할 때까지 공산당 역시 특정 사회계급의 대리인으로서 국가 통제를 추구하는 대중정당으로서 상당한 영향력을 행사하였다.

역사적으로 반공주의는 공산주의에 대한 하나의 반작용으로 나타났다. 마르크스와 엥겔스가 〈공산당 선언〉에서 '공산주의의 유령'에 대응한 '구 유럽의 모든 권력들이 뭉친 신성한 사냥'에 대해 언급한 것은 당시에 이미 반공주의가 공산주의에 대한 반작용으로 등장해 기능하고 있음을 잘 보여준다. 산업화의 결과 노동계급의 수가 증가하고 이들이 정치세력화하려는 움직임을 보이자 이를 억제하기 위해 당시의 지배세력들은 반공주의를 동원하기 시작했다. 사회주의 진영 내에서도 노선투쟁이 전개되고 세력이 분열되면서 일부 세력들은 반공주의를 공공연히 내세우기도 했다. 러시아에서 볼셰비키혁명의 성공으로 사회주의 이념과 체제를 내건 국가가 수립되자 반공주의는 소련에 대해 즉각적으로 적대적인 모습을 취했다. 소련의 체제와 권력집단을 '야만' 또는 문명 세계에 대한 '적색 위험'으로서 지칭한 것이 그 대표적인 사례이다.

소련을 대상으로 했던 반공주의는 2차 대전이 끝나고 냉전체제가 구축되면서 범사회주의권을 대상으로 그 외연이 확장되었다. 전체주의론에 근거해 '서구와 동구' 또는 '자유세계와 전체주의'라는 대칭적 개념이 도입되었다. 다른 한편으로 반공주의는 서구 국가들 내부에서도 체제를 정당화하고 다양한 정치세력들을 하나로 묶는 통합의 이데올로기로서 기능하였다. 반공주의는 1950년대 미국의 매카시즘에서 볼 수 있듯이 '내부의 전복'으로부터 미국의 국가와 '미국적인 것'을 지키거나 제3세계에서 민족해방운동을 억압하는데 동원되기도 하였다. 냉전시기에 미국은 전 세계적 차원에서 반공주의를 생산하고 확대·유지하는 구심력으로 작용하였다.

이러한 역사적 사실은 반공주의가 다음과 같은 특징을 지니는 개념이라는 것을 잘 보여준다. 첫째, 반공주의는 이를 내세운 행위자와 이들이 속한 지역과 국가에 따라 매우 복잡한 모습을 띠고 나타났다. 둘째, 반공주의는 무엇을 지향하는 것이 아니라 무엇에 대항하여 이질적이거나 심지어는 서로 대립되는 것을 한데 모으는 '부정적 결집정책negative Sammlungspolitik'의 소산이라 할 수 있다. 내부적 필요에 따라 강도가 증가할수록 반공주의는 '적의 이미지Feindbild'를 과장하고 확대하며, 시민사회의 다양한 갈등을 '과잉정치화Überpolitisierung'하는 현상을 동반하는 경향을 보인다.Werner Hofmman, 1982 그 결과 시민사회의 다양한 행위자들, 특히 좌파성향의 개인과 집단들의 이익결집과 표출은 억압되었다. 요약하면, 반공주의는 내외부의 반대세력의 압력에 직면한 특정 정치세력이 기존 체제와 질서를 정당화하고 정권을 강화할 목적으로 채택한 정당화의 이데올로기이자 메커니즘이라 할 수 있다. 이 과정에서 공산주의의 위협에 처한 국가의 안보를 지킨다는 점이 강조되며, 반대세력이 배제되거나 탄압되고 국민들의 일상생활까지 통제되는 일도 흔하다.[3)]

한국의 반공주의는 공산주의에 대해 적대적이고 배타적인 논리와 정서를 의미한다. 그중에서도 북한 공산주의 체제 및 정권을 절대적인 '악'과 위협으로 규정하고 그것의 철저한 제거 혹은 붕괴를 전제하며, 아울러 한국 내부의 좌파적 경향에 대한 적대적 억압을 내포하고 있는 개념이다. 따라서 그

---

3) 반공주의가 헤게모니 지위를 지녔던 대표적 국가는 그리스이다. 그리스는 1970년대 중반에 민주주의로 이행하기 전까지 남유럽에 위치한 포르투갈, 스페인과 더불어 서구 유럽에서 가장 오랫동안 비민주적 정권이 존속되었던 국가이다. 오랜 기간에 걸친 주변 강대국의 지배와 좌·우파 세력 간에 치른 내전, 군부정권의 지배와 민주주의로의 이행으로 점철된 그리스의 근현대사는 사뭇 한국과 유사하다. 민주주의로의 이행 이전에 그리스의 집권세력은 다른 세력과 연합하거나 혹은 단독으로 기존 체제 및 질서에 저항하는 세력을 배제하고 억압하였다. 군부쿠데타에 의해 권력을 장악한 후 의회 및 정당제도와 같은 민주정치 요소를 제거하고 공산주의자들의 위협을 핑계로 국가안보를 우선시하면서 강력한 사회통제를 실시한 이른바 '대령들의 정권(the Colonels' regime)'은 그 극단적인 사례로 평가된다. 1967년 '4·21 군부쿠데타'로 권력을 장악한 이들 세력은 의회와 정당제도와 같은 민주정치 요소를 제거하고 공산주의자들의 위협을 핑계로 국가안보를 우선시하면서 강압적인 통치를 행하였다. 이 반공주의 정권은 공산주의와 관련된 개인 및 집단을 체제 및 정권에 대한 위협으로 간주하고 관련된 개인과 집단을 탄압하고 제거하려 하였다. 이 과정에서 공산주의에 대해 적대적으로 배타적인 사상과 정서가 의도적으로 조작되고 유포되었는데 이는 국가기관에 의해 의도적으로 조작되고 재생산되었다. John O. Iatrides & Linda Wrigley, eds.(1995); Thanos Veremis(1997).

그리스에서 '대령들의 정권'이라 불리던 군부정권에 대항한 아테네 대학생들의 시위 모습. 1967년 4월 그리스 군부는 쿠데타로 권력을 장악한 후 의회 및 정당제도와 같은 민주정치 요소를 제거하고 공산주의자들의 위협을 핑계로 국가안보를 우선시하면서 강력한 사회통제를 실시했다.

것은 공산주의에 대한 비판적 태도나 부정적 반응과는 차원을 달리하는 것으로 '가치판단에 일체의 사실판단을 종속시키는' '격렬한 정서의 이념적 판단'이라 할 수 있다. 또한 한국의 반공주의가 제3세계의 반공주의나 미국의 반공주의와 다른 점은 모든 형태의 좌파적 사유는 금기이고 그것의 표출이 법적, 사회적 탄압의 대상이 된다는 점이다. 권혁범, 2000: 32-33[4])

---

4) 반공주의는 일상적 사고의 영역에 깊숙이 침투해 사상적 획일성과 명확성, 군사동원주의적 심리, 배타적·감시자적 태도, 반정치적·일원주의적 질서, 도덕주의 등을 형성시킨다. 반공주의적 회로판을 통해 평상시에 작동하는 자기 감시와 처벌의 일상적 사고체계는 한국 사회의 모든 영역에서 정치 사회적·문화적 상상력을 좁은 틀에 억제하며 열린 사회로 가는 길을 가로막는 역할을 담당하고 있다. 반공회로판에 고착된 사회구성원들의 언어는 그것에 기초한 수구적 질서를 생산·재생산하고, 반공 담론이 만들어 낸 회로판을 통하여 학교에서, 회사에서, 길거리에서 동질적 세계관을 가동시킨다. 권혁범(2000), p.61.

한국에서 반공주의는 지배집단의 차원에서나 피지배집단의 차원에서 모두 '생존의 논리'였다. 해방 이후 지배집단은 사회적 기반을 갖지 못했기 때문에 자신들의 정치적 생존을 위해 반공주의를 지속적으로 재생산할 수밖에 없었으며, 피지배집단은 육체적·사회적 생존을 위해 반공주의를 수용할 수밖에 없었다. 즉, 반공주의는 생존을 위해 위로부터 강요된 것이기도 하면서 동시에 아래로부터 수용된 것이다.김정훈, 2010: 279 그러나 한국에서 반공주의는 독자적이고 체계적인 이데올로기나 사상을 가지지 못했다. 반공주의는 시대에 따라 변했으며, 다양한 이데올로기와 접합되었다. 지배의 재생산을 위해 민족주의, 권위주의, 발전주의, 친미주의 등의 다른 이데올로기와 접합해 때론 억압의 수단으로 때론 동원의 수단으로 활용되었다.[5] 그런 점에서 반공주의는 위로부터의 강압과 아래로부터의 생존욕구의 결합의 결과인 동시에 그러한 결합을 통해 지속적으로 만들어지는 새로운 구조이며 행위논리이다. 김정훈, 2010: 279-280

분단이 한국 사회 갈등에 가했던 제약은 1990년대 이후 보다 민주적인 정권이 들어서고 북한을 비롯한 사회주의국가들에 대한 전향적인 외교정책이 채택되면서 이전보다 약화되었다. 북한을 비적대적으로 보고 교류와 협력의 대상으로 여기는 통일운동의 등장과 이념대립에 종지부를 찍은 탈냉전의 도래 역시 이에 기여했다. 반공주의는 더 이상 한국 사회의 지배적 담론이 아니며 반공·용공의 이분법은 한국 사회의 갈등을 효과적으로 보여 주지도 봉합하지도 못한다. 다른 모든 사회적 쟁점을 무력화시키는 격렬한 정서적 반공주의도 쇠퇴하고 있다. 북한과 공산주의에 대해서 이성적 논의와 객관적 이해 및 비판이 존재하나 그 이면에는 여전히 적대적 증오와 반공지상주의적 정서가 깔려 있다.권혁범, 1990: 36, 40-41 과거 권위주의 정권 아래서 집중적으로 혜택을 받은 상층계급과 사회화를 통해 반공주의 이데올로기를 내

---

5) 설혹 반공주의에 반대하지 않는 정치적 반대세력도 반공주의를 내세워 탄압하고 배제시키는 일이 가능했다. 체제와 이념이 아닌 권위주의 통치에 반대했던 학생운동과 노동운동세력들 역시 반공주의를 가능케 했던 각종 법률에 의해 활동이 제약되었다.

재화한 기성세대들은 여전히 한국 사회갈등에서 대안적 이념이나 가치에 반대하고 과거와의 단절에 저항하고 있다. 이 중에서도 일부 언론과 종교인, 정치인들은 여전히 과거 냉전시기의 이데올로기를 불러들여 사회갈등을 조장하는 등 과거의 행태에서 벗어나지 못하고 있다. 이는 시민사회 내 자발적인 동원과 이해갈등의 조정을 통한 사회통합의 가능성을 제한하고, 이념적 스펙트럼을 협소화하는 데서 향후 한국 사회의 발전경로에 제약요인이 된다고 지적된다.[이재열, 1997: 5]

한국 정치사를 살펴보면 거의 모든 정권은 선거 때마다 북한변수를 동원하였다는 것을 알 수 있다. 이는 남북한이 서로 상대방과의 적당한 긴장과 대결국면 조성을 통해서 이를 대내적 단결과 통합, 혹은 정권안정화에 이용하는 '적대적 의존관계'를 형성하고 있음을 보여준다. 남북한 간 상호작용의 특징적 형태를 나타내는 이 적대적 의존관계는 정치권력의 정통성이 취약하거나 사회체제의 불안정성이 증대할 때 두드러지게 나타났다. 이런 점에서 남북한의 체제경계는 남과 북이라는 체제와 체제를 분리시키고 또 이를 연결시키는 이중적인 기능을 하고 있다. 한편, 거울영상효과[mirror image effect]란 적대적인 일방의 행위가 상대방에게 대칭적인 반작용을 일으키고 또 그것이 상호 상승작용을 일으키는 효과를 말한다. 이는 남북한의 군비경쟁과 각종 체제대결 과정에 잘 나타났다.[이종석, 1998: 33-34] 분단은 다양한 형태로 남북한의 국내정치에 영향을 미쳐왔다. 1) 한쪽에서 일으킨 긴장유발 행위가 다른 쪽의 체제경직화를 유발하고 그것이 정권의 독재화나 안정화로 이어져 왔다. 2) 정권 담당자들이 정권안정화를 위해서 분단조건을 의도적으로 이용하는 경우가 빈번하였다. 3) 분단구조는 남북한 사이에 상대방의 비의도적 돌발행위도 다른 쪽 정권의 이익으로 귀착되는 반사적 이익관계를 형성시켜 놓았다.[이종석, 1998: 46-53]

한국의 국내정치와 북한요인의 연관성 및 상호작용에 관한 연구들로는 다음과 같은 것들이 있다. 1961~1972년 시기를 중심으로 북한요인이 한국 정치에 미친 영향을 분석한 신종대에 의하면 북한이 한국 정치에 주는 영향의 형태나 강도는 시기별로 동일하지 않았고 국내정치와 맞물려 끊임없이 변화해왔다고 한다. 북한의 국내정치 개입은 거의 예외 없이 정권과 여당의 입지를 확대하는 한편, 저항세력과 야당, 그리고 지하조직의 입지를 위축시켰다는 것이다. 그는 북한의 의도와는 관계없이 북한요인이 한국의 압축적 산업화와 국민통합 및 사회통합을 가져오는 데에는 일정 정도 긍정적 역할을 했다고 볼 수 있지만 민주주의를 역전시키고 권위주의를 강화하는 역기능을 초래했다고 지적한다.신종대, 2002

조윤영은 남북한의 국내외적 정치체제의 변동들을 분석해본 결과 남북한의 대북·대남 긴장완화정책은 각 당사자의 목적과 이익을 달성하기 위한 도구적 측면이 강한 것이라고 지적한다. 북한은 대남접근 정책과 협상을 남한과의 경쟁에서 승리하기 위한 수단으로 사용했으며, 남한의 정치지도자 또한 대북정책을 국내정치의 위기극복을 위한 도구로 사용했다는 것이다.조윤영, 2008 장상종의 연구에 의하면 1997년까지는 정부여당이 북한변수를 동원하면서 북한변수는 대결적인 양상을 보인데 비해, 1998~2002년 동안에는 제도정치권뿐만 아니라 시민사회 진영까지 포함해 이념적인 갈등을 겪은 시기로 당시에 정부여당은 일관성 있게 우호적인 동원을 시도한 반면, 야당은 지속적으로 대결적 북한변수를 동원했다. 그는 전체적으로 보아 북한변수는 진보 정치세력보다는 보수세력에게 더 유리하게 작용했는데 이는 남북한 간의 깊은 상호불신과 오랜 반공이데올로기의 구조적 벽을 넘지 못한 현실을 잘 보여준다고 말한다.장상종, 2008

한국의 권위주의 정권은 반공주의를 정당성의 자원으로 활용했고, 반대세력을 반공주의를 내세워 탄압하고 배제시켰다. 선거경쟁에서 승리하기 위해 북한요인을 정략적으로 동원하고 이용한 사례도 적지 않았다. 그 대표적인 사례가 1987년 대선 직전에 터진 KAL기 폭파사건이다. KAL기 사건은 대부분 건설노동자였던 승객 95명과 승무원 20명을 태운 KAL 858기가 1987년 11월 29일 이라크 바그다드 공항을 출발해 아부다비를 거쳐 서울로 향하던 중 미얀마 안다만 상공에서 실종된 사건이다. 당시 정부는 이 사건을 북한의 지령을 받은 특수공작원 김현희와 김승일에 의한 폭탄테러로 결론내렸다. 선거를 불과 며칠 앞두고 일어난 폭파사건의 용의자인 김현희는 대선

朝鮮日報

오늘 13代 대통령 選擧

전국 13,657곳서 投票

내일 오전중 当落판명

有權者 95% "投票한다"

投票에 不正없게… 開票에 暴力없게… 結果에 是非없게

마유미 어제 서울도착

신이치 死體·증거물 함께 삼엄한 경계속 某處이송

13대 대통령선거와 KAL기 폭파범 김현희의 압송기사를 실은 〈조선일보〉, 1987년 12월 16일자 1면.

전날인 12월 15일 서울로 압송되었다. 여당인 민주정의당의 노태우 후보와 야당의 3김으로 불리는 통일민주당의 김영삼, 평화민주당의 김대중, 신민주공화당의 김종필 후보가 경합한 당시 선거에서 이 사건은 누가 보더라도 여당 후보에게 유리한 것이었다. 6월 항쟁에서 표출된 군부정권 퇴진과 민주화에 대한 열기는 안보불안 심리에 의해 잦아질 수밖에 없었다.

투표결과는 노태우가 36.6%의 득표율로 당선되었고, 야당후보인 김영삼은 28.0%, 김대중은 27.0%를 얻었다. 2006년 8월 1일 '국정원 과거사건 진실규명을 통한 발전위원회'는 1일 KAL 858기 폭파사건 및 남한조선노동당 사건 조사결과를 공식 발표하며 "전두환 정권이 1987년 KAL기 폭파사건을 대통령선거에 활용했다"고 밝혔다. 진실위는 "KAL기 폭파사건 발생 뒤 범정부 차원에서 대선에 유리한 국면을 조성하기 위해 사건을 활용했음이 확인됐다"며 "1987년 12월 2일 수립된 '대한항공기 폭파사건 북괴음모 폭로

공작(무지개공작)' 계획 문건을 확인했고 정부의 태스크포스 설치 사실이 기록된 문건도 있었다"고 설명했다. 또 13대 대선 하루 전인 1987년 12월 15일까지 김현희를 압송하기 위해 외교적 노력을 한 점도 드러났다고 밝혔다.〈한겨레〉, 2006년 8월 2일

1992년 제14대 대선을 두 달여 앞둔 10월 6일에는 남로당 사건 이후 최대 간첩단 사건으로 발표된 '중부지역당 사건'이 터졌다. 국가안전기획부는 1992년 10월 6일 북한의 지령에 따라 남한에 지하당을 구축, 간첩활동을 해 온 '남한 조선노동당 중부지역당' 간첩사건을 발표했다. 안기부는 남한 조선노동당을 거물간첩 이선실이 황인오를 포섭해 서울, 인천 등 24개 주요 도시의 46개 기업과 단체 등 각계각층으로 구성된 300명의 조직원을 확보한 가운데 북한 노동당과 남한 대중을 연결하는 역할을 수행해 온 비합법 지하조직으로 소개했다. 이 사건은 구속자만도 62명에 이르고 수배자가 3백여 명에 달하는 등 남로당 사건 이후 최대 규모의 좌익사건일 뿐 아니라, 북한 권력서열 22위의 고위 당직자 이선실이 직접 남파돼 공작을 총지휘했다는 점에서 커다란 충격을 주었다. 이 사건은 대선을 앞둔 정치권에도 회오리 바람을 몰고 왔다. 민자당과 국민당은 국회에서 민주당 김대중 대표의 비서가 군사기밀문서를 유출, 구속된 데 대한 책임소재를 추궁하는 한편 일부 현역 정치인들이 간첩단과 접촉했다는 정치인 연루설 등을 집중 거론하면서 민주당 측을 공격했다. 또 대통령선거운동 기간에 민주당 김부겸 부대변인이 간첩 이선실과 접촉해 5백여만 원을 건네 받은 혐의로 안기부에 구속되기도 했다.〈한겨레〉, 2005년 2월 3일 여권은 색깔론 공세에 열을 올렸고 김대중 후보는 1987년에 이어 1992년 대선 역시 북풍의 최대 피해자가 됐다. 대선 결과 한나라당 전신인 민자당 김영삼 후보가 당선되었다.

1996년 총선 나흘 전 북한이 판문점에 중무장한 병력을 투입해 총격을 벌이는 사건이 발생했다. 당시 김영삼 대통령은 국가안전보장회의를 긴급 소집하고 국가경계태세를 격상하였다. 안보 불안은 신한국당으로 유권자들을 결집시켰고 덕분에 신한국당은 국회 다수당 지위를 유지할 수 있었다. 그러나 이 사건은 후에 정부·여당과 안기부가 개입해 북한에 총격을 요청

한 것으로 밝혀졌다. 1997년 대선을 앞두고 김대중 후보는 또다시 '북풍'에 시달렸다. 소속 정당인 국민회의 고문인 오익제 전 천도교 교령의 월북 문제가 불거졌고, 여당으로부터 안보정서를 자극하는 공세가 이어졌다.

1997년 대선을 앞두고는 여권에서 한나라당 후보 지지율을 높이고자 휴전선 무력시위를 북한 쪽에 요청한 이른바 '총풍 사건'까지 터졌다. 당시 청와대 행정관을 비롯한 3명이 한나라당 이회창 후보 측의 지지율을 높이기 위해 중국 베이징에서 북한의 아시아태평양평화위원회 참사 박충을 만나 휴전선에서 무력시위를 해달라고 요청했다. 총풍 사건은 국가안보를 정치적으로 악용한 사례로 기록됐고, 이후에도 북풍이 불 때마다 음모론에 불을 지피는 중요한 사례였다. 김대중 후보는 '북풍'과 힘겨운 싸움을 벌인 끝에 39만 557표 차이로 승리를 거뒀다. 2000년 11월 서울지방법원은 총풍사건에 관련된 당시 청와대 행정관 등 총풍 3인방에게 회합·통신 관련 국가보안법 위반죄 등을 적용해 각각 실형을 선고하였다. 판결문은 '피고인들이 북한에 무력시위를 요청한 행위는, 휴전선에서의 긴장 조성이라는 목적을 달성하지는 못했지만, 범행을 모의하고 실행에 옮긴 것 자체만으로도 국가안보상 심각한 위협이며, 선거제도에 대한 중대 침해'라고 명시되어 있다. 〈경향신문〉, 2000년 11월 14일

탈냉전 이후에도 냉전 반공주의를 크게 탈피하지 못한 정권들은 항시 북한요인을 정략적으로 동원하고 이용하고자 했다. 그런데 김대중 정권 출범과 더불어 북한요인이 국내정치에서 갖는 성격과 형태는 과거 시기와 비교하여 변화 내지 차별성을 보였다. 김대중 대통령은 북한요인의 위기적 측면을 국내정치의 기회로 이용하지 않았던, 아니 할 수 없었던 최초의 대통령이었다. 그는 오히려 북한과의 평화를 통해 정권의 기반을 다지고자 했다. 이러한 기조는 집권 내내 일관되게 견지되었는데, 그 때문에 야당과 냉전적 보수세력들로부터 비판과 '색깔론'의 표적이 되었다. 한편 김대중 정권은 2000년 6월의 남북 정상회담 개최라는 역사적 호재를 곧 닥친 2000년 4월의 총선에 정략적으로 이용하고자 했으나 성공하지 못했다. 북한요인이 주는 위기는 사회 내의 반대를 침묵시키고 충성을 불러냈던 반면, 평화의 동원은 전자만큼 충성과 지지를 끌어내지 못했던 것이다. 이 시기에 제도정치권과 시민사

회의 냉전세력이 국가의 안보능력과 북한에 대한 우려를 표명하며 조직을 결성하고 나섬으로써 또 다른 갈등이 전개되기 시작했다.신종대, 2005: 193-194

2000년대 들어와 선거 때가 되기만 하면 '전가의 보도'처럼 활용되어 온 '북풍'의 영향력이 점차 퇴조하는 모습을 보이고 있다. 2002년 대선을 앞두고는 당시 민주당 노무현 후보의 장인을 둘러싼 '좌익 논란'이 쟁점이 됐다. 노무현 후보는 2002년 4월 7일 포항에서 열린 민주당 대선 후보 경선에서 "내 장인은 좌익활동을 하다 돌아가셨다. 제가 결혼하기 훨씬 전에 돌아가셨는데 이런 사실을 알고 제 아내와 결혼했다. 아이들 잘 키우고 서로 사랑하며 잘 살고 있다. 뭐가 잘못됐는가. 내가 제 아내를 버려야 합니까"라고 되물었다. 노무현 후보는 "여러분이 그런 아내를 가진 사람은 대통령 자격이 없다고 생각한다면 저는 대통령 후보를 그만두겠다. 여러분이 하라고 하면 열심히 하겠다"고 말했다. 당시 보수신문과 한나라당까지 '좌익 논란'을 공격 수단으로 삼았지만, 노무현 후보의 '아내 사랑' 발언은 오히려 결혼한 여성유권자들의 지지를 이끌어내는 데 기여했다. 그동안 색깔론을 동원해 선거경쟁에서 적잖은 이익을 얻었던 한나라당은 2002년 12월 19일 대선에서 패배했다.〈미디어오늘〉, 2010년 4월 29일

2010년 3월 26일 발생한 천안함 침몰사건은 6월 지방선거를 앞둔 여당에 호재로 인식됐다. 국민 여론은 물론 종교계까지 나서 반대 입장을 분명히 한 4대강 사업이나, 세종시 문제, 야권이 주도한 친환경 무상급식 등 정책 이슈들은 천안함 북풍에 압도됐다. 이명박 정부 2년 반 동안 퇴보한 민주주의와 복지정책에 대한 심판도 마찬가지였다. 5월 20일은 공식 선거운동이 시작되는 날이었다. 이날 국방부 민·군 합동조사단은 천안함이 북한의 어뢰에 의해 피격됐다고 발표하고 나흘 뒤 이 전 대통령은 서울 용산구 '전쟁기념관'에서 KBS 등 방송사가 생중계하는 가운데 대국민 특별담화를 발표했다. 언론은 "북 무력 침범 땐 즉각 자위권 발동"이라는 기사를 유권자들에게 전했다. 5월 8일자 주요 신문 1면에는 서해안에서 '폭뢰'가 터지는 사진기사가 일제히 실렸다. 그러나 선거결과는 여당의 패배로 나타났다. 이는 초·중고 무상급식과 4대강 사업, 세종시, 전교조 명단 공개 등의 이슈가 천안함사건

보다 투표결정 때 더 큰 영향을 미쳤고, 선거에 미친 천안함 사건의 영향이 상당히 제한적이었음을 보여준다. 천안함 사건을 정치적으로 활용하려는 의도에 대한 유권자들의 불만은 한나라당 지지의 부분적 이탈과 민주당 표의 결집으로 이어졌다. 여당이 패배한 후 주요 일간지 1면을 장식했던 '공포'는 종적을 감췄다.

천안함 사건은 과거 북풍처럼 선거에서 여당에게 도움을 주기보다는 오히려 역효과를 낸 것으로 보인다. 이처럼 과거와 다르게 북풍 효과가 나타난 것은 탈냉전 이후의 시대적 변화와 10년간의 남북한 간 화해 협력의 경험, 남북한 간 경제력의 현저한 차이 등 다양한 요인 때문이겠지만, 또 다른 이유는 한나라당이 국민들이 원하는 의제를 제대로 파악하지 못한 때문으로도 보인다. 우선 대북정책에 있어서도 천안함 사건과 같은 도발적 행위에도 불구하고 장기적으로 볼 때 다수 국민들이 원하는 대북정책 추진의 방향이 강경 대처보다는 남북한 간 화해 협력 강화의 방향이었다. 여론조사에 따르면 천안함 사건에도 불구하고 전체 응답자의 61.5%는 남북한 간 화해 협력 강화를 원했다. 강경하게 대처해야 한다는 응답은 37.1%에 불과했다. 이는 선거를 앞두고 천안함 사건 처리 과정에서 전쟁이 언급되는 등 대북 강경 대처 쪽으로 정책을 몰아간 것이 한나라당에게 큰 도움이 되지 않았다는 사실을 시사해 준다. 강원택, 2011: 51-52

연관 키워드

경직된 반공주의(hard communism), 유연한 반공주의(soft communism), 부정적 결집정책(negative Sammlungspolitik), 적대적 의존 관계, 색깔론, 안보의 국내정치화

[참고문헌]

Gaddis, John Lewis. *The Cold War: A New History*. London: Penguin Books, 2006.

Hofmann, Werner. *Zur Soziologie des Antikommunismus*. Heilbronn: Distel Verlag, 1982.

Latrides, John O. & Linda Wrigley (eds.). *Greece at the Crossroads: The Civil War and Its Legacy*. University Park: The Pennsylvania State University Press, 1995.

Major, Patrick. *The Death of the KPD: Communism and Anti-Communism in West Germany, 1945-1956*. Oxford: Oxford University Press, 1998.

Stöver, Bernd. 최승완 역. 〈냉전이란 무엇인가〉. 서울: 역사비평사, 2008.

Veremis, Thanos. *The Military in Greek Politics: From Independence to Democracy*. Montréal: Black Rose Books, 1997.

Wenger, Andreas & Doron Zimmerman. *International Relations: From the Cold War to the Globalized World*. London: Lynne Rienner, 2003.

강원택. "천안함 사건과 지방선거." 이내영 편. 〈변화하는 한국 유권자 4〉. 서울: 동아시아연구원, 2011.

강인철. 〈한국의 개신교와 반공주의: 보수적 개신교의 정치적 행동주의 탐구〉. 서울: 중심, 2007.

권혁범. "반공주의 회로판 읽기: 한국 반공주의의 의미체계와 정치사회적 기능." 조한혜정·이우영 엮음. 〈탈분단시대를 열며: 남과 북. 문화공존을 위한 모색〉. 서울: 삼인, 2000.

김정훈. 〈87년체제를 넘어서〉. 파주: 한울아카데미, 2010.

류정민. "선거이성 마비시켰던 '북풍' 효과." 〈미디어오늘〉, 2010년 4월 29일.

박명림. "분단질서의 구조와 변화: 적대와 의존의 대쌍관계동학. 1945-1995." 〈국가전략〉 제3권 1호. 1997.

서중석. 〈한국현대민족운동연구 2: 1948~1950 민주주의·민족주의 그리고 반공주의〉. 서울: 역사비평사, 2002.

손호철 외. 〈한국전쟁과 남북한사회의 구조적 변화〉. 서울: 경남대학교 극동문제연구소, 1991.

신종대. "남북한 관계와 남한의 국내정치: 북한 요인과 국내정치의 연관과 분석틀."

경남대학교 북한대학원 엮음. 〈남북한 관계론〉. 파주: 한울, 2005.
_____. "한국정치의 북한요인 연구: 1961-72년을 중심으로." 서강대학교 정치학박사학위논문. 2002.
이근욱. 〈냉전: 20세기 후반의 국제정치〉. 서울: 서강대학교 출판부, 2012.
이재열. "역동적 균형과 한국사회의 미래." 임현진·이재열 외. 〈삶의 질과 지속가능한 발전〉. 파주: 나남출판, 2006.
이종석. 〈분단시대의 통일학〉. 서울: 한울아카데미, 1998.
임현진·송호근. "박정희 체제의 지배 이데올로기." 역사문제연구소 편. 〈한국정치의 지배이데올로기와 대항이데올로기〉. 서울: 역사비평사, 1994.
장상종. "한국의 민주화 이후 북한변수와 국내정치: 1987-2002년 사례 분석을 중심으로." 경남대 북한대학원 정치학석사학위논문. 2008.
정병준. 〈우남 이승만 연구: 한국 근대국가의 형성과 우파의 길〉. 서울: 역사비평사, 2005.
조윤영. "남북한 관계의 변화와 국내정치적 결정요인과의 연계성." 〈국방연구〉 제51권 1호. 2008.
최장집. 〈민주화 이후의 민주주의: 한국 민주주의의 보수적 기원과 위기〉. 서울: 후마니타스, 2005.
_____. 〈한국 민주주의의 이론〉. 서울: 한길사, 1993.

아홉 번째 키워드: 세계화

세계화의 압력과 FTA의 정치경제

세계화globalization라는 용어가 학자뿐만 아니라 일반 사람들의 입에 오르내리기 시작한 것은 1980년대 이후라 할 수 있다. 그러나 많은 이들에 의해 사용되다 보니 세계화가 거의 모든 것을 포괄하는 거대담론이 되면서 종종 모호하고 일관성 없이 사용되고 있다는 비판도 제기되고 있다. 존 베일리스John Baylis와 스티브 스미스Steve Smith에 따르면 세계화에는 국제화internationalization, 자유화liberlaization, 보편화universalization, 서구화westernization, 탈영토화deterritoralization라는 다섯 가지 용례가 있다고 한다. 국제화는 국가들 사이에 국경을 가로질러 상호작용과 상호의존이 심화되는 것을 뜻한다. 자유화는 세계경제의 개방과 통합을 위해 국가들 간의 왕래에 가했던 정부의 제한들을 철폐해가는 과정으로 이해된다. 보편화는 다양한 사물과 경험들이 지구 구석구석의 사람들에게 확산되는 것을 의미한다.

많은 사람들은 세계화를 서구화, 특히 미국화된 형태의 서구화로 보고 이를 문화적 제국주의의 관점에서 비판한다. 마지막으로 탈영토화는 지리의 변화로 영토적 관점에서 장소나 거리 그리고 국경들이 기존에 누렸던 압도적 지배력을 상실해가고 있는 것을 가리킨다. 상호 중복되는 이들 다섯 가지 용례들 중에서 가장 중요한 것으로 베일리스와 스미스는 마지막 접근법을 든다. 이에 따라 세계화는 "많은 사회관계들이 영토적 지리라는 준거로부터 점차 벗어나게 되고 이에 따라 인간은 점점 단일 공간으로서의 세계

속에서 활동하게 된다"는 것을 말한다는 것이다. John Baylis & Steve Smith, 하영선 외 역, 2003: 24-25

위의 정의에서 알 수 있는 것처럼 많은 학자들이 동의하는 부분은 세계화를 다양한 행위자들이 시간과 공간을 가로질러 이동하면서 과거에 압도적 힘을 자랑하던 국가와 국가를 규정하던 요소들이 점차 약화되고, 전 지구적 규모에서 상호연결성이 확장되고 심화되고 있는 현상으로 본다. 물론 이러한 현상이 최근에 처음 나타난 것은 아니다. 19세기에 이미 서구 열강은 식민지에서 착취한 물자를 원활히 수송하기 위해 전 세계 곳곳에서 선박, 철도, 통신시설을 건설한 바 있다. 20세기 초에는 세계시장이 생겨났고 물품의 교역뿐만 아니라 자본의 거래까지 활발해졌다. 그러나 전 세계적 연결성이 본격적으로 갖춰지게 된 것은 무엇보다 최근 몇십 년 동안 정보통신기술의 발달로 정보와 상품의 유통속도가 더욱 빨라진 데 힘입은 바 크다. 세계화가 지구에 사는 모든 사람들의 일상생활에 깊숙이 파고들은 것도 근래의 일이다. 국경을 초월하여 이루어지는 자본, 기술, 정보의 통합으로 지구 전체가 하나의 마을처럼 변해가고 있다는 지적도 제기된다. 그러나 세계화의 확산범위와 파급효과는 어디서건 동일하지 않기 때문에 세계화를 단일한 시각에서만 이해하는 것은 타당하지 않다.

다양한 영역과 수준에 걸쳐 발생하는 세계화는 예측불가능하고 혼란스러운 과정이기도 하다. 이런 까닭에 세계화를 둘러싸고 학자들 간에 논쟁이 벌어졌다. 데이비드 헬드와 그의 동료들은 논쟁을 조사하고 논쟁에 참여한 사람들을 세 부류로 나누었다. David Held & Anthony McGrew et al., 조효제 역, 2002: 15-27 먼저 과대세계화론자들hyperglobalizers은 세계화의 결과가 거의 모든 곳에서 느껴질 수 있는 실제현상이라고 주장한다. 세계화가 국경을 초월하는 강력한 무역과 생산의 흐름으로 새로운 지구적 질서를 만들고 있다는 것이다. 이들은 특히 변화하는 국가의 역할에 초점을 맞춘다. 개별국가들은 세계무역의 증대로 더 이상 국가경제를 통제할 수 없다고 한다. 국가의 정부와 정치인들은 불안전한 금융시장과 환경위협과 같은 국경을 초월하는 쟁점들을 통제할 수가 없게 되고 시민들은 기존의 통치체제에 대한 믿음을 상실한다. 일

부 과대세계화론자들은 정부의 권력이 유럽연합EU, 세계무역기구WTO 등 새로운 지역적, 국제적 조직에 의해 위로부터 도전을 받고 있다고 믿는다.

이에 비해 회의론자들sceptics은 세계화에 대한 견해들이 지나치다고 주장한다. 이들은 세계무역과 투쟁에 대한 19세기 통계를 지적하면서 현재 수준의 경제적 상호의존은 전대미문의 것이 아니라고 한다. 이들은 과거에 비해 현재의 국가들이 접촉이 더 많다는 것에 동의하지만 현대 세계경제는 진정으로 전 지구적인 경제를 구성할 정도로 충분히 통합되지는 않았다고 강조한다. 회의론자들에게 유럽연합과 같은 지역화의 성장은 세계경제가 덜 통합되었다는 것을 보여주는 증거이다. 이들은 과대세계화론자들과는 달리 정부는 경제활동을 규제하고 조정하는 데 관여하고 있기 때문에 여전히 핵심적인 행위자라 한다.

변형론자들transformationlists은 중간적인 입장을 취한다. 그들은 세계화를 현대 사회를 형성하는 광범위한 변화의 배후에 있는 중심적인 힘으로 본다. 그들에 따르면 전 지구적 질서는 변형되고 있지만 과거의 많은 유형들이 아직도 유지되고 있다. 예를 들어, 정부는 전 지구적 상호의존이 증가함에도 불구하고 아직도 권력을 유지하고 있다. 그러나 변형론자들은 현재 수준의 세계화는 내부와 외부, 국제와 국내 사이의 경계를 허물어뜨리고 잇다는 것도 아울러 지적한다. 이들은 과대세계화론자들과는 달리 세계화는 일방적인 과정이 아니라 영향을 주고 변화하는 역동적이고 개방적인 과정이라고 한다. 국가 역시 주권을 상실하고 있다기보다는 새로운 경제적, 사회적 조직체들의 형성에 대응하여 재구성되고 있다고 강조한다. 그들은 우리가 더 이상 국가중심적 세계에 살고 있지 않으며, 정부는 세계화의 복잡한 조건 속에서 더 적극적이고 외부지향적인 태도를 갖도록 강요되고 있다고 한다. 이들 세 견해 중에서 가장 설득력이 있는 것은 변형론자들이라 할 수 있다. 과대세계화론자들은 세계화를 지나치게 경제적인 관점에서 또한 지나치게 일방적인 과정으로 본다. 회의론자들은 얼마나 세계가 변하고 있는지를 낮게 평가하고 있다.

세계화는 경제를 탈국가화하거나 혹은 경제단위로서의 국민국가를 탈중심화함으로써 국민국가의 응집력을 약화시킨다고 지적된다. 오늘날 국민국가의 주권은 위아래 혹은 내외로부터의 압력에 의하여 그 속성이 적잖게 변화하고 있다. 핵무기의 등장으로 인한 전쟁 성격의 변화, 새로운 커뮤니케이션과 정보기술의 발달 등은 국가의 능력을 감소시키면서 주어진 영토 내에서 국가가 지녔던 독점적 통제권을 약화시키고 있다. 일부 학자들은 나아가 국민국가의 주권 자체가 일련의 국민적, 지역적, 국제적 행위자들에 의해 분할 점유되며, 그 각각에 내재하는 다원성에 의해 제한되고 구속되어 있다고 지적한다. 또 국민국가가 더 이상 통치하는 권력으로 간주되어서는 안 되며 단지 세계에서 지역 수준에 이르는 권력의 복잡한 체계 내에 있는 한 종류의 권력과 정치기관일 뿐이라고도 언급된다. 이러한 권력이동power shift에 대해 한 국제연합 전문기구의 보고서는 다음과 같이 언급하고 있다.

> "세계화가 자본이동에서 정보체계에 이르는 무수한 전선에서 개별국가의 권력을 실추시키고 있고 다른 한편으로는 많은 국가들이 자국 내에서 특수한 집단들의 요구에 호응할 수 있을 정도의 탄력성을 갖지 못하게 되었다. 이제 국가가 큰 문제를 다루기에는 너무나 작고 작은 문제를 다루기에는 너무나 크다. 국민국가는 국민들이 정부에 더 많이 참여해서 자신들의 삶에 영향을 미치는 정책결정에 지대한 영향력을 행사하는 새로운 방안들을 모색해야 한다. 신속한 민주적 이행과 시민사회 단체들의 강화가 유일하면서 적절한 대

웅이다. 정부의 권위를 지방정부로 이양하는 것이며 시민단체 및 NGO들에게 폭넓은 자유를 부여해 주는 것이다"

_UNDP, Human Development Report 1993, 주성수, 2000: 129-130에서 재인용

피에르Jon Pierre와 피터스B. Guy Peters는 국가의 권력과 통제가 세 가지의 이질적인 형태로 그 위치를 바꾸어가고 있다고 지적한다. 국제행위자 및 조직으로 나가는 위로의 이동, 광역지역, 도시, 공동체로 향하는 아래로의 이동, 국가로부터 상당한 재량을 위임받아 운영되는 제도와 관련된 밖으로의 이동이 바로 그것이다. 위로의 이동 대상은 다양하고 폭넓은 의제를 지닌 최근의 국제행위자들이다. 이들 출현을 설명하는 가설은 현대 서구의 정치엘리트들에게 대부분의 중요 문제들은 국경에 의해 한정되지 않으며 사실상 광역적인 혹은 전 지구적인 문제라고 한다. 국제적 조정이 탈규제라는 목적 달성에 필요하다는 것이다. 대표적으로 국제무역은 대부분의 선진국가들에게 훨씬 더 중요하게 여겨진다는 것이다.Jon Pierre & B. Guy Peters, 정용덕 외 역, 2003: 118-130

이러한 변화는 통합이 점차 확대되고 심화되고 있는 유럽의 경우에 특히 두드러진다. 세계화와 상호작용 관계를 형성하고 있는 유럽통합은 2차 대전 후 본격적으로 전개되었다. 그러나 경제 분야를 중심으로 추진되던 유럽통합이 본격화되게 된 시기는 구 소련의 개혁·개방정책과 동유럽 사회주의 국가의 체제전환 움직임과 더불어 미국과 경제적 국제기구, 다국적기업들이 주도하는 신자유주의적 세계화가 가속화되던 1980년대 중반 이후였다. 유럽의 정치지도자들은 이러한 세계적인 변화의 흐름에 효과적으로 대응키 위해서는 유럽통합을 더 확대·심화시키는 것이 최선의 선택이라고 생각하고 있었다. 그 결과 유럽공동체 집행위원회 위원장이던 자크 들로아Jacques Delors가 주도해 유럽단일의정서Single European Act가 제정되었다. 이는 1992년까지 단일시장을 완성하고, 유럽의회를 활성화하며, 외교정책 및 안보분야의 공동노선을 추구하는 것을 내용으로 하였다. 이에 따라 1991년 12월 네덜란드의 마스트리히트에서 열린 유럽이사회에서 참가국들은 '유럽연합조약Treaty on European Union'에 합의하면서 거대한 유럽연합EU이 출범하였다.

이 중에서도 핵심은 '경제통화동맹EMU: Economic and Monetary Union'을 3단계를 거쳐 1999년까지 완성하는 것이었다. 이는 유럽 통화제도의 불확실성을 제거하지 않고서는 단일시장의 완성이 불가능하다는 인식을 배경으로 추진되었다. 그 결과 유럽중앙은행이 설립되고, 유럽 단일통화가 도입되었으며, 경제정책의 통일을 통하여 유럽통합의 완성을 꾀할 수 있게 되었다. 그 후 유럽연합을 주민들에 보다 가깝게 가게 하고, 회원국을 확대하며, 대외정책 결정 능력을 강화하기 위해 여러 차례에 걸쳐 제도적 개혁이 단행되었다. 유럽연합은 이제 브렉시트Brexit를 결정한 영국을 빼면 26개 회원국, 약 4억 9천만 명의 유럽인과 가치를 공유하는 거대한 정치·경제 공동체가 됐다. 미국, 중국과 더불어 세계경제의 주요축을 형성하고 있는 EU는 정치와 군사 관련 현안에 대해서도 국제사회에서 적지 않은 영향력을 행사하고 있다.

세계화는 다양한 행위자들이 시간과 공간을 가로질러 이동하면서 과거에 압도적 힘을 자랑하던 국가와 국가를 규정하던 요소들이 점차 약화되고, 전 지구적 규모에서 상호연결성이 확장되고 심화되고 있는 현상을 의미한다. 이러한 현상이 최근에 처음 나타난 것은 아니다. 그러나 전 세계적 연결성이 본격적으로 갖춰지게 된 것은 무엇보다 최근 몇십 년 동안 정보통신기술의 발달로 정보와 상품의 유통속도가 더욱 빨라진 데 힘입은 바 크다. 국경을 초월하여 이루어지는 자본, 기술, 정보의 통합으로 지구 전체가 하나의 마을처럼 변해가고 있다고도 지적된다. 세계화는 다자주의multilateralism, 지역주의regionalism 등 다양한 경로를 통해 진행되고 있다. 다자주의는 다자간 무역협상의 결과 범세계적 차원에서 국제무역을 관리하고 규제하는 협상이나 국제기구의 등장으로 나타났다. 브레턴우즈Bretton Woods 회담의 결과 수립된 달러를 기축통화로 하는 국제통화기금IMF체제와 무차별과 최혜국 대우에 입각한 '관세 및 무역에 관한 일반협정GATT'체제는 다자주의의 대표적 사례라 할 수 있다. 이에 비해 지역주의는 인접한 지역 내에 국가들이 공동의 관심사와 이해를 증진하기 위해 기구를 형성하고 협력을 행하는 것을 가리킨다.

지역주의는 세계주의에 의한 원심력과 민족주의에 의한 구심력으로 세계질서가 통합과 분할의 상충적 이중성을 갖고 있는 때에 그 중간 정도에 위치하는 성격을 갖고 있다.박경서, 2006: 440 세계무역기구WTO로 대표되는 다자주의 체제하에서도 지역주의가 세계적으로 유행하는 까닭은 국가를 중심으로 한 국제질서가 갈등과 번영을 유발하고 경제발전과 번영의 장애물이 되고 있다는 믿음 때문이라고 할 수 있다. 이러한 지역주의는 기존 국민국가의 국경을 초월하여 주권을 지역 혹은 세계적 구조로 이전시켜나가는 통합integration 노력으로 나타난다. 일반적으로 통합은 정치·안보적인 고위정치high politics 영역보다는 경제·사회적인 하위정치low politics 영역에서 더욱 활발히 이뤄진다.[1]

---

1) 지역통합이론은 1950년대에 일부 학자들이 유럽에서 통합노력이 시작되는 데 관심을 가지면서 대두하였다. 이들은 그때까지 지배적인 국제관계이론이던 현실주의의 국가중심적 견해에서 벗어나 다양한 행위자들 간에 거래와 접촉의 증가가 초국가적인 공동체의 등장을 가져오는 과정이나 현상을 연구하였다. 대표적인 통합이론으로는 연방주의(federalism), 기능주의(functionalism), 신기능주의(neofunctionalism), 거래주의(transactionalism) 등이 있다. 연방주의는 미국, 스위스의 역사적 경험에서 추출된 이론으로 정치엘리트에 의한 국가정부제도의 해체와 연방기구와 같은 초국가적 제도의 수립을 강조한다. 공동의 제도를 확립하면 공동의 태도와 공동체 의식을 갖게 된다는 것이다. 기능주의는 점차 복잡해지는 현대 사회에서는 정치와 분리된 경제, 통신, 과학, 기술과 같은 기능주의적 영역에서의 교류와 협력이 중요하다고 한다. 기능주의적 영역에서의 통합은 점차적으로 다른 영역의 통합으로 파급(spill-over)되고 분지(ramification)를 일으킨다고 한다. 신기능주의는 기능주의의 통합방법을 기본적으로 채택하지만 파급효과를 자동적으로 이루어지는 것이 아니라 정치적인 의지(political will)에 의한 학습과정이 필요하다고 보는 데에 차이가 있다. 유럽석탄철강공동체(ECSC)의 경우 유럽의 정치엘리트와 이익단체들의 열망에 의해 가능했다는 것이다. 한편, 거래주의는 국경을 가로질러 발생하는 정치적, 경제적, 사회적, 문화적 소통과 거래의 증가가 국민들을 동화시켜 좀 더 큰 공동체로의 통합으로 나가게 한다고 한다. 한편 로버트 퍼트남은 양면게임(metaphor of two-level game)을 제시한다. 그는 국제협상을 외교라는 바깥쪽 게임과 국내정치라는 안쪽 게임이 동시에 진행되는 게임으로 보고 양자 간의 상호작용을 분석하였다. 이에 따르면, 국내적 비준을 받을 수 있는 국제적 합의의 집합을 윈셋(win-set)으로 보고 이것이 크면 클수록 타결 가능성이 높은데, 윈셋의 크기는 △국내 여러 집단의 이해 및 역학관계 △국회의 비준절차 등 국내정치적 제도 △국제교섭 담당자의 전략 등 대략 세 가지 요인에 의해 결정된다고 한다. 여기서 대내협상 과정이 체계화된 통상협상 절차 마련은 자국의 협상력을 강화하는 데 있어서 주요한 변수가 된다. Robert D. Putnam(1988). 한미 FTA 협상에서 보듯이 한국의 경우는 통상협상 과정에 국민의 의사를 반영할 수 있는 제도적 장치가 미흡하고 국회의 역할도 극히 제한적이다. 반면 미국은 협상 전 단계부터 미 행정부는 의회와 긴밀한 협의과정을 거치는 점에서 차이가 있다.

지역주의와 다자주의 간의 관계를 살펴보면 지역주의가 다자주의에 걸림돌로 작용해 왔다는 시각과 지역주의가 다자주의를 보다 강화하는 디딤돌의 역할을 해왔다는 시각이 대립되고 있다 전자의 시각은 지역주의가 특혜무역협정을 의미하는 것으로서 관세장벽과 비관세장벽에 있어서 회원국과 비회원국을 차별함에 따라 무역왜곡trade diversion 효과를 발생시킨다고 한다. 지역 차원의 경제통합을 강화할 경우 이에 관여된 국가들은 다자주의적 교역질서의 강화를 위한 노력을 등한시하고, 지역주의에만 관심을 집중시키게 된다는 점도 지적된다. 또한 지역주의의 강화 및 확산이 역사적으로 볼 때 지역 간 또는 국가 간 매우 심각한 정치적, 군사적 갈등관계로 귀결되기도 하였다고 주장한다. 그러나 다른 한편에서는 지역주의를 통해 '보다 자유로운 무역'의 분위기를 확산시킬 수 있고 다자주의의 강화로 연결될 수 있음을 강조하는 견해도 있다. 지역주의의 경험을 통해 개발도상국들은 내부적 개혁을 지속적으로 추진할 수 있는 외부적 통제장치를 제공받음으로써 경제발전에도 도움이 될 수 있다는 것이다. 지역 차원에서 이루어지는 자유화의 실시는 관료, 정부, 국민 등 해당국의 광범위한 경제주체들에게 일종의 시위효과 demonstration effects를 통해 보다 용이하게 자유화 조치들을 채택할 수 있는 환경을 제공해 줄 것이라고 한다. 지역주의의 사례들은 주로 정치·군사적인 긴장완화를 위한 목적으로 형성되었거나, 결과적으로는 이와 동일한 효과를 가져왔다는 점도 강조된다.

도하개발아젠다DDA는 9차 무역협상이자 WTO 출범 후 첫째 무역협상이지만 협상 참여국들의 수가 너무 많아 이해관계를 조율하기 어려운 데다 국가별로 의견 차이로 별반 진전을 거두지 못하고 있다. DDA의 돌파구를 찾기 위한 WTO 협상의 연속 결렬이 보여주듯 범세계 차원에서의 다자주의 방식은 점점 그 효력을 잃고 그 대신 지역주의 경로를 통한 세계화가 부각되고 있다. 유럽 국가들은 EU로, 북미주는 미국의 주도하에 북미자유무역협정NAFTA을 통해 각기 지역통합을 추진하고 있다. 이들은 전 세계를 상대로 한 개방 전략보다는 일단 역내 국가들을 대상으로 단일시장을 형성한 후 점진적으로 통합을 정치 분야로 확대 하려 하고 있다. 또 이들은 경쟁적으로 자신들의 영향력을 인접지역을 거쳐 종국에는 전 세계적으로 확산시키려 한다. 이들 지역 주체들 간에는 자기 체제의 확산 경쟁이 일어나고 있는 것이다. 이에 가장 적극적인 국가인 미국은 이미 오래전부터 미국식 정치·경제 체제를 전 세계적으로 확산시키려 하였다. 특히 부시 정부의 집권과 9·11 사태 이후 득세한 네오콘Neocons은 전후 세계의 국제무역질서를 지탱해 온 GATT와 WTO로 대변되는 다자주의에서 벗어나 FTA를 수단으로 상대국의 관세뿐 아니라 제도, 규범, 정책 등을 미국식으로 변화시키는 일방주의 외교 정책을 공세적으로 추구했다.[2]

세계화가 가하는 압력에 대응해 각 지역별로 지역통합의 움직임이 활발하게 전개되고 있다. 이 중에서도 양자주의 지역통합의 대표적인 것이 자유무역지대Free Trade Area라 할 수 있다. 북미 지역의 경제통합은 1980년대 미국의 주도로 본격화되었다. 미국이 이를 서두르게 된 데는 우선 세계경제가 다극화되고 세계경제에서 차지하는 미국의 리더십이 점차 약화됨에 따라 이에 탄력적으로 대처할 필요가 있었기 때문이다. 유럽통합에 대응하고 교착상태에 빠져든 우루과이라운드에서 유리한 고지 점령의 필요성이 증대되었다. 그리고 미국과 인접한 캐나다와 멕시코 3국은 각기 풍부한 자본과 높은 기술 수준, 천연자원과 저임노동력 등 상호보완적인 경제구조를 갖고 있어, 이들이 유기적으로 결합할 경우 미국 경제발전에 새로운 동기를 부여하리라는 판단도 존재하였다. 이런 배경에서 1991년부터 3국이 북미자유무역협정을 위한 협상을 벌인 결과 1994년 1월 1일 북미자유무역협정NAFTA이 공식 발효되었다. NAFTA는 자유무역협정의 가장 대표적인 사례로 무역·투자 자유화, 서비스 이동, 지적 재산권, 노동과 환경 모두를 다룬 포괄적인 자유

---

2) 미국 대표로 NAFTA 협상과 우루과이 라운드 협상에 참여했고, 미국의 통상본부장을 역임했으며, 현재 세계은행 총재로 있는 로버트 졸릭(Robert Zoellick)은 미국이 FTA 상대국에게 세계 최대의 상품 및 자본시장인 미국시장에 접근할 수 있는 차별화된 혜택이라는 유인을 제공함으로써 세계무역의 개방과 자유화에 기여한다는 이른바 '경쟁적 자유화(competitive liberalisation)'를 내세웠다. Robert Zoellick(2002).

무역협정이다. 또한 NAFTA는 선진국과 개도국 간에 체결된 자유무역협정의 드문 사례이기도 하다.

NAFTA로 인해 회원국 간 교역규모는 다른 역외국과의 교역보다 빠르게 증가하였다. 경제적 지표를 보면 미국의 경우 NAFTA가 교역, 고용, 소득, 투자 등에서 다소 긍정적인 영향을 받은 것으로 나오고 있다. NAFTA는 멕시코에도 혜택을 안겨줬다. 외국자본에 대한 각종 투자제한 조치가 해제되면서 외국자본이 북부의 경제특구를 중심으로 급속히 증가하였고, 국내총생산도 성장하였다. 멕시코가 1994년 12월 금융위기 이후 급속히 회복한 것은 월 스트리트의 긴급 구제가 아니라 NAFTA에 의해 촉발된 미국과의 무역 덕분이었다. 하지만 초기에 멕시코가 수출확대로 얻은 혜택은 이후 미국 경기침체와 중국 제품과의 경쟁격화로 줄어들었다. 옥수수농장의 가난한 멕시코 농부들은 대규모 보조금을 받는 미국산 옥수수와 힘든 싸움에 직면했다. 불평등과 수탈로 시달리던 남부의 치아빠스 주민들은 사파티스타민족해방군EZLN이라고 알려진 농민게릴라가 되어 반세계화와 자유무역협정, 멕시코 사회의 총체적 개혁을 요구하고 나섰다.

NAFTA가 체결된 후 좋아진 각종 경제지표도 그 내용과 질을 보면 결코 긍정적인 평가만 내릴 수는 없다.강경희, 2007; 이성형, 2009 우선 대외무역에서 미국이 차지하는 비중이 90%에 육박하는 등 과도한 의존을 보이고 있고, 외국인 직접투자도 특정한 지역과 경제부문에 집중되었고, 투기자본에 대한 규제나 제약이 없어지면서 금융위기에 노출되게 되었다. 고용부문에서는 고용이 감소하고 있고, 대부분의 신규고용도 노동법을 준수하지 않는 '마낄라도라Maquiladora' 경제특구에서 이루어졌다. 멕시코의 식량체계를 다국적기업이 접수하면서 영양실조를 겪는 사람들이 늘었고,[3] 미국으로의 불법이민도 급증

---

3) 로라 칼슨(Laura Carlsen) 멕시코시티 국제정책연구소 연구원은 2011년 10월 20일 미국 *Foreign Policy in Focus* 칼럼을 통해 NAFTA 발효 후 초기 몇 년 동안 옥수수 수입은 3배로 늘었고 생산자 가격은 반으로 떨어졌으며, 그 후 17년 동안 200만 명의 농민이 정부 지원도 없이 헐값에 토지를 넘기고 떠났다고 밝히고 있다. 멕시코의 식량

1994년 1월 1일 공식 발효된 **북미자유무역협정(NAFTA)**은 자유무역협정의 가장 대표적인 사례로 무역·투자 자유화, 서비스 이동, 지적 재산권, 노동과 환경 모두를 다룬 포괄적인 자유무역협정이다. 또한 NAFTA는 선진국과 개도국 간에 체결된 자유무역협정의 드문 사례이기도 하다. 미국과 인접한 캐나다와 멕시코 3국은 각기 풍부한 자본과 높은 기술 수준, 천연자원과 저임노동력 등 상호보완적인 경제구조를 갖고 있어, 이들이 유기적으로 결합할 경우 각국의 경제발전에 새로운 동기를 제공할 수 있다는 기대가 있었다. 그러나 대외무역에서 미국이 차지하는 비중이 90%에 육박하는 등 과도한 의존을 보이고 있고, 외국인 직접투자도 특정한 지역과 경제부문에 집중되며, 투기자본에 대한 규제나 제약이 없어지면서 금융위기에 노출되는 등 여러 문제점이 노정되고 있다. 2003년 11월 멕시코는 어떤 나라와도 FTA를 추가로 체결하지 않겠다는 이른바 'FTA 모라토리엄'을 선언했다. 2017년 대통령으로 선출된 도널드 트럼프는 미국우선주의(America First)를 내걸고 NAFTA 재협상을 밀어붙였다. 그 결과 2018년에 NAFTA를 대체하는 미국·멕시코·캐나다협정(USMCA)이 체결되었다.

하고 있다. 2003년 11월 멕시코는 일본과의 FTA 체결을 끝으로 당분간 어떤 나라와도 FTA를 추가로 체결하지 않겠다는 이른바 'FTA 모라토리엄'을 선언했다. 멕시코는 FTA 모라토리엄을 선언하기 전까지 43개국과 12개의 FTA를 체결했으나 현재 이들 국가와의 무역에서 대부분 적자를 보고 있다.

체계를 다국적기업이 접수한 결과는 식량과 보건 분야의 대재앙으로 이어졌다고 한다. NAFTA 이전 멕시코는 식량 수입에 18억 달러를 썼으나 지금은 240억 달러라는 터무니없는 액수를 쓰고 있고, 인구의 25%가 기본적 식량에 접근하지 못하고 있고, 수백만 명은 아예 기아 상황에 놓였으며, 농장 노동자들은 나라 전체를 먹여 살릴 만한 식량을 생산하고 있으면서도 가장 심각한 영양실조에 시달리고 있다고 한다. Laura Carlsen (2011).

NAFTA 이후 미국, 캐나다, 멕시코의 제조업 부문에서 생산성 증가와 실질임금 변화를 보여주고 있다. 세 국가 어디에서도 생산성 증가가 노동자의 실질임금 상승으로 귀결된 경우는 없다. 이는 세 국가의 투자가와 자본가들은 생산성 증가의 이득을 향유하는 반면, 모든 국가의 노동자들은 실질임금이 정체되고 고용 불안정이 확대되어 손해를 보고 있다는 사실을 입증해준다. 이러한 순수 경제적 요인을 제외하고도 자유무역과 세계화의 가속화에 따른 제도적, 문화적 변화를 전혀 고려하고 있지 않다는 문제점도 있다. 예를 들어 노조의 협상력 하락, 사회 복지적 요소를 더 많이 축소하도록 강제하는 '작은 정부' 이데올로기, 공동체의 파괴, 소득격차의 폭을 용인하는 사회적 규범norm 변화 등의 요소는 전혀 고려할 수 없다는 문제점들이 있다.

한국 정부 역시 미국과 FTA 체결을 서두르고 나섰다. 2006년 노무현 정권은 양국 간에 자유무역지대를 창설함으로써 무역 및 투자를 자유화하고, 서비스 및 정부조달시장 개방 폭 확대, 지적재산권 보호 강화 등 경제 전반에 걸친 제도의 선진화를 통하여 양국 간 경제통상관계를 한층 확대·강화하려는 것이라는 점을 내세우면서 협상을 시작했다. 한국 경제 시스템 전반의 선진화를 가져올 절호의 기회라는 주장 외에도 다양한 명분이 내세워졌는데, 그것은 FTA 대세론(다른 나라가 하니까 우리도 한다), 미국시장 선점론(중국, 일본이 하기 전에 우리가 해야 한다), 중국 위협론(몇 년 내에 중국이 우리 제조업을 따라잡을 것이다), 외부쇼크에 의한 내부개혁론(스스로 서비스업을 개혁할 능력이 없으니 외부쇼크가 필요하다) 등이었다.

그러나 당시 노무현 정권은 한국 사회에 엄청난 지각변동을 가져올 중대 국정사안인 세계 최강대국 미국과의 자유무역협정을 '시간과 속도sequencing and pacing'에 대한 고려 없이 졸속으로 추진했다. 한미 FTA는 NAFTA처럼 단순한 상품무역 협정을 넘어 서비스, 투자, 지적재산권 등 거의 모든 통상사항을 포괄하는 높은 수준의 FTA로 특히, 시장개방과 투자자 보호를 가장 강력하게 요구한다는 점에서 세심한 준비와 신중한 접근이 필요했다. 그럼에도 노무현 정권은 한미 FTA의 '4대 선결조건'로 미국이 요구한 의약품 가격 인하 정책의 중지, 자동차 배출가스 기준 강화 방침의 취소, 광우병 파동으로 중단된 미국산 쇠고기 수입의 재개, 스크린 쿼터의 축소 등 중요 사안들을 그대로 미국의 수용했다. 이는 정작 협상 테이블에서 다루어야 할 과제들을 미리 수락함으로써 협상과정에서 우리가 발휘해야 할 교섭력을 원천적으로 제약한 것이다. 한미 FTA 협상이 우리 경제와 사회에 미칠 효과와 충격에 대한 철저한 연구, 이해당사자들의 의견 수렴과 대책 마련, 국민적 공감대에 기초한 면밀한 협상전략 수립 등도 갖추지 않았다.

한국의 FTA 추진론자들은 경제적 세계화, 그중에서도 자본시장 자유화가 진행되는 과정에서 일방주의와 '민주주의의 결핍'이 나타났고 선진국이나 이들 국가내의 특수 이해관계자들의 이익만 반영된다는 지적은 아예 새겨듣지 않았다. 조지프 스티글리츠Joseph E. Stiglitz는 〈인간의 얼굴을 한 세계화〉 한국어판에 실린 '한국 외환위기 10년, 세계화의 명암을 돌아본다'라는 제목의 특별 기고문에서 한국 외환위기 당시를 되짚어보면서 한미 FTA가 또 다른 위기를 부를 것이라고 경고했다. 그는 동아시아 외환위기의 근본적인 이유가 월스트리트와 그들의 이익을 대변해온 재무부와 국제통화기금이 강력하게 추진했던(그리고 지금도 지속적으로 추진하고 있는) 정책, 그중에서도 특히 성급한 자본시장 자유화라고 지적한다. 스티글리츠는 자유무역협정이 "미국의 권력을 이용해 다자간 시스템을 파괴하려는" 부시 행정부의 횡포라면서 "전 세계 민주주의와 다자간 시스템을 공격하는 부시 행정부를 다른 국가들, 특히 한국이 지원하고 용인하는 이유를 쉽게 납득할 수 없다"고 비판했다. 그는 양자협정이 지난 60년간 쌓아온 다자무역 시스템을 무너뜨리면서 세계를 '내 편과 적'으로 가르고 있다며 NAFTA 체결 이후 미국과 더욱 격차가 벌어지고 있는 멕시코의 참상을 보라고 한다.

> "많은 한국인들이 한미 자유무역협정을 쾌거라고, 그리고 무수한 새로운 기회의 장이 될 것이라고 생각할지 모르지만, 나는 그다지 낙관적이지 못하다. 나는 이 협정이 한국이나 전 세계에 무슨 이득을 가져다줄지 확신할 수 없다. 아마도 이 협정이 큰 변화를 가져올 것이라고 희망을 걸고 있는 사람들은 결국 낙담하게 될 것이다." _Joseph E. Stiglitz, 홍민경 역, 2008: 35

한미 FTA에 대해서 민주노총, 전국농민회총연맹 등 300여 개 시민사회단체가 모여 2006년 3월 28일 '한미FTA저지범국민운동본부'를 결성하여 반대 여론을 조성하고 시위를 전개하였다. 이들은 발족선언문에서 "한미 FTA는 시민의 삶을 피폐시키는 '제2의 한일합방'"이라며 "졸속적이고 비상식적인 FTA 협상을 범국민적 항쟁으로 반드시 저지할 것"이라고 다짐했다.

> "국익도, 국민적 토론과 합의도 없이 한미 FTA를 강행하는 참여정부의 모습에서 우리 국민들은 과거 권위주의 정부의 어두운 그림자를 본다. 신자유주의 세계화의 전도사로, 양의 탈을 쓴 늑대가 되어버린 참여정부는 돌아올 수 없는 강을 건너고 있다. 한미 양국 자본의 이익만을 대변하는 '그들만의 정부'는 더 이상 우리의 정부가 아니다. 이들의 모습에서 100여 년 전 "개방만이 살길이다, 일본의 문물을 수입하자"며 나라를 팔아먹은 친일파의 악령들이 연상되는 이유가 여기에 있다."

또 "쌍둥이 적자로 허덕이며 국가부도의 위기에 직면한 미국경제의 돌파구의 일환으로 계획된 한국과의 FTA는 대한민국을 신자유주의 세계화의 최면에 걸어 절망의 나락으로 빠뜨리고 있다"고 비판했다. 범국민운동본부는 "한미 FTA와 주한미군의 전략적 유연성은 미국의 한반도 지배전략의 양 날개"라며 "나아가 이 둘은 한반도를 중국을 포위하는 새로운 아시아 지배전략의 전초기지로 만들려는 미국의 새로운 세계지배 전략의 핵심"이라고 주장했다. 범국민운동본부는 "참여정부와 통상관료, 재벌, 보수정치인과 언론들만이 민심을 외면한 채 한미 FTA를 찬양, 고무하고 있다"면서 "한미 FTA를 반대하는 모든 국민이 전국 각지에서 모여 작은 차이를 넘어 연대하고 투쟁할 것"이라고 다짐했다.〈오마이뉴스〉, 2006년 3월 29일[4] 이후 범국민운동본부 참

---

4) 당시 참가단체들의 성명에는 한미 FTA에 대한 반대 진영의 주장과 논리가 잘 드러나 있다. 이날 발족식에서 정진영 스크린쿼터반대 공동대책위원장은 "우리 영화인들은 FTA 반대 투쟁에 가장 앞서 나섰다는 데 대해 자부심을 느낀다"면서 "앞으로도 세계 문화계의 공동행동에 참여하고 FTA의 진실을 밝히는 다큐멘터리를 제작하는 등 FTA 반대 운동에 적극 동참하겠다"고 밝혔다. 농축수산 비상대책위원회의 서정의 위원장은

한미 FTA 반대 시위

"한미 FTA를 저지하지 못한다면 우리의 식량은 물론 자연환경까지 모두 파괴될 것"이라며 "미국산 쇠고기 수입 재개를 비롯해 FTA에서 협상대상으로 삼는 모든 분야에서 연대하겠다"고 밝혔다. 교육 분야 공동대책위원회의 김정명신 공동대표는 "한미 FTA는 초중등 교육을 직접적으로 겨냥하고 있으며, 이는 국민의 정체성과 민주사회 시민을 기본교육으로 가르치는 초중등학교를 미국에 맡기는 파국을 초래할 것"이라고 지적하고 "우리는 취약한 교육의 공공성을 파괴하고 사회 양극화를 심화시킬 한미 FTA의 위험성을 폭로할 것"이라고 다짐했다. 교수학술공대위의 김세균 공동대표는 "한미 FTA는 미 제국에의 실질적 합병이며 이는 소수를 제외하고 국민의 대다수를 프롤레타리아와 빈민으로 만들 것"이라며 "반 신자유주의 투쟁의 총결산인 FTA 저지 투쟁에 이론적, 정책적 무기를 제공하며 함께 하겠다"고 밝혔다. 시청각미디어공대위의 전규찬 집행위원장은 "정부는 한쪽 눈과 같은 영화를 내주더니 통신이라는 간을 파먹으려 하고, 이제는 심장과 같은 방송을 팔아먹으려 한다"며 "우리의 몸과 혼을 지키기 위해 FTA 저지에 혼신의 힘을 다할 것"이라고 강조했다. 이날 발족식에 참가한 민주노총 조준호 위원장은 "한미 FTA는 민주노총 산하 연맹 전체에 영향을 미칠 것"이라며 "민주노총 내에 특별위원회를 구성해 이때까지의 노동운동과는 전혀 다른, 전 민중과 함께하는 반 FTA 투쟁에 나설 것"이라고 강조했다. 참여연대 김기식 사무처장은 "얼마 전 노무현 대통령이 '남은 임기는 FTA에 올인할 것'이라는 말씀을 하셨다"며 "우리는 한미 FTA 저지에 올인할 것"이라고 말했다. 〈프레시안〉, 2006년 3월 28일.

가 단체들은 '한미 FTA 저지 1차 범국민대회'를 개최하고 '미국 원정 투쟁단'을 구성해, 미국에서 한미 FTA에 반대하는 활동을 펼쳤다.

한미 FTA 추진은 한국 사회를 찬성과 반대의 두 진영으로 나눠 치열한 대립과 갈등이 벌어지게 했다. 정치권과 시민사회뿐만 아니라 학계도 찬반 입장으로 분리되었다. 전문가들의 찬반 논쟁 역시 잇달았다. 정인교와 이해영이 〈한미 FTA, 하나의 협정 엇갈린 '진실'〉이란 책에서 펼친 논쟁은 한미 FTA에 대한 찬반 진영의 상반된 입장을 명확하게 보여준다.

> "한미 FTA가 우리 경제의 성장과 선진화를 이끄는 동력이 될 것으로 전망하는 이유는 많은 개혁과 개방조치가 포함되어 있기 때문이다. 또 이들 조치들은 국민의 복지를 증진시키게 될 것이고, 기업하기 좋은 환경을 만들어나가는 데 기여할 것이다. 보호와 규제로 일반 국민들은 손실을 보고 있는데, 이를 획기적으로 개선해나갈 수 있는 동력이 바로 한미 FTA이다. 이러한 정책적 판단이 서지 않았다면 한미 FTA를 추진하지 않았을 것이다."
>
> _이해영·정인교, 2008: 38

> "현 단계 한국 경제의 구조적 조건에서 보면, 한미 FTA로 인해 자동적으로 고용이 확대되고 성장이 촉진된다고 볼 근거는 거의 없다. 설사 FTA로 인해 총교역량이 증가하더라도, 그것이 고용유발효과가 매우 낮은 IT산업에 의해 주도되고, 금융부문의 구조적 취약성이 지속되며, 사회양극화가 심화되는 조건에서 그것은 성장, 고용, 그리고 투자의 경제적 선순환으로 이어질 것으로 보이지는 않는다. 수출 증가가 오히려 더 많은 수입을 유발하는, 그래서 수출부문이 전체 경제 연관으로부터 분리·이탈되어버리는 현상을 초래할 수 있다."
>
> _이해영·정인교, 2008: 30

한미 FTA는 2007년 4월 2일, 14개월간의 긴 협상을 마치고 최종 타결되었다. 2007년 5월 25일에 협정문 내용이 공개되었고, 6월 30일 두 나라가 협정에 공식서명하였다. 이명박 정권 들어와 두 나라는 2010년 12월 미국의 요구로 자동차 분야에 대한 재협상을 벌였다. 재협상 결과, 한국산 승용차에 대한 미국의 관세2.5%를 즉시 철폐에서 4년간 유지하는 것으로 바꾸고, 미국산 승용차에 대한 우리 관세8%는 협정 발효 즉시 4%를 낮추고, 나머지 4%는 4년간 유지하다 없애기로 했다. 외형적으로는 두 나라의 관세 철폐 기간을 '4년간'으로 맞추는 듯했지만, 한국 쪽 대미 자동차 수출량이 월등히 많은 점을 고려할 때 '일방적인 양보'라고 볼 수 있다.

한미 FTA 이행법안은 두 나라가 협정에 공식 서명한 지 4년 3개월 만인 2011년 10월 12일 미국 상·하원을 모두 통과했다. 미 의회는 하원에서 한미 FTA 이행법안을 찬성 278, 반대 151로 처리한 뒤, 상원에서 찬성 83, 반대 15의 큰 표 차로 가결시켰다. 당시 버락 오바마 대통령은 "미국 노동자들과 기업들을 위한 중대한 승리"라면서, "초당적 지지 속에 이뤄진 표결은

〈표〉 한미 FTA 주요 쟁점별 찬반 입장

찬성의견	쟁점	반대의견
• FTA는 분명 긍정적 효과를 낳는다. 미국의 GDP는 우리보다 14배나 많다	경제적 효과	• 정부는 우리 GDP가 10년간 최대 5.7% 증가한다고 발표했는데 미국에선 0.2~0.3%로 전망했다
• 법체계가 나라마다 다른 것은 당연 • 국제법상 의무는 동일하다	국내법 적용 차이	• 한-미 FTA가 미국법에 우선하지 못하고, 이를 근거로 사적소송도 못한다 • 우리도 이행법 체계를 마련해야 한다
• 중소상인·중소기업을 한-미 FTA 적용에서 배제할 수는 없다	중소상인 중소기업 보호	• 우리 헌법은 중소기업 보호를 국가의 의무로 규정한다.
• 약은 특허권을 인정받아야 한다	의약품 특허-허가 연계	• 지구상에 미국밖에 없다
• 보건의료가 아니라 경제자유구역의 문제다	경제자유구역내 영리병원	• 나중에 비영리병원으로 전환할 수 없다
• 우리가 맺은 기존 투자협방에 대부분 포함됐다	투자자-국가 제소제	• 우리의 주권을 제한하며 중립성도 보장 받기 어렵다
• 한-미 FTA와 별개다	쌀 재협상	• 2014년 이후 미국과 재논의할 수 있는 문제가 아니다

출처: 〈한겨레〉, 2011년 10월 24일

미국 상품의 수출을 상당히 신장시킬 뿐 아니라 미국 내에 수만 개의 고임금 일자리를 만들고 노동권과 환경, 지적재산권을 보호할 것"이라고 기대감을 표시했다. 그는 또 "미국 자동차 제조사들과 농민, 축산업자, 소기업을 포함한 생산회사들은 새로운 시장에서 경쟁하고 이길 수 있게 됐다"고 강조했다. 뉴욕타임스는 "버락 오바마 대통령의 승리"라고 보도했고, 워싱턴포스트는 "한미 FTA는 1994년 북미자유무역협정NAFTA 비준 이래 가장 중대한 무역협정으로 평가된다"고 보도했다.〈경향신문〉, 2011년 10월 13일

미국에 이어 한국에서도 당시 집권당이던 한나라당이 11월 22일 기습적으로 국회 본회의를 열어 야당의 격렬한 반발 속에 한미 FTA 비준동의안을 통과시켰다. 한나라당의 요청으로 이날 열린 본회의에서 재적의원 295명 중 170명이 참석한 가운데 찬성 151표, 반대 7표, 기권 12표로 비준동의안이 통과됐다. 독점규제 및 공정거래법 등 한미 FTA 이행에 필요한 14개 부수 법안도 함께 통과됐다.[5] 표결에는 한나라당 의원 160여 명과 자유선진당 7명, 미래희망연대 2명이 참여했다. 민주당 등 야당과 시민사회단체들은 한

---

5) 한나라당이 한미 FTA 비준안 강행처리 시 동시에 통과시킨 14개 법안은 협정문 규정을 뒷받침하기 위해 마련된 것으로 적지 않은 문제가 있다. 대표적으로 약사법 개정안에 따라 신설된 허가특허연계제는 식품안전청이 복제약을 만들려는 회사가 특허신약을 보유한 제약사의 특허권을 침해할 소지가 있는지 검토하고, 특허권 보유 제약사가 특허침해소송만 제기해도 복제약 허가절차는 중지돼, 그 기간만큼 특허권은 더 연장된다. 이는 신약 개발능력이 떨어지는 국내 제약업계뿐 아니라 소비자에게도 독소조항이다. 이밖에도 특허권자를 보호하기 위한 장치는 광범위하게 마련됐다. 우선 이번 개정으로 실용신안법과 디자인보호법, 부정경쟁방지 및 영업비밀보호에 관한 법률, 특허법, 상표법에 공통적으로 '비밀유지명령제도'가 새로 도입됐다. 비밀유지명령제도란 특허소송 시 소송과정서 법원과 소송인, 피소송인 사이에 교환된 비밀정보는 오직 소송을 위해서만 쓰이도록 하고, 이를 위반한 자는 제재를 받도록 한 제도다. 특허자와 마찬가지로 저작권자의 권한도 대폭 강화됐다. '일시적 저장'을 저작권으로 인정하고, 저작권 위반자는 물론, 위반할 '혐의'가 있는 사람까지 처벌대상으로 삼았으며, 음악창작자의 저작권과 별도로 가수와 음반제작자, 방송사업자 등 '저작인접자'에게도 권리를 부여했다. 우체국의 금융상품 판매를 제한하는 '우체국예금·보험에 관한 법률'의 일부개정안은 민간보험의 자유로운 영업을 보장하기 위해 국가의 관련업 진출을 최대한 막고 있다. 〈한겨레〉, 2011년 11월 25일.

나라당의 한미 FTA 강행 처리를 '의회 쿠데타'로 규정하고 무효화 투쟁에 나서겠다고 선언했다. 한미 에프티에이 저지 범국민운동본부는 성명을 내어 "주권을 포기한 퍼주기 협정 통과를 강행한 이명박-한나라당 정권을 강력히 규탄한다"며 "날치기에 동참한 의원들을 내년 총선에서 전원 낙선시키기 위한 전면적 투쟁에 돌입할 것"이라고 선언했다.〈한겨레〉, 2011년 11월 22일

2006년 협상이 시작된 뒤 다양한 찬반 논쟁이 이어졌음에도 결국 국민적 합의에 이르지 못하고 비준안이 일방 처리된 현실은, 한미 협정이 한국의 미래에 끼칠 깊고 넓은 파장을 예고한다. 찬성 쪽은 "소규모 개방경제의 불가피한 선택이자 도약의 기회"라는 긍정론을 펴지만, 실제로 협정 발효가 우리 경제와 일반 국민들의 삶에 끼칠 부정적 파급 효과는 쉽게 가늠하기 힘들다. 이익 균형 차원에서 FTA 협정은 한국에게 불리하다고 평가된다. 협상 기간 내내 미국의 공격적인 개방 확대 요구에 한국은 수세적 태도로 일관했다. 협상 초기 쇠고기 등 이른바 '4대 선결 과제'를 사실상 수용했고, 2010년

〈그림〉 한미 FTA 분야별 주요 내용

자동차
- 4년 뒤 관세 2.5% 철폐(수출), 발효 즉시 8% → 4% 관세 인하 후 4년 뒤 철폐(수입)
- 부품관세 즉시 철폐

농축산업
- 관세 즉시 철폐 (품목 기준 37%)
- 쇠고기(15년)·돼지고기(10년) 단계적 관세 인하
- 협정 발효 1년차에 수입량이 27만t 넘으면 세이프가드 발동 가능 2년차부터는 발동 기준 수입량 6,000t씩 확대

서비스
- 경제자유구역 내 영리병원 보장
- 방송: 방송채널사용사업자(PP) 개방, 외국인 직접투자 49%
- 스크린쿼터: 73일 이하
- 통신사업: 외국인 지분보유 49%, 간접투자 100% 허용 (KT와 SK텔레콤 제외)
- 법률 3단계, 회계·세무 분야는 2단계 개방

투자
- 투자자-국가 소송제(ISD), 간접수용 도입

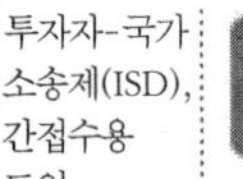
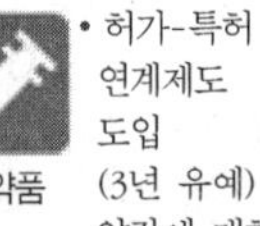
의약품
- 허가-특허 연계제도 도입 (3년 유예) 약값에 대한 이의신청 절차 도입

지적재산권
- 저자권 보호 기간 70년으로 연장 (2년 유예)
- 냄새 또는 소리 상표권 인정 법정 손해배상 제도 도입

개성공단
- 1년 이내 한반도역외 가공위원회 열어 한국산 인정 여부 결정 미국 의회의 승인 필요

출처: 〈한겨레〉, 2011년 11월 23일

에는 재협상을 통해 자동차 산업 등에서 미국 업계의 이익을 또다시 대폭 받아들였다. 재협상 과정에서 한국 자동차 분야의 기대 이익은 최대 4조 원가량 줄었다. 투자 협정에서도 반덤핑 관세 제한 등 한국 쪽 요구는 용두사미가 된 반면, 투자자-국가 소송제 등 미국 쪽 요구는 골격이 그대로 협정문에 반영됐다. '불공정한 퍼주기 협정'이란 비판이 줄곧 제기돼 온 이유다. 〈한겨레〉, 2011년 11월 23일

국내의 주요 국책연구기관들은 한미 FTA가 발효되면 한국 경제의 국내총생산GDP이 장기적으로 5.66% 증가할 것으로 분석한다. 단기적으로는 관세감축에 따른 교역 증대로 실질 국내총생산이 0.02% 늘어날 것으로 내다봤다. 또 대미 수출은 연평균 12억 8,500만 달러, 수입은 11억 4,700만 달러 증가해 앞으로 15년간 연평균 무역수지 흑자가 1억 3,800만 달러 확대될 것이라고 전망했다. 제조업 분야는 5억 7,300만 달러 흑자를 보지만, 농업 분야에서는 4억 2,400만 달러 적자를 보기 때문이다. 한국의 '장밋빛 전망'에 대한 반론은 미국 쪽에서 나왔다. 미국 국제무역위원회ITC가 낸 '한미 자유무역협정의 경제적 가치' 보고서를 보면, 미국은 한국에 대한 상품 수출이 약 110억 달러, 수입이 70억 달러 늘어나 무역수지는 40억 달러 개선되는 효과가 발생할 것이라고 예측돼 있다. 한국이 추정한 대미 수입보다 10배가량 큰 규모다. 이에 따라 국책 연구기관들의 장밋빛 전망에 대한 검증이 제대로 이뤄지지 않은 상태에서 협정이 추진된 것 아니냐는 우려가 강하게 제기되고 있다. 만약 미국 쪽 전망대로 수입이 110억 달러나 늘어난다면 한국의 무역수지가 크게 악화될 뿐 아니라 관련 산업들의 피해가 클 수밖에 없다. 〈한겨레〉, 2011년 10월 15일

비준에 맞춰 미국이 발표한 '한미 FTA가 미국에 미치는 영향'이라는 보고서는 앞으로 미국 투자자가 한국에 진출할 때 중요한 보호를 받지만, '신통상정책'에 따라 한국 투자자는 미국에서 미국 투자자를 초과하는 실질적인 권리를 부여받지 못한다고 설명했다. 이어 한미 협정의 투자 분야는 미국의 법 원칙과 판례를 그대로 반영했다고 강조했다. 행정명령 조처에서도 '미국의 기존 법률은 이미 한미 협정과 부합하기에 제·개정할 사항이 많지 않다'

고 설명돼 있다.〈한겨레〉, 2011년 10월 14일 한미 FTA로 인해 최소한 23개의 국내 법률을 제·개정해야 하고, 협정의 국내법적 지위가 한국과 미국 두 나라에서 서로 다르다는 점은 한미 협정이 이익의 균형을 현저하게 상실한 '불평등한 협정'이라는 지적이 나오게 한다. 미국 의회가 처리한 '한미 FTA 이행법안'에는 "한미 협정과 충돌할 때 미국법이 우선하며, 한국인은 한미 협정을 위반했다고 해서 미국에 소송할 수 없다"고 명시돼 있다. 반면 한국에서는 한미 협정이 국내법과 동등한 지위를 지닌다. 또 중소기업과 대기업의 상생 협력을 도모하기 위한 법률(상생법)이나, 영세상인을 보호하기 위한 유통산업발전법(유통법)과 같은 사회적 약자를 보호하고 공공성을 제고하기 위한 법률과 정부정책도 협정 위반 소지가 있는 데서 무력화될 수 있다. 이는 한미 FTA가 시장의 지배와 경제력의 남용을 방지하며, 경제주체 간의 조화를 통한 경제의 민주화를 위해 경제에 관한 규제와 조정을 할 수 있다고 규정된 헌법의 이른바 '경제 민주화' 조항을 유명무실하게 만든다는 것을 의미한다.

야당이 한미 FTA에 대해 반대하는 핵심 근거는 국회 통일외교통상위원회가 2008년 2월 18일 발표한 '한미 FTA 검토 보고서'에 담겨 있다. 이 보고서는 "한미 FTA는 민주주의 원칙에 부합하지 않는 절차적 하자와 함께, 협정문안의 일부 규정은 헌법상 권력분립의 원칙 및 이익균형이라는 FTA의 취지에 부합하지 않는다"며 근본적인 문제들을 제기했다. 1) 협정의 위헌적 소지는 주로 국회의 입법권을 침해하는 부분에서 나타난다. 2) 한미 FTA는 미국 쪽보다 한국 쪽에 과다한 부담을 지우고 있다. 미국만 지는 의무규정은 7개에 불과한 반면, 우리만 부담해야 할 의무규정은 55개나 된다. 1:8의 불균형이다. 3) 협정 체결 과정에서 형식적 공청회 개최, 4대 선결조건 논란 야기, 사전 국회 협의 미비, 국민 의견 수렴 부족, 두 차례 추가협의를 통한 협정 문안 수정 등의 절차적 하자를 범했다.국회 통일외교통상위원회 수석전문위원, 2008

이와 같이 적지 않은 문제점을 지니고 있고, 한국 사회·경제 전반에 엄청난 영향을 미치는 조약이지만 국회가 협상권을 지닌 정부를 제대로 감독하고 견제하지 못하고 있다. 미국이나 유럽연합과 달리 정부가 통상 협정 추진 시 국회에 보고를 의무화하는 통상절차법이 없는 까닭에 통상관료가 외부 견제

없이 협상하고 일방적으로 결과만 국회에 통보하는 일이 반복되고 있다.[6)]

케빈 갈라거Kevin P. Gallagher는 한미 FTA 같은 양자 간 협정은 선진 산업 국가들과 발전도상국들 사이에 현실적으로 존재하는 비대칭적 협상력asymmetric bargaining power을 악용하는 협정이라고 지적한다. 이 과정에서 이 지역 간, 양자 간 협정들은 진정한 비교 우위comparative advantage를 지닌 나라들을 협상 대상에서 의도적으로 제외시키고, 개발도상국들이 자국의 발전을 위해 취할 수 있는 효과적인 정책 집행 능력을 근본적으로 박탈한다는 것이다.Kevin P. Gallagher, 2007 여경훈은 FTA를 통한 관세 인하에 '바닥을 향한 경주'의 함의가 들어 있다는 점을 강조한다. 게임이론에서 말하는 죄수의 딜레마와 매우 유사한 '바닥을 향한 경주'처럼 각 국가들은 무역을 확대하기 위한 가격 경쟁을 치열하게 벌이는데, 비용인하 경쟁이 극심해지고 기업 수준의 한계에 다다르면, '경쟁력'이라는 명목으로 개별 국가의 노동과 환경 기준을 축소하게 된다는 것이다. 노동자는 임금 하락, 고용 불안, 노동조건 하락으로 고통을 받고, 대다수 국민들은 복지 축소, 양극화 심화, 환경오염 등으로 피해를 보는 등 이른바 '누가 더 열악하나'를 놓고 경쟁하게 되는 상황이 발생한다는 것이다. 반면, 기업은 법인세 하락과 무역 확대로 이득을 누리며, 소위 노동비용이 저렴하고 노조 조직이 어려운 곳으로 공장을 이전한다고 위협하거나 실제로 옮기면서 각종 편익을 누리게 될 것이라고 주장한다. 여경훈, 2007

한미 FTA는 다음과 같은 여러 독소조항을 지니고 있다고 지적된다. 한미 FTA 협정문에는 투자자-국가 소송제ISD, 제외품목 열거 방식negative list의 서비스 개방, 비위반 제소, 역진방지ratchet 조항, 스냅백snap-back, 의약품 허가·특허 연계, 전 세계 금융위기를 일으킨 파생금융상품 신금융서비스의 무분

6) 심지어 외교통상부가 국회에 제출한 한미 FTA 비준동의안에서 번역오류가 무더기로 발견됐다. 외교통상부는 지난 2008년 10월 국회에 제출한 한미 FTA 비준동의안의 협정문 한글본에서 번역 오류를 발견해 이를 철회하고 재검독 작업을 한 결과 296건의 번역오류가 있었다고 밝혔다. 〈노컷뉴스〉, 2011년 6월 3일.

〈그림〉 한미 FTA 독소조항

한미 FTA 타결 내용 중 대표적 독소 조항

● **투자자 - 국가제소권(ISD)**

-부동산·조세 정책 등 예외 범위가 지나치게 협소
-환경규제 등 다른 공공정책에 대한 외국 투자자의 국가 상대 제소 가능성이 있음

● **역진 방지(Ratchet) 조항**

교육·의료 등 공공부문 개방 정책이 실패하더라도, 열었던 시장을 다시 닫을 수 없음

● **최혜국 대우 인정시점**

적용 시점을 협정 체결 이후로 정함. 따라서 향후
중국 일본 등과 FTA 체결시 미국은 자동적으로 수혜를 봄

● **미국 주(州) 정부 제외**

미국 주 정부의 법규는 포괄적으로 예외로 인정.
개방의 실질적 효과가 크게 줄어들 가능성

● **네거티브 방식의 서비스시장 개방**

정해진 것 외에는 모두 개방할 수 밖에 없어 향후 새롭게 등장할
서비스산업에까지 영향을 미침

● **비위반 제소 대상에 지적재산권 포함**

정부가 국산 소프트웨어·문화콘텐츠에 대해 장려 정책 등을 펼 경우,
미국 측으로부터 제소당할 가능성

출처: 〈한국일보〉, 2007년 4월 2일

별한 개방, 한국 정부에 입증책임 전가 등 심각한 국익 훼손과 국가 정책 결정권을 침해할 수 있는 수많은 '독소조항'들이 있고, 무단 복제·배포 시 인터넷사이트 폐쇄 조치, 스냅백, 배기량 기준 자동차 세제 개편 등 우리나라에만 일방적으로 적용되는 의무 규정인 '불평등조항'도 55개로 7개인 미국에 비해 무려 8배나 많다.〈오마이뉴스〉, 2010년 11월 3일 개방하지 않을 분야만 적시하는 네거티브 리스트는 개방하지 않을 분야를 미리 알 수 없으므로 새로 생기는 분야는 무조건 개방해야 된다는 점에서 문제가 있다고 평가된다. 투자자-국가 소송제는 투자자가 상대국의 정책·법률로 손해를 입었다고 국제투자분쟁해결센터ICSID에 중재를 신청해 배상을 받는 것을 말한다. 이는

국내에서 이뤄지는 국내법의 적용문제를 국제중재절차의 판단대상으로 삼음으로써 국제적으로 형성된 국제법 혹은 국제상인법의 규범에 따라 국내분쟁을 해결하는 제도이다.

그러나 국제중재기관은 그 설립이유와 기능이 철저하게 사인 간 혹은 사인과 국가 간의 국제적인 '상사적' 분쟁을 처리하기 위해 설립된 것으로 본질적, 구조적으로 국가의 공공정책을 관장하는 기관으로는 부적합하다. 중재기구의 구성도 문제다. 국제투자분쟁해결센터 집행위원장을 미국이 선출하는 데다 중재인으로 활동하는 법률가도 미국인 137명, 한국인 8명으로 불균형을 이룬다. 이 제도를 주로 이용하는 나라도 미국이다.[7] 중재기관의 오판 등으로 인해 해당국가와 국민들에게 막대한 피해를 가하더라도 단심제를 채택한 까닭에 달리 구제방법도 없다. 또한 천재지변 등으로 투자유치국 정부에게 귀책사유가 없더라도 협정상 의무 등을 위반하기만 하면 그 손해배상 책임을 부담해야 한다. 예외조항인 '투자와 환경'에는 '협정에 합치하는

---

7) 정부는 투자자-국가 소송제를 한국이 1967년부터 맺은 81개의 투자협정에서 도입한 제도로서 한국인의 국외 투자 보호를 위한 장치라고 설명한다. 그러나 한국이 상대국을 제소하거나, 외국 투자자에게 제소당한 적은 한 번도 없다. 미국이 포함돼 있지 않았기 때문이다. 실제로 이 제도를 주로 이용하는 나라는 미국이다. 2010년 말까지 알려진 국제 중재사건 390건 가운데 미국 투자자가 신청한 사건이 108건, 미국 정부가 제소당한 것이 15건으로 전체의 31.5%다. 특히 1994년 미국·캐나다·멕시코가 맺은 북미자유무역협정(NAFTA)이 발효되면서 중재사건이 급증했고, 그 실체가 드러났다. 멕시코는 조세정책이 문제가 됐다. 멕시코 정부는 사탕수수로 만든 설탕인 자당이 아니라 다른 감미료를 사용한 탄산음료에 소비세 20%를 부과하기로 했다. 수입산 액상과당으로 인해 설 자리를 잃은 자국의 자당 산업을 보호하려는 조처였다. 그러나 액상과당을 생산하는 미국 기업 3곳이 자유무역협정 위반이라고 멕시코 정부를 중재절차에 회부했고 중재심판부는 1억 9,180만 달러를 배상하라고 판정했다. 이러한 중재심판의 특징은 행정소송처럼 국가정책의 정당성이나 동기를 고려하지 않는다. 외국인 투자자가 얻을 수 있는 것은 거액의 배상금만이 아니다. 중재심판으로 가지 않고도 국가정책을 무력화할 수 있다. 2001년 12월 캐나다 정부가 담뱃갑에 '순한 맛'이라고 표기하는 것을 금지하는 규제를 도입하려고 하자 미국 담배회사인 필립 모리스가 자유무역협정 위반이라며 항의서를 보냈다. 캐나다 정부는 투자자-국가 소송제에 따른 배상금 부담을 계산해본 뒤 규제안을 철회하기로 했다. 〈한겨레〉, 2011년 11월 2일.

범위 내에서'투자유치국이 국내 환경훼손을 막을 수 있는 일정한 조치를 취할 수 있다고 되어 있으나 이 규정도 범위에 대한 해석이 유동적인 데서 헌법상 기본권인 환경권의 보장이 불투명해진다. 결국 이 제도를 통해 국내 사법체계는 한미 FTA 협정의 국제중재절차에 따른 분쟁해결절차와 국내 사법기관에 의한 분쟁해결절차로 이원화된다.송호창, 2007: 47-53

한미 FTA가 초래한 사회적 논란은 대의제 민주주의가 지닌 대표의 실패를 분명하게 보여준다. 한미 FTA의 추진과정에서 한국 사회의 선진화를 이룬다는 명분으로 제도와 관행을 미국의 요구와 미국식 기준에 뜯어 맞추는 것이 반드시 필요한지에 대한 진지한 토론과 성찰은 없었다. 피해가 우려되는 이해당사자에 대한 대책도 제대로 갖추지 못한 실정이었다. 미국발 금융위기로 미국식 시장 만능주의의 폐해가 현실화되면서 세계 경제질서가 요동치는 상황 변화도 고려해야 했다. 그런데도 사회적 공론 조성과 민주적 합의 과정을 무시하고 전 세계적 경제상황의 변화에 대한 숙고없이 정부와 집권여당은 다수의 힘과 공권력을 앞세워 한미 FTA를 일방적으로 처리했다. 사회의 과반수가 넘는 '작은' 사람들은 한미 FTA를 추진하는 정치과정에서 철저하게 배제되었다. 한미 FTA가 가져온다는 '장밋빛 미래'가 일방적으로 홍보된 반면, 그 폐해에 대한 시민사회 단체들과 전문가들의 우려와 경고는 단지 '괴담'으로 매도된 채 받아들여지지 않았다.

정치권의 갈등이 첨예화된 것은 그 당연한 결과였다. 당시 야당이던 민주통합당과 통합진보당 등은 미국 오바마 대통령과 상하원 의장에게 협정 발효 절차 중지와 재협상을 요청하는 서한을 보내고, 총선과 대선에서 승리할 경우 협정을 폐기 선언하고 미국과 재협상하겠다고 밝혔다. 정부와 여당은 법적 요건과 절차를 미국과 서로 확인하는 정부 간 실무교섭을 거쳐 협정 발효를 서두르면서 다른 한편으로는 야당 지도부를 향해 협정을 추진한 주역이면서 이제 와 왜 반대하느냐며 정치적 공세를 폈다. 그렇지만 여당은 협정이 그들이 선거를 앞두고 쏟아내고 있는 경제민주화와 복지 관련 공약과 어떻게 배치되지 않는지에 대한 해명이 없고, 야당, 특히 민주통합당은 여러 부작용이 예상되는 협상을 지난 노무현 정부 시기에 추진한 데 대한 수긍할만한 반성이 없다는 비판을 받았다.

한미 FTA는 트럼프 행정부가 들어서면서 다시 개정 압력에 직면했다. 미국 우선주의를 내세운 트럼프 행정부는 만성적인 무역적자를 줄이기 위해 '관세 폭탄'을 거론하며 중국, EU 등 대미 무역흑자 대상국을 압박하고 나섰다. 트럼프는 한국에 대해서도 한미 FTA를 폐기하겠다고 위협하였다. 이에 따라 2017년 11월부터 한국과 미국 정부 간에 개정 협상이 시작되었다. 2018년 9월 24일 문재인 대통령과 도널드 트럼프 미국 대통령이 '한미 FTA에 관한 공동성명'을 채택하고, 양국의 통상교섭본부장과 무역대표부[USTR] 대표가 한미 FTA 개정협정문에 서명했다. 한미 FTA 개정안에는 2021년부터 철폐될 예정이던 화물자동차[픽업트럭]의 관세를 20년 유지해 2041년 1월 1일에 없애는 내용이 포함됐다. 또 기존에 수입되는 미국산 자동차는 제조사별로 연 2만 5,000대까지 미국 자동차 안전기준[FMVSS]을 충족하면 한국 자동차 안전기준[KMCSS]을 충족하는 것으로 간주했는데, 이를 5만 대로 확대했다. 여기에 투자자-국가 분쟁해결제도[ISDS]의 남용을 막기 위해 중복제소를 방지하는 내용도 담겼다. 이제부터는 다른 투자협정을 통해 ISDS에 제소된 경우, 같은 사안에 대해서는 한미 FTA를 통해 ISDS를 시작할 수 없다. 개정안은 소송을 제기할 타당한 이유가 없거나 근거가 약할 경우 소송을 신속히 각하·기각시킬 수 있게 했고, 모든 청구원인에 대한 입증책임을 투자자가 갖도록 했다. 또 투자자 기대에 부합하지 않았다는 사실만으로는 손해가 발생했더라도 '최소기준대우' 위반이 아니라는 점도 포함됐다.〈노컷뉴스〉, 2018년 9월 25일

한미 FTA 개정협정에 대해 트럼프 대통령은 "새로운 한미 FTA는 미국의 투자 적자를 줄이고, 또 미국 상품을 한국에 수출할 기회를 더욱더 확대할 것"이라며 "미국 자동차라든지 혁신적인 의약품, 또 농산물이 한국 시장 접근성을 더 많이 갖게 될 것이다. 이것은 미국의 농부들이 아주 기뻐할 소식"이라고 강조했다.〈세계일보〉, 2018년 9월 25일 재협정에 대해 자동차와 철강 산업계는 강경한 자세를 취하던 미국의 요구를 일부 양보하는 선에서 협정이 타결된 데서 긍정적이라는 반응을 내놨다. 이에 비해 한미 FTA가 농업 분야의 무역적자는 물론, 농업 구조조정과 도시·농촌의 소득 양극화를 가속화시키

는 결과를 야기했다고 주장해온 농축업계는 개정협정을 폐기하라고 요구하였다. 트럼프 대통령이 농산물이 한국 시장 접근성을 더 많이 갖게 될 것이라고 언급한 것은 농산물 분야서 추가양보는 없었다는 한국 정부의 설명과는 달리 미국에 유리한 이면 합의의 존재를 의심케하는 대목으로 지적된다. 한미 FTA 개정의정서에 대한 비준 동의안은 2018년 12월 정부 제출 원안대로 국회에서 통과되었고 2019년 1월 1일부로 공식 발효되었다. 한편으론 재개정 협상이 타결되었지만 미국이 추후에도 자동차 분야에서 한국의 추가 양보를 압박하는 등 한미 FTA 재개정을 다시 요구할 수 있다는 전망도 나온다.

무역분야에서 불확실성이 증대하는 상황에서 필요한 것은 정치권이 당리당략과 이를 위한 정치공세를 벗어나 진정으로 국민복리를 위해 타당하고 실현가능한 한미 FTA의 개선방안을 심의한 후 민주적 합의를 거쳐 향후 국가의 대내외 정책에 반영하는 일이다. 분명한 사실은 한미 FTA가 정부 여당과 찬성론자들이 주장하듯이 장밋빛 미래만 가져오지는 않는다는 점이다. 긍정적 효과가 있다면 부정적 효과 역시 엄존한다. 문제는 후자이다. 많은 전문가들은 한미 FTA로 인해 취약 산업과 계층의 피해가 예상되고, 한국 사회의 법체계와 가치관이 '미국화'될 가능성을 우려하고 있다. 따라서 이를 방지하거나 최소화할 방안을 정치권, 기업인, 학계, 시민사회가 함께 심사숙고해야 한다. 이는 우리 사회가 다수정치세력이 의사결정을 독점하는 데서 벗어나 다양한 이해와 갈등을 조정하는 제도적 장치로서의 민주주의를 갖춰나가야 한다는 점을 지적하는 것이다. 정치에 더 민감한 관심을 갖는 적극적이면서도 통찰력 있는 시민들은 이를 가능케 할 것이다. 이를 통해서만 다양한 영역에서 공공성 구현을 위한 정부의 정책공간을 더욱 강화하고 부당하게 힘을 쓰는 강자를 민주적으로 통제하는 일이 가능해지기 때문이다.

연관 키워드

권력 이동(power shift), 지역주의(regionalism), 북미자유무역협정(NAFTA), 한미 FTA, 비대칭적 협상력(asymmetric bargaining power)

[참고문헌]

Baylis, John & Steve Smith. 하영선 외 역. 〈세계정치론〉. 서울: 을유문화사, 2003.

Carlsen, Laura. "NAFTA Is Starving Mexico"(http://www.fpif.org/articles/nafta_is_starving_mexico).

Gallagher, Kevin P. "Measuring the Cost of Lost Policy Space at the WTO." *IRC Americas Program Policy Brief* March 20, 2007(http://ase.tufts.edu/gdae/policy_research/AmerProgWTOMar07.pdf).

Harvey, David. 최병두 역. 〈신자유주의〉. 파주: 한울, 2009.

Held, David & Anthony McGrew et al. 조효제 역. 〈전 지구적 변환〉. 서울: 창작과비평사, 2003.

Pierre, Jon & B. Guy Peters. 정용덕·권경학 외 역. 〈거버넌스. 정치 그리고 국가〉. 서울: 법문사, 2003.

Putnam, Robert D. "Diplomacy and Domestic Politics: the Logic of Two-level Games." *International Organization*, Vol.42, No.3. 1988.

Saad-Filho, Alfredo & Deborah Johnston (eds.). 김덕민 역. 〈네오 리버럴리즘: 신자유주의는 어떻게 세계를 지배하게 되었는가?〉. 서울: 그린비, 2009.

Stiglitz, Joseph E. 홍민경 역. 〈인간의 얼굴을 한 세계화〉. 서울: 21세기북스, 2008.

Zoellick, Robert. "Unleashing the Trade Winds." *The Economist*. Dec. 5th 2002.

강경희. "NAFTA 12년 후 '멕시코'." 강석영 외. 〈라틴 아메리카의 새로운 지평〉. 서울: 한국문화사, 2007.

국회 통일외교통상위원회 수석전문위원. "대한민국과 미합중국 간의 자유무역협정 비준동의안 검토보고서." 2008.2.

박경서. 〈지구촌 정치학〉. 서울: 박영사, 2006.

송호창. "'투자자 국가 제소권(ISD)'에 대한 헌법·법률적 평가." 〈사회비평〉 제37호. 2007.

여경훈. "'자유무역 유토피아'의 망상이 낳은 한미FTA." 새로운사회를여는연구원 정책보고서(http://saesayon.org/agenda/bogoserView.do?paper=20070820134715862&pcd=EA01&prepaper=20070820134715862). 2007.

이성형. 〈대홍수: 라틴 아메리카 신자유주의 20년의 경험〉. 서울: 그린비, 2009.

정인교·이해영. 〈한미 FTA, 하나의 협정 엇갈린 '진실'〉. 서울: 시대의창, 2008.
주성수. 〈글로벌 가버넌스와 NGO〉. 서울: 아르케, 2000.
진시원. 〈한국의 국제정치경제: 자유무역협정. 외국인투자. 동북아 국제분업〉. 서울: 도서출판 오름, 2007.
한미FTA저지범국민운동본부 편. 〈한미 FTA는 우리의 미래가 아닙니다〉. 서울: 강, 2007.
홍익표. "지역주의." 부산대학교 사범대학 국제이해교육연구팀. 〈국제사회의 이해〉. 부산: 부산대학교 출판부, 2011.

열 번째 키워드: 지역주의

지역주의와 소용돌이의 정치

▌보론: 집단주의와 후견인·수혜자 정치

每日新聞

2004년 7월 6일 화요일

신행정수도 이전 대전·충청권 위상 강화

대구·경북 상대적 위축 우려

"인력·자본 유출 심각"

그것이 긍정적이든 혹은 부정적이든 지역주의는 한국 사회에서 사람들에 의해 다뤄지는 가장 통속적인 주제 중 하나이다. 학자들 역시 지역주의를 한국 정치의 가장 지배적인 정치적 균열구조로 보고 그 원인과 현실, 대안 등에 대해 적지 않은 연구물을 내 놓았다. 지역주의가 근대 이전부터 특정 지역에 대한 주관적 편견과 허위의식의 형태로 존재해왔다는 해석부터 산업화 과정에서 특정 지역민들의 지지에 기반한 권위주의 정권에 의해 추진된 지역 간 불균등 발전이라는 구조적 측면을 강조하는 분석, 1987년 대선 때 '양 김'의 분열로 잠재적인 지역주의가 '정치화'되면서 지역할거체제가 출현했다는 고찰, 그리고 특정 지역 유권자가 정치적 효용을 극대화하기 위한 합리적 선택의 결과로 보는 견해 등이 그것이다. 일부 학자들은 단일 이론 환원론적 접근은 문제가 많다며, 중층적이고 동태적인 현상으로 지역주의를 보기도 한다.

예를 들어 최장집은 호남문제를 중심으로 이데올로기로서의 지역감정을 분석하면서 이것이 "사회경제적일 뿐만 아니라 정치적이고 문화적이고 정신적인 문제"최장집, 1996: 406라 지적한다. 손호철 역시 지역주의를 "지역 간 불균등 발전이라는 '토대'의 궁극적인 규정을 받지만 이것으로 환원될 수 없고, 정치적 대안의 조직 역량 여부, 정치세력의 전략적 개입, 각 지역의 독특한 지역 담론 구성체에 의한 지역적 정치사회화 과정 등 상부구조적 요인의 규정도 받으며 상호 강화돼온 동태적인 과정"손호철, 2011: 719이라 한다.

지역주의에 대해 그동안 다양한 분석이 행해졌지만 한국에서 지역주의가 정확히 무엇을 의미하는지에 대한 단일한 규정은 없다. 일반적으로 지역이란 국민국가 내에서 혹은 이들을 가로지르는 문화적, 역사적 정체성을 지닌 하위단위 영토를 지칭한다. 그러나 지역을 구분하는 구체적인 기준과 경계를 둘러싸고는 다양한 견해가 존재한다.[1] 이는 원래 지역이라는 개념이 가치부하적value-laden이어서 학자들마다 자신의 정치적 입장에 따라 상이한 정의를 내리기 때문이다. 이와 관련해 마이클 키팅Michael Keating은 지역들이 너무 다양해서 묘사적 정의를 피하기가 쉽지 않다고 하면서 공간으로서 지역을 유용하게 개념화할 수 있지만 기능적 공간, 정치적 공간, 사회적 공간을 포함하기 위해서는 순수한 영토를 넘는 공간개념을 확대할 필요가 있다고 지적한다. 그에 따르면 기능적이고 정치적 의미를 부여받은 영토로부터 형성된 지역은 영토 안에서 작동하는 행정적 제도의 집합일 뿐만 아니라 특징적인 시민사회를 형성하는 그 자신의 제도, 실천, 관계를 포함하며, 나아가 국가와 세계체제 안에서 공동관심을 기술하고 추구할 수 있는 행위자라고 한다.[2] 이러한 정의에 입각해 키팅은 지역주의의 형성과정을 국가정책에 의한 하향식top-down과 역사적으로 형성된 고유한 지역적 특성에 의한 상향식

---

1) 예를 들어 유럽에서 지역은 뢴더(Länder), 데파르망(department), 레지옹(region), 꼬뮤니다드 아우토노마(Comunidades Autónomas) 등과 같이 정치적으로 결정된 행정단위들을 주된 기준으로 삼고 있지만 그 크기와 정치적 권한 및 경제적 능력, 정체성은 상이할 수밖에 없다. 이러한 차이는 16세기 이후 유럽이 겪은 총체적 변화인 근대화가 진행되면서 지역이라는 공간이 형성되었고 다른 공간들과의 관계가 재구성된 데서 비롯되었다.

2) 독일의 저명한 지역주의 연구가인 디르크 게르데스(Dirk Gerdes)는 지역주의라는 개념을 지역의 한계와 지역주의의 목표에 따라 구분한다. 그에 의하면 역사적으로 성장한 혹은 생득적인 유기체로서의 사회, 민주적 정당성을 갖는 의사형성의 담보체로서의 국가, 일원적·공화주의적 총체로서의 사회와 국가 중 어느 것으로 지역의 한계를 정할 것인가, 그리고 지역주의의 목표개념을 자치, 연방주의, 분리주의 중 어느 것으로 택하는가에 따라 지역주의는 다양한 핵심개념을 갖는다는 것이다. Dirk Gerdes(1992), pp.852-855.

bottom-up으로 나누고, 지역주의는 방어적defensive, 통합적integrating, 자치적autonomist 지역주의의 세 형태로 분류한다. Michael Keating & John Loughlin, eds., 1997: 17-24

유럽의 사례에서 보는 것처럼 지역을 기반으로 하는 지역주의는 다양하고 변화하는 형태를 가질 수밖에 없다. 분명한 것은 한국의 지역주의가 그 역사가 오래되고 형태도 다양한 유럽의 지역주의와는 차별적인 특수한 형태의 지역주의라는 사실이다. 유럽의 경우 종교개혁 이후 국민국가가 건설되고 산업화가 추진되는 과정에서 주변과 중심, 교회와 국가, 노동자와 자본가 등과 같은 주요한 균열구조가 형성되었다. 이런 역사적 맥락에서 오래전에 형성되고 고착된 유럽의 지역주의는 대부분의 경우 사회문화적 차이를 지니는 지역들의 자치 요구로 나타났다.[3] 최근 들어와서는 기존의 지역주의에 더해 유럽연합EU이 특정 지역과 정책결정과정을 긴밀하게 연계시키는 한편 각 지역들이 EU와의 관계 강화를 통해 자신의 자율성을 확대하려는 '지역의 유럽Europe des régions' 현상이 나타나고 있다. 홍익표, 1997

이에 비해 비교적 동질적인 문화 안에서 오랜 중앙집권적 단일국가의 역사를 갖고 있는 한국에서는 1960년대 이전까지 이렇다 할 지역주의가 존재하지 않았다.[4] 한국은 통치의 지역적 다원성을 특징으로 하는 봉건제의 경

---

3) 그 대표적인 사례가 상이한 문화와 경제, 사회적 균열이 존재하는 벨기에의 플랑드르와 왈룬, 브뤼셀 지역이다. 이들 지역 간의 불균형 문제를 중심-주변 관계로 분석한 논문으로는 Stein Rokkan & Derek W. Urwin, eds.(1982) 참조.

4) 지역주의의 근원을 역사적으로 근대 이전까지 소급시키는 주장은 설득력이 크지 않다. 이들 주장은 삼국시대의 신라와 백제의 대립, 고려시대 지배층 구성에서 후백제 출신에 대한 법제적 배제, 가혹한 수취로 인해 민란과 모반이 일어난 전라지역에 대한 봉건왕조의 차별을 중시한다. 그러나 삼국시대와 관련하여 '백제=호남'의 등식은 성립하지 않으며, 고려시대에 후백제 출신에 대한 법제화된 차별이 존재하였다는 증거는 찾아볼 수 없고, 농업에 기반한 중앙집권적 관료사회로 특징지어지는 조선시대에 전라지역이 특별히 가혹한 수취의 대상이거나 이로 인해 민란이 자주 발생하였다는 것도 사실이 아니다. 나아가 일제의 식민통치기간에 호남과 나머지 지역을 분리시키기 위해 호남에 대한 편견을 조장했고, 토지로부터 퇴출된 지역의 하층민이 다른 지역의 하층민으로 이주함으로써 그 지역에 대한 편견이 조장되었다는 주장도 단편적인 가정으로만 존재할 뿐 이를 뒷받침할 증거를 동반하고 있지는 않다. 박상훈(1998), pp.204-211.

험이 없고, 고려 말 대몽 항쟁 이후 지난 천 년 가까운 기간 동안 한 번도 자치나 분리를 지향하는 지역주의 운동이 없었다. 유럽의 근대 국민국가 수립과정과 달리 근대 이전에 이미 강한 중앙관료체제하에서 오랫동안 통합되어 있었고, 긴 식민지 지배와 냉전 체제에서 분단과 전쟁을 경험함으로써 지역적 정체성을 자극할 수 있는 역사적 계기를 가지 못했다. 자율적 시민사회의 영역에서 지역주의가 집단적 갈등 내지는 물리적 폭력을 동반한 사례가 없으며, 지역주의 강령을 갖는 지역정당이 존재한 적도 없었다.박상훈, 2009: 65-66

한국에서 지역주의가 대두한 배경은 1960년대 초반 이후 박정희 정권이 산업화 정책을 추진하고 그 결과 계층, 지역 간에 사회분화와 균열이 발생하면서부터였는데 이는 유럽과는 달리 중앙정부에 의한 지역 간의 불균등한 경제적 자원배분과 정치대표를 특징으로 하는 것이었다. 그러나 지역주의가 본격적으로 표출되고 심화된 계기는 집권세력이 정치권력의 재생산을 위해 특정 지역을 배제하고 소외시키는 분할·지배 전략을 사용한 데서 찾을 수 있다. 승자독식의 대통령제하에서 정치권력을 유지하기 위해 집권세력은 이데올로기적 국가기구를 통해 지역갈등을 조장하였는데 그 명분은 분단상황과 경제발전이었다. 지역주의는 반공주의와 발전주의와 접합되었다.[5] 이러한 위로부터의 정책에 반응해 각 지역들이 아래로부터의 요구bottom-up demands를 표출하였고 해당 지역 출신 정치인들이 이를 정치적으로 동원하면서 지역주의는 한국 사회의 정치지형을 결정하는 주요한 균열로 전화하게 된다. 특히 1971년, 1987년, 1992년, 1997년의 대선을 통해 지역 간 정치갈등은

5) "이 이데올로기는 호남이 내부의 적이라는 위상과 이미지를 갖도록 함으로써 비호남지역 전체의 결속력을 강화하는 반사적 효과를 갖게 하였다. 즉, 호남 배제의 지역주의는 김대중의 대권 장악으로 상징되는 급진적 정치변화를 정치적, 사회적 보복과 동일시하고, 노동자, 농민 등 민중부문의 요구를 사회적 안정의 파괴와 등치시키며, 호남과 노동으로 대표되는 사회 소외집단의 세력 강화를 실제로 가진 자와 갖지 못한 자 모두에게 공통적인 상실의 두려움으로 깊이 내면화시켰다. 이러한 심리적 연결고리들은 지역주의, 변화를 부정하고 안정과 질서를 강조하는 자본주의 발전 이데올로기, 그리고 냉전반공 이데올로기의 '색깔론'을 모두 하나로 연결시켜 지역주의를 파괴적 폭발력을 갖는 이데올로기로 전환시키는 메커니즘이다." 최장집(1996), pp.398-399.

더욱 심화되었다.

박정희 정권이 경제발전 5개년 계획이라는 이름으로 추진한 산업화는 취약한 정권의 정당성 보충 등과 같은 내부적 요인 못지않게 당시 세계경제 및 미국경제의 여건변화라는 외부적 환경요인에 의한 것이었다. 1960년을 전후로 하여 선진 자본주의 국가를 대표하는 미국은 국제수지 적자와 달러 위기를 맞이하면서 제3세계 국가에 대한 원조경제정책에서 차관과 직접투자로 전환할 수밖에 없었고 이는 한국도 예외가 아니었다. 이에 따라 급속하게 추진된 한국의 산업화는 철저히 정부 주도하에서 이뤄지게 된다. 즉 계획수립 및 정책조정, 예산 및 외자관리 등의 모든 업무를 통괄하는 집행체제를 구축하는 한편 경제발전에 소요되는 자본을 마련하기 위해 금융기관을 강력하게 통제 관리하였다. 이와 같은 경제운영체제를 확립한 위에서 정부는 대외 지향적 산업화 정책을 추진하는데 이는 국내시장의 규모가 협소하고 부존자원이 부족한 국가에서 수출에 의한 해외수요 확대에 의존하는 불가피한 성장전략이었다.이종원 · 유병규, 1998: 128-140

여기서 지역주의의 형성과 관련하여 중요한 것은 박정희 정권이 불균형 성장 전략과 선 성장 후 분배 원칙을 채택하였다는 점이다. 불균형 성장 전략은 선별적 산업지원정책을 통해 실현되었는데 이는 공업분야 중에서도 특정한 중점 육성분야를 설정하여 전후방 연관효과를 최대한으로 살리려는 정책으로 최대의 고용 및 성장효과를 달성하려는 것이었다. 이러한 전략하에서 정부는 1960년대부터 1970년대 초까지는 노동집약적 수출산업을 중점적으로 지원하였으며, 1970년대 중반 이후에는 중화학공업에 대한 비중을 높여 갔다.이종원 · 유병규, 1998: 140-141 이에 따라 지역별 산업투자는 주로 수도권과 영남권에 편중되게 되었다. 1차 경제개발 5개년 계획이 시작되던 1963년에 이미 서울, 경기, 경상지역이 전국 공업부문 종사자의 77%, 부가가치의 77.3%를 점유했는데 이러한 불균등 분포는 산업화가 본격적으로 심화되는 1983년에 이르러서는 공업부문 종사자의 87.2%, 부가가치의 83.2%를 이들 지역이 점유하면서 그 정도가 더욱 심화되었다.김만흠, 1991: 53-54

이러한 불균형한 지역별 산업구조는 나아가 지역 간 인구의 변동을 초래했다. 즉 지역 간 인구규모의 차이와 영호남 간의 상대적 인구 격차, 그리고 지역의 출신지별 인구구성의 차이가 커졌다. 이러한 변화는 동질적이고 결집력 있는 정치의식과 투표성향의 형성을 초래하며, 특히 경쟁지역보다 인구규모가 크고 상대적으로 인구증가가 이루어지는 지역을 기반으로 한 정치세력들이 지역주의를 정치적으로 동원하는 것을 가능하게 하였다.[정근식, 1997: 297] 그러나 1963년에 치러진 대통령선거에서 자신의 고향인 경상북도에서 61%를 득표한 민주공화당의 박정희 후보가 전라남도와 전라북도에서도 각각 62%와 54%를 득표한데서 보여지듯이 당시까지 지역주의의 정치적 동원은 본격적으로 이뤄지지 않았다. 여기서 중요한 점은 권력을 공유하기보다 대통령 일인에게 모든 권력이 집중되고 정부형태도 타협과 합의보다는 갈등과 대결이 나타나기 쉬운 대통령제는 지역주의를 격화시키기 좋은 토양을 지닌 정부형태라는 사실이다. 특히 야당과의 갈등이 첨예화하거나 정권에 대한 제도권 바깥 반대세력의 도전이 행해졌을 때 민주적 정통성이 취약한 대통령은 사회균열에 기반한 대중동원이라는 수단에 의존하기 쉽다.

박상훈은 〈만들어진 현실: 한국의 지역주의 무엇이 문제이고, 무엇이 문제가 아닌가〉에서 경제적 자원 분배와 엘리트 충원에서의 지역차별을 지역주의의 원인으로 설명하는 접근이 충분한 설명력을 갖지 못한다고 한다. 객관적 지역차별의 구조와 주관적 차별 인식이 갖는 인과적 상관성이 체계적이지 않다는 것이다. 그는 문제는 지역주의가 아닌 지역주의를 만들어내는 한국 정치에 있다고 하면서 한국의 지역주의가 사실의 차원보다는 심리적이고 상부 구조적 문제가 더욱 심각한 상황이라고 말한다. 한국 사회의 수많은 갈등 이슈 가운데 이데올로기성이 가장 심한 주제는 단연코 지역주의이지만, 그 문제는 사실[facts]의 차원에서 기능하는 측면보다 인식[perception]의 차원에서 작위적으로 만들어지고 동원되는 측면이 훨씬 더 크다는 것이다.[박상훈, 2009: 69] 그는 지역 차별, 지역 소외, 지역감정 등으로 포착될 수 있는 '지역주의의 차원'과 지역 패권주의, 3김 청산론 등으로 나타나는 '지역주의를 둘러싼 해석의 차원'둘을 교차시키면서 총체적으로 지역주의를 고찰한다.

두 차원을 구분해 한국의 지역주의를 인과적으로 설명이 가능하고, 합리적으로 이해가능하며, 규범적으로 타당하게 분석한 결과는 다음과 같다. 첫째, 영·호남 갈등이 아닌 반호남 지역주의가 있다. 반호남주의는 호남 출신에 대해 거리감과 배제적 행위를 동반하면서 엘리트 충원과 경제 발전의 성과를 차별적으로 배분하고 소외시키는 것으로 나타났다. 둘째, 지역주의의 역사는 지극히 짧다. 기껏해야 박정희 정권 시대의 권위주의 산업화 과정에서 출발했고, 영·호남 간의 거리감이 다른 지역보다 더 크게 나타나기 시작한 것은 민주화 이후였다. 셋째, 자신들의 정치, 경제적 욕구를 실현하는데 호남에 대한 편견의 이데올로기 효과를 필요로 하는 체제와 세력이 존재했다. 넷째, 시민이나 유권자들 속에 있는 지역주의가 아니라, 모든 문제를 지역주의로 설명하면서 상황의 어려움을 지역주의 때문으로 합리화하려는 집권 세력의 욕구로 인해 지역주의는 '발견'되었고, '동원'되었으며 오랜 역사적 기원을 갖는 것으로 '창조'되었다. 다섯째, 선거 경쟁만 개방되었을 뿐, 권위주의하에서 주형된 한국 사회의 불평등한 권위구조가 변화되지 않았기 때문에 영·호남 지역 간 표의 편차가 생겨나고 있다.박상훈, 2009: 33-64, 226-246

제2공화국의 짧은 기간 동안 의원내각제를 경험한 이후 다시 대통령제로 정부형태를 변경한 한국에서 지역주의가 정치적으로 동원되면서 투표행태로 나타나기 시작한 것은 1967년의 대통령선거 때부터였다. 당시의 정치상황에서 특징적인 것은 1960년대 중반에 들어와 군부정권에 대한 반대세력의 저항이 전개되기 시작하였다는 점이다. 보수야당을 중심으로 한 이들 반대세력들은 비록 체계적이지 못하였고 때로는 분열된 모습도 보여주었으나 그럼에도 군부정권이 추진한 정책에 대해 학생들과 연대하여 본격적으로 저항하기 시작하였다. 그 계기가 된 것은 한일 국교 정상화 조약과 월남파병 결정, 그리고 집권연장을 위한 3선개헌이었다. 이러한 반대세력의 도전에 직면한 박정희 정권은 지지기반 확보를 위해 정책결정 및 엘리트 충원 등에서 더욱 연고 지역 편향적인 성격을 드러나게 되고 그 결과 집권세력과 영남지역민 간에는 공고한 후견인·수혜자 관계patron-client relationship가 형성되게 되었다.김만흠, 1991: 106-108

1967년의 대통령선거에서 박정희 후보에 대한 영남지역민들의 압도적 지지는 불균등 산업화로 인한 지역 간 균열을 집권세력이 정치적으로 동원한 당연한 결과였다. 박정희 후보가 경상북도와 경상남도에서 각각 71%와 75%를 득표한 반면 야당인 신민당의 유진오 후보는 이 지역에서 단지 29%, 25%를 득표하는 데 그쳤다. 연고 지역에 기반한 투표행태는 1971년의 대통령선거에서는 더욱 심화되었다. 여당의 박정희 후보는 계속하여 경상북도와 경상남도에서 76%와 74%에 이르는 높은 지지를 획득하였다. 이런 결과는 분열되었던 야당이 통합하여 집권여당에 대한 보다 강력하고 효과적인 도전을 행사하기 시작한 상황에서 정권유지를 위해 당시 집권세력이 특정지역에 대한 부정적 편견을 확산시키면서 지역갈등을 노골적으로 부추긴 데도 그 한 원인이 있다. 이에 따라 1971년의 선거는 지역주의적 대결구도가 뚜렷이 부각되게 된다. 더구나 신민당의 대선후보인 김대중은 다른 지역에 비해 차별받는 지역이었던 호남 출신이었을 뿐만 아니라 권위주의 체제를 뒷받침한 제도와 기구, 불균등한 분배구조를 정면으로 공격하고 나섰다.[6] 이에 따라 선거는 여당 후보 연고지로 영남과 야당 후보 연고지였던 호남지역 간의 정치적 대결구도로 전화되었다.

1971년 선거를 통해 박정희 정권을 실제적인 위협으로 몰아넣었던 야당 지도자 김대중은 체제에 대한 강력한 도전자라는 이유만으로 유신체제 기간 동안 계속하여 국가권력의 집중적인 탄압의 대상이 되었고 아울러서 그의 출신지인 호남지역도 철저한 차별과 배제가 행해지게 된다. 유신체제의 구조적 모순을 반영하는 이러한 특정인과 지역에 대한 차별은 결국 전두환 정권이 등장하면서 광주항쟁을 통해 체제에 내장되었던 강고한 폭력성과 소외되었던 지역민이 정면에서 충돌하는 것으로 나타났다.김종철 · 최장집 외, 1991: 32-33 광주항쟁을 거치면서 호남인들에 내재화된 집단적 저항의식이 전혀 해소되지

---

6) 당시 김대중은 중앙정보부의 수사 기능을 축소시키고 국회의 심의 대상으로 만들겠다고 공약했으며, 1968년 창설된 향토예비군제를 폐지하겠다고 하였다. 또한 적대적 남북관계를 개선하기 위한 '4대국 보장안'을 제시했고, '대중 경제'라는 새로운 경제운영 원리를 주창하면서 '부유세 도입'을 공약했다. 박상훈(2009), p.50.

않은 상태에서 반대세력에 의한 밑으로부터의 동원과 압력에 의한 정치적 개방의 결과로 치러진 1987년의 대통령선거 역시 지역주의가 주요한 균열로 작용할 수밖에 없었다. 반대세력연합의 강력한 도전에 직면한 집권세력은 이들을 약화, 분열시키고 정권을 유지시키기 위해 반대세력에 대한 분할·지배전략을 사용하는데 이를 위해 동원된 것이 지역주의였다.[7] 그러나 정치적 개방으로 확보된 활동공간 속에서도 반대세력은 이러한 집권세력의 전략에 대응하여 동원 및 갈등능력을 집중시키지 못하였고 오히려 지역과 이념에 따라 분열하였다. 이에 따라 정당구도는 특정 지역에 지지기반을 둔 정당들로 재편되는데 이러한 상황에서 집권세력이 반 호남 지역연합을 통해 지역분할 구도를 공고화하려 했던 것은 당연한 것이었다. 이러한 시도는 1990년의 3당 합당과 이에 기반한 김영삼의 집권으로 나타났다.

권력연합의 핵심을 대구·경북에서 부산·경남으로 이동시킨 김영삼 정권 역시 이전 정권과 같이 호남을 배제한 지역적 지지기반에 의존하였다. 그러나 지역주의와 같은 일원주의적 규범과 결정구조에 의존하는 집권과 지배는 정치적 의사형성과 결정의 공간적 분권이 전혀 이뤄지지 못하고 있음을 의미하며 나아가 이에 대한 지역적 저항을 유발시킨다. 중앙정부의 정통성 결핍을 나타내는 이러한 지역주의는Dirk Gerdes, 1992: 854 정치권력의 유지에도 저해요인으로 작용한다. 김영삼 정권에 의한 배제적 지역주의의 정치적 동원 역시 또 다른 지역의 방어적 지역주의 연합의 형성을 초래했고 그 결과 1997년 선거에서 여야 간의 정권교체가 이뤄지게 되었다. 그러나 IMF 외환위기와 선거에 의한 정권교체 이후에도 지역주의는 해소되거나 완화되기는 커녕 더 노골적으로 표출되었다. 이는 특히 야당이 된 정치인들이 기득권을 상실

7) 최장집은 1987년의 선거에서 정치위기에 직면한 권력블록이 기존의 반공주의와 자본주의적 발전주의 이데올로기만으로는 위기 극복이 곤란하여 지역감정을 동원하였다고 지적한다. 특히 민중세력의 개혁주의를 김대중의 부정적 이미지와 연결시킴으로써 이들 민중세력을 여타 사회세력으로부터 고립시키고 동시에 지역적으로 분할시키는 중요한 효과를 거두었다는 것이다. 김종철·최장집 외(1991), pp.37-38.

하지 않기 위해 지역 간 차별을 부각시키면서 공공연하게 지역감정을 선동하는 것으로 나타났다. 이와 더불어 소지역주의의 출현으로 인한 지역주의의 파편화 역시 나타났다. 지역주의는 재·보선과 지방선거를 통하여 지방정치 수준에서도 확대, 재생산되기 시작했다. 이와 같이 불균등성과 배타성을 특징으로 하는 지역주의는 IMF 외환위기와 여야 간 정권교체 이후에는 동서분할 구도와 소지역주의의 출현으로 더욱 고착된 형태를 보이고 있다.

2000년대 들어와서도 지역주의에 입각한 균열구도는 여전히 와해되지 않고 있다. 주요한 선거의 투표행태를 분석해보아도 지역별로 선호하는 정당과 후보자가 뚜렷하게 구분된다. 과거 각 지역을 대표하는 정치인들이었던 김대중, 김영삼, 김종필이 퇴장된 자리는 또 다른 정치인들로 교체되었을 뿐이다. 그러나 다른 평가도 존재한다. 대표적으로 강원택은 2007년 대선 분석을 통해 지역주의가 2002년 이전 상태로 되돌아갔다는 평가에는 동의하기 어렵다고 한다. 지역주의 대립이나 갈등이 이전 선거와 비교할 때 선거과정에서 일반 유권자들이 잘 느끼지 못할 만큼 피부로 체감하는 정도는 확실히 크게 줄어들었다는 것이다. 그는 특히 정동영 후보와 이회창 후보의 경우에 호남과 충청지역에 거주하는 유권자들과 그 지역 외부에 거주하는 호남출신, 충청출신 유권자들의 정치적 선택이 달라졌다는 점에 주목한다.

정동영 후보는 '호남 지역 유권자들'로부터는 80% 가량의 지지를 받았지만, '호남 출신 유권자들'로부터는 59.2%의 지지를 받아 20% 이상의 차이가 났고, 이회창 후보의 경우는 10% 이상 지지율의 차이가 났다는 것이다. 이러한 사실에 근거해 강원택은 이전의 지역주의 투표행태를 규정하던 출신지역별 유권자의 정치적 선택의 동조화 현상이 약화되거나 사라져가고 있다고 주장한다. 같은 지역 출신 유권자라고 해도 거주지역에 따라 부동산정책과 대북정책 등 중시하는 이슈가 다르게 나타나고 있는 등 한국 정치를 '지배한' 지역주의의 내부적 속성은 크게 변화하고 있다는 것이다.강원택, 2010: 56-73

이런 분석에도 불구하고 지역주의는 2012년 총선과 대선에서 여전히 강한 영향력을 행사했다. 19대 총선은 독선적 국정운영에다 각종 권력형 게이트가 잇달아 발생하는 등 민심을 잃은 이명박 정권의 5년차에 치러진다는 점에서 야권에게 유리한 선거로 예측되었지만 결과는 새누리당이 과반의석을 차지하는 것으로 나타났다. 당시 새누리당의 승리는 보수언론의 네거티브 공세와 보수성향 유권자의 결집, 이른바 '박정희 향수'를 지닌 50대 이상 유권자의 높은 투표율과 더불어 지역주의가 가장 큰 요인으로 작용했다고 평가된다. 특히, 새누리당은 지지기반인 영남지역에서 단지 3석만을 야당에게 내어주고 나머지 64석을 싹쓸이하였다. 다만 부산에서 지난 선거에 비해 야당 후보 지지율이 상승하는 등 지역주의 완화의 조짐이 조금 보였으나 선거결과를 바꾸지는 못했다. 이런 선거결과는 지역주의가 여전히 한국 정치의 가장 지배적인 정치균열구조임을 잘 보여준다. 여야를 막론하고 지역발전을 내세워 지역민들의 지지를 유도하려는 선거전략은 여전히 변하지 않고 있다. 그러나 선거결과를 보면 지역투표에서 세대투표로 그 중심축이 점차 바뀌고 있음을 알 수 있다. 2016년 총선과 2017년 대선에서는 지지정당과 후보에 대해서 세대 간에 뚜렷한 차이가 나타났다.

한국의 정치문화와 정치발전에 대해 포괄적이고 통찰력이 풍부한 분석을 했다는 평가를 받는 그레고리 핸더슨의 〈소용돌이의 한국정치Korea: the Politics of the Vortex〉 역시 한국의 지역주의의 원인과 구조적 현실을 살펴보는 데 적용될 수 있다. 알렉시스 토크빌Alexis de Tocqueville이 평등과 민주주의를 가지고 미국 사회를 확인하는 열쇠로 삼았던 것처럼, 핸더슨은 동질성과 중앙집중화를 가지고 한국 사회를 탐구한다.

> "한국 사회는 단계적으로 대략 점점이 흩어져 있는 촌락, 작은 저자가 있는 소도시, 벌족이나 지역 소유의 서원이나 향교 내지 사찰로 구성돼왔으며, 이들은 주로 국가권력과 개별적인 관계를 가지고 상호 간 교류를 해왔다. 그리고 이런 사회는 전형적으로 원자화된 개체로 구성되어 있고, 개체 상호 간의 관계는 주로 국가권력에 대한 관계로 규정되며, 엘리트와 일반대중은 그들 사이를 조정할 수 있는 집단의 힘이 취약하기 때문에 직접 대결하게 되고, 여러 사회관계의 비정형성과 고립을 특색으로 하고 있다.… 한국의 정치역학법칙은 사회의 여러 능동적 요소들을 권력의 중심으로 빨아올리는 하나의 강력한 소용돌이 형태를 띠게 되었다. 유럽이나 일본식 봉건사회를 경

'소용돌이의 정치'는 그레고리 핸더슨(Gregory Henderson)이 한국 사회를 분석하기 위해 처음 사용했다. 핸더슨은 동질성과 중앙집중화를 가지고 한국 사회를 탐구한다. 그는 한국 사회가 전형적으로 원자화된 개체로 구성되어 있고, 개체 상호 간의 관계는 주로 국가권력에 대한 관계로 규정되며, 엘리트와 일반대중은 그들 사이를 조정할 수 있는 집단의 힘이 취약하기 때문에 직접 대결하게 되고, 여러 사회관계의 비정형성과 고립을 특색으로 하고 있다고 지적한다. 한국의 정치역학법칙은 사회의 여러 능동적 요소들을 권력의 중심으로 빨아올리는 하나의 강력한 소용돌이 형태를 띠게 되었다는 것이다. 권력과 자원이 오로지 중앙과 서울을 향해 몰려드는 현상인 소용돌이 정치는 한국의 지역주의 현상을 분석하는 데 유용하다.

험하지 못한데서 오는 취약한 하부구조를 가진 중앙집권적 관료정치에서는 수직적으로 강력하게 내리누르는 힘이 이런 상승기류 속에서 서로 보완관계를 갖게 된다." _Gregory Henderson, 박행웅·이종삼 역, 2000: 44-45

권력과 자원이 오로지 중앙과 서울을 향해 몰려드는 현상인 '소용돌이 정치'는 한국 지역주의의 특징을 정확히 표현하는 용어이다. 영호남 각 지역을 대표하는 서울의 정치인들과 지역의 정치인들과 언론인 등 기득세력은 후견인·수혜자 관계를 형성하고 서로 연결되었다. 이들은 집단적 이익을 위해 지역주의를 의도적으로 동원하였다. 모든 자원이 집중된 중앙에서의 권력 장악을 위해 상대 지역 출신 정치인들의 부정적 이미지를 호명하고 이를 확산시키려 애썼다. 이는 권위주의 지배세력이 더 적극적이었다. 1971년 대통령선거에서 박정희 후보는 자신의 당선이 불분명해지자 지역주의를 공격적으로 동원하였고, 김대중 후보 역시 방어적으로 지역주의에 기대었다. 이들은 자신의 집단이익 확보에만 관심이 있었지 중앙집중체제를 혁파하고 지방분권을 실현하려는 노력에는 별로 관심이 없었다.

지역주의가 지닌 문제는 많다. 무엇보다 지역주의는 민주적 정치제도와

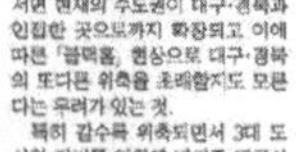

每日新聞

2004년 7월 6일 화요일 음력 5월 19일 제18438호 1

신행정수도 이전 대전·충청권 위상 강화

대구·경북 상대적 위축 우려

"인력·자본 유출 심각"

신행정수도 건설추진위원회가 5일 신행정수도 후보지를 충남 연기·공주로 사실상 확정하자 대구시와 경북도는 긍정적인 효과와 함께 부정적인 영향도 적지않을 것으로 판단하고 대책 마련에 고심하고 있다.

○관계기사 2·3면

신행정수도가 연기·공주에 들어서면 현재의 수도권이 대구·경북과 인접한 곳으로까지 확장되고 이에 따른 「블랙홀」 현상으로 대구·경북의 또다른 위축을 초래할지도 모른다는 우려가 있는 것.

특히 갈수록 위축되면서 3대 도시의 자리를 인천에 넘겨준 대구시는 신행정수도에서 10여km밖에 떨어지지 않은 대전의 위상이 크게 강화돼 대구 시세(市勢)의 급속한 위축을 불러올 가능성이 높은 것으로 보고 이에 대한 대책 마련을 서두르고 있다.

대구시 한 관계자는 「대구와 신행정수도의 시간·공간적 거리가 단축되는 데 따른 유리한 점들도 있으나 대전과 충청권의 경제력 증가 및 인구 유입 가속화 등으로 인해 대구의 인력·자본 유출의 부작용이 생길 수 있다」고 지적했다.

이에 따라 대구시는 신행정수도 건설에 맞춰 지역 활성화를 위해 공공기관 이전, 균형발전을 위한 정부의 부자확대가 있어야 한다고 보고 이의 실현을 위한 대정부 활동에 적극 나서기로 했다.

대구시의 한 간부는 「신행정수도 건설에 따른 불리한 현실을 극복하고, 위기를 기회로 만들어가는 정책을 적극 개발하는 계기로 삼아야 한다」면서 「수도권 근접화에 따른 반사이익 등 긍정적 측면도 적극 활용토록 해야 할 것」이라고 말했다.

경제계 인사들도 「위기이면서도 기회」라는 반응을 보였다.

대구·경북개발연구원 이춘근 연구기획실장은 「공주·연기는 대전권이어서 결국 수도권이 대전권까지 내려 오는 결과를 나타낼 수 있다」며 「반대로 대구·경북지역은 공공기관 지방 이전을 최대한 활용, 새로운 역할을 하는 도시로 탈바꿈해야한다」고 지적했다.

정인열·김지석·김수용기자

○2면에 계속

▸ 신행정수도 이전을 반대하는 한 지역신문의 1면 머리기사

행정수도 이전을 둘러싼 갈등: 2002년 당시 노무현 민주당 대통령 후보는 유세활동 중 "수도권 집중 억제와 낙후된 지역경제를 해결하기 위해 청와대와 정부부처를 충청권으로 옮기겠다"고 공약했다. 2003년 취임 이후 노무현 대통령은 대통령 산하에 신행정수도건설추진기획단을 발족시키고 행정수도 이전을 본격적으로 추진했다. 혁신도시, 기업도시를 지방으로 분산 배치하는 일도 병행되었다. 다음과 같은 논거가 제시되었다. 첫째, '동북아 중심국가'라는 국가의 장기적 발전전망을 실현하기 위한 계획이다. 둘째, 박정희 정권 때부터 오랜 기간에 걸쳐 준비해 온 정책이다. 셋째, 토건업을 활성화시켜 경기부양에 이바지하는 정책이다. 넷째, 반대하는 사람들은 지나친 서울집중을 통해 엄청난 이익을 보고 있는 기득권 세력이다. 이 밖에도 정부·여당은 충청권의 표를 얻어서 대선에서 승리하기 위한 정략으로 건설계획을 추진했다. 그러나 이에 대한 사회적 반발도 컸다. 한나라당은 국가경제 사정이 안 좋은데도 정부가 당장 필요치 않은 사업에 많은 돈을 쓴다고 비판했다. 또 신행정수도건설계획은 단순히 행정기능을 옮기는 것이 아니라 사실상 수도의 모든 정치적 기능을 함께 옮겨가는 '천도'라고 주장했다. 당시 이명박 서울시장은 "군대를 동원해서라도 행정수도 이전을 막고 싶다"고 언급했다.

정부가 지지를 기대했던 시민사회의 반응은 다양하게 나타났다. 찬성론과 반대론으로 나눴고, 반대론도 통일수도론에 맞지 않다거나, 기존 도시를 활용하는 것이 바람직하다는 주장, 그리고 수도권 집중 폐해를 명분으로 신행정수도를 건설한다면서 수도권 규제 완화론을 펴는 것은 그 자체로 모순일 뿐만 아니라 수도권 집중의 폐해를 더욱 악화시킨다는 주장으로 갈렸다.

특히 마지막 주장은 신행정수도 건설계획은 '국가 균형발전을 내세운 토건국가의 확대재생산'에 가깝다는 것이다(홍성태, 2007: 122-128). 온갖 논란 끝에 2003년 12월 29일 여야 합의로 '신행정수도 건설을 위한 특별조치법'이 국회에서 통과(찬성 167, 반대 13, 기권 14표) 되었다. 총선을 앞두고 이 법이 통과된 데는 다수당인 한나라당의 정치적 계산이 작용했음은 물론이다. 이 법안은 2004년 1월 16일 공포되었고, 동 법에 따라 8월 11일 정부(신행정수도건설추진위원회)는 연기군과 공주시의 일부를 신행정수도의 입지로 결정했다.
이에 대응해 행정수도 이전 반대론자들은 이 법을 헌법재판소로 가져갔다. 2004년 10월 21일 헌법재판소 전원재판부는 신행정수도 건설법에 대해 재판관 8대 1의 압도적 의견으로 위헌결정을 내렸다. 헌재는 결정 요지를 통해 "서울이 수도라는 명문화된 헌법 규정은 없지만, 조선시대 한양을 도읍으로 결정한 이후 건국 이후에도 모든 국민이 수도라고 의심의 여지없이 확신해온 것으로 관습헌법으로 볼 수 있다"고 밝혔다. 이 사건 법률은 관습헌법 사항을 헌법개정 절차를 이행하지 않은 채 법률의 방식으로 변경한 것이어서 국민투표를 침해했으므로 헌법에 위반된다는 것이었다. 이에 대해서는 선출되지 않는 권력인 헌재의 결정은 성문법체계와 헌법상 삼권분립 및 대의민주체계를 침해하는 것으로 그 자체가 헌법 질서의 위기를 초래하고 있다는 비판이 제기되었다. 이후 신행정수도건설법안은 폐기되었으며, 여야 합의를 통해 '행정중심복합도시 건설을 위한 특별법'으로 재구성되었다. 동 법률 역시 헌법소원이 제기되었다.
2005년 11월 24일 헌법재판소는 "행정도시특별법은 수도가 서울이라는 관습헌법에 위반되지 않으며 헌법상 대통령제 권력구조에 어떠한 변화가 있는 것도 아니므로 청구인들의 국민투표 침해나 기타 기본권 침해 가능성을 인정할 수 없다"는 이유로 각하 결정을 선고했다. 이명박 한나라당 후보는 대선 과정과 당선 후에 행정중심 복합도시 건설 특별법의 원안 추진을 수차례 약속했으나 대선 승리 이후에는 원안인 행정중심복합도시를 폐기하고 교육과학중심 경제도시로 바꾸는 수정안을 밀어붙였다. 그러나 2010년 6월 정부의 수정안은 국회 본회의에서 부결됐다.
행정수도 이전을 둘러싼 논쟁은 한국 사회에 심각한 사회갈등을 초래했다. 노무현 정권은 분권 균형발전 정책을 추진하는 과정에서 성과주의적 조급증과 개발주의 이데올로기에 경도되어 폭넓은 사회적 합의를 형성하는 데 실패하였다고 평가된다(http://www.peoplepower21.org/607328). 가장 중요한 개혁의 대상인 개발국가의 행정체계, 개발동맹, 개발공사 등을 개혁하기는커녕 이 개혁의 대상을 이용하여 지역주의와 개발주의를 확대재생산해서 정권재창출을 이루려고 한다는 비판도 존재한다. 그럼에도 과도한 수도권 집중과 이로 인한 각종 부작용에 대해 문제의식을 갖고 이를 해소하기 위해 분권과 균형발전을 추진한 것 자체는 긍정적으로 평가될 만하다.
앞의 사진은 신행정수도 이전을 반대하는 한 지역신문의 1면 머리기사이다. 이 신문은 신행정수도가 이전되면 대전·충청권만 위상이 강화되고, "대구 경북은 상대적으로 위축"될 것이라고 하면서 사설을 통해 "많은 국민들이 혼란스러워하고 찬반 양론이 첨예하게 대립된 분위기에서 수도 이전은 바람직하지 않다"며 행정수도 이전 자체를 반대하고 나섰다. 대다수 언론들은 지역 민심을 보도한다면서 지역감정을 부추기는 정치가들과 주민의 목소리를 마치 대표성을 가진 것처럼 부각시키는 경우가 많다. 특히, 선거 기간에 행해지는 지역주의 조장 보도는 다른 선거 쟁점사항을 잠식하고, 유권자가 감정적인 선택을 하도록 부추긴다는 점에서 바람직하지 않다.

경쟁구조 및 행태로의 발전을 가로막으며 경제위기 극복과 남북통일을 위해 필요한 사회통합을 저해한다. 또한 상호의존이 확대되고 세계경제의 통합수준이 심화되면서 개방과 분권화를 요구하는 세계화 추세에도 부합하지 않는다. 그렇다면 지역주의 문제를 완화하거나 해결하기 위한 대안들로는 어떤 것이 있을까? 이와 관련해서 강조될 점은 지역주의란 다양한 영역에 걸치는 매우 복합적인 문제라는 데서 그 해결 역시 다각적인 측면에서 상호 연관성을 갖는 여러 대안들이 제시될 필요가 있다는 것이다. 그것은 한마디로 지역주의를 형성하고 동원한 정치적, 경제적, 사회적, 문화적 조건을 해소하는 것이기도 하다. 지역주의 문제를 일거에 해결하는 만병통치약은 존재하지 않는다. 여러 대안들 중에서 대내외적인 현실조건을 감안하여 적실하고 타당성 있는 대안부터 신중히 추진되이야 한다. 이들 대안 중에서 단기적으로 고려해 봄직한 대안으로는 우선 각종 정치제도의 개혁을 들 수 있다. 지역 간 균형발전 추구나 정치교육의 실시를 통한 민주적 덕성의 함양 등과 같이 장기적으로 추진되어야 하는 대안들에 비해 정치제도의 개혁은 비교적 짧은 기간에 추진 가능한 대안이다. 물론 정치제도의 개혁만으로 모든 문제가 해결되지는 않는다. 그러나 국가기관(예: 정부, 의회), 특정 조직(예: 정당, 노조), 절차규칙(예: 선거, 다수결원리)을 의미하는 정치제도는 정치행위를 규정하고 나아가 정치의식과 문화의 형성에도 일정한 영향을 미친다는 점에서 매우 중요하다. 특히 권력이 집중되고 소수는 배제되는 다수주의적 정치제도가 아닌 권력의 분점으로 합의와 화합의 정치를 가능하게 하는 정치제도는 사회균열과 갈등을 조정하고 통합으로 이끄는 데 중요한 역할을 수행할 수 있다.

지역주의 완화를 위한 정치제도의 개혁 중에서 시급히 요구되는 것은 다수대표제적 선거제도의 개혁이다. 유권자들의 투표를 대표의 의석으로 전환시키는 방법의 하나인 다수대표제적 선거제도는 낮은 비례성을 갖기 때문에 유권자의 의사를 최대한 의석에 반영하지 못하는 선거제도이다. 한 선거구에서 대다수의 득표를 한 후보가 의원이 되는 현재의 다수대표제는 다양한 사회계층과 집단들의 이해를 제대로 반영하지 못하고 있고 오히려 지역갈등을 포함한 사회균열을 심화시키고 있는 제도라 할 수 있다. 다수대표제는 탈법적 선거운동과 과다한 정치비용 지출을 조장하였고 당선을 위하여 후보들이 지역개발 공약을 남발하고 지역감정을 부추기는 것을 가능케 하였다. 다수대표제는 또한 정당의 특정 지역 편중현상을 심화시켰다. 지역 명망가 중심으로 구성된 지역 정당들을 중심으로 한 지역분할적 정치구도가 확립된 데에는 무엇보다 다수대표제의 역할이 컸다. 이러한 이유에서 선거제도 개혁의 필요성은 이미 오래전부터 제기되어 왔다. 선거제도 개혁은 이념이나 정책에 기반을 둔 신생 개혁정당을 부상시키면서 지역선호에 의해 선거결과가 결정되는 것을 억제하면서 지역주의 완화에도 기여할 수 있다. 정치적 대표성과 책임성을 제고시키는 선거제도의 개혁은 한국 민주주의의 질적 수준을 높이기 위해서도 필요하다.

각 정당이 그들의 득표수에 상응하는 비율의 의원 수를 획득하는 정당명부식 비례대표제는 현재의 지역분할적 정치구도 해소에 도움이 될 것으로 예상된다. 이와 관련해 참조해볼 만한 선거제도는 독일의 연방의회 선거제도이다.[홍익표, 1999] 이 제도의 유형, 장단점에 대한 정확한 분석과 전제조건의 충족이 이뤄진다면 독일의 제도는 한국에서 긍정적인 효과를 가져올 것이라 여겨진다. 독일은 연방의회[Bundestag] 의원의 반을 전국의 328개 지역 선거구에서 다수결로 선출하고 나머지 반은 정당에 대한 득표수에 비례해 주별로 분리된 각 당의 명부에 적힌 순서에 따라 선출한다. 독일의 선거제도는 유권자의 의사를 최대한 의석에 반영하며 무엇보다 녹색당[Die Grünen]의 경우와 같이 다양한 사회세력들의 이해를 대변하여 이들의 의회 진입도 가능하게 하는 장점을 지닌다. 반면 일본식 제도는 미리 지역구 의석과 비례대표 의석을 정해놓고 11개 권역별 정당 득표율에 따라 비례대표 의석을 배분한다. 그리고 지역구와 비례대표의 중복 입후보도 허용하고 있다. 따라서 이 제도는 취약지역에서 비례대표 의석 획득을 어렵게 하기 때문에 지역주의 타파나 다양한 사회세력들의 이해 대변 및 의회 진입이 어렵다.

정당명부식 비례대표제는 각 정당에 의석을 배분함으로써 양당제보다는 다당제의 형성을 촉진하고 극단적인 다당제의 경우는 정치안정이 위협받고 책임성[accountability]과 인지성[identifiability]이 낮을 수 있다. 이러한 이유에서 정당명부식 비례대표제의 도입으로 인한 정치불안을 최소화하기 위해서는 독일의 경우와 같이 일정 비율 이상의 득표를 하거나 지역구 당선자를 낸 정당만이 의회에 진출을 하도록 하는 봉쇄조항Sperrklausel과 같은 제도적 보완이 필요하다. 아울러 정당명부식 비례대표제의 도입이 공천권을 가진 당 지도부의 권한만을 강화시키는 것을 방지하기 위해서는 의원 후보를 일반 당원들이나 지지자들이 민주적으로 경선하는 상향식 선출방식의 도입이 또한 요구된다. 그 구체적인 방법으로는 정당 중앙위원회에서 입후보자를 결정하는 구속명부 방식보다는[8] 당원과 지지자들이 후보를 결정하고 중앙위원회는 대강만 준비하는 이완명부 방식을 채택할 필요가 있다. 이를 통해 당원들은 각 계파지도자들과 맺고 있는 후견인·수혜자 관계라는 사적인 연결망에서 벗어나 소속 정당에 대한 자율성을 갖게 될 것이다. 당내 의사결정 구조의 민주화는 또한 노동세력을 비롯한 새로운 세력이 당내로 진입하는 것을 용이하게 하고, 지역이 아닌 정책과 이념에 기초한 경쟁구조의 확립을 가능하게 하면서 정당의 제도화 수준도 높일 수 있다.

현재 한국은 다수대표제와 비례대표제를 병행한 1인 2표 혼합형 선거제도를 채택하고 있지만 의석의 비율과 배분방식을 보면 압도적으로 다수대표제에 치우쳐 있다. 경제개발협력기구OECD 회원국 중에서 득표와 의석 간의 불비례성은 한국이 유독 높다. 따라서 유권자의 이해를 최대한 의석에 반영하고 다양한 사회세력들의 이해를 대변하여 이들의 의회 진입을 가능하게 하면서 정책 및 이념정당의 발전도 꾀하기 위해서는 정당명부식 비례대표제의 획기적인 확대가 필요하다. 비례대표제의 도입을 통하여 특정지역에 한

---

8) 독일의 경우 연방하원 의원에 출마하는 각 정당의 지역구 후보는 개별로 입후보하며 지역구 대의원들의 직접 투표로 결정된다. 이에 비해 주별로 작성하는 비례대표 명부(Landesliste)의 후보는 정당중앙위원회에서 추천하여 전국대의원대회에서 투표로 결정되기 때문에 당원들의 영향력은 그리 크지 않은 편이다. 그러나 각 정당은 후보자 추천서와 추천 장소, 시간, 소집 형식, 참석 당원 등을 포함한 모든 선출과정과 의사록 사본을 선거관리위원회에 제출할 의무가 있기 때문에 후보선출 과정의 투명성은 매우 높다.

정된 지지기반을 갖고 있는 정당들은 다른 지역에서도 의석을 확보하면서 전국 정당화할 수도 있게 된다.[9] 반면에 정치권 일각에서 제기되는 중대선거구제로의 선거제도 개혁은 정책보다는 후보자 중심 선거운동을 초래하고 당내 파벌을 강화시키는 경향이 있는 데서 바람직하지 않다. 세계적으로 보았을 때도 중대선거구제를 채택하고 있는 국가들은 매우 적다.

그러나 정치제도들은 상호연관을 맺고 있고 다양한 현실 요인에 의해 영향을 받기 때문에 어느 한 제도의 개혁만으로는 올바로 작동될 수 없으며 소기의 효과도 얻을 수 없다. 예를 들어 선거제도와 정당제도의 개혁 없이 정부형태만 바꾸는 것은 전혀 바람직하지 않다. 정치제도의 개혁을 포함하는 이들 대안들이 대내외적인 현실조건을 감안하여 신중히 추진되어야 하며 무엇보다 보다 많은 사람들의 참여와 합의에 기초해 실행되어야 한다는 점은 말할 나위도 없다. 또한 선거제도를 비롯한 정치제도의 개혁을 강력한 이해관계가 걸려 있는 정치권이 주도할 경우 밀실 야합을 통해 엉뚱한 결과가 도출될 수 있다는 점도 고려되어야 한다. 제도 개혁의 바람직한 결과를 내기 위해서는 정치권뿐만 아니라 이 문제와 이해관계가 없는 독립적인 전문가 집단, 그리고 시민사회의 다양한 세력들이 포괄성과 대표성에 입각해 협상위원회를 구성하고 여기에서 합리적 토론 및 타협을 통해 합의를 이끌어내는 것이 필요하다.

연관 키워드

아래로부터의 요구(bottom-up demands), 지역의 유럽(Europe des régions), 소용돌이 정치(the Politics of the Vortex, Gregory Henderson), 지방 분권화

---

9) 비례대표제를 도입했을 때 단기적으로는 정당별 지역 의석 독점율이 크게 개선되지 않지만 장기적으로는 선거전략의 변화나 국회의원 후보자 충원의 변화, 탈지역적이거나 반지역주의적인 신당의 등장, 그리고 기존 정당의 분열 등에 의한 정당제 구조의 다원화가 나타나 지역주의는 크게 개선될 것이라는 견해도 있다. 자세한 것은 이갑윤(1998) 참조.

[참고문헌]

Augusteijn, Joost & Eric Storm (eds.). *Region and State in Nineteenth-Century Europe: Nation-Building, Regional Identities and Separatism*. London: Palgrave Macmillan, 2012.

Baycroft, Timothy & Mark Hewitson (eds.). *What Is a Nation?: Europe 1789~1914*. Oxford: Oxford University Press, 2006.

Gerdes, Dirk. *Regionalismus als soziale Bewegung. Westeuropa, Frankreich, Korsika: Vom Vergleich zur Kontextanalyse*. Frankfurt und New York: Campus Verlag, 1985.

Henderson, Gregory. 박행웅·이종삼 역. 〈소용돌이의 한국정치〉. 파주: 한울아카데미, 2008.

Keating, Michael & John Loughlin (eds.). *The Political Economy of Regionalism*. London & Portland: Frank Cass, 1997.

Rokkan, Stein & Derek W. Urwin (eds.). *The Politics of Territorial Identity: Studies in European Regionalism*. London: SAGE Publications, 1982.

Storm, Eric. "Regionalism in History, 1890-1945: The Cultural Approach." *European History Quarterly*, Vol.33, No.2. 2003.

김만흠. "한국 지방정치의 특성: 중앙 집중의 소용돌이와 지방정치의 빈곤." 〈사회과학연구〉 제45집 2호. 2006.

_____. "한국의 정치균열에 관한 연구: 지역균열의 정치과정에 대한 구조적 접근." 서울대학교 정치학박사학위논문. 1991.

김종철·최장집 외. 〈지역감정 연구〉. 서울: 학민사, 1991.

남영신. 〈지역패권주의 한국: 민족사회 통합과 발전을 위한 고언〉. 서울: 새물사, 1991.

박동천. 〈깨어있는 시민을 위한 정치학 특강〉. 서울: 모티브북, 2010.

박상훈. 〈만들어진 현실: 한국의 지역주의. 무엇이 문제이고. 무엇이 문제가 아닌가〉. 서울: 후마니타스, 2009.

_____. "지역균열의 구조와 행태." 한국정치연구회 편. 〈박정희를 넘어서〉. 서울: 푸른숲, 1998.

손호철. 〈현대 한국정치: 이론. 역사. 현실. 1945~2011〉. 서울: 이매진, 2011.

이갑윤. "지역주의와 선거제도." 〈평화논총〉 제2권 1, 2호 합본호. 1998.

이종원·유병규. 〈한국경제의 발전과정과 미래〉. 서울: 해남, 1998.
전상진. 〈세대 게임—'세대 프레임'을 넘어서〉. 서울: 문학과지성사, 2018.
정근식. "불균등 발전과 지역주의. 그리고 지역 담론의 변화." 한국사회사학회 편. 〈한국 현대사와 사회 변동〉. 서울: 문학과지성사, 1997.
조기숙. "합리적 유권자 모델과 한국의 선거분석." 이남영 편. 〈한국의 선거 I〉. 서울: 나남, 1993.
최장집. 〈한국 민주주의의 조건과 전망〉. 서울: 나남출판, 1996.
"한국 국회의원 선거제도의 득표·의석 불비례성: OECD 23개국 선거제도와 비교" (http://politics.kr/76).
홍성태. 〈개발주의를 비판한다: 박정희 체계를 넘어 생태적 복지사회로〉. 서울: 당대, 2007.
홍익표. "독일의 연방의회 선거제도." 아태재단 정책연구시리즈 99-6. 1999.
_____. "지역의 도전과 유럽연합 내부동학의 변화." 〈유럽연구〉 제25권 3호. 2007.

▌보론: 집단주의와 후견인·수혜자 정치

특정 정당이 다수의석을 차지하고 있는 지역에서 해당 지역 출신 국회의원들이 유권자들의 여론에 귀를 기울이고 이들의 이익을 대변하려 노력하는 경우는 드물다. 이들이 관심을 쏟는 것은 공천권을 행사하는 중앙당 내 권력자들과의 관계이다. 여당과 야당을 막론하고 한국 정당의 내부 구조를 살펴보면 시민사회와는 유리된 채 소수의 정치엘리트를 중심으로 협애하고 퇴영적으로 조직되었다는 것을 알 수 있다. 이는 과거 권위주의 시절 정당, 특히 정치적 탄압을 받고 정치자금 부족에 시달렸던 야당 내 하부조직이 직업정치인들로 구성된 폐쇄적 추종세력으로 구성될 수밖에 없었던 역사적이고 구조적인 요인에서 비롯되었다. 그 결과가 곧 지도자 중심의 사당화 현상이었다.최장집, 1996: 402-403

이는 한국 정당정치를 후견인·수혜자patron-client 관계로 특징짓게 만들었다. 후견인·수혜자 관계는 보다 높은 사회경제적 지위를 가진 사람이 낮은 지위를 가진 사람에게 영향력과 자원을 사용해 보호와 혜택을 제공하고 그 대가로 자발적인 충성과 지지를 받는 관계를 가리킨다.James C. Scott, 1972: 92 이는 후견인과 수혜자 사이에 보호, 혜택과 충성, 지지를 서로 주고받는give and take 관계라는 점에서는 호혜적이지만, 양자의 지위가 대등하지 않은 상태에서 이루어지는 불평등한 관계라는 점에서 일방적이다. 보다 높은 사회경제적 지위를 가진 개인과 낮은 지위를 가진 사람 간의 역할의 교환관계라 할 수 있는 후견인·수혜자 관계는 자발적, 호혜적 인간관계라는 점에서 강제적, 일방적 관계인 지배·피지배 관계와 구별되며, 인격적, 비계약적 관계라는 점에서 비인격적, 계약적 관계인 자유로운 상품교환관계와 구별된다. 또한 후견인·수혜자 관계는 오랜 역사를 지닌 것으로 일본정치의 원형을 이루는 전근대적인 권력관계인 오야붕親分·꼬붕子分의 관계와 유사하다.[10)]

정치영역에서의 후견인·수혜자 관계는 부유한 소수의 특권층에게만 자원과 권한이 배분되는 것을 막고 일반인에게도 공평하게 자원을 배분하도록

제임스 스코트(James C. Scott, 1936~)는 농민정치론을 정립하고 발전시킨 학자이다. 예일 대학교 정치학과와 인류학과, 그리고 삼림과 환경 전공 스털링 석좌교수로 있다. 그의 학문적 관심은 이른바 하위 주체들이 억압과 지배에 어떻게 저항하는지에 초점이 맞춰져 있다. 스코트는 경제적 질서가 도덕적 원리에 의해 규정되는 '도덕경제(moral economy)' 개념을 통해 동남아시아의 농민정치와 경제를 분석하였다. 그에 따르면 동남아의 농민들은 '얼마나 남는가'와 호혜성이라는 공평함과 착취에 대한 일관된 기준들을 지니고 있었지만 서구 제국의 식민지화로 인해 도덕경제의 기초가 붕괴되었다고 한다. 한편, 스코트는 수평적인 계급관계 모델과 원시적인 감정(primodial sentiments)을 강조하는 모델에 해당하지 않는 연계와 갈등모델로 후견인·수혜자 관계를 제시하고 이에 입각해 동남아시아의 정치패턴을 연구하였다. 대표작으로 〈농민의 도덕경제: 동남아시아에서의 반란과 생존(The Moral Economy of the Peasant: Subsistence and Rebellion in Southeast Asia)〉, 〈약자의 무기: 농민 저항의 일상적 형태(Weapons of the Weak: Everyday Forms of Peasant Resistance)〉, 〈지배와 저항의 기예: 숨겨진 사본(Domination and the Arts of Resistance: Hidden Transcripts)〉 등이 있다. 최근에는 〈국가처럼 보기(Seeing like a State)〉에서 국가 주도의 거시공공계획을 비판적으로 고찰하였다. 그는 주민의 가치와 욕구, 반대를 유토피아적 계획과 권위주의적 묵살로 밀어붙이면 실제로 인간의 복지에 치명적인 위협이 된다는 점을 강조한다.

10) 오야붕이란 부모처럼 의지하고 있는 사람, 혼담·봉공 등에 있어 부모처럼 보살펴주는 사람이라는 뜻과 함께 협객 또는 노름꾼의 우두머리를 의미하며, 꼬붕은 '임시로 아들 취급을 받는 사람, 수양아들이나 오야붕에 종속돼 있는 부하'를 일컫는다. 이런 점에서 오야붕·꼬붕 관계는 민주주의적인 인간관계가 아니라 봉건적인 주종관계라 할 수 있다. 정치 영역에서 오야붕·꼬붕 관계는 명망가적인 몇 사람의 인물을 중심으로 추종자들이 모여들고, 이들이 파벌을 만들고 정당을 조직·운영하는 것으로 나타났다. 이는 한국에 그대로 이식되었다.

해주며, 상대적으로 소외된 채 살아가는 주변부 지역 주민들을 국가와 사회 기구들과 접촉하도록 도와주는 역할을 한다는 점에서 긍정적인 측면을 지닌다. 공식적 정당조직 안에서는 해결할 수 없는 많은 문제들을 비공식적인 경로를 통해 손쉽게 해결할 수 있도록 해 줌으로써 공식적 정당조직을 보완하는 역할도 수행한다. 이 과정에서 정치적 보스와 그의 추종세력을 축으로 하는 정치적 인맥이 형성되는 경우가 일반적이다. 이 과정에서 조직 내 민주주의를 억압하고 부정부패를 조장하며 자기 집단 중심의 배타적 이기주의를 부추기는 등의 부정적 속성도 표출된다.[서창영, 1993] 정치인들이 정치자금을 조달해 줄 수 있는 사회적 강자들의 이익만 과대 대표하고, 공공성보다는 후견인의 사적 이익을 보장할 수 있는 정책을 추진하는 사례[11)]는 흔하다.

한국 정치에서 나타나는 후견인·수혜자 관계는 한국 사회에서 급속한 근대화가 이뤄지면서 사회분화와 합리화가 많이 진척되었지만 정치 분야에는 여전히 전근대적이고 전통적인 요소들이 강하게 남아 있는 사실을 보여준다. 동남아시아, 아프리카, 라틴아메리카의 많은 나라들과 마찬가지로 한국에서도 전통사회에서 근대사회로 이행하는 급격한 변혁의 시기에 합리주의나 개인주의에 기반한 계약적 관계보다는 인정과 의리에 기반한 공동체적 관계가 형성되었다. 근대화 과정에서 개인주의화, 원자화된 개인들이 오히려 정서적, 공동체적 유대관계를 중요시하는 후견인·수혜자 관계에 더 적극적으로 매달리는 경향이 나타나고 있는 것이다. 이는 정치자금과 공천권을 쥐고 소속당 의원들을 장악한 김영삼·김대중·김종필 '3 김'씨의 경우에 뚜렷이 나타났다. 당시에 한국 정치는 최고지도자–중간보스–일반정치인

---

11) 공정택 인사비리 사건은 그 대표적 사례이다. 공 전 서울시교육감은 교육청 간부와 교장 등으로부터 인사 청탁과 함께 1억 4,600만 원의 금품을 받고, 인사 담당자에게 승진을 지시한 혐의로 구속 기소되어 1심과 2심에 이어 2011년 2월 대법원에서 징역 4년에 벌금 1억 원, 추징금 1억 4,600만 원이 확정되었다. 공 전 교육감이 국제중학교를 설립하고, 학원수강시간을 연장하며, 사학 재단의 비리를 비판해 오던 전교조에 대해 노골적 탄압을 진행한 것도 결국 선거비를 조달해 준 사학재단과 학원 관계자들에 대한 보답이었다.

—유권자로 이어지는 거대한 동심원 구조가 존재했다. 이들이 정치무대에서 은퇴한 후에도 한국 정치에서 후견인·수혜자 관계는 소멸되지 않고 남아 있다. 예를 들어 대선을 앞두고는 거의 모든 의원들이 가장 유력한 후보에게 줄서는 현상이 동일하게 반복된다. 그 결과 대의제 민주주의의 핵심 제도인 정당은 이념과 정책을 중심으로 형성되기보다는 파벌을 중심으로 이합집산을 거듭하고 있다. 물론 한국 사회가 민주화될수록 한국 정치의 후견인·수혜자 관계 역시 보다 자율적이고 민주적인 관계로 대체될 것으로 예상된다. 그럼에도 아직까지 혈연, 지연, 학연에 기반한 후견인·수혜자 관계는 여전하다. 이 관계가 특히 뚜렷이 나타나는 것은 중앙 정치인과 지역 추종세력과의 관계이다.

중앙 집중 및 거점성장 형태로 추진된 한국의 근대화 과정에서 지역사회의 구조는 지역사회의 주체적 대응 여부를 떠나 결정되었다. 거점성장으로 인해 지역 간 불균등도 심화되는 가운데 지역에 따라 중앙으로부터 소외와 지역 간 불균등에 따른 차별을 중첩적으로 부과받기도 했다. 이 시기 한국의 지역정치는 한편으로 중앙정부의 통치대상으로서의 지방 행정영역으로서만 존재했으며, 다른 한편으로는 중앙권력의 시혜에 의존하는 후견인·수혜자 관계로 운영되었다. 이런 상황에서 지방행정의 주민에 대한 책임성과 대응성이 촉발되기 어려웠다. 대신 주민에 대한 책임이 아니라 중앙권력에 대한 책임과 대응이 중요하게 되었다. 중앙정부의 권력과 지역사회가 이른바 후견인·수혜자의 권력관계를 형성하고 있었던 것이다. 권력을 '누가 통치하느냐'의 관점에서 본다면 후견인·수혜자 관계에서 권력의 주체는 당연히 후원자인 중앙권력이었다.

그러나 다른 한편으로 권력을 결과적인 수익 즉 '누가 이익을 얻느냐'의 관점에서 파악한다면, 후견인뿐만 아니라 수혜자도 권력을 누렸다고 할 수 있다. 후견인·수혜자 관계는 지역사회의 권력구조로 이어졌다. 지역사회의 기득권층이나 유지들은 중앙권력층과의 연줄관계를 확보해야 했고 또 그런 연줄을 확보한 사람이 지역사회에서 권력을 누리거나 유지행세를 할 수 있었다. 이런 관계는 장기간 여야 정권교체가 없는 가운데 전통적 여권 성향

의 기득권층과 관변단체 등이 지역사회를 지배하는 권력구조를 만들었다.김만흠, 2006

서창영은 후견인·수혜자 관계의 분석틀을 적용하여 제5공화국의 '하나회' 인맥을 연구하였다. 하나회는 1963년 전두환, 노태우 등 육사 11기 졸업생들이 주축이 되어 결성한 비밀사조직으로서, 아래로는 정규 육사 출신 장교들의 엘리트 의식과 선배 장교들에 대한 불만에 기초하고 위로는 박정희 대통령의 배려와 후원에 의존하여 강한 결속력을 지닌 조직으로 성장하였다. 하나회 회원들은 1960~70년대에 걸쳐 윤필용, 차지철 등의 후원을 받아 성장하였으며, 자기들끼리 주요 보직을 주고받는 자리 물리기 방식으로 육군본부, 공수특전단, 수도경비사, 보안사 등의 요직을 장악하고, 권력 피라미드의 구조 변화가 있을 때마다 한 걸음씩 권력의 정상을 향해 앞으로 나아갔다. 하나회 인맥은 1979~80년 신군부 세력이 정치무대에 등장하는 과정에서 결정적 역할을 했다.

12·12 쿠데타에 참가한 것으로 알려진 장교들의 3분의 2가 하나회 회원이었으며, 80년 5월 광주에 투입된 계엄군은 전두환, 노태우, 정호용 등 하나회 회원들끼리 자리 물리기를 해 오던 대표적 부대인 공수특전단이었다. 또한 국가보위비상대책위원회 상임위원급 52명 중 군 출신이 30명으로서 57%를 차지했는데, 이 중 하나회 출신이 9명이었다. 하나회 인맥의 위세는 제5공화국의 출범과 더불어 최고조에 이르렀다. 이들은 제5공화국 정권하에서 서로 밀고 당겨 주는 후견인·수혜자 관계를 형성하고, 청와대, 행정부, 국회 및 정당, 군, 정부투자기관, 기업체, 연구단체 등 사회 각계로 진출하여 상층부와 요직을 장악하였다. 그 결과 군부세력을 중심으로 민간세력이 결합하여 전두환－하나회－정규육사출신－관료－민간인의 구조를 가진 거대한 동심원 구조가 형성되었다.서창영, 1993

한·미동맹 역시 후견인·수혜자 관계로 설명된다. 한·미동맹은 후견국이 피후견국의 안보를 보증하는 대신, 피후견국은 후견국의 패권을 인정하고 분담금을 내는 동맹관계의 '모범'이라는 것이다. 그런 점에서 한국과 미국 두 나라는 비대칭적 동맹asymmetric alliance, 또는 후견·피후견 국가관계를 유지한다고 지적된다. 비대칭적 동맹의 경우는 당사국의 국력에 상응하는 비대칭적 의무와 기대를 가지게 된다. 즉, 약소국은 강대국과 동맹을 맺음으로써 자국의 안전보장을 담보받을 수 있고, 다른 한편으로는 강대국에 의해 자국의 자율성을 제한받을 수 있다.James D. Morrow, 1991 같은 맥락에서 북한과 중국관계 역시 후견인·수혜자 관계에 입각해 설명될 수 있다. 냉전시기 중국과 북한은 한국전쟁에서 피를 나눈 혈맹으로서 이데올로기적 유대에 기초한 순망치한脣亡齒寒의 특수관계로 규정되었다. 한국전쟁 당시 중국은 막대한 인적·물적 자원을 북한에 지원했고, 정전협정 체결 후에도 이를 지속했다. 그러나 문화대혁명과 한·중수교 시기에는 긴장과 갈등도 표출되었다.

[참고문헌]

Blondel, Jean. "Party Government. Patronage. and Party Decline in Western Europe." Richard Gunther et al. (eds.). *Political Parties: Old Concepts and New Challenges*. Oxford: Oxford University Press, 2002.

Kitschelt, Herbert (ed.). *Patrons, Clients, and Policies: Patterns of Democratic Accountability and Political Competition*. Cambridge: Cambridge University Press, 2007.

Morrow. James D. "Alliances and Asymmetry: An Alternative to the Capability Aggregation Model of Alliances." *American Journal of Political Science*, Vol.35, No.4. 1991.

Scott, James C. "Patron-Client Politics and Political Change in Southeast Asia." *The American Political Science Review*, Vol.66, No.1. 1972.

김만흠. "한국 지방정치의 특성: 중앙 집중의 소용돌이와 지방정치의 빈곤." 〈사회과학연구〉 제45집 2호. 2006.

박종철. "1공화국의 국가구조와 수입대체산업의 정치구조." 〈한국정치학회보〉 22집 1호. 1988.

서창영. "한국 정치의 후견인-수혜자 관계: 제5공화국의 하나회 인맥에 관한 연구." 서울대학교 정치학석사학위논문. 1993.

임혁백. 〈1987년 이후의 한국 민주주의－3김 정치시대와 그 이후〉. 서울: 고려대학교출판부, 2011.

장수찬. "중앙정치와 지역정치의 유착과 재생산." 〈시민과세계〉 제9호. 2006.

최장집. 〈한국 민주주의의 조건과 전망〉. 서울: 나남출판, 1996.

열한 번째 키워드: 촛불시위

직접행동과 거리의 정치

촛불시위는 주한미군에 의한 여중생 사망 사건을 계기로 시작되었다.[1] 2002년 6월 경기도 양주에서 길을 가던 두 여학생이 주한 미군 소속 장갑차에 깔려 사망한 뒤 미군 측이 이 사건은 "고의와 악의가 없는 것으로 누구도 책임질 만한 과실이 없다"라고 언급하고 미 군사법정에서 기소된 미군 두 명에게 무죄판결을 내리면서 비난 여론이 조성되기 시작했다. 그러나 이는 월드컵 열기에 묻혀 수면 아래로 잠복했다. 이를 다시 불러낸 것은 다른 언론과 달리 여중생 사망 사건을 특별 섹션으로 만들어 집중 보도했던 인터넷신문인 〈오마이뉴스〉의 한 시민기자였다. 그는 두 여자 중학생을 추모하자는 뜻으로 인터넷 게시판에 '주말 촛불시위를 하자'고 글을 올렸고, 이 제안이 네티즌을 중심으로 확산되어 같은 해 11월 처음으로 서울의 광화문에서 수백 명이 참여한 촛불집회가 열렸다. 이는 처음에는 단순한 추모집회의 성격을 띠었다. 그러나 미군 법정이 이 사건에 대해 무죄 판결을 내리면서 재판 무효와 가해 미군 처벌뿐만 아니라 불평등한 한미 주한미군지위협정

---

1) 촛불시위는 1968년 미국의 베트남전 반대운동과 1988년 당시 체코슬로바키아 브라티슬라바의 시민권운동 등에서 보듯이 외국에서도 개최된 바 있다. 국내에서 공동 목표 달성을 위한 대중들의 공개적이고 집합적인 의사표현 행동인 시위(demonstration)의 한 형태로 자리 잡은 것은 2002년이라 할 수 있다.

SOFA 전면 개정 등을 요구하는 등 쟁점이 확산되었다. 촛불시위는 독일과 프랑스 등 외국에서도 개최되었다. 이 사건은 제16대 대통령선거 정국에서 주요한 쟁점으로 부상했다.

2004년 3월에 노무현 대통령 탄핵사건이 일어나자 탄핵에 반대하는 대규모 촛불시위가 열렸다. 당시 야당인 한나라당과 새천년민주당은 노 대통령이 특정 정당을 위한 불법 선거운동을 계속해 왔고, 본인과 측근들의 권력형 부정부패로 국가적 위기 상황을 초래했다는 사유로 국회에 탄핵소추안을 발의해 이를 가결시켰다. 이는 커다란 사회적 논쟁을 불러일으켰고, 전국에서는 탄핵 반대 촛불시위가 열렸다. 집회 옹호자들은 국민 다수의 뜻을 무시한 채 탄핵을 가결시킨 야당에 대한 분노와 탄핵의 부당성을 표명하기 위한 집회란 점을 강조했고, 일부 보수인사들은 탄핵 반대가 무비판적 옹호와 선동에 의한 것으로 '일종의 변형된 개인숭배주의'라 비난을 퍼부었다.〈오마이뉴스〉, 2004년 3월 17일 탄핵을 둘러싼 사회적 논란은 4월 15일 17대 국회의원선거에서 탄핵을 주도한 한나라당과 새천년민주당이 패배한 데 이어 5월 14일에는 탄핵소추안이 헌법재판소에서 기각되면서 사그러들었다.

촛불시위는 2008년 다시 전개되었다. 그 계기는 미국산 쇠고기 수입문제였다. 2008년 4월 18일 캠프 데이비드 한미정상회담을 하루 앞두고 한국과 미국 정부는 쇠고기 협상 타결을 전격 발표했다. 당초 한국과 미국 양 측은 2007년 10월 미국산 쇠고기에서 등뼈가 발견돼 검역이 중단된 이후 '모든 종류의 광우병특정위험물질SRM 및 부산물의 수입 금지와 30개월 미만이라는 연령 제한 규정 유지'를 둘러싸고 합의점을 찾지 못하고 있었으나, 대통령의 방미를 앞두고 다시 협상을 재개해 정상회담을 하루 앞둔 4월 18일 협상을 전격 타결지었다. 이는 우선 30개월 미만의 뼈를 포함한 쇠고기 수입을 허용하고, 미국이 '동물사료 금지 조치 강화안'을 공포할 경우 연령제한을 없앤다는 내용이었다. 몇몇 언론과 시민단체 등에서는 이명박 정권의 미국산 쇠고기 수입 협상이 '캠프 데이비드 숙박비'라는 비판을 제기했지만 정부 당국자는 '오직 FTA를 성사시키기 위한 고육책'이라고 강변했고, 보수 언론들은 한미관계의 회복과 격상을 가져왔다고 추켜세웠다.2) 하지만 '미국에서 광우병이 발생해도 미국이 광우병 위험통제국의 지위를 잃지 않는 한 수입을 중단할 수 없다'는 내용이 알려지면서 재협상을 요구하는 반발이 점차 커지기 시작됐다. 시민사회단체와 시민들은 미국산 쇠고기 협상에 대해 '검역주권을 포기한 졸속·굴욕 협상'이라며 재협상을 촉구했지만, 정부는 관련 부처 합동 기자회견을 열고 재협상 불가방침을 거듭 밝혔다. "도시 근로자들이 질 좋은 고기를 싼 값에 먹게 됐다", "복어 독을 빼고 복을 먹는 것과 같다", "광우병 논란은 부안 사태와 같다. 사실을 모르는 사람들에 의해 선동된 것"이란 발언도 사람들을 자극했다.경향닷컴 촛불팀 엮음, 2008: 26 이에 5월 2일 서울 종로구 청계광장에서 재협상을 촉구하는 시민들의 촛불시위가 처음 개최됐다. 이후 1,700여 개 시민사회단체로 구성된 '광우병 위험 미국산 쇠고기 전면 수입을 반대하는 국민대책회의'가 조직됐고, 집회는 규모가 커지고 연일 개최되기에 이르렀다.

촛불시위의 불씨는 10대 여학생들이 지폈다. 쇠고기 협상이 타결되기 직전인 4월 15일 정부는 수준별 이동수업 및 우열반 편성, 0교시 및 10시 이후 자율학습 허용 등을 내용으로 하는 학교자율화 조치를 발표했다. 이에 감수성이 예민한 여중고생들이 술렁이기 시작했다. 그 직후 광우병 위험이 있는 쇠고기를 수입하기로 했다는 발표가 나오자 반강제적인 학교급식으로 자신들이 가장 먼저 위험에 노출될 수 있다는 사실이 여중고생들을 경악하게 했다. 협상 타결 보도가 나온 후 5월 2일 최초의 촛불시위가 시작될 때까지 이들 여중고생들이 중심이 되어 생활 현장의 수다, 휴대폰 문자메시지, 그리고 '미친소닷넷', '아고라,' 각종 미니홈피와 개인 블로그 등을 통해 광우병에 관한 정보가 번져나가고 그에 따른 아우성이 온라인 공간을 달구었다.

---

2) 2011년 9월 2일 폭로전문 웹사이트 위키리크스(WikiLeaks)가 공개한 주한 미국 대사관이 작성해 본국 정부에 보고한 문건에 따르면 이 대통령과 측근들은 인수위 시절 이미 '미국산 쇠고기 전면 수입 재개'를 미국에 약속했고, 정상회담의 장소로 '캠프 데이비드'를 구체적으로 요청했다고 한다. 이는 쇠고기 수입과 정상회담은 관련 없는 일이고 오직 FTA를 성사시키기 위한 고육책이라던 정부의 주장이 사실이 아님을 보여준다. 〈오마이뉴스〉, 2011년 9월 8일. 구체적인 것은 김용진(2012), pp.120-125.

이후 촛불의 또 다른 주체로 등장하는 주부들과 함께 10대 여학생들이 촛불을 들 수 있었던 것은 그들이 사회의 주류시스템으로부터 배제된 주변인이었기 때문이었다. 시스템 내부에 동화되어 위험에 둔감해지거나 혹은 무기력에 빠진 이들과 달리 여중고생, 주부들은 국가와 시장이 만들어내는 생명의 위험에 직접적인 피해자일 가능성이 높고 그것에 대해 가장 예민한 존재들이었다. 초기 촛불시위는 아이와 가족들에 대한 엄마들의 돌봄의 감수성과 팬덤fandom문화를 통해 누군가를 보살피고 돌보는 훈련에 익숙해 있던 여중고생들의 정서와 관련된 것이었다.참여연대 · 참여사회연구소, 2008: 16-18

미국산 쇠고기 수입을 반대하는 촛불문화제를 처음 연 뒤로 대학생, 일반 회사원, 유모차를 끄는 젊은 주부들까지 다양한 개인들이 자발적으로 동참하여 비폭력적으로 자신들의 주장을 폈다. 그런 점에서 촛불집회는 주체의 다중성을 특징으로 하는 것이었고,[3] 언어문법, 대화방식, 의상 스타일도 다양한 차이를 드러냈다. 예를 들어 '노사모'에 뿌리를 둔 안티 이명박 그룹, 아고라 그룹, 전통적인 노동운동 단체, 공공성 사수 사회운동 그룹, 광우병국민대책회의, 프로축구 서포터즈, 홍대 라이브 밴드, 유모차 부대, 다양한 인터넷 동호회 그룹 등 다양한 집단이 집회에 참가했다. 촛불시위는 전국에서 100일 이상 계속되었고 그 쟁점도 단순히 미국산 쇠고기 수입 반대뿐만 아니라 교육의 시장화, 대운하 건설, 공기업 민영화, 보수신문의 왜곡보도 등에 대한 반대로 확대되었다. 이는 집회 참가자들이 이명박 정권이 국민들의 의견을 조율하거나 이해당사자들과의 의사조정 없이 '경제 살리기'를 명분으로 내걸고 추진하던 신자유주의 정책에 반대하고 나섰다는 것을 의미한다.

이런 점에 주목하여 촛불시위를 이명박 정부의 신자유주의 정책에 대항

3) 프랑스의 철학자인 자크 랑시에르(Jacques Ranciere)는 한 인터뷰에서 생명·건강처럼 비정치적인 것으로 보이는 문제를 들고 거리로 뛰쳐나온 한국인들은 진정한 의미의 민중(people)이라 지적하였다. 그에게 민중이란 주민의 총합이 아니라, 어떤 사건을 '정치적인 것'으로 만들고 투쟁하는 사람들을 가리킨다. 그는 정치가 정치적인 것이 아닌 것처럼 보이는 문제조차 정치적인 것으로 만들고, 그 문제에 대해 스스로 결정을 내릴 수 있다는 집단 능력을 보여주는 것이라고 한다. 〈한겨레〉, 2008년 12월 2일.

하는 투쟁으로 보는 견해도 있다. 김광일은 전임 정부가 추진한 신자유주의 정책에 대한 환멸,[4] 그것에 맞선 저항과 투쟁이 2008년 촛불시위의 또 다른 자양분이라고 말한다. 그는 촛불시위 직전 상황을 살펴보는 것이 매우 중요하다고 한다. 2007년 17대 대선과 2008년 18대 총선을 거치면서 이명박 우파 정부가 집권하고 한나라당이 과반수 의석을 확보한 반면, 이런 선거 결과에 주요 진보 단체 — 시민단체, 한국진보연대, 민주노총, 민주노동당, 진보신당 등 — 들은 '진보·개혁세력의 패배'와 '보수화론' 등을 제기하며 사기저하와 두려움에 사로잡혔다는 것이다. 그러나 주요 진보 단체들이 주춤하는 사이 이명박의 공세에 대한 대중의 분노가 쌓여 갔고, 인수위 시절의 '어륀지', '고소영·강부자' 내각에 대한 반감으로 대중은 싸울 태세를 갖춰 갔다고 한다. 당시 대중의 정서는 기존 주요 개혁주의 사회운동 단체 지도부보다 왼쪽에 있었다는 것이다. 이 때문에 주요 사회운동 단체들은 단체로서 뒤늦게 운동에 참가했고 중요한 논쟁에서 시위 참가자들의 뒤를 좇기 급급했다고 한다.김광일, 2009: 49-51

2008년 촛불시위는 집회 방식도 이전과 달랐다. 2008년 촛불시위는 2002년 효순·미선 촛불시위와 2004년 탄핵 반대 촛불시위와 다른 양상을 보였다. 가장 두드러진 차이점은 과거 촛불시위가 진보단체와 대학생들에 의해 주도된 반면 광우병 촛불시위의 선도세력은 중·고생들이었다는 점이다. 왜 이들이 시위를 선도했을까? 그 대답을 우리는 촛불시위를 처음 시작했던 10대 여학생들의 "우리들은 이명박을 뽑지 않았다"라는 구호에서 찾을 수 있다. 이 구호는 민주주의의 이름으로 다수가 담합해 소수를 억압하고 약탈하는 세상을 만든 기성세대들에 대한 거친 항변이었다. 기성세대와 이들이 선출한 정치인들이 자신들을 극심한 입시경쟁으로 내몰 뿐 아니라 이제는 광

4) 김광일이 지적했듯이 이명박 정부가 신자유주의적 정책을 강화했지만, 사실 이 정책들의 기반은 모두 10년 동안 '국민의 정부'와 '참여정부'가 닦아 놓은 것이었다. 시위의 촉발점인 미국산 쇠고기 수입 자체가 노무현 정부가 체결한 한미 FTA의 선결 조건이었다. 김광일(2009), p.50.

우병 쇠고기라는 위험에 먼저 노출시키려 한다는 데 대해 이들은 절망하고 있었다.[5] 2002년 촛불시위에서는 '지도부'가 집회의 모든 것을 통제하고 숫자를 헤아릴 수 없는 깃발이 시위대 중앙을 차지했다.

그러나 2008년에 이르러 촛불은 과거 경험이 더 이상 통용되지 않았다. 촛불시위는 온라인 발전과 연동하면서 진화를 거듭했다. 2002년 촛불시위는 당시로서는 과연 얼마나 참가할지도 의문스러울 정도로 파격적인 실험이었지만 부시 미국 대통령의 사과까지 이끌어냈다. 전형적인 정치운동에서 출발한 2004년 촛불시위에서는 인터넷 게시판 토론과 퍼나르기 등 네트워크 확산형 운동이 등장했고, 인터넷 패러디가 인기를 끌면서 유희적인 정치참여문화도 나타났다. 초기에 쇠고기 수입반대에서 출발했지만 점차 정권반대운동 성격도 띠었던 2008년 촛불시위는 한층 복합적인 성격을 갖는다. 운동의 지도부는 존재하지 않은 채 인터넷 토론으로 방향을 정하였고 시위현장은 축제 분위기로 진행되기도 했다.〈서울신문〉, 2008년 7월 31일

당시에 일간지들이 보도한 다음과 같은 촛불시위 관련 기사는 이전과 다른 집회 방식을 잘 보여준다. "돌멩이 대신 촛불을 들고, 동료의 어깨를 거는 대신 아이를 무등 태운다. 집회 현장은 마치 축제에 온 듯한 분위기다. 디지털의 힘을 빌린 집회의 위력은 대규모 군중 시위의 그것을 넘어서고 있다.[6] 미국산 쇠고기 수입 반대 촛불문화제를 계기로 나타난 새로운 집회

---

5) 여학생들이 처한 암울한 현실과 그들의 고민을 학교 당국은 전혀 헤아리지 않았다. 미국산 쇠고기 수입에 반대하는 대규모 집회가 열리고 여기에 상당수의 10대 학생들이 참여하자 대부분의 학교는 체벌과 불이익을 거론하며 집회참가를 막는 데 급급했다. 교내방송, 문자메시지, 가정통신문은 물론이고 학생부 소환과 교장 면담, 취업이나 대학진학에 불이익을 거론하는 등 비교육적인 극약처방이 동원되었다. 이에 대해서는 "지금이 유신이나 5공 시절이냐"라는 반발과 더불어 "우리에게 민주주의를 가르치는 선생님들이 맞느냐"라는 항변이 뒤따랐다. 경향닷컴 촛불팀(2008), pp.65-66.

6) 짧은 기간에 많은 사람들이 촛불시위에 참여할 수 있었던 데는 무엇보다 인터넷의 힘이 컸다. 인터넷을 통한 연결성의 폭발적인 발전은 비용을 줄이고 속도를 최대화하며 전달 범위를 확장하여 거리 개념을 소멸시킨다. 잠재적으로 이런 변화는 정치체계 안에서 기성 조직과 외부 도전자 사이의 자원과 권력의 균형을 바꾸는 심대한 결과를

양상이다. 인터넷과 이동통신이 집회를 주도하고 있다. 청계광장의 미국산 쇠고기 수입 반대 집회나 경찰의 시위자 체포 장면이 인터넷과 이동통신을 통해 실시간으로 생중계되는 등 과거와 전혀 다른 집회 양상이 펼쳐지고 있다. 집회에는 직접 참가하지 못하지만 책상 앞에서 온라인을 통해 오프라인 시위에 간접 참여하는 '디지털 집회' 시대가 열리고 있는 것이다. 네티즌들의 토론광장 '다음 아고라'에는 청계광장 집회에 참석한 소감이나 정부의 강경 대응에 항의하는 글이 하루에도 수천 건씩 올라오고 있다. 이렇게 토론 사이트나 포털 게시판에 올라온 글은 블로그나 카페, 뉴스 댓글 등을 타고 순식간에 퍼져 나간다. 경찰의 시위자 연행에 대한 항의도 인터넷을 통해 실시간으로 이뤄진다.

인터넷 게시판을 통해 밤사이 경찰의 시위자 연행 상황, 경찰서별 조사 인원에 대한 정보가 퍼지면, 해당 경찰서 홈페이지는 바로 경찰의 강경 대응을 비난하는 글로 넘쳐 나고 사무실에는 항의 전화가 쏟아진다. 촛불문화제와 거리시위 상황은 웹 카메라와 와이브로를 통해 인터넷으로도 실시간 생중계되고 있다. 인터넷방송 사이트 '아프리카'에는 날마다 수십 개의 집회 생중계방이 만들어진다. 방마다 200명이 들어갈 수 있는데, 집회시간대에는 항상 모든 방이 가득 찬다. 책상 앞에서 집회 생중계를 지켜보는 사람들도 그저 수동적으로 시청하는 '방관자'에 머무르지 않는다. 이들은 영상이나 문자메시지로 들어오는 청계광장 주변 집회 상황과 경찰 대응 현황 등의 정보를 문자메시지와 게시판을 통해 공유하고, 그것을 집회 참가자들에게 바로 '피드백'해 주고 있다." 〈한국일보〉, 2008년 5월 29일

> "집회 현장의 시민들은 디지털 카메라와 캠코더, 노트북, 와이브로wibro와 같은 무선 인터넷 기술로 중무장했다. 이로 인해 국내의 집회 상황이 인터넷을 통해 전 세계에 실시간으로 방송되고, 해외에서도 촛불집회가 열리는 계기가 됐다. 촛불집회에서는 참가자들이 직접 여론을 형성하고 확산시켰다.

가져올 수 있다. Pippa Norris(2007), p.39.

촛불집회를 통해 새롭게 나타난 현상은 시민들이 현장에서 사진을 찍고 보도하는 '스트리트 저널리즘'이 등장했다는 것이다. 공동기획취재팀이 조사한 결과, 촛불이 점차 거세진 5월 25일~6월 10일 개인방송 인터넷 사이트인 '아프리카'에서 생중계된 촛불집회의 누적 방송 개수가 1만 7,222개, 누적 시청자 수는 775만 명이었다. '아프리카'에서 촛불을 주제로 생방송을 했던 BJ[인터넷방송 진행자]들도 425명이었다. 포털사이트 생중계나 블로그, UCC 등에 문자가 게시글로 중계되는 것까지 합치면 대략 수천 명의 시민 기자들이 집회 현장을 뛰어다닌 셈이다. 이들은 동영상, 댓글을 통해 인터넷 여론을 형성하는 데 앞장섰다. 6월 1일 '여대생 군홧발 동영상'을 올린 '아프리카'의 시청자 수는 127만 명을 기록했다. 6월 7일 72시간 연속집회, 10일의 100만 대행진도 각각 56만 명, 70만 명이 시청했다." _〈서울신문〉, 2008년 7월 31일

"2008년 5월 청계광장에는 깃발과 머리띠, 과격한 구호 대신 장삼이사[張三李四] 평범한 시민들의 진솔한 외침이 울려 퍼지고 있다. 청계광장 촛불문화제 무대에 올라 자유발언을 하는 이들은 대부분 '거대담론' 대신 자신이 일상생활에서 보고 들은 이야기를 한 아름 안고 올라온다. 어린이집 교사는 아이들의 먹거리를 염려하고, 대학생들은 "우리가 맨 먼저 미국 쇠고기를 먹는 것 아니냐"는 군대 간 친구의 걱정을 전한다. 28일 집회에서 60대 남성이 어릴 적 경험과 평소 생각을 중심으로 정부의 미국산 쇠고기 수입 방침을 조목조목 비판하자 곳곳에서 '앵콜' 세례가 쏟아졌다. 일반 참가자들이 청계광장에 나온 계기도 대부분 '생활 밀착형'이다. 아이 넷을 둔 서울 강북구 수유동에 사는 주부 최 모 씨는 "TV를 본 아이들이 '엄마 왜 사람들을 저렇게 잡아가?'라고 물었을 때 해줄 말이 없어 직접 데리고 나왔다"고 참석 이유를 설명했다."

_〈한국일보〉, 2008년 5월 29일

촛불시위는 정부의 권위주의적 정책 결정 과정에 대해 시민들이 자발적으로 문제를 제기하고 저항했다는 점에서 '민주주의 학습의 장'으로서 역할을 하였다. 한편 다양한 개인들이 자발적으로 동참하여 비폭력적으로 자신들의 주장을 폈다는 점에서는 직접민주주의의 새로운 실험으로도 평가된다.[7] 촛불시위에 참가한 시민들은 자신에게 영향을 미칠 수 있는 문제를 더 이상 엘리트들에게 위임하여 해결하지 않고 스스로 해결하려 하였다. 이

는 로널드 잉글하트Ronald Inglehart와 크리스찬 웰젤Christian Welzel이 말하는 '자기표현의 가치,' 즉 외적인 구속이나 지도의 영향력을 받지 않는 조건에서 형성된 자기만의 선호가 표출된 것이 촛불시위라는 것을 의미한다.[8] 기존의 위계적인 대의기구를 신뢰하지 않고 직접행동을 통해 문제를 해결하려 한 촛불시위는 민주주의 발전에 중요하며 긍정적인 영향을 미쳤다.

촛불참여자들은 자신을 통치할 대표자를 자신의 손으로 선택하는 것에서 나아가 일상적인 정치과정에서도 정치 대표자들을 감시·견제하고, 중요한 공공적 사안에 관한 결정에 동참할 수 있는 민주주의를 원했다. http://www.kdemocracy.or.kr/KDFOMS/Search/WonmunView2.asp?ArtcRegNo=2142&FileSeq=1 이동연은 미국산 쇠고기 수입반대 촛불시위는 한국적 민주주의의 '정치적 유산'과 '문화적 유산'의 접합이라는 의미를 갖는다고 지적한다. 즉 '촛불집회 형' 참여민주주의는 광장과 거리로 나오는 '시민들의 자발적 참여'와 촛불로 표현되는 '다양한 참여와 행동의 양식'으로 의미화할 수 있다는 것이다. 그는 촛불집회가 두 가지 유산을 갖고 있다고 말한다. "촛불집회의 상징적 의미 생산은 1987년 민주화항쟁과 2002년 한일 월드컵의 유산을 갖고 있다. 1987년 민주화항쟁이 권위주의 정권의 폭력과 억압에 맞서는 시민들의 민주주의 열망을 담은 정치적 사건이라면, 2002년 월드컵은 거리에서 축제와 난장의 소중함을 알게 한 문화적 사건이다. 촛불집회는 현상적으로 보면 우연한 사건처럼 보이지

---

7) 백승욱은 이와 관련해 직접행동과 직접민주주의를 혼동해서는 안 된다고 지적한다. 대중이 거리로 나와 스스로 외치고 발언하는 것은 직접민주주의를 위한 계기일 수는 있으되, 그 자체로 직접민주주의가 되는 것은 아니라는 것이다. 그 자체는 저항 자체가 변혁이 되지 못하는 것만큼이나 큰 것이라고 한다. 백승욱(2009), pp.44-45.

8) 잉글하트와 웰젤은 대중들의 가치와 신념의 변화가 민주주의 발전에 중요하며 긍정적인 영향을 미친다고 한다. 그들에 따르면 탈물질주의 가치로의 이동은 민주주의에 대한, 그리고 보다 반응적인 민주주의에 대한 강한 요구를 증진시키는 광범위한 문화적 변동의 일부분이다. 이 변화는 기존의 대표적인 대의기구인 정당의 기능 약화를 초래하지만 그렇다고 민주주의 몰락이나 쇠퇴로 이어지지 않고 민주주의를 더욱 '효과적으로' 만들 것이라는 것이다. Ronald Inglehart & Christian Welzel, 지은주 역(2011), pp.174-207.

미국산 쇠고기 수입 반대 촛불시위는 2008년 4월 18일 캠프 데이비드 한미정상회담을 하루 앞두고 전격 타결된 쇠고기 협상에 항의하기 위해 학생과 시민들이 모이면서 시작됐다. 촛불시위를 최초로 이끈 집단은 10대 여학생으로 이들은 이미 정부의 4·15 학교자율화 정책에 반대해 주말마다 서울 청계광장과 광화문 등에서 '촛불문화제'를 열고 있었다. 이후 대학생, 일반 회사원, 유모차를 끄는 젊은 주부들, 예비군부터 프로축구 서포터즈, 라이브 밴드, 인터넷 동호회 그룹 등 다양한 개인과 집단들이 자발적으로 동참하여 비폭력적으로 자신들의 주장을 폈다. 점차 시위대 수는 늘어나 6월 10일 개최된 촛불대행진에는 전국에서 무려 100만여 명이 참가하였다. 촛불시위는 전국에서 100일 이상 계속되었고 그 쟁점도 단순히 미국산 쇠고기 수입 반대뿐만 아니라 교육의 시장화, 대운하 건설, 공기업 민영화, 보수신문의 왜곡보도 등에 대한 반대로 확대되었다. 촛불시위는 정부의 권위주의적 정책 결정 과정에 대해 시민들이 자발적으로 문제를 제기하고 저항했다는 점에서 '민주주의 학습의 장'으로서 역할을 하였다는 평가를 받았다. 한편 다양한 개인들이 자발적으로 동참하여 비폭력적으로 자신들의 주장을 폈다는 점에서는 직접민주주의의 새로운 실험으로도 평가받는다.

만, 민주주의에 대한 '역사적 주름들의 축적'과 거리와 광장의 공포에서 벗어난 문화적 자율성에 대한 '기억의 복기'가 개인들의 신체에 각인된 자장효과를 생산한다. 촛불집회에서 촛불은 새로운 양식이지만, 촛불의 사건은 마치 억압된 것이 회귀하듯, 민주주의의 시민적 열망과, 거리에서 제도와 권위를 해체하려는 개인들의 카니발적 욕망이 교차하는 기억의 정치이다."이동연, 2008: 154-155

촛불시위는 상당한 규모로 100일이 넘게 지속되었지만 직접적인 성과는 거두지 못했다. 추가협의와 소폭 개각은 시민들의 근본적인 요구를 반영하는 것은 아니었다. 결국 단기적으로 보면 선거를 통해 집권한 이명박 대통령과 한나라당의 버티기가 승리한 것이다. 그렇지만 눈앞의 성과만을 잣대로 삼지 않는다면 촛불은 승리했다고 정태석은 지적한다.[정태석, 2009] 국민이 선출한 대통령이 국민의 건강과 생명을 도외시하는 광우병 쇠고기 수입을 결정한 것에 대해 대다수 국민들은 이 정부가 도대체 누구를 위한 정부인지를 의심하게 되면서 대통령과 정부에 대한 광범한 저항이 일어났고, 국민들은 자신들이 주권자임을 다시 한번 깨닫게 되는 소중한 계기가 되었다는 것이다. 그리고 이를 통해 대의제 민주주의의 한계를 인식할 수 있게 되었고, 먹거리 안전과 같은 일상생활의 문제가 정치의 중요한 영역이라는 사실을 일깨워주었다는 것이다. 정태석은 무엇보다 촛불시위가 이명박 정권이 내세운 '경제 살리기'의 본질이 국민의 생명과 건강을 시장의 이윤논리에 내다맡기는 것이라는 사실을 인식시켜 국민들의 정치의식을 고양시켰다는 점을 강조한다.

2008년 촛불시위를 어떻게 평가할 수 있을까? 첫째, 2008년 촛불시위에서는 다양한 참여주체들에 의해 일종의 공론장이 형성되었다. 그 장소는 바로 도시의 광장이었다. 역사가 오래된 도시에는 대부분 광장이 있다. 이탈리아 시에나의 캄포 광장Piazza del Campo, 프랑스 파리의 바스티유 광장Place de la Bastille, 중국 베이징의 천안문 광장, 아르헨티나 부에노스아이레스의 5월 광장Plaza de Mayo 등이 그것이다. 이들 광장은 평시에는 시민들이나 여행객들의 휴식의 공간이자 상인과 농민들의 시장 공간으로 역할을 한다. 또 한편으로는 축제가 벌어지거나 집회가 개최되고 혁명의 중심지가 되기도 한다. 촛불시위는 바로 이러한 광장에서 벌어졌다. 2008년 한국에서 독선적이고 무능한 정부의 정책에 분노한 시민들은 서울시청 앞 광장과 청계광장 등으로 쏟아져 나왔다. 광장이 없는 곳에서는 거리가 광장의 역할을 대신했다. 특히 네티즌 모두에게 열려 있고, 경계가 유동적이고 불분명한 인터넷 공간 역시 참여자들에게는 일종의 광장이었다.[9)]

여기서 정보가 교환되고, 논쟁이 벌어지며, 여론이 형성되었다. 대중들을 동원하는 정치집회가 열리거나 정부에 대한 비판과 요구가 분출하는 시위 역시 벌어졌다. 이는 광장에서 개최된 촛불시위가 나름의 공론장을 형성했다는 것을 가리키며, 그런 점에서 촛불시위가 현대 민주주의에 주는 함의를 찾을 수 있다. 위르겐 하버마스가 체계화한 공론장Öffentlichkeit은 공공영역으로서의 국가와 사적 영역으로서의 사회를 매개하는 것으로 사적 개인으로서의 공중이 서로 토론하고 여론을 형성하는 공간을 의미한다. "공론장은 그 이념에 따르면 그 속에서 모든 사람이 원칙적으로 동등한 기회를 가지고 각자의 개인적 성향, 희망, 신조, 즉 의견을 제시할 수 있다는 이유 때문에 바로 민주주의의 원리였다. 이 개인적 의견들이 공중의 논의를 통해 여론으로 형성될 수 있었던 한에서만 공론장은 실현될 수 있었다."Jürgen Habermas, 한승완 역, 2001: 340-341

둘째, 집단지성의 정치는 촛불시위를 특징짓는 키워드 중의 하나다. 대중의 지혜wisdom of crowds, 스웜지성swarm intelligence이라고도 불리는 집단지성은 일반적으로 한 개인이 생산한 지식이 아니라 집단 속에서 형성되는, 혹은 집단이 발현시킨 지식을 일컫는다. 그 핵심은 피드백feedback 구조에 있다. 행위자들은 정보가 유통되고 가공되는 과정에서 다른 참여자가 제공하는 정보를 접하고 취사선택하며, 필요시 이 정보에 대해 부연설명을 하는 피드백 구조를 통해 정보를 축적하고 교류한다.조화순 · 민병원 외, 2011: 20 2008년의 촛불시위의 경우에도 4월부터 7월에는 다음 아고라, 디시인사이드 갤러리, 네이버 토론방, 아프리카 등 인터넷 포털사이트를 중심으로 미국산 쇠고기의 광우병 위험성에 대한 정보 교환 및 이명박 정부의 쇠고기 정책 논의, 시위 현장 소식 전달 등의 활동이 폭발적으로 전개되고 확산되었다.[10] 시민들은 온라

9) 그런 까닭에 '촛불'은 물질적 의미가 아니라 상징적 의미로 이해되어야 하며, 광범위한 저항 행동들의 한 부분적 국면일 뿐이라고 할 수 있다(http://www.kdemocracy.or.kr/KDFOMS/Search/WonmunView2.asp?ArtcRegNo=2142&FileSeq=1).

10) 그러나 2008년의 촛불시위는 양적으로 다양한 지식이 생산되었지만 질 높은 지식이

인을 통한 직접적인 소통과 자발적인 조직화를 통해 저마다의 방식으로 시위에 참여했고, 다양한 시위주체들은 여러 종류의 퍼포먼스를 연출하고 유모차 행진과 같은 새로운 시위방법을 고안해냈다. 이와 같은 변화는 기존의 운동조직, 정당, 미디어와 같은 게이트키퍼gatekeeper를 우회하여 시민들이 독자적으로 의제를 설정하는 '거리 저널리즘street journalism'이 등장했다는 점, 그리고 시위를 축제로 승화시켜 정치의 문화화를 도모했다는 점에서 새로운 형태의 사회운동과 정치의 출현가능성을 열어 놓았다.조화순·민병원 외, 2011: 96

셋째, 2008년 촛불시위는 위험사회에서 나타나는 위험정치의 한 양상으로 해석될 수 있다. 여기에는 몇 가지의 힘들이 상호작용하고 있었다고 장덕진은 말한다. "첫째, 광우병이란 소재는 위험사회적 특성을 지니고 있다. 새로운 종류의 위험은 시간과 공간을 초월할 뿐만 아니라 현황을 파악하거나 예측하는 것을 허용하지 않는다. 인체에 쌓인 유해물질이나 변형된 유전자는 시간을 뛰어넘어 자녀에게로 전승되고, 광우병 고기는 국경을 뛰어넘어 다른 대륙에서 소비된다. 새로운 위험사회는 지금까지 존재하지 않았던 기준에 의한 사회의 수직적 분화를 낳는데 이것이 곧 위험지위risk position이다. 낮은 위험지위에 속한 사람들이 가장 먼저 노출될 것은 자명한 일이었다. 둘째, 10여 년 전부터 한국 사회에 무시 못할 추세로 나타나기 시작한 탈물질주의의 등장이다. 탈물질주의자들은 경제성장이 이루어짐에 따라 사람들의 가치관이 점점 기본적인 물질적 욕구에서 탈물질적 욕구를 중시하는 것으로 변해간다고 주장한다. 촛불시위의 양상에서 이러한 원래적인 의미의 탈물질주의도 중요하게 작용하였으나 그 못지않게 중요했던 것은 물질주의의 핵심 에이전트인 신자유주의 국가의 한계에 대한 질문이었다. 신자유주의 무역질서하에서 환경을 포함한 신종위험은 '공유지의 비극'과 같이 누구

생산되지는 않았으며, 의견의 쏠림현상이나 집단적인 동조화 현상이 나타났다. 또한 지식이 독립적으로 생산되었지만 커뮤니티가 당파적 공간으로 활용되는 경향을 보였다. 분산화와 통합의 측면에서도 이견의 노출을 통한 의견교환과 숙의는 원활하게 이루어지지 못했다. 조화순·민병원 외(2011), p.92, p.96.

도 돌보지 않는 영역이 될 가능성이 높다. 셋째, 한국 사회 신뢰 구조 역시 중요한 추동력이었다. 1980년대 후반 이후 한국 사회는 지속적인 신뢰의 추락을 경험하고 있다. 가장 불신의 대상인 국회, 정부, 검찰, 대기업은 촛불 집회와 관련된 가장 핵심적 기관이었다. 넷째는, 인터넷을 필두로 하여 각종 매체들이 제공한 창발력이다. 동시다발적 다대다 커뮤니케이션인 인터넷은 사람들의 의견을 수렴하기가 더 용이하며, 경계선들을 허물어버린다. 이들이 서로 끌고 당기면서 중대한 정치결과를 가져왔다. 사람들이 반미, 반정부, 반이명박을 하기 위해 촛불집회를 한 것이 아니라 촛불집회를 통해 사람들은 정치화되었다. 이것이 위험의 정치화이다."장덕진, 2010: 161-165

넷째, 촛불시위 참가자들의 호명과 요구는 공화주의와 밀접한 관련을 갖는다. 시민들은 시위 도중에 거리에서 '헌법 제1조'를 반복해 제창했고, 이를 노래로 만들어 불렀다. 이는 선거로 뽑혀 위임된 권력을 행사하는 사람들이 공공성과 공화국의 정신을 저버리고 사사로운 이익을 도모하고 있는 현실에 대한 문제제기였다. 촛불시위를 처음 시작했던 10대 여학생들의 "우리들은 이명박을 뽑지 않았다"라는 구호는 민주주의의 이름으로 다수가 담합해 소수를 억압하고 약탈하는 세상을 만든 기성세대들에 대한 거친 항변이었다. 이런 상황에서 거명된 헌법, 그중에서도 특히 헌법 제1조는 국민보호라는 국가의 헌법정신 일탈에 맞서 그것의 최종적 수호세력이 시민임을 천명한 것이다. 헌법문제가 이토록 광범하게 거리에서 불려지긴 6월 항쟁 때의 '호헌철폐 독재타도' 구호 이후 처음이다. 민주주의와 헌법이론의 측면에서 볼 때 유신헌법 및 5공 헌법 철폐투쟁과 달리 촛불시위의 헌법 1조 제창이 지니는 의미는 '독재헌법'을 향한 '개헌투쟁'이 아니라 국가주권과 국가이익을 둘러싼 정부의 헌법정신 일탈에 맞서 '민주헌법'의 '해석주체'와 '해석권한'을 국민화·시민화하려는 시도였다는 점이다. 정부가 아니라 시민이, 즉 헌법제정세력이 헌법수호세력으로 등장한 것을 의미한다. 이때 국민화·시민화는 헌법제정 주체 자신에 의한 헌법의 정치화·사회화라는 의미를 함께 담는다. 즉 주권자인 국민에 의한 주권 회복=주권 회수=대의 철회의 측면을 담고 있는 것이다.박명림·김상봉, 2011: 99-100

애초 촛불시위의 도화선은 미국산 쇠고기 수입 문제였지만, 집회 규모가 커지면서 시민들의 요구는 교육·언론·의료·대운하·민영화 등의 문제로 확장됐다. 이렇게 된 데는 참가자들이 쇠고기 수입 개방과 다른 사안들이 모두 신자유주의라는 고리로 연결되어 있음을 깨달았기 때문이다. 아울러서 시민들의 의견 및 요구를 파악하고 수용하려 노력하기 보다는 배후설과 선동설을 주장하며 제재와 강압력을 동원해 촛불시위를 저지하기에만 급급했던 정부의 태도 역시 시민과 네티즌들의 감정을 더욱 자극하면서 시위를 확산시키는 데 기여했다. 신진욱의 표현을 빌리면, 시민들은 "기업·고용·임금 등의 경제 영역 외부의 삶의 영역, 예를 들어 건강·식품·교육·지식·언론 등의 부문에서 급격한 시장화와 상품화가 진행되는 것에 매우 민감하게 저항"했다. 여기에서 보여지듯이 의제의 확장과 연계는 2008년 촛불시위의 주요한 특징이었다. 그러나 촛불시위는 노동 이슈를 배제한데서 한계를 갖는다고 평가된다. '촛불'은 당시 이랜드 사업장과 기륭전자 사업장 등에서 벌어지고 있었던 비정규직 문제에는 관심을 보이지 않았다. 당시 이랜드 노조 부위원장이었던 이남신은 다음과 같이 언급한다. "촛불은 끝내 홈에버 매장으로 오지 않았다. … 쇠고기 수입 반대에는 그렇게 열정적인 시민들이 당장 생존권을 박탈당하고 있는 비정규직 문제에 대해선 의외로 차가웠다." 〈주간경향〉 935호, 2011년 7월 26일 시민들은 갓 출범한 이명박 정권의 공공영역 시장화 추진 시도에 위기감을 느끼고 밤마다 거리로 나와 정권 퇴진을 외쳤지만, 유독 노동의 문제만은 거기서 배제됐던 것이다.

제프리 골드파브Jeffrey C. Goldfarb는 〈작은 것들의 정치The Politics of Small Things, 2006〉에서 역사와 사회의 현실을 제대로 설명하기 위해서는 일상생활에서 벌어지는 사람들의 광범위한 사회적 상호작용에 눈을 돌릴 필요가 있다고 지적한다. 어두운 시대에 자유를 박탈당한 사람들이 사적인 일상의 공간을 공적인 자유와 민주적 문화가 만들어지는 영역으로 만들어냈고, 그 속에서의 자유로운 상호작용과 논의가 자율적인 정치적 힘, 곧 정치권력을 산출해냈다는 것이다. 그는 1968년 전 세계적으로 벌어졌던 이데올로기 투쟁, 1989년 현실 사회주의의 붕괴, 2000년대 미국에서의 정치적 갈등 등에서

작은 것들의 정치: 미국의 사회학자인 제프리 골드파브(Jeffrey C. Goldfarb)는 역사와 사회의 현실을 제대로 설명하기 위해서는 일상생활에서 벌어지는 사람들의 광범위한 사회적 상호작용에 주목할 필요가 있다고 한다. 어두운 시대에 자유를 박탈당한 사람들이 사적인 일상의 공간을 공적인 자유와 민주적 문화가 만들어지는 영역으로 만들어냈고, 그 속에서의 자유로운 상호작용과 논의가 자율적인 정치적 힘, 곧 정치권력을 산출해 냈다는 것이다. 그는 1968년 전 세계적으로 벌어졌던 이데올로기 투쟁, 1989년 현실 사회주의의 붕괴, 2000년대 미국에서의 정치적 갈등 등에서 '작은 것들의 정치(The Politics of Small Things)'가 어떻게 중심적인 정치 무대에 등장하게 되고 전환의 핵심적인 구성 요소가 되었는지를 검토한다. 나아가 골드파브는 이런 작은 것들의 정치가 테러와 반테러, 세계화라는 지배적인 이야기들 속에서 힘없는 사람들이 자율성을 확보하고, 거대담론에 대한 대안을 모색하는 데 핵심 동력이 된다고 말한다. 저자는 한국에서도 작은 것들의 정치가 촛불시위와 같은 정치적 투쟁을 형성해 냄으로써 일상적인 상호작용을 통해 시민들의 역량이 중앙 정치무대에 영향을 미칠 수 있다는 점을 분명히 드러냈다고 지적한다.

'작은 것들의 정치'가 어떻게 중심적인 정치 무대에 등장하게 되고 전환의 핵심적인 구성 요소가 되었는지를 검토한다. 나아가 골드파브는 이런 작은 것들의 정치가 테러와 반테러, 세계화라는 지배적인 이야기들 속에서 힘없는 사람들이 자율성을 확보하고, 거대담론에 대한 대안을 모색하는 데 핵심 동력이 된다고 말한다. 저자는 한국어판 후기에 한국 정치현상을 분석한 글을 덧붙이기도 했다. "한국에서 작은 것들의 정치는 촛불시위와 같은 정치적 투쟁을 형성해 냄으로써 일상적인 상호작용을 통해 시민들의 역량이 중앙 정치 무대에 영향을 미칠 수 있다는 점을 분명히 드러냈다." 촛불시위는 체코의 정치지도자인 바츨라프 하벨Václav Havel이 언급했던 '힘없는 사람들의 권력the power of powerless'의 전형적인 사례이다.Jeffrey C. Goldfarb, 이충훈 역, 2011: 259[11]

독일의 사회학자 울리히 벡Ulrich Beck은 〈한겨레〉 기고문을 통해 촛불시위

"이명박 정부, 시장·미국에 충성…절대적 국민 건강권 내버렸다"

울리히 벡 / 독일 뮌헨대 교수(사회학)

위험을 평가하는 방식에는 두 가지가 있다. 부정적인 측면, 즉 파괴적 에너지를 강조하는 게 첫째다. 둘째는 그 위험이 수반하는 공공성에 주목한다. 위험은 정치적 지형을 급진적으로 바꿀 수 있는 사회적·정치적 권력이 형성될 수 있다는 것이다. 나는 최근 한국 동료들과 친구들, 독일 신문 등을 통해 한국에서 정치적으로 의미 깊은 위기갈등이 불붙듯 일어났다는 것을 알고 있다. 한국의 현 갈등 상황은 내가 쓴 책 〈글로벌 위험사회〉(Weltrisikogesellschaft)에서 묘사한 체계의 모든 특징을 빼닮았다.

재난이 아니라 재난에 대한 예견이 문제다. 바로 이 예견이 거대한 정치적 역동성을 창조해내고 있다. 시민사회의 각종 조직과 운동 진영, 일부 대중매체 사이에 새로운 연대가 형성된 것이다. 위기 갈등의 기폭제는 이명박 대통령의 정책에 대한 전반적인 불만과 관련 있다. 이 모든 것은 초국가적 성격을 지니고 있다. 그러나 전문가들 대부분은 이 현상을 집단 편집증의 발병이라고 여기며 상황을 전혀 이해하지 못하고 있다. 한국의 대통령은 아직 임기가 많이 남았다. 이는 그가 아직 유예기간이라는 유리한 입지를 갖고 있다는 것을 뜻한다. 그럼에도 그는 자신의 정책을 관철시키려고 물대포와 몽둥이를 동원했다. 1,700여 운동가들이 저항운동을 호소했다. 서울뿐만 아니라 거의 모든 다른 지방도시에서도 경찰과 시위대 사이에 충돌이 벌어졌다.

시위대의 권력은 그들이 가진 우려의 정당성에서 나온다. 시위대는 소비자와 연대해, 국가기관에 맞서 소비자의 이해를 관철시킨다. 국가기관의 가장 시급한 과제는 국민의 건강권을 지키는 것이지만, 실상 국가기관은 시장우선주의와 조지 부시 미국 대통령에 대한 충성 때문에 가장 절대적 우선순위가 되어야 할 국민의 건강권을 내버렸다. 이에 걸맞게 시위자들도 쇠고기만이 문제가 아니라고 목소리를 높인다. 대통령이 국민의 건강기본권, 식품안전을 진지하게 받아들이지 않는다는 것이다. 수많은 팻말에 정권 퇴진을 요구하는 문구들이 나타났다. 산발적인 위기 갈등은 마침내 정치적·사회적 개혁의 전반적 방향을 놓고 고민하는 국면으로 발전했다.

---

11) 골드파브는 사회주의적으로 정의된 모든 삶의 영역은 이데올로기적 지시와 통제에 공식적으로 종속되어 있었지만 일상적인 사회적 실천과 이데올로기 간에는 내적 긴장이 있었다고 지적한다. 채소장사가 가게의 창문에 당 선전 푯말을 내걸지 않거나 양조장 장인이 당의 지령보다는 술의 품질에 관심을 더 기울이는 것과 같이 '전체주의적 체계의 구성을 벗어나는 방향'의 일상생활은 저항의 잠재력이 될 수 있는데 이를 하벨은 '힘없는 사람들의 권력'이라 칭했다. 비록 자유롭지는 않지만 개인들이 결속된 행동을 통해 이데올로기와 테러에 의해 유지되는 국가가 강요하는 각본을 전복할 수 있다는 것이다. Jeffrey C. Goldfarb, 이충훈 역(2011), pp.59-63.

이명박 대통령은 공공부문을 절반으로 줄이고, 수도와 의료를 민영화하려고 한다. 다른 한편으로 그는 재벌과 대기업을 비호한다. 그는 또한 자신의 위신을 세워줄 사업이라 여기는 한반도 대운하 사업을 관철시키려고도 했다. 그런데 이런 갈등 안에는 중요한 물음들이 숨어 있다. 신자유주의적 국가는 글로벌 위험사회 문제에 직면해 실패의 위협을 받고 있는가? 국가는 이런 갈등을 통해 국민이 점점 거세게 요구하는 안전에 대한 기본권을 보장하는 국가적 책임을 떠맡는 방향으로 되돌아갈 것인가? 이로써 전통적 좌우 대립이 새로운 양상을 띨 것인가?

시민들이 국가의 간섭과 통제라면 무엇이든 반대하던 미국에서도 문명적 위기에 대한 국가의 책임을 요구하는 세력들이 정치적 힘을 얻어가고 있다. 한편 또 다른 유력한 세력들은 이와는 다른 생각을 갖고 있다. 이들은 개별적으로든 연대를 통해서든 큰 국가적인 지원 없이 위기와의 싸움에 대비하고자 한다. 마침내 한국은 이 대안들 앞에서 선택의 갈림길에 섰다. 즉 "시장이 알아서 조정할 것"이라는 이론과 "국가들은 지구적인 위기에서 국민을 보호하기 위해 새로이 변해야 한다"는 이론 가운데 하나를 선택해야 하는 것이다. 언젠가 이명박 대통령이 실패한 장이 알아서 조정할 것"이라는 이론과 "국가들은 지구적인 위기에서 국민을 보호하기 위해 새로이 변해야 한다"는 이론 가운데 하나를 선택해야 하는 것이다. 언젠가 이명박 대통령이 실패한다면 그 원인은 글로벌 위험사회에서 꼭 필요한 능력, 곧 환경을 염두에 두고 생각하고 행동함으로써 신뢰를 얻어내는 능력이 없었기 때문이라는 평가를 받게 될 것이다.

_출처: 〈한겨레〉, 2008년 6월 25일

가 한국 사회에 내재된 위험과 사회변혁의 동력을 드러낸다고 지적했다. 국가기관의 가장 시급한 과제는 국민의 건강권을 지키는 것이지만, 실상 국가기관은 시장우선주의와 조지 부시 미국 대통령에 대한 충성 때문에 가장 절대적 우선순위가 되어야 할 국민의 건강권을 내버렸다는 것이다(박스 인용문 참조). 정태석은 광우병 반대 촛불집회를 분석한 글에서 한국 사회가 위험사회, 소비사회, 서비스사회로 변화되어 가면서 사회운동의 성격도 변화되어 왔다고 지적한다. 산업사회에서의 물질적 분배를 중심으로 한 조직적 연대와 구분되는 생명과 관련된 불안이 기반이 되는 분산된 대중들의 연대가 형성되고 있다는 것이다. 그는 사회 진보를 추구하는 세력들이 산업사회의 생산/공장의 정치에 대비되는 위험사회, 소비사회, 서비스사회의 소비/시장의 정치에 관심을 기울이는 것이 요구된다고 한다.[정태석, 2009]

김호기는 촛불집회가 대의제 민주주의에 대한 근본적인 성찰을 촉구한

2011년 4월 17일 서울 청계천에서 한국대학생연합 소속 학생 100여 명이 삼보일배 시위를 하고 있다. 이들은 이날 '청년실업과 등록금 문제 해결을 위한 전국대학생 대표자 실천 선포식'을 열고, 등록금 인하와 청년실업 해결을 요구하며 보신각 앞에서 청계광장 광통교까지 시위를 이어갔다.

것으로 특히 한국 정치가 갖는 복합구도를 상징적으로 표출하였다고 지적한다. 촛불집회에는 '탈현대적 정치'라 부를 수 있는 생활정치, 참여정치, 위험정치, 인정정치, 디지털정치 그리고 가치의 정치가 담겨 있다는 것이다. 첫째, 미국산 쇠고기 수입에 대한 정부의 서투른 협상이 원인인 촛불집회는 먹거리 안전에 연관된 미시적 일상생활에 이슈가 있던 데서 기든스가 말한 생활정치의 등장을 보여주었다. 둘째, 정부와 정당이 자신의 역할을 다하지 않는 등 대의정치에 대한 불신에서 아고라가 형성되고 참여정치가 활성화 되었다. 셋째, 계급사회 쟁점에서 환경, 생명, 평화 등을 포함한 벡이 말한 위험사회와 관련된 쟁점으로 이동하면서 위험정치의 징후를 보여주었다. 넷째, 자신의 정체성을 표현하고 자신의 존재를 인정받고자 하는 인정의 열망이 담겨 있었다. 다섯째, 사이버 공간에서 각종 토론이 활발히 이루어지고 집회의 전 과정이 생중계되며 휴대전화는 참여자와 관찰자의 거리를 뛰어넘은

데서 쌍방향의 디지털정치였다. 여섯째, 욕망의 정치에 맞서 자아실현, 삶의 안전, 양성평등과 같은 탈물질적 가치의 정치가 등장했다.김호기, 2009: 214-215

촛불시위는 2011년에는 대학생들이 주도한 '반값등록금' 시위로 이어졌다. 2011년 5월부터 21세기한국대학연합 소속 대학생들의 기습 시위에 대한 경찰의 강경 진압으로 촉발된 '반값등록금' 촛불시위는 100여 명 남짓 참가하는 행사였지만 30대 '날라리 선배부대'들이 결합하면서 1,000명이 넘게 참여하기 시작했다. 그리고 6월 항쟁 24주년을 맞아 개최된 '반값 등록금 촉구 6·10 촛불집회' 한국대학생연합한대련과 전국등록금네트워크등록금넷, 민주당·민주노동당·진보신당·국민참여당 등 3만여 명이 넘게 참여할 정도로 커졌다. 한대련 박자은 의장은 "반값 등록금은 국민의 90%가 찬성하는 절박한 요구"라며 "이명박 대통령과 한나라당이 약속한 반값 등록금 공약을 지키라고 촛불을 드는 것은 주권자로서 정당한 권리"라고 주장했다. 이에 대해 한나라당은 "야당이 전가의 보도인양 거리의 정치를 전개하며 정략적 의도로 촛불시위를 조장하고 있어 안타깝다"면서 "정치 포퓰리즘은 대학 등록금 문제를 푸는 올바른 해법이 아니다"라고 비판했다.〈중앙일보〉, 2011년 6월 11일

촛불시위는 2016년과 2017년에 다시 속개되었다. 분노한 수백만 명의 대중들을 다시 거리로 불러낸 것은 이른바 '비선실세'에 의한 국정농단 사건이었다. 이 사건이 대한민국 헌법 제1조인 "대한민국은 민주공화국이다. 대한민국의 주권은 국민에게 있고, 모든 권력은 국민으로부터 나온다"는 명제를 훼손시켰기 때문이었다. 헌정질서를 파괴한 박근혜 정권은 이미 2013년 2월 출범 때부터 정통성 위기를 안고 출범했다. 국가정보기관인 국가정보원이 대통령선거에 조직적으로 개입한 것은 이명박 정권부터 치밀하게 계획됐다. 2011년 10·26 재보궐선거 직후 '사회관계망서비스SNS의 선거 영향력'을 분석하고, '내년(2012년) 총선·대선을 철저히 대비하기 위해 온·오프라인 역량을 총동원해 트위터와 페이스북을 장악해야 한다'는 요지의 보고서를 당시 이명박 대통령에게 보고했다. 이에 더해 국가기밀로 분류된 노무현 전 대통령의 NLL북방한계선 발언록을 유출해 선거전에 왜곡 활용하도록 했다.

대선 8일 전인 2012년 12월 11일 서초구의 한 오피스텔에서 국정원 심리

정보국 직원들이 조직적으로 SNS에 유권자를 상대로 심리전을 벌이던 현장이 발각됐다. 그러나 여당이던 새누리당은 조직적으로 이를 은폐하고 오히려 역선전 도구로 활용했다. 실행자 국정원은 철저히 이를 부인했고, 서울지방경찰청은 일선 서초경찰서 수사를 노골적으로 방해했다. 나중에 검찰 특별수사팀의 조사 결과 국정원 직원들이 조직적으로 다양한 포털 등에 게시글과 댓글로 민심을 조작한 것이 속속 드러났다. 이 여론조작은 전라도 비하, 민주화 비하, 종북몰이, 욕설, 저주, 속어, 여성 비하 등이 주류를 이뤘다. 국가기관이 혐오와 사회적 갈등을 부추겨, 반대여론을 잠재우는 매우 비열한 정치공작을 벌인 것이다.원희복, 2018: 13-14

국정원이 부정선거에 조직적으로 개입했다는 증거가 드러나자, 보수와 진보를 망라한 200여 시민·민중단체가 참여한 '국정원 정치공작 대선개입 진상 및 축소은폐 의혹 규명을 위한 시민사회 시국회의(국정원시국회의)'가 결성됐다. 다음 날 서울광장에서 촛불시위가 벌어졌다. 이어 청년·대학·지역·종교 등 각계의 시국회의가 결성되면서 시국선언과 심지어 종교인들의 단식농성까지 이어졌다. 이에 위기감을 느낀 박근혜는 청와대 개편을 단행해 김기춘을 비서실장으로 임명하고 공안몰이로 대응했다. 이는 언론을 동원한 종북몰이와 관제데모를 통해 분위기를 잡고, 제거대상을 분열시킨 후 내부 문제를 제기해 자체 혐오를 키우는 방식으로 대상을 무력화시킨 다음, 별도 대책반TF을 통해 은밀히 근본을 말살시키는 방식이었다. 이러한 반식으로 진보당 해산과 문화계 블랙리스트, 전교조 와해가 이뤄졌다. 2013년 말에는 고려대를 필두로 서울대, 연세대, 강원대, 부산대, 카이스트 등 전국 대학으로 '안녕들 하십니까?' 대자보가 확산됐다. 2015년 11월과 12월에는 민주노총과 전농, 전교조 등이 주최한 민중총궐기 1, 2차 대회가 탄압을 뚫고 강행되었다. 이에 대해 대통령이 직접 나서 시위 국민을 IS에 비유하고 여론공작과 압수와 검거선풍을 벌였다. 이 와중에 백남기 농민이 경찰의 물대포를 맞고 쓰러졌다. 이에 범국민대책위원회가 결성돼 공권력의 살인적 폭력과 이에 대한 진상규명, 정부의 사과와 재발 방지대책을 요구하고 나섰다.원희복, 2018: 16-17, 26-27, 48-51, 221-222

2008년부터 2012년까지 집권한 이명박 정권은 감세와 민영화 등 전면적인 신자유주의 정책에 더해 촛불시위에 대한 공권력 투입, '미네르바'의 구속으로 상징되는 표현의 자유 억압, 대화와 타협에 기초한 의회정치의 경시와 독선적 국정운영, 언론사 노조위원장 구속과 'PD수첩' 관련자들에 대한 체포조사로 상징되는 민주적 공론장의 파괴 시도 등으로 인해 야당과 시민사회단체들로부터 민주주의를 후퇴시키고 있다는 비판을 받았다. 이런 현상은 후임 정권인 박근혜 정권 시기에도 전혀 개선되지 않았다. 당시 청와대와 집권여당은 국정의 주요 정책들을 추진하는 과정에서 야당과 타협을 시도하거나 국민들을 설득하는 데 대단히 소극적이었고, 중요한 사안들은 정치공학에 의존하는 행태를 보였다. 대통령은 공안 검사 출신 인사들을 권력의 핵심 자리로 발탁한 후 국가기관인 국정원과 검찰 등을 동원해 반대세력에 대한 억압과 공작정치를 펼쳤다. 사회정의와 생존권 보장을 외치는 사회적 약자들은 국가에 의해 그 권리가 보호되기는커녕 오히려 탄압의 대상이 되었다. "이게 나라냐?"라는 외침이 나온 것은 당연한 이치였다. '낙하산' 인사를 통해 장악한 언론사들은 이러한 정권의 행태를 비호하거나 침묵했다.

2016년 10월 29일 촛불시위가 다시 열렸다. 계기는 10월 24일 JTBC의 '뉴스룸'이 박근혜 대통령의 비선실세로 알려진 최순실이 버리고 간 태블릿 PC를 입수해 최 씨가 대통령의 연설문과 각종 정책 자료에 개입했다는 충격적인 내용을 보도한 것이었다. '최순실 국정농단 의혹 사건'이 드러나자, 대통령은 다음 날 최 씨의 연설문 수정 사실을 일부 시인하는 선에서 대국민 사과를 했지만, 같은 날 오후 JTBC가 최 씨가 배후에서 고위 공직자의 인사나 통일·외교 정책 등 국가의 중대사도 지시했다고 밝히면서 사건은 일파만파 확대되기 시작했다. 검찰이 수사에 착수해 최 씨와 안종범 전 청와대 정책조정수석 등 7명을 직권남용, 강요로 구속기소하였지만 분노한 민심을 가라앉히기엔 역부족이었다. 이어 국회는 이른바 최순실 특검법(박근혜 정부의 최순실 등 민간인에 의한 국정농단 의혹 사건 규명을 위한 특별검사의 임명 등에 관한 법률)을 압도적 찬성으로 통과시켰고, '최순실 씨 등 민간인의 국정농단 의혹 진상 규명을 위한 국정조사계획서'도 함께 처리했다.

특검 수사를 통해 최 씨가 박근혜 정권의 국정에 개입한 것은 물론 자신의 딸인 정유라의 이화여대 입학 특혜, 미르재단·K스포츠재단 설립에 대기업의 출연을 강요한 사실 등이 드러났다. 삼성그룹과 국민연금이 연루된 삼성물산·제일모직 합병과 뇌물공여, 문화계 블랙리스트 작성·시행, 청와대 비선진료, 뇌물수수, 직권남용, 공무원과 민간기업 인사 부당 개입 등과 같은 구체적인 사건의 실상도 밝혀졌다. 비선실세 최순실의 국정농단 정황이 속속 드러나자 시민사회단체들이 한목소리로 박근혜 대통령의 퇴진과 진상규명을 요구하고 나섰다. 민주주의국민행동과 민주화운동가족협의회, 전태일재단, 가톨릭농민회, 한국진보연대 등 60여 개 시민사회단체는 26일 오후 서울 광화문광장에서 합동 기자회견을 열고 "대통령은 더 이상 국정을 운영할 자격을 잃었다"며 대통령 퇴진을 촉구했다. 아울러 내각 총사퇴와 각계각층을 아우른 비상시국회의 결성을 제안했다. 이들은 "세월호 참사와 메르스 사태, 역사교과서 국정화, 일본 아베 정권과의 야합, 절차를 무시한 개성공단 폐쇄, 국익을 외면한 사드 배치 등으로 박 대통령은 재임기간 내내 무능력과 무책임, 오만무도함으로 일관했다"고 비판했다. 이어 "백남기 농민에게 물대포를 직사해 목숨을 앗아가고도 국정 최고책임자로서 단 한 마디 사과도 하지 않고는 강제 부검하겠다며 유족을 괴롭히더니, 끝내는 '최순실 게이트'라는 희대의 대국민 사기극으로 국민들을 '멘붕'에 빠뜨렸다"고 밝혔다. 이들은 야당에 탄핵소추안을 발의할 것을 요구하는 한편, 여당인 새누리당 의원들을 향해서도 "헌법과 민주주의에 대해 일말의 양식을 가졌다면 주권자인 국민의 민의를 따라 적극 동참하라"고 당부했다.〈경향신문〉, 20116년 10월 26일

"우리는 최순실의 나라에서 살아왔다"며 "국정을 농단하고 국민을 기만한 박 대통령은 즉각 퇴진하라"는 요구가 전국에서 빗발쳤다. 이에 따라 더 많은 시민들이 국정농단에 항의하고 대통령의 탄핵을 요구하는 촛불집회에 참여하였다. 2008년 촛불시위보다 그 규모도 더 커졌다. 11월 5일 2차로 열린 '박근혜 정권 퇴진! 2016 민중총궐기' 집회에 20만 명이 참여했지만 11월 12일 3차, 19일 4차 집회에는 100만 명이, 그리고 5차와 6차에는 무려 전국

에서 190만 명, 232만 명이 운집했다. 촛불시위는 참여자의 규모가 상당했을 뿐만 아니라 스타일이 이전의 시위와 다른 데서 주목을 끌었다. 과거의 시위를 지배하던 엄숙주의와 비장한 분노가 사라지고, 축제라고 불러도 무색하지 않을 흥겨운 분위기가 그 자리를 대신했다. 비상국민행동의 기치 아래 모인 단체는 2,400여 개가 넘었다. 각양각색의 깃발이 넘실거리는 광장에서 다양한 참가자들이 자유롭게 함께 행진하고 구호를 외쳤다.[12] 이러한 시위대의 모습은 휴대폰 사진으로 갈무리되어 소셜 미디어로 옮겨졌고 이용자들의 '리트윗'을 통해 전 세계로 퍼져나갔다.김경화 · 이토 마사아키, 2018: 41-42, 46 탄핵에 대한 압박이 높아지는 가운데 12월 9일에는 국회에서 박근혜 대통령에 대한 탄핵소추안이 재적 의원 300명 가운데 299명이 참여해서 찬성 234표, 반대 56표, 기권 2표, 무효 7표로 가결되었다. 2017년 3월 10일 헌법재판소는 박근혜 대통령 탄핵심판사건 선고기일을 열고 재판관 8명 전원일치 의견으로 파면 결정을 내렸다.

견제받지 않는 채로 무소불위의 권력을 휘둘렀던 정권은 결국 비선실세에 의한 국정 농단과 부패행위로 인해 붕괴하였다. 김동춘이 정확하게 지적

---

12) 촛불시위는 정권퇴진 구호를 외친다는 점을 제외하면 야외 콘서트나 퍼블릭뷰잉(public viewing)을 위해 모인 군중과도 같았다. 시위대는 유연하고 개방적이고 유머감각이 넘쳤다. 광장은 낮부터 집회를 즐기는 시민들로 술렁댔다. 정권퇴진 구호를 쓴 피켓과 유인물을 든 채 어슬렁거리는 시민들의 무리를 배경으로, 힙합이나 트로트, 아이돌 그룹의 경쾌한 리듬이 울려 퍼졌고, 리듬에 맞춰 노래를 하거나 댄스 퍼포먼스를 벌이는 젊은이도 있었다. 추운 날씨에도 독특한 복장으로 눈길을 끄는 사람, 코스프레를 하고 인증사진을 찍어주는 사람도 있었다. 노동자연합 깃발 아래의 시위대는 "일하지 않는 대통령을 해고한다!"라고 외쳤고, '홈리스연대' 깃발 아래 모인 사람들은 "청와대, 방 빼!"라고 목소리를 높였다. 소셜 미디어를 통해 즉흥적으로 조직된 '장수풍뎅이 연구회', '민주묘총', '트윙여연합' 등 유머러스한 깃발을 든 데모대도 있었다. 그에 비해 촛불시위에 맞불을 놓으며 등장한 보수 단체의 탄핵 반대 시위인 이른바 '태극기집회'는 함께 행진하며 구호를 외치는 전통적인 스타일을 고수했다. 근엄한 윤리주의, 대상에 대한 격렬한 분노, 단결된 모습을 중시하는 분위기 등은 1980, 90년대 노동운동과 학생운동을 연상시켰다. 두 시위는 정치적 메시지뿐 아니라 집단행동의 플랫폼으로서도 전혀 다른 문화적 메시지를 담았다. 김경화 · 이토 마사아키(2018), pp.41-49.

했듯이 '박근혜-최순실 게이트'는 2012년 대선에서 박근혜 대통령 만들기에 사력을 다하고 그 후 4년 동안 박근혜 정권의 모든 실정을 철저하게 감췄던 새누리당–검찰–보수언론–재벌의 작품이었다. 구체적으로는 그가 공인으로서 판단력, 지적 능력, 의사결정력에 심각한 장애가 있다는 것을 알고서도 권력을 잡기 위해 박정희 향수를 활용하여 그를 대통령으로 만들어준 배후는 이명박의 새누리당과 핵심 기득권 세력이었다. 정윤회 문건 파동을 비롯해 그의 실정이 교정될 수 있는 여러 번의 기회가 있었음에도, 그것을 덮어 버리고 반대파를 종북으로 몰면서 외교, 안보, 경제 모든 점에서 한국을 벼랑으로 몰아가게 만든 주역은 새누리당이다. 최순실과 청와대 문고리 권력의 권력 농단은 검찰과 보수언론이 든든하게 뒤를 봐준다는 자신감 없이는 불가능했다. 김동춘, 2017

지금까지 여러 차례에 걸쳐 전개된 촛불시위는 정부의 권위주의적 정책결정이 촉발시켰다. 그 이면에는 사회의 다양한 행위자들, 특히 소수자들의 이익과 선호를 변하지 못하는 대의제 민주주의에 대한 실망이 자리 잡고 있다. 대의제 민주주의 정치과정에서 배제된, 사회의 과반수가 넘는 '작은' 사람들에게 참여적이고 구체적인 형태의 직접행동은 정치권력의 독점과 남용을 막고 시민들의 의사를 반영해 정치를 하도록 촉구하는 효과적 수단으로 인식되었다. April Carter, 조효제 역, 2006 거리와 광장에 모여 자발적으로 문제를 제기하고 저항하는 직접행동을 통해 시민들은 그들의 요구가 정치에 구현되기를 원했다. 이와 같이 전통적인 대의제 민주주의의 제도와 채널을 우회해 거리와 광장에서 펼쳐지는 직접행동의 정치를 '거리의 정치'라 지칭할 수 있다. 이들에게 정치란 이해와 선호를 달리하는 다양한 시민들이 모여 분노를 표출하거나 집단적 요구를 전달하는 것으로 받아들여진다. 이와 같은 거리의 정치는 단지 촛불집회만으로 나타나지 않았다.

삼보일배三步一拜와 오체투지五體投地 역시 넓은 의미에서 거리의 정치에 포함시킬 수 있다. 세 걸음을 걷고 한 번 절하는 불교의 수행법으로, 탐貪 진瞋 치癡의 삼독三毒 즉, 탐욕과 노여움과 어리석음을 끊어내는 수행법[13]인 삼보일배는 평화적인 비폭력시위의 한 모델로 자리 잡았다. 그동안 새만금간척

사업 반대뿐만 아니라 북한산 관통도로 건설 반대, 금정산과 천정산의 고속철도 터널굴착 반대, 부안 핵 폐기장 유치 반대, 한미 FTA 반대 시위에서 환경주의자들을 비롯한 수많은 이들이 삼보일배에 나섰다. 감동적인 비폭력 참회운동이기도 한 삼보일배는 국내뿐만 아니라 국제적으로도 적지 않은 주목을 끌었다. 한편, 오체투지는 티베트에서 행해지는 불교의 예법이다. 자기 자신을 무한히 낮추면서 불·법·승 삼보에게 최대의 존경을 표하기 위해 양 무릎과 팔꿈치, 이마 등 신체의 다섯 부분을 땅에 닿기 때문에 이 이름이 붙었다. 한국에서는 2008년 9월 4일부터 2009년 6월까지 '사람의 길, 생명의 길, 평화의 길을 찾아가는 오체투지 순례단'이 지리산 노고단에서 임진각까지 진행하였다.

"'도대체 어쩌다 이 지경에까지 왔는지' 반문하고 또 반문하지 않을 수 없었다. 돌이켜보면 동시대를 살아가는 우리 모두의 잘못도 잘못이겠지만, 보다 근본적으로는 막가파식 소통 불능의 정치를 아무런 반성도 없이 자행하는 이명박 정권의 치명적인 업보가 아닐 수 없다. 그리하여 우리 순례단은 먼저 안으로는 절절한 참회와 성찰의 자세로, 그리고 바깥으로는 위기의 한반도를 생명평화의 땅으로 일구고자 하는 간절한 기도의 자세로 이 땅의

---

13) 2003년 3월 27일 수경(收耕) 스님이 새만금간척사업에 반대하며 삼보일배에 나서기 전에 쓴 '발로 참회를 시작하며'에는 삼보일배의 본질과 함의가 잘 드러나 있다. "우리 모두는 지금 20세기적인 '죽음의 향연'에 길들여져 스스로 '불타는 집' 속에 갇혀 있습니다. 전쟁과 테러와 난개발의 뿌리는 서로 다르지 않고 말 그대로 반평화, 반생명, 반환경의 독입니다. 반드시 부메랑처럼 되돌아올 수밖에 없는 업보의 화이자 독일뿐입니다. 산이 죽으니 강이 죽고 강이 죽으니 바다마저 죽어갑니다. 북한산과 지리산이 죽고 낙동강이 죽어가니 새만금 갯벌도 죽어가고 그리하여 대한민국은 온통 죽음의 굿판입니다. 산은 아스팔트의 이름으로 죽어 그대로 거대한 무덤이 되고 강물은 댐의 이름으로 썩어 수장이 되고 갯벌은 매립의 이름으로 죽어 뭇 생명들의 거대한 공동묘지가 됩니다. 모든 죽어가는 것들을 위하여 제가 먼저 목숨을 바칠 각오로 삼보일배 참회의 기도를 시작합니다. 세 걸음에 한번 절을 올리며 해창 갯벌에서 서울까지 가고 또 가겠습니다. 내 몸 속의 독과 화를 뿌리째 뽑아내며 살아 있는 유정무정의 뭇 생명들을 부르고 죽어가는 모든 생명들을 부르고 또 부르며 수행의 길, 고행의 길을 가겠습니다."

생명평화를 염원하는 기도순례를 진행했다."('오체투지 순례단 임진각 시국선언문' 중에서)

연관 키워드

작은 것들의 정치(The politics of small things), 집단지성(collective intelligence)의 정치

[참고문헌]

Carter, Arpril. 조효제 역. 〈직접행동〉. 서울: 교양인, 2007.

Crawshaw, Steve. 문혜림 역. 〈거리 민주주의: 시위와 조롱의 힘〉. 부산: 산지니, 2017.

Fraser, Ronald. 안효상 역. 〈1968년의 목소리: "불가능한 것을 요구하라!"〉. 서울: 박종철출판사, 2002.

Goldfarb, Jeffrey C. 이충훈 역. 〈작은 것들의 정치〉. 서울: 후마니타스, 2011.

Habermas, Jürgen. 한승완 역. 〈공론장의 구조변동: 부르주아 사회의 한 범주에 관한 연구〉. 서울: 나남출판, 2001.

Inglehart, Ronald & Christian Welzel. 지은주 역. 〈민주주의는 어떻게 오는가〉. 파주: 김영사, 2011.

Koopmans, Ruud. "New Social Movements and Changes in Political Participation in Western Europe." *West European Politics*, Vol.19, No.1. 1996.

Kurlansky, Mark. *1968. The Year that Rocked the World.* New York: Random House, 2005.

Shirky, Clay. 송연석 역. 〈끌리고 쏠리고 들끓다: 새로운 사회와 대중의 탄생〉. 서울: 갤리온, 2008.

Wagner, Wolf. *Wie Politik funktioniert.* München: Deutscher Taschenbuch Verlag, 2005.

경향닷컴 촛불팀. 〈촛불 그 65일의 기록〉. 서울: 경향신문사, 2008.

김경화·이토 마사아키. 〈21세기 데모론: 변화를 이끄는 유쾌하고 떠들썩한 저항의 미디어, 데모〉. 서울: 도서출판 눌민, 2018.

김광일. 〈촛불항쟁과 저항의 미래〉. 서울: 책갈피, 2009.

김예슬 지음, 김재현 외 사진, 박노해 감수. 〈촛불혁명: 2016년 겨울 그리고 2017 봄, 빛으로 쓴 역사〉. 서울: 느린걸음, 2017.

김용진. 〈그들은 아는, 우리만 모르는: 위키리크스가 발가벗긴 '대한민국의 알몸'〉. 서울: 개마고원. 2012.

김 욱. 〈정치참여와 탈물질주의: 한국과 스웨덴의 비교〉. 파주: 집문당, 2005.

김호기. "세계화 시대의 욕망의 정치와 가치의 정치." 〈한국과 국제정치〉 제25권 1호. 2009.

박명림·김상봉. 〈다음 국가를 말하다〉. 서울: 웅진지식하우스, 2011.
백승욱. "경계를 넘어선 연대로 나아가지 못하다." 당대비평 기획위원회 엮음. 〈그대는 왜 촛불을 끄셨나요〉. 서울: 산책자, 2009.
원희복. 〈촛불민중혁명사〉. 서울: 도서출판 말, 2018.
이동연. "촛불집회와 스타일의 정치." 〈문화과학〉 2008년 가을 55호.
이재성·정은주 외. 〈다시, 민주주의: 광장에서 대한민국의 내일을 묻다〉. 서울: 한겨레출판, 2017.
장덕진. "2008년 촛불집회에서 나타난 위험의 정치화." 정진성 외. 〈위험사회 위험정치〉. 서울: 서울대학교출판문화원, 2010.
장우영 외. 〈촛불집회와 다중운동〉. 파주: 한국학술정보, 2019.
정태석. "광우병 반대 촛불집회에서 사회구조적 변화 읽기—불안의 연대. 위험사회. 시장의 정치." 〈경제와사회〉 제81호. 2009.
조대엽. 〈한국의 시민운동: 저항과 참여의 동학〉. 서울: 나남출판, 1999.
조화순·민병원 외. 〈집단지성의 정치경제〉. 파주: 한울, 2011.
참여연대 참여사회연구소. 〈어둠은 빛을 이길 수 없습니다: 2008 촛불의 기록〉. 서울: 한겨레출판, 2008.
한홍구. 〈광장, 민주주의를 외치다〉. 파주: 창비, 2017.

열두 번째 키워드: 언론

시장에 종속된 공론장

미디어는 그 보도와 분석을 기존의 특권을 지원하는 방식으로 만들고 그에 상응해서 토론과 토의를 제한함으로써 국가 및 기업권력의 이익에 봉사한다.

_Noam Chomsky, 황의방 역, 2004: 31

미디엄medium이란 단어는 중간이란 뜻의 라틴어인 메디우스medius에서 유래한 단어이다. 미디어는 송신자와 메시지, 수신자와 메시지 사이의 커뮤니케이션을 활성화시키는 기술적 과정을 말한다. 매스 미디어는 수많은 익명의 대중들을 수신자로 하는 미디어이다. 예를 들어 신문과 텔레비전, 영화, 잡지, 라디오, 비디오게임 등의 매체는 편지나 전보, 전화 등처럼 독자적이고 의도된 특정 수신자가 존재하지 않는다.David Croteau & William Hoynes, 전석호 역, 2001: 22-23 대부분의 경우 미디어는 특정한 사회세력의 이익과 관점을 반영한 이미지를 보여주는 특징을 지닌다. 민주주의 사회에서는 상호 경쟁하는 다양한 형태의 미디어가 뉴스와 광고, 여론 등과 같은 수많은 미디어 콘텐츠를 제공한다.

이에 비해 전체주의나 권위주의 국가에서는 정부가 매스미디어를 선전도구로 삼고 사회구성원들을 통제한다. 이 과정에서 매스 미디어는 대부분 정치와 협력하는 경향이 있다. 그 대표적인 사례를 우리는 독일의 제3제국 시기와 한국 제5공화국 시기에서 찾을 수 있다. 독일은 제3제국 시절 나치

발행인의 구속과 경찰의 편집국 점거를 불러 온 1962년 10월 10일자 슈피겔지. NATO의 기동훈련인 'Fallex 62'에 대한 특집기사를 실었다. 위 사진은 슈피겔지 사건에 항의해 프랑크푸르트의 대학생들이 시위를 벌이는 모습이다.

당의 선전장관인 괴벨스Paul Joseph Goebbels 주도하에 라디오와 텔레비전을 이용하여 교묘한 선동정치를 구사하면서 국민을 전쟁에 동원하였고, 한국의 전두환 정권하에서는 문화공보부 홍보정책실에서 각 언론사에 기사보도를 위한 가이드라인인 '보도 지침'을 시달함으로써 언론을 철저히 통제하였다. 이 같은 사례에서 보여지듯이 비민주적인 체제하에서 지배세력은 그들에게 유리한 질서와 체제를 유지하기 위해 미디어를 대중들의 동의를 이끌어내려는 수단으로 삼기 쉽다.

물론 민주주의 체제하에서도 미디어와 권력 간에는 갈등과 긴장 관계가 발생할 수 있다. 그 한 사례로 우리는 1962년 서독의 함부르크에서 발생한 '슈피겔Der Spiegel지 사건'을 들 수 있다. 당시 슈피겔지는 북대서양조약기구NATO가 실시한 동맹국 기동훈련을 근거로 서독의 방위태세가 매우 미흡하며, 기사당 소속 국방장관인 프란츠 요세프 슈트라우스Franz Josef Strauss가 군비증강을 미루면서 독일의 핵무장을 추진하려 한다는 내용의 기사를 실었다. 이에 자극받은 당시의 아데나워Konrad Adenauer 정부는 슈피겔이 국가기밀을 누설했다며 반역 혐의로 검찰과 경찰을 동원해 편집국을 점거하고 각종 문서를 압수했으며, 슈피겔지 발행인이자 편집인인 루돌프 아우크슈타인Rudolf Karl Augstein과 기자 등 8명을 체포해 투옥시켰다. 사태는 슈피겔 독자와 일반 시민들이 합세하여 언론탄압을 반대하는 대규모의 시위를 벌이는 것으로 확대되었고 국외에서도 비판이 잇따랐다. 결국 반발에 부딪친 아데나워 총리는 임기를 2년이나 남겨두고 총리직을 사임했으며, 슈트라우스 국방장관도 물러났다. 1966년 아우크슈타인과 기자들은 법원에서 무죄판결을 받았다. "서독에서 민주주의는 슈피겔 사건과 함께 시작되었다"는 분석이 있을 정도로 이 사건의 파장과 의미는 컸다.Rudolf Augstein, 안병억 역, 2005

민주 사회에서 미디어는 어떤 기능을 수행하는가? 이와 관련된 다양한 입장을 우리는 크게 두 개의 상반된 견해로 구분할 수 있다. 우선 미디어가 공론장의 역할을 강화한다는 견해이다. 여기서 공론장Öffentlichkeit 이론은 위르겐 하버마스가 1962년 그의 교수자격 취득 논문을 일부 가필하여 출간한 〈공론장의 구조 변동Strukturwandeel der Öffentlichkeit〉에서 전개되었다. 이 책에서 하버마스는 공론장을 공공영역으로서의 국가와 사적 영역으로서의 사회 사이에 위치하며 둘 사이를 매개하는 것으로 사적 개인으로서의 공중이 서로 토론하고 여론을 형성하는 공간을 의미한다고 밝혔다. 하버마스는 국가영역에 맞서 '사적 개인의 영역'이 등장하게 된 시기를 초기 상업주의와 금융자본주의가 북부 이탈리아에서 서유럽과 북유럽으로 전파된 13세기 이후라 하고 장거리 무역이 상품교환과 뉴스교환이라는 '새로운 교류관계의 요소'를 출현시켰다고 지적한다.Jürgen Habermas, 한승완 역, 2001: 79-84 이후 경제상황이 변화하면서 부르주아 핵가족 제도가 등장하고 서로 독립적인 존재가 된 가족 구성원들이 다른 사람들과 '순수한 인간적인 관계'를 맺음으로써 '공개성을 지향하는 주체성'이 형성되었다는 것이다. 지위신분을 고려치 않고 누구나 살롱, 연주회, 극장, 박물관에서 벌어지는 공적 토론에 참가하게 되었고, 예술 및 문화비평가들이란 새로운 직업도 생겨났다.

동시대인들에게 '새로운 것의 보호자custodes novellarum'로 불린 신문과 잡지의 발전은 다양한 문예공론장을 부르주아의 사회적, 정치적 요구를 반영하위르겐 하버마스는 〈공론장의 구조 변동(Strukturwandeel der Öffentlichkeit)〉에서 공론장을 국가와 사회 사이에 위치하며 둘 사이를 매개하는 것으로 사적 개인으로서의 공중이 서로 토론하고 여론을 형성하는 공간을 의미한다고 정의한다. 하버마스는 공론장이 등장하게 된 시기를 초기 상업주의와 금융자본주의가 북부 이탈리아에서 서유럽과 북유럽으로 전파된 13세기 이후라 하고 장거리 무역이 상품교환과 뉴스교환이라는 '새로운 교류관계의 요소'를 출현시켰다고 지적한다.

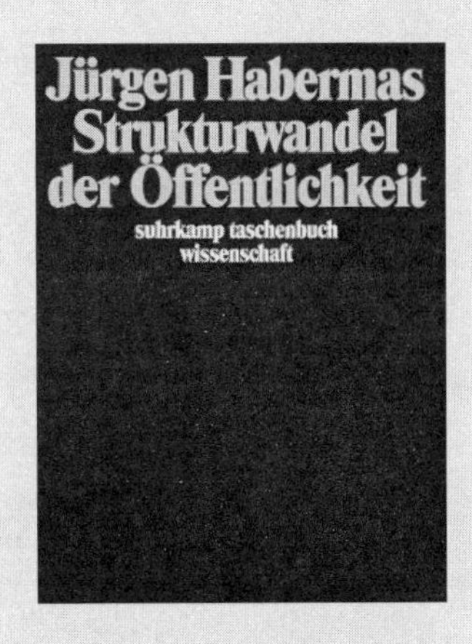

는 정치적 공론장으로 전환시켰고, 공중으로 결집한 사적 개인들은 공권력으로 하여금 여론Öffentliche Meinung 앞에서 자신을 정당화하도록 강제하게 되었다.Jürgen Habermas, 한승완 역, 2001: 86-93 공중으로 결집한 사적 개인이 공적 토론을 행하면서 형성된 여론은 이에 입각한 정치인 민주주의를 가능케 한다. "공론장은 그 이념에 따르면 그 속에서 모든 사람이 원칙적으로 동등한 기회를 가지고 각자의 개인적 성향, 희망, 신조, 즉 의견을 제시할 수 있다는 이유 때문에 바로 민주주의의 원리였다. 이 개인적 의견들이 공중의 논의를 통해 여론으로 형성될 수 있었던 한에서만 공론장은 실현될 수 있었다."Jürgen Habermas, 한승완 역, 2001: 340-341 나아가 공론장은 공공성을 제도화함으로써 근대 입헌국가의 토대가 되었다고 하버마스는 강조한다.

> "공론장이 18세기에 정치적 영향력을 갖게 되는 논쟁의 차원은 이전의 두 세기 동안 절대지배의 원칙을 둘러싼 헌법 논쟁에서 이미 전개되었다 … 사회철학과 정치학의 전통에서 일반법 혹은 보편법은 홉스에 의해 처음 함축적으로 도입되었고, 몽테스키외에 의해 명확하게 정의되었다 … 부르주아 공론장에서는 하나의 정치의식이 발전하는데, 그것은 절대지배에 대항하여 일반적이고 추상적인 법 개념과 법의 요구를 표현하며, 결국에는 자기 자신을,

즉 여론을 이 법의 유일한 합법적 원천으로 주장할 줄 아는 정치의식이다. 18세기를 거치면서 여론은 자신이 논쟁적이고 합리주의적인 개념을 부여한 규범들에 대해 입법적 권한을 주장하게 된다."

_Jürgen Habermas, 한승완 역, 2001: 128-131

하버마스가 정립한 공론장 이론은 미디어가 공론장에서 합리적 토론을 통한 집단 결정이 이뤄지고 이것이 다시 정부의 정책을 결정하는 과정이 원활히 이뤄지도록 돕는다는 점을 강조한다. 그러나 이 주장은 18세기 말에 발달된 정치행태에 대한 낡은 이해에 기초하고 있으며, 시공간적으로 국가와 동일한 범위를 갖는다고 가정되는 단일한 실체로서 공론장을 간주하고 있다는 비판을 받았다.James Curran, 김예란 · 정준희 역, 2005: 381-382 하버마스의 이론은 역사적으로 부르주아 공론장과 경합관계에 있던 다른 공론장을 간과하며, 공론장과 사적 영역 사이의 구분이 가부장적 성격을 띠고 있다는 비판도 제기되었다. 또한 공론장 이론이 관객들로 이뤄진 공중이 타인과 공유하고 있는 세계를 느끼고 표현하는 능력을 소홀히 다룬다는 지적도 있다. 이 점과 더불어 현실적으로 아무런 제약없이 자유롭고 평등하며 권력관계가 부재한 공적 토론이 과연 가능한 것인지, 그리고 계몽된 담론을 통해 구성되는 '보편적 집단 주체'를 지향하는 것이 소수자적 주체들의 다양성과 특수성, 차이와 다양성을 무시하거나 억압할 수 있지 않은가라는 문제제기도 존재한다.

전통적인 자유주의 이론에 따르면 미디어의 민주적 역할은 다음과 같이 설명된다. 첫째, 미디어는 국가에 대해 억제력을 행사한다. 미디어는 국가 행위의 모든 영역을 감시해야 하며, 남용된 직권에 대해서는 대담하게 폭로해야 한다. 둘째, 미디어는 민주주의의 기능을 촉진시키는 정보와 논쟁의 기구이다. 자유 미디어는 유권자들이 알아야 할 내용을 제공하고 투표자들이 선거 시기에 충분한 정보를 가진 상태에서 선택을 내릴 수 있도록 돕는다. 또한 독립 미디어는 통치자와 피통치자 사이에 커뮤니케이션 채널을 마련해준다. 셋째, 미디어는 권력에 대해 국민을 대변한다. 미디어는 국민들에게 정보를 주고 논쟁을 전개시킨 다음 이 논쟁의 결과 형성된 공적 합의

위르겐 하버마스(Jürgen Habermas, 1929~)는 〈의사소통 행위이론(Theorie des kommunikativen Handelns)〉을 저술한, 제2세대 프랑크푸르트학파를 대표하는 독일의 비판적 철학자·사회학자다. 아도르노(Theodor W. Adorno)·마르쿠제(Herbert Marcuse) 등 제1세대 프랑크푸르트학파의 사상을 계승·발전시켰으며, 포퍼(Karl Popper) 등에 대한 실증주의 논쟁, 가다머(Hans G. Gadamer)에 대한 해석학 논쟁 등 많은 논쟁을 통해 국제적 각광을 받았다. 제1세대 비판이론가들이 이성을 합리성을 위한 도구로만 다루었다고 판단하고 인간과 인간 상호작용의 문제를 지적하였다. 하버마스는 인간의 사회적인 행위를 목적합리적인 것과 의사소통적인 것으로 구분하고, 의사소통의 합리성에 주목하여 이를 사회이론의 가장 기본적인 개념으로 삼았다. 〈의사소통 행위이론〉 이외의 주요 저서로는 〈공공성의 구조전환(Strukturwandel der Öffentlichkeit)〉, 〈인식과 관심(Erkenntnis und Interesse)〉, 〈후기자본주의의 정당성문제(Legitimationsprobleme im Spätkapitalismus)〉, 〈사실성과 타당성(Faktizität und Geltung)〉 등이 있다. 1996년 한국을 방문해 7개의 다른 주제로 강의를 하고 워크숍을 주도하기도 했다. 방한 중 '유럽 국민국가에 대한 성찰: 과거의 성과와 현재의 한계'란 주제의 강연에서 하버마스는 "장기적으로 볼 때 세계화 추세는 적어도 다음과 같은 세 개의 부정적 결과들이 존재한다. 첫째로, 사회의 최하층은 억압적 수단을 통해서만 통제될 수 있는 사회적 긴장을 낳는다. 둘째로, 사회적 빈곤과 육체적 피폐화는 한 지역에 국한될 수 없다. 게토지역의 열악화는 도시와 지역의 하부구조로 확산되며, 전 사회의 구석구석에 만연하게 된다. 마지막으로, 공론장에서 발언권을 박탈당한 소수들을 분절화하는 경우 그와 더불어 도덕성의 침식이 초래되며, 이는 분명히 민주적 시민권의 통합력을 침해한다"고 지적하였다. 〈연합뉴스〉, 1996년 4월 29일.

를 정부에게 전달한다. 선거와 선거 사이에서 정부는 이런 식으로 국민에 의해 감시받는다.James Curran, 김예란 · 정준희 역, 2005: 8장

전통적인 자유주의 이론을 정당화하는 대표적 사례로 흔히 거론되는 것이 1970년대 미국 정가를 흔들었던 워터게이트 사건Watergate Affair이다. 대통령의 권력 남용으로 인해 발생한 정치 스캔들이었던 이 사건의 이름은 당시 민주당 전국위원회 본부Democratic National Committee Headquaters가 있었던 워싱턴 D.C.의 워터게이트빌딩에서 유래한다. 1972년 6월 당시 대통령이었던 로널드 닉슨의 재선을 획책하는 비밀공작반이 워터게이트빌딩에 있는 민주당 전국위원회 본부에 침입하여 도청장치를 설치하려다 발각되었다. 처음에는 단순한 절도사건으로 간주되었으나 이를 처음 보도한 워싱턴포스트의 기자들의 끈질긴 탐사보도 덕분에 현직 대통령이 관련된 거대한 권력형 비리라는 사실이 드러났다. 밥 우드워드Bob Woodward와 칼 번스타인Carl Bernstein 기자는 워터게이트빌딩에서 잡혀온 절도범 5명을 취재하던 중 닉슨 재선위원회가 이 건물에 입주한 민주당 본부에 도청장치를 한 단서를 잡고, 이를 오랜 기간 직접 조사하여 세기적 특종을 낚았다.

미디어를 통해 취재·편집한 메시지를 대중들에게 전달하는 활동을 저널리즘이라 할 때 이는 객관적 사실에 근거해야 하고 자율성과 시의성을 갖춰야 한다. 또 미디어들은 그들이 접한 사건들 중에 일부만을 그들의 시각에 입각해 전달하는 경향성도 지니는데 이는 다원주의에 기초한 민주주의 체제의 유지에 기여하는 데서 보호되어야 한다. 그러나 그 경향성은 민주주의나 사회통합 같은 시대정신과 보편가치에 부응하는 것이어야 함은 말할 것도 없다. 두 기자는 부패한 권력자들이 숨기려고 하는 '그 무엇'이 미국 민주주의의 근간인 헌법과 자유선거, 법치주의를 훼손하는 것이라고 생각하고 용기를 갖고 스캔들을 끊임없이 파헤쳤다. 이 과정에서 익명의 정보원을 뜻하는 '딥 스로트Deep Throat'[1]로부터 사건에 대통령이 관련되어 있다는 결정적

---

1) 딥 스로트는 우드워드와 번스타인에게 워터게이트빌딩에 침입한 도둑들에게 지불된

제보도 입수할 수 있었다. 닉슨은 사건과 무관하다고 발을 빼는 한편 은밀하게 증거인멸을 시도했다. 닉슨 행정부는 포스트의 라디오 및 TV방송 허가 갱신을 불허할 수도 있으며 국세청이 세무조사를 벌일 것이란 협박을 가했고, 편집국 간부들과 기자들을 미행하고 전화를 도청했다. 이러한 압력은 발행인인 캐서린 그레이엄Katharine Graham으로 하여금 보도내용이 사실임에 틀림없다는 확신을 갖게 했다. 벤자민 브래들리Benjamin Bradlee 편집국장은 두 기자의 끈질긴 노력을 측면에서 지원하였다.

밤낮을 가리지 않고 스캔들과 관련되었다고 추정되는 수많은 사람들을 만나 진술을 확보하고 이를 통해 사건의 진실에 다가간 이들의 노력으로 닉슨이 정치 라이벌의 정보를 캐기 위해 뒷조사와 도청 등 불법행위를 일삼고, 문제가 된 행동은 부인하는 것에서 그치지 않고 은폐하려고 했다는 것이 드러났다. 사건 발생 1년여 후에는 알렉산더 버터필드 전 백악관 부보좌관이 상원청문회를 위한 사전조사에서 백악관의 대통령 집무실 등에 닉슨이 그의 정치적 투명성을 과시하기 위해 설치된 자동비밀녹음장치가 있다는 사실을 폭로하였다. 대통령의 특권을 내세워 제출을 거부하던 닉슨은 1974년 7월 미국 연방대법원의 판결에 따라 64개 63시간 분량의 녹음테이프 원본을 의회에 제출하는데, 여기에는 닉슨이 비서실장과 수석보좌관 등으로부터 사건 내용을 보고받고 은폐를 지시하는 대화가 담겨 있었다. 정치헌금의 부정·수뢰·탈세 등도 드러났다. 이로 말미암아 하원 사법위원회에서 사법 방해 및 직권 남용 혐의로 닉슨 탄핵안이 통과되자 닉슨은 대통령직을 사임하였다.

또 다른 사례로는 미국이 베트남전 발발에 군사적으로 깊숙이 개입한 과정을 담은 문건인 '펜타곤 페이퍼The Penagon Papers'를 〈뉴욕타임스〉 등 언론에

돈이 닉슨의 선거캠프 자금임을 알려 주었고, 두 기자는 그의 신원을 끝까지 숨겼다. 딥 스로트가 누구인지는 오랜 기간 비밀로 남아 있었으나, 마크 펠트 전 연방수사국(FBI) 부국장이 사망하기 3년 전인 2005년 스스로 딥 스로트였다고 자백하면서 그 정체가 비로소 세상에 알려졌다.

건네 반전 여론에 불을 지핀 사건을 들 수 있다. 합계 250만 자료, 총 47권(약 3,000쪽의 설명과 4,000쪽의 부속서류로 구성)으로 구성된 펜타곤 문서는 제2차 세계대전 때부터 1968년 5월까지 인도차이나에서의 미국의 역할을 기록한 것으로 1967년 미국의 국방장관 로버트 맥나마라Robert S. McNamara의 책임 아래 작성되었다. 1급 비밀문서이던 이 보고서를 폭로한 사람은 미국 국방성 소속 군사전문가인 대니얼 엘스버그Daniel Ellsberg였다. 엘스버그는 문서 작성과정에서 인도차이나 전쟁에 개입한 미국의 저의를 폭로해야 한다는 압박감을 느끼고, 정부의 허가를 받지 않은 채로 일일이 복사한 페이퍼를 랜드연구소에서 갖고나와 평소 잘 알던 뉴욕 타임스 기자에게 넘겼다.

포드 자동차 사장 출신인 맥나마라는 국방장관으로 재직할 때 우세한 화력으로 단기간에 베트남전쟁을 마무리할 수 있다고 주장으로 미국을 베트남전 개입으로 이끈 장본인이었다. '전쟁의 설계자architect of the war'라고 불린 맥나마라는 1960년대 중반부터 미국의 군사개입에 회의를 느끼기 시작해 평화협정을 추진하기도 했고 1968년 국방장관을 사임했다. 조기에 전쟁을 종식시킬 것이라는 미국 정부의 예상은 현지 지형에 익숙한 베트남군의 게릴라전으로 크게 빗나갔다. 전쟁에 전면적으로 개입하는 것이 결정되었는데 필요한 것은 이를 정당화할 명분이었다. 그 상세한 내용을 담고 있는 펜타콘 페이퍼가 뉴욕 타임스에 잇달아 게재되자 닉슨 대통령과 미국 정부는 해당 보도가 미국의 안보이익에 '치명적이며 회복할 수 없는 손실'을 가져올 것이라며 연방대배심을 소집하고 법원에 국가기밀서류의 공표를 금지시키는 임시명령을 요청했다.

뉴욕 타임스는 역시 이 보고서를 입수하고 있던 워싱턴 포스트와 연합하여 법원의 금지명령에 대항해 15일 동안 법정투쟁을 벌였다.[2] 1971년 6월

---

2) 〈워싱턴 포스트〉의 벤자민 브래들리 편집국장을 포함한 기자들이 혼신의 힘을 다해 베트남전쟁의 세부 내용을 담고 있는 기밀문서를 입수하고, 온갖 어려움을 무릅쓰고 국민들의 알 권리를 위해 이를 보도하려고 애쓰는 내용은 2017년 개봉된 스티븐 스필버그 감독의 영화 〈더 포스트(The Post)〉에 나온다. 브래들리는 나중에 보스턴글로브

펜타곤 페이퍼와 한나 아렌트의 '정치에서의 거짓말': 1972년 나온 〈공화국의 위기(Crises of the Republic)〉에 실린 '정치에서의 거짓말(Lying in Politics)'은 한나 아렌트(Hannah Arendt)가 당시 폭로된 펜타곤 페이퍼를 통해 미국 정치에서 어떻게 국민을 상대로 기만이 행해졌는지를 분석한 글이다. 이 글에서 아렌트는 정부 홍보담당관과 고위 공무원들에 의해 새로운 거짓말 기술이 나타났다고 지적한다. 이 중에서 전문적 '문제해결사(problem solvers)'로 불리는 고위 공무원은 대학과 싱크탱크 출신으로 게임이론과 시스템 분석으로 무장하고 상당한 자기 확신을 지닌 사람들이었다는 것이다. 아렌트는 정치를 홍보의 한 변형태일 뿐이라고 믿었던 이들이 국가를 위해서라기보다는 국가의 '이미지'를 위해 거짓말을 했다고 말한다. 이러한 거짓말 정책은 적을 향한 경우가 거의 없었을 뿐만 아니라, 전부는 아니더라도 주로는 국내 선전용으로 특히 의회를 기만할 목적으로 만들어졌다는 것이다. '통킹만 사건'이 바로 이 사례에 해당한다. 그들은 결정 내용이 수행되지 못할 수 있다는 사실을 알고 있었기 때문에 결정 목표가 항상 변경되어야 했다는 점도 흥미롭다. 그 결과 1965년 이래로 명쾌한 승리라는 개념은 뒷전으로 물러났으며, 목표는 "적으로 하여금 자신이 이길 수 없다는 것을 납득하도록 하는 것"이 되었지만 이도 적이 납득하지 못하자 다음 목표로 '굴욕적인 패배를 피하는 것'이 그다음 목표로 등장했다. 아렌트는 펜타곤 페이퍼가 알려주는 것은 패배가 국가의 안녕에 대해서가 아니라 '미합중국과 대통령의 평판에 대해' 가져다줄 충격에 대한 머릿속을 떠나지 않는 두려움이라고 언급한다. 한나 아렌트(2011), pp.39-42, 46-48.

30일 미국 역사상 가장 중요한 사전제약(=검열)사건(prior-restraint case)으로 간주된 재판에서 연방대법원은 6 대 3의 판결로 양 신문사에게 문제의 보고서를 다시 게재할 수 있는 권리를 인정했다. 또한 법원은 이 보고서의 공표를 제한하기 위한 연방정부의 주장이 정당화될 수 없다고 판결했다. 대법관 블랙판사의 판결문 요지는 "이 나라의 건국이념에 따르면 언론은 자유를 보장받고 민주주의 수호자의 역할을 수행해야 한다"며 "언론이 섬기는 것은 국민이지 통치자가 아니다The press was to serve the governed, not the governors."였다. 이는 미국 수정 헌법 제1조(The First Amendment 또는 Amendment I)에 의해 검열이 언론자유를 침해한다는 판결이었다. 뉴욕타임스는 미국이 베트

의 부국장으로 재직하면서 카톨릭 사제 성추문 사건을 특종 보도했다. 이 사건 역시 2015년에 영화 스포트라이트(Spotlight)로 제작되었다.

남 개입의 구실로 내세운 '통킹 만 사건'이 북베트남의 도발로 촉발된 것이 아니라 미국 군대가 조작한 사건이라는 사실도 폭로했다. 이는 미국 국민들을 충격에 빠트렸고, 이를 계기로 반전 여론은 더욱 거세게 전개되었다. 뉴욕 타임스의 후속 보도와 워싱턴 포스트의 보도가 이어지면서 베트남전쟁이 미국 정부와 군수기업체, 광신적 반공주의자들이 결탁한 침략 전쟁이었다는 사실이 드러났다. 미국 언론이 거둔 빛나는 이 성과는 애초에 엘스버그가 펜타곤 페이퍼를 폭로했기 때문에 거둘 수 있었다. 엘스버그의 용기있는 행동과 진실을 향한 미디어들의 투쟁은 후에 이라크 및 아프가니스탄 전쟁 일지와 미 국무부 외교전문 등을 공개한 위키리크스의 줄리언 어산지와 미국 보안기관의 광범위한 민간인 사찰을 폭로한 에드워드 스노든으로 연결되었다.

그러나 민주사회에서 미디어의 역할에 대해서는 비판적인 견해 역시 존재한다. 대표적으로 미디어가 정치과정에서 점차 큰 역할을 수행함에 따라 미디어를 이용한 선거캠페인의 중요성이 커지면서 나타나는 부작용이 거론된다. 정치인들은 선거캠페인을 일종의 마케팅으로 간주하고 여론조사자pollster, 광고기획자advertiser, 마케팅 상담가, PR 전문가들을 고용하여 유권자들에게 그들이 지닌 것들을 판매하려고 한다. 이 과정에서 정치인의 능력이나 정책의 내용보다 그가 지닌 이미지가 더욱 중요해지는 경향이 있다. 정치광고와 PR의 등장은 사적이거나 국가적인 차원의 이해관계를 이성적인 담론을 통해 해결하지 못하고 하고 오히려 조작을 통해 공공정보의 흐름을 직접적으로 통제하게 만들었다.Nicholas Garnham, 1986: 41 이러한 경향은 합리성이라는 민주주의의 이상이 '용모나 개성 같은 하찮은 요인에 신경을 씀으로써 주변화되어 버리는 '비이성적이고 변덕스러운 정치과정으로 변화했음을 보여주는 것이라고 할 수 있다.Brian McNair, 김무곤 외 역, 2001: 75-76

새로운 정보 기술이 제도화된 엘리트의 영향력을 떨어뜨리면서 정치적 불평등을 줄여줄 것이라고 예측한 로버트 달의 평등화 명제와는 달리, 빔버Bruce Bimber는 정보화의 진전이 기존의 불평등 구조를 강화시키고, 특히 탈관료적 다원주의로 인해 공론장의 파편화와 분절화가 초래될 수 있다고 경계한다. 즉, 잘 제도화되지 않은 임의적 형태의 탈관료적 정치조직들이 정치적 의제 설정력을 발휘하는 과정에서 합리적인 숙의 과정이 필요한 중장기적인 정치 아젠다보다는 현안 및 사건 위주로 일시적이며 편중된 이슈만이 분절적으로 제기되었다가 수그러들 수 있다는 것이다. 곧 탈관료화된 새로운 정치 네트워크가 정보기술을 통해 국가, 전통적 조직 및 공동체의 경계를 확장시킴으로써 전통적인 시민 조직의 쇠퇴로 생긴 시민사회의 여백을 채워나갈 수도 있지만, 정치적 응집성과 공론장의 약화라는 대가를 치를 수도 있다는 것이다. Bruce Bimber, 2007: 6장

미디어가 사회에서 점차 중요한 중개자가 되어감에 따라 정당은 점차 부적절한 것이 되어갈 위험에 처해 있다는 우려가 등장하고 있다. 그러나 미디어들은 미디어가 제공하는 기회를 이용함으로써 정치체계 안에서 그들의 위치를 재정의해 나가고 있다는 의견도 제시되었다. Mark J. Rozell, ed., 2003: 141-154 미국의 경우 지난 20여 년 동안 캠페인 기간에 정치광고에 대한 미디어의 보도는 증가되고 있다. 이슈의 창안 issue advocacy 은 정당들이 정치캠페인 기간 동안에 정당들이 그들 후보자들을 지원하거나 선거의 맥락을 벗어나 정책토론을 짜기 위한 효과적인 수단이 되고 있다는 것이다. 뉴스의 조작 역시 흔히 일어난다. 뉴스는 종종 정치세계를 독자나 시청자들의 현재의 감정이나 가치에 기초한 개인적인 용어로 바꿔놓는다. 우선 속임수를 만들고 도전을 받을 때 피해를 조절하기 위한 뉴스조작은 성공적인 정치와 거버넌스를 위한 요소라고도 지적된다. 정치 커뮤니케이션의 핵심도 취약성을 평가하고 피해를 막으며 가능한 오해를 예상하고 미디어가 취급하는 모든 정보를 엄격하게 통제한다는 것이다. 대부분의 정치뉴스의 공급원이 정부관료란 사실도 정보조작이 자주 행해지는 한 원인이라 할 수 있다. W. Lance Bennett, 2007: 110-113

한편 노엄 촘스키는 1989년 발간된 저서인 〈환상을 만드는 미디어〉에서 미국의 주요 미디어가 특권층의 독자나 시청자들을 다른 사업체들에게 '파는' 기업체들이라며, 이들이 제공하는 세상의 그림 picture of the world 이 판매자들과 구매자들의, 그리고 제품의 관점과 이익을 반영한다는 것은 놀라운 일이 아니라고 주장한다. Noam Chomsky, 황의방 역, 2004: 27 간단히 말해 주요 미디어들

노엄 촘스키(Noam Chomsky, 1928~)는 미국의 언어학자이자 철학자이며 사회운동가이다. 변형생성문법 이론을 만들어 언어학에 중요한 공헌을 했다. B. F. 스키너의 언어행동을 연구해 인지과학 혁명의 주역으로 활약했다. 예술 및 인문학 인용 색인(A&HCI)에 의하면 촘스키는 생존해 있는 학자들 중에서 가장 많이 인용되는 학자이기도 하다. 1960년대부터 촘스키는 미디어 비평과 정치적 행동을 통해 미국의 제국주의와 자본의 언론 장악을 비판해왔다. 2006년 UN 총회에서 베네수엘라의 차베스 대통령은 부시 대통령을 '악마'라고 비판하고 미국 국민들이 촘스키의 저서 〈패권인가, 생존인가: 미국의 세계 지배 추구(Hegemony or Survival: America's Quest for Global Dominance)〉를 꼭 읽어야 한다고 말했다. 그다음 날 촘스키의 책은 아마존 베스트셀러 1위에 올랐다. 신자유주의 세계화에 대해서 그는 "독재, 전체주의, 제도의 폭력도 인간성을 파괴하나 대기업이 더 위험한 이유는 돈에는 국경이 없기 때문이다. 사기업은 시공간의 제약을 받지 않고 사적 이익을 추구할 뿐 인권, 평등 같은 단어들이 끼어들 틈이 없다"고 비판한다. 미디어에 대해서는 "신문, 언론도 사기업화 되어 광고주인 사기업의 이익을 대변해 주고 사기업들은 광고로 언론의 이익을 보장함으로써 잘못된 이익의 먹이사슬을 형성했다"고 지적하였다. 2008년 한국의 국방부가 촘스키의 책인 〈507년, 정복은 계속된다(Year 501: The Conquest Continues)〉, 〈미국이 진정으로 원하는 것(What Uncle Sam Really Wants)〉을 불온서적으로 지정한 데 대해 "독재자들을 몰아내고 민주주의를 세우기 위한 한국인의 투쟁은 세계에 영감을 주었으나, 항상 자유를 두려워하고 생각과 표현을 다시 통제하려는 사람들이 있다"며 "국방부(Ministry of National Defense)라는 이름을, '자유·민주주의 방해부(Ministry of Defense against Freedom and Democracy)'로 바꿔야 할 것"이라고 꼬집었다.

은 사회의 강력한 이익집단을 위해 봉사하고 선전하는 기능을 수행한다는 것이다. 이러한 기능을 촘스키는 에드워드 허먼Edward Herman과 함께 '프로파간다 모델'이라고 칭한다. 이 모델에 따르면 미디어는 기존의 특권을 지원하는 방식으로 보도와 분석을 하며 그에 상응해서 토론과 토의를 제한함으로써 국가 및 기업권력의 이익에 봉사한다는 것이다. Noam Chomsky, 황의방 역, 2004: 31

이러한 모델을 촘스키와 허만은 미디어가 제3세계 국가들에 대한 이중적인 보도의 사례 등을 통해 증명하고 있다. 예를 들어 대량학살genocide에 대해 미디어들은 적국의 희생자를 설명할 때는 곧잘 사용하나 미국과 동맹국 혹은 우방국의 정부에 의해 발생한 같은 수준의 희생자들을 다룰 때는 거의 사용하지 않는다는 것이다.Noam Chomsky & Edward Herman, 정경옥 역, 2006: 17 베트남 전쟁의 경우에도 미국의 주류 미디어들은 미국의 대 베트남 정책이 비용에 대한 계산 착오는 있을지 몰라도 매우 도덕적이고 좋은 의도에서 행해졌다고 보도했다.Noam Chomsky & Edward Herman, 2006: 5장

전쟁을 수행하는 데 있어 미디어의 역할은 걸프전쟁에서 고조되었다. 걸프전쟁은 단순히 '족벌정치에 의해 지배되고 있는 한 작은 아랍왕국을 해방시키기 위한 전쟁'이라기보다는 미국이 주도하는 연합군 수십만 명이 참가한 규모가 큰 전쟁이었고 중동지역의 세력균형과 세계경제와 관련해 중요한 전쟁이었다. 전선에서 기자들은 미디어보도팀에 편성되어 전쟁지역을 자유롭게 돌아다닐 수 없도록 홍보장교들에 의해 감시되었고, 국내용으로 정제된 정보나 외부용으로 심리전에 기여하는 정보를 지속적으로 공급받았다. 미디어의 조작과 통제는 연합군뿐만 아니라 이라크와 망명 중이던 쿠웨이트 정부 역시 시행했다. 이러한 사례들은 미디어들이 국내적으로도 동의를 제조하고 '필요한 환상'으로 일반 대중들을 속여 왔다는 것을 잘 보여준다는 것이다. 촘스키는 그의 또 다른 저서인 〈여론조작〉의 개정판2002에서 지난 10여 년에 걸친 정치와 통신의 변화가 프로파간다 모델의 적용가능성을 높였다고 강조한다. 기업의 힘과 세계적인 진출 범위의 증가, 언론의 합병과 증대된 집중화, 공영방송의 감소가 미국을 비롯한 전 세계에서 이 모델의 영향력을 더욱 강화했다고 한다.Chomsky & Herman, 정경옥 역, 2006: 17

전 세계적으로 세계화와 탈규제deregulation의 바람이 불면서 전통적으로 공공 통제가 유지되었던 미디어 영역에서도 자본의 자유로운 이동과 축적에 우호적인 방향으로 제도적인 틀이 바뀌고 있다. 새로운 정보매체의 성장이나 매체 통합 등의 기술발전 역시 미디어 부문에서 자본의 영향력을 더욱 강화하고 있다. 이는 공론장의 형성과 강화라는 미디어의 전통적인 역할을

파괴시킨다. "공론장에서 발언권을 박탈당한 소수들을 분절화하는 경우 그와 더불어 도덕성의 침식이 초래되며, 이는 분명히 민주적 시민권의 통합력을 침해한다. 위협받는 중산층 계급들의 지위에 대한 우려와 외국혐오적 자기방어를 반영하는 형식적으로 정당한 결정들은 입헌국가의 절차와 제도의 정당성을 손상시킨다. 이러한 경로에 의해 시민들의 정치참여를 통해 획득된 사회통합은 붕괴돼 버릴 것이다."〈연합뉴스〉, 1996년 4월 29일[3]

라디오와 신문, 텔레비전 등의 전통적인 미디어는 고유한 시장과 서비스 영역을 구축하고 수용자를 창출하였으나 정보기술의 급속한 발전에 따라 뉴미디어new media라고 불리는 새롭고 다양한 전달매체가 확산되면서 점차 그 영향력이 감소하고 있다. 아울러서 정보기술의 발전에 기반을 둔 세계화의 진척은 거대 미디어 산업들 간에 새로운 시장을 확보하기 위한 치열한 경쟁을 초래하였다. 이들은 공중파 텔레비전, 전화, 케이블 텔레비전 방송, 위성통신 및 텔레비전, 인터넷 등과 같은 분야에서 보다 더 자유롭게 서로 침투할 수 있게 되었다. 그 결과 막대한 자금력과 기술력, 창의적인 기획력 등을 앞세운 소수의 글로벌 미디어 기업이 대두하였다. 이러한 현상은 기존 시장경쟁의 형식과 범위를 상대적으로 분명하게 드러내 주었던 각 미디어의 사회적 기능과 효용성을 모호하게 만들고 있다.

미디어 집중이 낳은 또 하나의 결과는 소수의 막강한 기업들이 국제기구뿐만 아니라 각국 정부의 정책에 큰 영향력을 행사하게 됐다는 점이다. 특히 세계무역기구WTO는 미디어 기업을 포함한 기업들 사이의 집중화 경향을 더욱 가속화시킨다고 평가된다. 세계무역기구의 규칙들은 대기업에 유리하게 되어 있을 뿐만 아니라 서비스 무역에 관한 일반협정GATs의 틀 안에서 진행되는 협상들은 글로벌 미디어 기업들의 진입을 자유롭게 하는 새로운 투자

---

3) 하버마스는 이 같은 궁지로부터 벗어나는 한 방법으로 유럽연합과 같은 초국적 제도의 출현을 제시한다. 할 수 있다면 국민국가의 범위를 초월함으로써 공화주의적 유산을 지키려고 노력해야 하고, 우리의 정치적 행위 능력은 자기조절적인 체계와 조직망의 세계화와 발맞춰 발전돼야 한다는 것이다. 〈연합뉴스〉, 1996년 4월 29일.

로버트 W. 맥체스니는 〈부자 미디어 가난한 민주주의(Rich Media Poor Democracy)〉에서 거대 미디어기업이 더 많은 부를 축적하고 권력을 획득할수록 참여민주주의의 가능성은 그만큼 약화된다고 지적한다.

규칙들을 포함하고 있다. 그러면 글로벌 미디어 기업들은 국내 미디어 기업들에 대한 통제권을 장악하게 되고 국내 고유의 문화와 가치관이 더 이상 존속할 여지가 없어지게 될 것이다.John Cavanagh & Jerry Mander, 이주명 역, 2005: 323-325

로버트 W. 맥체스니는 〈부자 미디어 가난한 민주주의Rich Media Poor Democracy, 1999〉에서 거대 미디어 기업이 더욱 많은 부를 축적하고 한층 큰 권력을 얻을수록 참여민주주의의 존립 가능성은 그만큼 약화된다고 지적한다. 이 같은 소유의 집중화는 광고에 의존하는 이기적인 미디어 시스템의 핵심적 성향을 한층 돋보이게 한다. 즉 지나친 상업화의 추구와 저널리즘 및 공익성의 손상이 그것이다. 바로 이런 점이 민주주의에는 독이 된다. 특히 신자유주의에 따른 규제의 철폐는 기업화 미디어의 붐을 야기하고 민주적 시민생활의 붕괴를 가져온 주된 요인이라 할 수 있다. 다시 말해 신자유주의는 정치적, 이념적인 측면에서 지배적인 위치에 오른 소수가 밑에 있는 비조직화된 다수 국민에게 그들의 의지를 강요할 수 있게 했다.Robert Waterman McChesney, 2006: 8-9

그는 "이윤 극대화와 판매 지상주의란 가치가 그나마 흔적만 남아 있는 미디어의 공익성을 완전히 압도해" 버렸고, 저널리즘은 "민주적 요인으로 거의 기능할 수 없을 지경에까지 이르렀다"고 비판한다. 맥체스니는 자유주의, 특히 1980년대 이후 등장한 신자유주의에 따른 규제 철폐가 "탄탄한 재력의 미디어 회사들이 오늘날처럼 성장하고 번영을 누리는 데 기여" 했지만 신자유주의식 민주주의가 "정치 부문의 통제 또는 규제성 역할을 줄이고 공론화의 기능도 더욱 축소시켰다"고 지적한다. "소비자 선택과 개인의 자유라는 환상은, 겉보기엔 책임성과 민주성을 지닌 것처럼 비치지만 사실은 소수계층을 위해 기능하는, 그런 미디어 시스템과 보다 넓은 의미의 사회제도를 유지하는 데 필요한 정도의 이념적 산소를 제공할 뿐이기 때문이다. 디지털 혁명은 상대적으로 힘이 약한 사람들에게 힘을 실어주는 프로세스라기보다는 기업과 상업화의 힘이 미국인들의 삶으로 파고들어 이를 지배할 수 있도록 촉진시켜주는 과정이다."Robert Waterman McChesney, 2006: 203

맥체스니는 또한 "대중의 일관성 있는 조직적 저항이 없었기 때문"에 저널리즘, 좀 더 넓은 의미의 미디어문화의 질적 수준이 떨어졌다며 대중운동과 같은 방식을 활용해 미디어 개혁 운동을 벌여야 한다고 제안한다. 미디어기업이 거대화할수록 민주적 공론화 기능을 할 수 없게 된 지금의 현상은 미디어기업 오너들의 의도가 반영된 것이기도 하지만 미디어 문제에 대해 제대로 짚지 못한 대중의 책임도 있다고 보기 때문이다. 특히 거대 미디어 기업에 대항하는 주류 정치인이 거의 없는 만큼 '정치적 조직화'를 통해 개혁 운동을 펼쳐나가야 한다는 것이다. 맥체스니는 미디어 개혁은 소수가 독점한 권력을 다수에게 돌리는 폭넓은 정치운동의 일환으로 전개될 때만 성공할 수 있다고 강조한다. 그 구체적 대안으로 미디어 종사자들의 노동조합 강화, 미디어 소유 집중성 제한, 전통적인 형태의 공익방송 보호·강화, 엄격한 상업방송 기준 제정, 지역 중심의 퍼블릭 액세스 방송 발전, 광고량 제한, 상품성 없는 프로그램 제작 지원, 다수의 신문·잡지 발행 보장 등을 제시한다.Robert Waterman McChesney, 2006: 326-337

한편, 정보 불평등은 온라인 커뮤니티에서 일어나는 모든 불균등을 압축적으로 언급할 때 사용하는 용어를 일컫는다. 특정한 사회적 구성원이 이전보다 정보에 보다 자유롭게 접근할 수 있게 되면서 획득하는 정보의 총량도 많아졌지만 구성원별로 사회적 자원이 상이하기 때문에 정보의 양과 질에서는 심각한 불균등이 나타날 수밖에 없다. 이런 정보격차는 다시 부와 권력 등 사회적 자원의 차이로 나타나게 될 것이다. 정보사회가 발달함에 따라 이런 정보격차와 자원 불평등의 문제는 더욱 심각해질 것으로 예상된다. 결국 정보격차의 문제가 해결되지 않는 한 정보통신기술이 가져다주는 각종 혜택은 사회 내의 일부 구성원들에게만 국한될 수밖에 없게 될 것이다. 특히 신자유주의적 세계화 과정에서 정보산업이 일부 거대한 초국적기업 및 대기업에로 집중되고 있는 현실에서 경제력이 없는 구성원들은 필요한 정보에 대한 접근이 제한을 받을 수밖에 없다. 이는 특정한 국가 내에서뿐만 아니라 전 세계적으로도 일부 구성원들이 민주주의 과정에서 배제되면서 민주주의가 위기에 직면할 수 있다는 점에서 심각한 문제라 할 수 있다.

이 같은 정보 불평등을 피파 노리스는 세 가지 측면의 다차원적인 현상으로 설명한다. 먼저 전 지구적 정보 불평등은 선진국과 개발도상국 사이의 인터넷 확산에서 나타나는 격차를 말한다. 사회적 정보 불평등은 각국 안에서 나타나는 정보 부자와 정보 빈자 사이의 격차를 말한다. 민주주의 측면에서의 정보 불평등은 공공생활에 대한 개입, 동원, 참여에서 디지털 자원을 이용하는 사람과 그렇지 못한 사람 사이의 차이를 말한다.Pippa Norris, 이원태 외 역, 2007 데이비드 크로토와 윌리엄 호인스는 미디어와 관련된 사회적 불평등을 인종, 계층, 젠더별로 나누어 설명한다.David Croteau & William Hoynes, 2001: 6장 그들에 따르면 미디어의 엔터테인먼트와 뉴스는 실제 사회의 다양성을 충분히 반영하지 못한다는 것이다. 다양성이 부족하기 때문에 미디어 콘텐츠는 사회의 불평등을 드러내게 된다고 한다.

그렇다면 한국 사회에서 언론은 어떤 역할을 수행하고 있을까? 한국에서 언론은 공론장에서 공적 토론을 통한 집단 결정이 이뤄지고 이것이 다시 정부의 정책을 결정하는 데 기여하고 있을까? 작금의 현실을 돌아볼 때 한국의 언론들은 민주주의의 원리에 기초해 사회의 다양한 의견을 공중의 논의를 통해 여론으로 형성하고 있다고 보기 어렵다. 주류언론들은 민주화 운동의 성과인 '언론의 자유'를 '언론사와 언론기업의 자유'로 변질시켜, '제도권 언론'이란 불명예스런 호칭을 얻었다. 여론조사에서 언론에 대한 신뢰도는 계속 하락하고 있으며, 언론은 민주화의 상징에서 추락해 핵심적 개혁대상으로까지 거론되고 있다. 이 과정에서 시민들의 오랜 열망이던 언로의 확장, 공론장의 활성화는 공허한 이상으로 방치되었다. 언론민주화를 통해 달성할 규범적 가치의 한 형태인 공론장은 이념 자체의 정당성뿐만 아니라 이를 구체화할 수 있는 사회적, 제도적 환경에서만 현실성을 지닌다. 한국 사회에서는 언론활동이 외부의 이해관계나 가치에 의해 흔들리지 않고 공공성이나 공정성, 객관성 등과 같은 직업 고유의 원칙에 따라 이루어지는 것, 즉 피에르 부르디외가 지적한 저널리즘이 자율성을 갖춘 하나의 '장champs'으로 정착되지 못했다.[임영호, 2007: 283-304]

손석춘은 〈한국 공론장의 구조변동〉에서 유럽과 달리 한국의 공론장은 조선 사회 내부에서 싹트고 있던 주막酒幕과 여항閭巷[4]의 공론이 문예공론장으로 발전하고 이것이 향회鄕會와 민회民會의 정치적 공론장으로 전개되고 있었지만, 그 과정에서 신문을 만들지는 못했다고 한다. 오히려 〈한성순보漢城旬報〉 등의 신문은 중세체제의 내부에서 지배세력의 한 당파인 개화파의 필요성과 외세의 의도가 맞아떨어져 창간됨으로써, 아래로부터 형성된 유럽의 공론장과 큰 차이를 보였다는 것이다.[5] 일제시대에 들어와 일제가 창간을

---

4) 술과 밥을 팔고 나그네를 머물게 한 주막은 많은 사람들이 오가는 곳이어서 정보가 교환되고 문화가 전달되는 중심지 역할을 했다. 여항은 주로 경아전과 기술직의 중간 계급으로 구성된 사람들로 조선 후기에 등장하였고, 여항문학에서 보듯이 중세적 질서에서 벗어나 새로운 문화를 주도하였다.

5) 하버마스는 근대 초기 유럽에서 번성했던 인쇄 매체와 사교공간은 부르주아 공론장에 물리적 기반을 제공했고, 나아가 기본권의 입법에 정치적 영향력을 행사함으로써 서유럽의 근대국가 형성에 일정한 역할을 수행했다고 주장한다. 조선은 어땠을까? 이와 관련해 송호근은 하버마스의 저서명을 부제로 내건 〈인민의 탄생—공론장의 구조변동〉에서 언문의 확산이 사회변화에 끼친 영향을 강조한다. 지식·종교·정치가 강고하게 삼위일체를 이루고 인민은 단지 '통치의 객체'로 강하게 속박되었던 조선의 후기에 천주교의 유입과 확산, 민란과 농민 전쟁, 서민 문예의 출현과 확대가 이뤄지면서 인민은 보호받아야 할 갓난아이, 무지의 집단이란 초기의 성격에서 벗어나 현실의 모순을 깨닫고 극복할 수 있는 존재로 질적으로 변화되었다는 것이다. 이 세 가지 추동력의 공통요인이 바로 언문을 읽고 쓸 수 있는 '문해인민(文解人民)'으로 이들이 유교국가

허용한 신문은 아래로부터의 민중 요구를 담아내기보다는 그 요구를 통제하기 위한 것이었다. 해방 공간에서 아래로부터의 공론장의 욕구는 신문의 폭증으로 나타났지만 곧 미국의 군정 법령과 물리력 행사에 의해 공론장의 틀은 기형적으로 주형되었다. 진보적 성향의 언론에 대한 탄압은 건국 이후에도 이어졌다. 1960년대에 진보진영을 대변하던 〈민족일보〉는 북한에 동조했다는 혐의로 폐간시키고 발행인에게는 사형언도를 내린 데[6] 반해 신문사들에 대한 일반자금의 대출금리를 낮추고 신문용지에 대한 수입관세에선 특혜를 줌으로써 '3선 개헌'에 대한 적극적 지지를 이끌어냈다. 1980년대에 군부독재정권은 문화공보부 홍보정책실에서 각 언론사에 기사보도를 위한 가이드라인인 보도지침을 시달함으로써 언론을 철저히 통제하였고 모든 언론들은 이를 충실히 따랐다. 물론 미디어 공론장 내에서도 자성의 움직임이 일어나 '10·24 자유언론실천선언' 등의 저항이 있었으나 대부분의 언론들은

조선을 해체하는 가장 중요한 요인으로 작용했다고 한다. 그는 생각을 문자로 표현할 수 있는 수단이 마련된다는 것은 커뮤니케이션의 장이 형성된다는 것을 의미하며, 이 장은 개인적 삶의 울타리를 넘어 자신의 생각과 정서를 타인과 공유하게 만들며, 동일 문자, 동일 텍스트를 쓰는 사람들 사이에 연대의식을 형성케 하였다고 지적한다. 하버마스가 개념화한 공론장이라고 할 것까지는 없겠으나, 자신의 생각을 말하고 교환하고 설득할 수 있고, 타인의 낯선 생각을 접하고 자신의 삶을 돌아볼 수 있는 성찰의 기회를 갖게 된 것은 사회변혁에서 매우 커다란 의의를 지닌다는 것이다. 송호근(2011), pp.89-92.

6) 세월이 지나 발행인이던 조용수 사장의 가족들은 2006년 1월 진실·화해를위한과거사정리위원회에 진실 규명을 신청했고, 같은 해 11월 진실화해위는 "사형을 선고한 혁명재판부의 판단이 잘못됐다"는 결정을 내리고 국가에 재심을 권고했다. 진실화해위는 "혁명재판소가 조 사장에게 '사회대중당 간부로서 북한의 활동에 고무 동조했다'는 이유로 사형을 선고했지만 조 사장은 사회대중당 간부가 아니고 사설을 통해 북한을 고무 동조하지도 않았기 때문에 법적용 대상이 아니었다"고 밝혔었다. 조 사장 가족들은 2007년 4월 민족일보 사건에 대해 재심을 청구했고, 서울중앙지법은 8월27일 재심청구를 받아들였다. 2008년 1월 서울중앙지법은 처형된 조용수 사장에 대해 47년 만에 무죄를 선고했다. 〈연합뉴스〉, 2008년 1월 16일. 2011년 1월 대법원은 '민족일보 사건'으로 사형된 조용수 사장의 유족 등 10명이 국가의 불법행위에 따른 손해를 배상하라며 제기한 소송에서 "정부는 위자료와 이자로 99억 원을 지급하라"며 원심을 깨고 배상액을 29억 원으로 조정해 확정했다. 〈연합뉴스〉, 2011년 1월 13일.

▸ 취중송사(醉中訟事): 김홍도가 그린 '행려풍속도(行旅風俗圖)' 중 제1폭

조선 시대의 언론: 조선시대의 대표적 언론기관은 간쟁을 전담하는 사간원(司諫院)과 관리들의 비리를 감시하고 규찰하는 사헌부(司憲府), 정책을 논의하는 홍문관(弘文館)의 '3사(三司)'를 들 수 있다. 이들 기관은 왕의 과실을 바로잡고, 정치적 득실을 비평하며, 조정관리나 백성들의 공론장 형성에 영향력을 행사함으로써 결과적으로 왕권을 통제하는 역할을 수행하였다. 이들 기관에 속한 관리들을 언관(言官)이나 대간(臺諫)이라 불렀다. 김영재는 〈조선시대의 언론 연구〉에서 조선조 언론의 주체는 정부의 공식기구로서 제도화된 조직이라 지적하고, 대체로 규범적이고 가치 지향적인 커뮤니케이션을 수행했으며, 성리학적 정치이념에 입각한 사회정의와 시대정신을 반영하는 데 주력했다고 한다. 그는 조선시대 언론의 성격으로 다음을 든다. 첫째, 그 내용이 유교적 명분을 확보하고 있느냐 여부에 따라 정론(正論)과 사론(邪論)으로 구분됐다. 둘째, 표현행위로는 예(禮)가 기준이 됐다. 셋째, 표현방법으로 은유와 비유, 상징, 고사인용 등의 수사법이 발달되었다. 김영재(2010), pp.77-80. 또한 조선시대의 언론은 언로의 확대를 위하여 스스로 투쟁하기도 했다. 대표적으로 조광조는 중종에게 재상부터 시정잡배에 이르기까지 자기 생각을 있는 대로 다 말하게 하는 등 언로를 최대한 넓히려 하는 것이 현명한 왕이며, 언로를 막으면 정치가 어지러워져 끝내 나라는 망해버린다고 간언한 바 있다. 이밖에 언론제도로는 왕에게 유교의 경서와 역사를 가르치는 경연(經筵), 신하가 왕에게 글로써 자신의 뜻을 전하는 상소(上訴), 천재지변이나 흉년이 들었을 때 왕이 아랫사람에게 잘못을 지적해달라고 하는 구언(求言), 대궐에 북을 달아 원통하고 억울한 일을 당한 사람들의 소원을 알리게 하는 신문고(申聞鼓), 왕에게 직접 소원을 하는 격쟁(擊錚) 등이 있었다. 이 같은 재야언론이 발달하게 된 까닭은 조선왕조가 민의를 폭넓게 수렴한다는 명분으로 건국 초부터 백성들의 여론을 왕에게 전달할 수 있도록 문호를 개방했고, 16세기 이후에는 공론정치를 지향하는 사림(士林)세력이 정국을 주도했기 때문이다. 위 그림은 김홍도가 그린 '행려풍속도(行旅風俗圖)' 중 제1폭인 '취중송사(醉中訟事)'이다. 시골사람이 나서서 행차 중인 고을의 원에게 진정을 올리고 형리는 판결문을 쓰는 광경이다.

이를 외면하거나 탄압에 가세했다.손석춘, 2005: 49-50, 68, 82, 109-111

물론 이와는 달리 언론민주화를 위한 노력도 있었다. 1980년대 중반 이후 시작된 민주주의로의 이행 과정에서 기업별 언론노조들은 '전국언론노동조합연맹'을 결성하고 언론민주화운동에 뛰어들었다. 동아일보와 조선일보 자유언론수호 투쟁 해직기자들과 전두환 정권의 언론통폐합 조치로 강제해직된 기자들은 2만여 명이 출연한 기금을 바탕으로 〈한겨레신문〉을 창간했다. 〈한겨레신문〉은 '발기선언문'에서 한국의 제도언론은 그 기업구조로 보아 정치적·경제적 자주성을 견지하지 못한 채 필경은 권력의 입장에서 국민에게 진실을 전달하지 못하고 그들을 오도할 수밖에 없을 것이라 비판하고 민주적 가치와 사회정의를 지향하겠다고 밝혔다. 그러나 〈한겨레신문〉처럼 진보 성향의 논조를 일관되게 유지하는 특화 및 이질화 전략을 구사하는 신문은 상대적으로 소수이다.

여전히 한국의 언론시장은 보수적이거나 극우적 시각을 갖고 재벌 및 상류층을 대변하는 신문들이 지배하고 있다. 한국의 역사적 특수성과 정치·경제적 조건, 고유한 사회문화는 한국에서 다양한 성향의 언론들이 상호경쟁하면서 시장을 형성하는 것을 억제했다. 일제 강점기나 해방 후 권위주의 정권 시기에 창설되고 성장한 언론들은 국가행위의 모든 영역을 감시하고 정치인들과 관료들의 직권 남용을 폭로함으로써 국가에 대해 억제력을 행사하기는커녕 사적인 이익을 보장받기 위해 국가와 긴밀하게 결합했다. 이들에게 권력에 대해 국민을 대변한다는 언론 본연의 역할에 대한 인식은 별로 없었다. 일부 언론은 민주주의의 기능을 촉진시키는 정보와 논쟁의 기구가 아니라 오히려 민주주의를 파괴하고 쇠퇴시키는 데 적극적으로 가담했다. 기존체제와 질서에서 억압을 받거나 배제된 지식인과 대중들의 집단행동을 '좌파'와 '빨갱이'라 낙인을 찍고 사상검증에 앞장서거나 이념논쟁을 전개하는 일이 비일비재했다. 전쟁 위협을 강조해 공포와 긴장감을 조성하고 이에 편승해 사익을 추구하는 일도 벌어졌다. 여기에 지역감정을 조장하고 특정 지역을 차별하거나 노동문제를 사회분열과 동일시하고 노동자를 배제하는 일이 더해졌다. 이런 사례에서 잘 나타나듯이 '선출되지 않은 언론권력'은 정치권력과 유착하거나 자본의 논리를 대변하면서 적극적으로 공론장 형성을 가로막고 왜곡했다.

한국에서 기존의 언론이 국가행위를 감시하고 남용된 직권을 폭로하며 권력에 대해 국민을 대변하지 못하는 현실에서 소셜 미디어라는 새로운 대안적 매체가 인기를 끌고 있다. 수평적이고 쌍방향적인 커뮤니케이션을 특징으로 하는 소셜 네트워크 서비스SNS의 등장이 언론지형을 변화시키고 있는 것이다. 기성 언론들이 외면하던 정치적으로 배제되고 사회적으로 고립된 익명의 개인들이 SNS를 통해 연결망을 형성하고 있는 것은 새로운 공론장의 가능성을 보여준다. 실제로 2011년 10·26 서울시장 보궐선거에서 나타났듯이 의제를 설정하고 여론을 주도한 것은 기존의 제도언론이 아닌 SNS에 기반한 새로운 형태의 미디어였다. 그런 점에서 SNS는 하버마스가 17, 18세기 서유럽의 카페나 살롱에서 공론장의 새로운 가능성을 발견했던 것과 비견된다. 다양한 네티즌들이 생산한 정보들이 다른 사용자와 공유되고 이 과정에서 자유로운 소통과 토론이 이뤄지는 데서 SNS는 새로운 공론장을 형성하고 나아가 민주주의의 질적 제고에도 기여할 수 있을 것으로 예상된다.

앱 스토어의 팟캐스트podcast[7]에서 선풍을 일으켰던 시사풍자 인터넷 라디오 방송인 '나는 꼼수다'는 이와 관련하여 주목할 필요가 있다. '딴지일보' 총수 김어준과 시사평론가 김용민, 전 민주당 의원 정봉주, '시사IN' 주진우 기자가 진행한 '나는 꼼수다'는 기존 언론들이 다루지 않거나 소홀히 하는 사안인 'BBK 사건'과 4대강 사업, 인천공항 매각, 대통령 내곡동 사저 문제, 선관위 디도스 공격 사건 등을 명쾌한 설명과 신랄한 풍자로 까발린 데서 큰 인기를 끌었다. 매회 수백만 명이 접속했고, 미국 팟캐스트 '뉴스·정치'

---

7) 팟캐스트는 미국 애플사의 엠피3플레이어 '아이팟(ipod)'의 '팟(pod)'과 방송을 뜻하는 '브로드캐스팅(broadcasting)'의 '캐스트(cast)'가 조합돼 만들어진 용어로 아이팟에 적합한 형태의 방송이다. 다른 기기를 통해서도 오디오나 비디오 파일을 내려받을 수 있고, 기존 라디오 프로와 달리 시간에 구애받지 않고 들을 수 있는 데서 큰 인기를 끌고 있다.

부문 프로그램 가운데 다운로드 1위를 차지하기도 했다. 이렇게 인기를 끌다 보니 서울시장 야권 경선 후보들과 집권여당 대표 등 정치인들도 게스트로 방송에 참여하기에 이르렀다. 대중들이 욕설과 비꼬기, 비판과 일방적 지지를 섞어 진행하는 '나는 꼼수다' 방송에 통쾌감을 느끼는 데는[8] 이명박 정권 출범 이후 더욱 경색된 언론 환경이 배경요인으로 작용하였음은 물론이다. 여기에 텔레비전 방송의 토크쇼 같은 형식을 취하되 민감한 정치사안들을 저잣거리 언어로 재미와 풍자, 비판을 섞어 방송하는 방식은 그동안 정치에 대해 무관심과 냉소를 보내던 젊은 세대들, 특히 20대에게 '정치의 예능적 속성'을 발견케 하면서 큰 관심을 끌게 했다고 지적된다. 한편, 1980~90년대 민주화운동과 10년의 진보개혁정권을 통해 민주주의와 탈권위화를 학습한 세대인 30·40대에게 '나는 꼼수다'는 권위주의와 통제로 회귀했다는 평을 받은 이명박 정권에서 받은 마음속 상처를 치유하는 수단이자, 다시 SNS와 팬 카페 등을 통해 '서로 다르지 않음'을 확인하는 연대의 매개체라는 지적도 제기됐다.〈주간경향〉 956호, 2011년 12월 27일

팟캐스트 같은 새로운 형태의 미디어가 인기를 끌면서 사회적 영향력을 갖자 이에 대한 통제 움직임도 대두한 바 있다. 방송통신심의위원회는 2011년 12월 1일 사무처 직제규칙 개정안을 통해 애플리케이션이나 소셜 네트워크 서비스 등의 콘텐츠를 집중 심의하는 별도의 전담팀을 신설했다. 그동안 국내법인 '정보통신망이용촉진 및 정보보호 등에 관한 법률'로 규율하는 데는 한계가 있었던 구글 안드로이드마켓이나 애플앱스토어 등 응용프로그램 장터의 앱을 방송으로 분류하고 심의할 수 있도록 하겠다는 것이다.

"위원회 기능과 역할의 합리성과 효율성을 제고하고 조직 역량을 강화하

---

8) 그런 점에서 '나는 꼼수다'는 마당놀이와도 닮은 구석이 있다. 동네의 넓은 마당이나 장터에서 풍자와 해학을 버무린 재담과 노래로 구경꾼들의 흥을 돋우는 마당놀이는, 민중의 애환과 현실 비판이 '앙꼬'다. 스마트폰과 인터넷이 실제 마당보다 넓은 마당을 열고 나꼼수의 구라들이 신명나게 놀자 수백만의 청취자들이 폭소와 댓글로 추임새를 넣고 있는 셈이다. 〈한겨레21〉 제879호, 2011년 10월 3일.

기 위한 것"이라는 방통심의위의 설명에도 불구하고 이 같은 직제개편에 대해서는 사실상의 검열 조직이라는 비판이 제기되었고 특정 팟캐스트를 규제하려는 의도가 아니냐는 의혹이 제기되기도 했으며 여권 내에서도 비난 여론이 일기도 했다. 언론인권센터, 참여연대, 전국언론노조 등 언론단체들은 정치적 목적에 의해 표현과 통신의 자유를 제한하려는 시도가 아닌지 우려된다는 반대 의견을 제출하였지만 묵살되었다. 개정안을 다룬 전체회의에서도 야당 추천 위원들은 'SNS 심의가 사적인 영역에서의 커뮤니케이션 자유를 불필요하게 제한하고 단속의 실효성이 적다'는 취지의 주장을 펴며, ▲SNS 심의를 하지 않거나, ▲SNS 심의 대상을 음란물이나 도박으로 한정하고, ▲게시자의 심의참여를 허용하는 방안을 안건으로 올렸지만 부결됐다. 〈한국일보〉, 2011년 12월 2일[9]

정권 비판적 성격을 띠는 팟캐스트를 겨냥한 이런 조치는 당시 이명박 정권이 갖고 있던 편협한 언론관을 잘 보여주었다. 출범하자마자 이명박 정권은 방송 장악과 비판적인 신문의 통제로 여론시장을 독점하려 시도했다. 특히 언론 특보 출신의 '낙하산 인사'들이 장악한 방송국들은 권력자의 입맛에 맞는 프로그램을 양산하고, 시사고발 프로그램을 폐지하며, 공영방송의 소임에 충실하려는 기자와 PD를 엉뚱한 보직으로 쫓아 보내기 일쑤였다.[10]

---

9) 이 조치는 방통심의위의 그동안 행적과 정부여당의 일련의 SNS 통제 시도에 비춰보면 정치적 목적이 없다고 보기 힘들며, 법적으로도 위헌 소지가 다분하다. 방통심의위는 그동안 〈문화방송〉 라디오 전교조 교사 복직 인터뷰와 '피디수첩' 광우병 편 및 4대강 편, '추적 60분'의 천안함 편 등 정부여당에 부담이 될 만한 내용에 대해선 모두 '불공정' 등의 이유를 들어 불이익을 가해왔다. 심의위원 자체가 친정부 인사 중심으로 구성돼 심의도 매우 편향적으로 하고 있다는 비판이 끊이지 않았다. 더구나 국회 예결위에서 여야가 인력증원 예산 2억 1,000만 원을 전액 삭감함으로써 SNS 심의 강화에 반대 의사를 밝혔음에도 기존 인력으로 전담팀 설치를 강행했다. 자진 삭제 권고를 거부한다는 이유로 계정 자체를 차단하는 것은 명백한 권한남용이며, 그 계정의 다른 글이나 이에 연결된 다른 이용자까지 피해를 볼 수 있다는 점에서 헌법상 표현의 자유에 대한 심각한 침해 행위가 될 수 있다. 〈한겨레〉, 2011년 12월 2일.

10) 출범 때부터 '프레스 프렌들리'를 표방한 이명박 정권은 대통령직 인수위원회 시절 '언론사 간부 성향조사' 논란을 시작으로 청와대 사회정책수석 내정자의 논문 표절

또 몇몇 연예인들에게는 납득할 수 없는 이유를 들며 진행 중인 프로그램에서 퇴출시키기도 했다. 이어서 '소셜 테이너'라 불리는 사회적 발언을 하는 연예인들의 출연을 원천봉쇄하기 위해 방송심의규정도 새로 제정했다. 언론계와 정치권뿐만 아니라 학계도 유착카르텔에 가담했다. 대표적인 사례가 학계가 언론사의 연구용역을 받아 구미에 맞게끔 보고서를 작성하고 언론이 이를 다시 받아 보도하는 것이다. 이에 기초해 보수 정당은 개혁적 성향의 노조나 언론이 방송중립성을 훼손하고 있다면서 그들의 방송장악을 정당화하는 근거로 사용했다. 이는 공영 방송, 나아가 언론의 역할과 존재 이유를 언론사 스스로가 부정하는 동시에 표현의 자유를 근본적으로 제약하는 조치였다. 공동체의 다양한 가치와 견해를 알리고 소통시키며, 공론장을 마련하는 언론의 역할을 방기하는 것이었다.

한국이 처한 빈곤한 언론자유의 현실은 국제사회에서도 언급되고 있다. 인권단체 겸 언론감시단체인 프리덤하우스Freedom House는 1980년부터 법적인 환경과 정치적 영향, 그리고 경제적 상황 등을 종합하여 세계 각국의 언론자유도를 측정해서 그 결과를 발표해 왔다. 2011년 5월 초 발표한 2011년 세계 언론자유도 조사 결과 한국은 196개국 중 70위를 기록했고, 지위도 '부분 자유국가'로 강등됐다. 민주주의로의 이행 이후 한국은 '자유국가'로 격상되어 계속 그 지위를 유지해 왔지만, 이명박 정권이 출범한 2008년부터 '정치적 영향' 부분에서 낮은 언론자유도 점수가 계속되더니 급기야 2011년 평가에서는 지위마저 추락해 버렸다. 프리덤하우스는 그 까닭을 간단히 세

의혹 축소 보도 외압 의혹, 청와대 대변인의 농지구입 보도 삭제 요구 파문, YTN '돌발영상' 삭제 사건, 광우병 위험을 담은 EBS e-지식채널 불방 외압 논란 등 언론통제 논란이 끊이지 않았다. 청와대와 정부의 엠바고와 오프더레코드 남발도 큰 문제로 지적됐다. 또 최측근의 방송통신위원장 임명을 비롯, 대선 캠프에서 언론 특보를 지낸 인사들을 각종 방송사와 언론단체 기관장으로 선임했으며, 낙하산 사장 출근을 저지한 YTN 기자들을 무더기 징계하고, 노조위원장을 체포했다. 검찰을 통해 광우병의 위험을 다룬 MBC 'PD수첩' 제작진의 이메일과 전화통화 내역을 압수수색하고 제작진들을 길거리와 자택에서 긴급체포했다. 〈아시아투데이〉, 2011년 1월 27일.

가지로 제시하고 있다. 뉴스와 정보 내용물에 대한 정부의 간섭과 공식적인 검열이 증가하고 있고, 온라인상에서의 반정부 혹은 친북 표현물 삭제가 늘어났으며, 언론인들의 반대에도 불구하고 대통령 측근들을 주요 방송사 요직에 앉혀 정부가 방송사 경영에까지 간섭해 왔다는 것이다. 순위로 따지면 중남미 카리브해의 자메이카(23위), 아프리카의 가나(54위)는 물론 이웃의 대만(48위)보다도 한참 아래다.〈한겨레〉, 2011년 5월 10일

대기업 및 거대 일간신문의 방송시장 진출이 허용되면서 언론은 시장에 종속되고 더욱 보수화될 것으로 예상된다. 민주주의로의 이행 과정을 거치면서 한국 언론은 국가에 의한 억압에서 어느 정도 벗어났지만 시장에는 더욱 깊숙이 종속되고 있다. 이는 이명박 정권에서 강행 처리된 미디어법으로 인해 구조적으로 정착되었다. 미디어법은 대기업 및 일간신문·뉴스통신의 방송사 지분 소유 허용, 외국인의 방송사 지분 소유 허용, 지상파, 종합편성 및 보도 채널의 1인 최대주주 지분제한 완화, 대기업의 위성방송 지분 제한 폐지, 일간신문·뉴스통신의 위성방송 지분 확대를 내용으로 하는 법으로 도입 초기부터 사회적 논란을 초래하였다.

한나라당이 개정안의 직권 상정을 주장하자 민주당과 민주노동당을 비롯한 야당은 개정안에 반대하여 국회의사당에서 10여 일간 농성을 벌였으며, 전국언론노동조합은 총파업을 벌이는 등 찬성 측과 반대 측 사이에 첨예한 대립이 벌어졌다. 2009년 2월 국회 문화체육관광방송통신위원장은 미디어 관련법을 직권 상정하였으며, 7월 국회의장에 의해 본회의에 직권 상정된 후 통과되었다. 표결과정에서 재투표, 대리투표 논란이 일었으며, 야당 국회의원 88명은 신문법 및 4개 법률의 직권상정 과정에서 자신들의 법률 심의·표결권을 침해했다면서 헌법재판소에 침해 확인과 해당 법안의 가결 선포 무효 신청을 하기에 이르렀다. 그러나 이 신청은 헌법재판소에서 기각되었다.[11]

11) 2009년 10월 29일 헌법재판소는 청구인들의 심의·표결권 침해는 인정했으나, 법안 가결 무효 청구는 '청구인들이 심의·표결권을 침해받지 않았다', '피청구인의 재량에 맡겨야 한다', '국회법의 절차는 어겼으나 헌법의 원칙을 위반하지는 않았다'는 이유

2010년 10월 방송통신위원회는 종편 사업자로 조선일보·중앙일보·동아일보·매일경제를 선정했고 연합뉴스는 보도채널 사업자가 됐다. 이어서 방통위는 종편채널들이 생존할 수 있도록 중간광고 허용, 광고시간 대폭 확대, 직접광고 영업, 15~20번의 황금채널 부여 등 각종 특혜를 챙겨주었다. 이 같은 조치는 2011년 12월 종편이 개국한 이후에도 사회적 논란과 갈등이 지속되는 요인으로 작용하고 있다.

종편 출범을 지지한 인사들은 지상파 방송사의 독과점 지배 구조를 극복하여 콘텐츠 산업 경쟁력을 강화할 수 있고, 일자리 창출에 기여할 수 있다고 주장했다. 그러나 이는 곧 사실이 아닌 것으로 판명났다. 지금까지 종편들의 콘텐츠 투자계획 이행 실적은 지극히 저조하고, 여기에 왜곡 보도와 '막장 방송' 논란이 끊이지 않는 데다, 최근에는 승인 과정의 편법 출자 논란도 불거졌다. 우려되는 점은 신문·방송 겸업은 장기적으로는 독과점이 심화되어 여론 다양성에 나쁜 영향을 준다는 사실이다. 재벌과 거대신문이 소유한 방송사가 많아진다는 것은 곧 한국 사회에서 통제받지 않는 기업권력이 내세우는 목소리가 더욱 커진다는 것을 의미한다.[12] 사회적 약자와 취약

등으로 신청을 기각하였다. 이를 두고 '절차는 위법이지만 법안은 유효'로 보도하면서 "술먹고 운전은 했지만, 음주운전은 아니다" 등의 패러디가 유행하고 비판적 여론이 조성되었다. 그러자 2009년 11월 국회 법사위 전체회의에 출석한 헌법재판소 사무처장은 "이번 헌재 결정 어디에도 '유효'라고 한 부분은 없다", "(절차적 하자 문제를) 입법 형성권을 가진 입법부가 해결할 문제라고 보는 것이 정확한 결정문의 취지"라고 답변했다. 〈경향신문〉, 2009년 11월 17일.

12) 이탈리아의 실비오 베를루스코니(Silvio Berlusconi) 전 총리는 대기업이 언론에 이어 정치권력을 장악한 후 통제받지 않는 무소불위의 권력이 되어 부정부패를 저지르고 사회혼란을 초래한 대표적 사례이다. 베를루스코니는 건설사업을 벌여 축적한 자본으로 언론사를 사들였다. 그가 소유한 종합 미디어그룹 '미디어셋'은 이탈리아 민영채널 7개 중 3개 채널을 거느리고 있다. 1994년에는 '전진 이탈리아당(Forza Italia)'을 창당해 집권에 성공했다. 부패에 시달리고 민생고에 지친 대중들에게 베를루스코니는 방송과 엔터테인먼트를 통해 성공한 기업인으로 인지도를 높이고 '제3세력'으로 포장해 접근하였다. 이탈리아 대중들은 '성공하고 부유한' 베를루스코니가 그들도 부유하고 강하게 만들어줄 것으로 믿었다. 집권하자마자 그가 착수한 것은 언론통제였다. 베를루스코니는 그를 견제해 온 공영방송 RAI의 이사회에 총리의 개입을 합법화

계층을 대변하고 진보적 가치를 내세우는 언론의 입지는 더 좁아질 것이라는 또 다른 우려도 존재한다.

이러한 우려는 사실로 나타났다. 외양적으로만 보면 그동안 종편방송은 신규 방송사업자에게 주었던 의무송출과 지상파 근처의 황금채널 등에 힘입어 시청률과 매출, 영업이익 등에서 꾸준한 성장세를 기록했다. 객관적 수치로는 시장에서 안착했지만 제이티비시[JTBC]를 제외하곤 방송의 공정성과 공적 책임 외면, 종편이라는 이름이 무색하게 시사·보도 위주의 불균형한 편성, 빈곤한 콘텐츠 투자 등으로 방송 저널리즘 측면에서 아직 멀었다는 반응이 많다. 막말·편파·왜곡 보도를 일삼으면서 방송통신심의위원회의 잇단 제재를 받기도 했다. 막말 방송이 일부 개선됐다 해도 북한 관련 내용이나 성폭력 사건을 대하는 태도에선 여전히 편향성을 고집하고 있다.〈한겨레〉, 2018년 11월 28일 종편은 가짜뉴스를 확대하고 재생산하는 데 앞장섰다. 2013년 5월 〈TV조선〉의 '장성민의 시사탱크'가 탈북 장교 출신을 출연시켜, 5.18민주화운동이 '북한군 600명이 침투해 벌인 전쟁'이라는 엉터리 주장을 방송한 것은 그 대표적 사례로 꼽힌다. 이는 모기업인 〈조선일보〉가 1980년 광주민주화운동 당시 '김대중 르포' 등을 통해 광주 시민들을 '과격파', '난동자'라고 지칭하고, 계엄군의 작전을 성공적으로 평가하며 노고를 치하했던 것을 연상시킨다. 언론시장에서 소유 집중이 심화되고 권력과 자본에 순치되는 언론이 증가한다는 것은 공론장 형성과 강화라는 언론 본연의 기능은 물론이고 민주주의 발전에도 긍정적 영향을 미치지 못한다.

하는 미디어법을 야당의 불참 속에 통과시켰다. 그가 관련된 성추문을 보도하는 등 그에 비판적인 '라 레푸블리카(La República)' 등 좌파 일간지들에는 천문학적인 손해배상 청구 소송을 걸어 압박을 가했다. 유럽안보협력기구(OSCE)가 "언론자유가 위협받고 있다"며 소송을 취하하라고 권고했지만 그는 끄덕하지 않았다. 잦은 부패스캔들과 구설수에도 불구하고 상당한 지지율을 자랑하던 그는 그리스에서 시작된 재정 위기가 이탈리아로 번지고 국채 이자율이 위험 수위로 급등해서야 세 번째 총리직에서 사퇴했다.

연관 키워드

미디어 융합(media convergence), 정보 불평등(information inequality), 언론 민주화, 워터게이트 사건(Watergate Affair), 펜타곤 페이퍼(The Pentagon Papers)

[참고문헌]

Arendt, Hannah. 김선욱 역. 〈공화국의 위기〉. 파주: 한길사, 2011.

Augstein, Rudolf. 안병억 역. 〈권력과 언론: 슈피겔의 신화 루돌프 아우크슈타인의 위대한 기록〉. 서울: 열대림, 2005.

Chomsky, Noam. 황의방 역. 〈환상을 만드는 언론〉. 서울: 두레, 2004.

Chomsky, Noam & Edward S. Herman. 정경옥 역. 〈여론 조작: 매스미디어의 정치경제학〉. 서울: 에코리브르, 2006.

Croteau, David & William Hoynes. 전석호 역. 〈미디어 소사이어티: 산업·이미지·수용자〉. 파주: 사계절출판사, 2001.

Curran, James. 김예란·정준희 역. 〈미디어 파워〉. 서울: 커뮤니케이션북스, 2005.

Graber, Doris A. (ed.). *Media Power in Politics*. Washington, D.C.: CQ Press, 2007.

Habermas, Jürgen. 한승완 역. 〈공론장의 구조변동: 부르주아 사회의 한 범주에 관한 연구〉. 서울: 나남출판, 2001.

McChesney, Robert Waterman. 〈부자 미디어. 가난한 민주주의〉. 서울: 한국언론재단, 2006.

Norris, Pippa. 이원태 외 역. 〈디지털 시대의 민주주의: 정보 불평등과 시민참여〉. 서울: 후마니타스, 2007.

Schiler, Herbert I. 김동춘 역. 〈정보 불평등〉. 서울: 민음사, 2001.

Woodward, Bob. *The Secret Man: The Story of Watergate's Deep Throat*. New York: Simon & Schuster, 2005.

김영재. 〈조선시대의 언론 연구〉. 서울: 민속원, 2010.

민주언론운동협의회 편. 〈보도지침〉. 서울: 두레, 1988.

박경만. 〈조작의 폭력: 불량신문은 어떻게 여론을 조작하는가?〉. 서울 개마고원, 2005.

손석춘. 〈한국 공론장의 구조변동〉. 서울: 커뮤니케이션북스, 2005.

송호근. 〈인민의 탄생: 공론장의 구조변동〉. 서울: 민음사, 2011.

원용진. 〈한국 언론 민주화의 진단: 1987~1997년을 중심으로〉. 서울: 커뮤니케이션북스, 1998.

임영호. "자율적인 공론장은 어떻게 가능한가: 언론 민주화 20년의 반성." 당대비평 편집위원회 엮음. 〈더 작은 민주주의를 상상한다〉. 서울: 웅진지식하우스, 2007.

조항제. 〈한국의 민주화와 미디어 권력〉. 서울: 한울아카데미, 2003.

홍익표·진시원. 〈세계화 시대의 정치학〉. 서울: 도서출판 오름, 2009.

열세 번째 키워드: 소셜 네트워크

소셜 네트워크 세대의 정치참여

소셜 네트워크social network는 전자 통신 수단에 의해 연결된 컴퓨터들이 사회적 상호작용과 연락을 중개한다는 아이디어에 기초해 만들어진 용어이다. 개인이나 집단 등이 네트워크 안에 존재하는 개별적인 주체인 노드node가 되어 이들 간에 상호의존적인 관계 tie 를 형성하는 것을 말한다. 다양한 주체들이 인터넷에서 개인이 갖고 있는 정보를 공유하고, 의사소통을 도와주는 것으로 소셜 미디어social media, 1인 커뮤니티라고도 불린다. 그러나 소셜 네트워크의 정의를 둘러싸고는 논란이 존재한다. 이는 끊임없이 진화하는 소셜 네트워크의 속성 때문이다. 최근에는 소셜 네트워크를 트위터Twitter나 페이스북Facebook, 미투데이me2day 같은 소셜 네트워크 서비스SNS: Social Network Service로 한정해서 사용하는 경향이 있다. SNS는 PC통신에 기반한 채팅 위주의 커뮤니티로부터 출발했고, 이후 PC통신에서 월드와이드웹WWW으로 진화했다.

소셜 네트워크가 이렇게 유행하게 된 요인으로는 사회적 소외에 대한 위협의 증가, 소통 대상의 확대, 정보통신기술의 발전 등이 거론된다. 소셜 네트워크가 개인으로서의 표현과 자율에 기반해 공유와 연대를 꾀하고자 하는 인간의 사회적 본성에 가장 잘 부합하는 미디어라는 점도 단시일 내에 성장하는 데 기여했다. 무엇보다 자신을 드러내기 힘들었던 사람들이 SNS를 통해 온라인상에서 간편하고 다양한 방식으로 관심사와 개성을 표현하고

소셜 네트워크 서비스

불특정 타인과도 관계를 맺을 수 있게 됐다는 것이다. 소셜 네트워크에서의 평가는 인터넷에 비해 훨씬 빠를 뿐 아니라 신뢰성도 높다고 평가된다. 이 밖에도 SNS는 사용자에게 요구하는 지식이 낮으며, 대화상대를 찾기 쉽고, 소셜 커머스social commerce처럼 실제 경제생활에서 이익을 낳기도 한다는 점 역시 장점으로 지적된다.김은미 · 이동후 외, 2011: 18-28, 66

SNS는 2010년 말 중동과 북아프리카에서 시작된 '아랍의 봄'이라 불리는 민주화운동에서도 위력을 발휘하였다. 그동안 아랍권에서는 아래로부터의 시민혁명이 아니라 쿠데타와 폭동 등에 의해 정권을 장악한 부패하고 반이슬람적인 친서방정권이 장기 집권하고 있었다. 이슬람 율법인 샤리아sharī'a에 토대를 둔 이슬람 국가의 등장은 군부에 의해 저지되었고, 미국과 프랑스, 영국 등 서방 강대국들은 지정학적 국익을 우선해 이들 독재정권을 지원해왔다. 아랍의 독재자들은 언론을 장악해 여론을 통제하고, 비상계엄령을 통해 시위를 금지했으며, 시민들이 자유롭게 정치적 의견을 표출하는 것을 억제했다. 이런 상황에서도 인접국가인 튀니지에서 반독재 민주화 시위가 발생했다. 튀니지에서 대졸 출신의 노점상인 무함마드 부아지지의 분신사건은 벤 알리Zine al-Abidine Ben Ali 정권의 언론통제에도 불구하고 인터넷의 페이스북, 트위터 등을 통해 널리 알려져 국민들의 분노를 이끌어냈다. SNS가 활발하게 사용되면서 독재정권의 정보통제도 점차 불가능하게 되었다. 여기에 벤 알리 대통령 일가의 부패상이 담긴 미국 외교관들의 전문을 공개한 위키리크스WikiLeaks 역시 인터넷에서 급속히 유포되면서 튀니지 국민들을 분노케 했다.

튀니지의 민주화 시위에 자극을 받은 이집트의 시민들도 2011년 1월 들어와 호스니 무바라크Hosni Mubarak 대통령의 퇴진과 정치, 경제 개혁을 요구하는 대규모 시위를 전개했다. 이 과정에서 시민들은 페이스북과 트위터 등 온라인 기반의 SNS를 통해 집회를 제안하고 각종 행동강령을 전달했다. 경찰의 무자비한 시위 진압으로 발생한 사망자 소식과 시위대를 잔혹하게 진압, 고문하는 동영상도 인터넷을 통해 빠르게 퍼져 나갔다. 시위가 격렬해지자 뒤늦게 튀니지 정부는 블로거들을 구금하고, 이집트 정부는 인터넷 사이트 접속은 물론 전화망까지 차단했다. 그러나 정부의 검열에 시민들은 위성이니 우회회선을 통해 의견과 정보를 전달하며 시민혁명을 이어나갔다. 특히 알자지라를 비롯한 주요 언론사들이 인터넷 차단을 무력화시키기 위해 시위현장 사진의 저작권을 공유했고 이 사진이 전 세계로 확산되었다.

반향은 해외에서 시작되었다. 이집트의 유혈진압 과정이 트위터와 유튜브YouTube를 통해서 유포되자 전 세계에서 무바라크에 대한 반대여론이 들끓었다. 유럽과 미국의 양심적인 지식인들은 무바라크 정권의 진압을 비판하고 시민들과 대화를 촉구했다. 이집트 시민들이 정부의 네트워크를 무력화시키면서 더욱 격렬하게 민주주의 개혁을 요구하자 결국 무바라크 정권은 굴복할 수밖에 없었다. 튀니지의 '재스민혁명'을 시작으로 북아프리카와 중동의 아랍권에 거세게 불어닥친 민주화 시위는 이집트의 '코샤리혁명'으로 결정적인 전환점을 맞았고, 리비아, 알제리, 바레인, 레바논, 시리아, 예멘 등 지역 내 다른 아랍 국가들로 확산되었다. 그러나 군부의 개입, 종파 간의 갈등 등으로 인해 대다수 국가에서 '아랍의 봄'은 성공하지 못했다. 권위주의 정권이 여전히 존속하고 있는 가운데, 혼란스러운 폭력사태가 이어지고

튀니지의 '재스민혁명'을 시작으로 아랍권 전역에 퍼진 민주화 시위에서 참가자들은 SNS를 통해 집회를 제안하고 각종 행동강령을 전달하였다. 그런 점에서 SNS는 '아랍의 봄'의 원동력으로 평가된다.

있고, 일부 국가에서는 내전이 진행 중이다.

아랍 민주화 운동이 확산되는 과정에서 SNS는 원동력으로 작용했다. 그러나 이집트의 사례에서 잘 나타나듯이 '아랍의 봄'을 '소셜 네트워크 서비스 혁명'으로 규정하는 것은 신자유주의 정책의 실패를 감추기 위해서이며, 이는 서구 문명의 영향으로 이집트 사회가 변화되었다는 서구 언론의 정치적 의도와 목적을 함축하는 것으로 이집트 혁명의 성격과 본질을 왜곡하는 것이라는 비판도 존재한다. 1980년대 튀니지, 이집트, 알제리 등 대다수 중동 국가들은 외채 문제를 계기로 국제 금융기구들에 의해 강요되는 방식으로 신자유주의에 기반한 개혁 프로그램을 채택해 추진했다. 이로 인해 청년실업과 빈부격차 확대 등 경제적 문제가 생겨난 것이 민주화 투쟁의 원인 중 하나가 됐다는 것이다. 중동 산유국에서는 식량과 석유 등 생필품에 대한 정부 보조금을 국민들에게 주고 있었지만, 신자유주의 도입 이후 보조금은

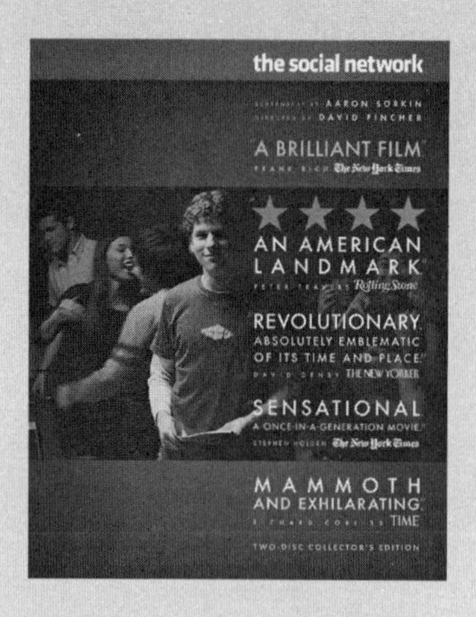

페이스북을 만든 마크 저커버그를 주인공으로 한 영화인 '소셜 네트워크(The Social Network).' 페이스북은 손쉬운 절차만 거치면 회원으로 가입할 수 있고, '친구 맺기'를 통해 많은 이들과 웹상에서 만나 관심사와 정보를 교류하고, 다양한 자료를 공유할 수 있다. 그 덕분에 페이스북은 창립 9년 만에 10억 명이 넘는 이용자가 가입한 세계 최대의 SNS로 부상했다. 저커버그는 2010년 미국의 시사주간지 〈타임〉에 의해 '올해의 인물(Person of the year)'로 선정되었다.

삭감되거나 축소됐고 공공부문 민영화로 인한 대량 실업과 고용 불안, 빈곤, 사회양극화 등의 문제가 심화되었다는 것이다. 권위주의 통치, 식량가격 폭등과 높은 실업률, SNS의 확산 등의 복합적인 요인을 고려해야 한다는 것이다.〈프레시안〉, 2011년 3월 31일

현재 전 세계적으로 SNS는 사회적 소통을 도울 뿐만 아니라 경제적 거래를 돕고, 정치적 변동을 초래하는 등 엄청난 지각변동을 가져오고 있다. 그러나 SNS가 본격적으로 이용된 것은 그리 오래되지 않았다. 세계적으로 가장 많은 사용자를 가지고 있는 페이스북은 2004년 2월에 네트워킹 목적으로 처음 구축되었다. 대학생이었던 마크 저커버그Mark Zuckerber는 하버드 대학교 학생들의 네트워크 구축을 목적으로 사이트를 오픈했고 이것을 다른 대학들과 고등학교들로 확장했다. 오늘날 이용자만 해도 하루에 수천만 명에 달하는 페이스북은 초기에는 주로 정보 교환이나 친목 도모, 오락과 방송 등의 사용목적이 주류였지만 그 실효성이 알려지면서 경영과 미디어, 정치에까지 확산되고 있다. 2006년 샌프란시스코의 벤처기업인 오데오Odeo, Inc.의 연구개발 프로젝트를 통해 개발된 마이크로 블로그 또는 미니 블로그인 트위터

는 2006년 3월 서비스를 시작한 이래 급속하게 사용자가 증가하고 있다. 이렇게 된 데는 다른 SNS와 달리 상대방이 허락하지 않아도 '팔로어follower'로 등록할 수 있고 웹에 직접 접속하지 않더라도 스마트폰 등과 같은 다양한 기기를 통해 글을 올리고 받아보거나 다른 사용자에게 퍼트릴 수 있기 때문이다. 현재 페이스북과 트위터, 유튜브YouTube, 왓츠앱WhatsApp, 위챗WeChat, 인스타그램Instagram, 큐큐QQ, 큐존QZone 등의 SNS는 인맥 형성, 마케팅, 소셜커머스, 지식판매, 공공부문, 게임 등 다양한 분야에 걸쳐 활발하게 이용되고 있다. 정치인들도 불특정 다수 유권자들을 겨냥하여 앞다퉈 SNS를 활용하고 있다. 이 중에서 정치인들이 가장 애용하는 SNS 채널은 페이스북과 트위터이다. 약 140~200자 정도의 짧은 문장으로 빠른 시간 안에 지지자들에게 자신의 활동을 알리고 반대 세력에 대한 비판과 견제, 우호 세력에 대한 지지와 해명이 가능해서다. 최근 들어서는 동영상 콘텐츠를 기반한 애플리케이션 유튜브 이용도 증가하고 있다. 유튜브는 단 몇 분의 동영상만으로도 자신의 생각과 정책방향을 전 세대에 걸친 유권자들에게 전달할 수 있는 이점이 있다.〈전남일보〉, 2019년 1월 6일

소셜 미디어는 시민들로부터 정치지도자에게로 메시지를 전달하는 전달자로서 정치커뮤니케이션에서 중요한 역할을 담당한다. 특정한 목적을 이루기 위해 정치인과 정치행위자들이 행하는 커뮤니케이션은 물론이고, 평범한 SNS 이용자와 같은 비정치인들에 의해서도 다양한 형태로 정치행위자들에게 제시되는 커뮤니케이션이 활발하게 벌어지고 있다. 이는 인터넷을 중심으로 정치 커뮤니케이션이 점차 다층화되고 있음을 말한다. 여기서도 전통적인 방식의 홈페이지, 이메일, 웹진을 활용한 인터넷 정치커뮤니케이션이 퇴조하고 웹 2.0이라고 할 수 있는 새로운 방식의 참여지향적 미디어participatory media가 점차 확산되고 있다. 인터넷 상에서 단지 정보를 모아 보여주기만 하는 데서 나아가 인터넷만 있다면 어느 곳에서나 데이터를 생성, 저장, 공유하고 상거래도 가능케하는 개방과 참여로 특징되는 인터넷 환경이 만들어지고 있는 것이다. 개방과 참여, 공유로 대표되는 인터넷 환경인 웹 2.0Web 2.0은 소수의 정치인이나 거대 언론이 주도하던 기존의 정치과정에 일반

대중들도 직접 참여할 수 있게끔 정치환경을 변화시켰다. 개별 정치인과 다수 유권자 간에 쌍방향적 의견 교환이 가능하게 된 것이다.

그 대표적인 사례로 우리는 2006년 미국 중간선거와 2007년 대선 레이스 과정에서 두각을 나타낸 유튜브로 상징되는 UCC User Created Content 와 SNS의 활약을 들 수 있다. 당시 선거 레이스 초기에 강세를 보인 것은 사용자들이 제작에 참여하는 동영상인 UCC였다. 공화당과 민주당 대선 '유튜브 정책토론회'에서 벌어진 수많은 시민들의 자유로운 참여와 정책토론은 전국적으로 큰 인기를 얻으면서 오프라인 미디어를 넘어 정치정보와 시민 정치참여의 통로를 확대해줬다. 이에 더해 페이스북과 마이스페이스 등 SNS는 조직화와 동원을 이끌어내는 직접적인 행동의 도구로 기능했다. 오바마는 대통령에 당선된 이후에도 여전히 SNS를 중요한 정치커뮤니케이션 수단으로 활용하고 있다.

오바마가 SNS를 활용한 선거전을 벌인 이후 세계 각국의 주요 선거는 줄곧 '트위터 선거'로 직결됐다. 2009년 4월 몰도바 총선, 2009년 6월 이란 대선, 2009년 10월 루마니아 대신, 2010년 5월 영국 총선, 2010넌 8월 오스트레일리아 총선 등은 트위터 민심이 선거판을 뒤흔들고, 그 민심을 장악한 정치세력이 집권에 성공하는 새로운 정치 문법을 보여줬다. 표현·언론의 자유를 억압하는 국가이거나 그동안 온라인 정치활동이 미미했던 국가에서 그 파괴력은 더욱 컸다.〈한겨레〉, 2012년 1월 2일 이들 사례는 개방과 참여, 공유를 특징으로 하는 SNS를 통한 정치커뮤니케이션이 점점 큰 영향을 발휘하면서 세계적인 추세로 자리 잡고 있다는 것을 보여준다.

이러한 추세는 인터넷 강국인 한국에서도 나타나고 있다. 현재 한국의 초고속 인터넷 보급률은 세계 최고 수준이다. 시간과 공간의 제한 없이 어디서든 인터넷에 접속할 수 있는 스마트폰이 널리 사용되면서 트위터도 함께 대중화되고 있다. 이는 140자로 제한된 단문 서비스를 제공하는 트위터가 웹보다 모바일에 더욱 최적화된 서비스라는 데 그 까닭이 있다. 방송통신위원회가 발표한 SNS 이용현황 분석에 따르면 한국의 트위터 이용자는 트위터에 올라온 글에 대해 80%를 리트윗하거나 댓글을 달아주며 반응을 보인다. SNS상에서의 정보유통 속도도 세계 평균에 비해 2배나 빠르다. 〈뉴시스〉, 2011년 10월 25일 SNS를 통해 얻은 정보에 대한 이용자들의 신뢰도도 높은 편이다. 이용자들은 SNS를 통해서 기존에 알고 지내던 사람들과의 관계가 더 돈독해지고, 새로운 사람들과도 친분을 쌓게 됐으며, 최신 정보를 가장 빠르게 얻고 있다는 것이다. 〈한겨레〉, 2011년 11월 30일 이런 현실은 한국에서 SNS의 파급력이 그만큼 높다는 것을 말해준다. 한두 줄 정도의 짧은 글을 올리는 블로그를 지칭하는 마이크로 블로그micro blog는 2010년 지방선거에서부터 널리 활용되면서 대중적인 정치인의 아이콘이 되었다. 최근에는 정치인들이 경쟁적으로 유튜브를 이용해 지지자들과 소통을 하고 있다. 수백만 명의 팔로어를 거느린 작가와 정치가, 평론가가 생기는 등 현재 SNS는 일반 대중들과 유명인들과의 가교역할을 하고 있다.

SNS가 확산되면서 한국 사회도 변화하고 있다. 우선 소통 자체를 목적으로 하는 SNS의 확산은 그동안 정치의 무관심층이었던 젊은 층을 변화시키고 있다. 2011년 6·2 지방선거와 4·27 재보선에서는 이 같은 SNS의 힘이 가장 크게 드러났다. 선관위가 투표 독려를 위해 투표소 인증샷으로 경품을 지급하는 이벤트 실시 후 소설가 이외수, 시골의사 박경철, 방송인 김제동 등 유명인들이 투표 참여를 독려하며 인증샷을 올렸고, 젊은 층들이 이에 호응하면서 투표율이 예상보다 높아졌다. 6·2 지방선거는 당시 천안함 침몰이라는 거대 이슈로 인해 여권인 한나라당의 우세가 예상됐던 선거였다. 당시 방송과 일간지 등 기성 언론은 천안함 침몰로 안보 이슈에서 한 걸음도 벗어나지 못했지만 결과는 야권의 압승으로 끝났다. 쇠고기 촛불집회로 시작된 현 정권에 대한 비판 의식 위에 무상급식, 4대강 사업, 서민 경제 위기 등의 이슈가 SNS를 통해 전파되면서 급격히 선거가 MB 정권 심판으로 기울었던 것이다. 그 결과 6·2 지방선거는 54.5%라는 15년 이래 최고 투표율을 기록했다. 특히 SNS를 이용한 투표 독려 활동은 주로 변화를 요구하는 젊은 층을 투표장으로 이끌어내면서 투표 종료 1시간 내 투표율이 5% 상승하는 효과로 나타났다.

4·27 재보선에서도 '천당 밑에 분당'이라는 말이 나올 정도로 한나라당의

텃밭이었던 분당에서 민주당 손학규 전 대표가 당선되는 이변을 낳기도 했다. 변화를 요구하는 젊은 층들이 SNS에서의 의견 공유를 통해 투표장에 나온 때문이었다. 더욱이 인지도에서 비교할 수 없을 정도였던 엄기영 전 MBC 사장을 무명에 가까웠던 최문순 민주당 후보가 꺾은 것 역시 SNS의 힘이라고 볼 수 있다. 선거 막판 터진 대형 악재인 강릉 펜션 불법 콜센터 문제는 SNS를 타고 깨끗한 이미지였던 엄 전 사장의 도덕성을 여지없이 무너뜨렸다. SNS가 여당 후보에 실망한 유권자들을 투표장으로 끌어들였고, 선거 결과는 여당 후보의 패배였다. 이런 흐름은 2011년 10월 26일 치러진 서울시장 보궐선거에서도 그대로 나타났다. 범야권의 박원순 단일후보는 20대69.3%, 30대75.8%, 40대66.8%의 압도적 지지에 힘입어 선거에서 승리를 거둘 수 있었다. 범야권 후보가 당선된 데에는 SNS를 통한 정치참여의 증가 이외에도 이명박 정권에 대한 유권자들의 '분노'와 박원순 시민후보라는 단일대안을 만들어 낸 '연합정치'가 작용했음은 물론이다.

그러나 SNS를 통한 젊은 층의 자발적 선거운동이 투표를 견인했다는 점 역시 지적될 수 있다. 등록금과 취업난에 분노하고, 전셋값과 교육비에 불안한 삶을 살아가는 이들 세대는 SNS의 주이용자이기도 하다. SNS 공간에서는 시시각각으로 투표율 추이를 공유하고, 투표참여를 독려하는 재치있는 글과 투표에 참여한 사람들의 사진이 봇물을 이뤘다. SNS 분석 전문회사인 트윗믹스에 따르면, 26일 선거 관련 주제로 유통한 트윗 건수가 50여만 건이었다. 이 가운데 20여만 건이 투표 참여를 독려하는 내용이었다. 4·27 재보선 기간 국회의원, 광역단체장 후보가 언급된 트윗이 9만 5천700건인 것을 감안하면 트위터의 영향력이 막강해졌음을 알 수 있다.[1] 중앙선거관

---

1) 트위터 분석 서비스 트윗믹스에 따르면 직장인 투표 참여가 본격적으로 시작된 오전 7시부터 '투표' 트윗이 늘어나기 시작, 투표를 마친 직장인들이 한창 관련 글을 올린 12시 이전까지 시간당 5,000여 개의 '투표' 트윗이 올라왔다. 하지만 점심시간 이후 투표율과 '투표' 언급 트윗 수가 함께 줄어드는 추세를 보였다. 12시를 전후해 투표율이 작년 6·2 지방선거 수준을 밑돌기 시작해 15시 현재 32.2%로 지방선거 때의 39.9%보다 8%P가량 낮아졌다. 같은 시간 '투표'를 언급한 트윗 수도 급격히 줄었다.

리위원회는 투표 당일 유명인의 투표 독려나 특정 후보 지지 트윗 행위를 막는 것을 내용으로 하는 SNS 불법선거 규제방침을 발표했지만 SNS의 위력을 꺾지는 못했다. 오히려 선관위의 SNS 규제가 이용자의 반발을 사면서 선관위 지침을 조롱하듯 '인증샷 놀이'가 확산되기도 했다.

예를 들어 '후보자를 비방하거나 허위사실을 유포하는 행위는 상시 금지된다'는 선관위의 규정에 대해 SNS 사용자들은 '주어 없음 놀이'로 이 지침을 무력화했다. 예컨대 "○○○ 후보의 발언은 상식 이하다"라고 비판하는 대신 "발언이 상식 이하다주어 없음"라고 메시지를 작성하는 식이다. 비판의 대상이 누구인지 모호하게 처리해 법망도 피하면서 선관위 단속을 조롱하는 것. 하지만 이 메시지를 본 다른 사용자들은 '행간'을 읽고 후보자를 파악, 메시지를 퍼 날랐다. 논란을 가장 가열시킨 것은 '투표 인증샷' 지침으로 "투표하세요"라고 말하는 것만으로도 특정 후보에게 투표하도록 권유하는 것으로 인식될 수 있는 사람은 이 말조차 할 수 없다는 것이다. 이에 방송인 김제동이 안경을 벗고 옷으로 얼굴을 반쯤 가린 채 "누군지 모르겠죠?"라며 인증샷을 올리는 등 유명인들이 선관위 지침을 비웃으며 투표 독려에 적극 나섰다. 또 운동선수들의 등 번호 10번을 나열하며 "역시 10번이 잘 한다"고 박원순 후보를 우회적으로 지지하는 '10번 놀이'도 큰 호응을 얻었다.〈한국일보〉, 2011년 10월 27일

이런 현실은 선관위의 과도한 규제와 자의적인 해석을 막기 위해 근본적으로 공직선거법을 개정해야 한다는 여론을 고조시켰다. 개정된 선거법에는 선거운동의 정의를 분명하게 하고, 포괄적인 후보자·정당 비판·지지 금지 규정은 폐지함으로써 시민의 기본권인 표현의 자유가 보장되도록 해야 한다는 주장도 다수 제기되었다. 이러한 논란은 2011년 12월 28일 헌법재판소가 인터넷 매체를 이용한 선거운동 금지의 근거가 돼온 공직선거법 조항에

하지만 오후 들어 퇴근시간이 가까워지고 투표율이 이전 선거보다 낮다는 사실이 알려지면서 다시 투표 독려 글이 늘어나기 시작해 오전 수준을 회복했다. 〈전자신문〉, 2011년 10월 28일.

〈표〉 주요 선거별 IT 활용과 쟁점

	대표사례	쟁점
15대 대선 (1997년)	PC통신방, 사이버 대선후보 토론회	규제 시작
16대 총선 (2000년)	낙천낙선 운동, 이메일과 홈페이지	인터넷 불법 선거운동 단속
16대 대선 (2002년)	온라인 커뮤니티, 인터넷 언론, SMS	인터넷토론회, SMS 규제
17대 총선 (2004년)	패러디, 투표부대, 어록	인터넷언론, 패러디 규제
17대 대선 (2007년)	UCC 팬클럽, 블로그, 미니홈피, 정치광고	UCC 규제
지방선거 (2010년)	트위터 여론조사, 트위터를 통한 투표참여 독려	트위터 규제
재·보선 (2011년)	SNS, 유튜브, 투표소 인증샷놀이	SNS 규제 강화

출처: 〈세계일보〉, 2012년 1월 9일

대해 한정위헌 결정을 내리면서 어느 정도 가라앉게 되었다. 그동안 검찰과 경찰 등 수사기관들이 이 조항을 빌미로 선거 때마다 자유로운 의사표현과 적극적인 선거참여를 제한해왔다는 점에서, 이번 결정은 의미가 크다. 헌재는 결정문에서 "선거일 180일 전부터 선거운동을 일체 제한받고 있어 기본권 제한이 지나치다"며 "정당에 대한 지지나 반대 의사 표현을 금지하는 것은 국민의 비판을 봉쇄해 정당정치 구현이라는 대의제의 이념적 기반을 약화시킨다"고 지적했다.

헌재가 "인터넷은 누구나 접근이 가능하고 저렴해 선거운동 비용을 낮출 수 있는 정치공간"이라고 밝혔듯이 인터넷을 이용한 선거운동이 가능해지면 선거비용을 대폭 줄일 수 있다. 그동안 선거 후보자의 홈페이지에서만 허용되던 제한조건이 풀리면 정치 무관심층이나 젊은 층의 참여가 높아질 수 있다는 장점도 있다. 이번 헌재 결정은 방송통신심의위에도 적잖은 영향을 미칠 것으로 보인다. 2011년 12월 7일 트위터와 페이스북 등 SNS와 애플리케이션을 심의하는 전담조직을 신설하는 등 단속 강화에 나선 방통심의위의 조처가 법적 근거와 정당성을 잃을 수밖에 없기 때문이다.〈한겨레〉, 2011년 12월 30일 그러나 SNS의 규제를 어느 정도 선에서 할 것인지와 정보통신망을 통한 사전선거운동을 제한하고 있는 공직선거법을 고칠 것인지에 대한 논란은 여전히 쟁점으로 남아 있다.

현재 한국 사회에서는 그동안 언론에서 다루지 않던 사회 문제가 이슈화되고, 사회 문제에 대해 적극적으로 발언하는 SNS 스타들이 생겨나고 있다. 이는 SNS의 확산이 소통과 양방향성이라는 특성을 통해 우리 사회에서 하나의 새로운 여론을 형성하고 이를 조직화해낼 정도로 발전한 것을 보여준다. 그중에서도 한진중공업 사태는 소셜 네트워크의 사회적 위력을 보여준 대표적 사례로 기록될 만하다. 한진중공업 사태는 최근 10년간 4,277억 원의 이익을 냈고 해외 공장인 필리핀 수빅조선소에서는 지금도 계속 선박 수주를 하고 있는 한진중공업이 2010년 12월 한꺼번에 직원 400명을 정리해고하면서 시작됐다. 여기에 회사는 정리해고 발표 직후 주주들에게 174억 원의 주식을 배당했고, 3년 동안 수주가 한 건도 없다고 해오다가 노사 타결이 이뤄지자마자 컨테이너 4척의 건조의향서를 체결했다고 발표했다.

한진중공업의 무더기 정리해고에 항의해 김진숙 전국민주노동조합총연맹 부산본부 지도위원이 크레인 고공농성을 시작했고, 이 소식은 SNS를 통해 빠르게 전국으로 확산되었다. 정리해고에 반대해 파업을 벌인 쌍용차 노조원들의 자살이 잇따르고, 현대자동차 납품업체 유성기업의 파업에 공권력이 투입되는 등 노동문제가 심각하다고 생각하던 사람들은 자발적으로 '희망버스'에 올라 부산에 집결했다. 일부 정치인들도 중재에 나섰다. SNS를 이용해 노동자들과 시민의 연대가 이뤄진 것이다. 이를 통해 한진중공업 사태는 일개 사업장의 노동쟁의 차원을 떠나 우리 사회가 안고 있는 갈등과 모순을 응축해 보여주는 사건이 되었다. 이에 대해 조대엽은 다음과 같이 지적한다. "촛불집회의 중심 아젠다는 먹을거리와 환경 문제 등 생활정치였다. 그러나 신자유주의 시장구조가 매우 가혹하게 작동하면서 이제는 노동영역을

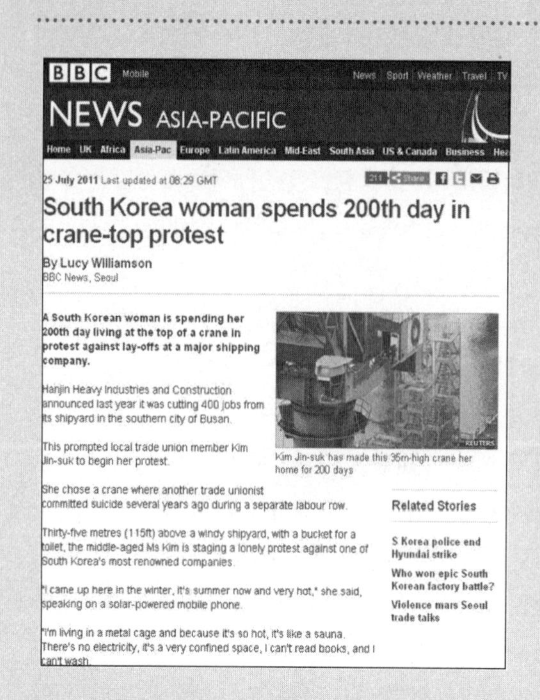
BBC Mobile News | Sport | Weather | Travel | TV

NEWS ASIA-PACIFIC

Home | UK | Africa | Asia-Pac | Europe | Latin America | Mid-East | South Asia | US & Canada | Business | Hea

25 July 2011 Last updated at 08:29 GMT

South Korea woman spends 200th day in crane-top protest

By Lucy Williamson
BBC News, Seoul

A South Korean woman is spending her 200th day living at the top of a crane in protest against lay-offs at a major shipping company.

Hanjin Heavy Industries and Construction announced last year it was cutting 400 jobs from its shipyard in the southern city of Busan.

This prompted local trade union member Kim Jin-suk to begin her protest.

Kim Jin-suk has made this 35m-high crane her home for 200 days

She chose a crane where another trade unionist committed suicide several years ago during a separate labour row.

Thirty-five metres (115ft) above a windy shipyard, with a bucket for a toilet, the middle-aged Ms Kim is staging a lonely protest against one of South Korea's most renowned companies.

"I came up here in the winter, it's summer now and very hot," she said, speaking on a solar-powered mobile phone.

"I'm living in a metal cage and because it's so hot, it's like a sauna. There's no electricity, it's a very confined space, I can't read books, and I can't wash.

Related Stories

S Korea police end Hyundai strike

Who won epic South Korean factory battle?

Violence mars Seoul trade talks

한진중공업의 생산직 노동자 대량 해고에 항의해 김진숙 민주노총 지도위원은 무려 309일 동안이나 35미터 높이의 타워크레인 위에서 고공농성을 벌였다. 그런데도 대다수 언론은 **한진중공업 사태**를 외면했다. 이를 사회에 알리고 여론을 형성한 것은 SNS였다. 김진숙 위원은 회사 측의 방해에도 불구하고 트위터를 통해 세상과 소통을 주고받았고, 여기에 영화배우 김여진을 비롯한 이른바 소셜 테이너들이 적극 참여하면서 한진중공업 사태는 사회적으로 주목을 받았다. 그 결과 시민단체와 시민들이 다섯 차례에 걸쳐 자발적으로 '희망버스'를 조직해 한진중공업이 있는 부산 영도를 방문하였다. 노동문제를 사회적 쟁점으로 부각시키고 해결을 이끌어내는 데 기여했다는 점에서 한진중공업 사태는 소셜 네트워크의 사회적 위력을 보여준 대표적 사례이다. 한국의 보수언론과는 달리 〈뉴욕타임스〉 〈비비시〉 등 수많은 해외언론들은 앞 다투어 김진숙의 투쟁을 보도했다. 위의 사진은 BBC 인터넷판에 실린 김진숙 위원의 고공농성 관련 기사이다.

포괄하는 생존의 문제로 중심이 이동했다. 사회가 그야말로 정글의 법칙만이 통하는 시절로 바뀌었다. 이런 문제에 대한 위기의식과 공감이 빠르게 확산된 것이 '희망버스'로 나타난 것으로 보인다."〈주간경향〉 935호, 2011년 7월 26일

한진중공업 사태에서 봤듯이 소셜 네트워크 운동은 감성적이고 즉각적이며 창조적 문제제기와 자발적 실천이 뒤따르는 운동으로 진화하고 있다. 소셜 네트워크가 사회적 위력을 발휘한 것은 2008년 촛불집회에서였다. 촛불집회는 먹을거리의 안전성 문제에서 점차 의료 보험과 공기업 민영화, 한반

도 대운하, 교육 자율화, 공영 방송의 문제 등으로 쟁점이 확대되었는데 SNS는 이러한 쟁점들에 대해 대중들을 동원하는 강력한 수단으로 작용하였다. 이후에도 무상급식, 반값등록금, 한진중공업 사태 등에서 SNS의 영향력은 지속적으로 발휘되고 있다. 그러나 선거법을 포함한 기존의 법과 제도는 이런 변화를 따르지 못하고 괴리를 보여주고 있다. 정치인들은 SNS가 가져온 정치지형의 변화에 대해 구태의연한 반응을 보이고 있다.

이는 SNS를 통한 자유로운 의사소통과 권리 주장을 억압하는 것으로 나타나고 있다. 2008년 쇠고기협상 관련 촛불집회 때에는 '집회 및 시위에 관한 법률'에 근거해 금지 통보를 하거나, 비폭력 평화시위대에 대해 야간이나 거리진출 등의 이유로 소화기와 곤봉, 방패, 볼트, 건전지, 물대포 등을 동원한 매우 폭력적인 진압방법이 사용되었다. 참여자에 대한 연행과 구속도 잇달았다. '조중동 불매운동'에 참여한 네티즌을 구속·기소하고 'PD수첩' 제작진에는 소환장을 발부하였다. MBC 이사회는 사회적 쟁점 등에 대해 공개적으로 의견을 밝힌 출연자를 제한하는 일명 '소셜 테이너 금지법'인 고정출연 제한 사규를 확정하였다. 방송통신위원회는 애플리케이션이나 SNS 등의 콘텐츠를 심의하는 별도의 전담부서를 신설했다. 이는 헌법상 표현의 자유 및 사전허가 검열제도에 정면 위배이고, 보다 구체적으로는 일반 국민이 자신의 사상이나 의견을 발표하기 위해 언론매체에 자유롭게 접근해 그것을 이용할 수 있는 권리인 액세스권right of access to mass media을 침해하는 것이라는 데서 사회적 논란을 초래하고 있다.

최근 SNS가 과거와 같은 폐쇄된 형태가 아니라 개방적으로 서로 콘텐츠를 공유하고 있다는 점에 주목할 필요가 있다. 실제 페이스북 같은 SNS와 마이크로 블로그는 동시에 사용되고 있으며 여기에 스마트폰 보급으로 유선과 무선이 융합되고 있고, 방송과 통신의 융합이 가속화되고 있다. 그런 맥락에서 다양한 인터넷 기반 정치커뮤니케이션은 새로운 정치정보 상호작용의 기회를 제공하고 있는 셈이다. 융합 환경에서 보다 편리하게 활용할 수 있는 방식을 선택하고 또 시민들도 이를 활용하면 되는 것이다. 그렇다면 웹 2.0 기반의 정치 커뮤니케이션은 기존 미디어인 TV, 신문과는 차별적인 시민참여채널의 다원화에 기여할 것이다. 일부 좋아하는 정치인만 방문하는 사조직적인 집단화의 우려도 있지만, 융합은 정치커뮤니케이션의 다층화를 가속화시킬 것이고 다양한 방식의 정치정보 습득이 시민의 현명한 정치적 선택에 도움을 줄 수 있을 것이다.송경재, 2011 그러나 SNS의 확산이 오히려 '디지털 피로감digital fatigue'2)을 야기하는 등 여러 가지 문제를 초래하고 있다는 비판도 제기된다.

김은미와 이동후 등은 소셜 미디어를 통한 뉴스의 확산이 '팩트의 실종'이라는 또 다른 문제를 부른다고 진단한다. 과거엔 믿을 만한 출처에 기반해 사실을 확인했으나 지금은 사실이라 믿는 사람이 많으면 그게 바로 진실로 둔갑할 수 있다고 우려한다. 소셜 미디어가 '인지적'이기보다는 '정서적' 매체여서 정보의 내용이 사실인지 여부를 따지기에 앞서 호소력이 있으면 빠르게 전파되면서 사실로 굳어진다는 것이다. 소셜 미디어는 관계맺기와 소통에서 수직적 위계라는 권력의 간극을 줄인 미디어로 평가받고 있다. 이용자들이 종이 아니라 횡으로 연결되어 있다는 것이다. 그러나 지은이들은 트위터 이용자 5%가 전체 트위트의 75%를 차지하는 '소수의 법칙'에 주목한다. 겉으로 드러난 수평적 관계 이면에도 역시 권력 관계가 작동하고 있다는 것이다. 평등과 조화, 이타적인 협력의 공동체를 지향하는 것처럼 보이는 소셜 미디어 세계에서도 특정한 사회적 속성을 지닌 계층의 비율이 높으며, 여론형성과정에서 이들이 다른 집단에 비해 과도할 정도로 큰 영향력을 발휘할 수 있다. 소셜 미디어 세계에서 소수에게 소통이 집중되는 현상은 검증되지 않은 새로운 권력층과 여론 왜곡을 낳을 우려가 있다는 지적도 제기

---

2) 최근 SNS 이용이 증가하면서 개인 이용자들 중에는 SNS 사용에 따른 부작용, 이른바 '디지털 피로감'을 호소하는 사람들이 늘고 있다. 이들은 업무나 과업 중에 수시로 연락이 오거나 수많은 지인들을 관리하기 위해 소요되는 시간, 새로운 서비스나 미디어 기기 이용법 습득 등에 따른 부담감이 커지고 있다고 호소한다. 수많은 '상상의 수용자'와 관계하는 하이퍼커넥션의 상태를 유지하면서 엄청난 피로감을 느낄 수 있다. 이는 개인의 사생활과 주의집중뿐만 아니라 '혼자 있을 수 있는 능력'까지도 빼앗을 수 있다. 김은미·이동후 외(2011), p.271.

된다.김은미 · 이동후 외, 2011: 255, 258

그런데 이와 다른 양상도 존재한다. 소셜 미디어 분석기업 '사이람'의 연구팀은 2010년 8~9월과 2011년 7~9월에 걸쳐 '유력자(팔로 및 리트위트를 통해 많은 이에게 자신이 생산한 트위트를 노출시킨 트위터 사용자)', '전파자(다른 사람의 트위트를 혼자 읽는 데 그치지 않고 적극적으로 많은 이에게 퍼뜨리는 사용자)', '지배자(이 둘의 능력을 겸비한 사용자)'의 동학을 추적했다. 연구팀은 2개년에 걸쳐 각 2개월 또는 3개월 동안 전체 한국인 계정에서 트위트·리트위트·팔로 관계를 모두 수집했다. 수집된 데이터를 바탕으로 2010년 여름과 2011년 여름 사이에 어떤 변화가 일어났는지 살핀 결과, 이 기간에 사용자는 늘었지만 1인당 작성 트위트 수는 줄어들었고, 대신 유력자·전파자의 영향력은 커졌다. 상위 1% 유력자의 트위트 노출이 전체 트위터 사용자의 트위트 노출에서 차지하는 비중은 2010년 78.4%에서 2011년 85.1%로 늘었다. 상위 1% 전파자의 전파력이 전체 트위터 사용자의 전파력에서 차지하는 비중도 2010년 43.9%에서 2011년 63.7%로 늘었다.〈한겨레〉, 2012년 1월 3일

그러나 그 전개 양상을 보면, 소수에 의한 독재가 아닌 다수에 의한 민주주의가 드러난다. 연구팀은 2010년과 2011년의 최상위 유력자 1,000명 및 전파자 1,000명의 인적 구성을 구체적으로 비교했다. 분석 결과, 1년 동안 최상위 유력자 집단 1,000명의 69.8%, 최상위 전파자 집단 1,000명의 79.3%가 새로운 인물로 교체됐다. 2011년 7~9월 석 달 동안 매달 최상위 유력자 1,000명을 비교했더니 유력자 집단의 25%가 한 달 만에 유력자 집단에서 탈락했다. 트위터 안에서 '권력분립' 구조도 정착되고 있었다. 최상위 유력자 1,000명과 최상위 전파자 1,000명을 서로 비교했더니 2010년 두 집단 모두에 속한 지배자의 비중은 44.8%였다. 그러나 1년 뒤인 2011년에는 두 집단 모두에 속하는 지배자의 비중이 28.1%로 크게 떨어졌다. 유력자 집단과 전파자 집단이 분리되는 경향은 트위터에 대한 소수의 지배를 어렵게 만드는 배경이다. 전파자 집단이 유력자 집단의 콘텐츠를 '일차적으로 평가하여 걸러내는' 동학이 작동하고 있는 것이다.〈한겨레〉, 2012년 1월 3일

디지털 피로감, 새로운 권력층과 여론 왜곡의 가능성 등에도 불구하고 SNS는 서로 정보와 대화를 나누고 새로운 지식과 관계를 창출해가며, 우리 사회의 폭넓은 의제가 다양한 시각으로 다뤄지도록 하는 순기능도 발휘하고 있다. 그중 하나가 정치참여를 촉진하는 기능이다. "최근 볼 수 있는 소셜 미디어의 정치적 영향력은 특히 공직자 선거에서 두드러진다. 후보자에 대한 유권자의 친밀감을 상승시키기도 하고 후보자의 공약이나 경력을 알리는 수단이 되기도 하기 때문이다. 그렇다면 대통령과 시민이 직접 대화하는 일이 가능해진 세상에서는 사람들이 실제로 훨씬 좋은 시민이 될까? 이에 대한 속단은 금물이다. 하지만 적어도 정치인이 '멀리 있는 사람이 아니구나' 혹은 '내가 언제라도 이야기할 수 있는 존재구나'하는 인식의 변화가 예상되면 이는 더 근본적인 변화의 단초가 될 것이다. 이 같은 시민들의 자기인식의 변화는 결국 '나도 정치참여를 할 수 있구나' 또는 '나도 말할 수 있고 내 의견도 중요하게 취급받을 수 있구나'하는 생각을 갖게 해 정치참여에 활력을 불어넣을 수 있기 때문이다."김은미 · 이동후 외, 2011: 198-199, 202

한국에서 인터넷 정치참여가 참여민주주의와 대의제 민주주의에 끼친 영향에 대한 체계적 분석은 조석장이 행했다. 그는 정보화 시대의 도래가 현대 민주주의의 성격변화에 중대한 변화를 초래하고 있다면서 인터넷을 통한 정치참여가 활성화되면서 전통적으로 정치참여의 채널 역할을 담당해온 정당과 의회 등 대의제 민주주의의 여러 기구들은 과거에 경험해보지 못한 새로운 도전에 직면하게 되었다고 지적한다. 정치과정상에 중요한 역할을 해오던 기존의 제도적 기구에 의존하기보다 인터넷을 통해 정치적 의사표현을 행하는 일이 크게 늘어났기 때문이라는 것이다. 인터넷 정치참여의 확대는 민주주의 이념과 내용을 획기적으로 확장시켰고, 시민의 정치참여의 기회를 획기적으로 제공함으로써 정치과정이나 민주주의 체제의 성격 변화에 많은 영향을 미치고 있다는 것이다.조석장, 2009

조석장에 의하면 한국 사회에 인터넷은 지난 10여 년간 세계 어느 나라에서보다 정치, 경제, 사회, 문화적 측면의 변화를 혁명적으로 촉진시켰다. 정치, 경제, 사회, 문화 등 한국 사회 전반의 정보가 인터넷을 통해 확산되고 공유되고 있으며, 사회 전반의 주요 이슈는 거의가 인터넷을 통한 사이버 공간에서 논의되면서 인터넷이 여론의 핵심적 방향을 결정하고 있다. 그러나 인터넷을 통해서 기술적으로 정보전달이나 정보습득이 편리해진다고 해도 이것이 반드시 시민들의 높은 관심이나 활발한 정치참여로 직접 이어져 정치발전으로 연결되는 경우도 많지 않다고 한다. 결론적으로 그는 한국에서 인터넷 정치참여는 시민사회의 정치개혁 추진의 강력한 기제로 작용했고, 정치적 권위구조를 민주적으로 변화시켰으며, 아젠다설정[agenda-setting] 권력을 변화시켜 정치적 소외를 극복할 수 있는 가능성을 제시했다고 지적한다. 그러나 이 같은 성과는 정당에 의한 대표성을 상당 부분 잠식하면서 달성한 성과였다는 것이다. 즉, 정당, 의회와 같은 정치과정 영역에서의 지체와 시민들의 정치참여 영역에서의 급성장이라는 불균형으로 인해 정치적 대표성과 책임성을 결과적으로 약화시켰다는 것이다. 조석장은 인터넷이 한국의 민주주의에 긍정과 부정의 현상을 동시에 초래하는 '반쪽의 성공'을 거두었다고 지적한다.[조석장, 2009]

한국에서 SNS의 확산은 주로 젊은 세대가 추동했다. 정보통신정책연구원이 2018년 6월 발표한 'SNS 이용추이 및 이용행태 분석' 보고서에 따르면 SNS는 연령대별로는 20대의 SNS 이용률이 83.0%로 가장 높고, 그다음으로 30대(69.2%)의 이용률이 높게 나타났으며, 10대와 40대는 거의 비슷한 이용률(각각 52.1%, 52.2%)을 보였다. 2014년부터 2016년까지 30, 40, 50대 중장년층을 중심으로 SNS 이용률이 큰 폭의 증가를 보여왔다면, 2017년에는 다시 20대를 중심으로 SNS 이용이 활발해지는 양상을 보였다. 이용량에서도 최대는 20대로 하루 평균 1시간 18분 정도 이용하는 것으로 나타났고, 그다음으로 10대(1시간 15분), 50대(1시간 6분), 30대(1시간 5분), 60대(1시간 1분), 40대(57분)의 순으로 나타났다.[김윤화, 2016: 3-6] 20~30대는 진보와 보수의 대립, 분배와 성장의 갈등, 참여와 무관심의 토론이 집중되는 연령층이다. 이 연령층에서 토론하고 정반합의 답을 찾아가는 여론이 전체 사회에 영향을 끼칠 가능성은 높다. SNS 선거의 영향력은 바로 여기에서 시작된다. 또한 이들 젊은 세대에서 형성된 여론은 이른바 '밴드왜건[bandwagon] 효과'[3)]를 발휘할 가능성이 높다. 밴드왜건 효과란 정치판에서 우세해 보이는 후보를 지지하는 경향을 말한다. 최근 한국의 정치지형은 어느 정당도 지지하지 않는 유권자들이 '부동층'을 이루고 이들의 향배에 따라 선거결과가 결정되는 일이 많아지고 있다. 이 과정에서 SNS를 주로 이용하는 연령층이 여론의 중심축을 형성하게 되고 이에 따라 부동층이 가세할 확률이 높다. 〈아이뉴스24〉, 2011년 7월 24일

세대generation는 생애주기life cycle의 어느 단계에 있거나 어떤 특정한 역사

---

3) '편승효과'라고도 불리는 '밴드왜건(bandwagon)' 효과는 하비 레이번스테인(Harvey Leibenstein)이 처음 사용한 용어로 '모든 사람이 이렇게 생각하고 있다' 또는 '모든 사람이 이렇게 행동하고 있다'고 말하면서 '왜 너는 그렇게 하지 않느냐?', '너도 따라라'라는 논리로 대중을 설득시킨다는 효과이론이다. 즉 행진할 때 대열의 선두에서 행렬을 이끄는 악대차를 의미하는 '밴드왜건'은 사람들이 이를 보고 이유 없이 호기심 때문에 따라가는 심리처럼, 어떤 재화의 수요가 증가하면 사람들이 덩달아 움직이면서 수요가 더욱 증가되는 현상을 의미하는 것이다. 정치에서도 곧잘 적용된다. 반대로 소수의견이나 열세후보에게 동정표가 몰리는 현상은 '언더독(underdog)' 효과라 한다. '밴드왜건' 효과와 비슷한 것으로는 '침묵의 나선(spiral of silence)'이 있다. '침묵의 나선'은 1966년 독일의 정치학자인 엘리자베트 노엘레-노이만(Elisabeth Noelle-Neumann)이 발표한 이론으로 '하나의 특정한 의견이 다수의 사람들에게 인정되고 있다면, 반대되는 의견을 가지고 있는 소수의 사람들은 다수의 사람들로부터 고립에 대한 공포로 침묵하려 하는 경향이 크다'는 것이다. 선거철에는 이러한 현상에 주목하며 이를 유도하는 정치인들과 언론사, 여론조사기관을 경계할 필요가 있다. 〈오마이뉴스〉, 2011년 1월 4일. 다음은 '침묵의 나선' 그림이다.

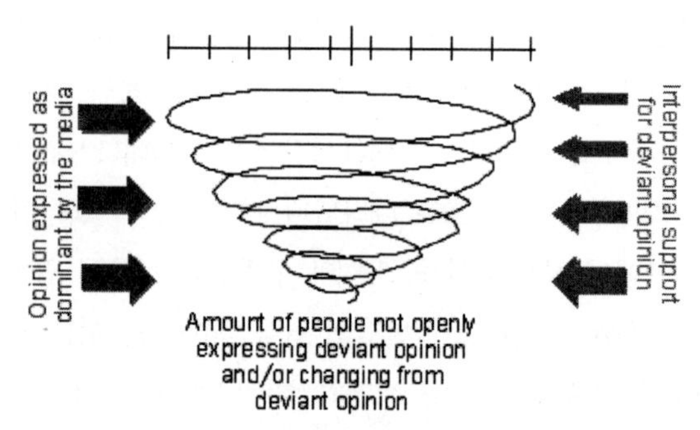

Noelle-Neumann's Spiral of Silence

적 경험을 공유한 사람들을 총칭하는 의미로 사용되는 개념이다. 사회가 변화함에 따라 한 세대가 다른 세대에 비해 독특한 의식과 행위양식을 가지면서 이들 간에 원만한 관계를 유지하기 힘들 때에 세대갈등이 발생한다. 일반적으로 안정된 사회에 비해 급격한 사회변동을 겪는 사회일수록 세대차이 generational differences 는 커지며 세대갈등 역시 심화될 가능성이 높다.[박재홍, 2005: 124] 세대 간의 갈등은 이해관계의 상충이라는 요인보다 가치관이나 의식구조의 차이에서 유래하는 경우가 더 많다는 점에서 다른 사회갈등과는 다른 점이 있다.[한국사회학회 편, 1994: 8]

지난 한 세기 동안 한국 사회는 식민지, 전쟁, 산업화, 민주화, 정보화라는 역사적 경험을 잇달아 겪으면서 각기 역사적 경험을 달리하는 세대를 출현시켰다. 특히 식민지와 전쟁을 경험한 세대와 산업화와 민주화를 겪은 세대, 그리고 정보화를 향유하는 세대는 추구하는 가치가 각기 전통적이거나 근대적, 탈근대적인 가치의 어느 하나에 치우쳐 있거나 혼재되어 있는 데서 사회적으로도 구분되어 사용되고 있다. 특히 민주화와 정보화를 기준으로 이전 시기에는 세대차이의 결과 갈등이 잠복해 있기는 하지만 다양한 억압기제에 의해 겉으로 표출되지 못한 '잠재적[latent] 세대갈등'의 특징을 보였지만 이후 시기에는 세대 간 갈등이 표출되어 주요한 사회갈등의 하나로 자리 잡았다.

한국에서 세대차이와 갈등이 표면화되었던 계기는 2000년 총선, 2002년 대선, 2004년 총선에서 각 정당과 후보에 대한 선호도가 세대별로 뚜렷하게 차이가 났던 것을 들 수 있다. 특히 최근 들어와 정치권에 진입한 1980년대의 민주화라는 역사적 체험을 공유하는 세대와 인터넷과 휴대폰으로 무장한 보다 젊은 정보화세대들은 여전히 전통적 가치를 고수하고 있는 그 이전 세대들에게는 문화적 충격이 되기에 충분하였다. 이들 젊은 세대들은 개인주의, 평등의식, 물질주의 등의 가치를 높이 평가하고 진보 지향적 역할행동도 크게 나타나고 있다고 지적된다.[신수진 · 최준식, 2002: 171][4)] 20대와 30대가 주축인 이들 세대는 수적으로도 전체 인구의 1/3, 유권자의 1/2를 차지할 뿐만 아니라 대중교육, 경제생활, 외국과의 교류, 자유주의, 정보화 등에서도 기성세대와는 다른 경험을 공유한 연령집단이다. 이들은 권위주의 제도와 관행에 저항하고, 북한과 미국에 대한 호감도가 급격히 변하는 등 기성세대와는 몇몇 영역에서 이념갈등도 보이고 있다.송호근, 2003: 222-227

젊은 세대들은 2002년 대선과 2004년 총선 등에서 상당한 정치적, 사회적 동원력을 행사하면서 한국 사회의 주도세력으로 등장하였다. 내부적으로 나름의 의사소통체계와 느슨한 연대감을 갖고 있던 이들 세대들은 과거에 비해 보다 자유로워진 정치공간에서 특정한 계기가 주어지면서 한국 사회에서 정치 변화의 동력으로 전환되었다고 평가된다.송호근, 2003: 21-27 이러한 변화는 근대적 규범과 전통적 관행을 가진 기성세대들이 주도했던 근대화가 초래한 불평등과 이로 인한 갈등에 더해 세대를 주축으로 하는 다른 형태의 갈등구도가 현재 한국 사회에서 복잡하게 착종되어 전개되고 있음을 보여준다.

젊은 세대가 주도한 변화는 2008년 봄 촛불시위에서 나타났다. 촛불시위는 인터넷이 사회적 네트워크의 중요한 플랫폼으로서 우리 일상에서 역동적인 소통공간이 됐다는 사실을 다시 한번 확인시켜줬다. 인터넷을 통해 개인과 집단 간의 소통이 빨라지고 다양해졌으며, 이는 시민 참여 방식 자체를 크게 바꿔 놓았던 것으로 평가된다. 청계광장에 모인 수백 명의 여학생과 시민들은 인터넷을 통해 정보를 교류했다. 촛불문화제는 인터넷으로 생중계되었고 여기에는 3만 개의 댓글이 달렸다. 인터넷 포털 다음의 아고라를

---

4) 레이철 보츠먼(Rachel Botsman)이 쓴 〈위 제너레이션〉(원제: What's mine is yours_The Rise of Collaborative Consumption)에 따르면 21세기는 신소비행태와 더불어 사회관계가 빠르게 확산 중이라고 한다. 소비 방식과 비즈니스 모델은 물론 삶의 방식까지 완전히 바꾸고 있는 역사상 가장 영리하고, 대담하고, 창의적인 세대가 지금까지와는 다른 방식으로 개인의 이기적 욕구와 사회의 공적 이익을 모두 충족시킨다는 것이다. 저자는 20세기를 소비와 광고의 시대로 정의한다. 새것에 비정상적으로 집착하며, 제조업체의 '의도적 진부화' 전략에 매몰된 세대다. 21세기의 특징은 관계와 협동으로 요약한다. 인터넷과 네트워크 기반에 발을 딛고 있는 신인류 특성이 그렇다는 것이다. 저자는 이들을 협동하고 소통하는 경제 주체란 의미의 '위 제너레이션'이라고 부른다. 이들은 물물교환, 공동 소유, 협동 소비에 열광한다. 전에는 없던 커뮤니티를 만들고, 필요한 것을 주고받으며 네트워크를 형성하고 있다는 것이다. Rachel Botsman, 이은진 역(2011).

포함하여, 네이버 토론방, 디시인사이드 게시판 등은 수많은 사람이 정보공유와 토론, 여론형성의 사이버 공론장이 되었다. 이들은 기존 언론을 통하지 않고도 정보를 얻고, 쟁점에 대해 지지와 반대를 표명하면서 강력한 정치적, 사회적 영향력을 발휘하였다.

SNS는 2016년부터 2017년 사이에 다시 개최된 촛불시위에서도 강력한 무기로 이용되었다. 국정농단 사태에 분노한 시위대들은 SNS를 통해서 정보를 검색하고 공유하며, 집회 참여를 서로 독려하였다. 유명인들도 SNS를 통해 이에 동참했다. 이들은 집회에 참석한 사진과 글을 SNS에 남기거나, 어두운 현실에 항의하는 '전등 끄기 캠페인'에 동참하는 사진과 글을 올렸다. SNS 세대이기도 한 20대와 30대의 촛불시위 참여는 선거에서 이전보다 더 높아진 투표율로 이어졌다. 2017년 5월 9일 실시된 19대 대통령선거에서 19세·20대 및 30대의 투표율은 18대 대선에 비해 각각 7.2%포인트와 4.2%포인트 상승했다.

이들 젊은 세대는 기성세대에 비해 탈물질주의적 가치를 더 선호하는 경향이 있다. 탈물질주의는 환경에 대한 관심이 전반적인 가치관의 변화의 일환으로 나타났다고 본다. 미국의 정치학자인 잉글하트Ronald Inglehart는 20세기 후반에 서구 산업사회에서 물질주의적 가치관에서 탈물질주의적 가치관으로 변화가 일어나고 있다고 주장한다. 매슬로우Abraham Maslow의 욕구위계설에 영향을 받은 잉글하트는 안전과 안정의 기본적 욕구가 충족된 이후 일부 선진 산업사회에는 기존의 물질주의(물질적 욕구의 충족과 관련된 가치체계)적 존재를 초월한 자기실현, 참여, 미적 욕구 같은 한층 '고차원적이고' 사치스런 목표 추구한다고 주장한다. 이러한 가치관의 변화는 2차 대전 후 물질적 풍요의 시대에서 성장한 세대가 자라서 경제성장이나 국가안보 같은 가치보다는 인간관계나 자기실현 같은 가치를 더 강조함으로써 일어났다는 것이다.Ronald Inglehart, 1990: 66-103 삶의 질과 생활양식으로서 환경에 대한 관심도 여기서 발생한다. 다른 학자들도 탈물질주의와 환경에 대한 관심 간의 관계를 논의하였다. 특히 환경주의자들이 탈물질주의와의 밀접한 관련을 지니고 있다고 평가된다. 잉글하트는 환경에 대한 관심은 환경악화의 정도와 직접

로날드 잉글하트(Ronald Inglehart, 1934~)는 미국의 정치학자로 1988년부터 '세계 가치 서베이(World Value Survey)'를 이끌며 시민들의 가치 변화를 지속적으로 측정하면서 '근대화·문화·민주주의'의 역학 관계를 다각도로 분석하는 작업을 수행하고 있다. 〈조용한 혁명(The Silent Revolution)〉, 〈선진산업사회에서의 문화변동(Culture Shift in Advanced Industrial Society)〉, 〈근대화와 탈근대화(Modernization and Postmodernization)〉 등의 저서가 있다. 그는 제2차 대전 이후 선진국 국민들이 누린 경제적 풍요는 대중들의 삶의 목표에 변화를 초래했다고 지적한다. 즉, 경제적·물질적 안전을 강조해왔던 물질주의적 가치가 점차 사라지고 개인의 자유, 자기표현, 그리고 삶의 질을 강조하는 탈물질주의적 가치(post-material values)가 등장하게 되었다는 것이다. 잉글하트는 크리스티안 웰젤(Christian Welzel)과 함께 쓴 〈근대화, 문화적 변화, 민주주의(Modernization, Cultural Change, and Democracy: The Human Development Sequence)〉에서 외적인 구속이나 지도의 영향력을 받지 않는 조건에서 형성된 자신만의 선호를 중시하는 자기표현의 가치 획신이 이상적인 민주주의를 가능하게 해줄 핵심 동력이라고 수장한다.

관련되기보다는 탈물질적 가치에 대한 헌신의 정도와 관련된다고 결론을 내린다. 그러나 반대 주장도 존재한다. 경우에 따라서는 물질적으로 풍요롭지 못한 국가에서도 환경의식의 정도가 높게 나타날 수 있다는 것이다.

그러나 SNS를 보다 많이 사용하는 젊은 세대라고 해서 정치에 더 적극적으로 참여하는 것은 아니다. 오히려 최근 한국 정치의 흐름을 살펴보면 젊은 세대, 특히 20대의 투표참여가 다른 세대에 비해 낮다. 이런 현실은 과소대표$^{\text{under-representation}}$와 정당체제의 불안정이라는 문제를 불러일으킨다는 점에서 우려할 만하다. 그 결과 노동자와 서민의 이해보다는 특정 '이슈 집단'의 이익이나 '특수 이익'을 추구하는 목소리가 선거과정을 좌우할 가능성이 높아진다. 이의 원인으로는 선거제도가 비례대표제가 아닌 다수대표제를 채택하고 있고, 기성정당들도 전체 국민과 유리된 채 소수 엘리트에 의해 독점

운영되거나 부패가 심한 경우 유권자는 정치적으로 소외되며 선거를 외면하기 쉽다는 점이 지적된다. 민주화 이후 한국의 정당정치는 지역주의에 대한 집착, 잦은 이합집산과 당명 교체, 정책은 오간 데 없이 이전투구만 남아 있는 파벌의 권력투쟁 등 유권자에게 실망감과 혐오감을 불러일으키기에 충분했고, 유권자의 '퇴장exit'이라는 선택을 강요하는 것이었다.조성대, 2009: 222-256

안병진에 의하면 극도의 불안과 안정된 기제가 약한 사회에서 무력한 개인이 선택할 수 있는 것은 두 가지라고 한다. 첫 번째는 영혼을 팔아서라도 취직하고 싶다는 어느 젊은이의 절규처럼 윤리를 잠시 접어두고서라도 필사적이면서 거친 사익의 추구에 매진하는 것이다. 국가가 자신을 보호해주지 않고 시장이라는 악마의 맷돌에게 개인을 양도한 상황에서 '공적 냉소와 사적 정열'은 지극히 당연한 방어기제이다. 두 번째는 자본주의의 소비주의가 부추기는 유아적 퇴행현상으로의 몰입이다. 이른바 '피터 팬 현상'이라 불리는 키덜트현상이 그러하다. '무한도전'이나 '1박 2일'은 '자신 속의 아이'를 끄집어내어 시청자로 하여금 복잡한 현실에서 도피하여 만족감을 선사한다. 이러한 유아적 퇴행은 책임감과 공적 덕성을 가진 공화국의 시민 대신에 유아적이고 이기적이며 찰나적인 개인이 등장하는 징후일 뿐이다.안병진, 2008: 87-88

SNS의 급속한 확산은 한국 정치에도 상당한 영향을 행사하고 있다. 무엇보다 젊은 세대가 주축이 된 SNS를 통한 정치참여의 증가는 아래로부터 정치개혁을 추진하는 힘으로 작용하고 있다. 이런 변화된 현실은 정치가들이 정치공학적 전략에 의거해 대중들을 단지 동원에 참여하는 수동적 존재로 보는 것이 더 이상 적실성이 없다는 점을 잘 보여준다. 기존의 정치적 경계로 구분될 수 없는 '대중들'이 출현하였고, 과거에 정치에 속할 수 없었던 것들이 정치의 모습으로 나타나고 있다. 무엇보다 분권적, 개방적 특성을 지니고 있고, 쌍방향 커뮤니케이션을 추구하는 소셜 네트워크 세대의 요구에 정치권 역시 반응하지 않을 수 없게 되었다. SNS는 대의제 민주주의의 핵심기관인 정당과 의회의 기능을 약화시킬 수 있다는 점에서 새로운 정치 지형의 형성을 가져오리라 예상된다. 변화된 정치 지형에서 이뤄지는 새로운 조직의 방식과 운동 형태에 부합하는 정치세력이 앞으로의 선거경쟁에서 유리한 위치를 차지하면서 정치의 주인공이 될 것이 분명하다. 당장 정치가 들은 대중과 수평적 관계를 맺고 이들과 늘 소통하며, 또 이들로부터 공감을 불러일으키는 능력을 갖춰야 될 필요성이 그 어느 때보다도 커졌다.

연관 키워드

소셜 미디어(social media), 참여지향적 미디어(participatory media), 의제설정(agenda-setting) 권력, 세대차이(generational differences), 탈물질주의(Post-materialism, Ronald Inglehart)

[참고문헌]

Botsman, Rachel. 이은진 역. 〈위 제너레이션: 다음 10년을 지배할 머니 코드〉. 서울: 모멘텀, 2011.

Elmer, Greg et al. *The Permanent Campaign: New Media, New Politics*. New York: Peter Lang, 2012.

Gilcher-Holtey, Ingrid. 정대성 역. 〈68운동〉. 서울: 들녘, 2006.

Görig, Carsten. *Gemeinsam einsam: Wie Facebook, Google & Co. unser Leben verändern*. Zürich: Orell Füssli Verlag, 2011.

Inglehart, Ronald. *Culture Shift in Advanced Industrial Society*. Princeton: Princeton University Press, 1990.

_____. *The Silent Revolution. Changing Values and Political Styles among Western Publics*. Princeton: Princeton University Press, 1977.

Inglehart, Ronald & Christian Welzel. 지은주 역. 〈민주주의는 어떻게 오는가〉. 서울: 김영사, 2011.

Levinson, Paul. 설진아·권오휴 역. 〈뉴뉴미디어〉. 서울: 피어슨에듀케이션코리아, 2011.

강원택. 〈인터넷과 한국정치: 정당정치에 대한 도전과 변화〉. 파주: 집문당, 2007.

김 욱. 〈정치참여와 탈물질주의: 한국과 스웨덴의 비교〉. 파주: 집문당, 2005.

김윤화. "SNS(소셜네트워크서비스) 이용추이 및 이용행태 분석." KISDI Report Vol.18-11. 정보통신정책연구원, 2018.

김은미·이동후 외. 〈SNS혁명의 신화와 실제: '토크, 플레이, 러브'의 진화〉. 파주: 나남, 2011.

박재흥. 〈한국의 세대 문제: 차이와 갈등을 넘어서〉. 파주: 나남출판, 2005.

배한동. 〈한국 대학생의 정치의식〉. 서울: 집문당, 2001.

송경재. "소셜 네트워크 세대의 정치참여." 〈한국과 국제정치〉 제27권 2호. 2011.

_____. "인터넷 정치 커뮤니케이션의 다층화." 〈세계일보〉, 2010년 8월 2일.

송호근. 〈한국, 무슨 일이 일어나고 있나: 세대, 그 갈등과 조화의 미학〉. 서울: 삼성경제연구소, 2003.

신수진·최준식. 〈현대 한국사회의 이중가치체계〉. 서울: 집문당, 2002.

안병진. 〈민주화 이후 민주주의와 보수주의 위기의 뿌리〉. 서울: 풀빛, 2008.

이택광. "김진숙과 김여진." 〈경향신문〉, 2011년 7월 1일.

이항우. 〈클릭의 사회학〉. 서울: 이매진, 2013.
조석장. "한국에서 인터넷 정치참여와 민주주의: 참여민주주의와 대의민주주의에 미친 영향을 중심으로." 한양대학교 정치학박사학위논문. 2009.
조성대. "투표참여와 기권." 전용주 외. 〈투표행태의 이해〉. 파주: 한울, 2009.
한국사회학회 편. 〈한국 사회의 세대문제〉. 서울: 나남, 1994.
홍익표. "'갈등의 제도화'를 통한 한국의 사회통합: 환경, 교육, 세대, 젠더 영역을 중심으로." 조정관·임혁백 외. 〈한국 민주주의 발전과 사회통합의 전망〉. 대통령자문정책기획위원회 정책기획과제, 2006.

열네 번째 키워드: 감시사회

감시사회의 도래와 디지털 파놉티콘

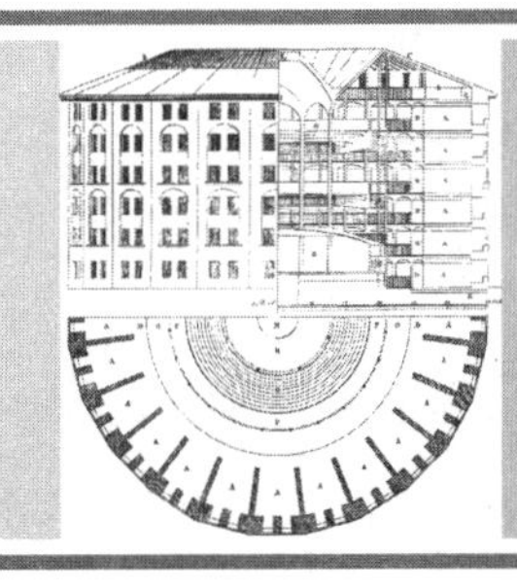

무제한의 자유와 무제한의 커뮤니케이션은 전면적 통제와 감시로 돌변한다. 소셜 미디어 또한 점점 더 사회적인 삶을 감시하고 이용해먹는 디지털 파놉티콘에 가까워진다. 규율사회의 파놉티콘은 더 효과적인 감시를 위해 수감자들을 격리시키고 서로 대화도 하지 못하게 했다. 하지만 디지털 파놉티콘의 주민들은 서로 열심히 소통하며 그 과정에서 자발적으로 스스로를 노출한다. 그들은 이로써 디지털 파놉티콘의 건설에 적극적으로 참여한다.

_한병철

우리는 감시사회에서 살고 있다. 공공장소를 드나드는 사람들은 이곳에 설치된 수많은 폐쇄회로 텔레비전CCTV에 의해 그들의 일거수일투족이 녹화된다. 신용카드로 상품을 구입하는 것은 해당 카드사와 기업에 의해 구매 관련 정보가 기록되고 저장된다. 이에 더해 9.11 테러 이후 다수 국가의 공항에서는 전신 스캐너, 생체검사 장치와 같은 새로운 장치도 설치되었다. 과학기술의 발달에 의해 정보기기가 빈번하게 사용되고 정보 네트워크가 촘촘히 짜여지는 정보화 사회에서는 생산성이 향상되고 새로운 서비스가 확대되는 순기능도 있지만 다른 한편으로는 정보격차가 커지고 정보기술을 악용해 치안을 해치고 민주주의를 훼손하는 역기능도 병존한다. 후자의 대표적인 사례 중의 하나가 바로 감시기술의 발달로 프라이버시가 침해되는 등 개인의 기본권이 억압되는 것이다. 스마트폰 소유자들이 SNS를 이용하거나 인터넷에서 정보와 웹사이트를 검색하는 일도 누군가에 의해서 모니터되고 추적되고 조사될 수 있다.

이러한 현대 사회의 특징은 사람들로 하여금 빅브라더Big Brother가 영구 집권을 위해 기록을 조작하고, 개인의 일거수일투족을 감시하며, 언어와 사고를 통제하는 조지 오웰George Orwell의 소설 〈1984〉를 떠오르게 한다. 극히 제한된 권리만 지닌 채 통제된 삶을 살아가고 있는 사람들에 대한 이야기는 단지 소설에서만 존재하는 것이 아니라 현대의 정보화 사회에서도 출현 가능하다는 주장도 나오고 있다. 데이비드 라이언David Ryon은 감시기술의 발달이 초래한 디스토피아에 대한 묘사는 서구 민주주의가 지닌 전체주의적 잠재성을 경고하는 〈1984〉보다는 우리를 불확실한 상태에 놔두는 보이지 않는 권력(도대체 누가 나에 대해 알고 있는지, 어떻게 그것을 알게 되었는지, 그리고 그런 지식은 내게 어떤 영향을 주는지 확실하게 알 수 없는)을 묘사한 프란츠 카프카Franz Kafka의 (〈성〉과 〈변신〉, 〈소송〉 같은) 작품이 더 근접한 것이라고 지적한다.David Ryon, 2014: 22-23

〈소송〉의 주인공은 어느 날 영문도 모른 채 체포된다. 그는 이유가 무엇인지, 앞으로 어떤 일이 닥칠지 알아내기 위해 필사적으로 노력하지만 종잡을 수 없는 법원시스템이 그에 대한 서류를 갖고 그를 조사하고 있다는 것 외에는 아무것도 더 알아내지 못한다. 알 수 없는 목적을 가진 거대한 관료시스템이 사람들의 정보를 이용해서 그 사람들의 삶을 크게 좌우할 수 있는 결정들을 내리지만 정작 당사자들은 그런 과정에 아무런 개입도 하지 못한다. 대니얼 슬로브에 따르면 카프카적 비유가 드러내는 문제는 정보의 수집보다는 정보의 처리(데이터의 저장·사용·분석) 문제라고 지적한다. 이는 국가기관과 국민 사이의 권력관계에 영향을 미친다. 개인을 무력감에 빠트려 절망하게 할 뿐 아니라, 국민의 삶을 뒤흔들 만한 결정을 내릴 수 있는 국가기관이 국민과 맺고 있는 관계의 속성을 바꿔서 사회 구조 자체에도 영향을 미친다는 것이다.Daniel J. Solove, 2011: 62-64 그러나 감시사회에 대한 오래된 은유로 보다 빈번하게 언급되는 것은 영국의 공리주의 철학자인 제러미 벤담Jeremy Bentham이 기안한 '파놉티콘panoptique/panopticon'이다.

파놉티콘은 감옥에서 진행되는 모든 것을 한눈에 파악할 수 있는 능력을 의미하는 파놉티즘panoptisme의 아이디어에 기초하고 있다. 벤담이 죄수를 효과적으로 감시할 목적으로 설계한 원형감옥인 파놉티콘은 '모두'를 뜻하는 'pan'과 '본다'는 뜻의 'opticon'의 합성어이다. 파놉티콘은 두 개의 동심원형 건물로 구성된다. 중앙의 원형공간에는 높은 감시탑을 세우고, 중앙 감시탑 바깥의 둘레를 따라 죄수들의 방이 배치된 낮은 층의 건물이 있다. 감시탑은 늘 어둡게 하고 죄수의 방은 밝게 함으로써 감시자의 시선이 어디로 향하는지 죄수들이 전혀 알 수 없도록 고안되어 있다. 죄수들은 누가 감시하는지 모르지만 자신들이 항상 감시받고 있다는 느낌을 가지며 결국 '규율적 권력disciplinary power'에 순응하게 된다. 벤담이 묘사한 파놉티콘은 다음과 같다.

> "여러분에게 제안하는 감옥maison de pénitence은 원형 건물이다. 어쩌면 이것은 한 건물 안에 다른 하나를 넣은 두 채의 건물이라고 말하는 것이 나을지도 모르겠다. 감옥 둘레에는 둥근 모양의 6층짜리 바깥 건물이 있다. 이곳에 죄수들의 수용실이 배치된다. 수용실 내부는 두껍지 않은 쇠창살로 되어 있어 한눈에 (안을) 볼 수 있으며, 수용실은 문이 안쪽으로 열린다. 각 층에는 좁은 복도가 있으며, 이 복도는 하나로 통해 있다. 각 수용실의 문은 이 복도로 나 있다.
>
> 중앙에는 탑이 하나 있다. 그곳에 감독관들이 머문다. 이 탑은 3층으로 나뉘어 있다. 각 층은 수감자 수용실들을 2층씩 내려다보도록 구성되어 있다. 또한 감시탑은 바깥을 환히 내다볼 수 있는 발로 가려진 복도로 둘러싸여 있다. 이 장치로 인해 감독관들은 (수감자들에게) 잘 보이지 않으면서 수용실 전체를 구석구석 감시할 수 있다. 결과적으로 좁은 공간에서 3분의 1의 수감자를 한눈에 볼 수 있어 쉽게 전체를 살필 수 있다. 이러한 경우 감독관이 자리에 없더라도 (이를 확인할 수 없는 수감자들은 감독관이) 있다고 여겨 실제로 자리에 있는 것 같은 효과를 낸다.
>
> 각 수용실과 감시탑은 흰색 철관으로 연결되어 있어서 감독관은 큰 소리를 내거나 직접 가지 않더라도 수감자들에게 공지를 하거나 작업을 지시하며 (그들 스스로) 감시받는다는 것을 느끼게 할 수 있다. 그리고 수감자들이 감독관들에게 대항할 가능성을 제거하기 위해 탑과 수용실 사이에는 반지 모양의 우물 즉 빈 공간이 있어야 한다. 이 건물은 중앙의 한 점에서 각 수용실을

볼 수 있는 형태로 된 하나의 벌집과 같다. 자신을 드러내지 않는 감독관은 마치 유령처럼 군림한다. 이 유령은 필요할 때는 곧바로 자신이 존재한다는 증거를 드러낼 수 있다.

이 감옥의 본질적인 장점을 한 단어로 표현하기 위해, 진행되는 모든 것을 한눈에 파악할 수 있는 능력을 의미하는 파놉티콘이라고 부를 것이다."

_Jeremy Bentham, 2007: 22-23

이러한 파놉티콘은 공리주의와 초기 자본주의 이론을 구현하는 건축물로 평가받는다. 이는 널리 알려진 시각 메커니즘, 즉 공간을 재배치해 감시자는 수감자를 볼 수 있으나 수감자는 감시자를 보지 못하는 것만이 아니라, 당시 중요한 논리 중 하나인 노동가치를 교정, 생산 이익과 완벽하게 결합시켰기 때문이다. 벤담은 단순히 수감자를 처벌할 뿐 아니라 수익을 창출하고 사회의 요구에 부합하는 인간형을 만들어내는 합리적인 감옥의 관리와 운영방식을 제시했다. 여기서 벤담이 추구하는 이상적인 사회는 이익의 만유인력을 구체화하기 위해서 일상의 세부까지 파악하려는 파놉티콘 원리가 장악한 사회, 즉 모든 것을 완벽하게 파악할 수 있으며 노동과 이익을 위한 유용성이 중심이 되는 '완전한 통제사회'라고 할 수 있다.[신건수, 2007: 9, 115, 119] 비슷한 맥락에서 찰리 채플린은 영화 〈모던 타임즈[Modern Times]〉에서 거대한 기계가 있는 전기·철강 회사의 빅보스가 모니터를 통해 노동자의 일거수 일투족을 감시하는 장면을 보여주었다. 이는 생산을 증대하고 경비를 절감하기 위해 노동자를 신체감시의 대상으로 삼은 (포드주의를 통해 대량생산과 대량소비를 선도한 포드 자동차 같은) 기업이 지배하는 현대 사회에 대한 신랄한 풍자이기도 하다.[1)]

프랑스의 철학자인 미셸 푸코[Michel Foucault]는 벤담이 주장한 파놉티콘의 감시체계 원리를 근대 사회의 새로운 권력행사 방식을 설명해주는 장치로 보았다. 1975년 출판된 〈감시와 처벌: 감옥의 역사[Surveiller et punir: Naissance de la

---

1) 〈모던 타임즈〉에서 채플린은 자본주의 체제하에서 사람들이 겪는 노동불안과 소외를 강조하고 자본가의 탐욕을 비판했다. 이에 대해서는 홍익표(2016), pp.451-455.

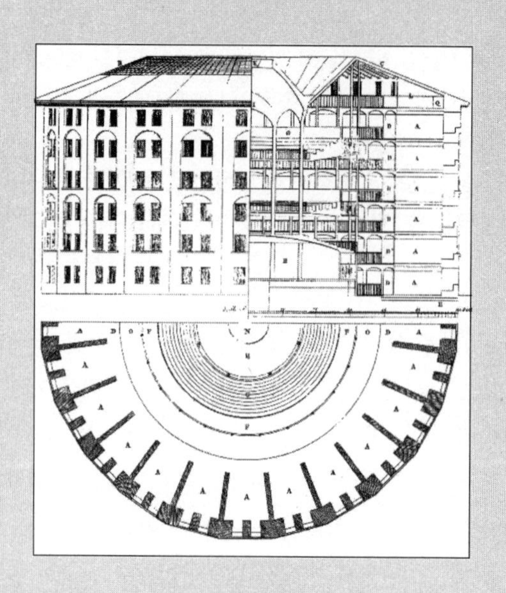

제러미 벤담의 파놉티콘: 감시사회에 대한 오래된 은유로 보다 빈번하게 언급되는 것은 영국의 공리주의 철학자인 제러미 벤담(Jeremy Bentham)이 기안한 '파놉티콘(panoptique/panopticon)'이다. 파놉티콘은 감옥에서 진행되는 모든 것을 한눈에 파악할 수 있는 능력을 의미하는 파놉티즘(panoptisme)의 아이디어에 기초하고 있다. 벤담이 죄수를 효과적으로 감시할 목적으로 설계한 원형감옥인 파놉티콘은 '모두'를 뜻하는 'pan'과 '본다'는 뜻의 'opticon'의 합성어이다. 파놉티콘은 두 개의 동심원형 건물로 구성된다. 중앙의 원형공간에는 높은 감시탑을 세우고, 중앙 감시탑 바깥의 둘레를 따라 죄수들의 방이 배치된 낮은 층의 건물이 있다. 감시탑은 늘 어둡게 하고 죄수의 방은 밝게 함으로써 감시자의 시선이 어디로 향하는지 죄수들이 전혀 알 수 없도록 고안되어 있다. 죄수들은 누가 감시하는지 모르지만 자신들이 항상 감시받고 있다는 느낌을 가지며 결국 '규율적 권력(disciplinary power)'에 순응하게 된다.

prison〉에서 푸코는 감옥과 감시의 체제를 통해 권력의 정체와 전략을 고찰하였다. 푸코에 따르면 권력은 소유하는 것이 아니라 행사하는 것으로, 사람들을 배치하고 조작하는 기술과 기능에 의해 효과를 발생한다고 한다. 관계적 권력이 작동하는 사회는 마치 그물코처럼 무수한 복수의 권력으로 뒤덮여 있는 곳이기도 하다. 18, 19세기부터 규율 장치의 발전과 더불어 전혀 다른 권력 메카니즘이 출현하는데 이는 생산 효율성을 더해주고, 이 효율성이 만들어낸 이용가능성을 제고해 주는 그런 권력이다. 이 책의 3부에서 푸코는 다양한 기술을 사용하여 인간의 육체를 통제하고 길들여서 가능한 효율을 최대화하려고 하는 규율장치에 대해 언급하고 있다.

> "복종시킬 수 있고, 쓰임새가 있으며, 변화시킬 수 있고, 나아가 완전하게 만들 수 있는 신체가 바로 순종하는 신체이다 … 신체의 활동에 대한 면밀한 통제를 가능케 하고, 체력의 지속적인 복종을 확보하며, 체력에 순종-효율의 관계를 강제하는 이러한 방법을 바로 '규율discipline'이라고 부를 수 있는 것이다 … 이리하여 규율은 복종되고 훈련된 신체, '순종하는' 신체를 만들어낸다. 규율은 (유용성이라는 경제적 관계에서 보았을 때) 신체의 힘을 증가시키고 (복종이라는 정치적 관계에서 보았을 때는) 동일한 그 힘을 감소시킨다."
>
> _Michel Foucault, 1994: 205-207

푸코는 효과적인 훈육 방법을 제시한다. 즉, 권력은 자신에게 복종하는 모든 것을 일률적으로, 그리고 전체로서 굴복하게 만드는 대신 분리하고 분석하고 구분하며, 그 분해 방법은 필요하고 충분할 정도의 개체성에 이를 때까지 계속 추진된다. 유동적이고 혼란하며 무익한 수많은 신체와 다량의 힘을 개별적 요소의 집합체 — 분리된 작은 독방들, 조직적인 자치체, 단계적으로 생성되는 개체의 동일성과 연속성, 조합적인 부분들 — 로 만들게끔 '훈육을 시킨다.' 규율은 개인을 '제조한다.' 즉, 그것은 개인을 권력행사의 객체와 도구로 간주하는 권력의 특정한 기술이다."Michel Foucault, 1994: 255-256 푸코에 따르면 규율이 추구하는 목표는 권력의 행사를 가능한 한 경비가 들기 않게 하는 것이고, 사회적 권력의 효과가 최대한의 힘으로 파급되도록 하고 실패나 결함 없이 가능한 한 멀리 확산되도록 하는 것이다. 이를 통해 최종적으로는 권력 체계를 구성하는 모든 요소들의 순종성과 효용성을 동시에 증가시키는 것이다.Michel Foucault, 1994: 318-319

푸코는 역사적으로 보았을 때 부르주아지가 18세기를 통해 정치적으로 지배적인 계급이 된 과정은 명시적이고 체계화되어 있으며 명문상으로는 평등한 법률적 범주의 설정과 의회제 및 대의제 형식을 취한 체제의 조직화가 뒷받침된 것이었다고 지적한다. 그러나 다른 한편으로는 규율 장치의 발전과 일반화는 이러한 과정의 어두운 이면을 만들어 놓았다는 점도 아울러 강조한다. 인간의 자유를 발견한 계몽주의 시대는 또한 힘과 신체의 복종을 보장해주는 규율을 발명한 시대이기도 하다는 것이다. 수도원, 감옥, 학교, 군대는 구성원들이 위계질서가 뚜렷한 소집단들로 나누어지고, 높은 강도의 규율이 존재하며, 행동에 대한 강제적 기술체계가 집중되어 있는 기관들이다. 이 중에서 감옥체계는 권력의 기본 도구로서 새로운 형태의 '법,' 다시 말해서 합법성과 자연성, 규칙과 구조의 절충인 '규범'을 개발했다. 통합, 배분, 감시, 관찰 체계를 갖춘 감옥의 구조는 근대 사회에서 규범화 권력의 거대한 토대가 되었다는 것이다.Michel Foucault, 1994: 430-439

푸코는 권력을 단순히 가시적이고 드러나는 작용이 아니라 사회의 세밀한 단위에까지 숨겨져서 사람들 각 개인의 의식 및 무의식을 포함하는 정신과 규율의 직접적 대상인 신체 속으로 들어가 지배하는 것으로 보았다. 그 안에서는 누구도 자신의 의지에 따라 행동할 수 없는 '전면화된 복종의 장'을 구성한다. 1977년부터 1978년 사이에 콜레주드프랑스에서 행한 강의를 묶은 〈안전, 영토, 인구〉에서 푸코는 '국가의 통치화' 단계를 분석하면서 권력 개념을 확대하였다. 이 책에서 푸코는 개인의 신체를 물리적·공간적으로 분배하고 감시하는 규율권력(〈감시와 처벌〉)과 출생률과 사망률, 건강·수명·장수 등 주민들의 삶/생명에 관여하는 생명관리권력(〈성의 역사1: 앎의 의지〉)을 종합하는 개념으로 '통치(성)gouvernementalité'를 부각시킨다. 여기서 통치(성)는 전체화하는 동시에 개별화하는 권력으로 삶/생명에 관한 통계학적 계산을 통해 인간들을 '인간-종' 단위로 관리하는 동시에 이들의 행위와 품행에 개입하면서 '개인' 단위로도 관리한다. 이를 통해 18세기에 '인간에 대한 통치'가 확립되기 시작했다는 것이다.Michel Foucault, 2011 이러한 푸코의 설명은 이전 시대와는 다른 근대의 새로운 권력 행사방식에 대한 설득력 있는 고찰이라고 평가된다.

파놉티콘의 감시체계 원리가 규범사회의 기본 원리인 '파놉티시즘'으로 바뀌었다는 푸코의 주장은 현대 사회를 분석하는 데에도 통찰력을 제공한다. 오늘날 국가는 CCTV, 지문날인제도, 전자주민카드 및 전자증서 등을 통해 개개인을 미시적으로 감시하고 통제한다. 할리우드 영화인 〈에너미 오브 스테이트Enemy of the State, 1998〉는 국가의 감시와 통제가 개인에게 미치는 위협을 잘 보여준다. 이 영화에서 주인공인 변호사 딘은 감청 및 도청 행위를 합법화하는 정보감찰법에 반대하던 상원의장의 살해 장면을 촬영한 테이프 때문에 국가안보국NSA으로부터 일거수일투족을 감시당하지만 한동안은 그 사실조차 알아채지 못한다. NSA의 획책으로 변호사 사무실에서 해고당하고 모든 금융거래마저 차단당한 채 아내한테도 의심받는 주인공의 모습은 감시국가 미국의 어두운 현실을 잘 보여준다. 실제로 위성 및 각종 전자장비를 이용한 NSA의 광범위하고 무차별적인 감시는 에드워드 스노든Edward Snowden의 NSA 민간 사찰 프로젝트 폭로를 통해 실제 사실로 밝혀졌다.

바로 이런 점에 주목해서 데이비드 라이언David Lyon은 감시야말로 현대세계의 핵심적 특성이라고 지적한다. 감시는 이전까지는 상상도 못했던 방식, 즉 유동성에 반응하고 그것을 복제하는 방식으로 유포되고, 정보를 담아두는 고정된 그릇조차 없이 도처에 퍼져가고 있는데, 이는 '안전' 수요 및 기술공학 회사들의 끈질긴 마케팅 활동에 자극받은 때문이라는 것이다.David Ryon, 2014: 12 이런 특징은 지그문트 바우만Zygmunt Bauman이 제시한 '유동하는 현대liquid modernity'라는 프레임에 기초해 오늘날의 감시 현상을 이해하고 그에 대답해보려는 작업을 가능하게 한다고 라이언은 말한다. 잘 알려져 있듯이 바우만은 현대성이 다소 새롭고 상이한 방식으로 유동해왔다는 견해를 제시했다. 첫째 특징은 새로운 것이 미처 주조되기도 전에 모든 사회적 형식들이 더 빠르게 용해된다는 것이다. 이제 사회적 형식들은 짧은 보존 기간 때문에 형태를 유지할 수도 없고, 인간 행위와 인생전략에 지침을 주는 틀로 응결되지도 못한다. 둘째 특징은 권력과 정치가 분리되고 있다는 것이다. 이제 권력은 국민국가 내부에서가 아니라 세계적인 공간과 역외 공간 속에 존재한다. 그러나 개별 이해관계나 공적 이익에 관련하여 그 옛날 형성되었던 정치는 아직 지역적인 수준에 머물러 있기에 세계적 차원의 사안을 처리하지 못한다. 권력에 대한 정치적 통제력이 부재한 상태이므로 현대 사회에서 권력은 엄청난 불확실성의 원천이 되고 있는 반면에 정치는 많은 사람들의 인생 문제와 그들이 우려하고 있는 것들에서 멀어지고 있다. 정부 부서, 경찰 기관, 민간회사 등과 같은 감시권력이 이 과제를 대신하여 수행하고 있다는 것이다.[David Ryon, 2014: 13-16]

데이비드 라이언은 그의 저서인 〈감시사회로의 유혹[원제는 The Surveillance Society]〉에서 근대의 감시이론을 다음과 같이 네 갈래로 분류한다.[David Ryon, 2014: 203-211] 첫째는 국민국가에 중점을 둔 접근으로 지정학적·군사적 갈등 속에서 감시가 필요하다는 정치적 불가피성에 초점을 맞춘다. 이를 주장하는 학자들은 근대화 이후 군사력이 점점 관료화된 결과 국내 상황이 안정되었는데 이는 감시의 꾸준한 증가를 필요로 하다고 강조한다. 둘째는 관료제와의 관계에 주목한다. 그 주요 이론가인 막스 베버는 감시를 합리적이고 예측가능한 행정의 산물로 본다. 베버에게 관료화된 감시는, 팽창하는 모든 근대국가가 부딪치게 되는 대규모의, 다루기 어려운 업무를 처리하는 데 있어 효율성을 확보할 수 있는 수단이다. 셋째는 기술 논리의 동기를 강조한다. 이 이론에 따르면 치안유지활동이 기술적으로 강화됨에 따라, 잠재적 범죄자들을 더 효과적으로 파악하기 위해 점차 모든 시민을 감독하려는 경향이 있다고 한다. 사람들의 눈에 띄지 않는 치안 기술의 완성은 모든 사람을 세심한 감시 아래 둔다는 것이다. 넷째는 서로 대립하는 이해관계들을 중시하는 정치경제적 접근법이다. 여기서 감시는 다른 계급의 이해관계에 맞서 특정 계급과 그 계급의 이해관계를 재생산하기 위한 전략적 수단으로 간주된다. 이 같은 전략은 자본주의적 생산관계에서 일반적으로 나타난다. 이러한 접근법을 사용하는 학자들은 작업장에서 이뤄지는 테일러주의적 감시뿐만 아니라, 소비자의 행동에 대한 데이터를 수집·처리함으로써 소비행위를 관리하고자 하는 사회적 테일러주의 혹은 '슬로어니즘sloanism'적 감시 양상에 대해서도 분석한다. 이들은 전자적 파놉티콘이 작동하고 있다고 말한다.

이에 더해서 살펴보아야 하는 것이 인터넷, 소셜 네트워크 등의 발달로 정보가 모두에게 동등하게 공개되고 무제한적 의사소통이 가능해지면서 한 걸음 더 다가갈 수 있게 된 사회를 일컫는 이른바 '투명사회'에 대한 평가이다. 재독 철학자인 한병철은 그의 저서인 〈투명사회Transparenzgesellschaft〉에서 투명성 개념에 의문을 제기한다. 투명성에 대한 통념은 투명성이 더 많은 민주주의, 더 많은 정보의 자유, 더 높은 효율성을 가져다줄 것이라고 한다. 한병철은 이를 전복시켜, 투명사회란 신뢰사회가 아니라 새로운 통제사회라고 주장한다. 투명사회는 우리를 만인의 만인에 대한 감시 상태, '디지털 파놉티콘'으로 몰아넣는다는 것이다. 그는 이 사회의 거주민들은 권력에 의해 감시당하는 것이 아니라, 자발적으로 자신을 노출하고 전시함으로써, 심지어 그것을 '자유'라고 오해한 채 스스로 '디지털 파놉티콘'의 건설에 동참한다고 지적한다. 이곳에서는 빅브라더와 파놉티콘 수감자의 구분이 사라진다는 것이다.한병철, 2014

정보화의 진척으로 평범한 일반 시민들이 소수 지배세력의 일방적인 감시에서 벗어나 자신을 감시하는 권력자를 감시하고 통제한다는 시놉티콘synopticon 이론은 일종의 역파놉티콘reverse panopticon이라는 점에서 눈길을 끈다. 노르웨이의 범죄학자인 토마스 매티슨Thomas Mathiesen은 서로 동시에 감시한다는 의미의 시놉티콘을 제시했는데 이는 다수의 시선이 존재하면서 서로 감시를 하는 쌍방향 감시를 가리킨다. 그러나 현실의 비대칭적이고 수직적인 권력관계를 감안하면 정보통신기술은 여전히 권력을 지닌 소수가 거의 독점하고 있다. 그러다 보니 이들의 필요에 의해서 다수의 사람들이 보다 은밀하고 광범위한 감시에 노출될 가능성은 더 높아지고 있다. 소수의 감시자와 다수의 피감시자 간의 경계가 사라지고 모두가 함께syn 서로를 감시하는 상황은 조성되었지만 그 빈도 역시 월등히 소수에게서 다수로 향하는 것이 큰 실정이다.

이러한 주장을 뒷받침해주는 것이 에드워드 스노든이 폭로한 미국 보안기관인 NSA의 감시 실상이다. NSA와 CIA에서 시스템 분석가로 재직한 스노든은 2013년 5월 홍콩에서 영국의 가디언The Guardian 기자인 글렌 그린월드Glen Greenwald에게 NSA에서 2007년부터 사용한 것으로 알려진 광범위 통신

감청 시스템인 PRISM의 실체와 통화감찰기록, 기밀문서를 폭로하였다. 그린월드에 의해 특종으로 보도된 스노든 파일은 대규모 감시의 위협과 디지털 시대에 걸맞은 프라이버시의 가치에 대한 전 세계적인 관심을 불러일으켰다. 국민을 광범위한 감시 아래 두는 정부의 힘을 철폐할 목적으로 제정된 수정헌법 4조에 나와 있듯이 프라이버시의 존중은 미국의 건국정신 중의 하나이다. 그러나 현실은 그렇지 않았다. 이미 오래전부터 FBI는 정부정책에 반대하는 사람을 단속하기 위해 밀고자를 활용하고 우편물을 감시했을 뿐 아니라 감청을 동원했다. 1970년대의 한 조사에 의하면 FBI가 미국인 50만 명에게 잠재적인 '체제 전복자'라는 꼬리표를 달은 뒤 정치적 신념만을 근거로 사람들을 일상적으로 감시했다. 미국의 IT기업들은 중국의 반정부인사를 억압하도록 중국 정부에 협조했다. 부시 행정부는 내국인에 대한 광범위한 무영장 도청을 자행했다. 이를 정당화하기 위해서는 실제 위협을 지속적으로 과장했고, 이를 통해 조성된 테러에 대한 공포를 이용했다. Glenn Greenwald, 2017: 10-13

스노든 사건의 전모는 그린월드가 펴낸 〈더 이상 숨을 곳이 없다: 에드워드 스노든, NSA, 감시국가 미국 No Place to Hide: Edward Snowden, the USA, and the U.S. Surveillance State〉 번역서명은 〈스노든 게이트: 세기의 내부고발〉에 나와 있다. 이 책에는 스노든이 왜 그런 선택을 했고, 그 결과로 어떤 일이 벌어지리라 예상했는지가 언급되어 있다. "권력을 남용한 자들에게 책임을 묻는 것은 국가이익에 반한다는, 과거나 아니라 미래를 내다봐야 하고 불법 프로그램을 중단하기보다는 더 큰 권한으로 확대한다는, 올 것이 왔다는 이유로 미국 권력의 전당에 환영받을 것이라는 원칙 아래에 향후 모든 조사가 배제되었습니다. 저는 그런 사실을 입증하는 문서를 폭로하고 있습니다 … 잠깐이라도, 제가 사랑하는 세계를 지배하는 은밀한 법과 불공정한 사면, 그리고 저항할 수 없는 정부 권력의 단합이 폭로된다면 저는 만족할 것입니다. 도움을 얻으려면 오픈소스 커뮤니티에 합류해서 언론의 정신을 환기시키고 인터넷을 자유롭게 하기 위해 싸우세요." Glenn Greenwald, 2017: 57-58 감시에 대한 스노든의 보다 체계적이면서 구체적인 입장은 2014년 5월 캐나다에서 진행된 '국가감시는 우리를 더 안전하게 하는가?Does State Spying Make us Safer?'라는 주제의 멍크 디베이트Munk Debate에서 소개된 그의 발언에서 발견할 수 있다.

> "전통적인 감시는 장시간 도청에 비용이 많이 들었고, 지나치게 무분별하거나 광범위하게 사용될 경우 감시 대상자가 도청 사실을 들킬 위험이 크다는 근본적인 제약이 있었습니다… 하지만 오늘날 기술발전으로 이러한 제약이 사라졌습니다. 지금의 국가감시는 광범위하게 분포된 데다 마우스 클릭 한 번이면 가능할 뿐 아니라 적은 비용으로 들키지 않고도 시행이 가능합니다. 그 결과 개인이 아니라 전 국민이 끊임없이 감시당하고 있습니다. 이런 상황은 범죄를 예방할 실질적인 필요성 때문이 아니라 정보기관의 편의성을 중심으로 벌어지고 있습니다… 감시 프로그램은 여러분의 이메일과 문자메시지, 검색 기록, 구글에서 검색한 모든 내용, 구매한 모든 항공 티켓을 감시합니다… 저는 (감시 남용의 사례가 발생하는) 이유가 국가 권력이 국민의 권리보다 감시 프로그램의 지속적인 작동과 비밀엄수를 우선시하기 때문이라고 생각합니다… 결론적으로 말해, 국가 감시 프로그램이 완벽하고 결코 남용되지 않더라도… 이 프로그램이 우리의 안전을 지켜준다는 특별한 가치가 입증된 바 없다는 점을 상기시켜 드리고 싶습니다."
>
> _Glenn Greenwald 외, 2015: 97-102

국가감시가 국민의 자유를 지키는 정당한 수단인가에 대한 질문에 대해서는 다양한 견해가 대립하고 있다. 위에서 언급한 멍크 디베이트에서도 쟁점으로 부각된 문제는 결국 정부에 대한 국민의 신뢰였다. 국가권력이 국민 전체의 안전과 이익을 위해 국가감시 기술력을 관리하고 적절히 사용되도록 하는지, 아니면 국민 개개인에 침투하여 프라이버시에 대한 기대를 유지하는 데 필요한 개인과 정부 간의 신뢰를 훼손하는지에 대한 견해의 차이가 존재한다. 찬성론자들은 감시와 자유가 모순 없이 공존할 수 있다고 주장한다. 적절하게 시행되고 적절하게 제약받는 감시는 생명을 보호하며 자유를 지키는 데 도움이 된다는 것이다. 이에 반해 반대론자들은 보안기관들이 실제로는 어둠 속에서 구축한 무차별적이고 공격적일 뿐 아니라 마구잡이식 감시시스템을 과시하고 있다고 주장한다. 그 결과로 전 국민이, 아무런 죄도 없는 수억 명의 국민이 일상적으로 통신 내용을 수집, 감시, 저장당하고 있다고 한다. Glenn Greenwald 외, 2015: 59-69

이런 현상은 미국에만 한정되어 발생하지 않는다. 이를 가능케 한 것은 냉전 종식 후 빈발해진 테러였다. 테러에 대한 공포와 안전에 대한 요구의 증대가 이 문제의 해결수단으로 감시를 불러낸 것이다. 냉전의 수사학과 태도가 떠난 자리를 반테러리즘이 주도하고, '공산주의자'에 대한 공포는 '테러범'에 대한 공포로 대체되었다. 그 주된 계기는 2001년 9월 이슬람 테러단체인 알 카에다에 의해 동시다발적으로 발생해 전 세계를 충격에 빠트렸던 9.11 사태였다. 9.11 사태가 감시에 미친 영향은 두 가지인데, 하나는 서로 다른 감시 체계들 간의 수렴과 통합이고, 다른 하나는 그것들의 전 지구화이다. 그 결과 첨단 기술을 사용하는 새로운 안보와 감시 조치들이 평범한 시민들에게도 영향을 미치고 있다. David Ryon, 2011: 140-148, 168-178 9.11 사태를 계기로 감시를 둘러싼 논쟁에서 프라이버시와 안보 사이의 균형은 현격하게 안보 쪽으로 기울었다. 정부는 국민에 대해 더 많은 정보를 수집하고 있으며, 더 많은 감시 프로그램을 작동하고 있다. 영상감시, 위치추적, 데이터마이닝, 도청, 열 감지, 첩보 위성, 엑스레이 등 정보수집과 감시에 사용할 수 있는 기술적 수단도 엄청나게 늘었다. Daniel J. Solove, 2011: 62-70

이와 관련해 데이비드 라이언은 〈9월 11일 이후의 감시 Surveillance after September 11〉에서 9.11 사태 이전의 감시는 국민국가 단위로 이뤄지는 자기 국민 훈육인 데 비해 9.11 사태 이후는 자국민에게 공포와 의심을 조장하면서 안전을 명분으로 외국인을 혐오하거나 특정 인종을 배제하는 차이가 있다고 한다.[2] '테러와의 전쟁 War on Terror'이라는 수사학이 사회·정치적 담론을 지

2) 이와 관련하여 타리크 알리(Tariq Ali)는 다음과 같이 비판한다. "미국과 유럽의 정치인들은 여전히 벽에 그려진 낙서도 보지 못할 만큼 눈이 가려져 있다. 이들은 테러리스트들의 폭력에 대해서는 위선적으로 거부하면서도 [그들 스스로의] 고문과 신병구속, 암살, 아무나 잡아다 재판도 없이 구속시킬 수 있는 자국 내에서의 '법치주의의 예외' 상황은 거리낌 없이 변호한다." 알리는 '테러와의 전쟁'으로 인해 미국 시민들의 안보도 오히려 취약해졌다고 분석했다. 이는 테러범들에 의해서라기보다는 테러범을 잡겠다

배하면서 사람들은 자유를 희생하는 대신 안전을 위해 스스로 감시자가 되기를 자처하였으며, 강화된 감시 체계를 기꺼이 수용하였다는 것이다. 이런 사회적 분위기 속에서 첨단 감시 기술들은 공항을 비롯한 우리의 일상에 깊숙이 자리 잡게 되었고, 여러 기관과 국경을 넘나들며 공유되고 통합되고 있다고 한다. David Ryon, 2011: 159-168

테러와의 전쟁은 세계 각국에서 테러방지법을 제정하는 등 관련 법률을 강화하고 보안과 감시시설을 강화하는 것으로 이어졌다. 영국과 일본 등 미국의 동맹국은 특히 이런 조치가 두드러지는 국가로 꼽힌다. 영국 정부는 미국에 비해 중동의 테러리스트들에게 상대적으로 쉽게 노출되어 있는 자신을 보호한다는 명목을 내세워 각종 테러 방지법을 만들었다. 테러리스트들과 같은 종교를 가졌다는 이유로 자국 내 아랍계 국민들에 대한 감시를 강화하고 있으며 아랍계 국민들의 거주지를 중심으로 테러 방지 센터 설치를 확대하는 등 '내부의 적'을 감시하기 위해 총력을 기울이고 있다. 〈오마이뉴스〉, 2004년 7월 13일 이러한 조치는 2005년 7월 7일 출근 시간에 지하철 3대와 버스 1대를 대상으로 발생한 폭탄 테러로 55명이 사망하고 700명 이상이 부상당한 런던 폭탄 테러로 가속화되었다.

한편 일본 정부는 테러와의 전쟁을 자위대의 해외 활동과 군사 개입 확대의 명분으로 이용하였다. 국내적으로는 테러방지를 위한 예방 조치라는 명분으로 중대 범죄를 사전에 모의해도 처벌하는 것이 핵심인 '테러 등 준비죄,' 이른바 '공모죄' 법안을 통과시키고, 통신감청법, 마이넘버제도(주민등록번호), 위치정보시스템 등의 적용범위를 확대하는 것으로 이어졌다. 〈경향신문〉, 2017년 5월 19일 스노든이 폭로한 미국과 일본의 첩보활동 협력과 관계된 비

는 명목하에 국가권력이 시민들에게 가하는 억압 때문이다. 위키리크스 설립자 줄리언 어산지(Julian Assange)와 위키리크스에 정보를 제공한 혐의를 받고 있는 브래들리 매닝(Bradley Manning)처럼 미국의 전쟁에 반대하는 사람들은 '공공의 적'으로 지목됐다. Tariq Ali, "America's selective vigilantism will make as many enemies as friends," *The Guardian*, Tue 6 Sep. 2011.

밀문서에 따르면 일본은 미국 NSA와 스파이 툴을 비밀리에 거래하는 등 글로벌 첩보 활동을 확대해왔다고 알려졌다. 2013년에는 미국에 악성 소프트웨어를 식별할 수 있는 정보를 공유해준 보답으로 미국이 일본에 강력한 정보수집 시스템인 엑스키스코어XKeyscore를 제공한 것이 드러났다. 엑스키스코어는 e-메일 정보 등 일반적인 사용자가 인터넷에서 수행하는 거의 모든 행위를 모니터링할 수 있는 '가장 광범위한' 감시 시스템이다.[3] 〈중앙일보〉, 2017년 4월 25일

그동안 한국에서도 국가감시를 둘러싸고 사회적 논란이 일었다. 한국에서 국가 정보기관은 설립 초기에는 주로 야당 당수, 여당의 실력자, 재야인사와 같은 정권을 위협하는 인물들을 감시했다. 이 와중에 대학생, 재일교포, 납북어부 등을 대상으로 간첩사건을 조작하기도 했다. 중앙정보부뿐만 아니라 보안사령부, 경찰 등도 정보사찰, 협박, 방송통제, 세뇌교육에 관여했다. 1968년 '1.21 사태'를 계기로 도입된 주민등록제도는 원래는 행정기관에서 원활한 행정을 위해 거주민을 등록해 관리하는 게 목적이었지만, 실제로는 모든 국민을 지문과 일련번호를 통해 감시하는 데 목적이 있었다. 주민등록제도를 제외한 무차별적 감시와 정보사찰은 1980년대 이후 민주주의로 이행하면서 점차 용이하지 않게 되었다. 야당에 의한 정권교체가 이뤄진 1997년 이후 10년 동안 검찰과 국가정보원을 개혁하려는 시도가 있었으나 이뤄지지 못했다. 2008년 이명박 정권이 국정원을 강화하고 방송을 장악하면서 과거의 망령이 되살아났다. 그러나 그 방식은 더욱 교묘하게 달라졌다. 〈PD수첩〉 사건 때는 범죄성, 고의성을 입증한다고 해당 방송작가의 이메일 몇 년 치를 뒤졌다. 아고라 토론방에서 활동하던 '미네르바'를 기소하

---

3) 다쿠니야 유코(国谷裕子)에 의하면 스노든은 "미국은 악성 코드를 작동시켜 일본의 인프라를 혼란에 빠뜨리는 수 있다는 것은 사실입니까?"라는 물음에 "'그렇다'고 대답했다고 한다. 일본은 NSA에 최소한 3곳의 자국 내 기지를 운영하도록 해왔고 재정적 지원도 해왔다. 2017년 새로 알려진 일본 관련 비밀문서에 따르면 대량 감시 시스템 XKeyscore가 미국 정부로부터 일본 정부에 양도되었다. エドワード・スノーデン・国谷裕子(2018).

고 비판적인 네티즌들을 '허위사실 유포죄' 등으로 협박하였다. 이로 말미암아 네티즌들은 자기검열을 하거나 전 세계에서 유례없는 '이메일 망명' 즉, 외국에 서버가 있는 메일로 옮기는 일이 나타났다.[한홍구 외, 2012: 29-35] 이는 컴퓨터 데이터베이스를 통해 수집되는 정보들의 위험에 대한 사람들의 우려가 이전에 비해 더 커졌다는 점을 보여준다. 반민주적 감시사회의 문제점을 인식하고 이로 인한 문제를 개선하기 위한 사람들의 노력에 힘입어 2011년 3월에 '개인정보보호법'이 제정되고 2012년 4월에는 '주민번호 수집·이용 최소화 종합 대책'이 발표되었다. 검찰과 경찰, 국정원의 민주적 개혁을 추진하여, 이들 공안기관들이 민주적 통제를 받게 해야 한다는 요구도 커졌다. 이들이 괴물이 되어 국민들의 기본권을 훼손하지 않도록 해야 한다. 민주주의 수준이 질적으로 향상되면 불법 감시는 이에 반비례해서 줄어들 것이다. 이러한 당위성에도 불구하고 국가감시를 둘러싼 논란이 끊임없이 발생하는 것은 현실이 아직 이를 따라가지 못하고 있다는 점을 보여준다. 대표적인 논란을 살펴보면 다음과 같다.

① **테러방지법 도입 논란**: 한국에서도 2016년에 '국민보호와 공공안전을 위한 테러방지법(테러방지법)'의 도입을 둘러싼 논란이 전개됐다. 배경은 미국의 9.11 테러 발생 직후인 2001년 9월 28일 국제연합 안전보장이사회에서 테러활동 및 집단행동 등의 예방, 조치 및 무기, 정보, 자금 등의 지원차단을 위한 회원국의 이행사항을 부여한 결의(제1373호)가 채택된 것이었다. 이를 계기로 2001년 11월 김대중 정부는 국정원에 대테러센터를 설치하고 대테러 활동을 위한 국정원의 기능을 강화하는 내용을 담은 법안을 최초로 정부입법 발의했다. 찬성자들은 이 법이 테러의 예방 및 대응 활동 등에 관하여 필요한 사항과 테러로 인한 피해보전 등을 규정함으로써 테러로부터 국민의 생명과 재산을 보호하고 국가 및 공공의 안전을 확보하는 데 필요하다는 것을 내세웠다. 그러나 국정원의 권한을 둘러싼 여야 간 대립과 인권 침해 가능성이 큰 독소조항을 우려한 시민사회단체의 반대로 번번이 국회의 소관 상임위나 본회의의 문턱을 넘지 못했다.

테러방지법은 2015년 12월 당시 박근혜 대통령이 '긴급명령을 발동'해서라도 법을 제정하겠다고 나서면서 다시 논의되기 시작했다. 박 전 대통령은 국무회의에서 "우리나라가 테러를 방지하기 위해서 기본적인 법체계조차 갖추지 못하고 있다는 것을 IS(이슬람국가)도 알아 버렸다. 이런데도 천하태평으로 테러방지법을 통과시키지 않을 수 있겠나?"라고 발언했다. 또한 "테러방지법이 통과되지 못하면 테러에 대비한 국제공조도 제대로 할 수가 없고 (다른 나라와) 정보 교환도 할 수 없다"고 강조했다. 이에 호응해 여당 원내대표는 테러가 일어나면 야당 책임이라면서, G20 국가 중에 테러방지법이 제정되지 않은 곳은 우리나라를 포함해 단 3곳뿐라고 압박을 가했다. 〈오마이뉴스〉, 2015년 12월 16일 이에 대해서는 '테러 방지'에 관해서 한국이 G20에 속한 어느 나라에도 뒤지지 않을 만큼 강력한 기구와 제도를 운용한다는 반박이 잇따랐다. 여야 간 대립이 다시 이어진 끝에 다음 해 2월 23일 정의화 국회의장이 테러방지법 법안을 직권상정 하자 당시 야당이던 더불어민주당 소속 의원들이 테러방지법의 표결을 막고자 2012년 국회선진화법 제정 때 재도입된 필리버스터(무제한 토론)를 신청해 표결 저지에 나섰다. 논란이 된 것은 테러방지법이 이른바 독소조항을 포함하고 있기 때문이었다.

문제시된 조항은 "국가정보원(국정원)이 대테러 활동에 필요한 경우 법원의 영장 없이 감청을 실시할 수 있다"는 2조, 그리고 "국정원장은 테러 위험 인물이라고 판단될 때 출입국 기록, 금융거래 기록, 통신이용 기록, 위치정보 기록 등을 수집할 수 있다"는 9조였다. 반대측은 이 법안이 개인정보를 광범위하게 수집할 수 있고 개인 프라이버시를 침해하며 반대의견을 묵살하려는 정부당국에 의해 이용될 수 있다는 점을 근거로 삼았다. 이 법에는 확실한 용의자가 아니라 용의자로 의심되는 인원에 대해 적극적으로 법 적용이 가능하도록 되어 있고, 테러단체나, 테러 주체를 가리키는 기준이 매우 주관적이고 애매하다는 것이다. 또 국정원 중심의 대테러 컨트롤타워 구축도 문제 삼았다. 국정원의 전신인 중앙정보부나 국가안전기획부가 저질렀던 각종 고문과 만행 등에 대한 최소한의 규제나 국민적 감시, 안전장치도 없이 권한을 대폭 늘릴 경우 문제가 될 수 있다는 것이다.

테러방지법이 민간인 사찰을 포함한 정치 탄압에 악용될 수 있다며 반대한 야당은 테러방지법 처리를 막기 위해 법안이 직권 상정된 이후인 2월 23일 오후 7시 7분부터 3월 2일 오후 7시 31분까지 192시간 넘게 필리버스터(무제한 토론)를 진행했다. 야당의 마라톤 필리버스터가 종료되자, 국회는 본회의를 열어 이종걸 더불어민주당 원내대표가 대표 발의한 야당의 수정안을 표결에 부쳤지만 재석 263석에 찬성 107표, 반대 156표로 부결됐다. 야당 의원들은 자신들의 수정안이 부결되자 이후 표결을 거부한 채 본회의장에서 퇴장했다. 이어서 국회 정보위원회 소속 이철우 새누리당 의원이 대표발의한 뒤 같은 당 주호영 의원이 일부 수정한 법안을 157명의 의원이 참석한 가운데 찬성 156명(새누리당 전원), 반대 1명(국민의당 김영환 의원)으로 통과시켰다.

테러방지법은 국가정보원이 테러위험 인물에 대한 출입국, 금융거래 정지 요청 및 통신 이용 관련 정보를 수집할 수 있도록 한 것이 핵심이다. 법안에는 대테러활동에 관한 정책의 중요사항을 심의·의결하기 위해 국무총리를 위원장으로 국가테러대책위원회를 설치하고, 대테러활동 관련 실무 임무를 수행하는 대테러센터를 국무총리 소속으로 두는 등의 내용이 담겼다. 특히 국가정보원장이 '테러위험 인물'에 대한 출입국·금융거래 정지 요청을 할 수 있고 통신이용 관련 정보를 수집할 수 있도록 권한을 부여했다. 법안은 또 국정원장이 테러위험인물에 대한 '민감정보'를 포함해 개인정보와 위치정보를 업체에 요구할 수 있도록 허용했고 테러위험인물에 대한 추적을 할 수 있게 했다. 〈데일리한국〉, 2016년 3월 2일

통과된 테러방지법에는 테러위험인물에 대한 추적을 할 경우 국무총리인 대책위원회 위원장에게 사전 또는 사후에 보고하도록 하고, 대테러 업무 수행 과정에서 기본권 침해가 발생하지 않도록 인권보호관 한 명을 대책위 밑에 두도록 하였다. 그러나 인권보호관 제도는 이 법 시행령에서 "보호관이 인권침해 행위가 있다고 인정할 만한 상당한 이유가 있는 경우에는 국가테러대책위원장(국무총리)에게 보고한 후 관계기관 장에게 시정을 권고할 수 있다"고만 했을 뿐, 별도 강제 조항은 규정하지 않고 있다는 점에서 한계

가 있다고 지적된다. 9조 3항에서 "국가정보원장은 민간 정보를 포함하는 테러위험인물의 개인정보와 위치정보를 개인정보 처리자와 위치정보사업자에게 요구할 수 있다"고 규정하고 있으나 이를 통제하거나 감독하는 절차 규정도 없다. 테러방지법이 미국 국가안보국의 대규모 감청을 고발한 에드워드 스노든의 폭로 이후 폐기된 미국의 '애국법Partiot Act' 215조[4]와 닮아 무분별한 정보 수집을 견제해야 할 필요성이 크다는 점도 지적된다.

② **민간인 불법사찰 사건**: 국가기관에 의한 민간인 감시는 한국에서도 정치적 쟁점이 되었다. 그 대표적인 사건은 이명박 정권 시절 대표적인 인권침해 사건으로 꼽히는 국무총리실 산하 공직윤리지원관실의 '민간인 불법사찰 사건'이다. 이 사건을 추적해 상세하게 보도한 한국일보 법조팀이 낸 〈민간인 사찰과 그의 주인〉에서는 이를 "일반 범죄와 달리 국가기관에 의해 장기간에 걸쳐 조직적으로 자행된 국기문란 사건"이라고 지적한다. 그러면서 "증거인멸, 말맞추기, 회유 및 입막음 시도 같은 수사 방해, 검찰의 부실 수사 논란, 양심 고백 및 폭로, 그리고 재수사 등 매우 복잡하게 사건이 전개되어 왔다"고 그 특징을 언급하고 있다.한국일보 법조팀, 2013: 15 2008년 7월 공직윤리지원관실이 신설된 배경은 당시 기획총괄과장으로 재직한 진경락이 작

---

4) 9.11 테러가 난 뒤에 제정된 미국의 '애국법' 215조는 외국 정보 수집이나 국제 테러 수사에 필요한 경우, 미 정보 당국이 기업이나 개인 정보를 취득할 수 있게 허용하는 내용을 담고 있었다. 이에 근거해 NSA가 전화번호와 통화시간 등 통신기록을 무차별적으로 수집한 사실이 스노든의 폭로로 드러난 바 있다. 감청에 대한 비판이 드세지고, 연방 법원이 NSA 감청 프로그램이 불법이라고 판결하자 미 정부와 의회는 2015년 6월 애국법을 폐지하고 대체법인 '미국자유법(USA Freedom Act)'을 마련했다. 미국자유법은 NSA가 개인들의 통신기록을 확보하려면 법원의 영장을 발부받도록 제한을 두는 등 도·감청 범위를 엄격히 제한했다. 이 법은 통신회사가 통신기록을 보유하고 NSA가 이에 대해 문의할 수 있도록 했다. 이 경우에도 민감한 개인정보는 NSA에 제공되지 않는 것으로 규정했다. 그러나 NSA가 2015년 이후 자국 통신회사들로부터 제공받은 6억 8,400만 건에 달하는 통신기록(통화 및 문자메시지) 중에는 NSA가 합법적으로 취득할 수 없는 기록도 포함돼 있다는 것이 알려져 논란을 빚었다. 〈뉴시스〉, 2018년 6월 30일.

성한 이른바 'VIP 충성 문건'에 적나라하게 나와 있다. 이 문건은 조직을 신설한 목적을 '인터넷, 불법 폭력집회로 확산된 조직적 반MB(이명박)·반정부 흐름 차단 / 정부 출범에도 불구, 노(무현) 정권 코드 인사들의 음성적 저항과 일부 공직자들의 복지부동으로 인해 VIP의 국정수행에 차질 / 통상적인 공직 기강 업무는 국무총리가 지휘하되, 특명 사항은 VIP께 절대 충성하는 주군의 친위 조직이 비선에서 총괄 지휘'라고 기록하고 있다.한국일보 법조팀, 2013: 46

불법사찰을 일삼던 지원관실은 2010년 6월 민간인을 불법사찰한 사실이 알려지면서 세상의 주목을 받게 되었다. 이는 민간인 신분인 김종익 씨가 자신의 블로그에 올린 동영상에서 시작됐다. 김 씨가 올린 '쥐코' 동영상에는 이 전 대통령을 '30개의 전과를 가진 범죄자', '개발예정지에 엄청난 땅을 사둔 사람' 등으로 표현한 내용이 들어 있었다. 공직윤리지원관실은 동영상이 이명박 전 대통령을 비난하는 내용이라는 이유로 김 씨에 대해 불법 사찰을 진행했다. 이인규 지원관 등은 김 씨의 회사를 찾아가 주식 양도와 대표이사 사직 등을 강요했다. 불법사찰 사실이 알려지자 지원관실은 증거인멸에 나섰다. 검찰은 김 씨가 이 전 대통령을 비방할 목적으로 거짓 사실이 포함된 동영상을 게시해 이 전 대통령의 명예를 훼손했다면서 정보통신망법 위반(명예훼손) 혐의로 기소유예 처분했다.

이에 김씨는 처벌 중 가장 낮은 기소유예 처분을 받았으나 혐의 자체가 인정된 것도 부당하다며 헌법소원을 냈다. 헌법재판소는 "제3자가 제작한 동영상을 인터넷에 게시한 행위는 단순히 인용하거나 소개하는 것에 불과한 경우 명예훼손의 책임을 지지 않는다"고 판결했다. 김 씨가 다른 사람이 제작한 '쥐코' 동영상을 단순히 블로그에 게시만 했기 때문에 형사적인 책임을 질 의무는 없다는 것이다. 아울러 헌재는 공인(공직자)에 대한 합리적인 비판과 표현의 자유도 강조했다. 이 사건은 재수사를 통해 박영준 전 지식경제부 차관, 이영호 전 고용노사비서관 등 이 전 대통령의 최측근으로부터 이어진 고리가 드러나 박 전 차관은 징역 2년, 이 전 비서관은 징역 2년 6월의 실형을 선고받고 복역했다. 모든 사실을 폭로한 '공익제보자' 장진수

전 주무관도 증거 인멸 등의 혐의로 징역 8월과 집행유예 2년형을 확정받았다.〈경향신문〉, 2013년 12월 27일 김종익 씨 사찰 사건은 이명박 정권 시절 공직윤리지원관실이 정권에 비판적인 인사들을 대대적으로 감시한 사실이 드러난 대표적 사례이다.

③ **카카오톡 검열 논란**: 모바일 인스턴트 메신저인 '카카오톡'에 대한 검열 논란은 2014년 9월 16일 국무회의에서 당시 박근혜 대통령이 '대통령 모독' 발언을 하면서 비롯됐다. 이에 검찰이 9월 18일 검찰이 "인터넷 허위사실 유포를 엄단하겠다"며 사이버상 허위사실 유포 대책회의를 개최했다. 당시 유관기관 회의에는 카카오톡 간부가 참석한 사실도 드러났다. 이 사실이 알려지자 그때까지 실시간 감시는 물론 감청 영장 자체도 부인하던 다음카카오 측이 감청 사실을 인정하고 "정당한 요청에 협조할 수밖에 없다"고 밝히면서 논란이 확산되었다. 경찰이 '네이버 밴드' 이용자의 대화내용을 수사자료로 요청했던 사실도 국정감사를 통해 확인됐다. 철도노조가 파업을 벌이던 시기에, 경찰이 노조원들을 수사하는 과정에서 '밴드'의 관리 업체 측에 철도노조원의 통화 내역은 물론 가입된 모임 목록, 대화 내용, 대화를 주고받은 상대방의 가입 정보까지 요청한 것이 밝혀져 논란이 확산됐다. 이에 당시 야당인 새정치민주연합은 "카카오톡을 비롯한 국민의 개인적인 통신비밀을 광범위하게 사찰하고 있다는 징후가 드러나고 있다"며 검찰의 사이버 검열이 표현의 자유를 침해할 우려가 있다고 비판하고 나섰다. 카카오톡 사찰 논란이 수그러들지 않자 스마트폰 사용자들 사이에서는 국산 카카오톡에서 독일에 본사를 둔 해외 무료 스마트폰 메신저인 텔레그램으로 갈아타는 사태가 빚어졌다.

연관 키워드

빅브라더, 감시사회, 파놉티콘(panopticon), 파놉티즘(panoptisme), 생체권력

[참고문헌]

Ali, Tariq. "America's selective vigilantism will make as many enemies as friends." *The Guardian*, Tue 6 Sep 2011.

Bauman, Zygmunt & David Lyon. 한길석 역. 〈친애하는 빅브라더: 지그문트 바우만, 감시사회를 말하다〉. 파주: 오월의봄, 2014.

Bentham, Jeremy. 신건수 역. 〈파놉티콘〉. 서울: 책세상, 2007.

Eubanks, Virginia. 김영선 역. 〈자동화된 불평등: 첨단기술은 어떻게 가난한 사람들을 분석하고, 감시하고, 처벌하는가〉. 서울: 지학사, 2018.

Foucault, Michel. 오생근 역. 〈감시와 처벌: 감옥의 역사〉. 파주: 나남, 2003.

Foucault, Michel. 오트르망 역. 〈안전, 영토, 인구: 콜레주드프랑스 강의 1977~78년〉. 서울: 난장, 2011.

Gilliom, John. *SuperVision: An Introduction to the Surveillance Society.* Chicago: University of Chicago Press, 2012.

Greenwald, Glenn 외. 오수원 역. 〈감시국가: 국가감시에 관한 우리 시대 정상급 논객들의 라이브 토론 배틀〉. 파주: 모던타임스, 2015.

_____. 박수민·박산호 역. 〈스노든 게이트: 세기의 내부고발〉. 서울: 모던아카이브, 2017.

Kurz, Constanze & Frank Rieger. *Cyberwar—Die Gefahr aus dem Netz: Wer uns bedroht und wie wir uns wehren können.* München: C. Bertelsmann Verlag, 2018.

Lyon, David. 이혁규 역. 〈9월 11일 이후의 감시〉. 서울: 도서출판 울력, 2011.

_____. 이광조 역. 〈감시사회로의 유혹〉. 서울: 후마니타스, 2014.

Mattelart, Armand. 전용희 역. 〈감시의 시대〉. 파주: 알마, 2012.

Orwell, George. 정회성 역. 〈1984〉. 서울: 민음사, 2007.

Richardson, Michael. "Surveillance Publics After Edward Snowden." Contemporary Publics. First Online: 12 September 2016.

Solove, Daniel J. *Nothing to Hide: The False Tradeoff between Privacy and Security.* New Haven: Yale University Press, 2011.

Todd, Paul & Jonathan Bloch. 이주영 역. 〈조작된 공포: 세계 정보기관의 진실〉. 파주: 창비, 2005.

Tudge, Robin. 추선영 역. 〈감시 사회: 안전장치인가, 통제 도구인가?〉. 서울: 도서출판 이후, 2013.

エドワード スノーデン·国谷裕子. 〈スノーデン 監視大国 日本を語る〉. 東京: 集英社, 2018.

공제욱. "주민등록제도와 총체적 감시사회: 박정희 독재의 구조적 유산." 〈민주사회와 정책연구〉. Vol.9, 2005.
신건수. "해제－파놉티콘과 근대 유토피아." Jeremy Bentham. 신건수 역. 〈파놉티콘〉. 서울: 책세상, 2007.
정충식·김동욱. 〈지능정보시대의 전자감시사회론〉. 서울: 서울경제경영, 2017.
한국일보 법조팀. 〈민간인 사찰과 그의 주인〉. 파주: 북콤마, 2013.
한병철. 〈투명사회〉. 서울: 문학과지성사, 2014.
한홍구 외. 〈감시사회: 벌거벗고 대한민국에서 살아가기〉. 서울: 철수와영희, 2012.

열다섯 번째 키워드: 사법부

다른 수단에 의한 정치

일반적으로 민주국가에서 사법부는 사법권을 행사하는 국가기관으로 행정부, 입법부와 분리되어 있다. 대부분의 경우 사법부는 대법원을 정점으로 고등법원, 지방법원과 특별법원 등 위계적으로 구성된다. 헌법상 사법권은 법원에 부여되어 있다. 법원이 사법부로서의 임무를 다하기 위해서 헌법은 "법관은 헌법과 법률에 의하여 그 양심에 따라 독립하여 심판한다"고 규정하고 있다.[헌법 103조] 이는 법관이 정치권력과 같은 외부의 간섭 없이 독립하여 심판한다는 것을 의미한다. 이러한 권력분립은 국가의 자의적인 권력행사로부터 그 구성원인 국민의 기본권을 지키려는 데 주된 목적이 있다.

그러나 이 같은 목적이 제대로 실현되지 않는 사례도 흔하다. 특히 입법권을 행사하는 의회가 국민의 선거로 구성되는 데 비해 사법부는 선출되지 않고 견제되지 않는 권력이라는 태생적 한계를 지닌다. 이와 더불어 다른 국가권력으로부터 독립되어 국민의 권리를 지켜야 하는 사법부가 그렇지 못하고 오히려 이들의 하수인 역할을 하는 경우도 많았다. 예를 들어 과거 권위주의 정부 시절 일부 민주화운동 참가자들을 공안기관이 간첩 혐의를 뒤집어 씌어 불법 연행, 감금한 뒤 관련 법원에서는 판결을 통해 이를 정당화시키곤 했다. 반면, 권력을 이용해 범죄를 저지른 사람들과 그 하수인들에 대해서는 온정주의에 입각한 판결이 내려지곤 하였다. 억울한 일을 당한 사람들이 '유전무죄(有錢無罪), 무전유죄(無錢有罪)'라는 '법 앞의 불평등'을 겪는 미틴 쉐프터(Martin Shefter)와 벤자민 긴스버그(Benjamin Ginsberg)는 〈다른 수단에 의한 정치(Politics by Other Means, 2002)〉에서 정당이 쇠퇴하고 선거가 덜 중요해지면서 미국에서 정치 경쟁의 장소는 투표장이나 유세장에서 점차적으로 사법부나 언론으로 옮겨가고 있다고 한다.

경우도 적지 않다. 이런 현실은 사법부에 뿌리 깊은 불신을 갖도록 만들었다.

최근 들어와 이른바 '사법의 정치화judicial politicization' 현상이 두드러지고 있다. 이는 입법부와 집행부의 정책결정 과정에 사법부가 적극적으로 개입하는 사법적 행동주의judicial activism의 현대적 표현으로 '정치의 사법화judicialization of politics'와는 동전의 양면에 해당하는 현상이라 할 수 있다. 사법의 정치화는 민주주의로의 이행기나 체제전환 과정, 그리고 대통령과 의회 지배 정당이 다르며 집권당이 소수당으로 전락하는 분할정부divided government의 경우에 흔히 나타난다. 문제는 이로 인해 법의 지배와 민주주의 간에 긴장관계가 형성되면서 법의 지배가 견제와 균형에 입각한 권력분립이라는 민주주의의 기본원리를 훼손하는 데 있다. 선출되지 않고 견제받지 않으며 책임지지 않는 사법부가 인민주권에 기반해 선거로 구성된 대표기관인 의회보다 우위에 서는 것은 근대 민주주의에 대한 심각한 도전이 된다.

사법의 정치화 현상은 민주주의 이행기에 그동안 권력으로부터 배제된 개인과 집단들이 그들의 권리를 확보하는 수단으로 사용되는 경우는 긍정적으로 평가될 수 있다. 그러나 정치인들이 그들의 특수하고 집합적인 이익을 추구하기 위한 전략으로 사법의 정치화가 발생하는 경우는 부작용이 매우 크다. 스페인의 정치학자인 호세 마리아 마라발José María Maravall은 정치인들이 민주적 경쟁의 결과를 바꾸기 위한 전략으로 정치를 사법화하는 경향이 있다고 지적한다. 첫째, 정치인들에게 물을 수 있는 책임의 범위가 좁게 한정되어 있다면 정치의 사법화 가능성이 증가한다. 둘째, 야당이 현재의 경쟁규칙 속에서는 계속되는 선거에서 이길 수 없다고 판단할 때 경쟁의 새로운 차원으로 사법적 행동주의를 끌어들인다. 셋째, 판사들이 독립적이지만 중립적이지는 않은 특정한 정치적·제도적 조건 아래에서 어떤 정부는 권력을 공고히 하고 반대세력을 약화시키기 위해 사법적 행동주의를 교묘히 이용한다. Adam Przeworski & José María Maravall, 안규남 외 역, 2008: 426-428

마라발이 지적한 이러한 현상은 쉐프터Martin Shefter와 긴스버그Benjamin Ginsberg가 지칭한 이른바 '다른 수단에 의한 정치politics by other means'의 한 사례이기도 하다. 쉐프터와 긴스버그는 미국에서 정당이 쇠퇴하고 선거가 덜 중요해지면서 승자는 완전한 통제권을 갖지 못하고 패자도 권력을 빼앗기지 않게 되었다고 지적한다. 그 결과 정치는 점증적으로 선거 이외의 다른 수단에 의한 정치에 의해 수행되고 있다는 것이다. 쉐프터와 긴스버그는 정당의 영향력이 쇠퇴하고 유권자들의 투표율이 감소하는 까닭에 선거 이후에도 누가 권력을 행사할 것인가를 정하는 것이 어렵게 되었다고 지적한다. 일부 정치세력은 선거 승리에도 불구하고 적은 권력만 갖는데 비해 다른 세력은 실패에도 불구하고 권력을 유지하며, 심지어는 선거경쟁 없이 권력을 행사하는 세력도 존재한다는 것이다. 이러한 정치현실은 국가적 목표를 달성하려는 정부의 능력을 감소시킬 뿐만 아니라 때로는 분할정부를 초래하면서 정치의 교착상태를 만들어 낸다. 분할정부는 정치의 교착상태를 만들어내며 대중동원을 목표로 한 정당 간 선거경쟁으로부터 대통령 대 의회라는 제도적 권력 간의 쟁투로 정치의 중심을 이동시켰다.

쉐프터와 긴스버그는 미국에서 공화당과 민주당이 자신이 장악하고 있는 대통령이나 의회의 권한을 확대하는 대신 상대방이 장악하고 있는 행정부와 입법부의 권한을 제한하고 사법부를 장악하기 위한 제도적 투쟁에 몰두하였다고 지적한다. 이 과정에서 언론의 역할이 엄청나게 중대되고 검찰의 수사를 이용한 반대세력의 공격이 증가하였다. 즉 정치경쟁의 장소는 투표장이나 유세장에서 사법부나 언론으로 옮겨졌고 선거를 대신해 이른바 '폭로-수사-기소RIP: revelation-investigation-prosecution'가 정치적 투쟁의 유용한 수단으로 등장하였다. 대통령과 대통령 주변 인사들의 부패를 둘러싸고 양당들은 경쟁적으로 언론과 검찰을 동원하였다. 문제는 국가기구 내의 검찰이나 사적 영역 내의 언론이 유권자들에 대해 책임성을 갖지 않는 기관이라는 점이다. 유권자들에 폭로와 조사, 기소의 증가는 다시 선거의 유용성을 감소시키고 정당의 역할을 축소시키는 악순환의 고리를 형성하고 있다.Benjamin Ginsberg & Martin Shefter, 2002: 1-36

다른 수단에 의한 정치는 특히 미국의 클린턴 정부 시절에 두드러졌다. 이는 언론과 공화당과 더불어 대법원에 의해 행해졌다. 예를 들어 미 대법원은 1997년 폴라 존스Paula Jones 케이스에서 대통령에 대한 민사소송을 승인하였다. 당시 대법원은 판결에서 폴라 존슨의 손해배상소송은 "클린턴 대통령의 시간을 많이 빼앗지는 않을 것이다"라고 선언하며 민사소송을 합리화하였다. 결국 예상대로 이 사건은 1년여를 끌었고 대통령의 많은 시간을 빼앗았다. '대통령 때리기'라는 정치적 목적이 숨어 있는 이 판결은 재임기간이 아니었을 때의 문제로 인해 대통령이 수많은 정치적 동기가 걸린 민사소송에 휘말릴 수 있는 길을 터놓았다. 결국 이 사건은 미국 정치에서 다른 수단에 의한 정치가 기승을 부르도록 자극하는 나쁜 선례를 남겼다.안병진, 2001: 202-203

미국 정치인들이 다른 수단에 의한 정치에 의존하는 것은 파벌의 폐해와 권력 독점의 부작용을 방지하고 정치의 책임성을 높이기 위해 미국헌법 제정자들이 헌법정신으로 삼았던 권력분립이 오히려 정치투쟁을 부추기면서 비선거적 정치nonelectoral politics를 조장하는 현실을 잘 보여준다. 우려스러운 점은 다른 수단에 의한 정치의 증가가 정치에 대한 부정적 인식의 팽배와 더불어 정치의 다운사이징 내지 탈정치화를 초래하였다는 사실이다. 매튜 크렌슨Matthew A. Crenson과 벤자민 긴스버그Benjamin Ginsberg는 〈다운사이징 데모크라시Downsizing Democracy〉에서 오늘날 정치인들이 유권자 대중을 주변화했고

다운사이징 데모크라시: 매튜 크렌슨(Matthew A. Crenson)과 벤자민 긴스버그(Benjamin Ginsberg)는 〈다운사이징 데모크라시(Downsizing Democracy)〉에서 오늘날 정치인들이 유권자 대중을 주변화했고 점차 법원과 관료들에 의해 자신들이 원하는 것을 얻고 있다면서 이를 개인 민주주의(personal democracy)라 지칭했다. 시민들이 집단으로서 정치과정에 참여하지 않고 단순히 정부가 제공하는 개별 서비스의 '고객'으로 전락했다는 것이다.

점차 법원과 관료들에 의해 자신들이 원하는 것을 얻고 있다면서 이를 개인 민주주의personal democracy라 지칭했다. 시민들이 집단으로서 정치과정에 참여하지 않고 단순히 정부가 제공하는 개별 서비스의 '고객'으로 전락했다는 것이다. 크렌슨과 긴스버그에 의하면 개인들은 더욱 용이해진 소송제도를 통해 정책문제를 법정에서 해결하도록 요구할 수 있게 되었고 그 결과 법원은 한 때 대통령과 입법부가 지배했던 정책결정 과정의 중심부로 옮겨 앉았다.Matthew A. Crenson & Benjamin Ginsberg, 서복경 역: 277-278

"집단적 정치행위를 통해 얻을 수 있는 정책목표를 사법부를 활용해 달성할 수 있도록 한 결과 소송이 급증했다. 이는 고용 차별과 투표권, 소비자와 노동자 보호, 여성 인권, 환경 보호, 장애인 인권, 종교적 자유의 보장과 관련된 중요한 공공정책의 발전에 상당한 역할을 했다. 그러나 다른 측면에서 보면 법원을 조직된 이익들에 개방한 데에는 중대한 문제가 있다. 첫째, 소송은 협소한 이익을 가진 단체들이, 입법과정에서 펼쳐지는 폭넓은 대안들 속에서 자신의 이익을 방어하거나 더 넓은 지지 동맹을 구축하고자 노력하지 않아도, 국가정책에 영향력을 행사할 수 있도록 만든다. 둘째, 소송은 이익옹호 단체들이 이해 당사자들을 동원하거나 그들의 실질적 필요와 선호를 고려하지 않고도 목표를 달성할 수 있게 한다. 셋째, 정치 전략으로 소송의 중요성이 커질수록 미국의 정부기관 가운데 가장 덜 민주적이며 대중에 대한 책임성도 가장 약한 사법부의 권위가 커진다.… 사법부는 소수이나 강한 동기를 가진 동맹의 '포획'에 본질적으로 취약하다.… 특정한 사회목표를 대변하거나 특정 집단의 대리인으로 봉사한다고 주장하는 이들이 실은 자기 자신을 주로 대변하고 있다. '가짜 대표'는 법정에만 존재하는 독특한 현상은 아니지만, 사법부는 이런 행위에 가장 취약한 기관이다."

_Matthew A. Crenson & Benjamin Ginsberg, 서복경 역: 284-285, 295, 306

한국에서도 노무현 정권 시기는 다른 수단에 의한 정치라는 새로운 비선거정치의 유형이 두드러진 시기로 평가된다. 행정부를 장악한 여당과 다수 의석을 가진 야당 간의 대립과 힘의 교착으로 인해 이른바 '다른 수단에 의한 정치'가 행해졌다. 이는 특히 행정수도 특별법과 대통령 탄핵 헌법 소원 등에서 볼 수 있듯이 보수정치세력과 보수언론들이 사법권력을 내세워 민주적인 절차에 의해 선출된 정부의 정책과 의회 다수의 법률적 결정들을 거꾸로 뒤집는 것으로 나타났다. 이 사건을 통해 여야 간 힘의 대립에 있어 검찰과 사법부의 판결에 의존하는 정도를 높임과 동시에 언론매체가 주도하는 여론의 힘이 크게 증가하였다. 경쟁적 여론 동원과 사법권력의 개입을 동반한 이 과정은 법전문가와 엘리트들의 판단이 인민의 다수 의사 위에 군림하는 데서 문제가 있는 것이었다. 무엇보다 사법부에 의한 정책결정은 정치를 정치권 밖으로 끌어내는 직접적 효과를 만들어냈고, 정치에 대한 부정적 인식을 팽배시켰다.최장집, 2002: 63-64

검찰은 오랜 기간 권위주의 정권들이 권력 강화의 수단으로 활용한 대표적 국가기관이다.[1] 이는 민주주의 이행 이후에도 그리 달라지지 않았다.

---

1) 미군정은 일제가 만든 사법제도의 근간을 그대로 둔 채 체제안정을 우선시함으로써 식민잔재의 물적·인적 청산을 외면했고, 정부수립 이후 권위주의 정권들은 사법체제의 '탈정치성'을 강조하면서도 사법을 권력강화의 수단으로 활용했다. 미군정기의 남한 사법기구의 재건과 권위주의 정권하의 법원과 검찰에 대해서는 문준영(2010), pp.610-650, pp.846-900 참조.

특히, 검찰 수사를 이용해 반대세력을 공격하는 것은 이명박 정권 들어와 급증했다. 반대 세력에게 정권의 의중이 반영된 무리한 기소를 강행해 법정에 세우는 일이 잦아졌다. 이들 중 상당수는 법원에서 무죄가 선고됐다. 그중 가장 황당한 사례는 정연주 전 〈한국방송〉 사장의 배임 사건이다. 지난 2005년 〈한국방송〉이 국세청과의 세금 반환 소송에서 재판부의 조정에 따라 법인세 및 부가가치세 2,448억 원을 포기하고 556억 원만 돌려받아 회사에 손해를 끼쳤다는 게 사건 요지다. 감사원의 해임 요구에 따라 이명박 대통령은 정 전 사장을 해임했고, 수사에 착수한 검찰은 정 전 사장을 배임 혐의로 기소했다. 검찰의 기소 내용대로라면 조정을 권고한 법원은 정 전 사장의 배임을 도운 공범이 되는 구조다. 해임무효소송에서 1·2심 법원은 정 전 사장에게 무죄를 선고했고, 해임의 주요 근거였던 배임혐의에 대해서도 대법원은 무죄를 선고한 원심을 최종 확정했다.

검찰은 〈문화방송〉 'PD수첩'이 미국산 쇠고기의 광우병 위험성을 보도하면서 정운천 전 농림수산식품부 장관의 명예를 훼손했다며 2009년 6월 제작진 5명을 불구속 기소했다. 그러나 2011년 9월 대법원은 "일부 허위사실의 적시가 있다고 해도 언론 보도가 공직자들의 명예와 직접 연관이 없고 악의적인 공격으로 볼 수 없다는 점을 감안하면 명예훼손의 죄책을 물을 수 없다"는 원심을 확정했다. 인터넷 논객 '미네르바'를 구속 기소한 것은, 정부에 비판적인 누리꾼들의 입에 재갈을 물렸다는 평가를 받는다. 검찰은 2008년 금융위기 당시 미네르바가 '환전 업무 8월 1일부로 전면 중단', '정부, 달러 매수금지 긴급공문 발송' 등의 글을 올린 행위에 "공익을 해할 목적으로 전기통신설비로 공연히 허위의 통신"을 할 경우에 처벌하는 전기통신기본법 47조 1항을 적용했지만, 결국 무죄가 났다. 검찰은 한명숙 전 국무총리에게 '5만 달러' 뇌물수수와 불법 정치자금 9억여 원을 받은 혐의로 불구속 기소했지만, 두 사건 모두 법원에서 무죄가 선고됐다.〈한겨레〉, 2011년 11월 1일

특별검사제도 역시 다른 수단에 의한 정치 혹은 정치적 무기로서 법이 사용되는 대표적인 경우이다. 원래 특별검사제도는 워터게이트Watergate 사건 직후인 1978년 미국 하원이 행정부의 비리를 다루는 특별검사의 임명절차

를 명문화한 정부윤리법Ethics in Government Act을 채택하면서 처음 제도화되었다. 그러나 이 제도는 제정 당시에도 책임성의 원리에 적용되지 않는다는 점에서 위헌논란이 제기된 바 있다. 한국의 경우도 미국과 크게 다르지 않아 선거경쟁이 아닌 사법적 수단을 동원해 승리하려는 정당 및 정치세력에 의해 이용되고 있다. 이 제도가 처음 도입된 1999년 조폐공사파업유도 사건 및 옷 로비 사건 특검 이후 삼성 특검[2)]에 이르기까지 특별검사제도는 이른바 '방탄 특검'이라는 말이 상징하듯 정치부정과 비리의 진상 규명이라는 본래의 사명보다는 정치적 공세의 방어와 정치적 경쟁자의 제거에 줄곧 활용되었다. 오승용, 2009: 299-300

한편, 헌법재판소가 유명세를 타면서 헌법소원 역시 급증하고 있다. 1988년 9월 헌법재판소의 창립 이후 접수된 권한쟁의·위헌·헌법소원·탄핵사건 등은 2010년에 이르러서는 무려 20만 건을 넘어섰는데 이 중에서 헌법소원이 19만 252건으로 가장 많았다. 소송과 관계없이 권리침해를 받았을 경우 제기하는 헌법소원은 2001년에 1,000건을 넘어섰고 2003년부터는 꾸준히 1,000건 이상을 기록하고 있다. 〈파이낸셜뉴스〉, 2011년 3월 3일 헌법소원이 증가하면서 이를 둘러싼 사회적 논란도 빈발하고 있다. 대표적인 것이 종합부동산세에 대해 헌법재판소가 내린 일부 위헌 결정이었다. 종합부동산세는 부동산 보유에 대한 조세부담의 형평성을 높이고 투기를 억제하기 위해 노무현

---

2) 2007년 10월 삼성그룹의 김용철 전 법무팀장이 천주교 정의구현사제단과 함께 삼성그룹이 50여억 원의 비자금을 관리해왔고 회장 지시로 사회 주요 인사들에게 뇌물을 제공했다고 폭로했다. 이것이 사회적으로 큰 파장을 불러일으키자 국회에서 삼성비자금 사건을 조사하는 "삼성 비자금 의혹 관련 특별검사의 임명 등에 관한 법률"이 발의, 통과되었다. 조준웅 변호사가 특별검사로 임명되어 다음 해 4월까지 관련 인사들에 대한 수사가 진행되었다. 삼성 특검은 삼성 에버랜드 사건과 삼성 SDS 사건, 삼성화재 횡령 및 증거인멸 사건만을 기소한 채 나머지 대부분의 의혹에 대해서는 불기소 처분을 내렸다. 법조계 일각에선 삼성 특검은 수사 범위가 워낙 광범위해 수사기한 내에 모든 의혹을 처리하는 게 현실적으로 불가능했고, 수사 종결 후 주요 관련자들을 불구속 입건하는 데 그친 것은 '면죄부 특검'이라는 비판이 제기되었다. 〈한겨레〉, 2008년 4월 17일.

헌법재판소는 1987년 개정헌법에 근거해 창설된 헌법상 독립기관으로 위헌법률 심판, 탄핵 심판, 정당해산 심판, 권한쟁의 심판, 헌법소원 심판을 담당한다. 재판관은 총 9명으로 대통령과 국회, 대법원장이 각각 3명씩 선출하고 대통령이 임명한다. 최근에는 선출되지 않은 권력인 헌법재판소가 국회에서 다수결의 원리에 의해 통과시킨 법률을 무력화시키는 것은 삼권분립과 민주주의의 원칙에 위반된다면서 대법원과의 통합 필요성도 제기되고 있다.

정권 시기인 2005년 1월 신설되었다. 그러나 보수정당과 보수언론들은 이를 '계층 간, 지역 간 편 가르기로 갈등을 부추긴' 법률이라 낙인찍고 반대여론을 조성하는 한편 헌법소원을 제기했다. 2008년 11월 헌법재판소가 종합부동산세의 '세대별 합산 부과 조항'은 위헌으로, 주거 목적의 1주택 장기보유자에 대한 부과 규정에 대해서는 헌법 불합치 결정을 내리자 여당은 종부세 논란이 종결되었다며 환영한 데 비해 야당은 "국민의 성실납세의식을 저해하고 불법·편법 증여와 조세회피가 난무하게 될 것"이라며 우려를 표명했다. 정치인들이 사회적 쟁점을 대화와 토론, 심의를 통해 합의로 이끌려는 노력 없이 헌법재판소 재판관들의 사법적 결정에 넘긴 결과 갈등은 해결되지 않고 수면 아래로 잠복하게 되었다.

헌재 판결을 둘러싼 갈등은 2009년에 미디어법에 의해 다시 재연되었다.

대기업 및 일간신문의 방송사 지분 소유 허용을 핵심 내용으로 하는 미디어법이 한나라당 소속 국회부의장에 의해 직권상정 후 강행처리되는 과정에서 재석인원 정족수가 미달됐으나 부의장이 '일사부재의(一事不再議) 원칙'을 위반하고 재투표를 강행했으며 이 과정에서 대리투표 의혹까지 제기됐다. 이에 야3당은 헌법재판소에 미디어법 효력정지 가처분 신청 및 국회의장에 대해 권한쟁의 심판청구를 하였다. 이에 대해 헌재는 2009년 10월 "국회가 야당 의원의 법률안 심의 및 표결권을 침해한 것이 인정되지만 신문법과 방송법 가결 선포는 유효하다"는 애매한 판결을 내린 데 이어, 2010년 11월에는 야당 의원들이 국회의장을 상대로 청구한 미디어법 부작위 권한쟁의심판을 "국회가 권한을 침해한 것은 맞지만 이미 처리된 법안 처리 방향은 국회가 정해야 한다"며 기각했다.

헌법재판소와 같은 사법기관이 위헌판결 등을 통해 입법부나 행정부의 결정에 반대를 제기함으로써 다른 두 부를 적극적으로 견제하는 태도인 '사법적 행동주의'는 소수자와 약자의 인권 보호를 위해 나타날 때 바람직한 것이지만, 정치적 사건에 무분별하고 과도하게 개입할 때는 오히려 위험한 것일 수 있다. 사법적 행동주의는 정치 과정을 통해서보다는 재판의 판결을 통해 특정한 목적을 이루려는 운동을 말한다. 이는 국민의 대의기관들이 마땅히 수행해야 할 정치가 사라진 자리를 국민이 뽑지도 않았고 국민에 대해 책임을 지지도 않는 사법기구가 대신하고 있다는 점에서 심각한 문제로 지적된다. 선출되지 않은 권력인 헌법재판소가 국회에서 다수결의 원리에 의해 통과시킨 법률을 무력화시키는 것은 삼권분립 원칙에도 위반된다. 아울러서 이는 '대표와 책임'의 원리를 기초로 구현되는 민주주의의 근간을 위협하는 중대한 위험요소일 뿐만 아니라 주권자인 국민이 주권행사에서 소외되는 결과를 낳게 한다.[3]

---

3) 대법원과 헌법재판소 두 기관의 역할과 기능이 일부 중복되는 데서 통합 논란도 일어나고 있다. 이에 대해서는 김황식 전 국무총리가 대법원과 헌재의 통합 필요성을 제기하였고 이어서 이재홍 전 서울행정법원장도 같은 견해를 피력하였다. 이 전 법원장은

이러한 사법적 행동주의의 기원은 1950년대 미국에서 그 뿌리를 찾을 수 있다. 민권운동가들과 여성단체, 환경보호론자 등 '일반시민들'이 연방대법원에 공립학교에서의 인종차별, 피임이나 낙태, 프라이버시 같은 사회 쟁점에 대해 소송을 제기했고, 1960년대 초반부터 진보적인 성향의 대법관들이 판결을 통해 민권과 언론의 자유, 정치와 종교의 분리 같은 다양한 분야에 개입하기 시작했다. 그 결과 국회에서 자신이 원하는 바를 얻어내지 못한 사람들은 대법원에 호소할 수 있게 되었고, 대법관들의 성향과 대법원의 구성을 반영한 판결이 내려지게 되었다. 그런데 1980년에 레이건 행정부가 들어서면서 보수적인 대통령이 임명한 법관들이 영향력을 발휘하기 시작하였고, 아들 부시 대통령 시기에 이르러서는 진보적 입장을 중심으로 아슬아슬하게 균형을 이뤄오던 대법원의 구성이 보수주의로 기울어졌다. 미국의 좌파는 의회를 통한 정치과정으로는 결코 이뤄낼 수 없었을 업적들을 대법원 판결을 통해 쟁취했는데, 보수주의가 정치 사회적 주도권을 장악한 시대에 들어와서는 오히려 우파들이 의회라는 '피곤하고 소란스런 정치적 과정'을 피해 대법원으로 달려갔다. Nicholas D. Kristof, 2005

"대법원과 헌재의 기능 중 상호충돌이 있고 중복된 부분은 어떤 형태로든 해소시키는 게 중요하다"며 "대법원 산하에 헌법부를 신설해 헌재의 역할을 맡도록 해야 한다"는 입장을 밝혔다. 그는 "두 기관의 역할충돌이나 중복문제를 해결하기 위해서는 독일처럼 헌법과 민사, 형사 등을 따로 맡는 조직을 독립적으로 세우는 것이 효과적"이라며 "대법관 수도 각 부마다 9명씩 늘려 전문부 체제로 개편하면 사건 처리도 능률적이고 법원 역량도 커질 것"이라고 구체적인 안까지 제시했다. 대법원은 대법원장을 포함해 총 14명의 전원합의체로 구성되어 있다. 앞서 대법원 고위관계자는 "헌재는 역사적 소임을 다했기 때문에 대법원과 통합해야 맞다"며 "선출되지 않은 권력인 헌재가 국회에서 다수결의 원리에 의해 통과시킨 법률을 무력화시키는 것은 삼권분립, 민주주의 원칙에 위반한다"고 말했다. 그는 "정치적 사법기관인 헌재는 역사적으로 독재를 경험한 나라들만 있다. 사법부가 권력에서 자유롭지 못했던 불운한 과거에서 비롯된 것이므로 과거사를 정리하는 의미에서 헌재를 없애는 게 맞다"며 대법원 흡수론을 주장했다. 이러한 대법원 쪽 의견에 대해 당시 이강국 헌재 소장은 "(통합은) 권위주의 시대로 역행하는 처사"라며 법률이 헌법에 부합하는지 등 법률을 해석하고 적용하는 권한은 헌법재판의 영역이므로 헌재 권한을 더욱 확대하고, 헌법재판관 지명 방식도 바꿔야 한다는 입장을 피력했다. 〈한국일보〉, 2011년 2월 17일.

국가의 주요 정책경쟁과 결정이 정당과 의회라는 대의제 기관이 아닌 헌법재판소와 법원 등의 사법기관에서 이뤄지는 사법의 정치화 현상은 한국에서도 주기적으로 반복되고 있다. 앞에서 언급했던 2004년 대통령 탄핵사건, 2005년 행정수도 이전 문제, 2009년 미디어법에 대한 헌법재판소의 판결은 정치인들이 정당 간의 경쟁이라는 전통적인 정치과정에 집중하지 않고 사법적 판결이라는 다른 수단에 의존하려는 경향을 잘 보여준다. 이러한 변화는 무엇보다 한국의 정당정치가 지닌 한계에서 비롯된 것이다. 민주주의로의 이행이 시작된 지 20여 년이 넘었음에도 불구하고 한국의 정당들은 여전히 이익의 표출과 집약이라는 정당의 핵심 기능을 제대로 수행하지 못하고 있다. 이는 정당들이 갈등을 조정하고 완화하며, 민주적 경쟁의 제도화에 공헌하지 못한다는 것을 의미한다. 정당체계는 협소한 이념적 스펙트럼을 지녔고, 정당의 조직과 지지기반은 대단히 허약하다. 정당의 구성원들이 각 계파 지도자들과 후견인·수혜자 관계라는 사적인 연결망을 형성하고 개인적 이해관계와 지도자에 따라 이합집산을 보이는 모습도 여전하다. 정치를 특정한 사람들과 집단이 지닌 이익과 선호를 관철하기 위한 투쟁으로 간주하고 다양한 정치기관은 단지 그 목표를 위한 수단과 도구로 인식하는 정치인들도 흔하다.

고원은 다른 수단에 의한 정치가 일상화됨으로써 정치의 공간이 급격히 축소되고 탈정치화되었다고 지적하고 그 배경으로 한국 사회의 엘리트 집단, 전문가 집단의 부상을 거론한다. 그는 대중주의의 무능력과 대비되는 '전문가주의'와 '능력'에 관련된 담론들이 한국 사회에 지배적 영향력을 행사하고 있다면서 이러한 사회현상들이 이른바 '이명박 리더십'이 탄생하는 과정과 연계되어 나타났다고 한다.

> "이명박은 서울시장 재임 시에 '행정수도 이전'에 대한 헌법소송을 주도하여 승리하였고, 이를 통해 정치적으로 급부상하기 시작하였다. 그의 이런 행동은 당리당략에 얽매어 명쾌한 입장을 취하지 못하고 있던 한나라당의 구주류세력들과 구별되었는데, 이를 계기로 그는 주로 수도권에 기득권 기반을

둔 전문가·기술관료 엘리트집단들 사이에서 각광받게 되었다. 또 보수논객들에 의해서는 '용기 있는 사람'으로 칭송받았다. 샐러리맨에서 최단기간에 국내 굴지의 재벌기업 최고 CEO까지 오른 성공신화로 인해 그의 인기는 빠르게 대중적 파급력을 얻을 수 있었다. 거기에다가 포퓰리즘적 성격이 강한 청계천 복원사업의 완료로 이명박의 지지도는 수직상승하였다. 이런 성공비결은 CEO 출신의 '전문성'과 '능력'으로 표상되었다. 이때 보수언론들은 한국사회의 이런 심리적 정향을 꿰뚫어보고 '국가경영론'을 집요하게 설파해나갔다. 이는 경영마인드를 갖춘 전문가에 의한 통치를 의미하는 것이었다. 그들은 '경제 되살리기=경제대통령'이란 담론의 반복적 자극을 통해 '이명박 리더십'을 만드는 데 결정적 기여를 하였다. 전문가·엘리트 집단을 기반으로 삼는 새로운 보수분파가 등장하는 단초는 이렇게 마련되었다."

_고원, 2008: 206-207

한국에서 1987년 민주화항쟁의 성과물인 헌법재판소는 헌정사에서 별반 중시되지 않았던 헌법을 입법 및 사법 판단의 과정에서 중요하게 자리매김하도록 기여했다고 평가된다. 대통령 탄핵 심판, 행정수도건설특별법 위헌소송, 양심적 병역거부권 등에서 볼 수 있듯이 경우에 따라서 헌법재판소가 정치화되어 정치과정에서 중요한 결정자로 작용했다. 이 과정에서 국민의 대표기관인 의회가 압도적인 의결로 마련한 법률을 헌법재판소가 너무 쉽게 무력화시키면서 대의제 민주주의의 위기를 초래하고 있다는 비판이 제기된다. 또한 '국민의 기본적 자유와 권리보호'라는 본연의 임무는 애초의 기대만큼 이뤄내지 못했다는 것이다. 이와 더불어 사법엘리트 중심으로 기득권층의 이익을 대변해왔다는 평가도 존재한다. 대표적인 것이 재산권 침해를 이유로 토지초과이득세법, 부부 자산소득 합산과세 등에 대한 위헌 판결인데 이로 인해 소득재분배가 위축되고 사회양극화가 심화되었다는 것이다.

사법의 정치화 경향 속에서 주로 기득권층의 이익을 대변하는 사법부와 더불어 각종 법조비리, 권력자들 범죄에 대한 온정주의적 판결, 미온적인 과거사 청산 등은 사람들에게 광범위한 사법 불신을 갖게 하는 요인이 되고 있다.[4] 많은 사람들은 헌법에 명시된 대로 민주공화국의 국민 개개인이 인간다운 삶을 누릴 수 있는 권리를 보장받고 사회경제적 평등도 이뤄지지 않고 있다고 생각하면서 갈수록 법의 운용 앞에서 실망하는 일이 잦아지고 있다. 2017년 '법관 블랙리스트' 사건을 계기로 그 실체가 드러나기 시작한 '사법 행정권 남용 의혹' 사태는 사법부에 대한 신뢰에 치명적 타격을 준 것으로 평가된다. 2011년 사법부 수장에 오른 양승태 전 대법원장은 2014년 2심 재판부의 선고에 불복해 상고한 재판을 대법원이 아닌 상고법원이 맡도록 한 방안을 제안했다. 이는 법원이 허가한 경우에만 상고가 가능하도록 한 '상고허가제'가 헌법재판소에서 위헌결정을 받은 상황에서 상고심 사건의 적체 문제를 일거에 해결할 수 있는 묘안이라는 긍정적 평가를 받았다. 대법원 판례 위반에 해당하는 경우 등에만 특별히 불복할 수 있도록 제한했기 때문에 대법원 사건을 획기적으로 줄일 수 있는 방안이기도 했다. 그러나 법원 내부에서는 기존 3심 체제에 상고법원을 더한 '1심 → 항소심 → 상고법원 → 대법원'의 4심 체제를 구성해 대법원의 권위를 높이고 대법원장을 정점으로 한 수직적 사법체계를 구축하려 한다는 비판이 나왔다. 아울러서 고등법원 부장판사를 늘려 법원 내부의 인사 불만을 최소화하는 동시에 대법원장의 인사권한을 강화하려는 의도라는 지적도 더해졌다. 〈연합뉴스〉, 2019년 2월 3일

---

4) 표창원은 부당하게 생존권을 위협하는 불법 행위가 중단되거나 처벌받지 않고 방치되는 반면에, 이에 항의하는 질서위반 행위만 단호하게 차단되고 처벌된다면 '정의에 대한 신뢰'가 유지될 수 없다고 지적한다. 그는 지금 대한민국이 사회를 지탱하는 유일한 힘인 '정의'가 무너지고 있는 위기 상태라고 말한다. 특히, 그가 소개한 다음 사건은 권력범죄에 대한 온정주의적 판결의 대표적 사례로 꼽힐 만하다. "1988년 '유전무죄, 무전유죄'를 부르짖던 탈주범 지강헌은 500만 원을 훔친 죄로 징역 7년에 보호감호 10년, 총 17년형을 선고받았다. 이에 반해 같은 시기 전두환 전 대통령의 동생 전경환은 100억 원대의 횡령과 뇌물수수 혐의 유죄를 선고받고도 징역 7년형에 그쳤다. 그마저도 2년이 지난 1991년, 특별사면으로 풀려났다. 그 후 전경환은 2006년 소위 '구권화폐 사기,' 2009년 광주 건설업체 대상 사기 등 지속적으로 범죄를 저질렀다. 2010년 징역 5년형이 최종 확정된 전경환은 교도소에 수감된 지 채 두 달도 지나지 않아 병을 핑계로 '형 집행정지' 처분을 받고 초호화 병실에서 3년 넘게 휴양생활을 해오다 2013년 한겨레에서 이 문제를 다루고, 소위 '여대생 청부살해 제분업체 회장 사모님 사건'이 터진 이후에야 형 집행정지가 중단되어 교도소로 되돌아갔다." 〈한겨레〉, 2013년 10월 25일.

논란이 전개되면서 법원 내부는 물론 변호사단체인 대한변호사협회에서 공식적인 반대 입장을 밝혔다. 정부와 국회도 협조적이지 않았다. 반발에 부딪치자 양 전 대법원장은 내부적으로는 상고법원에 반대하는 판사들을 회유하거나 때로는 겁박하는 한편, 대외적으로는 정부와 국회 설득 작업에 적극적으로 나섰다. 원세훈 전 국정원장 재판과 강제징용 손해배상 재판 등 박근혜 정부가 부담스러워하는 사건을 대 정부 협상카드로 이용했다. 상고법원 법안 통과에 결정적 역할을 할 국회 법제사법위원회 소속 여·야 의원들을 상대로도 전방위적인 설득에 들어갔다. 정부와 국회가 큰 관심을 두고 있거나 이해관계가 걸린 재판에는 법원행정처 소속 판사들이 동원됐다. '재판 거래'는 법관과 재판의 독립을 저해하는 만큼 부당하고 반헌법적인 일이었지만, 전국에서 선별된 법원행정처 소속 판사들은 충성심을 갖고 일을 '수행'했고, 이들에게는 인사가 보상처럼 뒤따랐다. 상고법원에 반대하는 판사들에 대해서는 사찰을 진행하고 그 결과가 인사에 반영됐다는 이른바 '사법부 블랙리스트 의혹'도 제기되었다. 이에 대한 검찰 조사가 진행됐고, 양 전 대법원장은 구속 피의자로 전락해 재판에 넘겨졌다.〈연합뉴스〉, 2019년 2월 3일 전 대법원장의 구속이라는 사상 초유의 사태까지 불러온 사법 농단 의혹의 배경에는 사법부 내의 권력을 거머쥔 제왕적 대법원장 체제에 있다는 목소리가 크다. 전국 법관들의 인사권은 물론 예산집행권까지 사법행정권 전반을 독점하다 보니 수직적이고 보수적인 조직문화가 개선되지 않았고, 법관과 재판의 독립도 온전히 지켜지지 않았다는 것이다.〈연합뉴스〉, 2019년 2월 6일 이 사태로 인해 사법부와 국회는 사법행정 시스템을 전면 개혁해야 하는 중차대한 과제를 안게 되었다.

그렇다면 사법행정권 남용의 재발을 막고 나아가 '정치의 사법화'를 예방할 수 있는 길은 없는 것인가? 이를 위해서는 정당정치의 복원과 대의기구의 정상적 작동 그리고 성숙한 국민의식 등이 그 방안으로 언급된다. 즉, 정당이 국민과 대의제 기구 사이의 거리를 좁히는 역할을 충실히 하고, 여야와 대통령이 타협과 설득에 기반한 정치를 하며, 국민들도 문제만 생기면 헌재로 달려가 판단을 구하는 태도를 지양하고 정당과 대의제 기구들을 신뢰할 때 사법의 정치화로 인한 문제가 해결될 수 있다는 것이다.이태경, 2008 여기에 사회정의를 실현하고 사법부의 민주적 정통성과 국민의 신뢰를 증진시킬 수 있도록 사법개혁을 추진하는 것 역시 필요하다.[5] 정치적 표적수사로 '정치검찰'이라는 오명을 얻은 데다 구성원의 비민주적 의식과 조직문화로 국민과 유리된 권력집단으로 인식되는 검찰을 제자리에 돌려놓는 것 역시 중요하다.

아르헨티나의 정치학자인 카탈리나 스물로비치Catalina Smulovitz는 법의 지배가 민주주의의 유지, 발전과 조응하기 위한 세 가지 방안으로 '수평적 통제', '수직적 통제,' 그리고 '사회적 통제'를 제시한다. 수평적 통제란 국가 기관들 사이의 견제와 균형이다. 행정부·입법부·사법부가 서로를 감시하고 제어하는 것이다. 더 중요한 것은 수직적 통제다. 수직적 통제란 선거를 통해 유권자가 정치행위자들을 갈아치우는 것을 말한다. 법의 지배를 악용하는 세력을 정치 영역에서 추방함으로써 민주주의의 터전을 보호하는 것이다. 그러나 이런 방법만으로는 민주주의적 법치를 충분히 보장할 수 없다고 스물로비치는 강조한다. 선거와 선거 사이 공백 기간에 권력이 남용된다면, 또 선거 자체를 조작하고 유권자를 매수한다면, 수직적 통제는 효과를 발휘하기 어렵다는 것이다. 한편, 사회적 통제는 선거제도나 국가제도에만 맡겨둬서는 민주주의를 지켜낼 수 없기 때문에 시민사회의 광범위한 시민결사·시민운동·언론매체가 일상적으로 통제 활동을 벌여야 한다는 점을 강조한다. 스물로비치는 법이 공정한 판결을 할 것으로 믿고 기다릴 것이 아니라, 법이 공정한 심판자 노릇을 할 수 있도록 강제해야 한다고 하며 다음과 같이 주장한다. "그것은 억압받는 사람들을 돕고자 하는 모든 사람이 새겨들

---

5) 이에 대해 문준영은 다음과 같이 지적한다: "법원의 진정한 모습은 '피라미드'와 같은 것이 아니라, 독립된 법관들이 점점이 모여 빛나는 '성단'과 같은 것이다. 대법원에 진정으로 요구할 것은 상급기관으로서 하급기관을 잘 통솔하는 것이 아니라, 그들의 이름이 왜 Justice(대법관)인지를 증명해주는 판결, 우리로 하여금 권위를 인정하게 만드는 지혜와 학식이다"(문준영, 2010: 922).

2007년 발생한 전직 대학교수의 '석궁 테러 사건'을 모티프로 제작한 영화인 〈부러진 화살〉은 개봉과 동시에 화제와 논란을 동시에 불러일으켰다. 소셜 네트워크 서비스(SNS) 등에서는 사법부에 대한 비난 여론이 일어나고 진실공방이 벌어지기도 했다. 광주 인화학교에서 자행된 실화를 다룬 영화 〈도가니〉에 이어 〈부러진 화살〉에 대한 높은 관심은 한국 사회에서 사법부에 대한 불신의 정도가 심각하다는 것을 잘 보여준다. 법관은 정의를 추구하고 법과 양심에 따라 판단한다고 하지만 실제로는 재벌과 사학재단 등 사회적 강자가 관련된 사건에서는 '봐주기 판결'과 '솜방망이 처벌'이 흔하다. 예를 들어 1990년 이후 징역형을 선고받은 10대 재벌 총수 가운데 실형을 산 사람은 한 명도 없다. 이들은 '경제 살리기'란 명목으로 예외없이 사면을 받았다. 권력과 돈 있는 사람들은 법을 위반해도 풀려난다는 이른바 '유전무죄' 신화는 '전관예우(前官禮遇)' 관행과 더불어 사람들로 하여금 사법부를 불신케하는 주요 요인이다.

어야 할 말이다. 만약 여성의 권리를 보호하고 싶다면, 여성운동을 조직하라. 만일 흑인의 시민권을 보호하고 싶다면, 시민권 운동을 조직하라."Adam Przeworski & Jose Maria Maravall et al., 안규남 · 송호창 외 역, 2008: 292-318

연관 키워드

사법의 정치화(judicial politicization), 사법적 행동주의(judicial activism), 정치의 사법화(judicialization of politics), 다운사이징 데모크라시(downsizing democracy)

[참고문헌]

Crenson, Matthew A. & Benjamin Ginsberg. 서복경 역. 〈다운사이징 데모크라시〉. 서울: 후마니타스, 2013.

Ginsberg, Benjamin & Martin Shefter. *Politics by Other Means: Politicians, Prosecutors, and the Press from Watergate to Whitewater.* New York: W.W.Norton & Company, 2002.

Jacob, Herbert & Erhard Blankenburg et al. *Courts. Law. and Politics in Comparative Perspective.* New Haven: Yale University Press, 1996.

Kriele, Martin. 국순옥 역. 〈민주적 헌정국가의 역사적 전개〉. 서울: 종로서적, 1983.

Kriner, Douglas & Liam Schwartz. "Divided Government and Congressional Investigation." *Legislative Studies Quarterly*, Vol.XXXIII, No.2. 2008.

Kristof, Nicholas D. "Drop the judicial activism." *International Herald Tribune*, October 5, 2005.

Przeworski, Adam & Jose Maria Maravall et al. 안규남·송호창 외 역. 〈민주주의와 법의 지배〉. 서울: 후마니타스, 2008.

Sweet, Alec Stone. *Governing with Judges: Constitutional Politics in Europe.* Oxford: Oxford University Press, 2000.

Welch, Stephen. "Political Scandal and the Politics of Exposure: From Watergate to Lewinsky and beyond." *Politics and Ethics Review*, Vol.3, No.2. 2007.

고 원. "이명박 정부의 성격: 국가주의. 개발주의로의 후퇴." 〈민주사회와 정책연구〉 통권 14호. 2008.

김희수·하태훈 외. 〈검찰공화국 대한민국〉. 서울: 삼인, 2011.

문준영. 〈법원과 검찰의 탄생: 사법의 역사로 읽는 대한민국〉. 서울: 역사비평사, 2010.

손우정. "'정치의 사법화', '사법의 정치화' 넘어설 민주적 사법개혁 절실하다." 〈새사연 이슈 브리핑〉, 2009년 3월 9일(http://sisun.tistory.com/280).

신영란. "한국 헌정주의의 불안정 요인: 헌정주의와 민주주의의 선순환조건 구축을 위한 역사적 고찰." 김영민 외. 〈21세기 헌정주의와 민주주의〉. 고양: 인간사랑, 2007.

안병진. 〈노무현과 클린턴의 탄핵 정치학〉. 서울: 푸른길, 2001.
오승용. "민주화 이후 정치의 사법화에 관한 연구." 〈기억과 전망〉 20호. 2009.
이태경. "언제까지 국가 중대사를 헌재에 맡길 것인가." 〈오마이뉴스〉, 2008년 11월 17일.
조지형. 〈탄핵. 감시권력인가 정치적 무기인가〉. 서울: 책세상, 2004.
"좌담: 검찰 60주년. 검찰의 정치화와 권력화를 어떻게 할 것인가." 〈시민과세계〉 14호. 2009.
최장집. "민주주의와 헌정주의: 미국과 한국." Robert Dahl. 박상훈·박수형 역. 〈미국 헌법과 민주주의〉. 서울: 후마니타스, 2002.
홍익표·진시원. 〈세계화 시대의 정치학〉. 서울: 도서출판 오름, 2009.
_____. "헌법에 대한 정치학적 접근: 정치교육과 법교육의 교차지점인 헌법교육을 위한 하나의 시론." 〈법교육연구〉 제7권 2호. 2012.

열여섯 번째 키워드: 소수자

소수자 억압사회와 배제의 정치

최근 소수자minority 문제에 대한 사회적 관심이 증가하고 있다. 이는 압축적 경제 성장과 사회의 다원화, 세계화의 압력 등과 같은 복합적 요인들로 인해 한국 사회에 소수자 집단이 증가하고 있고 이들과 관련된 문제가 새로운 쟁점이 되는 현실과 무관하지 않다. 이주노동자, 동성애자, 장애인, 미혼모, 양심적 병역거부자, 노숙자, 혼혈인 등의 부당한 사정과 열악한 처지가 알려지는 것과 동시에 자신들의 정체성을 확보하고 이익을 실현하려는 이들의 노력이 사회적 반대와 호응을 불러일으키고 있다. 이들 소수자 가운데에는 장애인과 같이 통상적으로 사회적 약자로 알려진 소수자도 있지만, 경기침체와 가족 해체 등으로 인해 생겨난 노숙자 등도 있으며, 민주화와 인권의 성장으로 인해 자신의 사회적 권리를 쟁취하고자 하는 동성애자, 양심적 병역거부자 같은 소수자들도 있다. 이들은 그 범위와 유형이 매우 다양한 이질적인 집단들이지만 다른 한편으로는 정치적, 경제적으로 권력과 부의 분배에서 배제되고 사회적, 문화적으로 억압받고 차별받는다는 공통성을 지니고 있다.

이들 소수자의 공통된 주요 특징은 이들이 사회 주류 구성원에 의해 명시적, 혹은 암묵적으로 사회적 차별을 받고 있다고 느낀다는 것이다. 최근 이들 소수자들은 스스로 혹은 소수자 옹호자advocacy groups의 도움을 받아, 그들이 느끼는 차별, 소외, 피해를 극복하고자 하는 운동을 전개하고 있으며,

운동의 결론으로서 자신의 인권과 피해복구를 위한 정책 및 제도 개선책을 강력히 요구하고 있다.[전영평 외, 2010: 28] 그러나 소수자 운동 및 소수자 연구에서 드러나는 소수자의 범주 구분은 그다지 명백하지 않다. 이는 학자들 사이에 소수자를 특징짓는 공통의 기준을 발견하기가 어렵고, 학자들에 따라 상이한 기준에 따라 소수자를 정의하고 논의를 전개하고 있다는 것을 보여준다. 더구나 사회가 점차 개방되고 복잡해짐에 따라 소수자의 범주가 확대되거나 그 기준도 점차 모호해지리라 예상된다.

지금까지 소수자 문제는 학계에서 본격적으로 다뤄지지 않은 채 일부 학자들에 의해서만 산발적으로 연구가 수행되었다. 한국사회학회와 한국문화인류학회의 공동 연구물인 〈한국의 소수자, 실태와 전망〉[2004], 윤수종이 엮은 〈다르게 사는 사람들〉[2002]과 〈우리 시대의 소수자 운동〉[2005], 계간지 〈당대비평〉에서 특별호로 나왔던 〈'탈영자들'의 기념비〉[2003], 전영평 등이 지은 〈한국의 소수자 정책: 담론과 사례〉[2010] 등은 그동안 이뤄진 소수자 문제에 대한 대표적인 연구로 꼽을 수 있다. 그러나 이들 선행 연구들은 소수자 문제의 현실을 살펴보고 소수자운동의 가능성을 타진하거나, 행정학의 관점에서 소수자정책을 고찰하는 데 주안점이 있었지 소수자 문제를 인권의 차원에서 체계적으로 분석한 연구는 아니었다.

이러한 점은 소수자 문제를 비롯한 인권 문제가 사회과학의 중심 주제를 형성하지 못했던 현실과도 무관하지 않다. 영국의 정치학자인 마이클 프리먼[Michael Freeman]은 사회과학에서 인권은 단지 주변적인 주제에 머무르고 있고, 인권 담론 역시 법률가들이 주도하면서 기술적이고 법률적으로만 진행되어 왔을 뿐이라고 지적한다. 그러나 프리먼이 강조했듯이 인권상황을 결정하고 관련 기준을 제정하는 것은 정치적 과정을 통해 이뤄지는 것이다.[Michael Freeman, 김철효 역, 2005] 이를 인식하여 최근 해외 학계에서는 세계화된 경제가 인권에 미치는 영향이나 초국적 사회운동으로서의 인권운동에 관한 연구 등이 활발하게 행해지고 있다. '인권의 사회과학'이 깨어날 조짐을 보이고 있는 것이다. 이러한 해외 학계의 동향이 인권과 민주주의를 내용으로 하는 근대의 프로젝트조차 아직 미완성 상태인 한국의 사회과학자들에게 주는 시사점은 적지 않다.

그렇다면 소수자란 무엇인가? 그 정의와 관련해서는 흔히 소수자와 혼동되곤 하는 사회적 약자를 소수자와 구분하는 것이 필요하다. 둘 사이에는 중요한 차이점이 있다. 사회적 약자는 말 그대로 사회적으로 불리한 위치에 있는 사람 모두를 일컫는 표현인데, 이들은 불리한 위치에 있을 뿐 어느 집단에 속해 있다는 이유로 차별을 받는 것은 아니다. 예를 들어 미국에 사는 가난한 백인은 가난해서 불편하고 불리하기는 하지만 흑인과 같이 차별받고 편견의 대상이 되는 소수자는 아니다. 전체 사회는 다수자와 소수자로 구분될 수도 있고, 사회적 강자와 사회적 약자로 구분될 수도 있다. 여기서 사회적 약자는 소수자를 포괄하는 개념이며, 다수자는 사회적 강자를 포괄하는 개념이다. 그러나 사회적 약자와 사회적 강자 사이의 경계는 서로 넘나들 수 있을 정도로 유연하다. 소수자를 사회적 약자로부터 구분하는 특성으로는 영구성, 특수성, 대체 불가능성, 집단의식을 들 수 있다. 억압과 편견, 차별의 대상인 소수자가 없는 사회란 구성원 모두 평등하고 동등한 권리를 갖는 인간으로서 대접받는 사회를 의미한다.박경태, 2008: 15-19

또한 정책 대상으로서 소수자와 소수자 집단minority group을 통합하여 연구할 필요가 있다. 집단으로서 소수자, 즉 소수자집단minority group은 구성원 자격에 관한 특수한 규칙과 문화적 행위에 관한 지침을 가진 집단으로 규정되지만, 현실세계의 소수자minority 중에는 — 예컨대 노숙자, 에이즈 환자, 외국인 배우자, 미혼모 등의 경우 — 집단으로서 특수한 규칙이나 문화적 지침을 가진 경우보다는, 열악한 지위 또는 수치심으로 인해 개별적으로 분산되어 있는 경우가 많다. 이 경우 이들 소수자들은 정책적 보호 및 탐구의 대상에서 벗어날 수 있다. 따라서 정책 대상으로서 소수자에는 집단화된 소수자뿐만 아니라 집단화되지 못한 소수자가 포함되어야 하며, 이러한 포괄적 개념을 사용해야 현대 사회에서 발생하는 소수자 문제를 제대로 파악하고 그 문제에 상응하는 정책 대안을 마련할 수 있다.전영평 외, 2010: 29-36

어떤 조건을 가진 사람이 소수자가 되는가에 대해 앤소니 드워킨Anthony Gary Dworkin과 로자린 드워킨Rosalind J. Dworkin은 1999년에 발간된 The Minority

Report: An Introduction to Racial, Ethnic, and Gender Relations에서 네 가지 기준을 제시하였다. 첫째는 식별 가능성이다. 소수자들은 신체 또는 문화적으로 다른 집단과 구별되는 뚜렷한 차이가 있거나 그럴 것이라고 여겨진다. 둘째는 권력의 열세로, 여기서 말하는 권력은 정치권력만이 아니라 경제적·사회적 측면에서 권력을 모두 포함한다. 소수자는 권력에서 열세에 있거나 여러 가지 자원을 동원하는 능력에서 뒤처진 사람들이다. 셋째는 차별적 대우의 존재다. 만약 식별 가능하고 권력에서 열세에 놓여 있더라도 차별이 없는 상태라면 살아가는 데에 특별히 불리할 것이 없을 것이다. 하지만 소수자는 그 집단의 성원이라는 이유만으로 사회적 차별의 대상이 된다. 넷째는 집단의식 또는 소속 의식이다. 어떤 사람에게 위의 세 특징이 모두 있더라도 소수자 집단의 성원이라는 소속감이 없다면 그 사람은 그냥 차별받는 개인일 뿐이며, 스스로 개인 차원에서 따돌림을 당하는 사람이라고 생각할 뿐이다. 그 자신이 차별받는 소수자 집단에 속한다는 것을 느껴야만 개인이 아닌 소수자가 된다.Anthony Gary Dworkin & Rosalind J. Dworkin, 1999: 18-19

드워킨과 드워킨의 저서는 비록 미국의 경험사례에 입각한 연구이지만 소수자가 지닌 제반 특성들을 상세하게 제시하고 있는 데서 설득력이 있다. 그러나 식별가능성, 권력적 열세, 차별적 대우의 존재, 소수자 집단성원으로서의 집단의식이라는 네 가지 기준은 사회적 약자로서 소수자의 특성을 지적하는 데는 유용하지만 소수자 판별의 기준으로서는 적당치 않아 보이기도 한다. 권력적 열세와 차별적 대우는 대체로 동전의 양면과 같은 속성을 지니는 특성이다. 또한 식별가능성 역시 식별의 주체가 누구인지에 따라 소수자 집단성원으로서의 집단의식과 그 중독성이 중복될 수 있다. 이 네 가지 조건 중에서 몇 가지 조건을 만족시켜야 소수자로 규정될 수 있는가는 명확하지 않다. 그러나 더 근본적인 문제는 이들 기준이 지니고 있는 판별의 수준이 어디인지를 객관적으로 규정할 수 없다는 것이다. 결국 이는 이 네 가지 조건에 대한 다소간은 자의적인 해석을 통해 각각의 정책대상 집단을 소수자로 규정하는 결과로 이어지고 있다.이병량, 2010: 323-333

소수자에 대한 질 들뢰즈Gilles Deleuze의 고찰 역시 소수자를 정의하고 범주를 확정짓는 데 유용하다고 평가된다. 들뢰즈는 소수자를 수적으로 적은 사람들이 아니라 그 사회의 표준 모델에서 벗어난 사람들로 규정한다. 들뢰즈에 따르면 다수자는 수적으로 우세해서가 아니라 사회의 '가치 척도'를 쥐고 있기 때문에 '다수적 지위'를 차지한다. 반면 그 척도에서 벗어나 있는 자들은 비주류, 즉 소수자의 자리를 차지하고, 그 척도에 의해 억압받고 차별받는다는 것이다. 현대의 권력장치는 '소수인 것'의 잠재화된 욕망을 억누르고, '소수인 것'의 전복능력을 통제하고 제거하면서 작동하는 것을 넘어 욕망과 능력을 '훈육과 규범화'로 대표되는 '길들임'을 통해 '통제'함으로써 작동한다는 것이다. 그러나 들뢰즈의 시각에서 소수자는 사회의 패배자가 아니라 표준에서 일탈하고 새로운 생성의 잠재적 역량을 갖는 존재들이다. 그는 소수자를 억압하는 사회 체계를 탈피하기 위해 사람들 스스로가 획일적 가치에서 벗어나 자신을 새롭게 바꿔나가는 것, 즉 '소수자-되기'[1]에 나설 것을 제안한다. 자신들이 무엇에 의해 통제되면서 이용당하고 있는지를 스스로 자각하면서 저항의 프로그램을 만들어야 한다는 것이다. Gilles Deleuze & Fe'lix Guattari, 김재인 역, 2001

고병권은 '주변화marginalization'와 '소수화minoritization'를 구분함으로써 소수자 논의를 보다 진전시켰다. 그는 한국 사회가 신자유주의적으로 재편된 지난 10여 년간 대중들은 권력과 부의 영역에서 지속적으로 추방당해왔다고 주장하면서 이를 '주변화'라 정의한다. 최근 한국 사회에서 주변, 한계, 이익, 여백 등의 사전적 의미를 갖는 '마진margin'이 현실적 의미들로 전화했다고

1) 들뢰즈와 가타리는 자아가 의식하지 못하는 우리 자신의 정체성을 '기관 없는 신체'라 부른다. 이들은 인간을 구속하는 세 가지 지층으로 유기체화, 기표화, 주체화를 거론한다. 유기체화·조직화는 신체적 차원에서 굳어진 것이고, 기표화·의미화는 사회적 코드에 의해 무의식적 차원에서 굳어진 것이며, 주체화는 개인적, 의식적 차원에서 굳어진 것이다. 되기는 유기체화, 기표화, 주체화된 나로부터의 탈주이다. 기관 없는 신체를 작동시킴으로써 우리 신체가 지닌 잠재적 역동을 일깨워내는 것이다. 외부와의 접속을 통해 이뤄지는 되기는 접속과 교류를 통한 차이의 생성을 의미한다. Gilles Deleuze & Fe'lix Guattari, 김재인 역(2001), p.307, p.452.

질 들뢰즈(Gilles Deleuze, 1925~1995)는 미셸 푸코, 자크 라캉과 함께 프랑스의 대표적인 현대철학자로 손꼽힌다. "사유의 무능력을 사유하는 것이 나의 철학이다"라는 좌우명에 따라 기존의 철학들이 다루지 않는 주변영역에서 치밀하게 비판적 사유를 발전시켰다. 그는 진리라 여겨진 기존체제는 권력장치를 발전시키면서 억압적 기제로 변모하고, 이에 도전하고 진리를 재구성해 나가는 힘인 '욕망'은 이 억압기제와 맞닥뜨리며 앞으로 나간다고 한다. 니체와 칸트, 베르그송을 연구하였고, 의미의 생성이라는 주제를 다루었으며, 정신분석학자인 펠릭스 가타리(Félix Guattari)를 만난 뒤에는 공동작업으로 정치학과 정신분석의 상호관계에서 현대적 삶을 조명한 〈자본주의와 정신 분열: 안티-오이디푸스(L'Anti-Œdipe—Capitalisme et schizophrénie)〉를 썼다. 들뢰즈와 가타리는 이 책에서 자본의 힘이 끊임없이 기존 체계와 가치를 파괴하면서 새로운 욕망을 창출하는 자본주의를 가리켜 '탈코드'의 시대라 불렀다. 이 저서의 속편인 〈천 개의 고원(Mille Plateaux—Capitalisme et schizophrénie 2)〉에서 이들은 '리좀(rhizome)', '유목론(nomadology 혹은 nomadism)' 등 새롭고 풍부한 사유를 전개했다. 미셸 푸코는 "아마도 어느 날 이 세기는 들뢰즈의 시대라고 불릴 것이다"라고 말했다. 들뢰즈는 이에 대해 "우리를 좋아하는 사람은 웃게 만들고 그 외의 다른 사람들은 격노하게 만들려는 의도를 지닌 농담"이라고 언급했다.

한다. '마진'의 첫 번째 의미인 '주변'은 권력과 부의 영역에서 부차화된 대중의 지위를, '한계'는 대중들의 삶이 처한 상황을, '이익'은 권력과 자본이 주변화를 통해 막대한 이익을 챙기고 있는 것을, '여백'은 이 같은 주변화가 정치권에서는 전혀 사고되지 않는다는 점을 나타낸다는 것이다. 여기서 그는 '주변화'와 '소수화'를 구분한다. "주변화가 지배적 척도에 의한 존재의 부차화를 가리킨다면 소수화는 그 척도로부터의 탈주를 가리킨다." 권력과 자본은 대중들을 추방하고 주변화하지만, 대중들은 그만큼 더 권력과 자본으로부터 탈주하고, 다른 삶을 실험하고 있다는 것이다.[2] 그는 자본주의 초

---

2) 대중들이 다수자의 척도로부터 이해할 수 없는 지대, 즉 '예외상태'로 이동하고 있다는

창기에 대대적으로 일어났던 '공유지의 사유화'를 떠올리게 하는 대중들의 추방이 국가가 독점적인 처분권을 행사해 공공재를 팔아넘기면서 이뤄지고 있다고 한다. 이 과정에서 국가권력은 통치블록을 구성하는 주류세력들한테만 탈권위적으로 나타났지 '주변' 영역에는 오히려 강력히 개입했다는 것이다. "최근의 국책사업들에서 보듯이 국가의 '시장에 대한 개입'은 줄어들었을지 모르나 '시장을 위한 개입'은 훨씬 더 강화되었다. 따라서 '주변'은 국가권력으로부터 멀리 떨어진 공간이기보다 그것이 가장 선명하게 관철되는 공간이다."고병권, 2009: 24-33

소수자는 여러 기준에 따라 다양한 유형으로 구분할 수 있다. 타자와의 관계에서 나타나는 소수자로는 신체적 소수자, 권력적 소수자, 경제적 소수자, 문화적 소수자가 있다. 신체적 소수자는 신체적 결함으로 인해 사회적 차별대우와 인권침해에 노출되는 소수자를 의미한다. 권력적 소수자는 지배권력에 의해 차별받는 사람들로 여성이나 특정 지역 거주자, 이주 노동자, 양심적 병역거부자, 동성애자 등이 여기에 포함된다. 경제적 소수자는 경제력에 있어 열악한 지위에 있는 비정규직 노동자, 이주노동자, 도시빈민, 노숙자 등을 가리킨다. 문화적 소수자는 인종, 종교, 가치관, 도덕 등의 문화적

지적은 이탈리아의 철학자 조르지오 아감벤(Giorgio Agamben)이 〈호모 사케르〉에서 지적한 벌거벗은 생명을 배제함으로써 포함하는 작용을 떠올린다. 아감벤은 조에(zōē)와 비오스(bíos)의 차이, 곧 자연적 생명과 법적인 지위를 부여받는 인간적 생명 사이의 차이를 강조한다. 아리스토텔레스 이래 서양의 정치사상에서는 항상 비오스로서의 인간의 삶만을 문제삼았지만, 역설적이게도 정치의 은밀한 토대는 정치적 질서에서 배제됨으로써 그 질서에 포함되는 '벌거벗은 생명(nuda vita),' 즉 조에라고 한다. 아감벤은 이처럼 벌거벗은 생명을 배제함으로써 포함하는 작용을 '예외'라고 부르며, 이러한 예외적 관계를 구성하는 것이야말로 주권의 본래적인 활동이라고 주장한다. 그는 역사적 전거를 고대 로마법 문헌에 등장하는 '호모 사케르(homo sacer)'에서 찾는다. 호모 사케르는 원래 고대 로마법 전통 속에서 범죄자로 판정받은 자를 뜻하는데, 성스러운 자이자 저주받은 자여서 그를 희생물로 바치는 것은 허용되지 않지만 그를 죽이더라도 처벌 받지 않는 모순적인 존재를 가리킨다. Giorgio Agamben, 박진우 역(2008), pp.155-182. 희생물로 바칠 수 없다는 것은 정상적인 법질서에서 배제되어 있음을 뜻하며, 반대로 살해할 수 있다는 것은 이러한 배제 속에서도 그가 항상 이미 주권의 권력에 포섭되어 있음을 말해준다.

대학 청소·경비 노동자들의 파업을 지지하는 펼침 막: 청소·경비 노동자들이 철야농성을 벌여가며 파업을 진행하는 동안 총학생회를 비롯한 학생들은 측면 지원을 아끼지 않았다. 파업 집회에 함께 참여해 연대 의사를 밝혔고 학교 안 곳곳에 "이 불편함을 지지합니다" 등의 펼침 막을 내걸었다. 또 철야농성에 지친 노동자들을 위로하려고 컴퓨터와 영사기로 대학 본관 벽에 영상물을 상영하기도 했다. 그러나 다른 대학에서는 총학생회가 노동자들의 농성이 외부세력에 의한 불법 농성이라고 보고 '집단해고 규탄대회'를 방해하며 노동자들과 대립각을 세우기도 했다. 이들의 투쟁은 한국 사회에서 노년층 일자리로 자리 잡고 있는 청소와 경비 노동이 어떻게 소외받고 착취되고 있는지 여실히 보여준 사례이다.

차이로 차별과 편견의 대상이 되는 사람들이다. 물론 이들 소수자들은 각자 고유한 특성을 지님과 동시에 다른 유형과 중복되기도 한다.[전영평 외, 2010: 32-35]

한국 사회의 대표적인 경제적 소수자는 비정규직 노동자이다. 비정규직 노동자란 기간 제한 없이 계속 일자리를 유지하고 고용주가 책임을 지지 않는 노동자를 의미한다. 일시적이고 조건부적인 고용계약을 맺는 비정규직 노동자는 고용기간을 한정하는 기간제 고용, 다른 기업과 계약해서 해당 회사 노동자들을 사용하는 간접 고용, 노동자를 사업주체로 꾸며 사업자 대 사업자 형태로 계약을 하는 특수고용으로 구분된다.[장귀연, 2006: 41-49] 노동시장에서 비정규직 노동자가 급증한 것은 신자유주의의 확산과 궤를 같이 한다.

한국에서는 1997년 외환위기 당시 IMF의 지원조건 중의 하나인 노동시장의 유연화가 채택되면서 그 수가 크게 늘어났다. 정리해고제 도입, 근로자파견법 재정, 공공부문의 민영화 등의 법제화에 따라 기업들은 구조조정을 실시했고, 경영합리화를 위한 노동의 수와 기능 등의 유연화를 도입하기 시작했다. 특히, 사업의 핵심적인 부분만을 정규직으로 채용하고 나머지는 계약직, 임시직, 파견근로 등의 형태로 간접 고용하는 노동유연화 정책은 노동자를 철저히 시장교환의 대상으로 삼으며 노동의 비정규직화를 촉진시켰다. 이는 한국에도 그 지위와 특권을 보호받는 안정적인 핵심 노동자와 사회적 권리가 배제된 채 유연성만 더욱 강화되는 불안정한 주변부 노동자 사이에 간극이 점차 넓혀지면서 전형적인 이중구조의 노동시장이 고착되고 있다는 것을 의미한다.

현재 자동차 공장의 생산라인에서는 회사가 직접 고용한 노동자뿐 아니라 사내 하청이란 형태로 간접 고용한 노동자들이 함께 일하고 있다. 이 같은 간접고용은 고용주의 책임이 분산되고 책임소재가 불명확해지면서 임금노동자에 대한 책임을 회피할 여지가 많아지는 까닭에 많은 회사에서 채택되고 있다. 이들은 근로계약서도 작성하지 않은 채 정규직 노동자에 비해 턱도 없이 낮은 임금과 열악한 환경을 감내하면서 일하고 있고, 언제든지 해고될 위험에 처해 있다. 파업이라도 벌일라치면 회사 측은 가족과 친척들에게 손해배상 청구와 가압류, 차압을 하겠다는 위협 등 각종 폭력을 행사하기도 한다. 노동의 유연화가 확산된 결과 현재 한국의 노동자 중 절반을 넘는 사람들이 일반 임시직, 기간제 고용, 임시 파트, 특수 고용, 호출 근로, 용역 근로 등을 통해 살아가고 있는 실정이다.

비정규직 노동자로의 진입은 젊은 세대에서 흔히 일어난다. 이와 관련된 책이 〈88만 원 세대〉이다. 이 책은 20대 앞에 놓여 있는 현실을 경제학적으로 분석한다. 지은이들인 우석훈과 박권일에 따르면 88만 원 세대는 비정규직 전체의 평균임금이 119만 원에 20대의 평균 소득 비율인 74%를 곱한 것으로, 지금의 20대 비정규직이 받게 될, 혹은 받고 있는 임금이다. 저자들은 큰 이변이 없는 한 지금의 20대는 평생 동안 88~119만 원쯤의 돈을 받으며 비정규직으로 살게 될 것이라고 한다. 그들은 이러한 현상의 원인으로서 386과 유신세대로 대표되는 기성세대들의 '세대 착취'와 '획일화'를 꼽는다. 한국 사회는 "40대와 50대의 남자가 주축이 된 한국 경제의 주도세력이 10대를 인질로 잡고 20대를 착취하는 형국"이라는 것이다. 게다가 늦은 세대 독립과 경험의 부족, 강요된 승자독식 게임으로 인한 획일성으로 앞으로의 미래도 암울하기 짝이 없기 때문에 지금의 20대가 30대, 40대가 되어도 나아질 것은 별로 없을 것이라 말한다. 우석훈 · 박권일, 2007 3)

2010년 현재 한국의 비정규직노동자 수는 855만 명으로 전체 노동자 대비 50.2%를 차지했다. 전체 임금노동자 가운데 비정규직의 비율은 1996년 43.3%에서 1999년 51.7%로 커졌다. 그럼에도 비정규직 임금은 정규직 평균임금에 비해 2배가량 적었다. 2010년 기준 비정규직 평균 임금은 124만 4,000원으로 정규직 평균임금 265만 8,000원 보다 46.8% 차이로 역대 최고 수준을 기록했다. 비정규직의 국민연금·건강보험·고용보험 등 사회보험 가입률은 정규직보다 여전히 20%포인트 이상 낮은 수준이고, 비정규직의 평균 근속기간은 2년 2개월이며, 70% 정도가 고졸 이하의 학력이다. 〈경향신문〉, 2011년 5월 26일 한국노동연구원이 임금 노동자를 대상으로 비정규 고용 형태를 결정짓는 요인을 분석한 결과, 노동시장 내 지위 형평성 확보가 어려운 여성과 비가구주, 25세 미만의 청년층, 저숙련 고령층, 대졸 미만의 학력층에서 비정규직 선택이 높게 나타났다. 비정규직노동자가 사회적 문제가 되자 정부는 2007년 7월 1일부터 비정규직보호법을 시행했다. 기간제와 파견 근로자의 남용을 제한하고 보호하기 위해 기간제 근로자가 2년 이상 일하면 사용주가 사실상 정규직으로 전환하도록 하는 규정을 골자자로 하는 이 법은

---

3) 공저자 가운데 한 사람인 박권일은 이후 세대론에 집중하다 보니 세대 내부의 양극화, 20대와 50대에서 쌍봉형으로 나타나는 불안정노동과 같은 주요 문제들이 상대적으로 소홀히 취급됐다고 밝혔다. 한준은 "88만 원 세대론은 사회적 불평등을 세대 간 문제로 협애화한다는 점에서 문제가 있다"며 "결과적으로 '젊은 세대가 단결해 기득권 386세대와 싸우라'는 우파 논리에 정치적으로 이용당하기 쉽다"고 지적하였다. 〈프레시안〉, 2009년 2월 10일.

오히려 더 많은 노동자들을 거리로 내모는 결과를 낳았다.

2010년 8월 4년 6개월간의 파업에 종지부를 찍은 'KTX 여승무원 해고 사건'은 불완전한 비정규직보호법의 실상을 단적으로 보여준다. KTX 승무원들은 2004년 3월 철도공사로부터 KTX 승객 서비스 업무를 위탁받은 홍익회에 비정규직 직원으로 채용됐다. 하지만 같은 해 12월 홍익회는 이 업무를 다시 철도유통에게 위임했고, 2005년 12월 철도유통은 서비스 업무를 KTX 관광레저에 다시 위탁했다며 승무원들의 소속 이적을 통보했다. 그러나 승무원들은 이에 불복했고 2006년 5월 해고됐다. 비정규직보호법이 비정규직의 보호는커녕, 외주 용역업체 직원으로 바꾸는 편법을 이용하는 역효과를 가져온 것이다. 2010년 11월 끝난 '기륭전자 노조원 파업' 역시 2005년 7월 인력파견업체로부터 파견된 200여 명의 노동자를 무더기로 해고하는 것에서 시작되었다. 비정규직의 임금차별은 노동시장의 양극화의 골을 더 깊게 만들 뿐만 아니라, 생활의 불안으로 이어져 노동빈곤층 형성을 고착시키며, 나아가 주택, 교육, 보건 의료, 소득분배, 민주화 등 다양한 사회적 문제로 이어진다. 소수자에 대한 정치권의 대응은 '망각의 정치politics of oblivion'로 불릴 만하다.

동남아시아 출신 이주노동자들 역시 우리 사회의 대표적인 소수자 집단이다. 이들 대부분은 산업연수생으로 입국한 후 작업장을 빈번하게 옮겨 다니면서 장시간 노동과 임금 체불, 산업 재해, 등을 경험하고 있다. 미등록 노동자에 대한 단속과 강제 출국도 흔히 발생하고 있다. 비록 2004년 8월부터 시행된 〈외국인 근로자의 고용 등에 관한 법률〉로 인해 합법화된 이주노동자들은 내국인과 동일하게 각종 노동 관계 법령의 적용을 받게 되었지만 이도 사업장 이동이 제한되고 악명 높은 연수생제도와 병행 실시되는데서 여전히 한계를 지니고 있다. 미등록자의 강제 추방을 둘러싼 논쟁은 아직도 해결되지 못한 상태이다.

일반적으로 국경을 벗어난 자유로운 자본의 이동을 쫓아 노동력도 산업이 밀집되고 임금 및 복지수준이 높은 산업국가로 이동한다. 이들이 이동하는 것은 유출국과 유입국 사이에 기대소득격차가 존재하기 때문이기도 하지만 구조적으로는 세계 자본주의의 불균등한 발전으로 인한 것이기도 하다. 상대적 과잉인구를 지닌 저개발국 출신의 이주노동자는 중심부의 저임금노동자로 편입되어 토착민들을 대체하기도 하지만 상응한 권리를 보장받지는 못하고 있다. 기업가들은 최대의 이윤을 창출하기 위해 높은 비용이 소요되는 복지를 제공치 않으려 하고, 정치인들과 관료들은 민족적 정체성의 약화를 고려하거나 토착민 집단들의 영향력이 강한 선거경쟁을 감안해 통합적 인권정책보다는 선별적 인권정책을 선호한다. 이는 한국의 경우도 예외가 아니다.

한국 사회에는 비정규직 노동자와 이주 노동자처럼 자본주의가 강요하는 불평등의 희생자들뿐만 아니라 사회적 차별과 정치적 배제의 대상자들도 존재한다. 한국의 가치체계는 유교를 국교로 내건 봉건왕조의 지배와 일제에 의한 식민통치, 그리고 계속된 권위주의 정권의 지배에 의해 영향을 받았다. 가부장적인 위계질서를 존중하는 권위주의, 배타적이고 복종을 강조하는 집단주의 등이 그것이다. 여기에 해방 이후 지배계층이 도입하고 이후 서구국가들과의 교류가 확산되면서 급속히 유입된 외래문화 역시 남한의 가치체계에 적지 않은 영향을 미쳤다. 그 결과 오랜 가족주의와 극단적인 개인주의가 병행하게 된데 더해 집단주의적 특성을 보이는 사회체제 역시 온존해 있다. 특히 대다수 한국인들에게는 '나'라는 개인과 '우리'라는 집단의 구분이 불명확하다. 개인주의와 집단주의, 사적 관계와 공적 관계의 불분명한 구분은 나와 다른 사람과 집단들을 구분하고 이들을 차별하는 것으로 나타난다.

이 중에서 한국 사회에 고착된 배타적 성격의 집단주의는 '우리 집단' 성원들에게는 매우 개방적이지만 연고를 달리하는 '남의 집단' 성원들에게는 매우 폐쇄적이라는 이중적 커뮤니케이션 구조를 형성하게 하였다. 다문화가정 여성, 코시안, 무슬림 들은 배타적 집단주의의 대표적인 희생자들이라 할 수 있다. 이들은 권력의 위계구조에서 하층부에 위치하면서 토착민들로 이뤄진 주류 사회로부터 다양한 사회적 차별과 배제를 경험하고 있다. 다음과 같은 한 무슬림의 지적은, 타 문화에 대해 편견과 무지로 가득 찬 우리 사회에 대한 날카로운 문제 제기이다.

"우리나라에서 이슬람에 대한 편견은 뿌리 깊습니다. 서구식 일변도의 교육과 문화가 이슬람교는 열등하고 야만적이라는 인상을 지속적으로 주입해 왔으니까요. 이슬람에 대해서 전혀 모르는 사람들도 '한 손에는 칼을, 한 손에는 꾸란을' 따위 이슬람과 아무 상관없는 말을 들먹이며 이슬람을 냉소합니다. 그리고 요즘은 아랍에 대한 근거 없는 민족적 우월감까지 이런 편견에 덧붙여지는 것 같습니다"
_박영희·오수연 외, 2006: 167

한국인 남성과 동남아시아인 여성 사이에 태어난 2세인 이른바 '코시안Kosian'들과 그들을 키우는 아시아 여성들 역시 한국 사회의 배타적 집단주의로 고통을 받고 있다. 매년 동남아시아 출신 여성과 결혼하는 남성들이 증가하면서 이들 사이에 태어난 자녀수도 늘어나고 있다. 교육과학기술부 통계에 따르면, 2010년 현재 초·중·고교에 재학 중인 다문화가정 자녀는 3만 4,338명으로 2005년에 비해 불과 5년 사이에 5.6배 증가했다. 전문가들은 2020년에는 한국의 청소년 5명 가운데 1명이 다문화가정 출신일 것으로 전망하고 있다. 이들은 약 40% 이상이 농어촌에 거주하고 있는데〈경향신문〉, 2011년 4월 26일 특히 자녀들은 한국말이 서툰 어머니의 영향으로 또래보다 말이 늦고 다른 외모 때문에 아이들 사이에서 따돌림을 받기도 한다. 여기에 경제적 어려움과 서로에 대한 정보 부족으로 조기에 파경을 맞는 부부가 증가하면서, 국적없는 아이들까지 생겨나고 있다. 2006년 일었던 '하인즈 워드 열풍'[4]에서 나타난 것처럼 이들을 보는 편견이 많이 완화되고 있다고는 하나 그것은

---

4) 2006년 미국 슈퍼볼에서 최우수선수로 뽑힌 떠오른 하인즈 워드(Heinz E. Ward)의 어머니가 한국인이라는 사실이 알려지면서 그에게 명예서울시민증이 수여되고 청와대에 초청되는 등 열풍이 불었다. 그러나 국내 최대 혼혈인 단체인 국제가족한국총연합회의 배기철 회장은 하인즈 워드 열풍 뒤에 가려진 국내 혼혈인들의 비참한 생활상과 차별 실태를 소개하고 국민적 관심을 촉구했다. 그는 하인즈 워드 신드롬에 대해 "그의 성공에 박수갈채를 보낸다. 하지만 그 사람이 한국을 떠날 때, 그리고 선수로서 성공할 때까지 누가 관심이나 가져준 적 있느냐? 단지 그의 어머니가 한국 사람이라는 이유로 영웅시하고 열광하는 것에 마음이 씁쓸했다. 한국 땅을 지키고 살아온 혼혈인들이 열등감을 갖거나 또 다른 차별을 받게 될까봐 걱정"이라며 여론에 대해 불편한 심기를 드러냈다. 〈노컷뉴스〉, 2006년 2월 23일.

아직 잘 나가는 일부 연예인과 운동선수에 국한되고 있다. 대부분의 아시아 여성들은 척박한 현실의 한국 농촌에 시집와 온갖 농사일과 육아 및 가사에 종사하지만 언어 습득의 어려움과 생활고를 겪고 있고 거기에 주변의 편견 어린 시선과 차별 대우에 적지 않은 상처를 입은 채 살아가고 있다.

획일화와 표준화를 지향하는 사회는 단지 민족과 문화를 달리하는 사람뿐만 아니라 내국민들 역시 차별의 대상자로 만든다. 기존의 제도권 학교에서 벗어나 청소년 쉼터에 다니는 탈학교 청소년들은 어린 나이에 이미 갖은 사회적 냉대와 수모를 경험하고 있다. '문제아', '불량소녀', '날라리' 등은 그들을 부르는 각종 수식어이기도 하다. 이는 독일의 사회학자인 노르베르트 엘리아스Norbert Elias가 지적한 대로 한 사회의 기득권자들이 권력의 우위를 토대로 다른 집단의 구성원들을 아웃사이더로 낙인찍는 전형적인 방식이다.[5] 지금 우리 사회는 학교에 다니는 청소년들과 그렇지 않은 청소년들을 정상과 비정상의 이분법에 기대 분리한 후 후자에게 각종 낙인을 씌어 제재를 가하고 있다. 그러나 학교에 다니는 '정상적인' 청소년들 역시 성적과 대학 진학만을 목적으로 내세우는 학교에서 동일한 규범과 획일화된 정체성을 강요당하고 있다. 국가권력과 자본주의 체제가 요구하는 위계화된 질서와 순응의 문화 속에서 학생들의 인권은 실종될 수밖에 없다.[6]

---

5) 엘리아스는 제자 존 스콧슨(John I. Scotson)과 함께 쓴 〈기득권자와 아웃사이더(Etablierte und Auß enseiter, 1965)〉에서 영국의 한 소읍에서 실시한 현장조사를 통해 집단 간의 갈등과 권력이 권위를 유지하기 위한 집단의 응집욕구와 그 응집력에서 생겨난다고 주장한다. 인종·직업·소득·교육 수준에서 차이가 없고 단지 거주기간만 차이가 나는 이 읍의 두 구역민 간에는 다른 구역 사람을 드러내놓고 멸시하고 열등하게 취급하는 기득권자-아웃사이더 관계가 형성돼 있다는 것이다. 기득권자들의 권력의 원천은 응집력이었다. 두어 세대 전에 먼저 정착한 이들은 부근 공장 증설로 하나둘씩 들어오는 이주민을 자신들의 생활양식을 침범할 위협적 존재로 보고 서로 뭉쳐 교회·클럽 같은 지역사회의 핵심기구를 장악하고 따돌렸다. Norbert Elias & John I. Scotson, 박미애 역(2005), II부. 이 책에서 엘리아스와 스콧슨은 인간들이 자신들의 행위를 통해 형성하는 인간관계의 구체적 형태인 결합태(Figuration) 안의 두 집단이 서로 얽혀 갈등과 긴장을 양산하는 상호의존관계를 분석했다.

6) 이런 현실에서 2011년 12월에 교내 집회의 자유, 두발·복장 자율화, 성적(性的) 지향

독일의 사회학자인 **노르베르트 엘리아스(Norbert Elias, 1897~1990)**는 일상생활에 대한 미시적 분석과 사회변동에 대한 거시적 분석을 결합시켰다. 그는 〈문명화과정(über den Prozeß der Zivilisation)〉에서 서구 상류층 사람들의 일상 의례를 역사적으로 비교, 분석하면서 근대 유럽 문명의 심리적이고 사회적인 기원을 밝혔다. 엘리아스는 문명화를 상호의존과 차별화라는 지배전략을 지닌 궁정사회 권력의 억압과 강요의 산물로 본다. 엘리아스는 제자인 존 스콧슨(John l. Scotson)과 함께 현장조사에 기초해 쓴 〈기득권자와 아웃사이더(Etablierte und Auß enseiter, 1965)〉에서 집단 간의 갈등과 권력이 권위를 유지하기 위한 집단의 응집욕구와 그 응집력에서 생겨난다고 주장한다. 영국의 한 소읍에 거주하는 두 구역민 간에는 다른 구역 사람을 드러내놓고 멸시하고 열등하게 취급하는 기득권자-아웃사이더 관계가 형성돼 있다는 것이다.

이들 소수자들은 뿌리 깊은 사회적 차별을 겪을 뿐만 아니라 정치적 배제의 당사자가 되기도 한다. 정치적 배제는 사회적 배제의 한 유형으로 박탈이나 고립을 통해 사회로부터 한계화된 개인이나 집단이 겪는 상황이나 과정을 의미한다. 관계적 쟁점에 초점을 둔 용어인 정치적 배제는 특정 개인과 집단에 대한 정치적 권리가 인정되지 않고, 이들이 정치에 포괄적으로

과 임신·출산에 따른 차별 금지 등의 내용을 담은 '서울 학생인권조례'가 제정된 것은 그 의의가 크다. 헌법과 '유엔 아동 권리에 관한 협약' 등에 근거하여 학생의 인권이 학교 교육과정에서 실현될 수 있도록 함으로써 인간으로서의 존엄과 가치 및 자유와 권리를 보장하는 것을 목적으로 하는 이번 인권조례는 경기, 광주에 이어 전국에서 세 번째로 제정됐다. 그러나 이를 두고 사회적 갈등도 빚어지고 있다. 진보·개혁 성향의 시민사회단체들은 각종 자유를 학교 규정으로 제한할 수 있다는 문구로 인해 인권조례가 형식적인 선언으로 변질될 수 있다는 우려를 표명한 반면, 한국교총 등 보수성향의 시민사회단체들은 '학생인권조례 저지 범국민연대'를 결성하고 "학생인권조례가 학교 질서 붕괴와 교권 추락을 가속화할 것"이라고 주장하고 있다.

참여하는 길이 막혀 있는 상황을 의미한다. 정치로부터 배제된 개인과 집단들은 개인적 안전, 법의 지배, 표현의 자유, 정치적 참여, 기회의 균등, 노조의 결성 등과 관련된 권리가 침해받는다.강신욱 · 김안나 외, 2005: 62-66 일부 이주노동자들은 현행법상 범법자로서 국가로부터 기본적인 권리조차 인정받지 못하고 있다. 비록 범법자가 아니더라도 국가는 강압력을 행사하여 일부 구성원들에게도 각종 인권협약에서 요구하는 제 권리들을 부여하지 않거나 부여하더라도 제한적인 권리만 허용하고 있다. 보안 관찰 처분자들은 그 한가운데에 있는 사람들이다. 3년 이상의 선고를 받고 수감 생활을 마친 뒤 출소하였으나 여전히 감시 아래 살아가야 하는 이들은 강압적인 국가가 그 구성원인 국민들의 기본 권리를 얼마나 침해하는가를 잘 보여준다.

세계화를 비롯한 대내외적 요인들로 인해 한국 사회는 다문화사회로 변화하면서 내부 구성과 이념, 운동방식을 달리하는 수많은 소수자 집단들이 등장하고 있다. 이들 소수자들은 표준화와 동질화를 내세우는 지배집단 및 국가권력에 의해 끊임없이 억압되고 배제당하고 있다. 차별과 배제의 대상으로서의 소수자들은 다수 집단들과는 다른 이해관계와 정체성을 지닐 뿐만 아니라 생활방식 역시 이질적이다. 〈우리 시대의 소수자 운동〉에 의하면 이주노동자들의 경우 다양한 지원단체들이 쉼터나 상담실, 인터넷 카페, 회원단체, 센터 등으로서의 기능을 지니며 다른 이주노동자 조직과 수평적 연계를 형성하고 있다.윤수종 외, 2005: 19 이러한 조직 구성은 잠재적이거나 가시적인 대안운동으로의 발전을 가능하게 하는 기반이 된다. 이런 까닭에 소수자들이 그들이 처한 현실인식에 더해 스스로 권리를 어떻게 쟁취할 것인가에 대한 방안들이 모색될 필요가 있다. 이는 자랑스런 전통을 지닌 한국 민주화 운동의 계승이자 한국 민주주의의 공고화를 위한 주요한 과제이기도 하다.

연관 키워드

주변화(marginalization), **망각의 정치**(politics of oblivion), **노동위협효과**(threat effect on labour), **노동의 유연화**(labour flexibility), **바닥을 향한 경주**(race to the bottom)

[참고문헌]

Agamben, Giorgio. 박진우 역. 〈호모 사케르: 주권권력과 벌거벗은 생명〉. 서울: 새물결, 2008.

Clapham, Andrew. 박용현 역. 〈인권은 정치적이다: 쟁점으로 보는 인권교과서〉. 서울: 한겨레출판, 2010.

Deleuze, Gilles & Fe'lix Guattari. 김재인 역. 〈천개의 고원〉. 서울: 새물결, 2001.

Dworkin, Anthony Gary & Rosalind J. Dworkin. *The Minority Report: An Introduction to Racial, Ethnic, and Gender Relations*. New York: Harcourt Brace College Publishers, 1999.

Elias, Norbert. 박미애 역. 〈기득권자와 아웃사이더〉. 파주: 한길사, 2005.

Freeman, Michael. 김철효 역. 〈인권: 이론과 실천〉. 서울: 아르케, 2005.

Ishay, Micheline. *The History of Human Rights: From Ancient Times to the Globalization Era*. Berkeley & Los Angels: University of California Press, 2008.

Young, Iris Marion. *Inclusion and Democracy*. Oxford: Oxford University Press, 2002.

강신욱·김안나 외. 〈사회적 배제의 지표개발 및 적용방안 연구〉. 서울: 한국보건사회연구원, 2005.

고병권. 〈추방과 탈주〉. 서울: 그린비, 2009.

국가인권위원회 기획. 박영희·오수연·전성태. 〈길에서 만난 세상〉. 서울: 우리교육, 2006.

우석훈·박권일. 〈88만원 세대〉. 서울: 레디앙, 2007.

윤수종 외. 〈우리 시대의 소수자 운동〉. 서울: 이학사, 2005.

이병량. "서평: 한국 정책연구의 현재." 〈한국행정학보〉 제44권 제4호. 2010.

장귀연. 〈비정규직〉. 서울: 책세상, 2009.

장혜현. "한국에서의 국가-자본의 노동 유연화 전략과 그 결과." 〈한국정치학회보〉 제44집 3호. 2010.

전국불안정노동철폐연대. 〈비정규직 없는 세상: 비정규직 철폐운동의 전망〉. 서울: 메이데이, 2009.

전기택. "세계화. 노동의 유연화와 여성 비정규 노동." 〈젠더와사회〉 제5호. 2006.

전영평. "한국의 소수자 문제와 소수자 정책 연구 관점: 행정학 연구의 새로운 지평."

한국행정학회 동계학술대회 발표 논문. 2006.
전영평 외. 〈한국의 소수자정책: 담론과 사례〉. 서울: 서울대학교출판문화원, 2010.
청년유니온. 〈레알 청춘〉. 서울: 삶이보이는창, 2011.
최 협·김성국 외. 〈한국의 소수자. 실태와 전망〉. 파주: 도서출판 한울, 2004.
홍익표. "차별과 배제의 사회의 소수자들." 〈한국의 전망〉 제2호. 2006.

열일곱 번째 키워드: 정의

부정의사회, 그들만의 정의담론

전두환 정권의 '정의사회 구현'부터 이명박 정권의 '공정사회'까지 한국의 역대 정권은 정의와 공정을 구호로 삼았다. 군부쿠데타를 통해 권력을 장악한 전두환이 이끄는 신군부는 '정의사회 구현'을 국정목표로 내걸었다. 그러나 이는 실제 정책으로 뒷받침되지 않는 정치적 구호에 불과함이 곧 증명되었다. 전두환 정권 초반기인 1982년에 '단군 이래 최대의 금융사건'이라 지칭되었던 장영자·이철희 사건이 발생했다. 이 사건은 전두환 대통령의 처삼촌으로 당시 광업진흥공사 사장이었던 이규광의 처제였던 장영자와, 육사 2기 출신으로 중앙정보부 차장과 유정회 국회의원을 역임했던 그의 남편인 이철희가 건설업체에 접근하여 현금을 제공하는 대신 그 몇 배에 달하는 어음을 받아 이를 사채시장에 할인함으로써 거액의 자금을 조성했던 사건이었다. 당시 그들이 사채시장에서 할인한 액수는 무려 6,404억 원에 달했다. 이후에도 전두환 정권 기간 동안 권력비리사건은 끝이지 않았다. 1983년에 발생한 명성그룹사건과 영동진흥개발사건도 그 대표적인 사례였다.

그러나 전두환 정권 시기의 권력비리와 관련하여 무엇보다도 눈길을 끌었던 것은 전두환 대통령의 동생인 전경환이 그 책임을 맡았던 새마을운동 중앙본부의 권력비리였다. 전경환은 노태우 정권 초기였던 1988년에 구속되었는데, 검찰은 그를 73억 6,000만 원의 횡령과 10억 원의 탈세 그리고 4억 1,700만 원의 이권 청탁 혐의로 기소하였다. 정작 '정의사회 구현'을 가

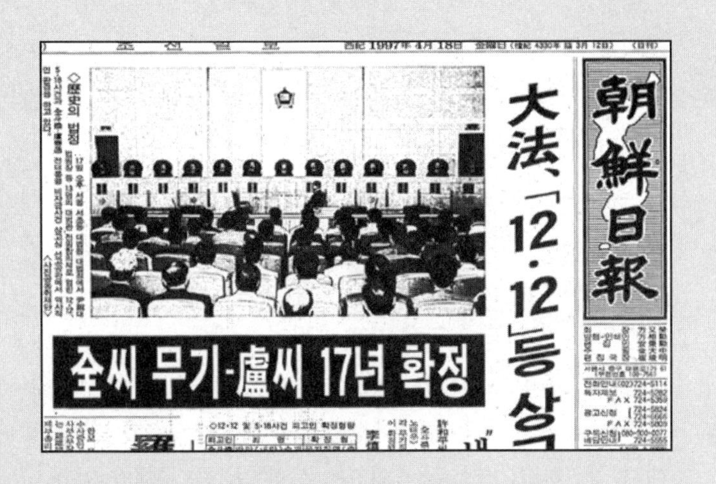
朝鮮日報

1997年 4月 18日

大法, 「12·12」등 상

全씨 무기-盧씨 17년 확정

◇歷史의 법정

군부쿠데타를 통해 권력을 장악한 전두환이 이끄는 신군부는 '정의사회 구현'을 국정목표로 내걸었지만 이는 정책으로 뒷받침되지 않는 정치적 구호였다. 전두환 정권과 뒤를 이은 노태우 정권은 온갖 비리로 얼룩졌다. 1997년 4월 17일 대법원 전원합의체는 12·12 및 5·18사건과 전두환·노태우 비자금사건 상고심에서 군형법상 반란 및 내란죄를 적용해 전 씨에게 무기징역을, 노 씨에게 징역 17년형을 확정하고, 재임 중 재벌총수 등으로부터 각각 뇌물로 받은 2,205억 원과 2,629억 원을 추징금으로 선고했다. 위의 사진은 이를 보도한 〈조선일보〉, 1997년 4월 18일자 1면이다.

장 크게 배반했던 것은 전두환 전 대통령 자신이었다. 김영삼 정권 시기에 '역사 바로세우기' 차원에서 진행되었던 전두환, 노태우 두 전직 대통령에 대한 비자금 수사 결과 재임 당시 전두환은 9,500억 원 규모의 비자금을, 그리고 노태우는 5,000억 원 구모의 비자금을 조성한 것으로 밝혀졌기 때문이다. 1997년 4월 대법원은 이들 비자금 중 일부를 뇌물로 인정하여 전두환에게는 2,205억 원을, 노태우에게는 2,629억 원을 추징금으로 부과했다. 전두환은 대법원 확정판결을 받은 이후 추징금 전체 액수의 24.2%인 533억 원만 납부한 채 무려 16년 동안이나 추징금 완납을 미뤄왔다. 지난 2003년에는 전 전 대통령이 법원의 재산명시 명령에 예금자산이 29만 원이라고 적으면서 세간에 화제가 되기도 했다. 2013년 5월 검찰이 전두환 일가 미납

추징금 특별환수팀을 꾸려 대대적인 수사를 진행하고, 6월 국회에서 이른바 '전두환 추징법'이라 불리는 '공무원 범죄에 관한 몰수 특례법' 개정안이 통과되면서 추징금 환수 시효가 2020년 10월까지 연장되는 등 전방위 압박이 계속되자 결국 장남이 대국민사과를 하며 미납추징금 납부계획을 밝힌 바 있다. 한편, 대법원에서 확정받은 추징금 중 지금까지 2천397억 원을 납부했던 노태우는 2013년 9월 나머지 금액을 완납했다.

이명박 전 대통령 역시 집권 후반기를 맞아 친서민 중도실용 정책노선으로의 대전환을 선언하면서 '공정사회'를 모토로 내세운 바 있다. 그는 공정사회를 "출발은 물론 경쟁과정을 공평하게 함으로써 경쟁자들이 그 결과에 대해 공감하고, 스스로 책임지는 사회"며 "즉 부패가 없고, 균등한 기회가 보장되며, 약자를 배려해 그들이 다시 일어설 수 있도록 뒷받침하는 사회"라 설명했다. 자율과 공정, 책임을 바탕으로 한 공정경쟁을 통해 건강한 사회를 만들겠다는 취지여서 말 자체는 별반 나무랄 데가 없는 것이었다. 그러나 집권 이후 대기업과 기득권층, 부자들의 이익을 대변하는 정책을 줄곧 펴왔던 대통령이 공정사회를 말하는 데 대해 여론은 별로 호의적이지 못했다. 거기다 몇 가지 악재가 돌출하면서 이 전 대통령이 집권 후반기 아젠다로 공정사회를 제시한 것은 곧 빛이 바랬다.

당시는 '8·8개각'이 진행되던 시점이었다. 대통령이 추천한 후보자들 대부분은 인사청문회 과정에서 위장전입, 부동산투기, 허위취업 등 위법행위를 했음이 밝혀졌다. 결국 총리와 장관 후보자 등 3명이 물러났다. 8·8개각의 상징인 김태호 당시 국무총리 후보자는 인사청문회 과정에서 '양파총리' '걸레총리' 등 수치스러운 별명을 얻어야 했고, 위증논란 끝에 낙마하고 말았다. 신재민 문화체육관광부장관 후보자와 이재훈 지식경제부장관 후보자도 마찬가지였다. 그 와중에도 이 전 대통령은 '공정사회의 원칙'을 강조했다. 이에 더해 이명박 정권의 각료 중의 한 사람인 유명환 당시 외교통상부장관의 딸 특채 논란이 불거졌다. 외교통상부가 유 장관의 딸을 특채시키려 응모조건을 고쳐 무리하게 채용시켰다는 것이었다. 외교통상부는 "유 장관의 딸인지 몰랐다"고 밝힌 데 비해 유 장관은 "오히려 인사라인에서는 장관

딸이기 때문에 더 엄격하게 한 것으로 보고받았다"고 해명하면서 여론이 들끓었고, 고위 권력층이 부와 권력을 세습하도록 만들어진 '현대판 음서제도'라는 비난이 쏟아졌다. 여론의 비판은 청문회장에 나온 후보자들과 자식 특채논란을 빚은 장관에게만 국한되지 않고 이명박 정권이 추진한 정책 전반으로 확대되었다. '그들만의 공정한 사회'라는 말이 떠돌았고, '녹색성장'과 같이 이명박 정부의 구호와 정책이 따로 논다는 지적도 나왔다. 집권당 내에서도 비판이 제기되었다. 한나라당의 '공정사회 토론회'에서 정두언 당시 최고위원은 "불법사찰을 책임지는 사람이 없다"며 "공정사회 화두는 양날의 칼"이라고 우려했고, 이혜훈 의원은 "'고소영·강부자 내각'이 불법은 아니지만 공정하지는 않다"고 꼬집었다.〈노컷뉴스〉, 2010년 9월 14일

대다수의 국민들이 '불공정한 사회'로 인식하고 있는 한국 사회에서 정의와 공정을 내걸고 이에 상응하는 정책을 펴 가는 것은 매우 중요하다. 그러나 구호와 정책이 괴리된 경우가 대부분이었다. 이 전 대통령의 공정사회 구호 제시도 '부자 정권' 이미지를 희석시키려는 의도가 내포되어 있음은 물론이다. 문제는 한국 사회의 기득권층이 쏟아내는 언어가 국민들에게 신뢰보다는 혼란을 부추기고 있다는 사실이다. 사회 일각에서는 자본과 언론과 권력이 '어둠의 삼각동맹'을 굳건히 맺고 공세적으로 이데올로기를 선동하고 있다고도 지적한다. 이와 관련된 사례를 우리는 국내 굴지의 재벌 대기업인 삼성전자 이건희 회장의 '부패 척결' 발언에서도 찾을 수 있다. 이건희 회장은 2011년 6월 9일 출근길에 기자들과 만난 자리에서 "그룹 전체에 부정부패가 퍼져 있는 것 같다. 과거 10년간 한국이 조금 잘되고 안심이 되니 이런 현상이 나타났다"고 언급했다.〈파이낸셜뉴스〉, 2011년 6월 10일 사람들은 이 지적에 불법적 경영권 승계, 탈세, 차명계좌 운영 등을 떠올렸고, 진보신당은 부정부패와 비리의 백화점인 기업 회장에게서 역설의 언사를 듣는 것 같다고 꼬집었다. 이 회장은 2008년 배임과 조세포탈 등의 혐의로 기소돼 징역 3년에 집행유예 5년, 벌금 1,100억 원을 선고받았으나 이명박 정권으로부터 2009년 말에 단독 특별사면을 받고 이듬해 경영복귀를 선언한 바 있다.

2010년과 2011년에 한국 사회에는 정의에 대한 관심이 증폭되었다. 마이

클 샌델Michae Sandel의 〈정의란 무엇인가〉는 인문서로는 드물게 출간 후 11개월 만에 무려 100만 부가 넘게 팔렸다. 〈정의란 무엇인가〉는 2010년에 간행물윤리위원회가 지정한 '이달의 읽을 만한 책,' 각 언론사나 인터넷 서점의 '올해의 책' 등으로 선정되었으며 국내 초청 강의와 교육방송EBS을 통한 저자 강의 방영으로도 인기를 이어갔다. 2010년 8월 20일 한 대학에서 열린 그의 한국 강연에는 무려 4,500여 명이 몰려들었다. 그러나 정치인들이 앞장서 정의를 외치고 정의가 사회의 화두가 되는 현실은 역설적이게도 한국 사회가 정의롭지 못하다는 사실을 보여준다. 선진국에서 선진국이 되자고 하지 않듯이 공정한 사회라면 '공정한 사회'가 비전이 될 필요가 없기 때문이다. 박경철은 이를 현재 한국 사회가 '정의 결핍 증후군'에 시달리고 있다고 표현한다. 개인의 문제에서는 교육·거주·고용 등 기회 불균등이 존재하고, 사회적 문제로는 인적·물적 자원을 독식하며 사회적 연대의 가치를 외면하는 양극화 현상이 엄존해 있다는 것이다. 그는 많은 사람들이 이런 양극화의 문제가 '정의 부재'에서 비롯되었고, 과정과 결과 모두에 문제가 있다고 여기고 있다고 지적한다.〈주간경향〉 933호, 2011년 7월 12일

많은 이들이 사회에서 정의가 결핍되었다고 생각하는 상황에서 사회의 기득권층들이 앞장서 내세우는 정의와 공정은 한낱 역설의 언사로 인식되기 쉽다. 물론 이들이 내세우는 정의가 구체적으로 무엇을 의미하는지에 대해서도 합의는 존재하지 않는다. 일반 대중들은 막연하게 정의를 이해하는 가운데 보수언론들은 잘못된 정의관을 유포시키고, 기득권층들은 이를 다시 자신의 이해관계에 따라 편의적으로 해석하는 경향이 있다. 아예 한국 사회의 지배계층은 사회정의나 양심이나 약자에 대해 관심이 없고, 그들이 이를 거론하는 경우는 단지 표를 의식할 때만이라는 극단적인 평가도 나오는 형편이다. 이런 현실일수록 우리는 한국 사회에서 왜 정의에 대한 관심이 높으며, 한국 현실에서 정의가 필요하다면 어떤 정의가 어떻게 구현될 수 있는지를 구체적으로 고민해야 된다. 구현해야 할 정의가 있다면 그것이 왜 필요하고, 누구를 위한 어떤 정의냐 하는 것이 논구되어야 한다. 그 첫 단추는 바로 정의를 올바르게 정의하는 일이다.

정의란 단어는 폭넓고 다양한 맥락에서 사용된다. 사전적 의미로 정의란 사회를 구성하고 유지하기 위한 구성원들의 공정한 도리를 말한다. 그러나 이런 사전적 정의는 대단히 포괄적이고 모호하다는 한계를 지닌다. 그래서 우리는 지난 인류 역사의 지혜가 응축된 사상가들의 논의에 의존할 수밖에 없다. 그러나 여기서 강조되어야 할 점은 정의를 정의할 유일한 방법이나 모든 사람을 충족시킬 하나의 정의론은 없다는 것이다. 미국의 윤리학자인 카렌 레바크Karen Lebacgz는 앨라스클레어 맥킨타이어Alasclair MacIntyre의 말을 인용해 오늘날 쓰이고 있는 도덕적인 언명을 과거의 '파편화된 찌꺼기들'로 이해해야 한다고 주장한다. 지난 시대의 윤리적 체계의 찌꺼기는 살아남았지만, 거기에 힘을 실어줄 수 있는 사회적 응집력은 사라졌다는 것이다. 정의에 대한 외침과 부정의에 대한 비난은 그런 체계의 파편으로 여겨진다는 것이다. 그러면서 레바크는 정의란 장님들이 살펴 본 속담 속의 코끼리와 같다고 한다. 코끼리 자체, 즉 정의란 장님 각자의 말을 통해서는 전체적으로 파악되지 않고 때때로 그들의 말은 서로 상충하는 것으로 보이기도 하지만 그들의 묘사는 코끼리를 정의하는 데 기여하는 측면도 있다는 것이다. Karen Lebacgz, 이유선 역, 2000: 23-24

"정의란 무엇인가"에 대해 답변하는 데 있어 두 가지 점이 고려되어야 한다. 첫째, 대다수의 학자들은 정의를 개인적인 차원보다는 사회제도적 차원에서 고찰한다. 정의의 세부적인 형식보다는 전체적인 형식에 관심을 갖고 있는 학자들은 제도적인 속성을 중심으로 사회정의를 논의한다. '분배적 정의'라고 불리는 사회정의는 어떤 제도의 이익과 부담의 분배방식을 묻고, 권리와 무능력, 힘과 의존성, 부와 빈곤을 평가한다. Brian Barry, 이용필 역, 1993: 446-447 둘째, 정의에 대한 정통적인 서양적 사고의 전통은 항상 정의를 하나의 각별히 세속적 덕목으로 간주해 왔다. 기독교 성경에 나오는 "저마다 필요한 만큼 모든 사람들이 나누어 받았던"〈사도행전〉 4장 35절 사도들의 공동체는 정치적·사회적 문제들에 대한 해결책이라기보다는 신도들이 물질적 재화에 지나치게 빠져들지 않게 하려는 일종의 성직자 집단으로 이해될 필요가 있다. Samuel Fleischacker, 강준호 역: 29

정의에 대한 이론에 중요한 근거를 제시해준 사상가는 아리스토텔레스이다. 그는 권리를 정의하려면 문제가 되는 사회적 행위의 텔로스를 이해해야 하며, 이를 이성적으로 판단하거나 논한다는 것은 그 행위가 어떤 미덕에 영광과 포상을 안겨줄 것인지 추론하거나 논의하는 것이라고 한다. 아리스토텔레스는 정의를 보편적 정의와 특수한 정의로 구분하고, 특수한 정의를 다시 산술적 정의와 분배적 정의로 구분하였다. 산술적 정의는 산술적 균등을 가리키며, 분배적 정의는 시민들 사이에 분배되는 권력, 명예, 재화와 관련된 것이다. 여기서 정의는 각자의 가치, 즉 공동체에 있어서 각자에게 적합한 덕목이나 각자가 공동체에 기여한 기여도에 따라 분배받는 것으로 불평등과 제국주의를 정당화하는 것이었다. 그는 철저한 인간중심주의자로서 자연이 인간을 위해 봉사해야 한다고 생각했고, 전쟁은 '지배받도록 태어났음에도 이를 거부하는 인간들에게도 사용되어야'하는 '본성적으로 정당'한 것으로 보았다.David Johnston, 정명진 역, 2011: 104-143; 이택광 외, 2011: 252-253

존 롤스John Rawls는 〈정의론A Theory of Justice〉에서 정의의 개념을 새롭게 부각시켰다. 롤스는 공정성이 정의의 핵심적 가치의 하나임을 강조한다.justice as fairness 다음으로 사람들이 공정한 합의에 도달할 수 있는 일종의 가상적 상황original position을 설정한다. 이는 아무도 자신의 사회적 지위나 계층상의 위치를 모르며, 누구도 자기가 어떠한 소질이나 능력, 지능, 체력 등을 천부적으로 타고났는지를 모르며, 심지어 자신의 가치관이나 특수한 심리적 성향까지도 모르는 상태를 말한다. 정의의 원칙들은 원초적 입장, 즉 사람들이 무지의 베일veil of ignorance 속에 있는 상태에서 선택되어야 누구도 유리하거나 불리해지지 않는다고 한다. 이러한 원초적 입장에서 합의될 수 있는 정의의 기본적 원칙은 두 가지이다. 첫째, 모든 사람들이 다른 사람의 유사한 자유와 양립할 수 있는 가장 광범위한 기본적 자유에 대해 동등한 권리를 가져야 한다. 둘째, 사회적·경제적 불평등은 그것이 모든 사람에게 이익이 되리라는 것이 합당하게 기대되고, 모든 사람에게 개방된 직위와 직책에 결부되는 경우에만 허용되어야 한다. 모든 사람에게 이익을 주지 않는 단순한 불평등은 부정의가 된다. 이 중에서 의무와 권리의 할당을 규제하는 1원칙이

〈정의론(A Theory of Justice)〉에서 **존 롤스(John Rawls, 1921~2002)**는 공정성이 정의의 핵심적 가치의 하나라고 강조한다. 그는 '무지의 베일' 속에 있는 상태에서 선택되는 정의의 원칙들 중에서 의무와 권리의 할당을 규제하는 1원칙이 사회적·경제적 이익의 배분을 규제하는 2원칙보다 우선되어야 한다고 말한다.

사회적·경제적 이익의 배분을 규제하는 2원칙보다 우선한다.John Rawls, 황경식 역, 2003: 52-58, 111-122, 195-202

로버트 노직Robert Nozik은 정의를 자기 소유 및 재산소유에 대한 사람들의 권리를 존중해주는 문제로 보고, 그들이 자신의 소유물을 갖고 무엇을 할 것인가 하는 문제는 자신의 자유로운 선택에 달려 있다고 주장한다. 국가의 역할은 사람들을 타인의 침해로부터 보호해주는 것에 국한되어야 한다는 것이다. 노직은 사람들이 정당하게 재산을 소유할 수 있는 세 가지 방식으로 최초의 취득, 자발적 이전, 교정을 든다.

> "자유세계에서는 다양한 사람들이 서로 다른 물자를 손에 쥐고 있으며 새로운 소유물은 자발적 교환과 행위로부터 발생한다 … 소유물에서의 정의의 주제는 세 가지 소주제로 구성되어 있다. 첫 번째는 소유물의 최초 취득 the original acquisition of holdings, 즉 소유되지 않은 것들의 사물화이다 … 두 번째는 한 사람으로부터 다른 사람에로 소유물의 이전the transfer of holdings이다. 어떤 과정을 통해서 한 사람은 자신의 소유물을 다른 사람에게 이동할 수 있는가? 어떻게 하여 물건들을 이의 소유자로부터 취득할 수 있는가? 이 주제 아래서

우리는 자발적 교환, 증여와 (다른 한편으로는) 사취, 그리고 한 사회에서 고정되어 있는 관습의 세부사항들을 논할 것이다. 이 주제에 관한 복잡한 진리를 우리는 이전에서의 정의의 원리라 부르겠다. 세계가 전적으로 정의롭다면 다음의 귀납적 정의가 소유물에서의 정의의 주제를 모두 커버할 것이다. 1) 취득에서의 정의의 원리에 따라 소유물을 취득한 자는 그 소유물에 대한 소유권리가 있다. 2) 이전에서의 정의의 원리에 따라 한 소유물을, 이 소유물에 대한 소유권리가 있는 자로부터 취득한 자는 그 소유물에 대한 소유권리가 있다. 3) 어느 누구도 1)과 2)의 (반복적) 적용에 의하지 않고는 그 소유물에 대한 소유권리가 없다 … 모든 현실적 상황들이 소유물에서의 정의의 두 원리에 의해 생성되는 것은 아니다 … 과거의 불의의 존재는 소유물에서의 정의 아래에서의 세 번째 주요 주제인 소유물에서의 불의의 교정 the rectification of injustice을 제시한다." _Robert Nozik, 남경희 역, 1997: 192-195

노직은 부는 개인의 사적인 노동의 산물이며 완전히 자족적인 방식으로 생산되기 때문에 국가나 사회가 이에 간섭할 아무런 권리도 없으며, 개인은 이를 마음대로 처분할 권리를 갖는다고 주장한다. 노직은 모든 사람의 유토피아가 될 만한 단일한 삶의 방식이 있다는 생각을 거부한다. 그러면서 최소국가는 사람들의 권리를 침해하지 않는다는 전체적인 틀 속에서 사람들이 자유롭게 유토피아 공동체를 만들어가도록 한다는 것이다.[1] 그러나 사람들이 자신의 소유물을 갖고 무엇이든 원하는 것을 할 수 있다는 '완전하거나 절대적인 재산권' 주장에 대해서는 많은 비판이 뒤따랐다. 지배와 착취가 이뤄지는 현실세계에서 교환은 노직이 생각하는 것만큼 정당하지 않다는 것이다. 불간섭이라는 '소극적' 권리 행사와 그와 관련된 보상의 원리와 지식을 통해서 발생한다는 최소국가에 대해서도 시민들의 적극적인 권리를 유지하고 배분적인 정의를 실현하기 위해서는 더 확장적인 국가가 정당화되는

1) "최소국가는 우리를 불가침의 개인들로 취급한다. 즉 우리는 이 국가 안에서 도구나 수단이나 자원으로 타인에 의해 어떤 방법으로도 이용될 수 없다. 최소국가는 우리를 존엄성을 가진 개인적 권리들의 소유자로 취급한다." Robert Nozik, 남경희 역(1997), p.408.

마이클 샌델(Michael J. Sandel, 1953~)은 공동선을 추구하는 새로운 정치가 시민의 사기진작에 더 도움이 되고 정의로운 사회건설에 더 나은 기반을 제공한다고 주장한다.

것 아니냐는 의문이 제기되었다. 비판자들은 무엇보다 정의에 대한 노직의 입장은 엄청난 구조적 불평등을 정당화할 수 있다는 데에 한계가 있다고 지적한다. Karen Lebacgz, 이유선 역, 2000: 112-143; Adam Swift, 김비환 역, 2011: 55-68 롤스가 실질적으로 재분배적인 복지국가를 옹호하는 '좌파 자유주의자'인데 비해 노직은 자기소유권 관념을 지지하면서 자유방임적 야경국가를 옹호하는 '우파 자유주의자'로 볼 수 있다. Adam Swift, 김비환 역, 2011: 56

마이클 샌델Michael J. Sandel은 롤스가 개인의 권리가 어떻게 보장받아야 하느냐는 분배의 정의를 강조했지만 어떤 행동이 바람직한가란 미덕의 요소를 간과했다고 비판한다. 롤스는 도덕과 종교, 신념을 배제했지만, 공리를 극대화하고, 선택의 자유를 확보하는 것만으로 정의사회 실현은 불가능하다고 한다. 샌델은 정의를 이해하는 데는 세 가지 방식이 있다고 한다. 최대 다수의 최대행복을 추구하는 것이라는 입장(공리주의), 선택의 자유를 존중하고 보장하는 것이라는 입장(자유지상주의, 자유주의적 평등주의), 미덕을 키우고 공동선을 고민하는 입장이 그것이다. 샌델은 이중에서 세 번째 방식을 지지하고 있으며, 이러한 입장에서 '공동선을 추구하는 새로운 정치'를 주장한다. 도덕에 기초하는 정치는 사회적 행위를 시장에 맡기면서 도덕과 가치를 회피하는 정치(삶의 좋은 가치들이 하나의 상품으로 변할 때, 그 가치는 타락하고 부패한다)보다 시민의 사기 진작에 더 도움이 되고 정의로운 사회 건설에 더 희망찬 기반을 제공한다는 것이다. Michael J. Sandel, 이창신 역, 2010: 360-371 이에 대해서는 공동체 성원들이 공유하는 건전한 시민성이란 대개의 경우 그 사회를 지배하는 상식이나 통념이고, 그 사회를 지배하는 의지에 불과하다는 비판이 제기되었다. 〈주간경향〉 905호, 2010년 12월 21일 분배정치가 활성화되고 분배상황 개선이 현실화되려면 단지 정의와 공동선의 연관성을 강조하는 것만으로는 부족하고 노동조직과 좌파정당의 힘이 강해야 한다는 점도 지적된다.

낸시 프레이저Nancy Fraser는 〈지구화 시대의 정의: 정치적 공간에 대한 새로운 상상Scales of Justice: Reimagining Political Space in a Globalizing World〉에서 영토국가와 경제적 재분배라는 한계에 갇혀 있었던 기존 정의론들을 비판한다. 그녀는 '케인스주의적·베스트팔렌적 틀Keynesian-Westphalian Frame'을 고수하는 기존의 정의론들은 내용·당사자·방법의 세 가지 마디node에서 혼란을 겪고 있다고 지적한다. 예를 들어, 어느 사람이 분배부정의를 확인하는 문제에서 다른 사람은 문화적 차별을 감지하며, 또 다른 사람은 정치적 지배를 발견한다. 국민국가적 당사자로 정의의 문제틀을 설정하는 반면, 초국적이거나 지구적 당사자를 설정하기도 한다. 또한 국가의 법이나 국가 간 조약, 그리고 국제연합이나 세계적 민주주의에 주목하기도 한다. 따라서 그녀는 '비정상성의 세 마디' 모두를 고려하는 새로운 정의론을 정식화한다.

첫째, 동등한 참여participatory parity이다. 어떤 사람이 당사자로서 참여할 권리가 있는 사회적 상호작용에서 배제되는 경우 '부정의'가 발생한다. 그리고 이때 배제는 경제적 불평등, 소수자에 대한 문화적 무시, 정치적인 대표 불능이라는 세 차원에서 이루어진다. 둘째, 프레이저는 당사자 문제를 해결하기 위해서는 성찰적reflexive이면서도 확정적determinative인 이론이 필요하다고 말한다. 이 이론은 당사자를 설정하는 복수의 틀들예컨대 국가와 초국적 시민사회이 병존할 수 있음을 인정한다는 점에서 성찰적이며, "특정한 협치구조governance structure에 종속된 모든 사람은 그 구조와 관련된 정의 문제와 관련하여 주체로서의 도덕적 지위를 갖는다"는 원칙을 제시하는 데서 확정적이다. 마지막으로 그녀는 정의를 실현하는 '방법'과 관련해 대화적dialogical이면서도 제도적institutional인 이론이 필요하다고 역설한다. 무엇을 정의 문제로 규정하고, 그것을 누구에게 적용할 것인지를 결정하는 일을 권력자들 및 엘리트들에게 위임하지 말고 대화를 통해 결정하고, 결정된 사안이 '구속력 있는 해결책'이 될 수 있는 방안까지 제시해야 한다고 주장한다.

사회 정의 구현을 위한 정치이론적 대안 모색을 위해 프레이저는 '긍정affirmative 전략'과 '변혁transformative 전략'의 구별을 제시한다. 양자는 모두 현존하는 부정의를 시정하는 것을 목표로 하지만 긍정 전략이 부정의를 야기하는 사회 구조의 변화를 내포하지 않는 반면에 변혁 전략은 그러한 사회 구조들 자체의 재구조화를 목표로 한다. 프레이저는 양자를 매개하는 '비개혁주의적 개혁nonreformist reform 전략'이 필요하다고 말한다. 이러한 전략은 한편으로 기존의 분배와 인정질서 내에서 사람들이 필요로 하는 바를 만족시키면서, 다른 한편으로는 장기적인 급진적 변혁의 가능성을 염두에 두는 전략이라고 할 수 있다. 프레이저가 탈베스트팔렌적 틀을 지향하는 사회운동의 사례로 제시하는 것이 여성운동이다. 그녀는 오늘날 젠더투쟁이 일국 차원에서 유럽 혹은 세계사회포럼 등의 초국적 공간으로 이동하고 있다고 주장한다.Nancy Fraser, 김원식 역, 2010

정의에 대한 다양한 이론들은 한국 사회를 분석하는 데 얼마나 유용한가? 정의를 자기 소유 및 재산소유에 대한 사람들의 권리를 존중해주는 문제로 보는 노직의 정의관은 구조적 불평등을 정당화할 수 있다는 데서 타당성과 적실성이 크지 않다.[2] 불평등이 점차 확대되어가는 한국의 현실을 감안하

---

2) 독일의 정치학자인 볼프 바그너는 이상적인 사회는 공정한 사회, 즉 사람들이 다른

면 무엇보다 존 롤스가 지적한 정의의 원칙들이 매우 유용하다고 평가된다. 이 중에서도 제2원칙인 "사회적, 경제적 불평등들은 1) 최소 수혜자들the least advantaged에게 가장 큰 혜택이 돌아가야 하는 동시에, 2) 공정한 기회의 평등 하에 만인에게 개방되어 있는 공직과 지위에 결부되도록 편성되어야 한다"는 것이 중요하다. 2원칙 중에서 2)는 공정한 기회의 원칙으로 1) 차등의 원칙에 우선성을 갖는다. 롤스의 원칙들을 고려해보면 정의로운 사회는 가장 중요하고 우선적인 사항으로서 개개 구성원들에게 똑같은 기본적 자유들 혹은 권리들의 세트를 부여하며, 사회적, 경제적 불평등이 존재한다면 불평등한 보상이 따르는 지위들을 획득하거나 기피하는 과정에서 모든 시민들이 기회의 평등을 누릴 수 있도록 보장해야 할 것이다. 그리고 정의로운 사회는 장기적으로 사회의 최소 수혜 계층 구성원들의 상황을 가장 많이 개선시켜줄 수 있는 불평등만을 용인해야 할 것이다.Adam Swift, 김비환 역, 2011: 47-48

현재 한국 사회의 개개 구성원들은 똑같은 표현의 자유와 결사의 자유, 직업의 자유, 종교의 자유들을 보장받고 있는가? 국가권력을 갖고 정책결정에 참여하는 사람들이 과연 최소 수혜 계층의 상황을 최대로 개선시켜 주는데 관심을 갖고 이를 위한 실제적 조치들을 취하고 있는가? 이명박 정권 들어와 표현의 자유가 위축되었다는 비판이 끊이지 않았고, 부당한 불평등을 발생시킨 여러 정책들이 수립되고 추진되었다는 지적도 적지 않게 지적되었다는 점을 고려한다면 한국 사회는 여전히 정의롭지 않은 상황에 처해 있다고 할 수 있다. 자신의 탓이 아닌 원인 때문에 빈곤하게 살거나 아이들을 교육시키지 못하는 사람들이 늘어가는 현실은 부정의사회의 단면들을 잘

이들과 전체에게 사심 없고 이타적인 유기체라 지적한다. 그에 의하면 공정한 사회의 반대는 선악을 알지 못하고 단지 사회가 작동하는 것에만 관심을 갖고 지불능력, 개발능력만이 중시되는 이기적인 사회라 한다. 바그너는 모든 사회는 시장으로 조정할 수 없는 문제와 생활영역이 존재하며 그런 점에서 이기적인 사회는 생존불가능하다고 강조한다. 결론적으로 그는 공정한 사회와 이기적인 사회의 혼합형태를 제시한다. 국가는 비시장적인 역할을 수행하면서 시장경제에 사회적 차원을 보충하는데 그 결과가 바로 독일의 사회적 시장경제라는 것이다. Wolf Wagner(2005), pp.19-31.

보여준다. 분배부정의 혹은 불평등한 분배maldistribution를 기준으로 보아도 그런데 이에 더해 신분의 불평등 혹은 무시misrecognition, 그리고 정치적 대표불능misrepresentation이라는 또 다른 차원의 부정의Nancy Fraser, 김원식 역, 2011: 36-41를 잣대로 한국 사회를 평가하면 정의의 수준은 더욱 낮은 것으로 평가된다.

한국 사회의 공정성 여부에 대한 여론조사 결과를 보아도 한국 사회의 공정성에 대한 평가는 긍정적이지 않다. 2010년 9월 27일 한국사회여론연구소KSOI가 전국 성인남녀 800명을 대상으로 한 전화면접조사 결과를 보면 '우리 사회의 공정성 여부'에 대해 '공정하지 않은 편'이란 응답이 73.6%로 매우 높은 반면, '공정한 편'이란 응답은 24.1%에 그쳤다.[3] '공정하지 않은 편이다'라는 응답은 지역과 연령, 학력과 소득, 직업 등에 상관없이 압도적으로 높았는데 그중에서도 20~30대의 젊은 층, 고졸 학력층, 월평균 200만원 이상 소득층, 자영업층, 블루칼라 및 화이트칼라층에서 평가가 더욱 나빴다. 공정성 유지의 기능을 맡고 있는 사법, 사정기관들은 검찰 20.6%, 법원 31.5%, 경찰 30.4%, 국세청 28.6%에 머물렀다. 언론 역시 23.6%에 그쳤다.〈평화뉴스〉, 2010년 9월 28일 제도권 내외의 감시자로 공정성 유지의 보루 역할을 해야 하는 기관들에 대한 낮은 평가는 정부가 민주적 국정관리를 제대로 행해지 않음으로써 국민과 정부 간의 유대가 단절되고 있는 한국 사회의 현실을 잘 보여준다.

전문가를 상대로 한 조사 결과도 있다. 동아일보는 각 분야 전문가 10명

---

3) 비슷한 결과는 특임장관실이 2010년 9월 11일 전국 성인남녀 1,000명을 대상으로 실시한 공정사회 관련 대국민 여론조사에서도 나왔다. 정부 여론조사에서 우리 사회가 '별로 공정하지 않다'는 응답을 한 국민이 57.6%, '전혀 공정하지 않다'는 의견이 14.9%로 나왔다. 반면 '공정하다'는 의견을 보인 국민은 27.6%로 3배 가까이 높았다. 특히 '공정하지 않다'는 대답은 연령이 낮은 젊은 층일수록 높았다. 20대는 75.7%가, 30대는 75.6%, 40대는 73.4%가 '사회가 불공정하다'고 생각하고 있었다. 60대 이상은 65%가 불공정하다고 했다. 참여정부 때인 3년 전과 비교해 공정해진 정도를 묻는 질문에는 '공정해지지 않았다'는 대답이 73.1%에 달했다. '전혀 공정해지지 않았다'는 의견이 19.9%의 비중이었다. 공정한 사회를 위한 정부 노력에 대해서는 전체 여론조사 대상자의 51.4%가 부족하다고 답했다. 〈경향신문〉, 2011년 10월 12일.

〈표〉 공정사회 관련 여론조사 결과

◐ 우리 사회 공정성 평가

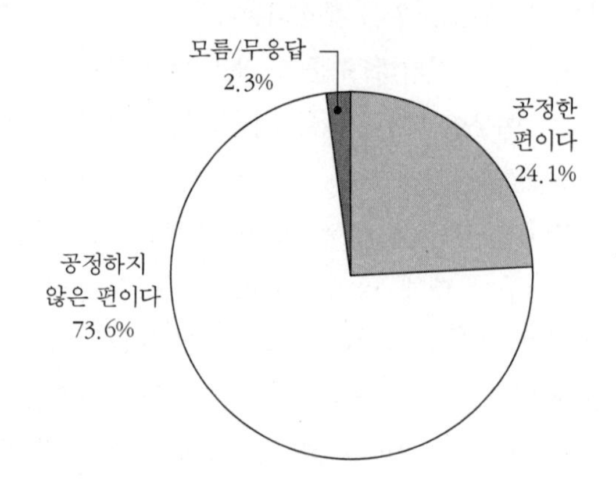

◐ 사법·사정기관 공정성 평가

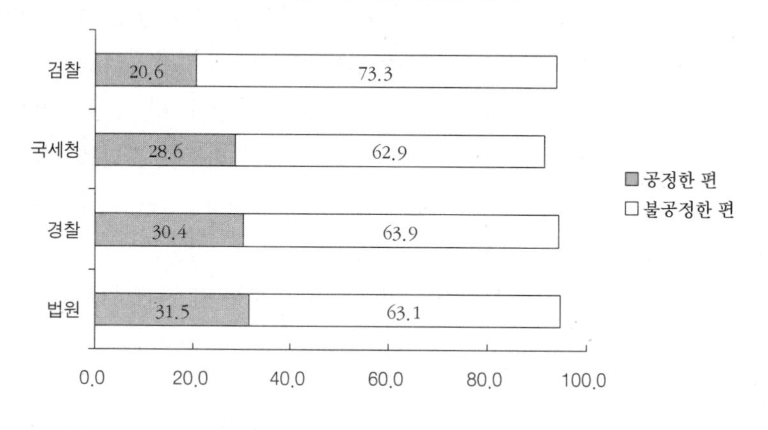

◐ 언론 공정성 평가

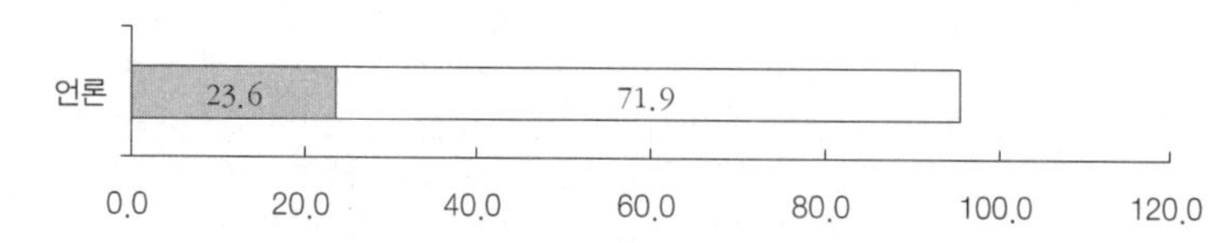

출처: 〈주간경향〉 895호, 2010년 10월 12일

에게 2011년 2월 국무총리실이 선정한 '80대 공정사회 추진과제'를 15개 카테고리로 묶어 이행도를 평가해줄 것을 요청했다. 그 결과 정부의 공정사회 추진 성적은 평균 C학점인 것으로 나타났고, 80개 과제 중 'A'는 하나도 없었다. 정부가 우수과제로 꼽은 인사·심사의 공정성 제고에 대해 전문가들은 "흠결 있는 사람이 인사청문회를 통과하는 것을 보면서 국민은 여전히 불공정 사회라고 느낀다"고 지적했다. 공정 경쟁질서 확립에 대해서도 "투명한 하도급 계약 절차를 밟게 함으로써 기존 관행은 깼지만 당사자가 공감하기엔 아직 먼 얘기"라는 평가가 나왔다. 공직자 부패고리 차단 과제는 사실상 낙제점인 D학점을 받았다. 국토해양부 직원들의 연찬회 향응 파문에 이어 지식경제부 직원들의 룸살롱 업무보고 사실이 적발되는 등 공직비리가 끊이지 않았기 때문이다. 공정·투명한 금융시장 규율 정립, 서민금융 피해방지·구제 강화 과제도 실패했다는 평가를 받았다. 저축은행 사태는 은행의 허위공시를 묵과한 금융시장의 문제점을 그대로 노출했다는 것이다. 전문가들은 지난 1년 동안 '공정'이라는 틀로 사회를 보게 된 것은 달라진 풍경이지만 국민의 공감대 형성에는 실패했다고 입을 모았다.〈동아일보〉, 2011년 8월 15일

비록 전문가들의 견해를 빌리지 않더라도 한국 사회에는 불공정하고 정의롭지 못한 경우가 넘쳐난다. 예를 들어 입학사정관제 관련 예산을 지원받은 대학들에서 특목고생 입학 비중은 일반고에 비해 높다. 계층상승의 주요 수단인 학업성취도는 다니는 학교와 학부모 지위에 따라 크게 영향을 받고 있는 것으로 나타난다. 기업형슈퍼마켓SSM의 급증으로 인한 중소·영세 상인들의 몰락도 가시화되고 있다. 이명박 정권 들어와 SSM이 2배 이상 급증하면서 골목상권은 급속히 붕괴되고 있다. 중소상인 단체를 중심으로 SSM 입점을 막기 위한 사업조정신청 건수가 급증했지만 자율조정비율이 압도적 다수를 차지하고 있는 실정이다. 재벌 대기업과 중소기업의 상생도 말뿐으로 재벌기업들은 대부분 독과점과 담합, 불공정 경쟁을 일상화하면서도 부품을 조달하는 하도급 업체에는 납품단가 인하 경쟁을 벌이게 하고 있다. 전문가들과 시민사회단체들이 우려를 표명하던 의료 양극화도 현실화되고 있다. 대형병원에서 치료하는 암 환자의 절반 정도가 상위 20%의 고소득층

인 것으로 알려졌는데 이는 암 발병률이 더 높은 저소득층에게는 여전히 대형병원의 문턱이 높다는 것을 의미한다. 사정이 이러함에도 불구하고 정부와 여당은 의료민영화를 밀어붙이고 있다.

사회정의의 감시자이자 최후보루인 사법기관도 재벌기업들에게는 한없이 관대한 구형과 판결을 내리는 일이 적지 않다. 각종 위법행위를 저지른 재벌기업 총수들은 늘 법의 심판을 비껴가거나 처벌을 받더라도 곧장 사면되곤 한다. '전관예우' 역시 사라지지 않고 있으며, 검찰은 사법적 잣대가 아닌 정치적 잣대에 따라 움직인다는 비판에서 벗어나지 못하고 있다.[4] 정의로운 사회가 되려면 국가의 공권력 행사는 근거하는 법의 내용이나 형식이 인류의 보편적 가치와 헌법정신에 부합해야 하고, 집행에서도 그 법이 정하고 있는 절차와 규정에 위배됨이 없어야 한다. 그렇지만 한국의 현실은 이에 미치지 못하고 있다. 국가권력의 정당성과 국민의 법 준수만 강조하는 형식적 법치주의가 난무하고 있는 것이 한국의 현실이다. 정치가들과 법률가, 기업가 등 한 사회의 상위계층들이 실질적이고 사회적인 법치주의에 대한 인식은 별반 없고 법에 입각해 통치하라는 상향적인 요구에도 귀를 기울이지 않는다면 그 사회는 부정의가 야기되고 이로 인한 여러 폐해를 경험할 수밖에 없다.

이 같은 현실은 한국 사회의 지배세력이 민주주의, 인권, 복지, 평화, 통일 등 우리 공동체가 추구해야 할 공동선에 대해 이해가 부족하거나 이들을 집단이익이나 계급이익의 시각에서 편협하게 해석하고 있음을 잘 드러낸다. 이들의 행태와 정책들을 살펴보면 개인이 아닌 공동체 구성원 모두의 복리, 특수한 것이 아닌 일반적 복리인 공공복리salus publica에 대한 인식이 결핍된 경우도 적지 않게 발견된다. 그들은 기껏해야 자유시장을 공공성의 장소로 강변하곤 한다. "다수의 의견은 항상 옳다"는 논리가 동원되고 "힘이 곧 정의이다"라는 주장도 개진되면서 부정의가 정의로 포장되기도 한다. 2010년 12

---

4) 이에 대해서는 열다섯 번째 키워드인 '사법부 | 다른 수단에 의한 정치' 참조.

월 8일 예산안을 비롯한 4개강 관련 친수구역 활용특별법, 아랍에미리트UAE 파병동의안, 서울대 법인화법 등 수십 개의 쟁점 법안을 토론 없이 날치기로 통과시킨 후 이를 진두지휘한 한나라당 원내대표는 "나는 이것이 국민을 위한 정의라고 생각한다"고 말했다.〈한겨레〉, 2010년 12월 10일 그러나 단순히 수에 의해 어떤 사회적 쟁점의 옳고 그름을 판단하는 것은 넌센스다. 권력을 장악한 다수의 의견은 틀릴 수 있고, 민주주의는 다수결주의로 등치될 수 없기 때문이다. 한국 사회와 경제를 지배하고 있는 이 같은 힘의 논리는 온갖 불공정한 관행들을 가능케 하고 부정의를 확산시키는 원천으로 작용하고 있다.

한편, 보수 언론을 이용해 특정 사회문제에 대해 정부에 우호적인 여론을 만들고, 소수의 주장은 압박하는 경우도 흔하다. 사회구성원 간의 이성적이고 비판적인 토론과 대화가 이루어지는 공론장이 발달하지 못하는 이유가 여기에 있다. 국민들로부터 위임된 권력을 한시적으로 행사하는 통치자들이 헌법이 보장하는 '인간으로서의 존엄성과 가치'를 부정하고, '집회·결사의 자유'를 억압하며, '교육의 자주성·전문성·정치적 중립성'을 훼손한다면 정의와 공정은 기껏해야 공허한 정치적 수사로 전락할 수밖에 없다. 부정의를 바로잡기 위한 실천적 행동이 없이 정의에 대해 말하는 것은 아무 의미가 없다. 정의와 같이 한 공동체가 추구해야 할 가치들이 의도적으로 배제되거나 왜곡된다면, 이에 실망과 부조리를 느끼고 이탈하거나 항의를 제기하는 사람들의 수도 증가할 것이다.

연관 키워드

이상한 나라의 엘리스 증후군(Alice-in-Wonderland Syndrome), 지대추구(rent-seeking), 비개혁주의적 개혁(nonreformist reform) 전략

[참고문헌]

Barry, Brian. 이용필 역. 〈정의론〉. 서울: 신유, 1993.

Campbell, Tom D. *Justice*. London: Palgrave Macmillan, 2010.

Fleischacker, Samuel. 강준호 역. 〈분배적 정의의 소사〉. 서울: 서광사, 2007.

Fraser, Nancy. 김원식 역. 〈지구화 시대의 정의: 정치적 공간에 대한 새로운 상상〉. 서울: 그린비, 2010.

Höffe, Otfried. 박종대 역. 〈정의〉. 서울: 이제이북스, 2004.

Johnston, David. 정명진 역. 〈정의의 역사〉. 서울: 부글북스, 2011.

Lebacgz, Karen. 이유선 역. 〈정의에 관한 6가지 이론〉. 서울: 크레파스, 2000.

Nozik, Robert. 남경희 역. 〈아나키에서 유토피아로 – 자유주의 국가의 철학적 기초〉. 서울: 문학과지성사, 1997.

Rawls, John. 황경식 역. 〈정의론〉. 서울: 이학사, 2003.

Sandel, Michael. 이목 역. 〈마이클 샌델의 하버드 명강의: Justice〉. 서울: 김영사, 2011.

Swift, Adam. 김비환 역. 〈정치의 생각 – 정의에서 민주주의까지〉. 서울: 개마고원, 2011.

Wagner, Wolf. *Wie Politik funktioniert*. München: Deutscher Taschenbuch Verlag, 2005.

경제인문사회연구회 편. 〈우리 사회는 공정한가: 통계와 사례로 바라본 한국 사회의 공정성〉. 서울: 한국경제신문사, 2012.

김세원 외. 〈페어 소사이어티: 기회가 균등한 사회〉. 서울: 한국경제신문, 2011.

윤희웅. "KSOI의 여론 스코프: '우리사회는 불공정' 74%." 〈위클리 경향〉 895호, 2010년 10월 12일.

이택광 외. 〈무엇이 정의인가: 한국사회 정의란 무엇인가에 답하다〉. 서울: 마티, 2011.

참여연대. 〈고장 난 나라 수선합니다: 더 많은 민주주의를 위한 55가지 키워드〉. 서울: 이매진, 2012.

홍성태. "진정한 '실용'과 '능력' 이란." 〈프레시안〉, 2008년 2월 26일.

열여덟 번째 키워드: 인정투쟁

물화 지배 사회의 인정투쟁

인간의 행위, 특히 사회적 투쟁은 철학자들이 오래전부터 탐구하던 주된 주제였다. 근대에 들어와서도 학자들은 자본주의의 불평등한 구조를 분석하고 그 대안을 제시하는 한편, 개별적 존재로서의 인간이 생명을 보존하고 지속하고자 하는 행위를 고찰하였다. 예를 들어, 니콜로 마키아벨리Niccolò Machiavelli는 인간이 자기중심적인 존재로서 사악하며 신의 없고 쉽게 타락하는 존재라고 파악하였고, 토마스 홉스Thomas Hobbes는 '끊임없는 두려움과 폭력적인 죽음의 위협'에 처해 있는 인간은 권력을 쉬지 않고 영원히 추구하는 일반적인 경향이 있다고 주장했다. 독일의 3세대 프랑크푸르트학파를 대표하는 악셀 호네트Axel Honneth는 이러한 철학적 전통을 잇는 사회철학자로 평가된다. 그는 인간이 자신의 삶을 성공적으로 실현할 수 있는 규범적, 사회적 조건에 대해 연구했고 1992년에 〈인정투쟁Kampf um Anerkennung〉을 그 결과물로서 내놓았다. 동료 철학자들로부터 획기적인 연구라는 평가를 받은 이 저서에서 호네트는 마가렛 미드Margaret Mead의 사회심리학에 예나 시기 게오르크 헤겔Georg Wilhelm Friedrich Hegel의 사유모델을 결합하여 "사회적 투쟁이 상호인정이라는 상호주관적 상태를 목표로 한다"는 테제를 제시했다.

이 저서에서 호네트는 헤겔의 이론을 현대의 지평으로 확장하였다. 예나 대학에서 철학 강사로 있던 30대 초반에 헤겔은 인간들 사이의 모든 갈등은 인정받고자 하는 욕망에서 비롯되며, 인정 욕망을 충족시킴으로써 자기 정체성을 확립한다고 보았다. "헤겔이 일생 동안 몰두한 정치철학적 과제는 개인의 자율성이라는 칸트의 이념에서 단순한 당위적 요청의 성격을 제거하는 것이었다. 자율성이라는 이념은 이론적으로 볼 때 이미 역사적으로 작용하는 사회적 현실의 주요한 구성 요소 가운데 하나이기 때문이다. 이를 해결하기 위해 헤겔은 근대 자유 이론이 가지고 있는 도덕성과 고대 정치관에 내포되어 있는 인륜성 개념을 연결하려고 했다.… 헤겔이 당시 가지고 있던 생각은, 개인의 자유를 보장하기 위한 제도를 실천적·정치적으로 관철하려는 사회 내적 동력이 바로 자신의 정체성을 상호 인정받기 위한 주체의 투쟁에서 비롯된다는 것이었다. 여기서 자신의 정체성을 상호주관적으로 인정받으려는 개인들의 요구는 본래부터 사회적 삶에 내재하는 도덕적 긴장의 원천이 된다. 또한 이러한 인정에 대한 요구는 사회적 진보의 제도화된 틀을 넘어서서 단계적으로 반복되는 투쟁이라는 부정의 방식을 통해 차츰 의사소통적으로 실현된 자유의 상태로 나아가게 된다. 헤겔은 인간들 사이에서 발생하는 투쟁을 자기 보존을 위한 것이라고 해석하지 않고 인간의 도덕적 충동에서 비롯되는 것으로 보았다."Axel Honneth, 문성훈·이현재 역, 2011: 33-34

헤겔은 〈정신현상학〉에서 인정받고자 하는 욕망은 사람들을 생사를 건 영웅적 투쟁으로 이끌어가지만 승리한 영웅은 인정대상을 없애버림으로써 인정받을 기회를 박탈당한다면서 참된 인정은 자신과 동등한 주체에게서 올 때 비로소 가능해진다는 점을 밝혔다. 이 같은 헤겔의 통찰을 호네트는 문화인류학자인 마가렛 미드Margaret Mead의 사회심리학을 동원해 재구성한다. 호네트가 미드의 사회심리학에서 주목하는 것은 개인의 '정체성' 형성 과정이다. 이에 따르면 '주격 나I'는 타인이 나에 대해 가지고 있는 어떤 상이나 기대를 인지하면서 '목적격 나Me'에 한 심상을 얻게 된다. 따라서 자기 관계는 나에 대한 타인의 관점이 나에게 내면화됨으로써 가능하다. 그러나 이 관계는 사회적으로 규정된 '목적격 나'와 대상화되지 않는 어떤 자발성으로서의 '주격 나'의 긴장관계를 전제한다. 호네트는 바로 이 긴장관계에 주목한다. '주격 나'는 사회적으로 규정된 '목적격 나'와는 다른 어떤 부분을 인정받으려는 투쟁을 전개한다는 것이다. 이때 인정을 위한 투쟁은 전 사회영역

악셀 호네트(Axel Honneth, 1949~)는 1949년 독일 에센에서 출생해 본 대학교와 베를린 대학교에서 철학과 사회학, 독문학을 전공했다. 콘스탄츠 대학교와 베를린 대학교를 거쳐 1996년 위르겐 하버마스의 후임자로 프랑크푸르트 대학교 철학과 교수가 되었고, 2001년에는 프랑 크푸르트학파의 산실인 사회연구소(Institut für Sozialforschung(IfS)) 소장으로 취임했다. 프랑크푸르트학파 1세대가 '계몽의 변증법 테제'를 통해, 그리고 2세대가 '의사소통 행위 이론'을 통해 현대사회를 비판했다면, 호네트는 이들의 지적 전통을 계승하면서도 '인정 이론'에 기초한 새로운 사회비판이론을 발전시키고 있다. 1986년에 나온 〈인정투쟁〉은 철학과 정치학을 혁신하며 사회이론의 지평을 확장시킨 '현대의 고전'으로 평가된다. 호네트는 인정과 재분배의 관계를 둘러싸고 낸시 프레이저(Nancy Fraser)와 논쟁을 벌인 것으로도 유명하다. 이 논쟁에서 프레이저는 오늘날의 복합적 갈등과 사회적 부정의를 해명하기 위해서는 인정과 분배의 독자성을 인정하는 '이원론적 정의관'이 요구된다고 주장한 반면, 호네트는 '인정 일원론'의 입장에서 이러한 복합적 상황들이 충분히 정합적으로 접근될 수 있다고 주장하였다. 호네트의 주요 저서로는 〈인정투쟁〉을 비롯해 〈정의의 타자 (Das Andere der Gerechtigkeit)〉, 〈비결정성의 고통(Leiden an Unbestimmtheit)〉, 〈물화, 인정이론적 탐구(Verdinglichung, Eine anerkennungstheoretische Studie)〉 등이 있다.

으로 확산되며, 그 형태 또한 집단화되고 조직화된다. 문성훈, "옮긴이의 말."Axel Honneth, 2011: 16

호네트의 '인정투쟁' 이론은 또한 위르겐 하버마스Jürgen Habermas와 미셸 푸코Michel Foucault에게 영향을 받았다. 호네트는 푸코에게서 '투쟁 모델'을 찾아냈고, 하버마스에게서 '의사소통 모델'을 이어받았다. 그 두 모델을 결합해 도출한 것이 바로 '인정 투쟁'이라 할 수 있다. 이 점에 대해 호네트는 문성훈과의 대담에서 다음과 같이 언급한다.

> "나는 인정투쟁 이념을 통해서 하버마스와 푸코의 이론적 관심을 매개할 수 있다고 생각한다. 푸코의 관심사는 근본적으로 모든 형태의 공동체, 모든

형태의 사회를 항구적 투쟁의 일시적 휴전상태로 보려는 데 있다. 즉 푸코의 근본이념에 따르면 사회적인 것은 투쟁이며, 기존의 질서는 단기적인, 일시적인 휴전상태일 뿐이다. 그러나 푸코에게는 투쟁의 동기에 대한 납득할 만한 분석이 결여돼 있다. 홉스와 니체의 유산을 이어받은 푸코는 사회에서 투쟁하는 이유를 자기보존을 위해서나 자신의 권력 강화를 위해서라고 본다. 그러나 이런 생각은 인간학적으로나 사회이론적으로 충분하지 않을 뿐더러 아마도 잘못된 생각이다."

_문성훈, 2001: 202

"나는 인간은 근본적으로 자기주장의 타당성을 의사소통적으로 인정받길 원한다는 하버마스의 이념에 헤겔적 형태를 부여함으로써 보다 분명한 투쟁 모델을 만들고자 했다. 인간은 개별자로서든 집단으로서든 자기 보존을 위해서가 아니라 자신의 정체성을 인정받기 위해서 한 사회 속에서 투쟁한다. 이 점이 바로 하버마스와 푸코를 연결하는 다리 역할을 한다 … (그러나) 하버마스는 의사소통 모델을 갈등이론과 충분히 결합시키지 못했다. 하버마스(에게)는 개인의 사회화 과정이나 상호작용 속에 존재하는 갈등이나 투쟁의 요소가 자주 사라지곤 한다 … 우리는 의사소통이 빈번히 인정을 둘러싼 사회적 갈등 때문에 요구된다는 점을 알아야 한다. 반대로 푸코의 최대 결함은 그가 투쟁의 동기를 너무 홉스적으로 본다는 데 있다."

_문성훈, 2001: 202-203

호네트에게 '인정'은 인간이 자신의 삶을 성공적으로 실현시킬 수 있는 사회적 조건이자 개인들이 자신에 대한 긍정적인 관계, 곧 긍정적 자기의식을 찾아낼 수 있는 심리적 조건이기도 하다. 개인이 일반화된 타자와 긍정적인 상호주관적 상호 관계를 맺는 것을 뜻하는 인정의 유형들로는 사랑과 우정과 같은 원초적인 인정부터 각 주체의 권리를 인정하는 권리, 그리고 가치공동체를 지향하는 연대의 인정에 이르기까지 다양하다. 세 가지 인정 유형들을 거치면서 개인의 긍정적 자기 관계의 정도가 단계적으로 높아지기에, 인정 형태가 고양될수록 인간은 단순한 자기 보호로부터 적극적인 자기 발현으로 고양될 수 있다.Axel Honneth, 문성훈 · 이현재 역, 2011: 5장 인간의 자기의식이 타인과의 상호작용 관계에서 형성되며, 인간의 삶이 이를 실현하는 과정이라면 인간은 타인의 부정적 반응에 쉽게 상처받는다. 인정받지 못하는 사람은 특히 사회적으로 '모욕'이나 '무시'를 받을 경우 분노라는 심리적 반작용을 일으키고 이 분노는 사회적 투쟁에 나서는 심리적 동기가 된다. 호네트는 사람이 사회적으로 모욕이나 무시를 받을 경우 분노라는 심리적 반작용을 일으키고 이 분노는 사회적 투쟁에 나서는 심리적 동기가 된다면서 사회적 인정의 대상과 내용을 확장하려는 인정투쟁은 상호 인정에 이를 때까지 계속된다고 주장한다.

> "비록 겉으로는 드러나지 않지만 인간의 존엄성은 인정 형태들에 의존하고 있다. 왜냐하면 타인에게 부당하게 대접받고 있다고 느끼는 사람들이 자신을 묘사할 때 오늘날까지 지배적인 역할을 수행해 온 도덕적 범주들은 '모욕'이나 '굴욕'같은 무시의 형태 또는 거절된 인정의 형태와 관련이 있기 때문이다. 이런 유형의 부정적 개념들이 묘사하는 행위는, 그것이 각 주체의 행위자유를 저해하거나 해를 입히기 때문에 정의롭지 못한 것이 아니라, 오히려 각 개인이 상호주관적 과정에서 획득한 적극적 자기이해를 훼손한다는 측면에서 해로운 것이다. 인정 욕망을 둘러싼 투쟁은 상호 인정에 이를 때까지 계속된다. 따라서 인정 행위란 개인의 성공적 자아실현을 가능하게 함으로써 개인의 삶을 보호한다는 점에서 도덕적이며, 반대로 타인을 무시하는 행위는 개인의 삶을 훼손한다는 점에서 부도덕하다. 모욕이나 무시가 불의한 것이라면, 인정투쟁은 도덕적인 일이 된다." _Axel Honneth, 2011: 250

사회적 투쟁이란 물질적 영역에서의 '자기보존'을 위한 생존경쟁에서 비롯된다는 기존 관점을 더 넓은 영역으로 확장했다는 데서 인정투쟁 이론은 의미가 있다. 정치경제적 이해관계에 집중했던 기존의 사회철학들이 결과적으로 인간의 삶을 단지 생존 유지를 위한 것으로 다루는 데 그쳤다면, 호네트의 인정이론은 '행복한 삶, 좋은 삶'을 누리기 위해 자신의 보편성과 특수성을 사회로부터 인정받으려 투쟁하는 인간의 총체적 모습을 고찰한다. 악셀 호네트는 2005년에 출간된 〈물화, 인정이론적 탐구Verdinglichung, Eine anerkennungstheoretische Studie〉에서 인정투쟁 이론을 보다 정교화하였다. 이 책에서 그는 인간의 삶과 실천의 변함없는 전제들에 대한 전도현상으로 '물화'를 제시하고 이를 인정이론적으로 재정식화하였다. 물화는 원래 죄르지 루카치 György Lukács의 용어이다. 루카치는 근대 자본주의에 들어와 사람들 간의 관계가 물건 같은 성격을 띠는 것이 전체 사회의 지배적인 형식으로 되었다고 지적하면서 이를 물화라 일컬었다. 상품구조를 통해 발생하는 가치의 전도 현상은 추상적이고 주관적인 것들을 객관적으로 존재하는 것처럼 보이게 하고, 마치 처음부터 그러했던 것처럼 기원을 은폐한 채 자율성을 획득하게 만든다는 것이다. 이러한 주장은 칼 마르크스가 〈자본론〉 1권에서 행한 상품 분석의 연장선상에서 펼쳐진 것이다.

> "상품형태는 인간들에게 인간 자신의 노동이 갖는 사회적 성격을 노동생산물 그 자체의 대상적 성격인 양 또는 이 물적 존재들의 천부적인 사회적 속성인 양 보이게 만들며, 따라서 총노동에 대한 생산자들의 사회적 관계도 생산자들 외부에 존재하는 갖가지 대상의 사회적 관계인 양 보이게 만든다. 이러한 착시현상Quidproquo을 통하여 노동생산물은 상품, 즉 감각적이면서 동시에 초감각적이기도 한 물적 존재 또는 사회적인 물적 존재가 된다.… 여기에서 인간 자신들의 일정한 사회적 관계가 사람들 눈에는 물체와 물체 사이의 관계라는 환상적인 형태를 취하게 된다."
>
> _Karl Marx, 강신준 역, 2008: 134-135

루카치는 인간들은 그것들이 자신들에게 어떤 이익을 가져올 것인가 하는 자기중심적 손익계산의 관점에서만 인지하는 것을 더 이상 피할 수 없게 되었다고 한다. 상품교환의 확장이 물화의 지속과 확산의 사회적 원인이라는 것이다. 상품교환의 주체들은 눈앞의 대상들을 잠재적 이익을 가져올 수 있는 물건들로만 지각하고, 상대방을 이 일을 가져올 거래의 객체로만 여기며, 결국에는 자신들의 능력을 가치증식의 기회계산에서 추가적인 자원으로만 고려하도록 서로에게 요구한다는 것이다. 계산가능성Kalkulierbarkeit에 바탕을 두는 합리화 원리가 지배하는 현실에서 주체는 주변세계에 대해 관조적 자세를 갖게 되고, 기계화된 부분으로서 기계적 체계에 무기력하게 제 자신을 끼워 맞춰야 하면서, 현 존재에게 일어나는 사건들에 하등의 향력도 미칠

수 없는 방관자가 된다고 한다.György Lukács, 박정호 · 조만영 역, 1986: 154-163

호네트는 물화가 바로 '인정의 망각'이라 본다. "한쪽에는 인정에 민감한 인식의 형식들이 서 있고, 그 맞은편에는 선행하는 인정으로부터 나왔다는 자신의 기원에 대한 감을 잃어버린 인식의 형식들이 서 있다.… 후자의 경우 인식은 자신의 이러한 의존성을 떼어버리고 자신이 모든 비인지적 전제들에 맞서 자족적이라고 망상한다. 이러한 형식의 '인정 망각Anerkennungsvergessenheit'을 우리는 루카치의 의도를 한 수준 높은 곳에서 지속하면서 '물화'라고 부를 수 있다. 그러므로 이것이 의미하는 것은 다른 사람에 관한 우리의 지식과 인식에서, 그 둘이 선행하는 공감과 인정에 얼마나 빚지고 있는지에 대한 의식이 상실되는 과정이다."Axel Honneth, 강병호 역, 2006: 67-68 호네트는 '물화'라는 용어가 한 때는 자본주의 비판에서 필수적 어휘였는데, 지금은 이론언어의 위치에서 망각되었다고 지적한다. 요즘에는 물화라는 병리학적 개념보다는 그저 민주주의의 부족과 사회정의의 결핍을 지적하는 데 만족한다는 것이다. 그러면서 호네트는 물화를 사람들이 상호관계를 인정하지 않을 때 발생한다고 주장한다. 이는 노동자와 자본가 간 관계를 비롯해 남녀 관계 등 다양한 상호관계에서 일어난다. 여기서 벗어나기 위해서는 단순히 인정이 아니라 관계를 맺고 있는 다양한 사람들의 경험을 인정하고 다양성 속의 인정이 이뤄져야 한다고 강조한다.

호네트는 인정과 재분배의 관계를 둘러싸고 낸시 프레이저Nancy Fraser와 논쟁을 벌였다. 프레이저는 오늘날의 복합적 갈등과 사회적 부정의를 해명하기 위해서는 인정과 분배의 독자성을 인정하는 '이원론적 정의관'이 요구된다고 주장하는 반면에 호네트는 '인정 일원론'의 입장에서 이러한 복합적 상황들이 충분히 정합적으로 접근될 수 있다고 주장한다. 호네트는 모든 경제적 불평등이 특정한 종류의 노동을 특권화하는 왜곡된 문화적 질서에 뿌리박고 있다고 생각하며, 분배 정의를 실현하는 것이 그러한 문화적 질서를 바꾸는 것으로 충분하다고 한다. 이에 대해 프레이저는 호네트가 분배에 대한 환원주의적인 문화주의의 입장을 채택하고 있으며, 이러한 입장은 결국 그로 하여금 경제적 불평등의 문제가 가지는 중요성을 간과하게 만든다고 평가한다.

> "사람들은 그들이 동등한 동료로서 다른 사람들과 상호작용하는 데 필요한 자원을 제공할 것을 거부하는 경제적 구조 때문에 완벽한 참여를 방해받을 수 있다. 이 경우 그들은 분배부정의 혹은 불평등한 분배maldistribution로 인해 고통받게 된다. 다른 한편으로 사람들은 그들에게 필수적인 지위를 부여할 것을 거부하는 문화적 가치에 관한 제도화된 위계질서 때문에 동등한 상호작용을 방해받을 수도 있다. 이 경우 그들은 신분의 불평등 혹은 무시misrecognition로 인해 고통받게 된다. 첫 번째 경우 문제가 되는 것은 사회의 계급구조이며, 이는 정의의 경제적 차원에 상응하는 것이다. 두 번째 경우 문제가 되는 것은 신분질서이며, 이는 정의의 문화적 차원에 상응한다.… 인정이론과 분배이론 모두 그 자체만으로는 자본주의 사회에서의 정의에 대해 적합한 이해를 제공할 수 없다. 오직 분배와 인정을 포괄하는 이차원적 이론만이 필요한 수준의 사회이론적 복잡성과 도덕철학적 통찰을 제공할 수 있다."
>
> _Nancy Fraser, 김원식 역, 2010: 37

인정을 인간이 자신의 삶을 성공적으로 실현시킬 수 있는 사회적 조건이자 각 개인이 자신에 대해 긍정적인 의식을 가지게 하는 심리적 조건으로 보고, 인정받지 못한다는 것은 '도덕적으로 옳지 못한 것'이 되어 폭동이나 봉기 등 다양한 방식을 통해 분노로 표출된다는 호네트의 주장은 한국 사회를 분석하는 데에도 상당한 적실성을 지닌다. 한국인들이 유교 문화의 영향으로 명분과 체면을 중시한다는 점에서 인정투쟁 이론은 설득력이 있다. 조선왕조 시대에 통치이데올로기였던 유교는 바른 명분, 즉 정명正名을 중시했다. 조선은 문치주의를 신봉했으며, 개인의 도덕적 수양을 바탕으로 하는 도덕국가이기도 했다. 유교경전인 '대학大學'에 나오는 '수신제가치국평천하修身齊家治國平天下'는 개개인이 도덕적 수양을 쌓은 연후에야 가정과 국가, 천하를 평화롭게 다스릴 수 있다고 주장한다. 조선 후기의 노론세력은 주자학적 명분론에 집착해 현실 개혁을 외면하다 결국 국가 패망의 길을 재촉했다. 일제강점기를 지나 분단과 전쟁, 산업화, 민주화 과정을 거치면서 한국 사회는 점차 실리를 중시하는 사회로 바뀌었다. 그럼에도 사회의 다양한 영역에서 자기를 드러내고 남들로부터 인정을 받고자 하는 요구가 과도하게 표출되는 것을 우리는 흔히 목격한다.

좁은 국토와 높은 인구밀집도를 가진 한국 사회에서 다수의 한국인들은 사회적 인정요구를 강하게 표출하는 경향이 있다. 한국인들은 스스로 자신을 바라보고 인식하는 정체성이 발달하지 않고, 타인의 시선으로 자신을 평가하는 수동적 삶에 익숙하다. 자신을 끊임없이 남과 비교할 뿐만 아니라 모든 자원을 동원해 남과의 경쟁에서 승리해 권력과 부, 명예를 획득하는 것이 인생의 목표가 되었다. 이들은 권력과 부, 명예를 얻으면 사회적 인정은 자연히 따라온다는 강한 믿음도 갖고 있다. 그중에서도 가장 높은 곳에 위치한 것이 정치권력으로, 정치를 통한 인정을 아예 '존재의 이유'이자 삶의 목적으로 삼고 사생결단의 투쟁을 벌이는 사람들도 흔하다. 물론 일반 대중들에 비해 정치인들은 유권자들의 시선과 사회여론을 의식하기 때문에 노골적으로 자신의 인정 요구를 표출하는 것을 주저하는 경향이 있다. 오히려 이들은 이타주의와 공동체에 대한 헌신을 강조함으로써 본인의 인정요구를 은폐하기도 한다.(강준만, 2009: 52-53)[1]

그러나 다른 한편으로 각종 선거 때마다 수많은 후보자들이 몰리는 것은 선거승리와 지위획득을 통해 사회적 인정을 받고 이를 자신뿐만 아니라 '가문의 영광'으로 삼으려는 사람들이 넘쳐나는 현실을 보여준다. 이타주의와 상호주의, 협력이 거세된 채 단지 개인의 이기적 동기에서 인정을 향한 사회적 투쟁을 벌일 때 갈등의 조정이라는 정치의 본질은 잊혀지고 사회통합과 민주주의의 발달이라는 과제는 표류할 수밖에 없다. 이와 더불어서 차별과 무시를 받던 이들은 집단적인 투쟁을 통해 사회적 존재로서 제대로 인정받

---

1) 강준만은 정치에서 인정요구의 문제를 외면하게 함으로써 늘 정치로부터 '뒤통수 맞는' 시행착오를 반복했다고 한다. 그러면서 많은 정치인과 정치지망생들이 자신이 무슨 일을 하건 우국충정(憂國衷情)과 이타주의에서 비롯된 것이라고 믿어 의심치 않는 등 자각 불능 또는 나르시시즘 상태에 빠져 있다고 꼬집는다. 인정요구의 문제를 인식하지 못한다는 것이다. 그러면서 이것부터 극복해야 정치개혁도 가능하고 '정치과잉'도 바람직한 해소의 출구를 찾을 수 있다고 주장한다. 강준만(2009), p.53.

고자 하는 열망을 표출하였다. 이렇게 된 데는 한국 사회가 사회적 약자와 소수자의 권리를 충분히 보장할 정도로 민주주의가 제도화되지 않은 데 그 원인이 있지만, 또 다른 한편으로는 자기가 속한 집단을 통해 자신의 정체성을 확인하고 이익을 실현하려는 집단주의가 발달한 데도 그 까닭이 있다. 한국 사회에서 인정투쟁이 집단적으로 표출되고 동원된 대표적 사례는 지역주의라고 할 수 있다.[2] 한국의 지역주의는 유럽의 경우처럼 문화적 동질성을 지닌 특수한 지역이 중앙정부로부터 분리나 자치를 추구하는 운동이 아니라 권위주의 정권에 의해 추진된 지역 간 불균등 발전과 특정 지역의 정치적 과소대표, 그리고 특정 지역민과 출신에 대한 부정적 이미지와 편견의 조직을 내용으로 하는 동태적 현상이다. 특정한 지역의 지지를 바탕으로 정권을 재생산하고자 했던 권위주의 정권과 그 지지세력에 대항해 정치적으로 소외되고 경제적으로 차별받으며 긍지를 상처받았던 지역민들이 집단적인 투쟁을 통해 인정 요구를 드러낸 것은 매우 자연스런 현상이었다. 예를 들어, 일부 정치인들과 언론들은 노골적으로 이런 요구를 자극하고 이용했다. 이 과정에서 특정지역에 대한 편견이 발견되고 동원되고 재생산되었다. 이는 지배세력이 소수를 배제시키고 지역 이외의 다른 갈등을 은폐하는 것을 통해 기존 질서를 온존시키는 것을 가능케 하였다.

무엇보다 호네트의 인정투쟁 이론은 급격히 변화하는 한국 사회에서 발생하는 다양한 대립과 갈등을 비판적으로 분석하고 그 안을 제시하기 위한 이론적 자원 중의 하나로 활용될 수 있다. 아울러서 그의 물화 개념은 한국 사회 일각에서 왜 사람들이 공동의 이익과 공공선보다는 개별적이고 단기적인 이익에만 집착하는지에 대해서 설명해준다.[3] 호네트의 이론은 한국 사

2) 이에 대해서는 이 책의 열 번째 키워드인 '지역주의 | 지역주의와 소용돌이의 정치' 참조.

3) 이택광은 한국 사회에서 무한경쟁 자본주의가 만들어낸 물화의 사례로 보험과 성형을 거론한다. 그는 1997년 외환위기가 개인이 불행에 빠졌을 때 국가는 아무것도 해주지 않는다는 뼈아픈 교훈을 남겼다고 지적한다. 외환위기에 직면해서 한국 사회는 국가에게 개인의 행복을 위한 부담을 더 지우는 사회복지 모델을 선택하지 않고 오히려 반대로 '개혁'이란 이름으로 공공의 논리를 시장경쟁주의로 대체하는 방향으로 나아갔다는

회를 정치적 민주화나 경제적 정의 등 구체적인 분배정의 문제를 중심으로 파악했던 데서 벗어나 보다 넓은 이론적 틀을 제공해준다. 다시 말해 그의 이론은 권력과 물질적 부의 재분배 차원으로만 해석될 수 없는 복잡한 사회 갈등에 대해 좀 더 폭넓고 세심한 접근법을 제시해줄 수 있다. 이 점과 관련하여 문성훈은 다음과 같이 언급한다.

> "1987년 형식적 민주화가 달성된 이래 한국 사회가 겪고 있는 급격한 변동 은 국민의 자기의식이 성장함에 따라 새로운 인정 요구가 제기되는 과정으로 이해될 수 있다. 급격한 이혼율 증가가 말해주듯 부부 관계에서 사랑이란 요소가 중요성을 더해가며, 이제 남성과 여성은 전통적 성 역할의 담당자가 아니라, 자신을 그 누구와도 대체될 수 없는 유일무이한 존재로 인정할 것을 요구한다. 대의제 민주주의가 정치 엘리트의 권력 장악 수단으로 변질됨에 따라 이제 국민은 촛불집회에서 볼 수 있듯이 단지 선거 때 한 표 행사하는 '한 표 민주주의'를 넘어서 명실상부한 주권적 존재로서 우리 사회의 의사결정 주체로 인정받길 원한다. 신자유주의의 확산과 그로 인한 경제위기가 양극화 현상과 노동시장의 유연화를 극대화시킴으로써 단지 사회복지의 확대만이 아니라, 정규직 고용 노동자 중심주의에서 벗어나 비정규직, 실업자 모두를 사회적 노동 주체로 인정하자는 요구가 강화되고 있다. 커밍아웃이란 유행어가 말해주듯 사회적 소수자들의 등장은 동질성에 따른 것이 아니라, 이질성을 포용하는 새로운 사회적 유형성을 강조하고 있으며, 이는 우리가 서로를 자아 형성의 주권자로 인정할 것을 함축한다."
>
> _〈한겨레〉, 2009년 6월 1일

노동자들의 권리 확보를 위한 저항과 투쟁은 인정이론의 시각에서 한국 사회를 분석하는 데 있어 매우 유용한 사례이다. 지금까지 한국의 노동자들

것이다. 그는 사회적인 합의와 협력을 통해 풀어야 할 사안들이 시장의 경쟁구조를 통해 해결될 수 있다는 '시장 판타지'가 유일한 지배담론으로 군림하면서, 사회복지라는 공공성의 영역이 개인 자산관리나 재테크, 또는 보험이라는 '금융상품'으로 채워졌다고 말한다. '착한' 몸매의 아름다운 존재로 만들어준다는 성형 역시 보험 상품 구매와 더불어 욕망의 물질성을 그대로 드러낸다는 것이다. 이택광(2008), pp.162-166.

은 단지 경제적으로만 착취되지 않았다. 그들은 정치적으로 배제되었고, 사회적으로 무시되는 존재였다. 1948년 제정된 제헌헌법은 "대한민국의 경제 질서는 모든 국민에게 생활의 기본적 수요를 충족할 수 있게 하는 사회정의의 실현과 균형 있는 국민경제의 발전을 기함을 기본으로 삼는다(6장 경제조항 제84조)"라 규정하고, 공공성을 가진 기업의 국영 혹은 공영(87조), 사기업에서의 노동자의 이익 분배 균점권(18조), '생활능력이 없는 자'의 국가보호(19조)를 명시했지만 이들 조항들은 현실에서는 전혀 지켜지지 않았다. 이는 해방 공간에서 노동 계급이 계급형성class formation, 즉 그들의 집단이익을 달성하기 위해 계급역량을 강화하는 과정에서 한때 전평조선노동조합전국평의회을 중심으로 자주관리운동과 총파업을 벌였으나 곧 강압력을 동원한 국가의 탄압과 불법화조치, 극우 세력의 테러 등으로 와해되었던 사실과 관련이 있다.[4] 전평의 와해로 빈 자리는 정부의 지원으로 결성된 우익노조인 대한노총대한독립촉성노동총연맹이 채웠다. 대한노총은 이승만의 정치적 지지세력으로 동원된 어용노조이자 국가와 자본의 협조자이자 대변자로서 노동자의 권리보장과 확대에는 별반 기여하지 못했다. 거의 모든 노동조합은 조합원과 유리된 채 소수 기술직 남성들에 의해 독점되어 있었고 회사의 한 부서처럼 인식되고 있는 형편이었다. 1960년대 이후 전개된 급속한 산업화로 인해 노동조합운동이 성장할 수 있는 객관적·사회적 조건이 갖춰지고 있었으나 노동자에 대한 억압과 차별, 배제는 사라지지 않고 오래 지속되었다.

박정희 정권하에서 이뤄진 고도의 경제성장은 저임금 노동력을 원활하게 공급함으로써만 가능한 것이었다. 당연히 산업화 과정에서 소외된 노동자들과 도시빈민들의 권리와 생존권 투쟁은 철저히 억압되었다. 권위주의 정권은

---

4) 1947년 여름에 이르면 전평 노동조합들은 다른 좌익 정치단체들과 마찬가지로 합법적 활동을 완전히 포기하고 지하로 잠적했다. 한때 이데올로기적 형성과 조직적 형성의 양 측면에서 높은 수준의 계급형성을 달성했던 한국의 노동계급은 전평의 붕괴와 더불어 이데올로기적 형성은 고사하고 조직적 형성 측면에서도 거의 완벽하게 와해되었다. 조돈문(2004), pp.224-225.

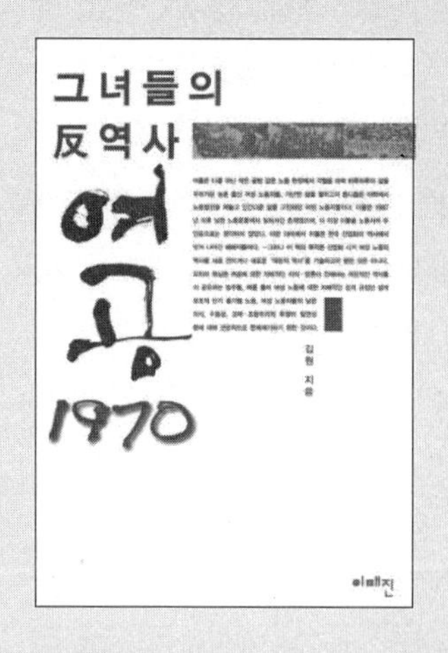

김원이 쓴 〈여공 1970, 그녀들의 反역사〉는 열악한 작업환경에서 장시간 고된 노동에 시달렸던 1970년대 한국 여성공장노동자들의 삶을 마치 풍경화처럼 생생히 그리고 있다. 지금보다도 더 가부장 질서가 강했던 그 당시에 여공을 바라보는 사회적 시선은 매우 부정적이었다. 무식하고, 여자답지 못하고 거친, 윤리의식이 턱없이 부족해서 언제라도 건전한 가정을 파탄시킬 수 있는 예비 윤락여성으로 뽑히곤 했다. 공장 내에서도 남성 노동자들의 성적인 폭행이나 억압이 있더라도, 사회에서 무식하다고 손가락질하더라도, 국가가 '산업역군'이라 칭찬하다가도 요구사항이 있으면 가차 없이 묵살하더라도 그녀들은 (인내하고) 살아가야만 했다. 국가든 사회든 여공들의 노동력을 최대한 착취하려고 했을 뿐, 그녀들을 인격적으로 대우해주지 않았다. 〈오마이뉴스〉, 2005년 10월 28일. 그런 열악한 상황 속에서도 일부 여성노동자들은 독립적인 노조 건설을 통해 권리를 찾으려 투쟁했다. 이는 여성노동자들이 계급 정체성과 자신의 인격을 자각하면서 권리를 지닌 노동 주체로 인정할 것을 요구하는 투쟁에 나선 것이라 할 수 있다. 1970년대만 하더라도 청계피복, 동일방직, 반도상사, YH무역, 콘트롤데이터, 원풍모방 등에서 펼쳐진 여성노동자들의 민주노동조합운동은 한국 사회의 인권 증진과 민주화에 크게 기여했다. 한국 여성노동자의 투쟁 역사에 대해서는 강인순·이옥지가 지은 〈한국여성노동자운동사〉 1, 2권이 가장 자세하다.

노동관계법을 개정하여 노동자의 단체행동권을 부정하였으며, 유일한 노동 조직인 한국노총은 '위로부터의' 노동자 통제에 기여하려고 유신체제를 지지하고, 새마을 운동을 정부와 함께 추진했으며, 반공주의와 개발주의를 선전하는 데 앞장섰다. 노동자의 노동조건과 삶의 질은 고려되지 않았다. 1970년의 경우 노동자들의 평균임금은 최저생계비의 51.8%, 1980년은 37.1%에 불과했고, 대부분 노동자들은 저임금·장시간 노동에 시달렸으며 그에 따른 질병과 산업재해로 고통받았다. 역사학연구소, 2005: 235-236 노동자들이 처한 이러한 상황은 특히 여성노동자들에게 더욱 열악하게 나타났다. 여성노동자들은 노동자로서 겪는 배제와 억압에 더해 사회적 가부장제의 젠더 불평등 아래에서 교육받을 권리와 자신의 삶을 스스로 결정할 권리를 박탈당했다. 작업장에서는 성별 위계질서 아래 '소모품'으로 전락했는데, 이런 과정은 그녀들이 누

려야 할 권리를 여성이라는 '차이' 때문에 박탈당하는 과정이기도 했다.김원, 2005: 393

오랫동안 노동운동을 해 온 김진숙이 쓴 〈소금꽃나무〉를 보면 당시 여성노동자들이 처한 고된 현실이 잘 나타난다. "욕먹는 일, 매 맞는 일, 개중에 예쁜 아이들 엉덩이 주물리는 일, 매일 목표량이 고무줄처럼 늘어나는 일, 수당도 없는 연장 작업을 거의 매일하게 되는 일, 그런 일이 부당한 일이라는 건 생각할 수도 없었지만, 점심시간 줄 서 있다 어쩌다 한 번씩 하늘과 눈이 마주치면 갑자기 편도선이 부은 것처럼 목울대가 빽빽하게 아파서 밥이 잘 안 넘어간다든지 '어머니 아버지 보세요.' 한 줄만 써 놓고는 편지지에 눈물 콧물 칠갑을 하면서 하루를 보낸다든지, 그럴 때는 뭔지 모르게 자꾸 억울하다는 생각이 치고는 했다."김진숙, 2007: 39-40 이러한 처지에다 여성노동자에 한 사회적 편견이 더해졌다.[5] "한국 사회에서 결혼의 중요성은 간과할 수 없는 문제인데 특히 젊은 독신여성이 공장에서 생활하게 되면 그 중요성은 더욱 커지게 마련이다. 결혼 적령기를 넘어 미혼으로 남아 있는 여성은 떨거지로 간주될 정도다. 이 여성들이 직장에 계속 다니려고 하면 사회적으로 심한 멸시의 대상이 되었을 뿐 아니라 혼기에 이른 젊은 여자가 결혼하지 않는 것을 수치스러운 일이라고 생각하는 직장 내 고용주와 남성 노동자들에게 모욕을 당하기 일쑤다."전순옥, 2004: 188-189

열악한 노동조건 속에서 생존을 위협받았던 노동자들은 노동억압과 사회적 차별에 항해 자발적으로 조직을 결성해 대항했다. 이는 임금인상과 노동조건 개선을 중심으로 휴·폐업, 부당해고 철회, 나아가 정치적 반대세력과의 연대투쟁으로 나타났다. 동일방직 사건에서 보듯이 여성노동자들은 자신

5) 여성노동자에 한 사회적 편견은 이들을 '공순이'로 호칭하고 차별하는 것으로 나타났다. 1983년에 출간된 나보순의 〈우리들 가진 것 비록 적어도〉에는 이런 언급이 나온다. "나는 오늘 어처구니없는 소리를 들었다. "야, 공순아, 뭘 쳐다보니? 싸가지 없게스리" 나는 속에서 욕이 나오는 것을 참고 집에 왔다. 집에 와서 생각해 보니 너무 억울해서 막 울었다. 왜 우리는 그런 소리를 들어야만 되나?" 정현백(2009), pp.1-35에서 재인용.

들의 정체성을 인식하고 억압과 차별을 행하는 기업과 어용노조에 항해 투쟁을 전개했다. “우리는 우리의 투쟁을 계속해 나가야 한다는 것을 알고 있었다. 왜냐하면 우리가 이 일을 하는 것은 우리 자신뿐만 아니라 정부와 기업가에게 이용당하는 모든 노동자를 위해서라고 믿었기 때문이다. 또 우리가 이 일을 하는 것은 노조 때문이기도 했다. 노조가 없었더라면 우리는 훨씬 더 일찍 회사에서 쫓겨나서 침체된 경기로 몸살을 앓는 거리를 헤매고 다녔을 것이기 때문이다.”전순옥, 2004: 336 가톨릭교회 지도자들과 야당 정치인들도 투쟁에 가세하였다. 1979년 YH 무역 노조는 기업주의 강제적 직장폐쇄조치에 항거해 당시 야당이던 신민당사에서 농성투쟁을 벌였다. 이 사건은 지배연합을 구성하던 세력 간에 갈등을 촉발시키고 유신체제가 몰락하는 계기가 되었다. 이는 여성노동자들이 계급 정체성과 자신의 인격을 자각하면서 권리를 지닌 노동주체로 인정할 것을 요구하는 투쟁에 나선 것이라 할 수 있다. 그러나 이 과정에서 여성 정체성은 빠져 있었다.

인정이론의 시각에서 한국 사회를 분석하는 데 있어 적실성이 있는 또 다른 사례는 최근에 전개되고 있는 ‘미투(#metoo) 운동’[6]이다. 우리 삶의 일상에서 벌어지는 권위주의 행태에 반대하는 목소리를 내는 미투운동은 관련자들에게 자신들에게 가해진 부정의를 드러내면서 사회적·정치적으로 저항을 전개하게끔 하는 데서도 그 의의가 있지만 일반 대중들에게도 사회적 권력관계와 성적 폭력성의 상관관계를 되돌아보게 하는 데서 그 가치를 찾을 수 있다. 한국에서 그 시작은 2017년 ‘강남역 10번 출구 살인사건’ 이후 ‘#우연히 살아남았다’가 에스앤에스SNS를 통해 확산되고 여성들이 수만 장의

6) 미투운동은 2017년 10월 5일 『뉴욕 타임스』가 할리우드 거물 제작자인 하비 와인스틴에게 수십 년간 성적 학대를 당한 여성들의 사례를 보도한 것을 보고 배우 알리사 밀라노가 트위터에 성폭력 가해자를 고발하는 ‘#미투’라고 적은 글을 올리면서 시작되었다. 페이스북에만 하룻밤 사이 1,200만 건이 넘는 글이 올라오는 등 큰 반향을 불러일으킨 미투운동은 유명 인사들의 성범죄가 연달아 폭로되면서 재계와 정계, 언론계, 문화계를 발칵 뒤집어 놓았고, 80여 개국으로 퍼져나갔다. 시사주간지 『타임』은 성폭력 피해 사실을 폭로한 ‘침묵을 깬 사람들’을 올해의 인물로 선정하였다.

포스트잇 앞에서 공개발언을 이어간 데서 비롯되었다. 강남역 사건은 한국 사회의 성차별 구조와 성폭력 문제를 공론장으로 이끌어낸 계기가 되었다. 성폭력 피해자들의 외침은 2018년 1월 한 현직 검사가 검찰 내부 통신망에 자신이 법무부 간부로부터 강제추행을 당했다고 폭로하는 것으로 이어졌다. "검찰 내부 개혁을 이룰 수 있는 작은 발걸음이라도 됐으면 하는 소망, 간절함으로 이렇게 글을 쓴다"고 밝힌 이 검사는 『제이티비시JTBC』 '뉴스룸'에 출연해 "검찰 내에 성추행이나 성희롱뿐만 아니라 성폭력을 당한 사례도 있었지만 비리에 덮었다"고 추가 폭로를 하였다. 그의 용기 있는 고백은 과거 성폭력을 당했는데도 가해자의 보복과 직장 내에서의 2차 피해가 우려 되어 사실을 밝히지 못하고 가슴앓이했던 이들이 미투운동에 동참하는 기폭제가 됐다. 그런 점에서 성폭력 사실을 고발한 검사는 '침묵의 카르텔을 깬 사람silence breaker'이기도 하다. 그 후 법조계뿐만 아니라 문화예술계, 종교계, 정치계, 교육계, 체육계 등 한국 사회의 온갖 분야에서 권력을 동원해 은밀하게 성범죄를 저지른 인사들의 행태들이 하나하나씩 모습을 드러내고 있다. 그러나 다른 한편으로는 '미투운동'과 같은 사회적·정치적 변화과정에서 자신의 영향력이나 권력이 줄어든다고 느끼는 다수자나 지배세력이 강한 정서적 반응과 함께 변화에 반발하는 백래시backlash 현상[7]도 함께 발생하고 있다.

현재 한국 사회에서 폭로되고 있는 이들 미투 관련 범죄는 한국 사회의 모든 영역에 여전히 경직된 위계질서와 불평등한 권력관계가 자리 잡고 있

7) 미국에서는 흑인 민권 운동, 페미니즘, 동성혼 법제화, 세금 정책, 총기 규제 등 사회·정치적 변화에 대해 반대하는 사람들이 단순한 의견 개진에서부터 시위나 폭력과 같은 행동으로까지 자신의 반발심을 표현했다. 예를 들어, 1960년대에는 흑인 민권 운동에 대한 백인 차별주의자들의 반발인 화이트 백래시(white backlash)가 있었다. 미국의 언론인인 수전 팔루디(Susan Faludi)는 1991년 출간된 〈백래시〉에서 레이건 정권 시기 여성의 권리 신장을 저지하려는 반동의 메커니즘을 분석하였다. 이 책에서 팔루디는 여성들이 완전한 평등을 달성할 가능성이 커졌을 때 터져 나온 페미니즘에 대한 반동이 특수한 시대적 상황의 산물이자 동시에 보편적 현상이라면서, 여성해방의 역사는 늘 "결코 목적에 닿지 못한 채 무한을 향해 나아가는 수학적 커브와 유사"하다고 지적한다.

고, 이를 배경으로 강자가 약자에게 차별은 물론이거니와 갖은 폭력을 행사하는 것이 만연해 있다는 것을 보여주는 증표이기도 하다.홍익표, 2018: 9-10 차별과 폭력에 대항해 여성의 권리 보장을 요구하는 목소리가 높아지는 것은 인정투쟁의 영역이 전통적인 노동운동에서 여성운동 등 새로운 영역으로 확대되고 있음을 보여주는 사례이다. 권위주의의 유산이 여전히 강하고, 신자유주의로 인한 불평등이 점차 심화되고 있는 한국 사회에서 차별과 배제의 대상이던 사회적 약자, 소수자,[8] 하위계층이 사회적 강자, 다수자, 지배계층에게 사회적 인정요구를 강하게 표출하는 것은 점차 빈번하고 강해지리라 예상된다. 이는 최대 기준에서 볼 때 여전히 불완전하고 취약한 한국의 민주주의를 보다 온전한 민주주의로 이끄는 데 기여한다는 점에서 긍정적으로 평가될 수 있다.

연관 키워드

물화(Verdinglichung), 인정 망각(Anerkennungsvergessenheit), 호네트·프레이저 논쟁, 노동운동, 미투운동

8) 소수자 운동에 대해서는 이 책의 열여섯 번째 키워드인 '소수자 | 소수자 억압사회와 배제의 정치'를 참조.

[참고문헌]

Faludi, Susan. 황성원 역. 〈백래시: 누가 페미니즘을 두려워하는가?〉. 서울: 아르테, 2017.
Fraser, Nancy. 김원식 역. 〈지구화 시대의 정의: 정치적 공간에 대한 새로운 상상〉. 서울: 그린비, 2010.
Fraser, Nancy & Axel Honneth. 김원식·문성훈 역. 〈분배냐, 인정이냐? 정치철학적 논쟁〉. 고양: 사월의 책, 2014.
Honneth, Axel. 강병호 역. 〈물화. 인정이론적 탐구〉. 파주: 나남, 2006.
_____. 문성훈·이현재 역. 〈인정투쟁〉. 서울: 동녘, 1996.
_____. 문성훈·이현재 외 역. 〈정의의 타자〉. 파주: 나남, 2009.
Lukács, György. 박정호·조만영 역. 〈역사와 계급의식〉. 서울: 거름, 1986.
Marx, Karl. 강신준 역. 〈자본 I-1〉. 서울: 도서출판 길, 2008.

강인순·이옥지. 〈한국여성노동자운동사〉 1·2권. 파주: 한울, 2001.
강준만. 〈현 정치의 겉과 속〉. 서울: 인물과사상사, 2009.
경상대학교 사회과학연구원 편. 〈한국 노동계급의 형성: 1987-2003〉. 파주: 한울, 2006.
권김현영. "페미니즘 없이 민주주의 없다: 광장에서 사라진 목소리에 대해." 정희진 외. 〈지금 여기의 페미니즘×민주주의〉. 파주: 교유서가, 2018.
김 원. 〈여공 1970. 그녀들의 反역사〉. 서울: 이매진, 2005.
김진숙. 〈소금꽃나무〉. 서울: 후마니타스, 2007.
문성훈. "노동운동의 이념적 자기반성을 위하여: 1987년 노동자 투쟁은 '인정투쟁'이다." 〈시대와 철학〉 제16집 3권. 2005.
_____. "악셀 호네트와의 대담: 현 비판의 세 가지 모델." 사회와철학연구회 편. 〈한국 사회와 모더니티〉. 서울: 이학사, 2001.
_____. "21세기 진보지식인 지도 8: 악셀 호네트." 〈한겨레〉, 2009년 4월 24일.
역사학연구소. 〈노동자. 자기 역사를 말하다〉. 서울: 서해문집, 2005.
이택광. "자본주의라는 공포물에서 살아남기: 보험과 성형, 그리고 물화." 당대비평 기획위원회 엮음. 〈광장의 문화에서 현실의 정치로〉. 서울: 산책자, 2008.
이희영. "새로운 시민의 참여와 인정투쟁." 〈한국사회학〉 제44집 1호. 2010.
전순옥. 〈끝나지 않은 시다의 노래〉. 서울: 한겨레신문사, 2004.
정현백. "자서전을 통해서 본 여성노동자의 삶과 심성세계." 〈여성과 역사〉 창간호.

2009.
조돈문. 〈노동계급의 계급형성: 남한 해방공간과 멕시코 혁명기의 비교연구〉. 파주: 한울, 2004.
홍익표. 〈누가 저 베헤모스를 만들었을까: 한국 권위주의의 기원에 대한 정치적 고찰〉. 서울: 도서출판 오름, 2018.

열아홉 번째 키워드: 위험사회

복합적 위험사회와 불확실성의 정치

비록 그 혜택을 모든 사람들이 공평히 누리지는 않지만 과학과 기술의 빛나는 발전으로 인해 인류는 그 어느 때보다도 풍요와 편리함을 누리고 있다. 그러나 다른 한편으로 과학과 기술의 발전은 불확실성과 위험을 수반하는 것이었다. 그 극명한 사례가 2011년 3월 일본에서 발생한 후쿠시마 원전 사태이다. 대지진과 해일이라는 예측하기 어려운 자연재해 앞에서 다중 안전장치와 비상계획을 자랑하던 후쿠시마 원전이 폭발했고, 방사능이 누출되면서 수많은 사상자가 나오고 주변 환경은 오염되었다. 그러나 후쿠시마 원전사고는 단순히 자연재해로 인한 것이라고만 볼 수 없다. 원전은 인간이 필요에 의해 만든 것이지만 인간이 불확실성의 제어에 실패하면 엄청난 재앙에 직면한다는 점에서 그것은 인공재해의 성격도 띠고 있다. 결국 후쿠시마 원전사고는 자연재해와 인공재해가 우발적으로 결합하면서 파국적인 결과를 가져온 것이라 볼 수 있다. 오늘날 환경문제는 국경과 계급 등 인위적 경계를 넘어 다수의 사람들과 자연환경에 엄청난 피해를 주고 있다. 우리는 불확실성이 지배하고, 예측불가능하며 회피하기 어려운 '위험'이 지배하는 사회에 살고 있다.

독일의 사회학자인 울리히 벡Ulrich Beck은 이를 힌두교의 신 크리슈나의 이름인 '주거노트Juggernaut'에 비유한다. 주거노트는 행복과 파멸의 이율배반을 상징한다. 왜냐하면 주거노트의 신상을 실은 수레에 깔려 죽으면 극락에서 환생한다는 믿음 때문에 많은 사람들이 스스로 수레바퀴 아래 몸을 던졌기 때문이다. 벡은 현대사회의 물질문명이야말로 주거노트의 이율배반을 그대로 갖고 있다고 본다. 그는 1986년에 출판된 〈위험사회 — 새로운 근대를 향하여Risikogesellschaft. Auf dem Weg in eine andere Moderne〉에서 현대사회에서의 삶을 '문명의 화산 위에서 살아가기'라고 규정한다. 현대사회에서 부의 사회적 생산에는 반드시 위험의 사회적 생산이 뒤따르기 때문에, 인간에게 안락함을 안겨준 물질문명이란 언제 폭발할지 모르는 위험이 잠재된 화산과 같다는 것이다. 원자력, 유전학적으로 가공된 식품, 화학적 위험, 지구온난화 같은 현대사회의 '위험'은 근대 이전의 우연적 재앙과 달리 현대문명 속에 구조적으로 잉태돼 있다는 점에서, 벡은 현대사회를 '위험사회'라고 부른다. 여기서 벡은 전쟁과 기아, 전염병, 지진, 홍수 같은 자연재해로 나타나는 외부적 위험과 기후변화와 금융위기, 테러리즘 같이 인류문명이 산출한 내재적 위험을 구분하고, 특히 후자만을 지칭하는 단어로 '위험독일어 Risiko, 영어 risk'을 사용한다.

벡에 따르면 산업사회가 해체되면서 새로운 형태의 모더니티인 위험사회가 나타나고 있다고 주장한다. 그는 서구사회에서 '나는 배고프다!Ich habe Hunger!'로 표현되는 결핍은 더 이상 중요한 문제가 아니며, '나는 두렵다!Ich habe Angst!'로 표현되는 위험이 가장 핵심적인 정치적 쟁점이 된다고 한다. Ulrich Beck, 1986: 66 성, 가족, 직장, 계급관계, 환경 같은 다른 영역에서 발생하는 문제들은 즉각적인 혹은 분명한 해결책이 없기 때문에 새로운 의심, 불확실성, 혼란의 원천이 되고 있다는 것이다.[1] 이러한 위험사회에서는 정치적 갈등의 핵심적인 측면이 자원과 경제적 분배문제를 둘러싼 계급투쟁이 아니

1) 볼프강 조프스키(Wolfgang Sofsky)는 재앙이 우리 인간이 현재의 세계에 도달하게 해 준 토대가 얼마나 불안정한가를 바로 눈앞에서 보여준다고 한다. "안전은 인류의 근본적인 문제이다. 우리 삶에서 자신을 보호하지 않아도 되는 영역은 더 이상 없다. 사회는 사회적인 매장으로, 경제는 경제의 죽음으로, 국가와 전쟁, 테러는 신체의 죽음으로 우리를 위협한다. 불안이 인간의 정신과 영혼, 행동능력을 형성하고 있는 것이다." Wolfgang Sofsky, 이한우 역(2007), p.24.

라 환경과 관련된 위험과 기술의 진보를 통해 나타나는 위험의 사회적 분배를 둘러싼 비계급적인 투쟁이라고 한다. 현대사회에서 나쁜 것들에 내재된 위험성에서 벗어날 수 있는 사람은 아무도 없다. 빈곤이 위계적이라면 스모그는 민주적이며Not ist hierarchisch, Smog ist demokratisch, 식품에 잔류된 농약, 오염된 공기와 물은 부자나 가난한 자를 가리지 않고 영향을 미친다. 따라서 현대사회는 평등의 새로운 형태, 즉 위험의 평등한 분배가 지배하는 사회이다. Ulrich Beck, 1986: 48

이와 관련하여 앤서니 기든스Anthony Giddens는 근대성이 지닌 위험이 계산 불가능하지만 다른 한편으로 개인들의 성찰성 또는 반성능력이 증대되어 간다고 지적한다. 이 같은 근대성의 이중성을 기든스는 '질주하는 대형트럭'에 비유한다. 트럭을 어느 정도까지는 운전할 수 있지만 만약 트럭이 통제의 한계를 벗어나 질주하면 산산조각날 위험성도 있다는 것이다. 존재론적 안전과 실존적 불안이 상충적으로 공존을 강조하는 기든스는 근대성의 위험들에 대해 실용적 수용, 일관된 낙천주의, 냉소적 비관주의, 급진적 사회운동이라는 네 가지 적응양식들을 제시한다. 여기서 급진적 참여양식으로서의 사회운동은 잠재적인 미래의 변형을 위한 중요한 지침이 된다.Anthony Giddens, 이윤희 · 이현희 역, 1991: 142-156, 160-176

벡은 위험사회로서 현대사회의 특징을 다섯 가지 들고 있다. 첫째, 현대의 위험은 체계적이고 종종 되돌릴 수 없는 해를 끼치지만 일반적으로 인간이 평상시의 지각으로 파악할 수 있는 범위를 넘어선다. 인과적 해석에 기초하기 때문에 과학적 혹은 (반)과학적 지식의 견지에서 존재한다. 그만큼 위험은 사회적으로 정의되고 구성될 소지를 지닌다. 둘째, 사회적 지위에 따라 위험에 노출돼 있는 정도에서 차이가 존재한다. 즉, 다른 사람들보다 위험의 분배 및 성장에 의해 더 큰 영향을 받는 '사회적 위험집단'이 생긴다. 셋째, 위험의 확산과 상업화는 자본주의의 발전 논리와 완전히 단절하는 것이 아니라 새로운 단계로 끌어 올린다. 승자들에게 밑 빠진 독과 같은 수요를 지닌 위험은 거대한 사업거리이다. 넷째, 부는 소유할 수 있지만 위험으로부터는 그저 영향을 받을 수 있을 뿐이다. 계급과 계급지위에서는 존재가

폴란드 출신의 사회학자인 **지그문트 바우만(Zygmunt Bauman, 1925~)**은 현대인이 직면한 불안과 공포를 '유동하는 현대(liquid modernity)'라는 키워드로 고찰하였다. 세상은 갈수록 불확실성이 지배하는 곳으로 변모하고 있고, 기존의 정치·사회 제도는 빠른 속도로 해체되거나 소멸하고 있으며, 이 과정에서 안전망을 구축할 만한 힘이나 자본이 없는 이들은 사회에서 배제되고 분리되고 격리된다는 것이다.

의식을 규정하는 반면, 위험지위에서는 의식이 존재를 규정한다. 다섯째, 사회적으로 널리 알려진 위험은 특수한 정치적 폭발력을 지닌다. 이제까지 비정치적인 현상으로 여겨졌던 일들이 정치적 쟁점으로 부각된다. 위험사회에서 그 모습을 드러내는 것은 파국의 정치적 잠재력이다.Ulrich Beck, 1986: 29-31

현대인이 직면한 불안과 공포를 지그문트 바우만Zygmunt Bauman은 '유동하는 현대liquid modernity'라는 키워드로 고찰한다. 지그문트 바우만에 따르면, 세상은 갈수록 불확실성이 지배하는 곳으로 변모하고 있고, 기존의 정치·사회 제도는 빠른 속도로 해체되거나 소멸하고 있다. 이 과정에서 국가의 보호나 공동체적 유대를 상실한 개인들은 불안 속에서 끼리끼리 안전을 추구하지만 그것은 더 큰 불안을 초래할 뿐이다. 안전망을 구축할 만한 힘이나 자본이 없는 이들은 사회에서 배제되고 분리되고 격리된다. 유동성이 지배하는 우리 시대는 지구적 차원의 지배 엘리트들에게는 '유토피아'일지 모르지만 나머지 대다수 사람들에게는 불안과 공포가 일상이 된 '지옥'의 시대다. 이주자·난민이 돼 정착할 곳을 찾지 못하고 잉여인간으로 떠도는 수없이 많은 사람들은 삶이 처치 곤란한 '쓰레기'가 된다. 신자유주의적 세계화가 지구 전체를 휩쓸면서 빈곤과 불안과 범죄와 테러도 지구 전체로 퍼졌고, '열린 사회'는 오늘날 "운명의 횡포에 무방비로 노출된 사회"로 귀착하고 말았다는 것이다. 바우만은 더 나은 세상을 만들려는 근대사회의 유토피아적 기획이 종언을 고했다고 본다. Zygmunt Bauman, 한상석 역, 2010

바우만에 비해 벡은 미래에 대한 희망을 놓지 않는다. 벡은 경제적 부를 희생하더라도 파멸적 재앙을 사전에 철저히 봉쇄하는 것만이 위험사회에서 인류가 취할 수 있는 유일한 발전 경로라고 말한다. 벡은 현대의 과학기술과 합리성이 오늘의 위험사회를 낳은 근원이지만, 위험사회를 넘어서기 위한 대안도 결국은 과학기술에 의존해야 한다고 본다. 현대 과학기술이 위험사회를 넘어서는 데에 기여하기 위해서는 일부 전문가 집단과 기업이 지식을 독점하지 않도록, 시민사회가 비판적으로 개입하는 것이 중요하다. 그는 이를 '성찰적 근대화'라고 부른다. 성찰적 근대화란 현대 기술과학의 빛과 그림자를 함께 인식함으로써 과학에 대한 사회적 제어력을 높이는 과정이다." Ulrich Beck, 1986: 364-368

위험사회의 정치를 벡은 대안으로 강조한다. 일반적으로 위험이 사회적으로 구성되고 때로는 정치적인 쟁점이 되는 이유는 위험을 둘러싼 인식에 있어서 전문가와 일반인의 기준이 크게 차이가 나며, 또한 위험에 대한 객관적이고 과학적인 인식과 위험에 대한 우려의 진정성 간에 큰 간격이 존재하기 때문이다. 위험이 정치화되는 가장 근본적인 이유는 사회적 민감성 때문이다. 객관적 위험의 확률이 같다 하더라도 사회적으로 훨씬 민감한 위험들이 존재하기 때문이다. 정진성·이재열, 2011: 35-36 위험사회의 정치화에 대해 벡이 강조하는 것은 '하위정치'라고 부르는 새로운 영역의 등장이다. 이는 민주주의 정치의 공식적인 메커니즘 밖에서 작동하는 집단과 행위자의 활동을 가리킨다. 위험사회에 들어서면서 정치적인 것과 비정치적인 것의 구분이 불분명해지고, 부의 사회적 생산에 위험의 사회적 생산이 체계적으로 수반된다. 위험사회에서는 불안에서 비롯된 유대가 생겨나고, 정치적 힘이 되곤 한다. 그렇지만 위험은 계급구조에 따라, 부는 상층에 축적되는 반면, 위험은 하층에 축적되는 경향이 있다. 위험의 계급-특수적 분배법칙 및 이에 다른 빈자와 약자들에 대한 위험의 집적 법칙은 오랫동안 타당했으며 지금도 여전히 몇몇 위험의 중심적 차원에 적용된다. 차별적 위험지위는 새로운 형태의 분노한 대중집단을 형성하고 강화시킬 수 있다.Ulrich Beck, 1986: 52-53, 65-66

벡이 주창하고 정립한 위험사회는 산업화가 잠재적이고 광범위하게 환경문제와 사회변동에 미친 영향을 분석하는 데 중요한 이론적 논점을 제공해준다. 위험사회론은 압축적 산업화를 겪은 한국 사회를 과학적으로 분석하는 유력한 시각을 제공한다. 그러나 이에 대해서는 비판적 시각도 존재한다. 첫째, 후기 근대사회에서의 위협의 수준 및 그것의 인지가 과장되었고, 기술에 대해서는 지나치게 비판적이며, 위험과 사회구조에 대해 지나치게 서구중심적인 견해를 취한다. 둘째, 계급정치가 위험정치에 자리를 양보했다는 주장은 시기상조일 수도 있다. 물질적 부의 생산과 분배는 여전히 대부분의 나라에서 중요한 쟁점이고, 환경정치가 발달한 몇 국가들에서도 녹색당은 기존의 정치질서를 대체하지 못하고 있다. 셋째, 벡은 환경문제가 발생하는 것에 대해 구조적 설명을 제시하지만 이데올로기와 문화의 영향력은 소홀히 취급한다. 소득수준이 높은 국가에서는 오염을 유발하는 산업으로 여겨지는 것이 소득수준이 낮은 국가에서는 경제발전의 상징으로 간주될 수 있다.

파울 놀테Paul Nolte는 벡이 말한 '두 번째 근대' 혹은 '성찰적 근대'로 넘어가는 전환 또는 도약의 계기가 있었는지에 대해 다음과 같이 의심을 피력한다. "만약에 그런 계기가 정말 있었다면, 서구사회의 '두 번째 근대'는 아마도 '첫 번째 근대,' 다시 말해 노동시장과 복지, 고전적 산업생산과 기반 기술이 현재 상하이와 두바이를 비롯한 아시아의 여러 지역에서 급격히 팽창하면서 승리의 개가를 올리고 있는 것에 그렇게 혼란스러워하거나 경제적인 기반이 흔들리는 모습을 보이지 않을 것이다.… '두 번째 근대'라는 개념은 또한 우리가 조종 능력을 상실했다는 점을 암시한다. 사람들이 계획하고 의도적으로 방향을 설정했던 과정이 기괴한 자기동력을 얻었으며 우리가 나치 사회와 같은 개인적 영역으로 후퇴하지 않는 한은 그 뒤를 무력하게 쫓아갈 수밖에 없다는 점 때문이다. 우리는 수동적인 희생자가 되었는가?" Paul Nolte, 윤종석 역, 2008: 32-33

〈위험사회〉가 출간된 지 20여 년이 지난 후 벡은 〈글로벌 위험사회 Weltrisikogesellschaft〉를 출간했다. 벡은 〈위험사회〉에서 "근대화 과정 자체가 스스로 주제가 되고 문제가 되고 그렇게 성찰적reflexiv인 것이 된다" Ulrich Beck, 1986: 26면 현대사회가 위험사회라는 인식에 필연적으로 도달한다고 지적하였다. 이런 인식을 심화시키고 글로벌 차원으로 확장시킨 저서가 바로 〈글로벌 위험사회〉이다. 이 책에서 벡은 현대문명의 위험을 개별 국가의 틀 안에서 해결하는 것이 점차 불가능해진다고 하면서 "'글로벌 위험'이 '글로벌 위험'의 현실연출이다"라고 새로운 정의를 내린다. 글로벌 위험은 미래에 발생할 수 있는 사건이란 점에서 실제현실이 아니지만 연출을 통해 현실성을 획득한다는 것이다. 그리고 이러한 위험은 사회적으로 구성되고 정의된 것이라 밝힌다.[2] 또한 심각한 위험이 원인 생산자에게 해석의 독점권을 부여한다는 '글로벌 위험의 불평등 동학' 역시 글로벌 위험사회의 또 다른 현실이라 한다. 선진국 과학자들이 환경문제를 정의내리고 설명하면 이러한 지식을 연출 형태로 전달받은 다른 나라들은 이를 무비판적으로 수용한다는 것이다. Ulrich Beck, 박미애 · 이진우 역, 2010: 31

---

2) 이는 벡이 위험구성주의(risk constructivism)적 입장을 지녔음을 보여준다. 위험구성주의는 특정 사회에서 어떤 요소에 의해 위험에 대한 특정 견해가 지배적이 되는지를 주목하여 위험이 사회의 중요 의제로 선택되는 소통과정의 문화적 특성에 주목하는 접근을 가리킨다. 정진성·이재열(2011), p.30. 이와 유사하게 볼프강 조프스키(Wolfgang Sofsky)는 재앙의 의미는 희생자의 수만으로 결정되는 것이 아니라며, 그 결과는 종종 그것이 지닌 경고의 의미와 별반 관계가 없다고 말한다. 다시 말해 파괴 혹은 재앙의 의미는 재난이 일어난 당시의 시대상황이나 그것이 영향을 미치는 범위, 사람들의 상상력 등에 의해 정해진다고 한다. Wolfgang Sofsky, 이한우 역(2007), pp.20-21.

독일의 사회학자인 **울리히 벡(Ulrich Beck, 1944~)** 은 독일 프라이부르크 대학교와 뮌헨 대학교에서 법학, 사회학, 철학, 정치학 등을 수학하였다. 뮌헨 대학에서 사회학 박사학위를 받았으며, 뮌헨 대학 사회학과 교수를 지냈다. 현재 뮌헨 대학 사회학연구소 소장을 맡고 있으며, 런던정치경제대학(LSE) 초빙교수로 있다. 1986년 출간된 〈위험사회〉에서 현대는 '위험사회'이지만 이러한 위험은 근대성 자체에 내재된 것이라는 주장을 하면서 명성을 얻었다. 그는 1990년대에 들어와서도 〈성찰적 근대화(Reflexive Modernization. Politics, Tradition and Aesthetics in the Modern Social Order, Anthony Giddens, Scott Lash와 공저)〉 〈정치의 재발견(The Reinvention of Politics. Rethinking Modernity in the Global Social Order)〉, 〈적이 사라진 민주주의(Democracy without Enemies)〉 등의 저작을 통해서 근대성의 한계를 극복하고 새로운 근대 혹은 '제2의 근대'를 탐구하였다. 2002년에 나온 〈세계화 시대의 권력과 대항권력〉은 전 지구적 위험사회에 대한 인식으로부터 출발해 세계화·지구화·지역화 등의 결과로 나타나는 불평등과 부작용, 위험에 대해 제도적으로 평등을 구축할 수 있는 조건을 모색하였다. 벡은 자유방임 시장경제의 붕괴로 일어난 탈국가적 위기에 맞선 '국경없는 대응'을 강조한다. 부인인 엘리자베스 벡-게른스하임(Elizabeth Beck-Gernshiem)과 함께 2008년 방한하여 '위험에 처한 세계: 비판이론의 새로운 과제', '사랑과 가족에 대한 성찰: 지구화와 개인화는 어떻게 우리의 개인적 사랑을 변화시키는가'를 주제로 강연을 했다.

Ulrich Beck
Risikogesellschaft
Auf dem Weg
in eine andere Moderne
edition suhrkamp
SV

벡은 '글로벌 위험'이 기존의 환경 위험뿐 아니라 글로벌 금융 위험, 테러 위험으로 구분된다고 한다. 그는 서구 근대가 초래한 이런 글로벌 위험이 새로운 대응을 낳고 이는 결국 자유를 위태롭게 만들고 국제정치의 현존 형태들과 동맹들의 기초를 소멸시킨다고 지적한다. 이 중에서 가장 이질적인 것은 테러 위험이다. 다른 위험들이 가해자와 책임자를 정확히 가려내기 어렵다는 의미에서 '비고의적'인 데 비해 테러 위험은 가해자와 가해가 일치하는 '고의적'인 것이기 때문이다. 이와 관련하여 벡은 테러행위를 전 세계적인 차원에서 연출하고 정치적으로 예측함으로써 테러리즘은 여태껏 성공을 거둘 수 있었다고 지적한다. 즉 저널리스트들이 영상이나 사진을 확보하려 경쟁하면서 사람들의 머릿속에 테러리즘 하면 글로벌 위험을 떠올리게 만듦으로써 고의는 아니지만 결과적으로 테러리스트들을 지원했다는 것이다.Ulrich Beck, 박미애 · 이진우 역, 2010: 32 다른 한편으로 금융 위험과 테러 위험은 환경 위험 못지않게 글로벌 수준의 현실 구성, 즉 세계 시민 주의의 현실성을 강요하는 글로벌 위험으로 작용하지만 세계시민주의의 규범적 성격까지 갖추지는 못한다고 한다. 반면에 환경 위험은 글로벌 위험을 생산하는 리스크 권력개념 규정 권력, 체제 권력에 맞서는 글로벌 대항 권력을 추동하는 역할을 할 수 있다는 것이다.Ulrich Beck, 박미애 · 이진우 역, 2010: 40-41

위험사회론은 비록 유럽적 맥락에서 형성·발전되었고 그런 점에서 위험과 사회구조에 대해 서구중심적인 견해를 지녔지만 그럼에도 짧은 기간에 압축적 산업화와 사회분화, 민주화를 겪은 한국 사회를 분석하는 데 적지 않게 유용하다. 지난 20여 년간 한국 사회는 성수대교 붕괴, 서울 아현동 도시가스 폭발, 대구 지하철공사장 가스 폭발, 삼풍백화점 붕괴, 태안 기름 유출사건, 천안함 침몰, 부산 해운대 초고층빌딩 화재 등 대형 사고가 끊임없이 발생했다. 이외에도 지구온난화로 인한 기상이변, 미세먼지 대란, 권위주의의 만연, 경제적 양극화, 실업과 가족해체, 각종 사회일탈행위 등도 존재한다. 이는 한국 사회가 복합적 위험사회로 진입했다는 것을 의미한다. 이 중에서 상당수는 인공적인 재해이다. 이는 한국 사회에서 기존 사회제도가 위험에 대비하기에 미흡하거나 제대로 작동하지 않고 있다는 것을 말해준다. 여기에 사회문화와 리더십 등의 내재적 결함이 중첩되어 있다. 위험사회에 대비하고 이를 최소화하기 위해서는 새로운 사회운동의 활성화와 새로운 '정치의 발견'이 요구된다.

한국이 직면한 가장 큰 위험은 환경오염과 생태계 파괴로부터 초래된 것이다. 이는 한국뿐만 아니라 동북아 국가들 모두 해당된다. 이들 국가는 서구의 선진공업국들이 몇 세대에 걸쳐 이룬 과정을 불과 한 세대에 걸쳐 압축적으로 달성한 것으로 세계의 주목을 받았다. 그러나 동북아 국가들이 이룩한 급속한 경제성장은 시장에 대한 정부의 적극개입과 더불어 저임금 노동력과 상대적으로 약한 환경규제에 힘입은 데서 그 부작용 역시 큰 것이었다. 권위주의 정부는 각종 억압적 국가기구와 지배 이데올로기를 동원하여 강력한 노동통제를 행하였고, 반대세력을 정치적으로 억압하였다. 일부 동아시아 국가에서 '민주주의로의 이행transition to democracy'이 시작된 1980년대 중반까지 동아시아 국가들의 민주주의는 상당히 지체될 수밖에 없었다. 이들 지역에서 경제성장으로 인한 부작용은 무엇보다 환경영역에서도 두드러졌다. 동아시아에서 경제가 성장함에 따라 자연자원의 이용량이 증가하고, 생산 및 소비과정에서 오염물질의 배출이 동반 증가하면서 환경이 오염되고 생태계는 급속히 파괴되었다. 동아시아 내에서도 이 같은 '경제성장과 환경훼손의 동조화coupling'는 무엇보다 고도의 경제성장을 이끌면서 심각한 환경문제를 공유하게 된 소지역인 동북아에서 더욱 뚜렷하게 나타나고 있다.

경제성장과 환경훼손의 동조화는 동북아 국가들이 동양의 전통적인 자연관과 단절하고 서양의 기계적 자연관에 기초한 성장 패러다임을 채택한 데 주요 원인이 있다. 이들 국가에서는 인간의 물질적 풍요를 위해 인간과 자연을 분리하여 자연을 지배하고 통제하는 지식과 기술이 장려되었고 국가정책도 이에 기반해 수립되었다. 이에 힘입어 이들 국가는 급속한 경제성장을 이루고 서구 선진국 '따라잡기'에도 어느 정도 성공할 수 있었지만 급속한 환경오염과 생태계 파괴는 의도적으로 방치되었다. 각국의 사정이 이러하니 인접한 국가들의 환경협력이 제대로 이뤄지지 않는 것은 당연하였다. 예를 들어 중국에서 발생한 환경오염물질이 짧은 시간에 한반도와 일본열도에 도달하여 여러 피해를 불러일으키거나, 반폐쇄해인 황해와 동해의 폐기물 투기로 인한 오염으로 인해 인접국들 간에 갈등이 발생해도 이를 해결할 지역 내 제도나 레짐은 존재하지 않는다.

2011년 3월 발생한 일본 후쿠시마 원전사고는 급속한 경제성장에 필요한 에너지를 충당하기 위해 밀집된 이 지역의 원전이 지닌 불안전성을 여실히 보여주었다. 일본 도후쿠 지방 태평양 앞바다에서 발생한 지진과 쓰나미로 6개의 원자로와 6,375개의 폐연료봉을 보유하고 있던 후쿠시마 제1원자력 발전소의 냉각시스템이 고장나면서 문제가 야기되었다. 이로 인해 원자로에서 핵연료가 녹아내리는 멜트 다운melt down이 발생하면서 대량의 방사능물질이 대기와 토양, 바다 등으로 누출되었다. 1979년에 발생한 미국의 스리마일섬TMI 원전사고와 1986년 구소련의 체르노빌 원전사고에 비해 후쿠시마 원전사고는 복수 원전의 동시사고, 대규모 해양오염의 발생, 원전사고의 장기화라는 특징 때문에 인류가 경험하지 못한 전대미문의 사태로 평가된다.장정욱, 2011 후쿠시마 원전사고의 피해는 일본에 국한되지 않고 남북한과 중국에서도 방사능물질이 검출되는 등 광범위한 피해를 주고 있다. 또한 그동안 첨단기술에 바탕을 둔 원전은 안전하다거나 심지어는 이산화탄소를 배출하지 않는 청정에너지원이라는 정부의 주장이 거짓 호명이라는 것도 밝혀지면서 정치·사회적으로도 파장을 미쳤다.

2011년 3월 일본 후쿠시마 원자력 발전소에서 발생한 폭발사고와 이로 인한 방사능 물질 누출은 일본뿐만 아니라 동북아시아 국민들에게도 원자력 발전소가 지닌 위험성을 잘 인식시켜주었다. 해당국 정부의 주장대로 원전이 가장 안전하고 친환경적인 청정에너지원은 아니라는 사실도 깨닫게 되었다. 국제원자력기구IAEO에 따르면 2011년 기준으로 31개 국가에서 4백40기의 원전이 가동되고 있으며 이 중 미국이 104기, 프랑스 58기, 일본 55기, 러시아 32기, 한국이 21기, 인도 20기, 영국 19기, 캐나다 18기를 보유하고 있다. 원전은 세계 에너지의 6%, 전력의 15%를 충당하고 있으며, 미국, 프랑스, 일본 3국이 생산하는 원전 전력이 전체의 50%를 차지하고 있다. 현재 건설 중인 원전 58기 가운데 중국이 27기, 러시아가 10기, 한국이 5기, 인도가 4기를 차지하고 있다. 계획 중인 원전은 중국 50기, 인도 20기, 러시아 14기, 일본 12기, 미국 9기, 한국 6기 등 총 152기에 이른다. 이들 원전산업의 융성기를 이끄는 주요 수출국은 미국, 프랑스, 캐나다, 러시아, 일본, 한국 등 6개국에 국한되어 있다.노진철, 2011

후쿠시마 원전사고를 계기로 서유럽, 북미, 호주 등에서는 원전의 안전성, 대중 수용성, 방사성폐기물 처분의 높은 투자비용, 사용 후 핵연료 처리, 원전 완전철거 비용, 사고 시 손해배상비용 등이 정치 쟁점화되면서 원전에 대한 전면 재검토에 들어간 반면에,[3] 신규 건설의 60%가 집중되어 있는 동아시아에서는 공중의 침묵 속에 국가는 안전성 강화를 전제로 원전 정책을 유지

일본의 후쿠시마 원전 폭발 사고 모습. 2011년 3월 13일 진도 9.2에 달하는 강력한 지진 여파로 일본 후쿠시마 제1원전의 연료봉이 녹아내리는 최고등급의 원전사고가 발생했다. 이는 1986년 체르노빌 원전사고 이후 최악의 사고로 방사능이 누출되면서 바다와 공기를 오염시켰으며 주변국민을 포함해 세계인을 공포로 몰아넣었다. 일본의 물리학자이자 시민운동가인 야마모토 요시타카(山本義隆)는 일본이 과거부터 원자력 발전에 죽자 사자 매달리는 이유를 한 기에 수천억 엔에 달하는 건설비용으로 떨어지는 각종 이권과 검은 돈 때문이라고 한다. 또한 잠재적 핵무기 보유국 상태를 유지하려는 국제 정치 역학과도 맞물려 있다는 것이다.

하겠다는 입장을 고수하고 있다. 대표적으로 한국의 이명박 정부는 2011년 11월 21일 발표한 '제4차 원자력진흥종합계획'에서 "세계 일류의 원자력 모범국가 실현"을 '비전'으로 내세우면서"기술 혁신을 통해 원자력을 IT, 조선을 이을 대표 수출산업으로 육성한다", "원자력 기술 강국으로서 국제적 역할을 강화한다"는 등의 목표를 내세운 바 있다. 당시에 정부는 원자력 관련 기술 개발에 2조 833억 원의 예산을 투입할 계획이며 구체적으로는 △2016

3) 반핵시위가 전국적으로 벌어졌고, 지방선거에서 녹색당이 약진한 독일은 2011년 5월 2022년까지 독일 내 모든 원자력발전소를 폐쇄하기로 결정했다. 이후 스위스와 이탈리아, 벨기에도 원전 건설 중단을 결정했다.

년까지 6기 원전 준공, 신규 원전 부지 확보 △한국형 원전 수출 및 폐로 시장진출 △수출형 신형 연구로 개발 등의 정책을 밝혔다.〈프레시안〉, 2011년 11월 22일 이어서 12월 2일에는 신규 원전인 신고리 2호기와 신월성 1호기에 대한 운영 허가를 내준 데 이어 신울진 1, 2호기의 건설을 허가했고, 12월 23일에는 신규 원전 후보지로 경북 영덕과 강원도 삼척을 선정했다. 전체 발전량에서 원전이 차지하는 비중이 커지면 안전에 대한 우려 또한 커질 수밖에 없다. 지난 30여 년 동안 원전 강국인 미국·일본·러시아 3국에서 대형 원전사고가 일어난 것도 이런 우려를 뒷받침한다.〈한겨레〉, 2011년 12월 24일 고도 경제성장 가도를 달리고 있는 중국을 포함한 동아시아 각국은 여전히 원전을 국가적 전략사업으로 채택하고 있으며 이로 인해 생기는 각종 이익을 강조하고 있다.[4] 이들 국가들은 원전사고에도 불구하고 화석연료와 원자력을 바탕으로 거대자본과 거대기술로 구성되는 공급 위주의 대규모 중앙집중식 에너지 이용방식인 경성에너지경로hard energy path에서 벗어나지 않고 있다.

동북아시아에서 환경협력의 제도화 수준이 높지 않은 데는 역내 국가들이 국제정치행위자로서 차지하는 비중과 위상이 상대적으로 유럽 등 다른 지역보다 더 크고 이들이 환경협력보다는 국가이익의 경쟁적 추구에 더 비중을 두고 있다는 점에서 그 원인을 찾을 수 있다. 국제환경문제와 관련하여 자국의 이익이 걸린 경우 환경가치보다 자국의 이익에 우선순위를 두는

---

4) 이는 동아시아 국가들이 여전히 안전성보다는 경제성을 우선시하고 있다는 점을 잘 보여준다. 후쿠시마 원전사고는 안전성의 강화를 경시한 채 경제적인 이익만을 추구하는 전력회사와, '원자력 마피아'의 일원으로서 개인의 출세 및 조직의 권한 확대에만 몰두한 관료들의 자세가 최대 원인이라고 지적된다. 후쿠시마 원전사고 수습이 지지부진한 이유 역시 도쿄전력과 일본 정부가 늘 미시적이고 단편적인 대책에만 급급해 최악의 사고를 고려한 전체적인 예방대책을 경시했기 때문이라는 것이다. 장정욱(2011). 야마모토 요시타카(山本義隆)는 일본이 원자력 발전을 추구한 직접적인 이유를 정·관·재계 간의 견고한 이권구조에서 찾는다. 한 기에 수천억 엔에 달하는 원자력발전 건설비용과 교부금이 종합 건설회사, 철강, 시멘트 등과 기타 업계에 흘러들어가고 이들 중 일부가 정치가들에게 들어가며, 관련 기업들은 고위관료들의 낙하산인사 텃밭이 된다는 것이다. 山本義隆, 임경택 역(2011), p.13.

서유럽에서는 '68혁명'의 대안운동(Alternativbewegung)으로 다양한 갈래의 환경운동이 등장하였는데 그 단초를 연 것은 반핵운동이었다. 그 중심국가는 독일이었다. 독일에서는 뷜(Wyhl) 원전 반대 시위를 시작으로 고어레벤(Gorleben) 핵폐기물 처리장, 브로크도르프(Brokdorf) 원전 건설에 반대하는 시위가 이어졌다. 본격화된 반핵운동의 열기는 다양한 사회운동 흐름과 정치 성향을 가진 분파가 모여 마침내 녹색당 창당으로 연결되었다. 1983년 연방선거에서 5.6%와 28개 의석을 확보한 녹색당은 1998년에는 사민당과의 역사적인 '적녹연정'에 성공하였다. 2011년 후쿠시마 원전사고 이후 독일 반핵운동 사상 최대 인파인 25만 명이 베를린, 함부르크 등의 도시를 가득 메웠다. 반핵시위는 독일의 지방선거에서 바람을 일으켰다. 보수당인 기민련(CDU)의 아성이던 바덴-뷔르템베르크 주의회 선거에서는 녹색당과 사민당(SPD)이 과반수 이상 의석을 확보하면서 처음으로 녹색당 출신 주총리가 선출되었다. 독일 정부는 2022년까지 원전을 완전히 폐쇄한다고 발표했다. 위 사진은 1979년 본(Bonn) 대학교에 모인 반전·반핵 시위대들의 모습이다.

경우가 흔히 발견되는 데 이 점은 동북아의 경우에도 예외가 아니다. 동북아 지역은 원전 밀집지대이다. 이는 지역 내 어느 한 곳에서 사고가 발생하면 역내 국가가 모두 그 여파가 미칠 치명적 위험에 노출되어 있다는 것을 의미한다. 지금까지도 동북아 국가들은 탈원전정책을 채택해서 이 지역의 원전사고로 인한 위험을 제거하거나 최소화하겠다는 데는 공동으로 합의하지 못하고 있다. 오히려 일부 국가들은 원전산업을 국가적 전략산업으로 채택하고, 자국 원전의 안전을 과장해 선전하고 있다. 이들 국가들은 유럽 국가들과는 달리 자연재해를 예측가능한 사건으로 전제할 뿐만 아니라 위험 소통을 지진과 지진해일에 국한시킴으로써 자국 원전의 위험 가능성을 최소화하려 시도하고 있다. 이 점은 환경과 관련된 국제관계에 있어서도 동북아 국가들이 여전히 경제성장이 가져오는 이익과 환경 문제 해결에 드는 비용을 계산해 행동하고 있다는 것을 보여준다.[5] 이는 후쿠시마 원전사고를 '지

---

5) 우리 주변에는 성장만능주의에 집착하는 경제학자, 관료, 정치가들로 가득 차 있다. 이들은 성장이 경제규모를 키우고 기술효율성을 향상시키며 세수와 일자리를 가져온다고 주장한다. 성장으로 자본이 축적되면 사회가 번영(prosperity)한다는 것이다. 경제성장을 자연스럽고 당연하며 마땅히 그래야 할 과정으로 생각하는 통념에 대한 설득력있는 비판은 일본에서 활동 중인 미국인 정치학자이자 평화운동가인 더글러스 러미스(C. Douglas Lummis)가 개진했다. 러미스는 경제성장이 무엇인가 되묻고, 모두가 풍요로워질 것이라는 믿음은 실현 불가능하다고 답한다. '가난함'이나 '부유함'은 기본적으로 경제적인 개념이 아니라 정치적인 개념이라는 탁견을 제시한다. 지난 100년간 자본주의가 눈부시게 발전했지만 빈곤은 사라지지 않았으며, 오히려 절대 빈곤은 더욱 늘어났다는 것이다. 그는 전통적인 빈곤(자급자족사회)과 절대 빈곤을 '착취하기 쉬운 형태로 전환시킨 것'이야말로 경제 성장의 정체라고 지적한다. 러미스는 파이의 크기를 늘려 빈국과 빈자들에게 돌아갈 몫도 키우자는 감언이설에 속지 말고, 진정한 풍요를 위해 경제 성장을 줄여나가도 사람들은 최소한의 것만으로도 별 탈 없이 살 수 있다고 주장한다. 발전시켜야 할 것은 경제가 아니라는 것이다(C. Douglas Lummis, 김종철 · 이반 역, 2002). 이는 시장이 미래를 예견하고 이에 대한 계획을 세우지 못할 뿐만 아니라 불공평한 것을 교정할 수 없으며, 외부효과의 위험으로부터 우리를 보호해줄 수 없는 데서 연유한다(Lester W. Milbrath, 이태건 외 역: 73). 이와 관련하여 영국 정부 산하의 지속가능개발위원회에서 활동하는 팀 잭슨(Tim Jackson)은 다음과 같이 언급한다. "성장을 문제 삼는 것 말고는 대안이 없다. 성장 신화는 우리를 실패로 내몰았다. 또한 커피 한 잔 값의 절반에도 미치지 못하는 하루 벌이로 살아가기 위해 몸부림치는 10억 명의 사람들을 저버렸다. 나아가 생존하기 위해 기댈 수밖에 없는, 파괴되기 쉬운 생태계를 무시했다. 성장 신화는 그 자체의 논리 안에서 보더라도, 경제 안정을 실현하는 것은 물론이고 인간의 삶을 지켜내는 데에도 실패했다"(Tim Jackson, 전광철 역: 31). 복합적이면서 매우 심각한 환경문제를 공유하고 있는 한국 사회에서 응급조치와 조정(muddling through)을 넘어 자연과의 관계와 사회 · 정치적 생활양식에서 근본적 변화를 이뤄내지 않는다면 환경파괴와 생태계 위기는 결코 해결할 수 없다. 개발과 성장을 우선시하는 정치가들과 물질주의적 가치관을 내재화한 일반 대중들로 가득찬 우리 사회를 '녹색화'하는 것은 결코 쉽지 않은 길이다. 유일한 대안은 성장과 소비를 부추기며 파국을 향해 달려가는 자본주의적 근대를 극복하는 것을 내용으로 하는 '생태적 전환(ecological transformation)'이라고 판단된다.

금까지 상상도 할 수 없던' 위험으로 간주하고 원전에 의존한 에너지 정책을 포기하겠다고 나선 독일과 스위스, 이탈리아 등 유럽 국가들과는 상반된 모습이기도 하다. 에너지 정책의 근본적인 전환에 대한 진지한 분석과 검토는 없고 임시방편적인 수습에만 머물고 있는 그들은 후쿠시마 원전사고에서 별다른 교훈을 얻지 못한 것으로 보인다.

그러나 이런 정책은 화석연료와 우라늄의 매장량이 감소하고 있고 공급도 불안정하며, 이로 인해 지구온난화가 가속화되며 원전사고에서 보듯이 치명적 재앙을 초래할 수 있다는 점을 경시하고 있다는 점에서 적지 않은 문제가 있다. 다행히도 문재인 정부는 원전정책을 전면적으로 재검토하고 신재생에너지 산업 육성에 나서는 등 기존의 원전정책으로부터의 전환을 시도하고 있다. 준비 중인 신규 원전 건설계획을 전면 백지화하고 원전의 설계 수명을 연장하지 않겠다고 선언한 것은 후쿠시마 원전사고가 보여준 대로 원전이 안전하지도 않고, 저렴하지도 않으며, 친환경적이지도 않다는 사실에 입각한 타당한 정책전환이라고 평가된다. 그동안 권위주의 방식으로 일방적으로 결정된 원전 관련 정책결정 방식도 보다 민주주의적인 방식으로 바뀌었다. 논란이 되던 신고리 5·6호기 건설 여부를 숙의민주주의deliberative democracy에 입각해 조직된 공론화위원회를 통해 해결한 것이다.[6] 복합적 위

---

6) 2017년 10월 신고리 5·6호기 공론화위원회는 숙의 과정을 통해 지역-환경-세대 등의 이슈가 복합적으로 얽혀 있던 신고리 5·6호기 건설과 관련해, 일단 건설을 재개하되 장기적으로는 원전을 축소해야 한다는 내용을 담은 권고안을 정부에 전달했다. 특히 찬반 진영 모두 권고에 대한 수용 의사를 밝히면서 사회적 합의를 통한 갈등 해소의 새 역사를 썼다. 정치권과 이해당사자가 아닌 일반 시민 471명으로 이뤄진 시민참여단이 합숙까지 해가며 집중적으로 학습하고 숙의한 끝에 국가의 주요 정책이자 첨예한 사회갈등 사안에 대한 해법을 결정한 것은 사실상 이번이 처음이다. 비록 문재인 정부는 '탈원전 정책'을 선언했지만 이를 정부 차원에서 밀어붙이거나 전문가의 영역에 두지 않고 시민참여단의 숙의와 토론을 통해 결정한 것이다. 〈한겨레〉, 2017년 10월 20일. 심의 민주주의는 정치적 대표자들이 의사결정을 독점하는 대의제 민주주의와는 달리 시민들과 대표들이 이성적인 성찰과 판단에 근거하여 자신들의 판단, 선호, 관점을 타인과 토론하는 과정에서 '심의적 전환'이 일어나서 공공의 합의에 도달할 수 있다는 점을 강조한다. 이러한 심의 민주주의는 특히 풀뿌리 단위에서 조직화되지 않은

험사회에서는 에너지 이용에서 경제적 효율성뿐만 아니라 지속가능성과 형평성을 감안한 정책을 민주적 과정을 통해 결정하는 것이 요구된다. 장기적으로는 기존의 중앙집권적이고 일국중심적이며 정당중심적인 경향을 벗어나 풀뿌리적이며 다수준적이고 다경로적인 경향을 띠는 녹색정치green politics의 제도화를 지향하는 것이 필요하다.

연관 키워드

글로벌 위험사회(Weltrisikogesellschaft, Ulrich Beck), 유동하는 현대(liquid modern world, Zygmunt Bauman), 위험의 정치화, 경성에너지경로(hard energy path), 녹색정치(green politics)

시민들 간의 갈등을 해결하는 데에 유용하다고 평가된다.

[참고문헌]

Bauman, Zygmunt. 한상석 역. 〈모두스 비벤디: 유동하는 세계의 지옥과 유토피아〉. 서울: 후마니타스, 2010.

Beck, Ulrich. *Risikogesellschaft. Auf dem Weg in eine andere Moderne.* Frankfurt/ M: Suhrkamp, 1986.

_____. "이명박 정부. 시장·미국에 충성 절대적 국민 건강권 내버렸다." 〈한겨레〉, 2008년 6월 25일.

_____. 박미애·이진우 역. 〈글로벌 위험사회〉. 서울: 길, 2010.

Giddens, Anthony. 이윤희·이현희 역. 〈포스트모더니티〉. 서울: 민영사, 1991.

Jackson, Tim. 전광철 역. 〈성장 없는 번영〉. 서울: 착한가게, 2013.

Jungk, Robert. 이필렬 역. 〈원자력 제국: 반생명적 기술 핵에너지의 본질〉. 서울: 따님, 2002.

Lummis, C. Douglas. 김종철·이반 역. 〈경제성장이 안되면 우리는 풍요롭지 못할 것인가〉. 대구: 녹색평론사, 2002.

Milbrath, Lester W. 이태건 외 역. 〈지속가능한 사회: 새로운 환경패러다임의 이해〉. 고양: 인간사랑, 2001.

Nolte, Paul. 윤종석 역. 〈위험사회와 새로운 자본주의〉. 파주: 한울, 2008.

Rosenkranz, Gerd. 박진희·정계화 역. 〈왜 원전을 폐기해야 하는가〉. 서울: 시금치, 2011.

Sofsky, Wolfgang. 이한우 역. 〈안전의 원칙〉. 파주: 푸른숲, 2007.

山本義隆. 임경택 역. 〈후쿠시마. 일본 핵발전의 진실〉. 서울: 동아시아, 2011.

김명진·유정민 외. 〈탈핵: 포스트 후쿠시마와 에너지 전환시대의 논리〉. 서울: 이매진, 2011.

노진철. "원전재난과 위험사회에서의 정치적 결정." 민주화운동기념사업회 주최 6월항쟁 24주년 기념 학술대토론회 '위험사회의 민주주의와 거버넌스' 발표 논문. 2011.

오현철. 〈토의민주주의〉. 전주: 전북대학교출판문화원, 2018.

이헌석. "핵발전소의 새로운 메카 동북아시아의 불안과 그 극복." 〈황해문화〉 72호. 2011.

임혁백. 〈세계화 시대의 민주주의〉. 서울: 나남출판, 2000.

장정욱. "후쿠시마 원전사고와 원자력의 미래." 〈프레시안〉, 2011년 8월 18일.

정지범·채종헌. 〈위험의 정치화 과정과 효과적 대응전략 마련〉. 서울: 한국행정연구원, 2010.
정진성·이재열 외. 〈위험사회 위험정치〉. 서울: 서울대학교출판문화원, 2010.
정태석. "위험사회의 사회이론 — 위험을 어떻게 이론화할 것인가?" 〈문화과학〉 35호. 2003.
_____. "광우병 반대 촛불집회에서 사회구조적 변화 읽기: 불안의 연대. 위험사회. 시장의 정치." 〈경제와 사회〉 81호. 2009.
주성수·정상호 편. 〈민주주의 대 민주주의〉. 서울: 아르케, 2006.
홍성태. 〈대한민국 위험사회〉. 서울: 당대, 2007.
홍익표. "동북아 환경협력에 대한 비판적 고찰: 협력의 제약요인을 중심으로." 〈국제정치논총〉 제52집 3호. 2012.
홍찬숙. "울리히 벡의 '위험사회'와 '하위정치'의 마키아벨리즘." 〈사회와이론〉 14권. 2009.

스무 번째 키워드: 교회

탈정치화된 교회와 정치화된 교회의 병존

지난 10여 년간 한국 교회의 정치 참여는 그 이전 시기에 비해 더욱 적극적으로 변하고 있다. 2004년 총선에는 사상 처음으로 '한국기독당'이 창당돼 선거에 나섰고, 개신교 최대 단체인 한국기독교총연합회[한기총]는 사학법 개정과 같은 사회적 쟁점에 목소리를 높이면서 각종 선거에 노골적으로 개입하였다. '뉴라이트전국연합', '기독교사회책임' 등 이른바 뉴라이트 단체의 결성을 주도한 일부 목회자들은 2007년 대선에서는 아예 정권교체를 운동의 목표로 내걸기도 했다. 이명박 정권 들어와서는 '고소영 내각'이란 조어가 유행할 정도로 개신교회와 정권의 유착관계는 심화되었고, 종교 간 갈등도 빈번하게 발생하고 있다. 심지어는 서울시청 앞 광장에서 '정부의 종교편향 행위에 항의하는 범불교도대회'가 개최될 정도였다. 여러 종교에서 내세우는 정교분리는 제대로 지켜지지 않고 있으며, '국교는 인정되지 아니하며, 종교와 정치는 분리된다'는 헌법 20조 2항의 규정 역시 형해화될지 모른다는 우려도 일각에서 제기되고 있다.

물론 한국 교회의 정치참여는 그 역사가 오래 되었다. 일제 강점기에 가톨릭과 개신교를 막론하고 대부분의 교회는 신사를 참배하고 전쟁참여를 독려하는 등 일제와 야합했다. 근본주의 신앙을 지닌 선교사들이 민족주의적 성향의 신자집단을 주변화 내지 배제하고 신자대중의 의식을 탈정치화한 것도 일종의 정치적 행위였다. 대한민국 정부가 수립된 후 이승만 정권은 개신교에 특혜를 집중시키고 다른 종교들을 직·간접적으로 억압함으로써 개신교를 '사실상의 국가종교'로 만들었다.강인철, 1996: 162 개신교 지도자들 역시 1948년의 5·10선거를 시작으로 모든 선거에는 빠짐없이 '기독교선거대책위원회'를 구성해 체계적으로 이승만을 지지했다. 선거대책위원회는 도·군·교회 단위까지 구성되었고 선거 직전 주일을 '선거기도일'로 삼고 입후보자에 대한 '공인제'를 실시하기까지 했다. 개신교회 지도자들은 국가고위관료 및 정치인들과 빈번한 교류를 유지하는 한편 내각과 국회에 상당수가 진출하였다. 이승만 정권 역시 크리스마스를 공휴일로 지정하고 기독교만으로 군종제도와 형목제도를 신설하는 등 개신교에 우호적이고 특혜적인 종교정책을 실시했다. 반면에 일제와 미군정 시기에 제정된 '사찰령'과 '향교재산관리에 관한 건' 등의 법령은 온존시키고 불교와 유교의 내부갈등에 개입하여 특정 세력을 후원함으로써 교묘한 분할통치를 일삼았다.

이러한 국가와 교회의 유착은 군부 쿠데타로 권력을 장악한 박정희 정권 들어와 약화되었다. 박정희 정권의 종교정책은 국가의 확고한 우위를 기초로 종교 전반에 대한 통제를 한층 강화하고, 기독교에 특혜적으로 기울었던 종교적 불평등을 외관상으로 좀 더 평등하게 바로잡으면서, 저항적인 종교에 대해서는 강·온 양면전략과 분할지배를 시도하였다.강인철, 1996: 189 이 시기에 가톨릭과 일부 개신교회는 3선 개헌과 유신헌법을 통해 장기집권을 꾀하면서 사회적 약자들의 인권을 무시하고 민주주의를 파괴하는 박정희 정권에 대해 조직적으로 반대운동을 전개했다. 이들은 온갖 탄압에도 불구하고 1974년의 '민주회복국민회의' 결성과 1976년의 '민주구국선언' 발표에서 보듯이 교파를 초월해 활동하기도 했다.

1970년대 한국의 민주화 과정에서 특징적인 현상은 가톨릭 사제들에 의한 저항운동이었다. 조선왕조 말에 서양인 신부와 선교사들에 의해 전래된 천주교는 선교과정에서 가혹한 박해를 받았다. 그러나 천주교가 공인된 후 교회 지도자들은 정교분리 정책에 따라 신자들로 하여금 기존질서를 변화시키는 어떤 종교적, 정치적 활동도 못하게 하였다. 이러한 방침은 일제시대에도 그대로 이어져 교회는 한민족의 민족주의적 관심에 대해서는 공식적인 침묵을 지키는 한편 일본 식민정부와는 직접 간접으로 협력했다. 이 시기의 교회는 한국 사회와 분리disjunction된 상태에 있었다. 이승만 정권하에서도 가톨릭교회는 기독교 신자인 이승만에서 가톨릭 신자인 장면 지지로 태도를 바꾼 것 외에는 한국의 민주화를 위해 거의 아무 일도 하지 않았다.김녕, 1996: 224, 229 이 시기에 대주교 등 고위성직자를 중심으로 이승만의 친미주의와 단독정부 수립 노선에 동참하고 가톨릭교회의 국제조직을 이용하여 서방국가들의 지지를 도출하는 등 교회에 대한 국가 쪽의 체제정당화 요구를 적극적으로 수용하였다.최종철, 1992: 175-176

가톨릭 성직자와 신도들의 정치적 태도 변화에 결정적으로 영향을 미친 것은 1962년부터 1965년 사이에 개최된 제2차 바티칸 공의회Sacrosanctum Concilium였다. 당시에 교황이었던 요한 23세는 기독교와 사회진보, 평화 수립에 대한 회칙들을 통해 세계의 문제들에 대한 실천적이고 창조적인 해결책을 제시하면서 인권의 개념을 사회경제적 권리를 포함하는 데까지 확장시켰다. 바티칸 공의회는 정신적 영역과 현실적 영역을 단일하게 파악하고 오랫동안 선호해 온 교회와 국가의 긴밀한 결합을 배격하였으며, 교회로 하여금 정의와 인권, 자유를 증진시키도록 적극적으로 헌신할 것을 강조했다. 이는 프랑스 혁명을 비롯해 인류사의 진보와 발전을 자기충족적 신학을 동원해 단죄하였던 교회가 지금까지의 과거를 반성하고 교회의 사명이 인류 전체와 사회 각층에 미친다고 밝힌 중요한 선언이었다.지학순, 1984: 126-128 이후 보다 구조적이고 범세계적인 차원에서 공정한 분배를 달성하기 위한 조직적 변화를 중시하는 여러 가르침들이 제시되었다. 한국 가톨릭 성직자들도 새로운 진보적 가르침을 이론적으로 받아들였다. 그러나 이를 실천으로 연결하고 일상화한 것은 국가권력에 의해 가해진 탄압을 경험한 후였다.

사회정치적 문제에 대해 진보적이고 초교파적인 추기경은 강론과 공식 메시지들을 통해 여러 차례 노동문제와 민주화에 대한 관심을 표명하였다. 다른 사제들도 사회정의를 위한 미사를 행하고, 불의에 대한 규탄대회와 연좌시위를 개최하였다. 다음과 같은 천주교 원주교구장인 지학순 주교의 강론은 당시 성직자들이 지녔던 교회와 정치에 대한 인식을 잘 보여준다.

1960, 70년대 한국 반독재민주화 운동의 중심지는 원주였다. 1965년 천주교 원주교구장으로 부임한 지학순 주교는 로마 유학 시절 접했던 제2차 바티칸 공의회의 가르침대로 교회가 사회에 참여해 다수의 민중과 호흡을 같이하도록 애썼다. 또한 무위당 장일순 선생과 함께 신용협동조합운동을 설립해 경제적 자립과 민주적 자치를 실천했는데 이는 훗날 생명사상에 바탕한 '한살림 운동'으로 꽃피게 된다. '무위당 선생을 기리는 모임'을 이끌고 있는 김영주는 지학순 주교가 석방되어 원주에 돌아올 때를 다음과 같이 회상한다. "지 주교님이 석방되어 원주역에 도착한 날은 원주시민 거의 반 이상이 거리로 뛰쳐나와 환영하는 인파로 북적거렸죠. 중간에 주교님은 차에서 내려 환영 나온 사람들과 함께 원동성당으로 행진하였습니다. 지금도 기억나는 것이 원동성당에 도착할 무렵 한 청년이 주교님 앞에 와서 외투를 벗어 길에 깔자 너도나도 외투를 벗어 길에 깔았죠. 예수님의 예루살렘 입성이었습니다. 이것이 원주였죠. 민중의 고향! 호산나의 원주!" 〈오마이뉴스〉, 2006년 8월 31일.

"교회가 사회참여를 해야 하는 것은 교회의 절대적인 의무이다. 왜냐하면 인간을 복음화하는 것이 교회의 기본사명이기 때문이다[마르코 16:15] … 제2차 바티칸공의회를 통해 교회는 분명히 교회가 사회발전에 참여해야 한다는 것을 가르쳤다 … 특히 우리나라와 같이 독재로 인하여 부정, 불의, 부패가 판을 치며 절대 다수의 국민이 억눌려 살고 있는 나라에서 교회가 다수의 민중과 호흡을 같이하지 아니하면 '나와 같이 있지 아니하는 자는 나를 거스르는 자[마르코 3:35]'라고 하신 성경말씀대로 민중을 배반한 불의한 무리들과 같이 민중에게 미움과 저주를 받는 교회가 되고 말 것이요, 자기의 기본적 사명을 망각한

허수아비가 되고 말 것이다… 교회가 부정부패를 막고 인권을 옹호하는 데 앞장서서 국민대중이 갈 길을 확실히 제시함으로써 오늘 한국의 시대의 지표가 되어야 할 것이다. 이것이 오늘 한국 가톨릭교회가 국민 앞에서 짊어지고 갈 절대적인 사명이다."

_지학순, 1984: 29-31

1974년에 지학순 주교가 민청학련 사건에 관련되었다는 혐의로 투옥되었다. 이에 대항해 젊은 사제들은 1974년 9월에 원주 원동교회에서 '천주교정의구현 전국 사제단'를 발족시켰다. 교회에 가해진 정치적 탄압에 대한 교회의 제도적 대응으로 결성된 정의구현사제단은 1970년대와 1980년대 민주화와 인권운동에서 교회를 대표하는 '촉매'적 지도자 역할을 수행하였다. 김녕, 1996: 244 이와 더불어 한국 천주교 주교회의 산하의 '정의평화위원회', '가톨릭노동청년회', '한국가톨릭농민회' 등이 노동자와 농민운동, 인권운동 등을 펼치면서 국가와 갈등을 빚었다. 1970년대와 1980년대에 걸쳐 가톨릭교회는 국가와 갈등관계를 노정했지만 다른 한편으로 인권과 민주화에 대한 헌신은 가톨릭교회에 대한 공신력과 흡인력을 높여주는 결과를 가져왔다.

이런 움직임과는 상반되게 정치권력과 긴밀히 협력하고 정치체제를 정당화하려는 활동 역시 활발히 전개됐다. 각종 조찬기도회는 그 대표적인 사례라 할 수 있다. 정부 수립 직후에 외무부 초대 정보국장이던 황성수의 주도로 시작된 '중앙청기도회'에서 유래된 조찬기도회는 1960년대 중반에 김준곤 목사가 미국의 국회조찬기도회와 국가조찬기도회를 주관하는 '국제기독교지도자협의회ICL'의 총무와 담임목사의 권유로 한국에 도입했다. 1965년 처음 열린 국회조찬기도회는 국회 내 개신교 신자들의 상설 조직으로 개신교 교회의 국회 창구 역할을 담당하고 있다. 1966년부터 대통령조찬기도회로 개최되다 이름을 바꾼 국가조찬기도회는 현재까지 이어지고 있다. 교계의 대다수 지도자들이 참여한 이 기도회에서는 원색적인 정권 및 정책에 대한 찬양이 행해지는데 그 대표적 사례가 1973년 5월에 TV로 생중계된 제6회 대통령조찬기도회에서 김준곤 목사가 행한 다음과 같은 설교이다. "각하의 치하에서 일어나고 있는 전군신자화운동이 종교계에서는 이미 세계

천주교정의구현전국사제단은 원주교구장인 지학순 주교가 민청학련 사건에 관련된 혐의로 투옥되자 이에 대항해 젊은 사제들이 1974년 9월에 원주 원동교회에서 발족시켰다. 교회에 가해진 정치적 탄압에 대한 교회의 제도적 대응으로 결성된 정의구현사제단은 1970년대와 1980년대 민주화와 인권운동에서 교회를 대표하는 '촉매'적 지도자 역할을 수행하였다고 평가된다. 1987년 5월 18일 박종철 고문치사사건의 축소·조작 및 은폐 사실을 폭로함으로써 6월 항쟁의 도화선에 불을 붙였다. 최근에는 김용철 변호사가 폭로한 삼성그룹 비자금 조성 의혹 사건, 미국산 쇠고기 수입 반대 촛불시위, 4대강 사업, 용산참사, 제주 강정 해군기지 사업 등에 개입해 생명과 평화, 인권의 목소리를 내고 있다.

적 자랑이 되고 있는데, 그것이 만일 전민족신자화운동으로까지 확대될 수만 있다면 10월 유신은 실로 세계 정신사적 새 물결을 만들고 신명기 28장에 약속된 성서적 축복을 받을 것이다."장규식, 2006: 116 광주항쟁이 무력으로 진압된 지 얼마 안 된 1980년 8월 6일에는 바로 전날 대장으로 진급한 전두환 국가보위비상대책위원회 상임위원장을 주인공으로 한 '나라를 위한 조찬기도회'가 23명의 교계 지도자들이 참석한 가운데 열리기도 했다.

한국 가톨릭과 개신교회의 정치참여를 우리는 '교회의 정치화politicization'라는 키워드로 고찰할 수 있다. 여기서 '교회의 정치화'란 교회와 성직자, 신자들이 직간접적으로 정치적 행위에 가담하여 체제 정당화나 체제 비판 등의 역할을 수행하는 것을 의미한다. 강인철은 교회의 정치화를 네 가지 차원으로 분류한다.[강인철, 2008] (1) 교회지도자들이 정당을 직접 조직하여 직접 상시적으로 정치사회 안에서 활동하는 것, (2) 기성 정당 내의 신자 정치인들을 활용한 정치 행위, 즉 기존 정치사회 내 종교블록이나 정치인 개인들을 매개로 교회에 유리한 정책을 관철하거나 불리한 정책을 저지하기 위한 로비나 제안 활동, (3) 교회 입장에 부합하는 특정 정당이나 후보자를 위한 투표를 독려하거나 공정선거 캠페인을 벌이는 것을 포함하여 다양한 방식으로 선거에 참여하거나, 선거 결과에 영향을 미치려는 활동들, (4) 주로 사회운동의 방식으로 정치사회에 영향을 미치거나, 특정 쟁점과 관련된 일시적인 정치적 활동을 조직하는 것. 이 중에서 '넓은 의미의 정치참여'에 해당되는 (4)에 입각한다면 교회는 이미 다양한 방식으로 정치적 발언과 행위를 행하고 있다고 한다. 사회운동, 단일이슈정치[single-issue politics], 거리의 정치, 운동정치 등 다양한 형태들을 포괄하고 있으며, 성명서 발표, 시국 관련 집회, 행진 등 의사표현 방식 또한 다양하다는 것이다.

한국의 경우 국가종교가 인정되지 않고 특정한 종교가 다수를 차지하지 않은 상태로 여러 종교가 공존하는 종교다원주의 국가이다. 이 중에서도 세계적으로 유례를 찾아보기 힘들 정도로 비교적 짧은 기간에 비약적인 양적 성장을 달성한 기독교, 그중에서도 개신교는 적지 않은 관심을 불러 일으켰다. 개신교는 양적인 성장에 더해 사회적 영향력도 증대했지만, 다른 한편으로는 서구 기독교국가에서는 보기 힘든 과다한 교파 분립과 갈등, 잦은 부패와 일탈 행위를 반복하는 모습도 보여주고 있다. 이러한 현상은 식민지 경험, 분단과 전쟁, 산업화와 민주화라는 한국이 갖는 역사적 맥락과 특수한 정치·경제·사회적 조건을 통해 어느 정도 설명될 수 있다고 보여진다. 특히 한국적인 맥락에서 교회의 변화와 특징을 설명하는 데 정치화는 상당한 설득력을 지닌다고 할 수 있다. 정치화를 살펴보기 위해서는 교회 지도자의 사회적 지위와 행동뿐만 아니라 교회의 성격과 교회가 국가와 시민사회와 맺는 복합적인 관계 등이 종합적으로 고려될 수 있다. 이와 관련하여 최종철은 교회와 국가 관계로는 국가 쪽의 체제정당화의 요구와 교회 쪽의 선교정책적 이해관심의 교환을, 교회와 시민사회 관계로는 체제로부터 탈정치화 등이 강요되는 피지배계급이 상대적으로 자율적인 교회에 주문하는 체제비판 요구와 이를 수용함으로써 사회공신력을 제고하려는 또 하나의 선교정책적 이해관심을 고려할 것을 제안한 바 있다. 이에 더해 그는 종교영역 내부에서 성직자와 평신도의 관계, 교단과 다른 교단이나 종교와의 관계, 해외선교단체와의 관계 등이 종합적인 분석의 대상이 될 수 있다고 지적한다.최종철, 1992: 174

물론 종교와 정치의 관계를 명확히 구분하는 것은 쉽지 않다. 힘 있는 종교집단이 정치기관에 권력을 부여했다가 회수하기도 하고, 혹은 스스로 권력을 행사하기도 하기 때문이다. 그러나 이는 종교와 정치가 완전히 분리되어 있을 때나 볼 수 있는 현상이다. 아야톨라 들이 통치하는 이란 같이 아예 일부 사회에서는 정치권력과 종교권력이 완전히 하나로 융합되어 구별조차 불가능할 수도 있다. 대부분의 국가에서 지난 1세기 동안 국가가 종교의 통제로부터 적어도 공식적으로는 완전히 벗어났다고 지적된다. 그러나 리오넬 오바디아Lionel Obadia가 언급한 것처럼 "인류는 그토록 쉽사리 종교의 옷을 벗어버리지 못하였다. 산업사회의 대문을 통해서 쫓겨난 교회는 창문을 통해 슬그머니 다시 돌아왔으며, 가장 세속화되었다고 하는 나라들에서도 예전만은 못하지만 여전히 무시할 수 없는 영향력을 행사하고 있다."Lionel Obadia, 양영란 역, 2007: 94-95 실제로 정치권력을 강화하거나 혹은 권력에 대항하는 기능을 수행하는 등 종교와 정치권력은 복잡한 관계를 맺고 있다.

인간의 삶을 규정하고 지배하는 정치가 종교의 영역이 된 데는 무엇보다 기독교의 영향이 컸다. 기독교의 역사를 살펴보면 교회의 정치화는 로마제국에 의한 공인 이후 시작되었다고 지적된다.강원돈, 2008 원래 기독교는 개인의 구원을 목적으로 삼는 탈정치적 성향의 종교였다. 이집트의 절대권력 아래서 압제와 수탈을 받다 탈출한 유대인들은 정치권력에 대해 비판적이었고, 정치권력과 한 통속을 이루는 종교기구에 대해 거리를 두었다. 야훼의 통치와 군주의 통치, 정의로운 세상과 불의한 세상, 폭력으로 점철되는 지배질서와 바른 관계들 안에서 생명체가 누리는 충분한 평화를 서로 날카롭게 대립시키는 예언자 전통을 이어간 인물이 바로 예수였다. 그러나 탈정치적 성향의 종교인 기독교는 밀라노 칙령으로 국교로 공인되면서 위계적 권력구조를 구축하고, 권력자들은 기독교 밖의 세속권력과 연합하기 시작했다. 우리가 익히 알고 있는 대로 기독교는 8세기에 동방 고대 헬레니즘의 전통 위에 그리스 정교회가 분열되어 나가고, 16세기에는 종교개혁으로 로마 가톨릭과 개신교로 분리되었다. 정치화를 신학적으로 정당화한 사람은 종교개혁가인 마르틴 루터였다. 루터는 국가가 악이 지배하는 세상에서 질서와 정의를 수립하고 평화를 실현하기 위한 하느님의 도구라면서 이를 위해 하느님으로부터 율법과 칼을 부여받았다고 주장했다.

한편, 교회는 사람들을 구원의 길로 이끌기 위해 세워진 하느님의 도구로 복음을 선포하는 역할을 한다는 것이다. 교회 바깥 질서를 수호하는 국가는 교회 일에 간섭을 하지 말아야 하고, 교회는 율법을 설교하여 국가의 질서를 자발적으로 준수토록 훈육하는 동시에 국가 활동을 감독하고 비판해야 한다는 것이었다. 그러나 역할이 구별되지만 서로 미분리된 두 기관을 내용으로 하는 루터의 두 왕국론은 독일 루터교가 군주를 교회의 수장으로 하는 국가교회로 제도화된 데서 보여지듯이 교회와 국가 관계를 규율하는 패러다임 구실을 못했다. 이러한 정교융합은 30년 전쟁 후 베스트팔렌 조약에서 국가와 교회가 분리되고 1789년 프랑스대혁명에서 교회에 부여했던 광범위한 특권이 박탈되면서 변화를 가져왔다.

이 과정을 설득력 있게 논증한 학자가 미국의 정치철학자인 마크 릴라Mark Lilla이다. 그는 '이미 죽어 있는 신The Stillborn God'이 지배하는 정치를 제시한다. 릴라에 따르면 16세기 계몽주의 철학자들은 종교가 세속 정치에 악영향만을 끼쳐왔다고 판단했으며, 정치와 종교의 완전한 분리를 주장했고, 19세기 독일의 자유주의 신학자들은 정치에 개입하지 않는 긍정적 기능의 종교를 상상했다고 한다. 그들은 종교가 올바로 기능하기만 한다면 근대의 발전에 기여할 수 있다고 주장했다는 것이다. 그러나 메시아사상의 부활과 20세기의 비극을 거치면서 그들의 계획은 애초부터 실패한 것임이 드러났다고 한다. 그들이 꿈꾸었던 신은 결국 '이미 죽어 있는 신'이었던 것이다. 실패의 사례로 릴라는 미국의 기독교 근본주의를 거론한다. 그에 따르면, 부시 정권의 탄생과 재선으로 미국 내 기독교 근본주의자들의 입지는 강화되었고, 그들의 신앙과 신념이 미국이라는 나라의 정책을 좌우하면서 미국의 정치는 종교적 열정에 휘둘리게 되었다. 마크 릴라는 21세기의 시작과 함께 일어난 9·11테러부터 미국은 물론 동구권과 오스트레일리아에서 다시 등장하고 있는 인종주의적 갈등, 이슬람 과격주의자들의 산발적인 테러와 미국의 대이라크 전쟁에 이르기까지, 21세기의 사회적·정치적 분쟁의 기저에는 종교적 순혈주의와 배타성이 있다고 지적한다.Mark Lilla, 마리오 역, 2009

근본주의fundamentalism[1])와 자유주의liberalism는 한국 교회의 정치화를 설명하는데 있어 토대가 되는 기독교사상이다. 이들 사상이 한국에 전래되고 한국 기독교의 주된 지형으로 뿌리내리게 된 것은 한국 개신교의 초기 역사에서 교권을 독차지한 선교사들 덕분이었다. 압도적 다수를 이룬 장로교와 감리교 소속 미국인 선교사들은 한국 개신교의 이데올로기 지형을 결정하다시피 했다. 그들은 성서와 교리의 해석권을 차지하고, 신학정책, 신학교 정책, 교회정책, 선교정책 등을 수립하는 등 전권을 행사했다. 하느님이 마련해 준 땅에 기독교 공동체를 건설한다는 독특한 소명의식과 '아메리카의 이스라엘American Israel'이라는 선민적 우월의식으로 무장한 이들 미국인 선교사들이 동북아시아 지역에 파견된 때는 서구 제국주의 열강들의 식민지 쟁탈경쟁이

---

1) 물론 근본주의는 어느 종교든 존재한다. 그러나 근본주의는 9·11테러를 경험하면서 특히 이슬람 극단주의를 지칭하는 용어로 주로 사용되고 있다. 대표적으로 이란이나 수단의 집권세력, 아프가니스탄과 알제리의 반대세력 등이 거명된다. 이들은 이슬람 사회의 혼란의 원인이 무분별한 서구문화의 수용에 있다고 하면서 전통과 문자적 교리 준수를 통해 이슬람 공동체의 순수성을 지키고자 한다. 그러나 근본주의란 말은 아랍어에는 존재하지 않는다. 이 용어는 원래 1차 대전 직후 미국 사회를 휩쓴 자유주의적 모더니즘 경향에 반발하여 성서의 완전한 무오류성과 개인적 구원을 강조하고 나선 보수적 기독교 복음주의 운동을 가리키는 말이었다. 이런 맥락에서 나온 근본주의란 용어를 서구 언론이 1970년대 말 이란에서 호메이니가 이끈 반정부 이슬람 운동을 가리켜 사용하면서 이후 '테러행위를 일삼는 과격한 무슬림들'이라는 부정적인 이미지를 지닌 용어로 자리 잡게 된 것이다. 근본주의라 불리는 이들 이슬람 세력들은 이념과 노선이 다양하며 이들 중에는 알제리의 이슬람구국전선(FIS) 지도자들처럼 사법부 독립, 표현의 자유, 법의 지배 등 서구의 자유주의 이념을 수용하는 세력도 존재한다.

치열하게 전개되던 시기였다. 한국에 온 미국인 선교사들에게 선교에의 정열을 제공한 것은 자유주의가 아니라 근본주의 신앙이었다. 1893년부터 1901년 사이에 한국에서 활동하고 있던 미국 북장로교 선교사 40여 명 가운데 16명이 프린스턴 신학교, 11명이 매코믹 신학원 출신이었는데 당시 두 학교는 극단적인 보수주의가 지배하고 있었다.강인철, 1996: 90 근본주의는 19세기 후반에 미국의 경제성장을 배경으로 확산되기 시작한 근대주의modernism 혹은 자유주의 신앙을 배척하고 성서의 완전한 무오류성과 개인적 구원을 강조하는 데 특징이 있었다. 한국의 미국인 선교사들은 자신들이 독점한 종교권력을 활용하여 극단적인 보수주의 신앙을 유포하고 고착시키는 한편 1907년 절정에 이른 '대부흥운동'을 통해 독립협회나 신민회 계열의 민족주의 성향의 신자집단을 주변화 내지 배제하고 신자대중의 의식을 탈정치화하였다. 이에 더해 장로교와 감리교 선교회들은 일종의 경쟁방지협약이라 할 지역분할협정을 완료함으로써 교세의 지역적 편중과 지역 간 갈등을 초래하였다.강인철, 1996: 139

그러나 다른 한편으로 선교사들의 종교권력 독점에 대항하여 일부 토착인 성직자들과 평신도 지도자들은 종교권력의 분점을 요구하고 '자치·자유교회 분립운동'과 '조선적 기독교' 수립운동을 전개하였다. 평양과 원산을 중심으로 한 이용도 목사의 '예수교회,' 함흥을 중심으로 한 김교신의 무교회주의운동, 서울 중심의 최태용의 '기독교조선복음교회' 등이 여기에 속한다. 한국의 개신교 신자들 중에서는 기독교가 상황의 변화에 민감하게 반응해야 된다는 점을 내세우는 자유주의의 영향을 받아 활발하게 민족운동에 참가한 사람들도 생겨났다. 자유주의가 기독교 신자들의 사회참여를 정당화한 측면이 분명히 있지만 일제 말엽에 이르러서는 자유주의자들이 이 신앙에 근거해 일제지배에 동참하는 것으로 변질되기도 하였다. 반면에 근본주의는 신자들의 탈정치적, 탈사회적 태도를 강화하면서 결과적으로 기존 질서를 강화하는데 기여했지만 이 신앙을 내면화한 일부 한국인 신자들이 신사참배에 격렬히 저항하였다.

미국 선교사들의 영향으로 이후 교권세력이 형성된 이후에도 오랫동안 한국 개신교, 특히 장로교는 근본주의를 정통신학으로 고수하였고 나아가 근본주의에 의해 강력하게 뒷받침된 반공친미주의의 대변자 노릇을 하였다. 반공주의가 정립되고 확산된 과정은 가톨릭과 개신교가 차이가 있다. 일제 시대에 한국 가톨릭은 교황청이 발표한 사회교리들을 번역·소개하는 형식으로 반공주의를 직수입하여 무비판적으로 수용하였다. 이에 비해 개신교의 사회주의에 대한 태도형성에는 어느 정도 자생성이 발견된다. 특히 YMCA 지도자들은 자체의 국제적 조직망을 통해 사회복음운동을 접하면서 국내의 반기독교운동에 대응하는 자신들의 반공주의적 입장을 정립해 갔다.[강인철, 2007: 60-61] 이는 해방 후 미군정과 이승만 정권 시기에 정치권력의 중심부로 진출한 개신교 지도자들이 사회주의자들에 대한 공격에 앞장서는 것으로 이어졌다. 북한의 사회주의 정권 수립과정에서 저항을 하다 피해를 입은 많은 기독교 신자들의 월남까지 이어지면서 한국전쟁이 끝나갈 무렵 남한 개신교 교회는 매우 공격적인 반공주의자들의 집결지로 변모되었다. 전쟁을 계기로 한국 사회 전반에서 반공주의가 사회성원들에 내면화되고 가중 중요한 지배 이데올로기로 부상되는 것에 발 맞춰 개신교 내부에도 '반공주의의 종교화' 과정이 집중적으로 진행되었다.[강인철, 2007: 68]

그러나 국내외 질서의 변화는 한국의 반공주의를 신봉하는 기독교도들에게 혼란을 초래했다. 1970년대 전개된 민주화운동 와중에서 기독교 운동가들은 군부정권이 반공을 이용해 비판세력을 탄압하는 등 독재를 정당화하고 있다는 사실을 깨닫게 되면서 반공 혹은 국가안보 담론에 숨어 있는 이데올로기적 함정에 고민해야만 했다. 7·4남북공동성명에 대한 한국기독교교회협의회[NCCK]의 성명이 남북한 간의 긴장완화와 평화적 방식에 의한 통일을 지지한 것 역시 이전의 경직된 반공주의가 변화했음을 보여준다. 1980년대 중반부터 전개된 소련의 개혁·개방정책과 사회주의 블록의 해체 움직임, 남한의 민주화와 북방정책은 1988년 2월 교회협이 '민족의 통일과 평화에 대한 한국기독교회 선언'을 발표하는 것으로 나타났다. 이 선언에서 교회협은 "남한의 그리스도인들이 반공이데올로기를 종교적인 신념처럼 우상화하여 북한 공산정권을 적대시한 나머지 북한 동포들과 우리와 이념을 달리하

〈정치교회: 권력에 중독된 한국 기독교 내부 탐사〉는 정치적 영향력을 확대하고 있는 한국의 보수기독교 세력을 신랄하게 비판한 책이다. 민주화운동 시기의 참여교회는 피억압자편에서 억압자에 저항한 반면, 지금 교회는 '기득권 집단의 위치'로 올라가 '스스로 권력이 되고자 하는 욕망'에 사로잡혀 있다는 것이다. 저자는 "교회가 정치에 참여하려면, 권력을 향한 질주가 아니라 권력에서 소외된 이들을 향한 섬김의 활동이 되어야 한다… 교회의 정치참여는 화려한 권력의 보좌를 쟁취하기 위한 것이 되어선 안 된다. 예수가 그러했듯이 저 빈 들에 가득한 인간의 눈물과 한탄에 귀기울이고 그들을 섬겨야 한다"고 말한다.

는 동포들을 저주하기까지 한 죄를 범했음을 고백"했다. 그러나 개신교 반공주의에 대한 교회협의 사망신고는 반공주의를 여전히 금과옥조처럼 여기는 개신교 보수그룹의 분노를 자아냈다. 이는 결국 1989년 12월 주요 교단을 망라하는 36개 교단과 6개 단체가 참여하는 한국기독교총연합회의 창립으로 이어졌다. 탈냉전이라는 국제정세의 변화 흐름과는 반대로 한국 개신교 내의 권력구도는 반공주의 신념으로 무장한 개신교 보수그룹이 장악하는 것으로 나타났다. 이들은 2000년대 들어와서는 "한미동맹을 약화시켜 북한을 이롭게 하려는 친북좌파들의 준동"을 규탄하는 대규모 구국기도회를 연이어 개최하고 세를 과시하였다.

한기총은 그 후 정치참여 수위를 더욱 높였다. 그 열기에 불을 붙인 것은 노무현 정권이 사학재단의 이사회에 개방형 이사 1인 이상 참여를 의무화하는 사학법 개정안을 추구하면서부터였다. 한기총 임원들은 여당과 야당 지도부를 만나 사학법 재개정을 촉구하는 한편, 시청 앞에서 사학법 재개정을 위한 특별 기도회를 개최하고 낙선운동본부를 조직하고 대상자 명단을 발표하였다. 결국 사학법은 낙선 대상자 명단이 발표된 지 1주일이 채 되지 않아 국회 본회의에 직권상정돼 재개정됐다. 김지방, 2007: 177-179

보수개신교 세력의 국회 원내 진출 시도도 계속 이어졌다. 2004년 17대 총선에서는 김준곤 목사(전 CCC 총재), 조용기 원로목사(여의도순복음교회), 신신묵 회장(한국기독교지도자협의회), 최병두 목사(전 예장통합 총회장) 등이 주축이 되어 한국기독교당을 창당했다. 총선을 10여 일 앞두고 급히 창당된 이 당은 약 22만 표(정당득표율 1.1%)를 얻는 데 그쳤다. 2008년에는 전광훈 목사 등이 주도해 사랑실천당을 만든 뒤 2005년부터 활동하던 또 다른 정당인 기독민주복지당과 합당해 기독사랑실천당으로 출범했다. 이 당은 44만 표(2.59%)로 봉쇄조항인 3% 가까이 득표했다. 2012년 총선에서는 전광훈 목사 주도로 만들어진 기독자유민주당이 25만 표(1.2%)를 얻는 데 그쳤다. 이렇게 된 데는 또 다른 보수개신교 정당인 한국기독당으로 표가 분산된 점도 영향을 미쳤다. 2016년에도 기독자유당 이름으로 원내 진출을 시도했다. 이들은 '동성연애법·차별금지법·이슬람 저지를 위한 100만 서명' 운동을 벌였고, 한기총 대표회장 이영훈 목사와 또 다른 보수개신교 성향의 연합단체인 한국교회총연합 조일래 대표회장 명의의 긴급 목회서신을 통해 전국의 교회 목회자들에게 지지 광고를 요청하였다. 여기에 더불어 민주당 출신의 이윤석 의원이 당 공천에서 탈락하자 기독자유당에 입당해 비례 1번으로 등록하면서 기호 5번을 받았다. 이에 힘입어 기독자유당은 62만 표(2.63%)를 얻었다.〈민중의소리〉, 2019년 3월 24일

한기총을 위시한 기독교 세력의 정치참여는 앞으로도 계속될 것으로 보인다. 그러나 성경무오설과 축자영감설에 토대를 둔 기독교 근본주의를 신봉하는 이들 성직자들은 교회 안에서 목사의 말에 무조건 순종하는 것이 곧 믿음이고 신앙이라고 강조한다. 끊임없이 정치권 진출을 시도하는 이들 개신교 인사들이 유포하는 주장이 '기독교입국론'이다. 이에 따르면 하나님의 뜻으로 미국이 지원하여 이승만이 대통령이 된 대한민국은 자유민주주의와 시장경제를 바탕으로 세워진 기독교국가이기 때문에 이를 지키기 위해서는 한미동맹을 굳건히 하고 북한 공산주의를 무찔러야 한다는 것이다. 이를 비판하는 사람들은 이단, 적그리스도, 악으로 낙인을 찍어 공격한다.〈민중의소리〉, 2019년 3월 10일 문제는 이들의 주장이 반지성주의와 성직자권위주의에 기초

한 것으로 기독교 신자들로 하여금 맹신을 강요하고 극우적 행동주의를 추동케 한다는 점이다. 이들 목회자들이 이끄는 일부 대형교회 신자들은 철지난 색깔론과 극단적인 혐오표현이 만연한 '태극기집회'의 주된 참가자로도 알려졌다.

대표적 교회권력 집단으로 위세를 자랑하던 한기총은 대표회장의 금권선거 논란을 비롯해 각종 부정부패 사건이 발생하면서 위기를 맞았다. 여기에 한기총 해체를 주장하는 네트워크가 발족되고 선언문이 발표되었다. 그 결과 주요 교단들이 참여했던 거대 조직이었던 한기총 내에서 내부 분열이 발생하고 조직이 분화되기에 이르렀다. 2012년 예장통합 등 주요 대형 교단들이 한기총에서 탈퇴하여 한국교회연합(한교연, 후에 한국기독교연합으로 개칭)을 따로 세웠다. 한국기독교연합(한기연)에 참가했던 교단들 대부분은 다시 탈퇴하여 2017년 한국교회총연합(한교총)을 출범시켰다. 한국 개신교회가 처한 위기는 연합기구의 난립뿐만이 아니다. 교회에 대한 사회적 신뢰도 계속 떨어지고 있다. 이렇게 된 데는 대형교회를 중심으로 벌어진 목회자들의 부정부패와 세습, 성추문, 비민주적이고 가부장적인 질서와 제도, 물신주의, 타종교를 인정하지 않는 편협한 종교관 등이 영향을 미쳤다. 최근에도 종교인 과세에 대한 반대, 일부 대형교회의 담임목사직 세습과 과시적 교회 건축을 둘러싼 논란이 사회적으로 주목을 끌었다.

개신교회와 정권의 유착관계가 정점에 달한 때는 '고소영 내각'이란 조어가 유행했던 지난 이명박 정권 시기였다. 이 전 대통령은 집권 초기부터 노골적으로 기독교 편향정책을 폈고, 이에 호응해 보수 개신교 지도자들은 대운하 건설, 미국산 쇠고기 수입, 교육의 시장화 등과 같이 정부가 밀어붙이는 논란 많은 사업을 시종일관 옹호했다. 이들은 위임된 국가권력을 사유화하고 헌정질서를 훼손한 박근혜 정권 시기에도 대통령을 찬양하고 미화하는 데 앞장섰다. 다른 한편으로 보수 개신교회는 "한미동맹을 약화시켜 북한을 이롭게 하려는 친북좌파들의 준동"을 규탄하는 대규모 구국기도회를 연이어 개최하고 세를 과시하였다. 이들은 보수정권을 두둔하고 순수 기도회 이름의 극우 정치집회를 개최하는 데는 열심이지만 온전한 이웃사랑을 실천해야 하는 기독교인으로서 정작 목소리를 내야 할 사회적 사안에는 침묵하였다. 대부분의 개신교회는 세월호 참사를 외면하고, 12.28 한일 위안부 합의·역사 교과서 국정화·개성공단 중단 등 첨예한 논란을 일으킨 의제에서는 어김없이 정권 편을 들었다.〈오마이뉴스〉, 2019년 1월 15일 최근에는 동성애 혐오, 여성 혐오(반여성주의), 이슬람·이주민 혐오와 관련한 '가짜뉴스'의 진원지로 지목 받는 일도 일어났다.[2)]

한국 개신교에 대한 일반 대중들의 공신력 저하와 사회로부터의 단절과 소통 위기는 이미 오래전부터 지적되어 왔다. 2008년 11월 기독교윤리실천

---

2) 2018년 〈한겨레〉가 가짜뉴스를 생산·유통하는 세력을 추적한 결과 보수우익 개신교가 그 뿌리라는 것이 밝혀졌다. 이에 따르면 기본적으로 개신교 보수주의는 반공주의와 근본주의를 그 핵심으로 하는데, 최근의 극우주의는 반공주의에 동성애 혐오, 여성 혐오(반여성주의), 이슬람·이주민 혐오(인종주의)를 '가짜뉴스'로 추가하며, 혐오와 차별 주장을 공공성 담론으로 포장하고 있다고 한다. 대표적인 단체가 '에스더기도운동'(에스더)이다. 에스더는 2007년 '북한 인권과 통일을 위한 기도 운동' '탈북자 사역' 등을 모토로 만들어졌다. 하지만 곧장 차별금지법 반대 캠페인, 동성애 반대 활동, 인권조례 폐지 운동 등 애초 목표와 다른 활동을 시작했다. 조직 운영은 폐쇄적이었지만, 보수 기독교인들의 자유로운 연합체를 표방하며 대중 강연과 청년교육사업, 대형 집회와 콘퍼런스, 포럼 등을 꾸준히 개최해 하부를 다졌다. 조직화 사업에서 개발한 가상의 적이 바로 '동성애'로 이들이 만들어낸 기독교에서 유행한 말이 바로 '종북 게이'다. 에스더는 개신교의 새로운 적으로 동성애를 지목하고 인터넷상에 적극 유포해 이를 현재적 혐오 모델로 끌어냈다. 실제 에스더는 2011년 서울시와 경기도 교육청이 발의한 학생인권조례를 동성애 옹호 조례로 규정하며 기독교적 반대 논리를 만들어냈다. 에스더는 이 무렵 방영된 에스비에스(SBS) 드라마 〈인생은 아름다워〉가 동성애를 미화한다며 반대 캠페인을 주도해 '문화전쟁'을 일으키기도 했다. 에스더의 또 다른 축인 김성욱 한국자유연합 대표는 국가정보원으로부터 '알파팀' 등 민간여론조작 사업을 받아 수행하며 "보수 기독교적 가치관에 투철한 청년 우익 논객 양성"을 활동 목표로 제시했다. 이들과 함께 10년여간 활동했던 한 인사는 "에스더의 목적은 특정 정치관을 가진 청년 세력을 양성해 사회에 침투시키는 것이었다. 편향된 자료나 심하게는 음모론을 지속적으로 듣고 배우기를 지속하다 보면 '최순실 게이트' 같은 사건이 터져도 일말의 의심을 하지 않고 계속 따르게 된다"고 말했다. 에스더 활동을 오래 들여다본 한 기독교 인사는 "에스더의 문제는 가짜뉴스다. 기독교발 가짜뉴스는 기독교인의 적대와 혐오를 겨냥한 일종의 분노 증폭 장치다. 행동하지 않는 '샤이 보수'를 행동하는 보수로 이끄는 통로, 미끼상품이 바로 가짜뉴스"라고 말했다. 보다 자세한 것은 〈한겨레〉가 2018년 9월부터 10월에 걸쳐 4부로 보도한 " '가짜뉴스'의 뿌리를 찾아서" 참조.

운동(기윤실)이 한국 교회의 신뢰도를 높일 방안을 찾기 위해 행한 설문조사 결과를 보면 한국 교회를 신뢰한다는 응답자는 18.4%에 불과한 반면, 불신한다는 비중은 48.3%로 높았다. 또 '개신교인들의 말과 행동에 믿음이 간다'는 쪽은 14%인 반면, '그렇지 않다'는 쪽은 3.5배에 달하는 50.8%나 됐다. 종교별 호감도에서는 기독교, 불교, 가톨릭, 유교 가운데 불교가 31.5%로 가장 높고, 가톨릭은 29.8%, 기독교는 20.6%였다.〈한겨레〉, 2008년 11월 19일 기윤실이 2017년 행한 한국 교회의 사회적 신뢰도 여론조사의 결과도 그리 다르지 않았다. 응답자 중 19.4%만이 개신교를 신뢰한다고 했는데 이 중에서 비기독교도인들은 10.7%에 불과했다. 다른 종교들과의 차이는 더 벌어졌다. 어떤 종교를 가장 신뢰하느냐는 질문에 가톨릭이 32.9%로 1위를 차지했고, 뒤를 이어 불교가 22.1%, 기독교는 18.9%를 얻어 가장 낮은 점수를 받았다. 새로 설정된 질문인 목회자들의 신뢰도 제고를 위해 가장 개선되어야 할 부분에서는 49.4%가 윤리와 도덕성, 12.5%는 물질을 추구하는 모습의 개선, 11.2%는 사회 현실 이해 및 참여라고 응답했다.〈노컷뉴스〉, 2017년 3월 3일 이는 개신교에 대한 일반 대중들의 불신과 불만이 그대로 나타난 결과라 할 수 있다. 이러한 교회에 대한 사회의 공신력 저하는 종교적 사고와 수행, 제도가 사회적 중요성을 상실하는 세속화secularization와 맞물리면서 더욱 두드러질 가능성이 크다.

한국의 개신교회들은 교회가 곧 하나님의 나라이며 교회의 성장이 곧 '하나님 나라'의 확장이라 주장한다. 이들은 권위주의 정권의 지배이데올로기였던 성장주의와 부합하여 양적으로 비약적인 성장을 이룩했다. 이렇게 성장을 거둘 수 있던 데는 교회가 급속한 산업화 과정서 나타난 상대적 박탈감 및 불안감과 정체성 상실을 성령운동으로 흡수하거나, 중산층의 증가와 공간적 밀집에 따른 사회계층적 동질성을 확인하고 인정받는 장으로 성공적으로 기능했기 때문이다.서우석, 1993

성장을 이루는 과정에서 개신교계는 개교회의 신도 수, 교회건물의 크기, 연간 예산 액수 등과 같이 양적으로 환산할 수 있는 것을 성공의 기준으로 내세우고 있는 현상이 나타났다. 이른바 목회의 성공이라는 것도 양과 수치로 가늠하고 교회의 권위마저도 수량의 크기로 판단되고 있는 실정이다. 여기에 설교자들은 "천국 가려면 목사 말에 절대적으로 복종하라",[3] "예수 잘 믿으면 부자 된다!"는 데서 보여지듯이 교회권력을 위해 성서 텍스트를 은폐하거나 왜곡하기도 한다. 개인의 구원과 행복만을 강조하는 탈사회적 집단으로 변모한 교회에서는 교리와 강령만이 강조되고 예수가 제안한 '아나윔Anawim'[4]과의 연대는 눈밖에 있다. 이명박 정권 들어와 빚은 잦은 종교편향 논란 역시 교회에 '개신교 보수 그룹과 기득권층의 유착' 이미지를 덧씌워 놓았다.

이러한 한국의 현실을 고려하면 자신들의 신념만이 종교적으로 절대 권위를 지닌다는 독선적 태도에서 벗어나 다른 종교와 이념을 지닌 사람들과 소통하면서 기독교적인 신앙에 근거한 생산적인 정책을 추진하는 유럽의 기독교 정당들은 우리에게 시사하는 바가 크다. 이들 정당들이 입각하는 이념

---

3) 성직자에 대한 무조건적인 복종을 요구하는 규범적 전거로 늘상 인용되는 것이 사도 바울의 〈로마서〉 13장 1~7절이다. "누구나 자기를 지배하는 권위에 복종해야 합니다. 하느님께서 주시지 않은 권위는 하나도 없고 세상의 모든 권위는 다 하느님께서 세워주신 것이기 때문입니다. 그러므로 권위를 거역하면 하느님께서 세워주신 것을 거스르는 자가 되고 거스르는 사람들은 심판을 받게 됩니다 … " 그러나 이 구절은 일면적으로 해석돼왔다. 전체적으로 보면 로마서 13장은 바울이 특정한 장소와 상황에서, 즉 당시의 지배적인 권력상황에 대해 로마의 그리스도교인들이 어떻게 행동해야 하는가를 권고한 것이다. 세상의 '권위'에 대한 그리스도인들의 태도와 관련해서는 바울의 텍스트만이 아니라 '카이사르의 것'과 '하느님의 것'을 구별한 예수 어록(마르 12, 13-17)과 "사람에게 복종하는 것보다 오히려 하느님에게 복종해야 한다"는 것을 설파한 베드로의 증언(사도 5, 29), 나아가 권력이 악마적 양상을 노정할 때 순교에 이르는 복종의 한계를 분명히 한 묵시록(13, 9 이하)의 텍스트 등을 함께 제시해야 한다. 로마서 13장도 비판적인 시각으로 읽는다면 "정당한 국가는 법과 정의에 봉사하지만 인간의 구원을 과제로 하지 않고, 하느님의 것을 하느님에게 돌리는 자유를 그리스도인에게 부여하는 국가"라는 것을 가르쳐준다. '하느님에 의해' 세워진 국가의 권위에 대한 '복종'의 근거도 '양심을 위한'것으로 이에는 권력에 대한 비판의 가능성도 포함한다. 宮田光雄, 양현혜 역(2004), pp.36-38, p.193.

4) 아나윔은 히브리어로 핍박받는 자, 가난한 자, 남은 자를 의미한다. 위법자이거나 도덕적 결함을 지닌 자라며 배척되었지만 예수는 오히려 이들을 가까이하고 온전히 받아들였다.

이 바로 기독교 민주주의[christian democracy]이다. 19세기에 개인주의, 자유방임 경제학, 반교권주의에 대한 반대로 출현한 기독교 민주주의는 기독교적 관점의 사회, 경제적 정의와 함께 자유주의적 개념의 정치민주주의와 개인권리들의 결합을 추구한다. 중도파는 가족생활과 도덕적 쟁점에 관한 전통적인 보수적 가치들을 좀 더 진보적인 사회복지계획과 경제의 국가개입에 결합시킨다. 기독교 정당이 영향력이 큰 국가인 독일의 기독교민주연합[CDU]은 나치의 폭력에 대항한 기독교 저항 세력과 기독교 교회의 사회윤리, 유럽 계몽주의의 자유주의 전통에 뿌리를 두고 가족과 도덕 등과 같은 보수적 가치와 더불어 군축과 환경보호, 제3세계 기아 해결 등과 같은 진보적인 의제들도 제시한다. 신자유주의가 지배 이데올로기가 되면서 불평등이 점차 확대되고 있고, 사회가 급격하게 다원화되고 있는 한국에서 독일 기독교정당의 사례는 추구할 가치가 있는 선행모델의 하나가 될 수 있다.

종교학자들은 한국 사회에서 불교와 천주교 신자들은 자신의 종교에 대한 몰입도가 높을수록 다른 종교 또한 더 좋아하지만, 개신교 신자들은 종교 몰입도가 높아질수록 자신의 종교를 편애하는 반면 타 종교에 대한 관용도가 낮은 경향을 보인다고 지적한다. 현재의 한국 기독교에는 삼위일체 교리와 칼뱅의 〈기독교 강요〉를 비판한 세르베투스를 이단자로 규정하고 화형에 처함으로써 개신교가 쟁취한 '그리스도인의 자유'를 단번에 없애버린 칼뱅의 독선과 불관용이 넘쳐난다. 16세기 스위스 제네바의 종교지도자였던 칼뱅은 권력을 이용하여 자유시민들의 도시와 국가 전체를 자신의 가르침만 따르도록 만들었다. 이에 대항해 카스텔리오는 폭압적인 독재정치를 펼치면서 다른 사상을 가진 이들에게 폭력을 행하였던 광신적인 주지주의자인 칼뱅을 '관청에 의한 살인'을 했다고 꾸짖었다.[Stefan Zweig, 안인희 역, 1998: 201-209] 현재 한국의 기독교에는 자신의 양심에 대한 자유를 옹호하고 관용을 부르짖었던 인문주의자이자 양심적 지식인인 카스텔리오는 별반 보이지 않는다. 카스텔리오가 지적했듯이 "빛이 오고 난 뒤에도 우리가 한 번 더 이토록 캄캄한 어둠 속에서 살아야 했다는 사실을 후세는 이해하지 못할 것이다."

연관 키워드

신자집단의 탈정치화, 이미 죽어 있는 신(The stillborn God, Mark Lilla), 근본주의(fundamentalism), 자유주의(liberalism), 반공주의의 종교화

[참고문헌]

Bloch, Ernst. 박설호 역. 〈저항과 반역의 기독교〉. 파주: 열린책들, 2009.

Crossan, John Dominic. 이종욱 역. 〈하나님과 제국〉. 서울: 포이에마, 2010.

Hanley, David. *Christian Democracy in Europe*. London: Pinter Publishers, 1994.

Hofstadter, Richard. 유강은 역. 〈미국의 반지성주의〉. 파주: 문학동네, 2017.

Johnston, Douglas & Cynthia Sampson (eds.). *Religion, The Missing Dimension of Statecraft*. Oxford: Oxford University Press, 1995.

Kselman, Thomas & Joseph A. Buttigieg (eds.). *European Christian Democracy: Historical Legacies and Comparative Perspectives*. Notre Dame: University of Notre Dame Press, 2003.

Lilla, Mark. 마리오 역. 〈사산된 신〉. 서울: 바다출판사, 2009.

McDaniel, Charles. *God & Money. The Moral Challenge of Capitalism*. Lanham: Rowman & Littlefield, 2007.

Obadia, Lionel. 양영란 역. 〈종교〉. 서울: 웅진지식하우스, 2007.

Tibi, Bassam. *Der religiöse Fundamentalismus*. Mannheim: B.I.-Taschenbuchverlag, 1995.

Wallis, Jim. 정성묵 역. 〈하나님의 정치: 기독교와 정치에 관한 새로운 비전〉. 파주: 청림출판, 2008.

Zweig, Stefan. 안인희 역. 〈폭력에 대항한 양심: 칼뱅에 맞선 카스텔리오〉. 서울: 자작나무, 1998.

宮田光雄. 양현혜 역. 〈국가와 종교: 유럽 정신사에서의 로마서 13장〉. 서울: 삼인, 2004.

강원돈. "한국 종교의 정치세력화의 현실과 과제: 개신교의 경우." 개혁을 위한 종교인 네트워크 주최 열린 포럼 발표문. 2008.

강인철. 〈한국 기독교회와 국가 시민사회 1945~1960〉. 서울: 한국기독교역사연구소, 2003.

______. 〈한국의 개신교와 반공주의〉. 서울: 중심, 2007.

______. "한국사회와 한국 기독교의 과제: 한국교회의 정치참여에 관한 종교사회학적 분석." NCC 선교훈련원 심포지엄 발표 논문. 2008.

김 녕. 〈한국 정치와 교회-국가 갈등〉. 서울: 소나무, 1996.

김중미. 〈길 위의 신부 문정현 다시 길을 떠나다〉. 서울: 낮은산, 2011.
김지방. 〈정치교회: 권력에 중독된 한국 기독교 내부 탐사〉. 서울: 교양인, 2007.
김진호. "민주화 시대의 '미학화된 기독교'와 한국 보수주의." 당대비평 편집위원회 엮음. 〈더 작은 민주주의를 상상한다〉. 서울: 웅진지식하우스, 2007.
노치준. 〈한국 개신교사회학: 한국 교회의 위기와 전망〉. 서울: 한울, 1998.
박형규. 〈나의 믿음은 길 위에 있다〉. 파주: 창비, 2010.
서우석. "중산층 대형교회에 관한 사회학적 연구." 서울대학교 대학원 사회학과 문학석사학위논문. 1993.
NCC 신학연구위원회 편. 〈민중과 한국신학〉. 서울: 한국신학연구소, 1982.
이만열. 〈한국 기독교와 민족의식〉. 서울: 지식산업사, 1991.
장규식. "군사정권기 한국 교회와 국가권력: 정교유착과 과거사 청산의제를 중심으로." 〈한국 기독교와 역사〉 제24호. 2006.
지학순. 〈정의가 강물처럼〉. 서울: 형성사, 1984.
최종철. "해방 이후 한국과 대만에서 기독교교회의 정치화에 대한 비교사적 접근." 한국사회사연구회 편. 〈현대 한국의 종교와 사회〉. 서울: 문학과지성사, 1992.
최형묵·백찬홍 외. 〈무례한 자들의 크리스마스: 미국 복음주의를 모방한 한국 기독교 보수주의. 그 역사와 정치적 욕망〉. 서울: 평사리, 2007.
홍익표. "개신교 근본주의의 유입과 교회의 정치화." 〈누가 저 베헤모스를 만들었을까: 한국 권위주의의 기원에 대한 정치적 고찰〉. 서울: 도서출판 오름, 2018.

스물한 번째 키워드: 토건국가

토건국가와 개발의 먹이사슬

▌보론: 4대강 사업과 동원된 정치

토건국가construction state는 오스트레일리아의 역사학자로 동아시아 전문가인 개번 맥코맥Gavan McCormack이 1996년 발간한 저서 〈일본, 허울뿐인 풍요The Emptiness of Japanese Affluence〉에서 처음 사용하였다. 그에 의하면 토목과 건설은 오랫동안 일본 정치경제의 핵심이었다. 전후 일본의 고도성장이 지속된 수십년 동안 토건부문은 중추적인 역할을 하였으며, 공공사업이 토건부문의 중심이 되어왔기 때문에 토건업자들과 관료, 정부 간에는 항상 밀접한 관계가 유지되었다. 그 결과 국가예산의 거의 절반에 이르는 어마어마한 공공투자자금이 건설업계에 유입되었는데 이는 상대적인 토지 면적을 감안하면 미국의 30여 배에 달하는 것이었다. 심지어 냉전이 최고조에 달한 시기에 일본은 미국의 국방예산보다 더 많은 돈을 공공사업에 지출했다. 무엇 때문인가? 그 까닭을 맥코맥은 일본 정치경제의 유착체계에서 찾고 있다.

"이는 전후 장기간 지속된 일당지배체제하에서 대규모의 부패를 통해 민중을 착취하는 유착체계가 성립되었기 때문이며, 흔히 토건국가라 불리는 이 유착체계에서 건설이라는 행위는 권력의 재생산과 이윤의 분배과정에 부수하여 일어나는 것일 따름이다. 토건국가는 대규모의 '나눠먹기 체계'가 되었으며 그 수혜자는 수백만에 달하고 있는데 이들은 여타 국가의 마피아에 필적할 만한 악몽같은 존재들이다. 미국에서 냉전시대 정치경제의 핵심구조의 성격과 특징으로 종종 군산복합체라는 용어가 사용된 것과 마찬가지로 토건국가라는 표현은 일본을 잘 묘사하고 있으며, 냉전 종식 후 아직까지도 일본의 토건국가 체계가 약화될 기미는 별로 보이지 않고 있다."

_Gavan McCormack, 한경구 외 역, 1998: 63

이러한 토건국가 체계가 어떻게 움직이는지 살펴보면 다음과 같다. 우선 건설성은 공식적으로 인정되는 카르텔에 속한 회사들에게 발주를 할당한다. 이들 건설회사는 정기적인 수주가 보장되며, 경쟁을 걱정할 필요가 없다. 유착, 가격조작, 뇌물은 오랫동안 건설업계를 특징지어온 요소이다. 공사수주 가격은 초기에 이미 부풀려지기 때문에, 통산 1~3%에 이르는 상납금을 징수당한 후에도 충분한 이윤을 남길 수 있다. 이 돈은 지방 및 중앙 수준의 정치조직을 유지하는 데 쓰인다. 또 건설회사들은 적절한 절차를 밟아 건설성 퇴직관료들에게 안락한 일자리를 마련해주거나 인사들이 국회나 지방의회에 출마할 경우 선거운동을 도와줌으로써 재·관·정財·官·政의 공동이익이라는 마법의 고리를 완벽하게 형성한다. 건설성은 적절한 종합건설회사가 공공사업 공사를 수주하도록 함으로써 자민당의 금고에 자금이 흘러들어가게 하였으며, 이러한 자금은 중앙과 지방의 선거 및 기타 정치적 비용을 대는 데 사용되었다. 정치가들의 능력은 자신들의 선거구에 얼마만큼의 공사일감과 돈과 일자리를 유치할 수 있는가, 또 소속 정당에 얼마나 많은 정치자금을 끌어올 수 있는가로 평가되었다. 이러한 체계가 이른바 토건국가를 창출했던 것이다. Gavan McCormack, 한경구 외 역, 1998: 63-65

개번 맥코맥은 일본의 정치가와 건설업계와 관료들은 이권과 영향력이라는 '철의 삼각형'으로 묶여 있다고 지적한다. 건설회사들은 소위 '건설족' 정치인들에게 돈을 주었고 이들을 위해 선거시에 표를 모아주었으며, 그 대신 건설성 관료들이 결정하는 대로 공공건설사업 중 일부 공사를 할당받았다. 관료들은 우호적인 회사들에게 사전에 입찰가격에 따라 공사계약을 나누어 주었고 종국에는 선거에 출마하였다. 이들은 공공자금으로 초대형 건설사업을 주도하는 과정에서 부적절한 사익을 취하지만 그 결과엔 절대 책임지지 않는다. 토건국가는 단기적이긴 하나 일자리를 창출해서 소득을 이전하고

개번 맥코맥(Gavan McCormack)은 오스트레일리아 국립대학 아시아·태평양학연구소 명예교수로 있다. 〈종속국가 일본(Client State)〉 〈범죄국가, 북한 그리고 미국(Target North Korea)〉 〈일본, 허울뿐인 풍요(The Emptiness of Japanese Affluence)〉 〈남북한의 비교연구(Korea North and Korea)〉 〈일본제국주의의 현황(Japanese Imperialism Today)〉 등의 저서를 통해 일본과 동아시아의 정치와 사회문제를 통찰력 있게 고찰하였다. 특히 〈일본, 허울뿐인 풍요〉에서 맥코맥은 일본을 자민당·건설사·금융사로 구성된 '철의 삼각동맹'에 토대를 둔 '토건국가'라 칭하였다. 정부는 국민들의 저축을 지방정부를 매개로 건설회사에 몰아주었고, 건설사들은 이런 공사를 발주 받는 과정에서 정치인, 관료 등과 결탁하면서 '부적절한 사익'을 취하였다. 토건국가는 단기적으로 일자리를 창출해서 소득을 이전하고 지역경기에 붐을 일으켰지만 다른 한편으로 일본을 장기적인 불황의 늪에 빠트렸다.

지역경기에 붐을 일으키는 효과를 가져왔다. 일본에서 토건국가는 성장동력이자 사회통합 기제였다. 변형된 케인스주의이며, 대다수 국민이 혜택을 누린 강력한 포퓰리즘 체제이기도 했다. 그러나 토건국가의 폐해 역시 무척 큰 것 이었다. 토건국가로 인해 정치가 썩고 경제가 투기화하며 국토와 환경이 끊임없이 파괴되었다. 특히 돈의 상당 부분이 조세에 기반을 둔 국가의 경상세입과 특별적자국채로 조달됨에 따라 누적적자가 천문학적인 수준에 이르렀다. 중앙정부와 지방정부를 합친 일본의 국가채무는 GDP의 150%를 훌쩍 뛰어넘게 되었다. Gavan McCormack, 한경구 외 역, 1998: 68-75

토건국가는 환경파괴를 가속화시켰다. 대표적으로 해안선을 메우고 강을 곧게 펴거나 콘크리트를 바르는 사업은 토사침적과 유량 감소로 인한 수질 악화, 옹벽의 붕괴 등의 문제를 초래했고, 환경오염의 징조인 적조현상을 일으켰다. 천여 개가 넘게 건설된 댐들은 전후 토건국가가 이룬 가장 중요한 업적으로 선전되었지만 그 대부분은 본래 목적인 수자원 보전과 관리능력이 점차 저하되는 등 대부분 쓸모없는 것이 되었다. 건설자금을 조달하느라 국가채무가 증가했고, 누적된 부채를 상환하는 일도 계속되고 있다.Gavan McCormack, 한경구 외 역, 1998: 78-80 맥코맥은 일본이 성취한 것은 화려한 공허, 일종의 '태평양의 포템킨'이라고 해야 할 것이며, 삿뽀로에서 카고시마에 이르기까지 도시화되고 산업화된 일본의 거대한 문명의 벨트는 아무리 엄청나다 해도 속이 텅 빈 구조물이라고 보는 것이 타당하다고 지적한다. 그런 까닭에 '성장'이라는 프로젝트 그 자체를 재고해야 하며 또한 일본뿐 아니라 지역적·전 세계적 차원에서 사회적 행복이라는 잣대를 사용해서, 성장에 대한 강박관념에 가까운 집착이 야기하는 실제적인 인간적·사회적·환경적 비용을 산정하는 새로운 분석의 틀을 발견해야 한다고 주장한다.

2007년에 발간한 〈종속국가 — 미국의 품에서 욕망하는 지역패권Client State — Japan in the American Embrace〉에서 맥코맥은 일본이 코이즈미와 아베 총리 시기를 거치면서 토건국가에서 신자유주의 국가로 바뀌고 있다고 지적하였다. 이들은 나라의 재정위기가 심화되어가는 가운데 고소득자의 소득세율과 법인세율을 내리고 공공부문에 대한 투자를 줄였으며, 노동자의 해고를 자유롭게 하였다. 두 전 총리는 경제기적을 낳고 사회에 일체감을 부여하며 지난날의 영광을 주도했던 '관료주도형 자본주의 발전국가' 자체를 해체하고자 했으며, 그 대신 규제완화와 민영화를 통해 미국식 신자유주의를 추구하는 '작은 국가'를 기획했다는 것이다. 다른 한편으로 자위대의 이라크 파병과 같이 대미 의존도를 높이고 애국심과 국가의 자존심을 한층 강조하여 네오내셔널리즘을 널리 침투시키는 것이었다. 그래서 헌법과 교육기본법을 개정하고 케인스 류의 토건국가를 하이에크 류의 신자유주의에 기초한 미국형 원리로 치환하는 것이었다. 이에 대해서는 민주당도 기본적으로 의견을 같이한다.Gavan McCormack, 이기호·황정아 역, 2008: 104-109

전후 일본의 정치경제를 분석하기 위해 만든 용어인 토건국가는 한국의 정치경제를 고찰하는 데 있어서도 적용 가능하다. 일본과 같이 한국에서도 토건사업이 산업화의 중요한 대상이 되고, 경제의 중요한 부문을 차지하고 있기 때문이다. 한국 역시 토건사업에 국가 역할을 집중시키면서 국가지배의 정당성을 창출하는 경향이 있다. 특히, 한국에서는 국가가 각종 개발공사를 설립해 대규모 사회간접자본의 건설과 관리를 전담케 하고 있다.[1] 이들 개발공사와 토건업체, 정치권 간에는 복합적 유착관계가 존재한다. 이와 관련하여 홍성태는 다섯 가지 유착관계가 '토건국가 복합체'를 이루고 있다고 말한다.

> "첫째, 정치권과 토건업체 사이의 '정경유착'이다. 이것은 너무나 잘 알려진 사실이며, 또한 16대 대선의 불법자금 수사에서 그 일단이 잘 드러났다. 둘째, 정치권과 개발공사 사이의 '정관유착'이다. 이것이 유착인 까닭은 개발공사의 불합리하고 불필요한 개발사업을 정치권이 순전히 정치적인 셈속에서 용인해 주기 때문이다. 대표적인 예로 세계 최대의 갯벌파괴사업인 새만금간척사업을 들 수 있다. 셋째, 개발공사와 토건업체 사이의 '관경유착'이다. 토건업체는 더 많은 사업을 따내기 위해 개발공사를 상대로 치열한 로비전을 벌이고 있으며, 막대한 금액의 뇌물을 관리자들에게 바치곤 한다. 2004년에 주택공사 사장과 수자원공사 사장이 뇌물수수로 구속된 사건이 그 좋은 예이다. 이 세 가지 핵심 유착관계를 둘러싸고 학계와 언론이 각종 개발사업을 합리화하는 구실을 한다. 예컨대 학계는 환경영향평가를 비롯한 각종 영향평가를 엉터리로 해주고, 언론은 가장 큰 광고주인 개발공사와 토건업체에게 유리한 방식으로 보도한다."
>
> _홍성태, 2005: 25-27

토건국가의 문제는 단순히 국가경제의 파탄만 초래하지 않는다. 이는 크

---

1) 핵심적인 사회간접자본을 공급하기 위해 설립된 개발공사로는 한국전력공사, 대한주택공사(2009년 한국토지주택공사로 통합), 한국토지공사(2009년 한국토지주택공사로 통합), 한국수자원공사, 한국도로공사, 농업기반공사가 있다. 이들 개발공사들은 개발방식은 공익을 명분으로 내걸었으나 그 내용은 반민주적인 경우가 많았다. 전국 각지의 개발현장에서 주민의 의견은 고사하고 그 재산권이나 생명권조차 제대로 보호받지 못했다. 박정희 정권 시기 최고권력자가 국정목표를 제시하면 마치 군사작전을 펼치듯이 개발공사는 일사불란하게 움직였다. 모든 공사는 강한 정치적 성격을 갖는다. 공사의 모든 업무가 국가정책과 직결되어 있으며, 국가권력이 그 구성과 운영을 좌우하기 때문이다. 홍성태(2005), pp.16-17, pp.29-30.

게 다섯으로 정리할 수 있다. 첫째, 부패의 문제이다. 이것은 쉽게 말해서 정경유착을 통한 민중의 착취를 뜻한다. 정경유착이란 정치권과 경제계의 '검은 거래'이다. 그런데 이러한 정경유착에서 토건업체가 정치권에 전하는 돈은 모두 국민의 주머니에서 나온 것이다. 둘째, 토건국가는 정경유착과 민중의 착취를 위해 자연을 대대적이고 지속적으로 파괴한다. 셋째, 토건국가가 파괴하는 것은 자연만이 아니다. 그것은 자연과 일체로 존재해온 지역사회와 문화를 송두리째 파괴한다. 이를 위해 한편에서는 보상금이라는 경제적 수단으로 주민을 매수하여 지역사회를 분열시키고, 다른 한편에서는 개발독재 시대의 국가주의 공익론을 내세워 주민을 협박하기도 한다. 토건국가에서는 경제성과 환경성이 없는 것으로 입증된 사업을 필요한 사업이라고 우기며 강행하고, 엉터리 환경영향 평가서를 제출하여 자연파괴 사업을 강행하며, 지역 주민들을 매수하고 협박하여 문화파괴 사업을 강행하는 일을 언제나 쉽게 볼 수 있다. 넷째, 토건국가는 커다란 위험을 내장하고 있는 현대의 고도기술을 이용하기에 갈수록 커지는 여러 자연재해에 대처하기에 턱없이 부실한 사회체계를 만든다. 이것은 물론 개발독재의 직접적 산물이기도 하다. 다섯째, 토건국가는 비대한 토건업으로 말미암아 왜곡된 산업구조의 개혁을 가로막는다. 그 결과 사회 전체의 발전이 지체되고, 파국의 위

〈그림〉 토건국가 복합체

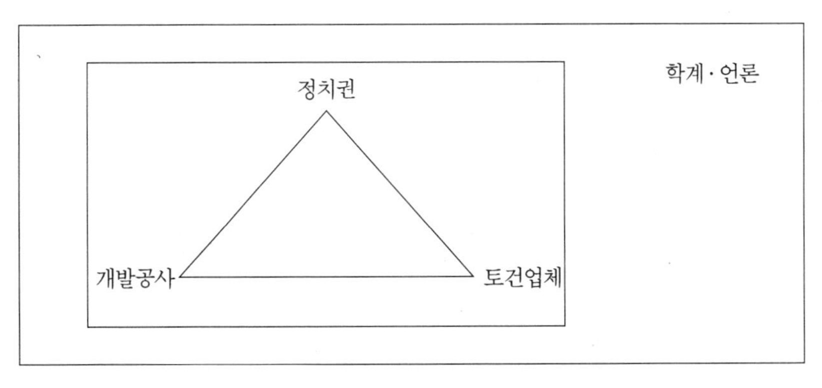

출처: 홍성태(2005), p.26

험이 자라나게 된다.홍성태, 2005: 23-24

토건국가는 개발주의developmentalism와 밀접한 관련이 있다. 개발은 사전적 의미로 더 낫고 좋은 상태나 더 높은 단계로 나아감을 의미한다. 즉, 개발은 정치, 경제, 사회 등 영역에서 바람직한 방향으로 사물의 상태뿐만 아니라 본질까지 변화하는 것을 의미한다. 찰머스 존슨Chalmers Johnson은 발전국가developmental state를 정치적 영향으로부터 차단된 중립적인 관료조직이 산업정책을 통해 적극적으로 경제성장을 추구하는 국가로 본다.Chalmers Johnson, 1999 이는 일본을 모델로 한 동아시아 국가들의 괄목할만한 경제성장을 설명하는 데도 널리 사용되었다. 조명래는 한국의 발전국가가 발전국가의 일반적 특성에 더해 경제성장을 위해 국토환경에 심대한 영향을 줄 각종 개발사업을 끊임없이 기획·추진하는 데 정책의 우선순위를 두고 국정 전반을 이끌어간다고 지적한다. 그런 점에서 한국의 개발주의는 경제성장을 지배적인 논리와 가치로 설정하는 반면 국토개발은 이로부터 철저히 분리해 경제적 가치 창출의 도구 내지 수단으로 설정하는 것으로 제도화되어 왔다고 한다.

따라서 개발주의는 주류 발전론의 원리를 충실히 따르는 것이지만, 삶의 터전인 국토환경을 경제개발의 철저한 수단과 도구로 간주하고 있어 강한 반환경적 경향을 띤다는 것이다. 그는 건설 활동을 둘러싸고 정치인, 관료, 전문가, 투자자, 기업가, 소비자들은 복잡한 먹이사슬을 만들고, 이를 통해 끊임없이 새로운 개발 프로젝트를 만들고 추진하는 가운데 스스로 '개발의 세력화'를 도모한다는 점을 강조한다.조명래 외, 2005: 16, 25-28 최근에는 겉으로는 보전과 환경의 가치를 강조하면서 실제로는 개발을 더 부추기고 있는 현상인 신개발주의neo-developmentalism가 나타나고 있다. 신개발주의는 개발주의가 윤색·포장된 것으로 환경을 그 자체의 내재적 가치보다는 경제적 가치나 개발이익을 창출하는 대상으로 간주하여 더욱 깊숙이 시장과 자본의 메커니즘으로 포섭함으로써 치명적인 자연 파괴와 환경오염을 초래한다.조명래 외, 2005: 38

개발주의는 개별 국민들의 의식과 생활양식에도 깊이 영향을 미쳐, 이들을 부동산 투기에 나서거나 개발을 부추기는 정치인과 정당을 지지하도록 하고 있다. 기업가들뿐만 아니라 정치가들 역시 자연과 교감하거나 조화롭게 어울릴 수 있는 능력이 결여된 생태맹生態盲들이 다수를 차지하고 있다. 이런 까닭에 성장과 개발의 가치에 몰두하면서 사회불평등, 환경문제를 무시하는 것은 흔하게 목격된다. 나아가 정부와 기업이 실제로는 환경에 악영향을 끼치면서도 겉으로는 친환경 이미지를 내세우는 행위인 녹색분칠greenwash을 하기도 한다. 토건사업임이 분명한데 '21세기 미래형 선진일류국가를 지향하는 녹색성장을 위한 국가적 핵심정책'이라 강변하는 것이 그것이다. 이는 환경의식의 고조로 파급되는 효과에 대처하려는 정치전략으로 사용되는 측면도 있다.

토건국가에서는 토건업체와 개발공사, 정치권 사이에 유착관계가 형성되고 이 과정에서 지대추구rent-seeking가 빈번해질 수 있다. 국가가 각종 개발공사를 설립해 대규모 사회간접자본의 건설과 관리를 전담케 하고, 강력한 규제와 처벌, 촉진 권한을 갖고 있는 한국의 경우에 각 경제주체들은 정부의 제도나 정책에 따라 엄청난 이익을 얻을 수 있다. 비좁은 국토에 수도권에 인구와 자원이 집중된 한국에서 정부 주도의 대규모 토건사업은 엄청난 지대를 발생시킨다. 일본과 마찬가지로 한국에도 토건사업을 주도하는 정치인과 관료들에게 책임을 지울 수 없는 구조가 정착되어 있다는 점 역시 지대추구행위를 촉진하는 요인이다. 토건국가에서는 수단과 방법을 가리지 않고서라도 지대추구행위가 성공한다면 예상되는 부의 이전도 크리라 전망되기 때문에 정부를 상대로 치열한 로비활동이 벌어지게 마련이다. 이 과정에서 정치권과 경제계의 '검은 거래'가 발생할 가능성은 매우 높다.[2] 그러나 특혜

2) 한국인들이 인식하는 한국 사회의 부패척도는 매우 높다. 서울신문과 한국정책과학연구원(KPSI)의 여론조사 결과 한국 사회가 부패했다고 느끼는 국민이 전체의 절반을 넘는 것으로 나타났다. 무엇보다 정치권의 부패에 대한 국민들의 염증이 많았다. 여론조사에서 응답자의 45.6%가 가장 부패한 분야로 정치계를 꼽았다. 부패의 원인에 대해서는 절반 정도의 국민이 '사익을 앞세우는 사회 풍조'와 '공직자의 도덕적 해이'를 지적했다. '우리 사회 부패 척도'를 묻는 질문에 응답자의 48.9%는 '우리 사회가 부패해 있다'고 답해 '부패하지 않았다(21.9%)'는 답변보다 배 이상 많았다. 국민들은 특히 정치계(45.6%)와 경제계(17.2%), 법조계(9.3%)를 가장 부패한 분야로 지목했다. 30대(53.9%), 고소득층(60.1%), 중도층(54.7%)에서 정치 부패에 대한 부정적인 시각이

고든 털럭(Gordon Tullock)은 버지니아대학교, 라이스대학교, 버지니아공과대학교, 조지메이슨대학교에서 공공선택론과 법경제학, 생물경제학을 가르쳤다. 공공선택학회(Public Choice Society)를 창설했고, 회장을 역임했다. 1953년~1954년에 주한미대사관의 정치부서에서 근무하기도 했다. 1967년에 발표한 논문인 '관세, 독점, 절도의 후생비용(The Welfare Costs of Tariffs, Monopolies, and Theft)'에서 털럭은 기업들이 정부를 상대로 치열한 로비를 한 결과 획득한 독점이나 관세 부과에서 발생되는 생산자의 이윤은 또 다른 형태의 사회적 비용을 유발한다고 주장했다. 경제주체들이 불평등한 제도나 정책에 따른 이익을 얻으려 비생산적인 활동에 경쟁적으로 자원을 낭비하는 현상인 로비·약탈·방어를 일컬어 털럭은 지대추구행위라 칭했다. 주요 저서로 〈관료 정치학(The Politics of Bureaucracy)〉, 〈정치 수학(Towards a Mathematics of Politics)〉, 〈사적 욕구와 공적 수단(Private Wants, Public Means)〉, 〈부와 빈곤의 경제학(The Economics of Wealth and Poverty)〉 등이 있다.

적 제도나 정책에 따른 과다한 이득을 의미하는 지대에 접근하는 것은 학연, 지연, 혈연 등의 권력관계에 상응해 이뤄진다. 정부예산을 둘러싼 지대추구 활동에 대한 민주적 통제뿐만 아니라 한국 사회 전체의 민주화가 필요한 까닭이다.

제대로 된 평가 없이 국가예산을 투입해 추진한 대규모 토건사업은 특히 이명박 정권 시기에 두드러지게 나타났다. 이 시기에 60조 3,109억 원[88개 사업]에 이르는 공공 건축 및 토목 사업 등이 예비타당성조사[예타]를 받지 않고 추진되었고, 이 가운데 국방과 복지 사업 등을 뺀 토건 사업이 49조 원을

높았다. 경제계에 대한 시선도 곱지 않아 대기업 총수들의 대형 스캔들과 불법·탈법적 상속, 대기업의 중소기업에 대한 횡포, 하도급 관행 등 경제 전반에 대한 부정적 시각이 그대로 표출됐다. 〈서울신문〉, 2011년 7월 19일.

웃도는 것으로 나타났다. 이명박 정권은 '재해예방' 등에도 예타 면제를 허용하는 등 예외를 늘려놓은 후 4대강 사업과 '광역 발전 30대 선도프로젝트 사업' 등을 밀어붙였다. 이들 사업들은 비용Cost 대비 편익Benefit을 가리키는 비시B/C값이 0.4 안팎에 불과했다. 4대강 사업과 맞물려 추진된 2조 2,500억 원짜리 경인아라뱃길경인운하 사업의 경우엔 예타를 통과했지만, 경제성을 가늠하는 수요예측이 실제보다 크게 부풀려져 추진됐다. 운하의 물동량은 애초 수요예측치에 견줘 5%에 불과한 실정이다. 예타 면제 사업도 42%가 영남에 편중됐던 것으로 확인됐다.〈한겨레〉, 2013년 10월 28일

이명박 정권이 추진한 각종 토건사업을 강하게 비판했던 당시 반대세력이었던 민주당도 막상 선거경쟁에서 이겨 정권을 잡자 토건사업을 이어가고 있어 논란이 되고 있다. 대표적인 사례가 2019년 1월 기획재정부가 발표한 23곳, 24조 원 규모의 예타 조사 면제 사업이다. 사업의 명분으로는 기업과 일자리의 수도권 집중이 지속되고 연구개발 투자 또한 수도권에 편중돼 지역경제의 활력이 저하되는 등 수도권과의 격차가 심화되고 있다는 점이 거론되었다. 그러나 반발도 만만치 않다. 철도·도로 등 대규모 토목사업이 주로 예타 면제로 선정됐고, 그 규모도 이명박 정권이 추진한 4대강 사업과 비슷하다는 점이 그것이다. 이번 조치가 침체된 경기를 토건사업으로 부양할 목적으로 추진하는 사업이며, 2020년 총선을 겨냥한 나눠먹기식 지역 선심 정책이고, 경제적 타당성이 부족한 사회간접자본SOC 사업의 무분별한 추진으로, 1990년대 '잃어버린 10년'에 빠져들었던 일본의 전철을 밟는 것이라는 비판도 나왔다. 예타는 그렇지 않아도 그동안 수요 예측이 부풀려진 경우가 많았는데[3] 이제는 예타조차 지역균형 발전 등의 논리를 앞세워 생

3) 거의 모든 지자체들도 지역경제를 살린다는 명분을 앞세워 철도·공항·도로 등 토건공사와 산업단지 유치, 대규모 관광개발에 사활을 걸고 있다. 그 과정에서 수요예측치가 부풀려 진 토건사업은 넘치도록 많았다. 예를 들어, 전남 무안공항의 경우 애초 수요예측치에 비해 실제 이용객 비율은 5%에도 못 미치는 것으로 나타났다. 그럼에도 같은 호남권인 새만금국제공항이 이번 사업에 포함되었다. 신공항은 총선과 대선 등을 앞두고 무분별하게 공약으로 발표된 것이 대부분이다. 문제는 대규모의 국세가 투입되는

략한 것은 이번 사업이 단순히 고용창출과 경제성장 제고라는 경제논리 외에도 소외된 지역에 대한 보상과 선거경쟁 이용이라는 정치논리에 따른 것이라는 의심을 자아내고 있다. 이것뿐만이 아니다. 지난 정권부터 추진한 신공항 사업으로 인해 격심한 찬반 논란 및 사회적 갈등도 계속 이어지고 있다. 여기에 더해 지자체들도 도시계획을 과장하고 거짓 사업성 평가로 각종 사업을 추진하면서 예산 낭비를 하는 일이 발생하고 있다. 최소운영수입보장MRG 제도에 따라 민자사업자에게 막대한 돈을 물어주면서 지자체들이 신규사업을 못하거나 시민복지 지원금을 줄이는 사례도 흔하게 발견된다.

토건국가의 문제점은 국제적인 평가에서도 드러나고 있다. 세계경제포럼WEF에서 2010년 1월 발표된 세계 환경성과지수EPI 순위에서 한국은 163개국 가운데 94위를 차지하였다. 경제협력개발기구OECD 30개 나라 중 꼴찌의 성적이다. EPI는 미국 예일대와 컬럼비아대가 공동으로 국가별 환경수준을 계량화100점 만점한 성적표로 나라별 환경분야 종합지표로 2년마다 세계경제포럼에서 발표한다. 아이슬란드가 93.5점으로 1위를 차지했고, 스위스89.1점, 코스타리카86.4점, 노르웨이 등이 상위에 올랐으며, 아시아 국가로서는 일본이 72.5점으로 20위, 중국49점 121위, 북한41.8점은 147위를 기록했다. 한국은 57점으로 베트남59점, 카자흐스탄57.3점보다도 점수가 낮았다. 특히 기후변화 항목은 평가기준에서 25%를 차지하는데, 1인당 온실가스 배출량 등 대기부문에서 159위 평가를 받았다. 발전부문 온실가스와 산업부문 온실가스 배출량도 2008년 68위에서 78위로, 98위에서 146위로 각각 떨어졌다.〈서울신문〉, 2010년 1월 28일 이런 조사 결과는 녹색성장을 표명하면서도 토건사업을 핵심적인 국정과제로 밀어붙이는 정권 들어와 환경오염과 생태계 파괴 정도는 더욱 심화되고 있다는 것을 잘 보여준다. 이는 환경을 단지 경제적 가치나 개발 이익을 창출하는 대상으로 간주하고 이를 상품화하는 각종 토건사업을

사업임에도 불구하고 경제적 타당성 검토와 전문가들의 객관적 검증은 이뤄지지 않았다는 점이다. 전국 단위 광역교통망이 연결이 강화되는 추세에서 지방 공항의 이용자가 급감하리라는 가능한 예상도 기획과정에서 반영되지 않았다.

〈표〉 2010 EPI 평가결과

순위	국가명	점수
1	아이슬란드	93.5
2	스위스	89.1
3	코스타리카	86.4
4	스웨덴	86.0
5	노르웨이	81.1
6	모리셔스	80.6
7	프랑스	78.2
8	오스트리아	78.1
8	쿠바	78.1
10	콜롬비아	76.8
20	일본	72.5
61	미국	63.5
94	한국	57.0
120	중국	49.0
123	인도	48.3
147	북한	41.8
163	시에라리온	32.1

자료: 환경부

벌인 결과이기도 하다.

토건국가를 개혁하지 않고 한국 사회가 선진화를 이루는 불가능하다. 토건국가가 극성을 부리면서 나타난 참여와 소통을 배제한 밀어붙이기식 정책 집행과 국가운영, 계급 간, 지역 간 불평등의 확대, 녹색분칠로 위장한 환경 파괴, 부패와 독과점 체계의 고착화, 민주주의와 공공성의 후퇴 등 그 폐해는 이루 말할 수 없을 정도로 크고 많다. 토건 부문에 집중된 거대한 예산과 투자를 환경과 복지로 돌려 성장 잠재력을 재구축하는 것은 토건국가의 설득력 있는 대안이라 여겨진다. 그러나 토건국가 개혁이 바람직한 방향으로 추진되기 위해서는 무엇보다 단지 인간의 물질적 풍요를 위해 인간과 자연을 분리하여 자연을 지배하고 통제하는 서양의 기계적 자연관에 기초한 성장 패러다임에 대한 성찰이 선행될 필요가 있다. 그리고 토건국가 개혁을 위한 구체적 대안은 그 내용이 어떠하든지 간에 궁극적으로는 환경친화적 민주주의와 환경정의와 부합되어야 한다. 토건국가가 초래한 복합적 문제들을 다룰 수 있는 높은 반응성과 책임성은 결국 각종 자유와 권리가 보장된 민주적이고 개방된 사회에서 가능하기 때문이다. 정부나 기업의 활동을 감시하고 문제 해결을 촉구하는 시민사회 행위자들의 역할이 중요함은 말할 나위도 없다. 이와 아울러서 사회적 약자인 계층, 세대에 더 큰 비용과 부담을 야기시키는 토건국가의 현실을 고려해 환경편익과 부담이 공평하게 배분되는 분배적 정의에 기초한 대안 역시 모색될 필요가 있다.

연관 키워드

(신)개발주의, 개발공사, 지대추구(rent-seeking), 녹색분칠(greenwash)

[참고문헌]

Ackerman, Susan-Rose. 장동진 외 역. 〈부패와 정부—원인. 결과 및 개혁〉. 서울: 동명사, 2000.

Doyle, Timothy & Doug McEacherm. 이유진 역. 〈환경정치학〉. 서울: 한울아카데미, 2002.

Johnson, Chalmers. "The Developmental State: Odyssey of a Concept." Meredith Woo-Cumings (ed.). *The Developmental State*. New York: Cornell University Press, 1999.

McCormack, Gavan. 이기호·황정아 역. 〈종속국가 일본: 미국의 품에서 욕망하는 지역패권〉. 파주: 창비, 2008.

_____. 한경구 역. 〈일본 허울뿐인 풍요〉. 서울: 창작과비평사, 1999.

Robbins, Paul. 권상철 역. 〈정치생태학〉. 파주: 한울아카데미, 2008.

Tullock, Gordon. "The Welfare Costs of Tariffs, Monopolies and Theft." *Western Economic Journal*, Vol.5, Issue 3, 1967.

_____. 황수연 역. 〈공공재 재분배 그리고 지대 추구〉. 부산: 경성대학교출판부, 2008.

문순홍 편. 〈개발국가의 녹색 성찰〉. 서울: 아르케, 2006.

박민정. "정부예산 배분에 관한 지대추구 연구." 서울대학교 행정학박사학위논문. 2006.

조명래. "위기의 한국. 토건 파시즘으로 질주?" 〈환경과 생명〉 제61호. 2009.

조명래 외. 〈신개발주의를 멈춰라〉. 서울: 환경과생명, 2005.

조현옥. "사회운동에서 정당으로: 독일 녹색당의 설립과정과 쟁점." 바람과 물 연구소 편. 〈한국에서의 녹색정치. 녹색국가〉. 서울: 당대, 2002.

홍성태. 〈개발주의를 비판한다: 박정희 체계를 넘어 생태적 복지사회로〉. 서울: 당대, 2007.

홍성태 편. 〈개발공사와 토건국가〉. 파주: 한울아카데미, 2005.

▌보론: 4대강 사업과 동원된 정치

이명박 정권의 '4대강 살리기' 사업은 '한반도 대운하' 공사에서 비롯되었다. 2005년 당시 이명박 서울시장은 경부운하 건설계획을 발표했다. 그는 2007년 한나라당 대통령 후보로 선출된 후 경부운하에 호남운하, 새만금운하, 충청운하를 덧붙이고 이를 북한까지 연결하는 한반도 대운하를 대선공약으로 내걸었다. 대선 승리 후 이명박 정권은 한반도 대운하가 물류비를 1/3로 줄여 물류혁명을 이루고, 내륙에 물류단지와 공단을 개발하여 국토균형발전을 이루며, 중국관광객을 대거 유치해 관광수입을 올리고, 일자리 30만 개를 창출해 국민소득 4만 달러를 달성할 '한반도 국운 융성의 길'이라고 내세웠다. 이 주장에 대해서는 한반도대운하가 경제성이 없고, 보와 갑문 건설로 인해 자연환경을 훼손한다는 비판이 대두되었다. 2008년 3월에는 전국 115개 대학 2,374명의 교수들로 구성된 '한반도 대운하를 반대하는 교수모임'이 출범했고, 국민의 70% 이상이 반대하는 것으로 나오는 여론조사 결과가 잇달아 발표되었다. 4월 총선에서 한나라당은 운하 공약을 뒤로 감추었지만 5월부터 시작된 촛불시위에서 한반도 대운하는 주된 쟁점으로 떠올랐다.

반대와 비판이 봇물을 이루자 이명박 전 대통령은 2008년 6월 기자회견에서 "국민이 반대한다면 대운하를 추진하지 않겠다"고 밝혔다. 이후 한반도 대운하 사업은 '4대강 물길 잇기', '4대강 하천정비' 등으로 이름을 바꿔 불리다가 2008년 12월에 '4대강 살리기' 사업으로 재탄생하였다. 당시 한승수 총리는 착공식 치사를 통해 착공식 치사를 통해 "4대강 살리기 사업은 단순한 건설공사가 아니라 경제를 살리고 균형발전을 촉진하며, 환경을 복원하고 문화를 꽃피우는 한국형 뉴딜사업"이라고 밝혔다.〈한겨레〉, 2008년 12월 29일 2009년 10월에는 4대강 살리기 사업의 핵심사업인 보 건설공사가 본격적으로 착수되었다. 이 과정에서 타당성 조사와 환경영향평가협의 등 통상 몇 년이 소요되는 사업절차는 제대로 추진되지 않았다. 나중에 밝혀진 수자원공사 보고서에 따르면 정부는 4대강 사업에 대해 예비타당성조사·환경영향평가·문화재지표조사 등을 생략하기 위해 치밀하게 준비했다.[4)]

집권여당이 절대다수 의석을 차지하고 있는 국회에서 관련 법안을 서둘러 통과시킨 후 강행되고 있는 4대강 사업은 정치권뿐만 아니라 한국 사회 전체에 상당한 논란을 초래했다. 이렇게 된 데에는 4대강 사업이 대다수 국민들의 식수공급원인 4대강을 대상으로 한 공사라는 점에서 많은 이들이 관심과 이해관계를 갖고 있기 때문이다. 그럼에도 이를 추진하는 측에서는 설득력 있는 명분을 제시하고 제대로 된 공론과정을 거치지 않았다. 오히려 대통령과 정부는 추진과정에서 일방 통행식 밀어붙이기로 일관하였다. 집권여당 역시 이에 별다른 제동을 걸지 않고 청와대의 지시에 맹종하는 모습을 보였다. '통법부'와 '거수기'라는 비판이 제기된 것은 그 당연한 결과였다.

정치체제의 차이를 떠나 정당은 여론을 조직하고 통치권력과 정책결정자에게 대중의 요구를 전달한다. 무릇 정당이라면 이익을 표출articulation하고 집약aggregation하는 기능을 수행해야 한다. 즉, 국민 개개인이나 집단이 정치체제에 대한 요구를 표현하고, 이들에 의해 제기된 요구를 정책으로 결합하는 역할을 해야 한다. 이를 통해 정당은 다양한 사회적 갈등을 조정하고 완화하며, 민주적 경쟁의 제도화에 공헌하게 되는 것이다. 그러나 한반도 대운하와 4대강 살리기 사업을 둘러싸고 빚어진 사회적 논쟁과 갈등에 대해 한국

---

4) 수자원공사가 2009년 건설기술연구원에 제출한 〈4대강 종합정비 제도개선 부문 연구보고서〉를 보면, 보고서는 시간이 오래 걸리는 환경영향평가 대신 평가계획서 작성 및 평가항목·범위 등의 결정 절차를 생략할 수 있는 사전환경성 검토나 간이환경영향평가를 하도록 제안했다. 문화재지표조사의 경우엔, 기존엔 조사기관을 경쟁 방식으로 선정했으나 4대강 사업은 문화재관리당국에서 직접 조사기관을 정하고, 절차가 복잡한 타당성조사와 별도로 사전지표조사·지표조사·발굴을 한데 묶어 진행하면 공기를 단축할 수 있다고 지적했다. 보고서는 특히 4대강 사업은 국가재정법에 따라 총사업비 관리 대상에 포함되지만, '긴급상황에선 기재부 장관과 사전협의 없이도 총사업비를 조정할 수 있다'는 총사업비 관리지침을 활용하면, 공사 단계별로 사업비를 협의하지 않아도 된다고 적었다. '지역균형발전 등 특별한 정책적 필요에 따라 추진되는 사업'에 해당할 경우엔 예비타당성조사를 받지 않아도 된다는 점도 거론했다. 〈경향신문〉, 2010년 12월 8일.

의 정당들, 특히 집권여당은 별다른 역할을 수행하지 못했다. 4대강 사업에 대한 민심의 동향을 집약해 정책으로 연결시키려는 노력은 전혀 행해지지 않았다. 독선적인 토건정책에 대해서는 한번도 제동을 걸지 않았다. 오직 여당 소속 의원들이 한 일이라고는 청와대가 일방적으로 추진하는 4대강과 종편 등의 정책에 수동적으로 동원되는 것뿐이었다.[5]

과거 정권에서는 먹는 물의 공급원을 하천에 의존하고 있는 점을 고려해 4대강 주변을 적극적으로 개발하거나 친수공간으로 활용하는 것을 억제하고 홍수예방 및 수질개선에 역점을 두어왔다. 4대강 사업에 대해 야당과 종교단체, 환경단체 등은 대선공약인 한반도대운하사업을 이름만 바꿔 추진하는 것으로 사전환경성검토, 문화재지표조사 등을 졸속으로 강행하면서 예산(정부발표로는 22조 원)을 낭비하고 생태계를 파괴하고 있다고 비판하고 있다. 4대강 사업에 대한 감사 역시 감사원이 이의신청을 한 당사자이자 피감기관인 국토부가 발주하도록 했으며, 다시 국토부는 용역을 4대강 사업 시공사에게 발주하고 용역결과는 2010년 12월 4대강 사업 예산이 날치기로 통과된 뒤인 2011년 1월에야 뒤늦게 제출되었다.

친정부노선을 고수하는 한기총 등 일부 개신교를 제외한 천주교, 불교, 원불교, 개신교도 적극적으로 4대강 사업 반대운동을 펼치고 있다. 이들은 강은 생명의 근원이며 인간의 삶과 역사·문화의 터전일 뿐만 아니라 이 땅의 후손들에게 물려주어야 할 살아 있는 자연유산으로 생명을 가진 강은 모든 종교에서 어머니와 같은 존재라며 4대강 사업으로 인해 뭇 생명들이 고통받고 신음하고 있다고 주장한다. 사업과정에서는 건설사들의 담합 논란이 벌어지고, 군대가 투입되었으며, 불도저와 포크레인으로 모래톱과 습지가 훼손되면서 희귀종을 포함한 다양한 동식물들이 떼죽음을 당했다. 준설과 보 설치로 홍수방지와 수질개선 효과도 기대하기 힘들며, 경제적 타당성

---

5) 이를 우리는 '동원된 정치'라 지칭할 수 있다. '동원된 정치'는 특히 대통령 소속 정당이 국회 내에서 다수의석을 차지할 때 흔히 나타난다.

도 없다는 지적도 연이어 제기되었다.

세계습지네트워크 크리스 로스트론 의장과 각 대륙별 대표 9명은 서한을 보내 물길 직선화와 강바닥 준설, 구조물 설치, 제방 보강을 특징으로 하는 4대강 사업의 중단을 요구했다. 이들은 유럽, 미국, 일본의 과거 사례를 토대로 "강에 대한 수많은 토목사업은 결국 홍수와 침식, 수질 악화, 생태계 변화, 생물다양성 감소를 가져올 것"이라고 지적했다. 세계 최대의 환경단체인 '지구의 벗Friends of Earth'은 2010년 10월 23일 말레이시아 페낭에서 개최된 총회에서 4대강 사업 중단과 사업에 대한 재검증을 한국 정부에 촉구했다. 지구의 벗은 세계 주요 환경문제를 다룬 특별 결의문에서 4대강 사업이 강 생태계를 대규모로 파괴하고, 16개의 보와 2개의 댐은 수질을 악화시키며, 공사 과정에서 식수원 오염이 우려된다고 경고했다. 또 한국인의 70%가 이 사업을 반대하고, 종교인과 지식인, 시민사회가 대대적인 반대 운동을 벌이고 있다는 점을 들며 4대강 사업의 중단을 촉구했다.〈경향신문〉, 2010년 10월 25일

전 세계 습지 전문가들 역시 "4대강 사업의 핵심인 새로운 댐보 건설과 준설은 결코 '복원'이라고 할 수 없고, 오히려 대대적인 생물다양성 손실과 환경 비용만 초래할 것이다"라고 주장한다. 세계적 과학저널인 사이언스Science지는 2010년 3월 26일 "Restoration or Devastation"이란 제목하에서 4대강 사업에 관한 특집 기사를 실었다. 이 기사에서 지형학의 권위자인 UC 버클리 대학의 콘돌프G. Mathias Kondolf 교수는 이 사업의 발상이 '하천 관리에 관한 시대에 뒤떨어진 사고방식outdated thinking about watershed management'을 반영하고 있다면서 유럽과 미국에서 개발계획을 세우는 사람들이 이제는 강들에 굽이쳐 흐르고 넘쳐흐를 수 있는 공간을 제공하는 데 역점을 둔다고 강조했다. Science, Vol.327, no.5973: 1568-1570 외국의 많은 하천전문가들은 인공시설물을 최소화하고 강에게 원래의 공간을 돌려주는 것이 선진적인 하천관리 방식이라고 지적한다. 이런 흐름과는 정반대로 대규모 보 건설과 준설을 특징으로 하는 한국의 4대강 사업은 홍수 위험 증가, 강물 및 지하수 수질 저하, 지하수위 변동에 따른 토지 침수 등의 부작용을 겪을 것이라 예상된다.[6)]

2013년 7월에는 4대강 사업 추진과정에서 진행된 정부의 초법적인 행위

와 업체의 비리와 담합 사실이 감사원이 발표한 '4대강 살리기 사업 설계·시공 일괄입찰 등 주요 계약 집행실태' 감사 결과로 밝혀졌다. 감사원에 따르면 국토부는 이명박 전 대통령의 대운하 중단 선언(2008년 6월) 이후인 2009년 2월 "사회적 여건 변화에 따라 운하가 재추진될 수도 있으니 이에 대한 대비가 필요하다"는 대통령실의 요청에 따라 대운하 재추진에 문제가 없도록 4대강 사업의 마스터플랜을 수립했다. 이에 따라 현대건설, 대우건설, 삼성물산, GS건설, 대림산업으로 구성된 경부운하 컨소시엄이 그대로 4대강 사업에 참여하는 바람에 대형 건설사들이 컨소시엄을 통해 낙찰 예정자를 사전 협의하는 등 손쉽게 담합을 저지를 수 있었던 것으로 감사원 감사결과 드러났다. 건설사들의 호텔 회동 등 담합 정황이 포착됐는데도 국토부는 별다른 제재 없이 2011년 말까지 준공하기 위해 사업비 4조 1천억 원 규모의 1차 턴키공사를 한꺼번에 발주해 담합을 사실상 방조한 것으로도 조사됐다. 특히 대운하 추진안을 고려하느라 당초 계획보다 보의 크기와 준설 규모를 확대함으로써 수심 유지를 위한 유지관리비 증가, 수질관리 곤란 등의 부작용이 우려된다고 감사원은 지적했다.〈연합뉴스〉, 2013년 7월 10일

이 전 대통령이 대운하를 추진하지 않겠다는 국민과의 약속을 깨고 4대강 사업을 대운하를 위한 위장 사업으로 지시한 문건도 공개됐다. 2013년 10월 2일 민주당 '4대강 불법비리 진상조사위원회' 소속 의원들이 공개한 국토교통부 비밀 내부문서에 따르면 이 전 대통령은 지난 2008년 12월 2일 청와대

---

6) 직접 방한하여 4대강 공사장을 둘러본 맷 콘돌프를 비롯한 외국의 하천 전문가들은 4대강 사업의 부작용을 경고하며, 이를 막기 위해 "4대강 사업과 정반대의 일을 하라"는 견해를 밝힌 바 있다. 이들은 공통적으로 대규모 보 건설과 준설을 특징으로 하는 한국의 4대강 사업이 하천 복원과 동떨어진, 지난 세기의 하천수리학이라고 평가했다. 이들은 자신들의 나라의 경험을 예로 들며 "준설과 보 건설을 통한 하천공사는 절대로 강과 범람원의 기능을 복원하지 못하고", "실제로는 본질적인 자연의 과정을 파괴할 뿐"이라고 지적했다. 이들은 앞으로도 4대강이 △홍수 위험 증가 △강물 및 지하수 수질 저하 △지하수위 변동에 따른 토지 침수 등의 부작용을 겪을 것이라고 내다봤다. 인공시설물을 최소화하고 강에게 원래 강의 공간을 돌려주는 게 선진적인 하천관리 방식이라는 게 이들의 의견이다. 〈한겨레〉, 2011년 10월 25일.

집무실에서 "4대강 가장 깊은 곳의 수심이 5~6m가 되도록 굴착하라"고 지시했다. 당초 국가균형발전위원회에서는 4대강 수심을 2~3m 수준으로 굴착해야 한다는 보고를 했지만 이 전 대통령이 대운하 재추진을 위해 더 깊게 굴착하라는 지시를 내렸다. 감사원은 당시 이명박 대통령이 2008년 12월 2일과 이듬해 2월 16일에 걸쳐 4대강 사업구간 최소 수심은 3~4m, 최대 수심은 5~6m를 유지하라는 지시를 내렸다고 밝혔다. 이 전 대통령은 2009년 2월 16일에도 "하상준설(최소 수심)은 3~4m 수준으로 추진할 것"을 지시했다. 최소 수심 3~4m는 유람선이 다닐 수 있는 최소 수심으로, 사실상 대운하에서 선박이 다닐 수 있는 최소 수심을 유지하라는 지시를 내린 것으로 볼 수 있다는 주장이다. 또 문서에는 국토부가 4대강 사업 준설, 보 건설 계획을 수립하면서 뱃길복원, 선박운행 등 대운하 추진을 염두에 두고 있었던 내용이 담겨 있다. 이 전 대통령은 그럼에도 홍보 계획을 수립해 4대강이 대운하가 아니라는 메시지를 전달하게 했다고 민주당 측은 주장했다. 게다가 국토부는 4대강 사업이 실질적 수자원 확보 효과가 없고, 상수원으로 활용도 곤란하며 수질악화가 우려된다는 부작용을 이 전 대통령에게 보고한 것으로 나타났다.〈세계일보〉, 2013년 10월 2일

이명박 정권이 애초 '한반도 대운하'를 건설하겠다고 했을 때 거론했던 게 바로 독일의 라인-마인-도나우 운하Rhein-Main-Donau-Kanal이다. 세 강을 뱃길로 이은 이곳은 이명박 대통령이 대선에 뛰어들기 전인 2006년 대운하 구상을 밝힌 역사적 장소이기도 하다. 국토연구원과 수자원공사도 4대강 주변 개발의 선진 사례로 라인-마인-도나우 운하를 들고 이곳에 현장 조사를 다녀오기도 했다.〈프레시안〉, 2010년 10월 7일 그러나 라인-마인-도나우 운하는 독일의 경제발전에 전혀 기여한 바 없고 오히려 현재 운영비의 10퍼센트밖에 회수되지 않는 실정이며 나머지 비용은 매년 국민의 세금으로 충당해야 하는 실정이다. 라인강 상류의 운하 건설은 중류와 하류에서 매년 발생하는 홍수사태의 원인임이 밝혀져 현재 라인강 상류에서는 고비용의 강 재자연화 사업이 이루어지는 중이다. 1976년 독일 정부와 환경단체, 주민들 사이의 소송에서 라인강에 만들어진 이페츠하임 보 때문에 홍수가 발생했다는 사실

독일의 라인-마인-도나우 운하(RMD-Kanal)

이 입증돼 패소한 뒤에 독일 정부는 더 이상 대형 보를 건설하지 않고 있다. 당연히 독일에서는 이미 오래전에 운하정책이 변화되어 이제는 강바닥을 파고 콘크리트를 치는 작업은 시대에 뒤떨어지는 방식으로 취급된다.〈오마이뉴스〉, 2010년 5월 31일

샌드라 포스텔Sandra Postel과 브라이언 릭터Brian Richter는 〈생명의 강Rivers for Life, 2003〉에서 최근 약 100년 사이에 인류사회가 수행해 온 대대적인 하천개조의 결과, 하천은 지금까지 생명의 진화에서 수행해왔던 역할과 경제가 의존해왔던 생태계 서비스를 제대로 수행할 수 없게 되었다고 지적한다. 200여 년에 걸쳐 댐과 제방을 쌓고 하천의 직선화를 줄기차게 추진해온 미국이 20세기 말부터 환경에 끼치는 손실이나 안전상의 위험을 고려해 쌓았던 댐을 허물거나 수량 조절을 강과 강 자체의 수요에 맞추려는 대전환을 시작했다는 것이다. 그들은 하천 본래의 유황(일년 혹은 여러 해에 걸친 고수위와 저수위의 변동패턴)을 조사하여 유황이 생태계의 주요한 과정에 많은 영향을 미친다는 증거를 확보하였다. 인간에 의해 과도하게 관리되고 있는 하천

샌드라 포스텔(Sandra Postel)과 브라이언 릭터(Brian Richter)의 〈생명의 강(Rivers for Life, 2003)〉

을 복원시키기 위해 유황을 어느 정도까지 재현해야 한다고 한다. 미주리강 댐과 둑을 헐거나 댐, 저수지를 통한 수위 조절을 자연 상태에 가깝게 복원하고, 수만 헥타르의 사유지를 매입하고 공유지를 활용해 습지와 범람원도 복구시키는 것은 그런 체험적 사실 때문이다. Sandra Postel & Brian Richter, 최동진 역, 2009: 17-20

대운하 사업으로 시작한 4대강 사업은 국민 대다수가 반대하는 실패한 국가사업으로 22조 원이라는 자금이 투입된 것도 모자라 매년 1,000억 원이 넘는 예산이 유지비용으로 들어간다. 예상된다던 효과도 대부분 실증적으로 뒷받침되지 않는 것으로 나타났다. 대부분의 학자들은 오히려 강바닥을 깊이 파고 콘크리트 제방과 댐을 만드는 것이 홍수와 침식, 수질 악화, 생태계 변화, 생물다양성 감소를 가져온다고 주장하고 있다. 많은 국가에서 강의 '자연성 복원'을 추구하는 사업으로 전환하는 것도 이런 이유에서이다. 이런 점에서 2019년 2월 환경부 '4대강 조사·평가기획위원회'가 금강·영산강에 건설한 5개 보 가운데 세종보, 죽산보를 해체하고 공주보는 부분 해체, 백제보와 승촌보는 상시 개방하겠다고 발표한 것은 비록 뒤늦었지만 환영할만한 조치로 평가받고 있다. 그러나 자유한국당과 보수언론은 보 유지 효과와 이익은 계산하지 않았고,[7] 폭염·가뭄이 오면 농사를 더 이상 지을 수 없을 것이라면서 비판을 쏟아 붓고 있다. 심지어는 "국가시설 파괴 행위요, 문명 파괴"라는 기이한 주장도 제기됐다.〈경향신문〉, 2019년 2월 25일

이에 비해 한국환경회의와 4대강재자연화시민위원회, 종교환경회의 등 시민사회단체는 시작부터 잘못된 4대강 사업 16개 보를 완전하게 해체해서 이전의 강 생태계로 되돌릴 것을 요구했다. 이들은 "(4대강 조사 · 평가기획위원회가) 4대강 보 해체 제시안을 발표하자 비난하는 정치인들은 과거 MB 정부에서 한 자리를 차지한 사람이 대부분이다"라며 "(4대강 사업을) 지시한 MB보다 직접 삽을 들지 않았더라도 4대강 사업을 옹호하고 지금도 망언을 쏟아내는 정치인들이 더 문제"라고 비판했다. 이어 "(4대강 사업에 들인) 30조 원 예산으로 공공 기반 시설을 조성하고, 아이들의 교육과 청년의 창의력에 투자했다면, 공정하고 정의로운 대한민국을 만들 수 있었다"라고 쓴소리를 했다.〈오마이뉴스〉, 2019년 2월 27일 경제성을 이유로 보 철거를 반대하는 세력에 대해서는 "이명박 정부의 4대강 사업 시작부터 아무런 잘못을 지적하지 않다가 이제 와서 철거 비용을 이유로 비판하는 저의가 궁금하다"며 "자연과 생명의 문제를 단순히 경제 논리로 이야기하는 것이 얼마나 부끄러운 일인지 알아야 한다"고 지적했다.〈가톨릭평화신문〉, 2019년 3월 10일

라인-마인-도나우 운하와 파나마 운하의 새 갑문 설계에 참여했지만 이제는 강 생태계 보전에 앞장서고 있는 칼스루에 대학교의 헬무트 베른하르트Hans Helmut Bernhart 교수는 4대강 공사 현장을 탐사하고 나서 습지와 모래

---

7) 4대강 사업은 22조 원이라는 자금이 투입된 것도 모자라 매년 1,000억 원이 넘는 예산이 유지비용으로 들어간다. 이런 돈을 들인 결과가 잘 흐르던 물길을 막고 비틀어 자연을 파괴한 것이 4대강 사업이다. 3개 보 해체에 따른 이익도 유지할 때보다 크다. 세종·공주·죽산보 해체와 물이용 대책 비용은 모두 1,370억여 원이다. 이에 따른 40년간의 편익은 3,782억 원이다. 반면, 그대로 둘 경우 40년간 1,688억 원의 유지비용이 들면서 편익은 2,095억 원에 그친다. 비용이 적게 들고 편익은 더 크다. 〈경향신문〉, 2019년 2월 26일.

밭으로 가득 찬 4강이 '물의 사막water desert'이 되어버렸다고 탄식한 바 있다.[8] 4대강 사업은 20세기 초에 유행했던 운하를 고려한 전형적인 강 개발 방식이며, 적어도 최근 50년 동안 이렇게 연속적으로 보를 건설하는 나라는 없었다는 것이다. 다음과 같은 그의 제안에 우리는 여전히 귀를 기울일 필요가 있다. "당신들은 훌륭한 자연습지와 모래밭을 가지고 있었다. 이렇게 아름다운 강을, 여태 난 본 적이 없다. 하지만 지금은 다 파괴되고 인공공원이 되었다. 앞으로 훨씬 많은 돈을 들여 인공공원을 정비하고 재퇴적되는 모래를 파내야 할 것이다. 지금까지 이것을 막지 못하고 무엇을 했나? 지금 4대강 생태계는 멸종시계 12시를 2분 넘겼다. 하지만 늦지 않았다. 우리는 시계를 거꾸로 돌릴 수 있다."〈한겨레〉, 2011년 8월 21일

---

8) 베른하르트 교수는 공사현장을 둘러보고 4대강 사업이 운하라고 단정을 지었다. "첫째 보가 연속적으로 존재한다는 점, 둘째 강바닥을 사다리꼴로 일정하게 준설한다는 점. 이것은 운하의 전형적인 특징이다. 라인-마인-도나우 운하도 이렇게 생겼다 … 그렇게 보로 물을 가두고 죽은 물을 용수에 쓴다고? 정말로 물이 필요하면 수질이 좋은 산악지역이나 강 상류에 댐을 지어야 한다. 이런 식의 연속적인 대형 보 건설로 많은 양의 양질의 용수를 공급하는 건 불가능하다. 물살이 있어야 산소가 공급되고 물이 깨끗해지는 거다. 그런데 보로 막힌 4대강은 유속이 느려져 산소량이 부족해진다. 물길이 좁아지더라도 흐르기만 하면 수질은 아주 나빠지지 않는다. 지금처럼 물이 고여 있는 상태가 수질에 더 위험하다." 〈한겨레〉, 2011년 8월 21일.

[참고문헌]

Normile, Dennis. "Restoration or Devastation?" *Science*, Vol.327, No.5973. 26 March 2010.

Pearce, Fred. 김정은 역. 〈강의 죽음: 강이 바닥을 드러내면 세상에 어떤 일이 벌어질까〉. 서울: 브렌즈, 2010.

Postel, Sandra & Brian Richter. 최동진 역. 〈생명의 강: 인간과 자연을 위한 21세기 강살리기의 새로운 패러다임〉. 서울: 뿌리와이파리, 2009.

Sparks, Richard E. et al. "Naturalization of the Flood Regime in Regulated Rivers: The Case of the Upper Mississippi River." *Bioscience*, Vol.48, No.9. 1998.

김정욱. 〈나는 반대한다: 4대강 토건공사에 대한 진실 보고서〉. 서울: 느린걸음, 2010.

김종원 외. 〈4대강 살리기의 통합적 실천방안 연구〉. 서울: 국토연구원, 2010.

박용남. 〈꾸리찌바 에필로그〉. 파주: 서해문집, 2011.

박진섭. "토건 파시즘의 압축판. 4대강 정비사업." 〈환경과 생명〉 제61호. 2009.

이도흠. "4대강 사업. 자연과 사람과 마을. 그리고 민주주의의 죽음." 민주화를위한 전국교수협의회 · 전국교수노동조합 · 학술단체협의회 엮음. 〈독단과 퇴행. 이명박 정부 3년 백서〉. 서울: 메이데이, 2011.

최병성. 〈강은 살아 있다〉. 서울: 황소걸음, 2009.

최석범. 〈4대강 X파일: 물 부족 국가에 대한 감춰진 진실〉. 서울: 호미, 2011.

홍성태. 〈생명의 강을 위하여〉. 서울: 현실문화, 2010.

한반도대운하연구회. 〈한반도 대운하 희망스토리: 물길과 함께 하는 친환경 미래의 실천〉. 서울: 개미와베짱이, 2008.

환경운동연합 엮음. 〈재앙의 물길. 한반도 대운하〉. 서울: 환경재단 도요새, 2008.

스물두 번째 키워드: 포퓰리즘

혼동을 부추기는 포퓰리즘 논쟁

포퓰리즘은 학자들 사이에 합의된 뚜렷한 정의가 없다. 이는 이 용어의 의미가 매우 모호하다는 것을 가리킨다. 그러다 보니 정치인들이 이 용어를 즐겨 사용하게 되었다. 시기와 장소에 따라, 그리고 쓰는 사람에 따라 포퓰리즘의 의미는 천차만별이다. 상반되는 정책과 이데올로기를 놓고 포퓰리즘이라 호명하는 일도 비일비재하다. 열성적인 대중의 지지에 힘입어 권력을 장악하고 유지한 파시즘의 본질이 포퓰리즘이라 주장하는 학자가 있는 반면, 기존 질서에서 소외되고 배제된 이들을 정치의 주체로 내세우는 데서 포퓰리즘은 민주주의 필수불가결한 구성요소로 보는 학자도 있다. 이에 비해 정치인들은 포퓰리즘에 대한 별다른 고찰 없이 무조건 정치적 반대세력과 그들이 내세우는 정책을 포퓰리즘이라 규정하고 비판하는 경향이 있다. 이 경우 포퓰리즘은 단지 대중의 인기에 영합하는 '나쁜' 정치라는 단순한 정의를 벗어나지 못한다.

이런 현상은 한국에서도 두드러지게 나타나고 있다. 보수정당과 보수언론이 자주 포퓰리즘을 언급하기 시작한 것은 개혁적 성향의 김대중 정권과 노무현 정권 시기였다. 당시 한국 사회의 주요 쟁점으로 부각됐던 재벌개혁, 행정개혁, 행정수도 이전, 국가보안법 개정, 종합부동산세 추진, 사립학교법 개정 등에 대해서 예외 없이 포퓰리즘에 기반한 정책이라는 비판이 쏟아졌다. 그 후에는 무상급식, 무상보육, 반값등록금이 그 대상이 되었고, 최근에는 청년수당, 최저임금 인상, 탈원전정책 등으로 이어지고 있다. 주요한 발언만 해도 다음과 같다. "복지 포퓰리즘은 문제의 해결이 아니다", "복지 포퓰리즘이 오히려 공산주의보다 위험하다고 할 정도로 우리 국민들의 의식상태를 좀 먹는다", "탈원전과 소득주도성장 정책은 매우 당파적으로 구사되는 포퓰리즘이다." 이들 정책에는 '시대착오적인 좌파적 이념의 산물'이라며 색깔론 공격도 가해지고 있다. 이에 대해서는 이들 정책 대부분이 복지 확대 정책인데 이를 포퓰리즘으로 보는 것은 논리적 근거가 없다는 반박이 가해지고 있다. 한국의 사회복지 지출이 OECD국가들의 절반에 불과하기 때문에 국민의 기본권을 보장하기 위해서는 사회안전망을 더욱 강화해야 한다는 것이다. 〈노컷뉴스〉, 2019년 3월 21일

이같이 상반된 두 주장을 어떻게 평가할 수 있을까? 문제는 반대세력과 지지하지 않는 정책에 대해 무조건 포퓰리즘이라 규정하고 사회적 낙인을 찍으려는 태도이다. 과연 포퓰리즘이 이들이 사용하는 것처럼 선동과 중우정치, 인기영합주의 같은 부정적 정치현상으로만 이해되어야 하는가? 오히려 현대 정치와 민주주의의 발달에 긍정적 기여를 하는 것은 아닐까? 이에 대해 답을 하기 위해서는 포퓰리즘의 역사적 기원과 변화과정을 살펴볼 필요가 있다. 역사적으로 포퓰리즘이란 용어는 19세기 말에 러시아에서 전개된 '브나로드 v narod' 운동과 미국에서 출범한 '인민당 People's Party' 운동에서 처음 나타났다. 러시아의 귀족청년과 학생들에 의해 전개된 농촌운동인 '브나로드'는 러시아 농촌의 전통적인 공통체인 '미르 mir'를 근간으로 하는 새로운 사회를 지향하면서 차르 전제체제와 자본주의 경제구조의 변혁을 도모했다. 1891년 미국에서 결성된 인민당은 남서부의 농민들이 주축이 되어 공화국을 만든 보통 사람들 plain people 의 손에 정부를 되돌려 줄 것을 내세웠다. 그러나 '브나로드'는 현장과 유리된 소수 지식인 중심의 운동이라는 데서, 그리고 인민당은 기성정당인 민주당과 협력하면서 정체성을 약화시켰던 데서 한계를 지녔다.

포퓰리즘은 1930년 이후 라틴 아메리카 국가들에서 나타났다. 폴 태거트 Paul Taggart 에 따르면 라틴 아메리카의 포퓰리즘은 이 지역이 겪은 역사적 경

이졸데 카림, 다원화에 대한 저항으로서의 포퓰리즘: 오스트리아의 철학자이자 언론인인 이졸데 카림(Isolde Charim)은 2018년 출간된 〈나와 타자들Ich und die Anderen〉으로 하노버철학연구재단으로부터 철학도서상을 수상했다. 이 책에서 카림은 '다원화'를 개인주의와 정체성의 변화 차원에서 분석하고, 근본주의와 포퓰리즘·타자 혐오 등을 다원화에 대한 방어와 저항, 즉 '반동'으로 해석한다. 다원화 사회는 사람들이 더 이상 '온전하고 당연하게 이 사회에 소속되지는 않음'을 의미한다는 것이다. 그는 개인주의를 역사적으로 세 단계로 구분하는데, 신분 등의 특성을 무시하고 모든 개인을 '동등하게' 만든 1세대(1800년대부터 1960년대까지), 개인이 주장하는 정체성이 핵심이 되는 2세대(1960년대부터), 개인이 분열하고 우연성과 불확실을 경험하는 다원화된 사회의 개인주의인 3세대(현재)가 바로 그것이다. 카림에 따르면 3세대에서 다양성은 우리의 내면으로, 정체성에 진입했다. 개인에게 다원화는 고유한 정체성의 축소와 제한을 가져왔다는 것이다. "우리는 정체성의 프레카리아트(precariat)로 살아간다." "정치적인 것에서 다원화에 대한 저항의 중심은 우파 포퓰리즘이다. 여기서 포퓰리즘은 동질적인, 결코 다원적이지 않은 민족이라는 환상을 구성하기 위한 하나의 정치 전략이다. 또한 친구와 적이라는 상황을 생산하는 전략이다. 여기에서 적은 이중으로 구성되는데, 위로는 엘리트, 아래로는 이민자, 망명자, 난민 등이 적이다. 이와 같은 적의 규정은 필수적이지만 여전히 충분한 조건은 아니다. 독일 출신의 정치학자 얀베르너 뮐러(Jan-Werner Müller)가 제시했듯이, 하나의 전략이 '도덕적으로 유일한 대표 요구'로 격상되었을 때 포퓰리즘이 되기 때문이다. 하나의 전략이란 "오직 우리만이 진정한 민족을 대표할 수 있다"라는 전략이다. 우파 포퓰리즘이 개입하는 상황은 특정한 사회분열이 시작되는 역사적 국면인 '포퓰리즘적 국면'이다. 포퓰리즘은 부정적 감정과 관계 맺으며 공포와 거부감을 강화시키는 등 강렬한 감정을 일으킨다. 따라서 감정은 정치의 중요 요소로, 병리적 혼란이 아닐뿐더러 정치의 중심 원료이다." Isolde Charim(2019), pp.185-189.

험의 일부이기도 한 일련의 정치체제와 독특한 유형의 정치에 대한 정치적 처방을 의미하는 동시에 라틴아메리카 체제를 지탱하는 주요 정치인의 사상과 역사를 의미한다. 예를 들어, 20세기 라틴아메리카의 정치는 굴곡의 역사였으며, 정치 불안정에 대처하기 위해 정치인의 리더십에 크게 의존했다. 아르헨티나의 경우 고유한 사회적·경제적 상황으로 인해 재분배 정책과 사회정의 이념을 추구했다. Paul Taggart, 2017: 106-107 선구적인 정치인은 브라질의 제툴리우 바르가스 Getulio Vargas 였다. 그는 정치에서 소외된 사람들을 새로운 유권자층으로 포섭하면서, 기존의 부패세력을 일소하고 정부를 개혁하겠다는 선거캠페인을 전개하였다. 사회개혁 정책과 정치적 리더십을 강조해 새로운 방식의 선거연합을 형성한 바르가스는 전형적인 포퓰리스트 정치인이었고, 이웃국가인 아르헨티나의 정치인들에게도 큰 영향을 미쳤다.Paul Taggart, 2017: 108-110

아르헨티나의 대통령이었던 후안 페론Juan Perón과 에비타로 불리는 그의 아내인 에바 페론Eva Perón이 추진했던 페론주의Peronism는 지금까지도 대표적인 포퓰리즘의 하나로 흔히 언급된다. 1943년 후안 페론을 포함한 장교단은 쿠데타를 통해 아르헨티나의 권력을 장악했다. 페론은 1939년 출장차 들른 이탈리아에서 노동자 운동이 어떻게 베니토 무솔리니Benito Mussolini 체제를 움직이는지 확인하고 쿠데타로 정권을 장악하면 대중적 지지를 활용해 정권을 유지해야 한다고 생각했다. 페론은 노동·사회보장 장관을 맡아 에비타와 함께 임금 인상, 지대 동결, 노동조합 인정 등의 정책을 실시하며 노동조합과 빈민층의 지지를 확보했다. 1946년 선거에서 대통령으로 당선된 페론은 아르헨티나의 산업화와 경제개발을 위한 5개년 계획을 발표했고, 대규모의 부를 재분배하는 정책과 사회보장 정책을 실시했다. 에비타는 기업인들을 압박해 받아낸 자선기금으로 빈민을 지원했다. 페론과 에비타는 국가 권력을 쟁취하고 진정한 국민적 지지를 얻었으며, 나중에는 문화적 상징으로 남게 되었다. 그러나 페론은 노조가 독립적으로 활동하는 것을 불허하고, 언론의 자유를 억압했다.Paul Taggart, 2017: 110-113

페론주의는 카리스마적 지도자, 사회개혁 정책, 권위주의 정권을 지지하는 계급동맹을 기반으로 하고 있다. 페론의 독재자적 성향과 카리스마 넘치는 지도자로서의 모습은 민주적 지도자로서의 페론의 모습과 모순을 유발하며 포퓰리즘 정치체제 내부의 긴장으로 이어졌다. 페론의 사례는 포퓰리즘이 민주적 제도 내부의 작동방식으로서 카리스마적 리더십에 의지하는 한편, 정상적인 민주적 대의방식과는 근본적으로 어긋난다는 것을 보여준다.Paul Taggart, 2017: 115-117 이러한 모순점은 페론과 에비타가 추진한 정책에 대해서 극단적으로 엇갈린 평가를 초래했다. 한편에서는 이들이 대중들의 지지를 얻기 위해 선심성 정책을 남발하면서 경제 몰락을 가져왔다고 강조하는 반면, 또 다른 편에서는 기존 질서에서 억압과 착취를 당하던 민중들의

후안 페론(Juan Perón, 1895~1974)은 아르헨티나의 군인이자 정치가로 1943년 군부 쿠데타에 참가했으며, 1946년~1955년, 1973년~1974년 두 차례에 걸쳐 대통령을 역임했다. 노동자들의 열광적인 지지에 힘입어 대통령직에 오른 페론은 산업화와 주요 사회자본의 국유화정책을 통해 자립경제를 추진했고, 병원과 학교를 설립하는 등 사회보장제도를 확충했다. 그의 정책에 대해서는 '포퓰리즘'으로 대표되는 '페론주의'가 아르헨티나 경제를 망쳤다는 견해와, 페론에 대한 부정적 평가는 군부의 언론통제, 보도검열을 받던 주류 언론들이 행한 낙인일 뿐이고 군부가 도입한 신자유주의 정책이 외채와 인플레를 초래했다는 견해가 있다. 그의 아내는 에비타(Evita)라는 애칭으로 널리 알려진 **에바 페론(Eva Perón)**이다. 유랑극단의 무명 여배우 출신으로 대통령 부인이 된 에비타에 대해서도 지나친 사치와 인기영합정책으로 아르헨티나를 망쳤다는 부정적인 평가와 가난한 자와 병든 자의 벗으로 그들의 권익 신장을 위해 노력했다는 긍정적 평가가 병존한다.

권리를 신장시키고 산업화와 소득분배에도 뛰어난 성과를 거뒀다고 평가가 바로 그것이다. 이와 관련하여 김영길은 아르헨티나의 몰락이 포퓰리즘에 입각한 페론주의 때문이라는 견해를 다음과 같이 반박한다.

"페론 집권 시기인 1949년에서 1976년까지 국민총생산은 127%의 성장을 기록했고 개인소득은 232%가 증가했다. 이런 수치의 발전은 아르헨티나 역사상 처음이었고 앞으로도 없을 것이다. 페론은 아르헨티나 역사상 가장 많은 산업투자를 단행했고 아르헨티나가 농업국가에서 공업화로 가는 데 이바지했다. 그리고 모든 기간산업을 국유화시켰다. 페론은 사회주의자나 공산주의자가 아닌 자본주의 사상을 지녔지만 소득의 재분배에 심혈을 기울여 소수에 몰린 부를 다수에 재분배하는 데 기여했다. 이 기간 동안 아르헨티나 국민 가운데 60%를 차지했던 극빈서민들이 전체 국가소득의 33%를 분배받았다. 페론은 몇몇 지주들에 편중된 부를 서민들에게 분배, 60%에 가까운 중산층을 만들어 당시 세계에서 가장 두터운 중산층을 형성하는 데 절대적인 역할을 했다. 페론은 대중을 이용해 자신의 집권 연장을 노리거나 선거에 이용하지 않았다. 이 과정에서 지방의 토호세력들과 해외 자본가들과의 마찰은 불가피했고 이런 불만세력들이 군부를 움직였던 것이다. 1976년 정권을 잡은 군부는 페론의 업적을 말살시켰으며 국민들을 세뇌시키는 작업을 단행했다. 따라서 페론의 업적이 아직까지 제대로 평가받지 못했던 것이다."

_김영길, 2004

대런 아제모글루Daron Acemoglu와 제임스 로빈슨James A. Robinson은 〈국가는 왜 실패하는가〉에서 아르헨티나에 대한 설득력있는 분석을 제공하고 있다. 그들은 수출농업경제에 대한 의존도가 높은 소수 엘리트층이 지배하던 아르헨티나가 1914년 이전까지 50년 정도 경제성장을 경험한 것은 쇠고기, 가죽, 곡물 등 농산물이 국제시장에서 호황을 누리면서 크게 가격이 오른 덕분이라고 지적한다. 이후 아르헨티나는 1930년의 첫 번째 군사쿠데타부터 1983년까지 독재와 민주주의 사이를 오락가락하면서 다양한 착취적 제도 속에서 허덕였다고 한다. 그들은 아르헨티나에서 포퓰리즘이 시장의 활력을 해치고 성장의 동력을 훼손했다는 주장을 비판하면서 포퓰리즘보다는 대중의 이익을 구현할 다원주의 정치 체제가 수립되지 못한 상태에서 나타나는 정경유착이나 금권 정치가 더 큰 문제라고 지적한다. 그러면서 아르헨티나나 베네수엘라 등 신생 민주주의 국가의 유권자들은 착취적 정권하에서 수 세기 동안 지속된 불평등 때문에 효율적인 정당체제를 통해 사회적으로 바람직한 대안을 만들어내기보다는 극단적인 정책을 내세우는 정치인에게 표를 몰아주게 된다는 것이다.Daron Acemoglu & James A. Robinson, 최완규 역, 2012: 543-548

아르헨티나는 1990년대 초 자칭 페론주의자라고 부르짖는 카를로스 메넴

Carlos Saúl Menem이 집권을 했다. 그러나 메넴의 경우 권력등장 과정에서는 페론주의자였으나 대통령이 된 이후에 신자유주의 정책을 추진하는 등 기존의 페론주의와 차이점이 있었다. 친미파였던 그는 무분별한 투기펀드의 유입으로 경제 위기를 가속화시켰으며 막대한 외채만 남겼다. 페론이 집권했던 시기에 포퓰리즘은 1930년대와 이후에 자유주의 정치체제와 경제정책의 실패에 대한 반작용으로 등장했다. 페론 집권시기에 포퓰리즘의 반대세력은 과두세력으로서 토지소유 엘리트를 중심으로 하는 전통적인 정치세력을 의미한다. 이 시기의 포퓰리즘은 성장하고 있던 노동계의 요구를 전달하는 다계급운동이었고 정치·경제적으로 국가를 중시하였는데 그것은 경제적 개입과 정치적 대표성과 관련이 있다. 반면 메넴이 집권했던 시기의 신포퓰리즘은 비공식 부문의 지지, 비제도적 경향, 국가상층부 권력집중 등의 특징을 보여주었다.김달관, 2007: 97-124

1990년대 이후 서유럽의 여러 국가에서 출현한 우파 포퓰리즘 정당right-wing populist party 역시 눈여겨볼 현상이다. 대표적으로 거론되는 것이 하이더Jörg Haider가 이끄는 오스트리아의 자유당FPÖ, 르펭Jean-Marie Le Pen이 이끄는 프랑스의 국민전선Front National, 베를루스코니Silvio Berlusconi가 이끌었던 '포르차 이탈리아Forza Italia'[1]이다. 이들이 등장하고 지지를 얻게 된 데는 체제전환 등으로 인한 자본주의의 세계적 확산과 더불어 신자유주의에 기반한 세계화의 득세, 그리고 정당정치의 퇴조와 같은 요인들이 복합적으로 작용하였다. 동유럽에서는 국가가 인민에게 기본적인 복지를 제공했던 동유럽 사회주의 체제가 자본주의 시장경제체제로 전환되면서 기업 도산과 대량실업이 발생했고 이 과정에서 개인 및 집단 정체성이 파괴되고, 재사유화 과정에서 아무것도 낙찰받지 못한 빈곤층이 대거 발생했다. 그 결과 사회는 분열되었고 새로운 인종주의와 극우주의가 유행하기 시작했다.

---

1) '포르차 이탈리아'는 2009년 해체되고 '국민연합(Alleanza Nazionale: AN)'과 함께 새로운 정당인 자유민중당(Il Popolo della Libertà: PdL)으로 합병되었다.

여기에다가 1980년대부터 일부 서유럽국가들에서는 신자유주의가 전면화되기 시작했다. 이는 자본의 자유로운 활동을 위해 각종 규제를 철폐하고 민영화를 적극적으로 요구하는 것으로 나타났다. 당연히 이들 국가에서는 국가 구성원의 사회적 권리를 보장하고, 공적 부조, 사회보험, 사회서비스 등 각종 복지 제공을 통해 사회적 평등과 연대를 추구하는 복지국가는 축소되거나 재편될 수밖에 없었다. 그런데도 정당과 같은 대의제 민주주의의 핵심 기구들은 사회의 변화와 재편이 초래한 불평등과 갈등을 조정하고 대안을 마련하는 데 무기력을 노정하였다. 이미 1960년대 후반 이후 서유럽 정당들은 사회균열구조의 폐쇄성이 완화되고 정당일체감이 약화되기 시작하면서 쇠퇴하고 있었다. 이렇게 변화된 상황에서 대중들의 불안감은 높아지고, 기성정당과 정치인들에 대한 불신은 확산될 수밖에 없었다.[2] 이 틈을 비집고 등장한 세력이 바로 우파 포퓰리즘 정당들이었다. 이들은 복지국가가 비효율적이고 거대한 관료국가화되었다고 비판하고 특히 이주민들의 유입으로 사회보장 혜택이 감소했다는 점을 강조하고 있다.

'보통 사람들'의 대변자 역할을 자처하면서 반외국인 감정을 자극하는 단일 쟁점을 내세우는 이들 정당들의 전략은 어느 정도 대중들의 지지를 얻는 데 성공하였다. 오스트리아의 자유당은 1999년 선거에서 27%의 지지율로 제2당이 됐고 이듬해에는 연정을 출범시키는 데까지 이르렀다. 하이더는 히틀러의 고용정책을 지지한다는 말로 악명을 떨친 인물이다. 그가 정치적으로 성공한 비결은 기존 오스트리아의 정치 시스템을 비판함과 아울러 외국

---

2) 베츠(Hans-Georg Betz)는 1970년대와 1980년대의 20여 년 동안 서유럽 사회가 경제의 근본적 재편, 사회구조와 가치체계의 극적인 변화에 직면하였다고 지적한다. 이는 전 지구적 차원에서 경제를 구성하는 유일한 형태로 자본주의가 대두한 것과 자본과 노동, 생산과 시장, 지식과 기술이 국경을 넘어 조직되는 세계경제의 도래라는 두 가지 혁명의 결과라고 한다. 이에 따라 서유럽 사회는 대량생산체계에서 유연한 생산체계로, 노동집약적 생산에서 자본집약적 생산으로, 산업중심적 경제에서 서비스 위주의 경제로 변모하면서 불안과 불안정, 미래에 대한 비관론이 팽배하고 기성정당과 정치인들에 대한 불신이 확산되었다는 것이다. Hans-Georg Betz(1994), pp.27-28.

인 혐오 감정을 일깨웠기 때문이다. 오스트리아자유당은 경제적 자유, 민영화, 전통적 가족 가치에 대한 강조, 이민자에 대한 강력한 반대 등의 정치의제를 제시하며 저항적 정치인으로 자리매김했다고 평가된다. 그는 국민투표 캠페인을 시도하는 등 의제들을 직접민주주의 방식으로 이슈화시키고자 노력했다.Paul Taggart, 2017: 137-138 2018년 12월 하인츠-크리스티안 슈트라헤Heinz-Christian Strache 대표가 이끄는 자유당은 26%의 득표로 두 번째로 연정에 참여했다. 보수파인 오스트리아 국민당과 협상을 통해 연정을 구성한 자유당은 이민, 특히 무슬림 이민에 대한 대중의 반발에 집중하고 있다. 자유당 지도자들은 '이슬람화'될 수 있다는 공포를 부추기고 이민 제한을 강화하자고 주장하고 있다.〈HuffPost〉, 2018년 8월 28일

독일에서는 2017년 9월 치러진 연방하원선거에서 극우 정당 '독일을 위한 대안Alternative für Deutschland: AfD'이 제3정당으로 연방의회에 입성했다. '독일을 위한 대안'은 득표율 12.6%를 차지해 94석을 차지했는데 이는 유럽의 주요국인 독일·프랑스·영국·이탈리아 중에서는 처음으로 극우 정당이 의회에서 의미 있는 의석을 차지한 것이다. 이 정당은 2013년 2월 반유럽연합과 유로화 폐기, 국수주의 이념을 내세우며 창당했고 2015년에는 강경 극우파인 프라우케 페트리Frauke Petry가 외르크 모이텐Jörg Meuthen과 함께 당권을 장악해 반난민 기조를 주요 정책으로 내세우며 당세를 확장했다.〈한겨레〉, 2017년 9월 25일 프랑스의 국민전선은 1997년 총선에서 14.9%를 얻고 2002년 대선에서는 결선투표까지 올랐다. 2011년 르펭 전 당수의 딸 마린 르펭Marin Le Pen이 새 당수가 되었고 2014년 9월 상원의원선거에서 창당 후 처음으로 2명의 당선자를 냈다. 마린 르펭은 2012년 대선에 이어 2017년 대선에서 결선투표에 올랐다. 공공연히 반유대주의와 인종차별주의 발언을 해왔고, 홀로코스트를 부정하고 인종 간 혐오를 부추기는 행위를 반복해 여러 차례 기소됐던 장마리 르펭과 달리 마린 르펭은 국민전선의 이미지를 부드럽게 바꾸기 위해 노력해 왔다. 2018년 6월 국민연합Rassemblement national으로 이름을 바꾼 국민전선 외에도 현재 프랑스에는 '일어나라 프랑스Debout la France', '프렉시트(Frexit, 프랑스의 유럽연합 탈퇴)' 정당인 '애국당' 등이 활동하고 있다.

네덜란드에는 반유럽연합, 반이슬람을 기치로 내건 자유당Partij voor de Vrijheid이 있다. 자유당을 이끄는 헤이르트 빌더르스Geert Wilders는 모든 이슬람 학교를 폐교하고 네덜란드 시민 개개인이 어떤 민족 출신인지를 기록으로 남기자고 주장하는 등 무슬림을 향한 차별과 증오를 부추기는 정치인으로 유명하다. 헝가리에서 반이민 정책을 앞세운 경제 보호주의 포퓰리즘 정당 '더 나은 헝가리를 위한 운동Jobbik Magyarországért Mozgalom'은 지난 2014년 총선에서 20%를 득표하며 헝가리 원내 제3당이 되었다. 요비크는 당 정책 강령에 유럽연합 탈퇴를 묻는 국민투표 추진을 명시했으며, "시온주의 이스라엘이 헝가리와 전 세계를 정복하려 한다"고 주장한다.The New York Times, July 13, 2016 유럽의 극우 정치 열풍은 동유럽과 서유럽에 이어 북유럽 복지국가 스웨덴에도 불어 2018년 9월 총선에서 신나치에 뿌리를 둔 스웨덴 민주당Sverigedemokraterna이 17.6%를 얻어 제3당(349석 중 62석) 자리에 올랐다.〈한겨레〉, 2018년 9월 10일 신나치주의를 표방하며 1988년 창당된 민주당은 배타적 민족주의를 강조하면서 반난민 정서를 자극하는데 주력하고 있다.

지금껏 살펴본 대로 포퓰리즘은 19세기 말의 러시아 브나로드 운동과 미국의 인민당운동부터 최근 서유럽의 우파 포퓰리즘 정당까지 다양한 형태를 띠고 나타났다.[3] 시기와 장소에 따라 포퓰리즘이라 불린 운동과 정책은 그 내용이 동일하지 않다. 그렇다면 이들에게 공통적으로 나타나는 요소들은 무엇인가? 무엇보다 포퓰리즘은 기존 질서에 반대하고 대중 혹은 민중이라고 불리는 '포퓰러스populus'에게 호소하는 것을 핵심적인 내용으로 한다. 기존 질서에 대한 반대는 기존 권력구조와 이를 구성하는 엘리트, 그리고 이들

---

3) 마거렛 카노반(Margaret Canovan)은 포퓰리즘을 농업 포퓰리즘(agrarian populism)과 정치 포퓰리즘(poilitical populism)으로 구분한다. 전자에는 농민 급진주의(미국 인민당), 자립적 농민들의 운동(동유럽의 농민운동), 지식인들의 농업 사회주의(러시아의 나로드니키), 후자에는 포퓰리즘 독재(아르헨티나의 페론), 포퓰리즘 민주주의(주민투표와 참여 요구), 반동적 포퓰리즘(미국의 조지 월라스와 추종자들), 정치가들의 포퓰리즘(프랑스의 드골)이 있다고 한다. 그러나 이런 유형화는 둘을 구분하는 일관성있는 기준이 결여되어 있다고 라클라우는 비판한다. Ernesto Laclau(2005), p.6.

이 내세우는 이데올로기와 문화에 저항하는 것을 의미한다. 포퓰러스라 불리는 집단은 기존의 질서로부터 억압받고 배제되는 다수의 사람들을 의미하지만 구체적으로 그들이 누구인지는 명확하지 않다. 생산수단의 소유를 기준으로 분류되는 동질적인 계급과는 달리 민중은 매우 유연하면서 포괄적인 개념으로 농노, 농민, 도시노동자, 실업자, 평범한 사람들, 민중, 일반 대중 등과 같이 다양한 기반을 갖고 있다. 포퓰리즘은 기존 질서로부터 배제되거나 불이익을 얻는 사람들에게 단일 쟁점을 부각시키고 단순한 대안을 내세워 직접 호소하는 경향이 있다.

중요한 점은 기존의 질서에서 배제된 사람들을 단기적으로 동원하는 데만 있지 않다. 어떻게 그들을 장기적 시각에서 민주주의를 뒷받침할 수 있는 건실한 정치적 주체로 길러내느냐가 중요한 것이다. 물론 단기적으로 보아도 포퓰리즘은 정책결정과정에서 소외되고 배제된 개인과 집단들의 권리를 일깨우고 이익을 대변하며 이를 위해 그들을 정치과정에 참여토록 적극적으로 추동시킨다는 점에서 민주주의와 관련이 있다. 포퓰리즘과 민주주의의 상관성을 강조하는 학자로는 마가렛 캐노반Margaret Canovan, 폴 태거트, 에르네스토 라클라우Ernesto Laclau, 벤자민 아르디티Benjamin Arditi 등이 있다. 이미 1981년에 나온 저서에서 포퓰리즘에 대한 정의가 다양성diversity의 차원을 지니고 있다고 지적하고 이를 7개의 유형으로 구분한 바 있었던 캐노반은 1999년에 발표한 논문에서 유형화를 뛰어넘어 포퓰리즘에 대한 일반적인 정의를 내린다. 그녀는 기득권력구조와 지배적 사상 및 가치에 대항해 민중the people에 호소하는 포퓰리즘을 정치의 병적인 형태pathological form로 간주해 가치가 없다고 묵살해서는 안 된다고 한다. 민주주의 내에 공존하는 실용적pragmatic 측면과 구속적redemptive 측면 간의 피할 수 없는 갈등은 포퓰리즘에 지속적인 원동력이 된다는 것이다.

즉, 민주주의에는 우연한 규칙과 관습들의 집합이라는 수단을 이용해 사회 갈등에 평화적으로 대처하는 방식이라는 실용적인 측면과, 민중이 권력의 주체라는 구속적 측면이 갈등한다. 직접성, 자발성, 소외의 극복에 대한 '낭만적 충동romantic impulse'이 대의제 민주주의 제도와 충돌하는 것은 자연스런 일이라는 것이다. 그런 점에서 캐노반은 포퓰리즘을 민주주의 자체에 드리운 그림자라고 한다.Margaret Canovan, 1999: 2-3, 9-10[4]

라클라우는 1977년에 나온 저서에서 권력블록을 형성하고 있는 지배계급이 헤게모니를 지니고 있지 않거나, 개별 계급의 이익과 이를 넘어서는 이해관계가 충돌할 때 민중에 직접 호소하는 포퓰리즘이 출현한다고 보았다. 라클라우는 2005년에 출간된 〈포퓰리즘의 근거에 관하여On Populist Reason, 2005〉에서 포퓰리즘이 지닌 민주적 속성을 옹호한다. 더 나아가 포퓰리즘과 민주주의는 거의 분리할 수 없는 쌍둥이와 같다는 것이다. 이 주장의 근거는 데모스 없는 민주주의는 존재하지 않으며 민주적 정체성의 구조는 포퓰리즘의 정체성 양식을 강조하는 논리와 같다는 데 있다. 라클라우에게 포퓰리즘은 정치적 운동이나 이데올로기라기보다는 정치적 논리이다. 그는 이 논리가 어떻게 작동하고 있는가를 설명하는 정치이론을 위해 페르디낭 드 소쉬르Ferdinand de Saussure의 구조주의 언어학, 지그문트 프로이트Sigmund Freud와 자크 라캉Jaques Lacan의 정신분석학, 안토니오 그람시Antonio Gramsci의 헤게모니론을 끌어들인다. 그는 사회·정치적 삶의 요소들은 단지 상호 간의 차이와 등가성의 관계라는 측면에서만 존재한다고 한다. 차이의 관계는 언어, 행정구조, 복지국가와 같은 고도로 체계화된 사회적 구조물보다 우위에 있다.

---

4) 이는 아르디티의 주장과 맥락을 같이 한다. 아르디티는 포퓰리즘을 '민주주의의 증상'으로 이해한다. 여기서 '증상'이란 개념은 프로이트에게서 빌려온 것인데, 자아의 형성을 위한 본능의 억압과정에서 만들어지는 '대리표상'이자 '내부의 주변부' 같은 것이다. 요컨대 포퓰리즘이란 민주주의에 이질적인 어떤 것이나 적대적 타자가 아니라, 민주주의에 속하면서 동시에 민주주의에 불안과 소요를 일으키는 '민주주의의 내적 주변부'에 다름 아니라는 것이다. 이런 아르디티의 판단 근거는 민주주의에 내장된 이중성이다. 민주주의는 일상적으로는 정치인·관료 등 전문가 집단에 의해 관리되고 운영되지만 동시에 선거라는 대중의 직접 참여를 통해 자신의 정당성과 작동 근거를 확보해야 한다. 이 때문에 민주주의는 정치의 영역 안으로 주기적으로 대중의 개입을 초래하게 되는데, 이런 이중성이야말로 포퓰리즘의 존재론적 뿌리가 된다는 게 아르디티의 견해다. 따라서 민주주의가 이 두 측면 가운데 어느 하나라도 포기하지 않는 한, '인민 의지의 직접적 표현에 대한 열망'으로서 포퓰리즘은 민주주의에서 결코 사라질 수 없다고 아르디티는 단언한다(〈한겨레〉, 2010년 3월 18일).

에르네스토 라클라우(Ernesto Laclau, 1935~)는 아르헨티나 출신의 정치학자로 '급진적이고 다원주의적인 민주주의' 이론을 정립한 대표적 이론가로 꼽힌다. 샹탈 무페(Chantal Mouffe)와 함께 쓴 〈헤게모니와 사회주의 전략〉에서 라클라우는 마르크스의 경제결정론을 거부하고, 그람시의 헤게모니 개념을 받아들였다. 최근에 라클라우는 기존의 정치질서에서 배제된 이들의 목소리를 대변하고 이들을 정치적 주체로 길러내는 포퓰리즘이 모든 정치 행위를 관통하는 근원적 특성이라 주장하였다. 주요 저서로는 〈마르크스주의 이론의 정치와 이데올로기(Politics and Ideology of Marxist Theory)〉, 〈헤게모니와 사회주의 전략(Hegemony and Socialist Strategy, 샹탈 무페(Chantal Mouffe)와 공저)〉, 〈우리 시대 혁명에 대한 새로운 성찰(New Reflections on the Revolution of Our Time)〉, 〈해방(Emancipation(s))〉, 〈포퓰리즘의 근거에 관하여(On Populist Reason)〉 등이 있다.

대조적으로 포퓰리즘의 정체성은 라클라우가 말한 '충족되지 않은 민주적 요구'와 현상유지 간에 놓인 정치적 경계를 관통하는 정치영역의 이분화에 의해 형성된다. 민주적 요구는 주어진 정치질서에서 권력자들을 충족시키려 하지 않거나 할 능력이 없는 약자underdog의 위치에 있는 사람들의 요구를 가리킨다. 라클라우는 캐노반의 포퓰리즘 정의를 인용한다. "스스로 진정한 민주주의자로 여기는 포퓰리스트들은 정부와 주류정당, 언론에 의해 체계적으로 무시되는 대중들의 불만이나 의견을 대변한다. 많은 포퓰리스트들은 주민소환과 주민운동과 같은 직접 민주주의를 선호한다. 그들은 권력을 민중에게 이양한다는 민주주의의 약속을 이행하는 것을 목표로 내세운다." Margaret Canovan, 1999: 2 라클라우는 기존의 정치질서에서 배제된 이들의 목소리를 대변하고 이들을 정치적 주체로 길러내는 포퓰리즘이 모든 정치 행위를 관통하는 근원적 특성이라고 강조한다. 그런 후에 라클라우는 명명과 효과,

헤게모니 형성 등을 중심으로 포퓰리즘을 구체적으로 고찰한다. Ernesto Laclau, 2005: 5-8, 227-229

이 같은 라클라우의 분석은 단지 포퓰리즘에 대한 불확실성, 모호성, 레토릭을 지적한 후 이를 정치의 쇠퇴와 연결시키는 진부한 주장을 전복시키는 것이라는 데 의의가 있다. 라클라우에게 있어 포퓰리즘을 둘러싼 혼란이야말로 '제대로 된 정치적 시대의 도래 the arrival at a fully political era'인 것이다. 포퓰리즘이 '정치적인 것의 본질 the very essence of the political'이고 '가장 중요한 정치 운영으로서 민중을 구성'하는 것이라는 그의 주장 Ernesto Laclau, 2005: 222 은 기존 정치이론의 영역을 넓히고 보다 정교하게 하는 데서 긍정적으로 평가된다. 그렇지만 모든 정치가 필연적으로 다 급진적이지 않고, 모든 급진적 정치가 다 포퓰리즘적이지는 않다는 점도 고려되어야 한다. 라클라우는 국가와 시민사회를 비롯한 다양한 영역과 수준에서 권력이 창출되고 재생산되며 배분되는 현상으로서의 정치에 대한 치밀한 분석에는 이르지 못하고 있다고 여겨진다. 권력을 국가가 갖고 행사하며 민중은 단지 무력한 약자라고 본 것도 너무 단순한 도식이다. 또한 라클라우는 포퓰리즘과 민주주의의 상관성에만 집착한 나머지 심지어는 비민주적이기도 한 포퓰리즘이 초래하는 여러 문제들을 제대로 설명하지 못한다.

한편, 라클라우와 〈헤게모니와 사회주의 전략〉을 같이 썼던 샹탈 무페 Chantal Mouffe 는 2018년 〈좌파 포퓰리즘을 위하여 For a Left Populism〉라는 책을 냈다. 여기서 무페는 현 상태의 유지에 반대하는 모든 사람을 깍아내리기 위해 미디어가 이 용어에 부여해 온 경멸적인 의미를 제거하고, 라클라우가 발전시킨 분석적 접근, 즉 사회를 두 진영으로 분리하는 정치적 경계를 구성하고, 권력자들에 맞선 약자들의 동원을 위한 담론전략으로 포퓰리즘을 정의한다. 무페는 빠르게 증가하는 불만족스러운 요구들로 인해, 정치적 혹은 사회경제적 전환에 대한 압박에 처한 지배 헤게모니가 불안정해진 때를 가리키는 '포퓰리즘 계기'가 드러내는 현재 정세의 본질과 도전을 좌파가 시급하게 이해해야 한다고 주장한다. '포퓰리즘 계기'는 신자유주의 헤게모니 시대에 나타난 정치적이고 경제적인 전환들에 대한 다양한 저항의 표현이다.

이 전환들은 평등과 대중주권popular sovereignty이라는 민주주의 이상의 두 축이 침식되는 상태를 지칭하는 '포스트 민주주의post-democracy'라 불리는 상황으로 이어졌다는 것이다.Chantal Mouffe, 2019: 23-26 이런 상황은 근본적으로 사회민주주의 정당들이 신자유주의 세계화의 "대안은 없다TINA"라는 생각을 수용하였기 때문에 조성된 것으로 이로 인해 중도 우파와 중도 좌파의 프로그램 사이에 어떤 근본적인 차이도 없는 '탈정치post-politics' 상황이 발생했다. 또한, 부유한 소수의 집단과 나머지 사람들 사이의 격차가 증가하는 '과두지배oligarchisation' 상황에서 많은 사람들이 중도에서의 합의consensus of the centre에 대해 저항을 하고 있다고 한다. 그러한 저항들은 외국인혐오xenophobic의 방식으로 표현될 수도 있지만 다른 한편으로는 페미니즘, 반인종주의, 성소수자 운동, 환경운동 같이 민주주의를 확대하며 근본적인 민주주의의 발전을 요구하는 방향으로 표현될 수도 있다는 것이다. 이것이 샹탈 무페가 '좌파 포퓰리즘'이라 지칭하는 것이다.

> "그리스의 시리자Syriza와 스페인의 포데모스Podemos, 그리고 독일의 좌파당Die Linke, 포르투갈의 좌파블록Bloco de Esquerda, 프랑스의 '굴복하지 않는 프랑스La France Insoumise'는 여러 유럽 국가들에서 나타나는 새로운 급진주의의 또 다른 신호라 할 수 있다… 우파 포퓰리즘 정당의 출현을 막는 데 필요한 것은 포스트 민주주의에 맞선 모든 민주주의 투쟁들을 연합시키는 좌파 포퓰리즘 운동을 통해서 적절한 정치적 대책을 구상하는 것이다. 우파 포퓰리즘 정당 지지 유권자들을 충동적인 욕정으로 움직이고, 그 욕정에 영원히 사로잡힌 자들로 몰아세우면서 이들을 미리 배제하는 대신, 이들의 수많은 요구들 한 가운데 있는 민주적 핵심을 찾아내는 것이 반드시 필요하다."
>
> _Chantal Mouffe, 2019: 39-40

무페가 좌파 포퓰리즘 운동의 대표적 사례로 거론한 시리자와 포데모스는 유럽에서 새로운 정치 흐름을 보여준다는 데서 살펴볼 가치가 있다. 이에 대해서는 포퓰리즘의 세계적 확산에 대해 통찰력 있는 고찰을 보여준 존 주디스John B. Judis의 〈포퓰리즘의 세계화〉(원제는 The Populist Explosion)

에 상세하게 설명되어있다. 시리자의 뿌리는 군부독재정권 시절 등장한 그리스 공산당의 국제파와 '유로코뮤니스트'파가 탈냉전 후 힘을 모아 결성한 시나스피스모스Synaspismos, 즉 좌파진보연합이다. 이 중에서 친소비에트 성향의 국제파가 갈라져 나가고 좌파진보연합에 남아있던 당원이 페미니스트 및 환경단체와 힘을 합쳐 창당한 것이 '급진좌파연합'을 의미하는 시리자이다. 초기에는 느슨한 연합으로 선거에서 별반 유권자들의 지지를 얻지 못하던 시리자가 급부상하게 된 배경은 2010년 5월 당시 집권당이던 사회당 정부가 합의한 유럽연합의 긴축예산 요구에 항의하는 전국적인 시위였다. 2012년 6월 실시된 선거에서 알렉시스 치프라스Alexis Tsipras가 이끄는 시리자는 유럽연합과 맺은 각서를 파기하고, 그리스 은행을 국유화하며, 부유층 증세를 단행하며, 그리스가 경기 침체에서 회복될 때까지 부채상환을 유예하겠다는 공약을 내걸었다. 공세적인 선거운동은 젊은 유권자, 실업자, 공공·민간 부문에 고용된 도시거주자로부터 큰 지지를 받아 26.9%라는 놀라운 득표율을 기록하여 제2당이 되었고, 하나의 통합정당으로 변모한 후인 2015년 1월 선거에서는 36.3%의 득표로 입법부를 장악했고 다수당에 유리한 선거법의 추가의석 조항에 힘입어 정권을 잡았다.John B. Judis, 2017: 172-175

이들 선거에서 치프라스를 비롯한 당 지도부는 "국민이 직면한 삶과 운명에 대한 선거이고, 과두제의 그리스냐, 민주주의제의 그리스냐를 선택하는 선거"라고 단언하는 등 포퓰리스트 방식으로 국민에게 호소하는 방식으로 전략을 바꿨다. '트로이카(유럽연합 집행위원회, 유럽중앙은행, 국제통화기금)'가 요구하는 조건을 수용하지 않겠다던 시리자의 강경한 태도는 그러나 얼마 가지 못했다. 국민투표에서 그리스 유권자 62%가 트로이카의 요구를 거부했는데도 불구하고 치프라스는 트로이카가 요구한 수준보다 훨씬 더 많은 부담을 지는 조건에 전격적으로 합의하면서 충격을 주었다. 즉, 지출을 더 많이 삭감하고, 증세를 확대하며, 노령연금을 크게 줄이고, 중소기업에게 새로운 세금을 부과하며, 남아 있던 국가 자산을 매각하기로 합의했던 것이다. 경제학자 폴 크루그먼이 '미친 짓'이라 일컬은 이 협상으로 그리스 정치는 혼란에 빠져들었다. 주디스는 이를 다음과 같이 평가한다. "시리자는 특이한 방식으로 그리스의 양당 독점 체제에서 중도 좌파를 구성하는 요소가 되어 사회당을 대체해버렸다. 즉, 시리자는 더 이상 기득권층과 싸우지 않음으로써, 사회당이 그랬던 것처럼 기득권층의 중도 좌파적 요소로 자리 잡았다. 사라지는 비타협적인 엘리트로부터 국민을 분리하라는 요구를 더 이상 진전시키지 않고, 그 대신 이제는 트로이카가 강요하는 나쁜 거래로부터 나오는 이익을 가로채려고 했다… 시리자는 그리스에 긴축 조치를 강요하려는 세력에 맞서 싸우는 포퓰리스트 정당으로서는 실패한 듯 보였다."John B. Judis, 2017: 174-178

시리자는 스페인의 좌파 포퓰리스트 단체인 포데모스에게 영향을 미쳤다. 스페인 역시 그리스처럼 민주주의로의 이행 이후 사회주의노동당PSOE과 국민당PP이 번갈아가며 집권을 하고 있었다. 문제는 이들 정당체계가 고질적인 후원·수혜 관계로 인해 부패에 취약하다는 점이었다. 여기에다 경제적 위기에 대처하는 데도 무능력했다. 글로벌 금융위기 이후 유럽중앙은행은 스페인에 대해 압력을 강화했고, 이를 당시 호세 루이스 로드리게스 사파테로José Luis Rodríguez Zapatero 총리가 이끄는 사회주의노동당정부는 무력하게 수용했다. 대규모 지출 삭감과 세금인상 발표는 마드리드의 푸에르타 델 솔Puerta del Sol 연좌농성을 시작으로 스페인 전역에서 '인디그나도스Indignados(분노한 사람들)'가 주도하는 대규모 시위를 초래했다. 2011년 5월 15일 에 시작되었다고 해서 스페인 15M운동Movimiento 15M으로 불리는 이 시위에서 참가자들이 내건 주장은 정부의 긴축정책 반대, 실업 문제 해결, 빈부격차 해소, 부패 척결, 기성정당의 정치적 특권 타파였다. 이들 시위대들은 어느 정당에도 속해 있지 않고, 조직화된 좌파나 노동운동세력과도 연계되어 있지 않는 사람들이었다. "우리는 우파도, 좌파도 아니다. 우리는 밑바닥에서 와서 꼭대기로 가고 있다."가 이들이 내건 구호였다.

이러한 정치적 격변의 흐름 속에서 창당된 것이 포데모스이다. 2014년 1월 콤플루텐세 대학의 정치학 강사이자 좌파 논객인 파블로 이글레시아스Pablo Iglesias는 동료 정치학자인 후안 카를로스 모네데로Juan Carlos Monedero, 이니고 에레혼Iñigo Errejón 같은 지식인 그룹, 좌파 성향의 소수정당, 15M운동에 참여했던 단체들과의 교섭을 통해 '우리는 할 수 있다'라는 뜻의 포데모스를 창당했다. 이글레시아스와 에레혼은 베네수엘라의 우고 차베스와 볼리비아의 에보 모랄레스가 전형적인 사회주의 전략을 거부하고, 자국의 '용맹한 자bravo pueblo'들을 결집시켜 과두정치의 독재자에게 맞서도록 하는 '핑크 타이드pink tide'의 열렬한 지지자였다. 이들 역시 좌우파의 구분을 뛰어넘어 특권계급la casta으로 대표되지 않는 사람들la gente을 위한 새로운 정치영역을 만들어야 한다는 믿음을 가지고 있었다. 포데모스는 기성정당과는 다른 조직과 운영방식을 채택했다. 당 간부들을 온라인 플랫폼을 통한 당원들의 직접투표로 선출하고, 최고 의결기구인 시민총회Asamblea Ciudadana와 오프라인 지역모임인 시르쿨로Circulo[5] 등의 조직에서 볼 수 있듯이 공론장과 참여, 숙의과정에 기반한 민주주의가 작동되게 하였다.이진순 외, 2016: 91-95 2016년 6월 총선에서 좌파연합당과 손잡은 연합포데모스Unidos Podemos는 21.1%의 득표로 국회의원 71명을 당선시키면서 제3당의 자리를 차지할 수 있었다. 그러나 다수의 스페인 유권자가 유로존에서 탈퇴하는 것을 꺼리는 상황에서 포데모스는 유로존의 안정과 성장협약을 지켜나가겠다고 약속하고 노동과 복지부문에서 기존의 좌파적 개혁요구를 일부 포기하였다. 그 결과 노선과 정책면에서 사회주의노동당과 차별화하는 데 실패하고, 이전보다 못한 지지를 기록하고 있다.John B. Judis, 2017: 191-194 그럼에도 포데모스가 운동의 형식과 내용을 정당시스템 안에 반영하려 했고, 참여와 숙의민주주의를 통해 시민들의 민주적 삶을 구성하고 사회에 실재적 변화를 가져오려 시도한 점은 높이 평가된다. 다양한 혁신적 정치실험을 통해 기존의 정치코드를 뒤바꿔놓고 새로운 표준을 제시한 것은 바람직한 미래의 정치상을 고민하는 사람들에게

---

5) 시르쿨로는 지역단위와 정책 및 직업 단위의 자치조직으로 공개대중 회합의 형태로 자유롭게 토론이 이뤄진다. 이들 중 일부는 오큐파이 운동에 참여했던 오스트레일리아인들이 개발한 애플리케이션인 '루미오(Loomio)'를 사용한다. 루미오는 사용하기 편리한 인터페이스를 갖추고 있어서 포럼 형식의 토론공간과 직관적 투표시스템을 가능케 한다고 평가된다. 이를 통해 한 주제를 놓고 토론하고 각자의 논쟁과 구체적 제안들이 합의에 이를 수 있다. 상세한 것은 Lewis Elisa et al.(2017) 2장 참조.

포데모스(Podemos): 스페인은 그리스처럼 민주주의로의 이행 이후 사회주의노동당(PSOE)과 국민당(PP)이 번갈아가며 집권을 하고 있었다. 문제는 이들 정당체계가 고질적인 후원·수혜 관계로 인해 부패에 취약하다는 점이었다. 여기에다 경제적 위기에 대처하는데도 무능력했다. 글로벌 금융위기 이후 유럽중앙은행은 스페인에 대해 압력을 강화했고, 사파테로 총리가 이끄는 사회주의노동당정부는 대규모 지출 삭감과 세금인상 안을 무력하게 수용했다. 이는 마드리드의 푸에르타 델 솔(Puerta del Sol) 연좌농성을 시작으로 스페인 전역에서 '인디그나도스(Indignados, 분노한 사람들)'가 주도하는 대규모 시위를 초래했다. 2011년 5월 15일에 시작되었다고 해서 스페인 15M운동(Movimiento 15M)으로 불리는 이 시위에서 참가자들이 내건 주장은 정부의 긴축정책 반대, 실업 문제 해결, 빈부격차 해소, 부패 척결, 기성정당의 정치적 특권 타파였다. 이들 시위대들은 어느 정당에도 속해 있지 않고, 조직화된 좌파나 노동운동세력과도 연계되어 있지 않는 사람들이었다. "우리는 우파도, 좌파도 아니다. 우리는 밑바닥에서 와서 꼭대기로 가고 있다."가 이들이 내건 구호였다.

이러한 정치적 격변의 흐름 속에서 창당된 것이 포데모스이다. 2014년 1월 콤플루텐세 대학의 정치학 강사이자 좌파 논객인 파블로 이글레시아스(Pablo Iglesias)는 동료 정치학자인 후안 카를로스 모네데로(Juan Carlos Monedero), 이니고 에레혼(Iñigo Errejón) 같은 지식인 그룹, 좌파 성향의 소수정당, 15M운동에 참여했던 단체들과의 교섭을 통해 '우리는 할 수 있다'라는 뜻의 포데모스를 창당했다. 이들 역시 좌우파의 구분을 뛰어넘어 특권계급(la casta)으로 대표되지 않는 사람들(la gente)을 위한 새로운 정치영역을 만들어야 한다는 믿음을 가지고 있었다. 포데모스는 기성정당과는 다른 조직과 운영방식을 채택했다. 당 간부들을 온라인 플랫폼을 통한 당원들의 직접투표로 선출하고, 최고 의결기구인 시민총회(Asamblea Ciudadana)와 오프라인 지역모임인 시르쿨로(Circulo) 등의 조직에서 볼 수 있듯이 공론장과 참여, 숙의 과정에 기반한 민주주의가 작동되게 하였다. 2016년 6월 총선에서 좌파연합당과 손잡은 연합포데모스(Unidos Podemos)는 21.1%의 득표로 국회의원 71명을 당선시키면서 제3당의 자리를 차지할 수 있었다. 최근에 포데모스는 노동과 복지부문에서 기존의 좌파적 개혁요구를 일부 포기하면서 노선과 정책 면에서 사회주의노동당과 차별화하는 데 실패하고, 이전보다 못한 지지를 기록하고 있다. 그럼에도 포데모스가 운동의 형식과 내용을 정당시스템 안에 반영하려 했고, 참여와 숙의민주주의를 통해 시민들의 민주적 삶을 구성하고 사회에 실재적 변화를 가져오려 시도한 점은 높이 평가된다. 아래 사진은 포데모스의 지도자인 이글레시아스와 당 지도부이다.

적지 않은 시사점을 준다.

최근 전 세계적으로 확산되고 있는 포퓰리즘 운동과 정당들의 사례에서 잘 나타나듯이 포퓰리스트 지도자들은 공적인 이익을 내세워 대중들의 지지를 구하지만 그 이면에서는 특수한 사적인 이익을 추구하는 모순된 행동을 하기도 한다. 협소한 대표라는 기존 정당들의 한계를 반복하고 차별화를 이루지 못할 때 포퓰리즘 운동과 정당들은 쇠락할 수밖에 없다. 그럴 경우 포퓰리즘은 오히려 기득권층이 정치적 반대세력들이 다수 대중의 열정을 자극해 지지를 이끌어내어 개혁을 추구하는 것을 막기 위한 상투적인 용어로 사용될 수 있다. 이는 다수가 열정과 광기에 휩싸여 사회를 불안케 하고 예측할 수 없는 방향으로 끌고 가는 것을 차단한다는 점에서 긍정적인 기능을 수행할 수도 있다.[6] 그러나 다른 한편으로는 대중들을 정치적으로 억압하고 경제적으로 착취하며 사회적으로 배제하는 비민주적 체제하에서 기득권층이 누리는 강고한 이익을 온존시키기 위한 것이라는 점에 서는 비판적으로 평가될 수 있다. 이 점은 민주주의의 역사가 비교적 짧고 그 제도화 수준도 높지 않은 국가에서 더 뚜렷하게 나타난다.

포퓰리즘을 단지 '대중영합주의', '대중선동정치', '대중동원정치' 등으로 사용하는 견해는 민주주의에서 차지하는 민중의 위치를 무시하고 그들의 능력을 부정하는 것이다. 민중은 정치적 사안이나 정책의 시행에 있어 합리적인 판단을 내릴 수 없으며, 정치가들은 이러한 현실적 조건을 무시한 원초적인 공약과 정책으로 권력을 얻고 유지한다는 것이다. 이에 비해 포퓰리즘을 민주주의의 불가결한 요소로 보는 시각은 민중의 이성적 판단능력을 신뢰한다. 결국 포퓰리즘에 대한 이 같은 극단적인 시각차이는 포퓰리즘에 내재된 모순에서 비롯되는 것이다. 포퓰리즘은 사회의 정책결정 과정을 동질적인

---

6) 이는 대중을 선동해서 기존 체제를 바꾸려는 세력을 포퓰리스트라 낙인찍고 강압적 기구와 이데올로기 기구를 동원해 이들을 억누르려는 것이 바람직하다는 지적이 아니다. 광범위한 대중의 열광에 힘입어 집권했고 일상적인 동원과 이데올로기 선전으로 유지되었던 파시즘과 나치즘을 보라.

엘리트와 민중 집단에서 행해지는 것으로 보는데서 민중을 구성하고 있는 다양한 주체와 그들 간의 권력관계를 제대로 돌보지 못한다. 포퓰리즘은 민중의 이름으로 민중에게 권력을 되돌려주려 하는 운동이지만 책임윤리가 박약한 소수의 지도자들이 이를 특수한 목적에서 추진할 때는 그로 인한 사회의 폐단도 적지 않게 발생할 수 있다.

한국에서 포퓰리즘은 김대중 정권의 출범 이후에 본격적으로 나타나기 시작해 노무현 정권에 최고조에 이르렀고 지금도 정치인들이 즐겨 사용하는 용어이다.[7] 당시 포퓰리즘이란 용어가 빈번하게 사용되기 시작한 데는 거대보수언론과 보수성향의 지식인들이 정권교체로 막 등장한 개혁적 성향의 정권을 공격하려는 데 까닭이 있었다. 새로운 정권이 추진하는 정책, 그중에서도 기득권을 침해하리라 여겨지는 정책에 대해서는 예외없이 포퓰리즘이란 낙인이 씌어졌다. 행정수도 이전은 이들이 조성한 부정적 여론을 의식한 헌법재판소의 위헌 판결로 무산되고, 행정중심도시로 변경되었다. 대통령 탄핵사태나 황우석 신드롬 등도 대중의 정서를 자극하여 원하는 결과를 얻어내기 위한 것이었다. 무상급식에 대해서도 이를 포퓰리즘과 동일시하고 부자급식 등의 의미와 접합시킴으로써 관련 정책을 무력화시키고 나아가 반

7) 한국에서는 포퓰리즘과 뒤섞여 사용되면서 혼동을 가져오는 용어가 시대정신이다. 독일어인 Zeitgeist는 헤겔에 의해 널리 알려졌지만 오늘날은 철학적으로 정의를 내리기보다는 어떤 시대를 관통하는 지배적인 에토스, 즉 지배적인 지적·정치적·사회적 동향을 나타내는 정신적 경향을 가리킨다. 시대정신이란 말에는 사회와 인류의 역사는 그 구성원 모두가 바람직하다고 생각하는 방향으로 진전한다는 진보적 사고가 깔려 있지만 정작 한국에서는 보수 성향의 지식인과 정당들이 빈번하게 사용하고 있다. 김영철(2007)은 시대정신을 참칭하는 것 역시 포퓰리즘이라고 지적한다. "최근 많은 사람이 시대정신을 말하지만 그들은 시대정신을 빙자하여 포퓰리즘에 대해 상호 공박하고 있을 뿐이다. 포퓰리즘이 시대정신을 농락하는 것이 우리가 살고 있는 사회의 비극이다. 한 시대가 가장 아파하는 그 지점에서 동시대 사람들과 함께 부대끼면서 가장 많이 눈물 흘리고 고통스러워 한 사람이 시대정신을 대변하고 치유할 수 있는 능력이 인정된다. 격변의 시대에 새로운 역사적 상상력을 불러일으키기보다는 이미 옛날에 지나쳐 흘러온 저편 역사적 골짜기의 기억을 붙들고 사람들을 잠재우려는 시도 또한 시대정신을 참칭하는 포퓰리즘의 무리라고 해야만 한다."

대 세력의 복지 정책에 한 정치적 상상력을 억압시키려 한 바 있다.정재철, 2011 문재인 정권하에서는 중앙정부와 지방정부가 추진하는 아동수당, 출산 지원금, 육아기본수당, 청년배당 등의 정책에 대해 '좌파 포퓰리즘'이라는 보수정당의 공격이 이어지고 있다. 기획재정부가 발표한 예비타당성 조사 면제 사업에 대해 총선을 의식한 전형적인 토목사업으로 국가 재정의 건전성을 묻지 않은 무리한 포퓰리즘 정책이라는 비판도 행해지고 있다. 그러나 자유한국당에서 내건 '출산 주도 정책'에서 보여지듯이 선거경쟁에서 유권자들의 지지를 얻으려는 포퓰리즘 성향의 정책은 보수정당이라고 예외는 아니다. 이런 현실은 공화주의적 덕성의 약화 속에서 필연적으로 등장하는 것은 부자들과 민중 선동가들이라는 마우리치노 비롤리Maurizio Viroli의 예언이 민주주의로의 이행 이후 한국에도 그대로 나타났다는 것을 잘 보여준다.[8)]

연관 키워드

페론주의(Peronism), 정치적인 것의 본질(the very essence of the political), 좌파 포퓰리즘(Left Populism), 시리자(Syriza), 포데모스(Podemos)

---

8) 그 대표적 사례는 이명박 전 대통령이다. 안병진은 과거 이회창 한나라당 후보가 특권층의 대변자 이미지로서 한국 사회에서 민심을 얻는 데 실패했지만 '한국판 베를루스코니'라 할 수 있는 이명박은 서민의 코리아 드림에 대한 민중선동을 통해 진보적 이미지로 자리 잡고 개혁파들을 여의도 특권세력이자 이념파로 낙인찍는 데 성공함으로써 선거에서 승리할 수 있었다고 지적한다. 외환위기 이후 내면적으로 보수성을 키워온 시민들도 노골적으로 이명박에 표를 던짐으로써 자신들의 거친 '탐욕의 열정'을 정치적으로 실천했다는 것이다. 안병진(2008), pp.90-92.

[참고문헌]

Acemoglu, Daron & James A. Robinson. 최완규 역. 〈국가는 왜 실패하는가〉. 서울: 시공사, 2012.

Akkerman, Tjitske. "Populism and Democracy: Challenge or Pathology?" *Acta Politica*, No.38. 2003.

Betz, Hans-Georg. *Radical Right-Wing Populism in Western Europe*. New York: St. Martin's Press, 1994.

Bowman, Paul. "This Disagreement is Not One: The Populisms of Laclau, Ranciere, and Arditi." Research Papers from the School of Arts. Roehampton University, 2007.

Canovan, Margaret. "Trust the People! Populism and the Two Faces of Democracy." *Political Studies*, XLVII. 1999.

Charim, Isolde. 이승희 역. 〈나와 타자들: 우리는 어떻게 타자를 혐오하면서 변화를 거부하는가〉. 서울: 민음사, 2019.

Edwards, Sebastian. *Left Behind: Latin America and the False Promise of Populism*. Chicago: University of Chicago Press, 2010.

Elisa, Lewis et al. 임상훈 역. 〈시민 쿠데타 우리가 뽑은 대표는 왜 늘 우리를 배신하는가?〉. 서울: 아르테, 2017.

Judis, John B. 오공훈 역. 〈포퓰리즘의 세계화 왜 전 세계적으로 엘리트에 대한 공격이 확산되고 있는가〉. 서울: 메디치미디어, 2017.

Laclau, Ernesto. *On Populist Reason*. London: Verso, 2005.

McMath, Jr., Robert C. *American Populism: A Social History 1877-1898*. New York: Hill and Wang, 1992.

Mouffe, Chantal. 이승원 역. 〈좌파 포퓰리즘을 위하여 새로운 헤게모니 구성을 위한 샹탈 무페의 제안〉. 서울: 문학세계사, 2019.

Taggart, Paul A. *Populism*. Buckingham: Open University Press, 2000.

Taggart, Paul A. 백영민 역. 〈포퓰리즘: 기원과 사례, 그리고 대의민주주의의 관계〉. 파주: 한울아카데미, 2017.

김달관. "아르헨티나의 포퓰리즘: 페론과 메넴의 비교 사례 연구." 〈국제지역연구〉 제11권 3호. 2007.

김영길. "아르헨티나 페론이즘의 실체와 포퓰리즘." 〈프레시안〉, 2004년 7월 2일.

김영철. "포퓰리즘이 시대정신을 농락하는 사회." 〈평화뉴스〉, 2007년 7월 30일.
김우택. "라틴아메리카의 경제적 포퓰리즘: 정치경제학적 접근." 철학연구회 편. 〈디지털 시대의 민주주의와 포퓰리즘〉. 서울: 철학과현실사, 2004.
김은중. "라틴아메리카 포퓰리즘에 대한 정치철학적 재해석." 〈이베로아메리카〉 제23권 2호. 2012.
서병훈. 〈포퓰리즘: 현대 민주주의의 위기와 선택〉. 서울: 책세상, 2008.
신진욱·이영민. "시장 포퓰리즘 담론의 구조와 기술: 이명박 정권의 정책담론에 대한 비판적 담론분석." 〈경제와사회〉 제81호. 2009.
안병진. 〈민주화 이후 민주주의와 보수주의 위기의 뿌리〉. 서울: 풀빛, 2008.
이나미. 〈한국의 보수와 수구〉. 서울: 지성사, 2011.
이진순 외. 〈듣도 보도 못한 정치〉. 파주: 문학동네, 2016.
정재철. "한국 신문과 복지 포퓰리즘 담론." 〈언론과학연구〉 제11권 1호. 2011.
주정립. "서유럽의 포퓰리즘: 신자유주의적 지구화와의 연관을 중심으로." 〈21세기정치학회보〉 제18집 2호. 2008.
홍윤기. "한국 '포퓰리즘' 담론의 철학적 검토: 현실능력 있는 포퓰리즘의 작동편제와 작동문법 탐색." 〈시민사회와 NGO〉 4권 1호. 2006.

색 인

| ㄱ |

| ㄴ |

| ㄷ |

| ㅅ |

| ㅇ |

| ㅈ |

| ㅎ |

지은이 소개

홍익표

현재 부산대학교 사회교육연구소 부소장으로 있다. 독일 함부르크대학교(Universität Hamburg)에서 정치학 박사학위를 취득한 후 아태평화재단 책임연구위원과 선임연구위원, 한국국제정치학회 국제지역연구소 전임연구원, 경남대학교 극동문제연구소 객원연구위원을 역임했다. 고려대학교 대학원, 연세대학교 등에 이어 부산대학교, 서울교육대학교 교육전문대학원에서 정치학을 가르치고 있다.

저서로는 『유럽의 민주주의: 발전과정과 현실』, 『한국 정치를 읽는 22개의 키워드: 신자유주의부터 포퓰리즘까지』, 『시네마 폴리티카: 영화로 읽는 정치적 삶과 세계』, 『누가 저 베헤모스를 만들었을까: 한국 권위주의의 기원에 대한 정치적 고찰』이, 공저로는 『세계화 시대의 정치학』(문화체육관광부 우수학술도서), 『세계화 시대의 국제정치경제학』, 『왜 민족음악인가? 다시 읽는 유럽의 민족주의와 음악』, 『왜 시민주권인가?』, 『남북한 통합의 새로운 이해』, 『유럽질서의 이해: 구조적 지속과 변화』, 『정치적 현실주의의 이론과 역사』, 『유럽연합체제의 이해』, 『국제사회의 이해』, 『북한, 그리고 동북아』 등이 있다.

【개정확대판】

한국 정치를 읽는 22개의 키워드

신자유주의부터 포퓰리즘까지

개정확대판 1쇄 인쇄: 2019년 5월 7일
개정확대판 1쇄 발행: 2019년 5월 10일

지은이: 홍익표
발행인: 부성옥

발행처: 도서출판 오름
등록번호: 제2-1548호 (1993. 5. 11)
주 소: 서울특별시 중구 퇴계로 180-8 서일빌딩 4층
전 화: (02) 585-9122, 9123 / 팩 스: (02) 584-7952
E-mail: oruem9123@naver.com
ISBN 978-89-7778-502-1 93340

이 도서의 국립중앙도서관 출판예정도서목록(CIP)은 서지정보유통지원시스템 홈페이지(http://seoji.nl.go.kr)와 국가자료종합목록시스템(http://www.nl.go.kr/kolisnet)에서 이용하실 수 있습니다. (CIP제어번호: CIP2019016288)